饶平年鉴

2021

中共饶平县委员会
饶平县人民政府 主办
饶平县地方志编纂委员会办公室 编

中州古籍出版社
·郑州·

图书在版编目（CIP）数据

饶平年鉴．2021／饶平县地方志编纂委员会办公室编．—郑州：中州古籍出版社，2021．12

ISBN 978-7-5738-0103-6

Ⅰ．①饶… Ⅱ．①饶… Ⅲ．①饶平县-2021-年鉴

Ⅳ．①Z526.54

中国版本图书馆CIP数据核字（2021）第276381号

RAOPING NIANJIAN (2021)

饶平年鉴（2021）

责任编辑 王小方 袁 野

责任校对 宗增芳

美术编辑 古青风

出 版 社 中州古籍出版社（地址：郑州市郑东新区祥盛街27号6层 邮编：450016 电话：0371-65788693）

发行单位 新华书店

承印单位 汕头市辉亿彩印有限公司

开　　本 889 mm × 1194 mm 1/16

印　　张 29.75

字　　数 778千字

印　　数 1—2000册

版　　次 2021年12月第1版

印　　次 2021年12月第1次印刷

定　　价 160.00元

《饶平年鉴》编纂委员会

《饶平年鉴》编辑部

县直单位和各镇年鉴资料审定人员（104人）

（以姓氏笔画为序）

编辑说明

一、《饶平年鉴》是以马克思主义、毛泽东思想、邓小平理论、“三个代表”重要思想和习近平新时代中国特色社会主义思想为指导，由中共饶平县委、县人民政府主办，县地方志编纂委员会组织实施，各承编单位共同参与编纂的年度综合性资料文献。旨在系统记述本行政区域年度内自然、政治、经济、文化、社会等方面的情况；是县级综合年鉴，采用一年一鉴，当年出版，公开发行。

二、《饶平年鉴·2021》着重记述2020年本县域各方面基本面貌和发展情况、采用分类编排法，主体内容设编目、分目、条目三个层次，以条目为表现内容的基本形式。全书设特载、重要纪事、概况、政治、人民团体、法治工作、地方军事、城建·环保、交通·邮电、港口与口岸管理、工业·商业、农业·水务·气象、财税·金融、经济·管理、教育·科技·防震、文化·体育·卫生、镇概况、人物、附录等篇。全书共50万字。

三、本年鉴资料来源于全县各行各业，并经各组稿单位负责人把关，由饶平县地方志编纂委员会办公室、《饶平年鉴》编辑部修改、校核，定稿后由撰稿人和撰稿责任人签名，单位负责人审定签名并加盖公章。再由饶平县地方志编纂委员会办公室、《饶平年鉴》编辑部修改、校核，定稿。

四、本年鉴文中的主要数据由组稿单位提供，由于统计口径不尽相同，个别数据可能与县统计局公布的不一致，使用时以县统计局公布的数据为准。

五、本年鉴在部分章节后附有镇党、政、人大领导班子，县直副科以上单位现职领导班子成员名录，并注明组稿单位或撰稿人。

六、本年鉴图片设置《专题报道》《考察调研》《大事要闻》《市政建设》《重点项目》《社会民生》《乡村振兴》《公园新貌》等栏目。

七、本年鉴的编辑出版得到了全县各级各部门和有关单位领导的大力支持，撰稿人员为此付出了辛勤的劳动，在此特表谢意。限于编者水平和经验，虽经多次审核、校对，仍难免有缺失和疏漏，敬请批评指正。

编　者

饶　平

- 中国日用陶瓷出口之乡
- 中国布马舞之乡
- 中国盐焗鸡之乡
- 中国岭头单丛茶之乡
- 中国水族器材产业重要基地
- 中国电商示范百佳县
- 中国最大海水网箱养殖基地之一
- 国家级无公茶叶示范基地县
- 国家中药现代化科技产业基地
- 国家电子商务进农村综合示范县
- 全国渔业百强县
- 全国义务教育基本均衡县
- 全国首批农业对外开放合作试验区
- 全国县城新型城镇化建设示范县
- 全国法治县（市、区）创建活动先进单位

数字饶平·2020

土地面积1694.06平方千米

年末户籍人口106.14万人

年末常住人口81.74万人

人口密度482.53人/平方千米

全县生产总值282.74亿元

其中：第一产业增加值70.69亿元

第二产业增加值91.74亿元

第三产业增加值120.3亿元

第一产业占GDP比重5.1%

第二产业占GDP比重2.6%

第三产业占GDP比重0.2%

人均地区生产总值34667元

农业总产值121.18亿元

规模以上工业总产值253.63亿元

固定资产投资总额122.88亿元

社会消费品零售总额96.03亿元

海关进口总额1.46亿美元

海关出口总额3.81亿美元

全社会用电量157677万千瓦时

一般公共财政预算收入77.42亿元

其中：本级一般公共预算收入8.40亿元

一般公共财政预算支出77.42亿元

其中：本级一般公共预算支出71.35亿元

税收收入（不含海关代征）16.56亿元

金融机构本外币存款余额313.56亿元

其中：城乡居民储蓄存款余额226.07亿元

金融机构本外币贷款余额68.29亿元

在岗职工年平均工资83437元（全市数）

全体居民人均可支配收19988.5元

饶平县地图

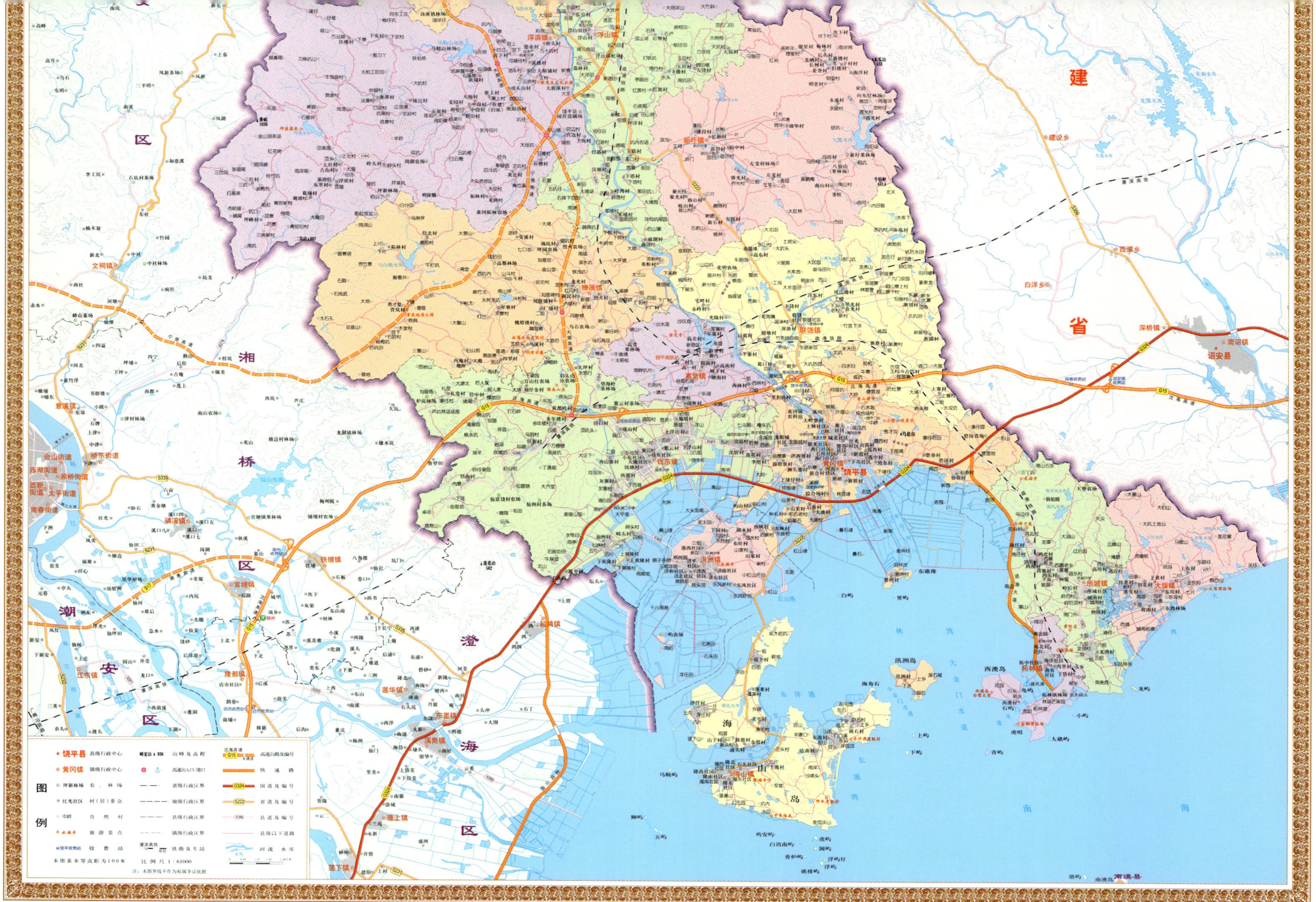

饶平县国土资源局　监制　广东省地图院　编制

审图号：粤S（2015）047号　2016年4月

饶平县委书记陈跃庆：“小湾”融“大湾”开创饶平改革发展新局面

“学习贯彻落实习近平总书记出席深圳经济特区建立40周年庆祝大会和视察广东重要讲话、重要指示精神以及党的十九届五中全会精神，是当前和今后一个时期全县上下的头等大事和首要政治任务，也是饶平实现高质量加快发展的领航灯。”近日，饶平县委书记陈跃庆接受南方日报专访时表示，饶平将进一步抓住机遇，乘势而上，实现“小湾”融“大湾”，努力开创新时代饶平改革发展新局面，为把潮州建设得更加美丽作出饶平贡献。

打造成“双区”的“后花园”“康养地”“体验场”

南方日报：在视察潮州时，习近平总书记希望潮州广大干部群众抓住机遇，乘势而上，起而行之，把潮州建设得更加美丽。请您谈谈感受和体会。

陈跃庆：总书记亲临广东视察，亲自出席深圳经济特区建立40周年庆祝大会，并发表一系列重要讲话、重要指示，为饶平新时代改革开放再出发进一步指明了前进方向、提供了根本遵循。

饶平茂芝会议旧址

饶平茂芝会议纪念馆

总书记视察广东第一站就到了潮州古城，潮州干部群众欢欣鼓舞、倍感振奋。我们一定要牢记习近平总书记的嘱托，抓住机遇，乘势而上，起而行之，感恩奋进，奋力打造沿海经济带上的特色精品城市，把潮州建设得更加美丽！

饶平作为广东省最东边的沿海县，也是原中央苏区县，我们将把总书记谆谆教诲和殷殷嘱托转化为增强“四个意识”、坚定“四个自信”、做到“两个维护”的具体行动，以全省构建“一核一带一区”区域发展格局和全市构建“一江两城一海湾”发展格局为契机，抢抓“双区”建设、“双城”联动释放的“乘数效应”，立足高质量加快发展目标，扎实谋划“十四五”规划，突出海陆统筹、港产联动，加快构建现代化沿海产业体系，建设富有生机活力的潮州新海湾，开创新时代饶平改革发展新局面。

饶平永善村的南阳楼距今已有600多年历史

南方日报：习近平总书记对加强非物质文化遗产保护传承、改造老城等提出期望。今后饶平在推进文化保护、传承和发展有何思路和部署？

陈跃庆：饶平历史悠久，文化底蕴深厚，自古有“岭南佳胜地，瀛洲古蓬莱”之称，潮州文化、客家文化、畲族文化和海滨文化等多元文化在饶平融合共存、交相辉映。

传承、保护和发展好饶平文化，是我们义不容辞的共同责任，也是饶平各级党委政府的应有担当。我们将以总书记提出的“要珍惜和保护好这份宝贵的历史文化遗产，不能搞过度修缮、过度开发，尽可能保留历史原貌”等重要指示精神为指引，围绕焕发饶平文化精神内核开展深调研，深入挖掘潮州文化、客家文化、畲族文化、海滨文化、浮滨文化和红色文化，谋划打造面向全市、全省、全国乃至全世界的饶平文化展示窗口。

我们将大力培养好传承人，传承和发扬好以布马舞、彩青艺术、游旱龙等为代表的非物质文化遗产。对历史文化街区、文物古迹坚决不搞过度修缮、过度开发，确保历史和当代相得益彰，焕发出崭新活力。同时，我们将推动文化和旅游深度融合发展，加快推进汛洲岛力诚博物馆文化小镇、西澳岛旅游度假胜地、海山岛中华海龙旅游区、绿岛晴岚文旅康养小镇等文化旅游项目的规划建设，整合现有红色旅游、滨海旅游、乡村旅游等资源，规划一批精品线路，持续办好文化旅游节、美食节等品牌活动，提高饶平文化的开放度和影响力，切实把饶平打造成“双区”的“后花园”“康养地”“体验场”。

打造沿海现代化产业集聚发展基地

南方日报：习近平总书记强调，自主创新是增强企业核心竞争力、实现企业高质量发展的必由之路。十九届五中全会提出，坚持创新在我国现代化建设全局中的核心地位，把科技自立自强作为国家发展的战略支撑。饶平有何举措？

陈跃庆：我们将按照总书记指引的方向，坚持不懈地提高自主创新能力，创新实施“四大工程”。一是大力实施科技创新工程，支持企业建设“无人车间”“智能工厂”，推动茶叶、水产、食品加工、水族机电、陶瓷等传统产业加快转型升级，增强企业核心竞争力。二是实施强链工程，围绕产业链部署创新链、创新链布局产业链，发挥益海嘉里（金龙鱼）粮油加工基地、华瀛LNG、华丰中天LNG等百亿元级产值项目龙头带动作用，引进一批高端制造业企业落户饶平县，打造沿海现代化产业集聚发展基地。三是实施人才振兴工程，不断完善制造业人才培养引进、评价激励和服务机制，探索开展校、企新型学徒制试点，培养一批知识性、技能型、创新型人才。四是实施现代服务工程，持续优化营商环境，坚持实行领导挂钩服务企业制度，制订出台更贴合饶平实际的暖企惠企稳企措施，全面减轻企业负担，为“饶平产业”“饶平产品”融入国内国际双循环提供强力支撑。

南方日报：作为粤东门户，饶平如何进一步学习弘扬特区精神，融入粤港澳大湾区建设，支持和参与深圳中国特色社会主义先行示范区建设，加快构建全面深化改革、全面扩大开放新格局？

陈跃庆：我们将以深圳等经济特区为标杆、为榜样，紧紧扭住改革开放创新这个“根”与“魂”，永葆“闯”的精神、“创”的劲头、“干”的作风，立足高质量加快发展目标，用心用情用功推动省委“1+1+9”和市委“1+5+2”工作部署落实落地，以新担当新作为奋力开创饶平改革发展新局面。

华丰中天LNG储配站（洪志滨　摄）

在融入粤港澳大湾区建设、支持和参与深圳中国特色社会主义先行示范区建设方面，我们将以全省构建“一核一带一区”区域发展格局和全市构建“一江两城一海湾”发展格局为契机，做实做深做细“海湾”文章，畅通与“双区”建设的对接循环。依托国家一类对外开放口岸潮州港的优势，科学谋划湾区经济发展规划，围绕“绿色发展、龙头带动、产业集群、平台支撑”的思路，借助益海嘉里（金龙鱼）粮油加工基地、华瀛LNG、华丰中天LNG等百亿级大项目的带动辐射效应，统筹谋划推进临港新产业集群发展，推动港产城深度融合发展，实现“小湾”融“大湾”。

我们将加大农村电商产业扶持力度，启动加快农村电子商务高质量发展三年行动计划，实施“一镇一园、一村一站”工程，规划建设县级电子商务农产品冷链物流产业基地和县级农产品集中展示基地，打造一批示范园区和示范站点，培育一批农村电商龙头企业，以电商新业态拉动城乡经济新增长。我们还将重点保护好开发好海洋资源，依托水产产业优势，深化与清华大学海洋工程研究院、佛山市产学研合作促进会、佛山全球创新技术应用转化中心合作，加快探索深远海养殖新路子，推动海洋养殖从“浅海”走向“深海”、从“近海”走向“远海”，培育形成沿海经济新增长极。

把饶平建设得更加美丽

南方日报：饶平将如何落实习近平总书记关于生态文明建设的重要指示精神？

陈跃庆：绿水青山就是金山银山。五中全会也提出，推动绿色发展，促进人与自然和谐共生。保护好青山绿水，建设美丽宜居的家园，实现生态与发展和谐共生是我们应尽的责任。我们将自觉践行习近平生态文明思想，坚决打好“三大攻坚战”，铁腕推进黄冈河流域综合治理，与推进能源革命、推行绿色生产生活方式、推动经济转型发展统筹起来，坚持治山、治水、治气、治城一体推进，不断提高黄冈河流域治理的“含金量”“含新量”“含绿量”，让蓝天碧水、青山绿岸逐步成为饶平最鲜明的底色。

饶平县城　（余秋松　摄）

同时，我们将启动澄饶联围生态环境整治，科学合理改造澄饶联围水利设施，强化围外源头污水治理，规范围内养殖行为，探索“养殖+旅游”模式，切实把澄饶联围海水“盘活”，逐步改善联围生态环境，走健康可持续发展之路。将加强海域综合治理，强化海岸线、海岛保护和整治修复，下大力气彻底清理整治海域违规吊养行为，切实保护好海洋生态环境。将坚持人与自然和谐发展，统筹推进山水林田湖草系统治理，实行最严格生态环境保护制度，推动生态系统功能整体性恢复提升。健全完善城乡环保基础设施，加快推进村镇生活污水处理设施PPP项目、樟溪低碳工业园污水处理厂项目、县餐厨垃圾和污泥协同处理项目等污水、垃圾工程建设，坚决杜绝污水横流、垃圾乱扔现象，共同努力把饶平建设得更加美丽。

▲2020年10月18日，农业农村部对外经济合作中心主任张陆彪在副市长胡鹏，县委书记、县长陈跃庆，副县长庄英楷的陪同下，到饶平县调研农业对外开放合作试验区建设情况　（县志办辑）

▲2020年5月25日，省人社厅厅长陈奕威在潮州市副市长胡鹏、县委书记林文锋等市县领导的陪同下，实地调研联饶镇潮刘村中草药种植基地　（县志办辑）

▲2020年9月21日，潮州市委副书记、代理市长何晓军在市政府副市长林文锋、县委书记陈跃庆等领导的陪同下，到饶平县调研临港产业发展工作　　（县志办辑）

▲2020年5月25日，省农业农村厅副厅长陈东一行到饶平县调研饶平农业对外开放合作试验区建设情况，县委副书记、县长陈跃庆陪同调研　　（县志办辑）

▲2020年12月6日，市委副书记崔建军带队到新圩镇实地督战脱贫攻坚、农村人居环境整治工作。县委副书记、县长雷伟平陪同参加活动　　（县志办辑）

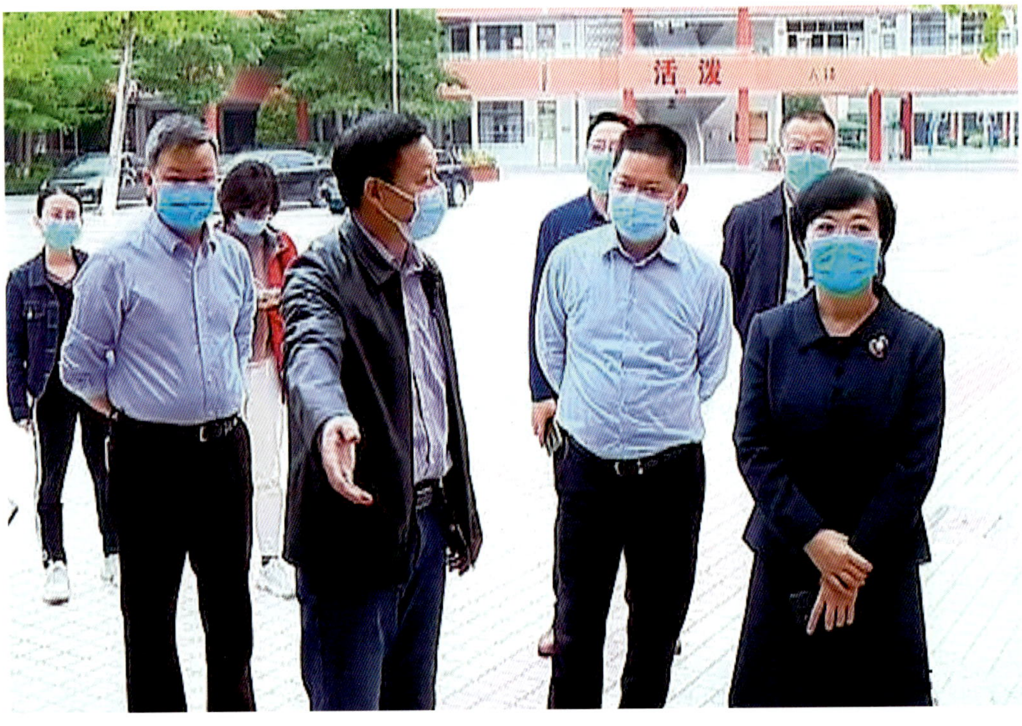

▲2020年4月14日，潮州市政府副市长余鸿纯在县委常委、常务副县长张若群和市、县有关单位领导的陪同下，到饶平县部分中小学校检查指导开学前疫情防控工作　　（县志办辑）

▲2020年12月3日，中储粮集团公司资产管理部部长程秉洲与和润集团副总裁、中海粮油集团董事长赵兴龙一行在潮州市副市长林文锋、饶平县委副书记、县长雷伟平陪同下，到饶平县考察投资兴建“现代粮油深加工及粮食物流园区”项目。宾主双方就进一步加强合作进行深入交流　（县志办辑）

▲2020年3月17日，县四套班子领导前往县禁毒教育基地集中接受毒品警示教育
（县志办辑）

▲2020年1月25日，县委书记林文锋，县委副书记、县长陈跃庆看望慰问在节日坚守一线的民警、医务工作者、供电所员工和消防官兵　（县志办辑）

►2020年2月17日，县委书记林文锋前往甬莞高速浮山出入口，看望慰问执法工作人员　（县志办辑）

▲2020年4月10日，县委书记林文锋带队前往浮滨镇调研现代农业产业园建设、乡村振兴、脱贫攻坚等工作　（县志办辑）

▲2020年6月4日，县委书记、县禁毒委主任林文锋前往县运动场体育馆，参观纪念“6·3”虎门销烟暨禁毒原创作品展　（县志办辑）

▲2020年1月23日，县委副书记、县长陈跃庆带队前往东山镇东明村开展新农村建设检查活动

（县志办辑）

▲2020年1月31日，县委副书记、县长陈跃庆前往上饶、建饶、三饶、汫洲、海山等镇以及有关检查站点督导疫情防控工作

（县志办辑）

▲2020年4月17日，县委副书记、县长陈跃庆带队检查汤溪水库防讯工作

（县志办辑）

▲2020年12月10日，县委书记陈跃庆等领导参加了深圳茶博会开幕式，并前往潮州岭头单丛（饶平）展馆考察

（县志办辑）

▲2020年11月26日，县委副书记、县长雷伟平深入饶平二中、饶平二中实验学校、县人民医院异地搬迁项目新址、县妇幼保健院整体迁址新建项目施工现场调研

（县志办辑）

▲2020年11月29日，县委副书记、县长雷伟平前往新丰镇督导脱贫攻坚和农村人居环境整治工作

（县志办辑）

▶2020年1月15日，饶平县在县大会堂召开全县禁毒工作推进会 （县志办辑）

▶2020年1月16日，饶平县组织收听收看全国、全省和市征兵工作电视电话会议实况 （县志办辑）

▶2020年1月19日，中国共产党饶平县第十三届委员会第十次全体会议在县城召开 （县志办辑）

◀2020年1月30日，饶平县委常委会、县防控新型冠状病毒感染的肺炎疫情工作领导小组（指挥部）召开推进新型冠状病毒感染的肺炎疫情防控工作会议

（县志办辑）

▶2020年3月12日，饶平县四套班子领导带领机关干部约100人在省道S222海山镇坂上至美宅路段两侧开展义务植树活动

（县志办辑）

▶2020年5月26日至27日，政协第十届饶平县委员会第五次会议在县城召开　　（县志办辑）

▶2020年5月28日上午，饶平县第十五届人民代表大会第七次会议在县大会堂开幕

（余世良　摄）

◀2020年9月22日至25日，饶平县领导、潮州港经济开发区党工委班子成员集中学习研讨《习近平谈治国理政》。图为开班动员会场面（县志办辑）

◀2020年9月24日，由广东省省自然资源厅牵头主办的全省农房管控和乡村风貌提升（粤东）现场推进会在潮州市饶平县召开（县志办辑）

◀2020年10月1日，中共饶平县委、饶平县人民政府在县第二中学体艺楼召开“问计饶平教育高质量加快发展”茶话会

（县志办辑）

▲2020年10月15日，暨南大学附属第一医院与饶平县人民政府在饶平县举行托管饶平县人民医院协议签约仪式。暨南大学医学部党工委书记兼医学部主任罗良平、暨南大学医学部副主任、暨南大学附属第一医院院长徐安定、暨南大学附属第一医院副院长王存川、邓益坚，及相关职能部门与临床科室的负责人；饶平县委书记陈跃庆、潮州市卫健局二级调研员郑志煌、饶平县委县政府人大政协四套班子负责人及县级各单位主要领导出席签约活动

（县志办辑）

▶2020年11月7日至10日，由中国陶瓷工业协会主办，以“精美陶瓷，装点美好生活”为主题的2020中国（北京）国际精品陶瓷展览会暨第九届“大地奖”中国陶瓷创新与设计大赛在北京·中国国际展览中心隆重举行。来自全国各产瓷区的600多家陶瓷企业携带各具特色的陶瓷“重器”纷纷亮相展会。饶平共有5家陶瓷企业参加，其中，潮州市儒艺陶瓷研究所的作品“风韵清殊”斩获本次展会的最高奖项“特别金奖”（县志办辑）

▲2020年11月13日，省应急管理厅联合省委宣传部组织开展2020年度寻找“最美应急人”主题宣传活动。经层层推荐、专家评委评审、会议审议等程序，评选出了2020广东“最美应急人”和“最美应急集体”名单，饶平县森林消防大队荣获“最美应急集体”殊荣　（县志办辑）

◀2020年11月16日，饶平县第十五届人民代表大会第八次会议在县大会堂召开。县委书记陈跃庆出席大会并作讲话，会议依法补选雷伟平为饶平县人民政府县长。图为县委书记陈跃庆（右）为雷伟平颁发当选证书　（县志办辑）

▶2020年11月24日，饶平县群兴畜牧养殖场技术员许志群荣获“全国劳动模范”；还先后荣获“广东省百佳新型农民”“广东省十大杰出高素质农民”等称号　（县志办辑）

▲2020年12月13日，饶平县四套班子有关领导、县直有关单位及各镇主要领导一行40多人奔赴东莞，借助东莞市饶平商会平台，举办招商推介会。会上，县委常委、统战部部长黄子鸿代表饶平县委、县政府向与会企业家和在外乡贤介绍饶平投资环境、发展情况；县委常委、常务副县长张若群作主旨讲话；县政协主席詹松辉向东莞市饶平商会会长郭章才颁发任职牌匾和饶平县教育基金会捐赠牌匾
（县志办辑）

◀2020年12月21日，饶平县人武部党委第一书记任职大会在县人武部召开。潮州军分区党委书记、政治委员周文军为陈跃庆颁发了任职证书
（县志办辑）

▲2020年12月19日，饶平县所城镇的潮州华瀛液化天然气接收站项目举行开工仪式。潮州市领导李雅林、何晓军、赖建华、林文锋等，广东省能源局副局长祖冠军，饶平县委书记陈跃庆，以及中国产业海外发展协会会长胡卫平，华瀛天然气股份有限公司董事长舒昌雄，中国五环工程有限公司董事长程腊春共同推动启动杆（县志办辑）

▲2020年1月14日上午，浮滨镇黄正村宋凰单丛红茶研发中心签约仪式在浮滨镇黄正村茶叶加工厂举行，县委副书记、县长陈跃庆以及市委办、韩山师范学院、市供电局、市海事局、电信潮州分公司、建行潮州分行等帮扶单位，浮滨镇党政领导，宋凰生态茶园有限公司代表，黄正村党支部书记及驻村工作队、部分村代表参加签约仪式

（县志办辑）

◀2020年4月14日，饶平县举行教育重点建设项目：饶平县中山实验学校、暨南大学附属潮州实验学校、饶平县瑞峰实验学校、饶平县技工学校新校区、饶平县教师发展中心动（开）工仪式　　（县志办辑）

►2020年10月27日，潮州亚太燃油仓储有限公司公共通用码头（配送基地）项目开工仪式在饶平县所城镇潮州港金狮湾港区举行

（余献民　摄）

◀饶平县中山实验学校暨县中山实验幼儿园总投资约1.4亿元，小学可提供公办优质学位2160个，幼儿园可提供公办优质学前教育学位360个

（余献民　摄）

▶饶平县益智学校新校区总投资3000万元，可为残疾儿童少年提供教学、康复、训练、心理辅导等服务　　　　（县志办辑）

◀新建的暨南大学附属第一医院潮汕医院　　　　（余世良　摄）

▲潮州港扩建货运码头（复工）工程是闽粤经济合作区启动建设的首批合作项目之一，被列为省重点建设项目，于2014年11月正式开工续建，2020年4月完成竣工验收，6月8日取得港口经营许可证，已建成1万吨级杂货泊位和2万吨级集装箱泊位各1个，码头总长度351米　（余献民　摄）

▲新建县妇幼保健院　（余世良　摄）

▲新建饶平县第二人民医院　（余世良　摄）

▶新建饶平县第三人民医院
（余世良　摄）

◀潮州华瀛液化天然气
接收站项目　（余献民　摄）

▶潮州闽粤经济合作区
LNG储配站建设项目一期工程
（余献民　摄）

▲益海嘉里(金龙鱼）潮州粮油加工基地位于潮州临港产业转移工业园文胜围南片区，由世界500强企业丰益国际集团旗下的益海嘉里投资有限公司投资建设，分为食品工业、饲料蛋白开发、油脂工业三个板块。建设内容包括粮油加工副产物饼粕大豆压榨项目、精炼项目、面粉项目、大米项目、糖厂、饲料加工项目以及配套的仓储、物流、公用设施、办公楼等

（余献民　摄）

◀饶平县高堂水闸重建工程是一宗以防洪为主，兼顾灌溉、供水、航运等功能的大型水闸工程。项目总投资1亿3355万元，建设内容包括拦河节制闸、进水闸、连接土堤等建筑物。工程设计洪水标准为50年一遇，校核洪水标准为200年一遇

（县水务局提供）

▶黄冈河英粉溪的饶平县第二水厂取水口
（县水务局提供）

◀施工中引韩济饶供水工程项目
（县志办辑）

▶所城风电场
（县志办辑）

▲县城美丽的滨河公园，绿意盎然生机勃勃　　（县志办辑）

▲县城华侨医院前路段“黑底化”工程
（县城综局供稿）

▲县城华美路“黑底化”工程
（县城综局供稿）

▲灯光璀璨的县城黄冈河两岸夜景　（县志办辑）

▲县城上林荷花公园　（余献民　摄）

▲流光溢彩的县城中秋月夜　（县志办辑）

▲县城小公园　（余世良　摄）

▲县城新港东路“黑底化”工程
（县城综局供稿）

▶环境优美的县城黄冈大桥一侧
（县志办辑）

▶县城新港河道两岸“见缝插绿”
（县志办辑）

▲县城建设西路新建路面　（县城综局供稿）

▲新建县城糖厂路新建路面　（县城综局供稿）

◀县城新港健身广场
（余世良　摄）

◀县城新车站前转盘花圃
（县志办辑）

◀县城沿河北路上林段，成为群众休闲散步的好去处
（县志办辑）

◀县城饶平大道“黑底化”工程

（余世良　摄）

▲县城新力路小公园　（余世良　摄）

▲县城充分利用道路周边较难利用的边角地、闲置地等小区域“见缝插绿

▶县城西溪公园

（余世良　摄）

饶平县积极实施“科技兴茶、品牌强茶”战略，以建设省级现代农业产业园为先导，大力培育和扶持茶叶龙头企业，助推乡村产业振兴。至2019年，全县现有茶园面积11.5万亩（其中已认定生态茶园1.2万亩），年产量1.27万吨，年产值13亿元，较大规模茶叶生产、加工企业300多家，茶农7万多人。图为茶农在饶平县茶叶省级现代农业产业园茶叶生产基地采茶（县志办辑）

发展传统养鹅产业，农民走上乡村振兴致富之路（县志办辑）

发展富硒花生、富硒红薯、富硒稻米等特色产业，大埕镇红花村打造新农村示范村建设（县志办辑）

依托优质荔枝产业，打造了现代农业产业园，联饶镇促使“小荔枝”成就“大产业”
（县志办辑）

新圩镇西山村以推进新农村示范村建设为抓手，致力打造美丽乡村　（县志办辑）

新丰镇溁东村大力发展柑桔种植等特色产业，助力乡村振兴
（县志办辑）

“茶叶”+“旅游”，解山区贫穷之困，新塘镇顶厝村释放活力促振兴　　（县志办辑）

联饶镇潮刘村大力发展百香果、龙眼、溪黄草等特色产业，全力推进新农村示范村建设　（县志办辑）

800年古村焕发活力，上饶镇永善村被评为广东省文化和旅游特色村　　（县志办辑）

汤溪镇大门坑村2020年被评为“潮州市文化和旅游特色村”、广东省“一村一品、一镇一业”茶叶专业村、“潮州市文化和旅游特色村”（县志办辑）

“沟肚+蓝洋”百亩农田水稻、二花豌豆经济作物种植、桂味荔枝等特色产业，成为新圩镇新石村新农村示范村亮点（县志办辑）

所城镇岭后村大力发展特色产业，开辟邮乐购，电子商务服务站，全力推进新农村示范村建设（县志办辑）

打造区域特色海水养殖基地，助推乡村振兴　（县志办辑）

弯曲山道见证了上饶镇上善村的乡村振兴　（县志办辑）

推进人居环境整治，东山镇东明村建设美丽乡村　（县志办辑）

三饶镇溪西村一粒香米创出一条致富路

（县志办辑）

发展花木、葡萄种植基地，樟溪镇英粉村打造山水田园特色

（县志办辑）

樟溪镇新民村大力发展特色产业，全力推进新农村示范村建设

（县志办辑）

发展单丛茶、咸牛奶等特色产业，浮滨镇大新溪村全力推进新农村示范村建设（县志办辑）

新圩镇燎星村大力发展山枣糕、杨梅、柑桔、青梅等特色产业　（县志办辑）

百姜园+百草园，浮山镇石壁村乡村振兴展画卷　（县志办辑）

开展村庄整治，让浮山镇方饶村面貌一新 （县志办辑）

上饶镇埔中村大力发展阳光工作坊、黄牛养殖和果蔬生态种植等特色产业，全力推进新农村示范村建设 （县志办辑）

一根竹子，编织出一个“农业特色产业”的故事，东山镇竹器产品走俏市场 （县志办辑）

东山镇湖岭村打造乡村振兴“红色引擎”发展现代农业，增强“造血”功能　（县志办辑）

发展多个特色农业产业，新圩镇长彬村“梅”企业带动乡村千家万户增收致富　（县志办辑）

汤溪镇乐岛村大力发展青梅果、橄榄、蜂蜜、茶叶等特色产业，全力推进新农村示范村建设　（县志办辑）

建饶镇车岭村推进乡村绿化美化，获评“广东省森林乡村”称号

（县志办辑）

浮滨镇黄正村：一个贫困村变身新农村示范村 （县志办辑）

入园享美景　迎门有繁华

——饶平黄冈中山公园掠影

气势恢宏的黄冈中山公园大门（正面）

“来了不想走，走了还想来”。这是很多饶平人发自内心对全新“容颜”黄冈中山公园的赞叹。

那么，经过近一年改造提升后的黄冈中山公园到底景色有多美、魅力有多大、内涵有多丰富？带着好奇，近日，笔者走进这座历史文化名园……

黄冈中山公园大门（背面）

黄冈中山公园大门（夜景）

黄冈丁未革命纪念亭和广场

纪念碑和孙中山先生铜像

黄冈中山公园中山亭

丁未黄冈起义之役的雕塑

一座打响反清起义第一枪的历史文化名园

提起黄冈中山公园，饶平人几乎没人不知道。这是因为不管是它所处的地理位置，还是名称的由来，那都是大多数公园无法比拟的。这座位于黄冈镇东北郊，记载着辛亥革命壮烈前奏、打响反清起义第一枪光辉历史，被人们称之为饶平“大公园”的历史文化名园，建于1934年，是纪念孙中山先生领导的黄冈丁未起义和辛亥革命胜利而建，园内建有“黄冈丁未革命纪念亭”，镌刻丁未革命史略及300多名烈士的芳名。

多年来，这座具有鲜明的景观特色和时代烙印的历史文化名园，历经了88年的风风雨雨，走过了建设、破落、发展、兴旺的过程，也记载了几代饶平人温馨而美好的回忆。尤其是在每年重大历史事件纪念日等时间节点上，饶平县的各级党政机关、各中小学校都纷纷组织前来凭吊、祭扫，开展爱国主义教育……2008年11月，“黄冈丁未革命纪念亭”被广东省人民政府公布为第五批省级文物保护单位；2009年9月，黄冈中山公园被列为“潮州市爱国主义教育基地”。

高品质全方位打造饶平县城新地标

2020年上半年，饶平县委、县政府铭记习近平总书记“把潮州建设得更加美丽”的殷殷嘱托，以“创建广东省文明县城”为契机，将中山公园改造提升工程纳入民生实事工程项目，使这一文物古迹得到有效的保护和合理的利用，成为群众缅怀先烈、旅游观光、休闲活动的综合性主题公园。2020年10月21日，总投资达到2000多万元的黄

黄冈中山公园一侧

亭亭玉立

冈中山公园改造提升工程正式施工，工程以高品质全方位打造饶平县城新地标为起点，秉着“一轴一环三区五节点”的设计理念，立足以“黄冈丁未革命纪念亭”至滨水长廊四个节点打造视线连贯的景观主轴，环形园路串联起红色革命回溯区、文化活动区、滨湖游览区三个功能区和五个景观节点，融汇了各式园林风格，改造公园广场，铺设园内道路，改造绿化廊亭，配套园区灯光等，三十多种建筑布局，丰富无比，美丽至极。经过近一年的紧张施工，修葺一新的黄冈中山公园于2021年9月25日起正式与市民见面。

高端的设施增添市民获得感

当行至饶平县城汕汾路北侧，步入“升级版”的黄冈中山公园，心里升腾着“欣欣向荣”的自豪感。公园大门，别具一格。一座高大的牌楼显得格外注目，正背两面“中山公园”“天下为公”8个金黄色的大字闪闪发光，花岗石镶嵌的门柱和墨色的琉璃瓦搭配格外协调；来到门前，都会不自觉地站在制高点，先睹景区全景为快。园区美

画栋雕梁

休闲平台

玫瑰、淡紫、湖蓝、柠檬色的木栈道

园林景观

滨湖长廊

景尽收眼底：一幅绚丽壮观的园区水彩画呈现在眼前。继续前行，门埕的中央便是亭亭玉立的纪念丁未黄冈起义之役的雕塑，在蓝色天空映衬下显得大气、雅致。移步之时，展眼一望，一条条蜿蜒的栈道鲜花簇拥，从大门一直延伸到园区深处，曲桥亭台水榭，画栋雕梁；曲径通幽，夹道而立，有如世外桃源一般；每一处都是那样的鲜亮，那样的活泼，那样的充满诗情画意；更欣慰的是园内小径石阶，崎岖有致，绿树成荫，草色青青，绽放的花朵笑迎八方来客，给人们一种处处皆美景的神秘感。在公园西侧，并排矗立"黄冈丁未革命纪念亭"、纪念碑和高大的孙中山铜像，显得庄严伟岸，让人更加缅怀和瞻仰伟大的革命先驱，诉说着黄冈丁未起义的红色记忆；再往里走些，小曲桥、湖心亭、中山亭等亭台绿林环绕，小桥流水，十分浪漫。在园中，蛋糕型的休闲平台和"电子琴"键盘道与滨湖长廊、展卷景墙、雕塑广场及活动广场，另一番别致，给人带来美妙的诗意享受。在园中，随处可见这样的场景：人头攒动，游人如织，老人、孩子或嬉戏于花丛中，或静坐于树林中的木椅上，享受着休闲的时光……好奇的人们或驻足，或观赏、或探秘、或拍照留念。

曲径通幽

休闲环境

入夜，华灯已上，整座公园成了一个绚丽多彩的梦幻灯光世界，LED灯带、激光、投射灯、洗墙灯、轮廓灯、瓦楞灯和亲民音乐灯光等多重灯光效果设备齐亮相，让本来就美丽的园区成了灯的世界、花的海洋。新建的牌楼、休闲平台和“电子琴”键盘道与滨湖长廊、展卷景墙、雕塑广场、亭台楼阁、小径石阶……犹如烟波浩渺，卧龙隐现。休闲的人们三五成群的在斑斓的灯辉下嘻哈慢行，悠然自在；大妈们伴随音乐节奏翩翩起舞，太极拳协会会员们在习拳健身。

应该说，中国园林中以“山水园”最为典型，理石成山，理水成池；方寸天地，无限河山。改造提升后的黄冈中山公园，完美演绎着中国园林的诗意画境，各式美景浑然天成，每个角落细节都如鬼斧神工一般，让人深入其中，有一种景景连绵，“柳暗花明又一村”的感觉，更让人真正感受到的是，黄冈中山公园自然、艺术、红色文化、历史文化在这里相得益彰……

(文：余世和　图：余世良、余献民)

游人如织

目　录

特　载

重要纪事

概　况

政　　治

交通・邮电

港口、口岸管理

工业·商业

农业·水务·气象

财税·金融

教育·科技

文化·体育·卫生

社会生活

镇概况

人　　物

附　　录

特载

在县委十三届十次全会上的报告

（2020年1月19日）

林文锋

同志们：

现在，我受县委常委会委托，向全会作工作报告。

一、坚持以习近平新时代中国特色社会主义思想统领饶平工作，高质量加快发展取得新进展、实现新突破

2019年是大庆之年、喜事之年，是极不平凡的一年，也是饶平推进高质量加快发展的开局之年。过去一年，我们坚持以习近平新时代中国特色社会主义思想为指导，全面贯彻党的十九大和十九届二中、三中、四中全会精神，深入贯彻习近平总书记对广东重要讲话和重要指示批示精神，以及省委“1+1+9”、市委“1+5+2”工作部署，围绕市委赋予饶平高质量加快发展新定位，坚持“问题导向、系统思维、重点突破”谋划工作，党的建设全面加强、经济运行稳中有进、民生质量明显提升、社会大局和谐稳定，全县各项工作取得新进展、实现新突破。预计全年地区生产总值增长5.7%，多项主要经济指标增幅位居全市首位。

*（一）以主题教育为抓手，管党治党更加有力。*坚持把学习贯彻习近平新时代中国特色社会主义思想和总书记对广东重要讲话、重要指示批示精神作为首要政治任务，坚持和完善党委（党组）会议“第一议题”学习制度，突出领导干部领学带学督学，持续开展“大学习、深调研、真落实”工作，以上率下推动学习教育常态化制度化，推动习近平新时代中国特色社会主义思想在饶平结出丰硕成果。高质量开展“不忘初心、牢记使命”主题教育，一体推进四项重点措施，深入开展8项专项整治，制订整治措施96条，完善制度规定39项，精心组织“四个教育”，引导党员干部树牢“四个意识”、坚定“四个自信”、坚决做到“两个维护”，全县4万多名党员在思想建设、政治建设、作风建设、能力建设和廉政建设等方面获得新提升。全力抓好省委巡视反馈意见整改，以高度的政治自觉和敢于担当的政治勇气，推进党的建设、贯彻落实党中央重大决策部署、党风廉政建设和反腐败斗争、选人用人四个方面整改工作，35个具体问题完成阶段性整改；深化标本兼治，建立完善管长远、治根本的有效机制，推动整改取得实效。坚持党管意识形态不动摇，牢牢掌握意识形态工作领导权管理权主动权，定期研判处置网络舆情，推进县级融媒体中心和新时代文明实践中心建设，筑牢意识形态安全“护城河”和“防火墙”。深入实施加强党的基层组织建设三年行动实施方案，以固本强基“1+N”工程为抓手，加强“头雁”工程建设，持续整顿软弱涣散基层党组织，县领导包镇遍访396个村（社区），调整撤换“四不书记”6名，扎实推进上善村、湖岭村、长彬村3个“红色村”党建示范工程建设。统筹干部“育识选管用储”，加大干部一线考察力度，激励干部新担当新作为，打造忠诚干净担当干部队伍。深入开展

基层正风反腐三年行动，创新开展为期10个月的基层纪律教育活动。深化“以案促改”工作，深入剖析廖利兴严重违纪违法案件。坚定不移推进政治巡察，严查群众身边不正之风和腐败问题，全县纪检监察系统共立案338宗342人，给予党纪政务处分260人。

（二）以深化改革为动力，发展动能显著增强。突出加强党对改革的领导，把全面深化改革纳入县委工作总体布局，调整完善县深化改革运转机制，把稳把准全面深化改革方向。高质量完成县机构改革任务，机构职能体系更加优化协同高效。加快“数字政府”建设，推进政务服务“一门式、一网式”改革，83.45%的事项实现“最多跑一次”。持续深化“放管服”改革，精简办事流程、多渠道优化审批流程，大幅度压缩政府性投资项目和企业核准项目、备案项目审批时间，群众和企业办事更加方便快捷。深化商事制度改革，推行“多证合一”“证照分离”改革，企业开办全流程仅需1个工作日。探索并联审批、容缺受理“保姆式服务”新模式，一批工程项目建设提速提效。深化农村综合改革，启动农村集体产权制度改革试点工作，基本完成农村土地确权颁证，农村发展更有活力。抓住闽粤经济合作区、潮州港经济开发区管理体制改革的机遇，实现区县高度融合发展。

（三）以质量效益为导向，经济运行稳中向好。突出大项目支撑，加快推进益海嘉里、华瀛LNG等百亿元级产值项目建设，培育县域经济新增长极。积极对接大湾区市场，开展招商引资活动。成立县产业园区投资开发有限公司，统筹谋划樟溪低碳工业区、联饶工业区规划建设，加快完善临港产业转移工业园和潮州港三百门新港区基础设施及相关配套建设，逐步形成产业集聚发展新格局。着力构筑高效便捷交通水利体系，潮州港扩建货运码头、潮州港公用航道一期工程即将完工，大潮高速、疏港铁路、滨海旅游公路、厦深铁路饶平站站前广场等交通公路及配套项目建设步伐加快，引韩济饶供水工程引进广东粤海水务股份有限公司实施战略性重组。土地资源有效盘活，完成水田垦造任务，高效推进拆旧复垦工作。落实国家和省、市支持实体经济发展系列政策，完善县领导挂钩服务企业制度，减税降费2.44亿元。深入实施创新驱动战略，落实技术改造事后奖补，加大工业技改资金投入，规上企业研发机构设立比例提高至30.51%。注重品牌建设，再获“中国日用陶瓷出口之乡”称号，新功电器有限公司获中国驰名商标。

（四）以优化环境为引领，农村面貌明显提升。坚持规划引领，连片打造示范村、示范镇、示范带，启动188个新农村先行村规划建设，基本完成35个省定贫困村新农村示范村和5个新农村连片示范工程建设，樟溪镇英粉村入选“广东美丽乡村特色村”和省十大“年度美丽乡村”名单，上饶镇上善村成为首批“广东省文化和旅游特色村”，“饶平休闲观光一日游”入选省首批乡村旅游精品线路名单。大力发展富民兴村产业，启动国家级农业产业强镇（钱东镇）、浮滨镇茶叶专业镇、省级现代农业（茶叶）产业园、市级青梅和水产现代农业产业园规划建设。深化农村人居环境整治，1196个自然村基本完成“三清一改”。狠抓中央和省环保督察反馈意见整改，大力推进污染防治攻坚战，铁腕整治黄冈河流域、海滩涂海岸线、畜禽养殖污染，强力整治大埕湾海域违法吊养，启动“两违”整治三年行动计划，断根式拆除42家非法黏土制砖厂，宝斗石生活垃圾填埋场资源化利用项目进入试运营，20个镇级生活垃圾填埋场完成整改，城乡生活垃圾无害化处理率达95%以上，生态文明建设取得重大进展。

（五）以改善民生为根本，社会事业稳步发展。办好十件民生实事，民生领域支出占一般公共预算支出81.83%。健全社会保障体系，提高社会救助标准，成立全省唯一一个县级残疾人公益慈善会。落实稳就业要求，建立县创业孵化基地，城乡登记失业率降至2.6%。高考成绩取得历史性突破，教育事业改革创新成效明显。医疗卫生改革稳步推进，创新制订促进医疗卫生健康事业改革发展若干措施，县第二人民医院正式开业，一批医院重点项目大干快上，优质医疗服务资源供给更加充分平衡。顺利完成年度脱贫攻坚任务，35个省定贫困村全部出列，贫困户脱贫退出率达到98.6%。持续打好“创文”“创卫”“创森”攻坚战，开展新一轮“六个十”工程，汤溪镇获评“广东省森林小镇”，全县11个村入选2019年省首批“国家森林乡村”认定名单。文化体育事业蓬勃发展，举重运动员张宛琼斩获2019年举重世界杯赛暨2020年东京奥运会资格赛3枚金牌。启动“八六海战”博物馆规划建设，战斗英雄、八一勋章荣获者麦贤得获“人民英雄”国家荣誉称号。统筹推进民族宗教、妇女儿童、外事侨务、台港澳事务、双拥优抚、国防动员、党史、档案、地方志等工作。

（六）以平安法治为基石，治理能力不断提高。坚持把政治安全放在首位，围绕5个课题10个专题开展调研，滚动排查18个领域29项重点工作，严防香港“修例风波”负面影响倒灌，圆满完成新中国成立70周年大庆、澳门回归20周年维稳安保政治任务。纵深推进扫黑除恶专项斗争，全面打响涉黑恶、禁毒、反电诈、打击涉税“四大战役”，共立涉黑恶案件46宗，打掉各类黑恶团伙21个、刑拘117人，查处吸毒人员256名，抓获饶平籍涉电诈人员255名、涉税逃犯193名，成功摘掉省涉枪重点整治地区“帽子”，实现刑事“零”警情86天，人民群众对扫黑除恶专项斗争知晓率、扫黑除恶专项斗争带来安全感提升率明显高于省、市平均水平。创新社会治理，推动治理重心向基层下移，推进镇综治中心“四化”和视联网建设，基层治理社会化、法治化、智能化和专业化水平明显提升。落实社会矛盾防控机制和领导包案制度，共受理群众来信来访238件人次，同比下降20.67%，“高二村涉土”“鸿南村涉稳”等社会矛盾和不稳定因素有效化解。加快依法治县进程，深化司法体制改革，开展法治县、法治镇、法治村（社区）和法治学校“四级联创”活动，群众法治意识明显增强。重视支持人大和政协工作，人大代表建议、政协提案意见得到有效落实。

二、把握大势，坚定信心，勇于担负实现高质量加快发展的责任和使命

2020年是全面建成小康社会和“十三五”规划收官之年，是贯彻落实党的十九届四中全会精神、开启全面建设社会主义现代化新征程之年，也是谋划“十四五”规划的关键一年，做好今年工作意义重大、责任重大、影响深远。面对新形势新任务新要求，我们必须提高政治站位，深刻把握大局大势，坚定信心决心，坚持问题导向、目标导向，主动适应发展新变化，找准发展新方向，牢牢扛起实现高质量加快发展的责任和使命，不断把饶平改革发展稳定各项事业推向前进。

（一）准确把握国际国内发展大局的深刻变化，充分认识坚持和完善中国特色社会主义制度、推进国家治理体系和治理能力现代化，是我们应对系列风险挑战的重要支撑和有效途径。当今世界面临百年未有之大变局，国际经济合作与竞争格局发生深刻变化，世界经济增长持续放缓，仍处在国际金融危机后的深度调整期，全球动荡源和风险点明显增多。特别是随着我国国际地位和国际影响力快速提升，美国等西方国家对我国的猜疑和戒惧加深，全方位进行打压和围堵，充分暴露其反对中国共产党和我国社会主义制度、遏制中华民族伟大复兴的本质。回顾新中国成立70年历程，我们党领导人民创造了经济快速发展和社会长期稳定“两大奇迹”，根本在于我们党领导人民建立和完善了中国特色社会主义制度，并不断加强和完善国家治理体系。党的十九届四中全会审议通过的《坚持和完善中国特色社会主义制度、推进国家治理体系和治理能力现代化若干重大问题的决定》，深刻回答了“坚持和巩固什么、完善和发展什么”这一重大政治问题，是以“中国之治”应对“时代之变”的有效途径。同时，习近平总书记在中央经济工作会议上指出，“我国经济稳中向好、长期向好的基本趋势没有改变”，为我们推动高质量加快发展注入强心剂。我们要始终高举习近平新时代中国特色社会主义思想伟大旗帜，坚持党中央集中统一领导，保持政治定力、战略定力，坚定制度自信，发挥制度优势提升治理效能，有效应对各类风险挑战，坚定不移推动高质量加快发展，确保经济持续健康发展。

（二）准确把握“双区”建设带来的历史机遇，充分认识“双区驱动效应”释放出强大的政策红利，是我们实现高质量加快发展的动力源泉。建设粤港澳大湾区、支持深圳建设中国特色社会主义先行示范区，是习近平总书记亲自谋划、亲自部署、亲自推动的重大战略，必将为我们推动高质量加快发展注入源源不断的新动能。省委十二届八次全会指出，大湾区、先行示范区“双区”利好叠加，日益产生强烈“化学反应”“乘数效应”；沿海经济带是大湾区、先行示范区重要拓展带、连接地。要求我们主动承接“双区”产业转移，借力“双区”丰富的科技资源、产业资源，加大引资引智引技力度，不断厚植沿海经济带的产业基础、产业优势。同时提出东翼地区要依托潮州港经济开发区等重大平台发展临港特色产业，以汕头为中心，做大做强汕潮揭城市群，实现沿海经济带两翼齐飞。省委十二届九次全会对如何推动“一核一带一区”区域发展新格局深化实化，构建高质量发展动力系统作出具体部署，特别提到要大力推进老区苏区等特殊类型地区振兴发展，着力培育发展特色优势产业，增强内生发展动力。饶平作为沿海经济带东翼的最东端，毗邻汕头这个省域副中心城市，又是潮州港经济开发区所在地、汕潮揭城市群组成部分和原中央苏区县，必须从更大格局、更宽视野、更高站位，充分认识“双区”建设是习近平总书记、党中央赋予广东的重大责任和重大使命，充分认识利好叠加的“双区驱动效应”必将在省委推进主体功能明显、优势互补、高质量发展的区域经济布局中得到充分释放，势必为饶平推进高质量加快发展引进新元素、拓展新空间、注入新动能。我们要坚决摒弃“与己无关”“于己不利”等错误思想，以更加奋发有为的姿态主动融入“双区”发展大局，充分利用“双区驱动效应”和“湾+区+带”协同联动效应，主动作为、顺势而上，在学习借鉴中深化改革、补齐短板，在跟跑并跑中借船出海、借梯登高，奋力走出一条与“双区”错位发展、协同联动的高质量加快发展之路。

（三）准确把握当前潮州发展的历史方位，充分认识推动市委“1+5+2”工作部署落细落小落实，是我们推进高质量加快发展的重要抓手。当前，潮州正处于“发展攻坚期、改革深化期、美好生活提升期”的历史方位。在“三期”叠加交汇的特殊时期，市委深化运用“问题导向、系统思维、重点突破”工作法，作出“1+5+2”工作部署，突出破解“绕不过”“等不起”等关键性、根本性、决定性问题，通过抓重点带全局、解难题优环境，举全市之力推动高质量发展，呈现出政治生态优化、经济发展向好、民生质量改善的良好局面。在市委的正确领导下，县委团结带领全县广大党员干部群众，紧紧抓住“双区”建设契机，以全面加强党的领导和党的建设为统领，突出抓好乡村振兴和脱贫攻坚、重大项目建设、产业转型升级、城市治理水平提升、污染防治攻坚等五项重点工作，强化深化改革、基层治理两个重要支撑，以新担当新作为新气象推动新时代饶平迈上高质量加快发展新征程，经济社会各项事业迎来大建设大发展的春天。实践证明，市委“1+5+2”工作部署完全符合党中央和省委决策部署的精神，完全符合潮州现阶段发展的实际，完全符合饶平实现高质量加快发展的需求，是当前和今后一个时期做好饶平工作的重要抓手。我们要倍加珍惜来之不易、稍纵即逝的发展大好局面，把握市委对饶平支持力度不断加大的机遇，乘势而上、拼搏奋进，坚定不移把市委“1+5+2”工作部署贯彻落实好，集中精力办好饶平的事，为潮州打造沿海经济带上的特色精品城市作出饶平贡献。

（四）准确把握当前饶平的责任使命和差距所在，充分认识实现高质量加快发展，加快转变作风、提升干事创业精气神，是我们的当务之急。对标市委赋予饶平实现高质量加快发展新定位的要求，我县在党的领导和党的建设、行政体制、营商环境、民生保障、社会治理、法治建设、文化建设、生态文明建设等方面，还存在不少短板和薄弱环节。一是一些干部思想政治素养不强，政策理论水平跟不上新时代新步伐，看问题、做决策、推工作依然采用老观念、老套路、老办法；干事创业精气神不足，工作不作为、不在状态、不守纪律，拖沓扯皮、临渴掘井，“老好人”“太平官”“墙头草”等现象普遍存在；推动工作缺乏法治思维，依法行政、依法用权、规范执法等意识有待提升。二是重大项目少，传统产业转型升级难度大，新动能凤毛麟角、屈指可数，对经济支撑作用不够，高质量加快发展的体制机制不够健全。三是城乡发展不平衡问题突出，农业产业化程度低，农村基础设施和公共服务欠账较多，农村综合改革和脱贫攻坚任务繁重艰巨。四是民生保障水平不高，教育医疗优质资源分布不充分不均衡，一些群众操心事烦心事揪心事仍未有效解决。五是城市治理和基层治理水平较低，精细化管理水平不高，涉黑恶、涉毒、涉电诈、涉税等突出违法犯罪问题仍未彻底根治；农村干部年龄老化、学历低化、能力弱化“三化”问题普遍。六是正风反腐任重道远，一些形式主义、官僚主义现象依旧存在，发生在群众身边的腐败行为依然多发。这些问题需要我们高度重视，切实加以解决。尤其是干部作风不扎实、干事创业精气神不足的问题，是当前亟待解决的所有问题的重中之重。市委十四届九次全会已发出“心魔不除，大道难畅；羁绊未斩，疾步难行”振聋发聩的声音，我们必须发扬斗争精神，勇于刀刃向内自我革命，敢于直面问题，敢于刮骨疗毒，敢于同党内存在的一切问题作坚决斗争，彻底解决思想不纯、组织不纯、作风不纯等突出问题，加快转变作风，提升干事创业精气神，为饶平实现高质量加快发展提供坚强的组织保障。

同志们，当前，饶平既面临着新的发展形势和环境，也面临新的发展机遇和挑战，既有负重承压的一面，更有红利叠加的一面。我们必须正确把握当前发展大势，坚定信心、保持定力；必须正确把握经济运行规律，稳中求进、进中求好；必须正确把握政策机遇，担当作为、不负韶华，在与全国全省全市一道全面建成小康社会、开启全面建设社会主义现代化国家的新征程上展示新时代饶平风采。

三、牢记使命，接续奋斗，推动高质量加快发展行稳致远

今年全县工作的总体要求是：以习近平新时代中国特色社会主义思想为指导，全面贯彻党的十九大和十九届二中、三中、四中全会以及中央经济工作会议精神，坚决贯彻党的基本理论、基本路线、基本方略，深入贯彻落实习近平总书记对广东重要讲话和重要指示批示精神，增强“四个意识”、坚定“四个自信”、坚决做到“两个维护”，紧扣全面建成小康社会目标任务，坚持稳中求进工作总基调，坚持新发展理念，坚持以供给侧结构性改革为主线，坚持以改革开放为动力，坚持以粤港澳大湾区建设为“纲”、以支持深圳建设中国特色社会主义先行示范区为牵引，深入落实省委“1+1+9”和市委“1+5+2”工作部署，坚定不移推进高质量加快发展，深入实施乡村振兴战略，坚决打好三大攻坚战，全面做好“六稳”工作，统筹推进稳增长、促改革、调结构、惠民生、防风险、保稳定，保持经济社会平稳健康发展，确保全面建成小康社会和“十三五”规划圆满收官。

今年经济发展的预期目标是：全县地区生产总值增长6%左右。陈跃庆同志将对经济工作作具体部署。这里，我重点强调几方面工作。

（一）坚持以三大攻坚战为靶向，牢牢守住发展底线。三大攻坚战是决胜全面建成小康社会必须攻克的雄关、是实现高质量加快发展的底线，必须坚决打好打赢。继续打好脱贫攻坚战。坚持“三级书记抓扶贫”，层层夯实脱贫攻坚主体责任，集中精力解决“两不愁三保障”和“八有”突出问题，全力以赴完成剩余脱贫任务，严厉惩治扶贫领域腐败和作风问题；聚焦稳定脱贫，扎实开展“清零达标”专项行动，落实好产业扶贫和就业扶贫各项措施，建立健全长效帮扶机制，及时将返贫人口和新发生贫困人口纳入帮扶范围，确保全面小康路上不漏一户、不落一人。继续打好污染防治攻坚战。树牢“绿水青山就是金山银山”理念，严格落实领导干部生态文明建设责任制，坚持精准治污、科学治污、依法治污，保持方向不变、力度不减，坚决打好蓝天、碧水、净土保卫战；坚持问题导向，聚焦中央和省环保督察反馈问题，以及人民群众最关注的环保热点问题，以最坚决的态度、最有力的措施和最严格的要求抓好整改，不断补齐生态环境短板；坚持源头防控，建立完善污水治理体制机制，狠抓城市扬尘治理，强化黄冈河流域水环境和“蓝色海湾”保护，加快全域污水处理设施及配套管网建设，确保地表水国考、省考断面达标，全面提升环境质量。继续打好防范化解重大风险攻坚战。牢固树立底线思维，坚决把好防范化解金融风险这个重大关口，突出政府隐性债务、涉众金融、互联网金融、房地产、企业流动性等风险的防控化解，加强薄弱环节监管、风险监测预警等制度建设，平衡好稳增长与防风险关系，从源头上严防金融风险及其衍生的各类风险发生。

（二）坚持以制度建设为主轴，持续推进改革创新。突出制度建设和治理能力现代化，优化完善改革目标清单、任务清单、责任清单，研究制定基层治理急需的制度和满足人民对美好生活新期待必备的制度，逐步补齐各领域各方面体制机制短板。学习借鉴“双区”先进治理理念、治理方式、治理手段，转化运用13个方面50项重要制度调研成果，不断推动各方面制度更加成熟更加定型。坚持党对改革的领导，把坚持和完善党的领导制度贯穿全面深化改革全过程。深化经济体制改革，全面贯彻新发展理念，以供给侧结构性改革为主线，加快构建推动经济高质量加快发展的体制机制。聚焦重点领域和关键环节，持续深化营商环境综合改革，推进法治政府、数字政府建设，深化“放管服”改革，建立“企业吹哨、部门报到”服务制度，坚决破除利益固化藩篱和熟人社会弊端。建立健全“保姆式”服务制度，全方位优化审批流程，推广并联审批、容缺受理模式，推动重点项目早落地早建设早投产。扎实做好机构改革“后半篇文章”，强化镇村社会管理和公共服务职能，推动基层治理、城市管理、财税金融、国有企业、行政执法、教育、医疗卫生等领域改革取得新的重大突破。推进闽粤经济合作区、潮州港经济开发区管理体制改革措施落实落地，整合优化区县资源，增强重大发展平台活力。

（三）坚持以“双区”建设为契机，打造高质量沿海经济带饶平段。全力融入“双区”建设，加强与“双区”对接合作，更好引进外生活力、激发内生动力，努力把沿海经济带饶平段打造成为拉动经济高质量加快发展的产业集聚地。聚焦高质量加快发展目标，抢抓编制“十四五”规划契机，推动形成主体功能明显、优势互补、高质量加快发展的区域经济布局。拓展与“双区”交通基础设施互通互联，加快大潮高速、疏港铁路、滨海旅游公路、潮州港扩建货运码头和引韩济饶等重大交通水利项目规划建设，密切潮州港与大湾区世界级港口群联系，打通资源要素高效流通渠道。积极承接“双区”产业溢出，加快临港产业转移工业园和潮州港三百门新港区基础设施和配套建设，依托大港口大平台优势，吸引更多高端产业向我县转移。深化与中山对口帮扶合作，加快推进樟溪低碳工业区、联饶工业区等园区建设，大力发展工业地产，引导企业规范化、集聚化、园区化发展。探索优化产业链上下游互补招商机制，发挥益海嘉里、华丰中天、华瀛LNG、中农批等重大项目龙头带动作用，深化以商招商模式，高效对接“双区”市场。高起点做好国土空间规划工作，实现多规合一，不断优化城市功能布局。全面贯彻落实新修订的《土地管理法》，依法依规有序用地，为城乡发展提供用地支撑。对标对接“双区”制度规则，突出产学研合作，实施减税降费政策和技术改造事后奖补政策，引导水族机电、陶瓷、水产养殖、食品加工等传统产业转型升级，构建开放互通市场环境和互相衔接服务体系。推进“质量强县”建设，深入实施品牌、品质和技术标准“三大战略”，大力培育高新技术企业，擦亮“中国盐焗鸡之乡”“中国日用陶瓷出口之乡”等特色品牌。发挥在外饶平商会桥梁纽带作用，借力“双区”饶籍乡贤众多优势，实施“乡贤回归工程”“青年同心圆计划”，加强经贸合作和文化交流。依托我县生态环境、历史文化、红色遗址、民俗风情等独特资源优势，争创省森林小镇、国家休闲农业和乡村旅游示范县，推动一二三产业融合发展，打造“双区”后花园、康养地和体验场。

（四）坚持以乡村振兴为目标，全力打好新农村建设攻坚战。始终把实施乡村振兴战略作为新时代“三农”工作总抓手，把新农村建设作为实施乡村振兴战略主战场，围绕“五个振兴”，系统推进基础设施一体化、公共服务一体化、土地同权化、产业特色化、发展区域化，破解城乡二元结构，推动农业全面升级、农村全面进步、农民全面发展。大力发展富民兴村产业，加快推进茶叶、水产、蛋鸡、狮头鹅、青梅等省级和市级现代农业产业园规划建设，推动农业产业高端化、规模化发展。着力打破一村一镇行政界限，对相毗邻且具有同一资源禀赋的区域实施多规合一、通盘考虑。深化农村人居环境整治，持续推动“三清一改”、“四好农村路”建设、拆旧复垦、城乡垃圾收运一体化和村镇污水处理设施建设等工作，集中精力把先行示范村连片连带规划好、打造好，带动全域生态宜居美丽乡村建设。建立健全新农村后续管理建设长效机制，巩固提升新农村建设成效。用好用活中央和省促进老区苏区振兴发展政策、扶贫政策、地债资金政策，统筹整合利用涉农资金，加强现代农业设施建设，推动城乡基础设施互联互通，促进公共服务向农村延伸、社会事业向农村覆盖，加快城乡一体化发展进程。强化乡村人才支撑，鼓励支持各类人才返乡下乡创业创新，继续实施“潮州菜师傅”等技能就业工程，拓宽农民就业创业渠道。坚决完成农村各项重点改革任务，完善农村承包地确权登记，坚持土地承包关系长久稳定，推进农村集体产权制度改革试点和农村承包土地经营权流转奖补试点工作。抓好生猪稳产保供工作，提升重要农产品特别是主粮和主要肉禽的安全供应水平。大力实施“文化+”战略，发挥苏区红色文化优势，规划红色游、乡村游、非遗精品游、研学游等精品路线，举办“八六海战”55周年学术研讨活动，讲活“人民英雄”麦贤得故事，丰富乡村文化内涵。

（五）坚持以人民对美好生活新期待为导向，用心用情用功办好民生实事。牢固树立以人民为中心的发展理念，健全统筹城乡、可持续的基本养老和基本医疗保险制度，加强社会救助体系建设，完善覆盖全民的社会保障体系，提升公共服务水平，坚决兜牢民生底线。实施就业创业优先政策，健全有利于更充分更高质量就业促进机制，完善重点群体和困难群体就业支持体系。坚持和发展教育领域改革，协调发展公办教育和民办教育，统筹抓好学前教育、义务教育、高中教育、特殊教育和职业教育，推动各级各类教育均衡提质发展。突出抓好医疗卫生事业改革发展，落实好促进医疗卫生健康事业改革发展若干措施，打造高素质专业化医疗卫生人才队伍，逐步解决“看病贵、看病远、看病难”问题。稳步推进“智慧城市”建设，提升城市治理智能化、精细化管理水平。依托数字政府“粤省事”平台，强化政务便民服务。打好“创文”“创卫”“创森”持久战，持续整治群众反映强烈的脏、乱、堵等顽疾。坚持“治、建、管”并举，加快一批市政道路、绿道网等项目建设，统筹推进既有建筑加装电梯、停车场、肉菜市场、城中村治理、垃圾分类等工作，补齐设施短板，提升城市品位。

（六）坚持以提升基层治理能力为重点，建设平安法治饶平。注重系统治理、依法治理、源头治理、综合治理相结合，把制度建设贯穿基层治理全过程各方面，推动服务、力量、管理资源向基层下沉，加快构建共建共治共享社会治理格局。坚持以打促建、打建结合，纵深推进涉黑恶、禁毒、反电诈、打击涉税“四大战役”，争取一次性摘掉所有“帽子”。保持严打高压态势，深入推进破案攻坚、“打伞破网”、“打财断血”、行业治理等工作，夺取扫黑除恶专项斗争全面胜利。建立基层社会善治新体系，健全“打防管控”一体化、“网上网下”一体化机制，完善党群联席会议制度、村民议事协调机制和社会组织管理规章制度，实施村级事务“阳光工程”，规范农村“三资”管理，拓展外来人口参与治理途径，推动乡村治理体系和治理能力现代化。大力防范化解政治领域重大风险，坚决维护国家政治安全特别是政权安全、制度安全，严防香港“反修例”风波负面影响倒灌，全力做好重大敏感节点安保维稳工作。准确把握社会矛盾风险新趋势新特点，聚焦“邻避”项目、涉军退等重点领域、重点群体，落实领导包案化解制度，深入推进矛盾纠纷滚动排查化解工作，完善源头预防、排查预警、多元化解机制，做到化解在小在早。深入推进全面依法治县，深化司法体制综合配套改革，完善公共法律服务体系，加强重点领域执法监督，加大普法力度，积极创建“民主法治示范村”，增强全民法治观念。全面落实安全生产责任制，加强防灾减灾能力建设，对道路交通、消防、食品药品、环境保护等重点行业领域实行闭环管理，健全隐患排查和预防控制体系，坚决防止重特大生产安全事故发生。

四、坚持和完善党的领导制度，发挥制度优势提升治理效能

坚持和完善党的领导制度体系是坚持和完善中国特色社会主义制度、推进国家治理体系和治理能力现代化的第一项、也是最根本的任务。我们要一以贯之坚持党中央集中统一领导，坚持和完善党的领导制度体系，发挥社会主义制度无比优越性，创造性地把新时代党的建设总要求落到实处，不断提高党的建设质量和水平，为各项事业发展提供坚强保障。

（一）持续深入抓好学习贯彻习近平新时代中国特色社会主义思想这个根本任务。巩固拓展“不忘初心、牢记使命”主题教育成果，推动学习贯彻习近平新时代中国特色社会主义思想常态化制度化，不断用党的创新理论武装头脑、指导实践、推动工作。建立不忘初心、牢记使命的制度，实施习近平新时代中国特色社会主义思想教育培训计划，持续加强党史、新中国史、改革开放史学习教育，夯实广大党员干部守初心、担使命的思想基础。总结完善“大学习、深调研、真落实”工作方法，切实提升实效，不断把习近平总书记重要指示要求转化为饶平改革发展的具体行动和扎实成效。突出抓好基层学习教育，发挥县镇党校、党群服务中心、革命教育基地等主阵地作用，加强对基层党员干部的教育培训，着力提升基层党员干部素质能力。

（二）突出政治建设这个统领。坚持把树牢“四个意识”、坚定“四个自信”、坚决做到“两个维护”作为政治建设首要任务抓实抓好，完善和落实“两个维护”制度机制，坚决维护习近平总书记党中央的核心、全党的核心地位。完善贯彻习近平总书记重要指示批示精神和党中央决策部署，以及省委、市委工作部署的闭环落实机制，严格执行请示报告制度，确保政令畅通、令行禁止。加强政治能力建设，实施一把手政治能力提升计划，带动党员干部增强政治敏锐性和政治鉴别力，坚决防止“低级红”“高级黑”，坚决防止“两面人”和伪忠诚，以正确的认识和行动做到“两个维护”。持续净化政治生态，严明政治纪律和政治规矩，敦促党员干部做到“三个决不允许”。不断健全各级党委总揽全局、协调各方的领导制度体系，强化党的组织在同级组织中的领导地位，把坚持和加强党的全面领导落实到推进各方面制度建设、推动各项事业发展、加强和改进各方面工作中，完善提高全县各级党委（党组）执政能力和领导水平制度。

（三）巩固思想建设这个阵地。坚持党管宣传、党管意识形态、党管媒体不动摇，主动应对中美经贸斗争、香港“修例风波”带来的新挑战，牢牢掌握意识形态工作领导权管理权主动权。贯彻落实《中国共产党宣传工作条例》，压实意识形态工作责任制，完善阵地建设和管理制度，落实好主管主办和属地管理原则，突出加强对新闻出版、社科理论、网络、文化文艺、学校、宗教等领域的建设和管理，牢牢掌握网上网下“两个舆论场”，定期排查各类意识形态风险隐患，及时解决苗头性、倾向性问题，打好意识形态领域主动战。坚持正能量是总要求、管得住是硬道理、用得好是真本事，深化媒体合作，加快构建全媒体传播体系，做大做强主流思想，加强正面宣传，弘扬社会正气。扎实推进新时代文明实践中心建设试点工作，实现镇实践所和村实践站全覆盖，打通宣传群众、教育群众、服务群众“最后一公里”。

（四）夯实组织建设这个基础。树牢大抓基层鲜明导向，落实“减负”“赋能”要求，坚决把基层党组织锻造得更加坚强有力。持续推进基层组织建设三年行动方案，巩固和深化固本强基“1+N”工程，健全“抓两头带中间”机制，以提升组织力为重点，突出政治功能，全面加强各领域基层党组织“五个基本建设”，加快推进基层治理体系和治理能力现代化。提升打造各领域基层党组织示范点，继续开展模范机关创建活动和模范党支部建设，持续整顿软弱涣散基层党组织。优化提升“头雁”工程，立足新一轮村级换届选举，选优配强农村党组织带头人，实施“党员人才回乡计划”，落实重点培养储备人选“传帮带”制度，开展党建扩面提质行动，激活基层发展新活力。继续向基层放权赋能，深化乡镇体制改革，推动人往基层走、钱往基层投、权往基层放、政策往基层倾斜，建立“镇村吹哨、部门报到”制度，确保基层事情基层办、基层权力基层给、基层事情有人办。加大基层减负力度，规范基层问责追责，改进文风会风，让基层干部把更多时间和精力放到抓落实上。

（五）强化队伍建设这个保障。坚持新时代党的组织路线，把提高治理能力作为新时代干部队伍建设的重大任务，建设一支忠实践行习近平新时代中国特色社会主义思想的干部队伍。坚持政治标准第一，加强和改进政治素质考察，打好“引育选用管容”制度组合拳，建立重要岗位领导干部政治素质档案，对政治上不合格的“一票否决”。贯彻全国党政领导班子建设规划纲要，坚持高标准严要求，全面加强各级党政领导班子政治、思想、组织、作风、能力和纪律建设。加大在经济发展主战场辨别选用干部的力度，选派优秀年轻干部到“双区”建设、乡村振兴、三大攻坚战等第一线历练成长。坚决匡正选人用人风气，建立完善年轻干部能力、干部考察员、党务干部“三个信息库”，大力培养优秀年轻干部、党外干部、女干部，逐步调整优化各级干部队伍结构梯次。落实严管和厚爱结合、激励和约束并重的要求，健全完善有利于党员干部担当作为的激励机制，建立更具包容性的容错纠错机制，关心关爱异地交流干部和艰苦岗位干部，为担当者担当，为负责者负责。加强高素质专业化人才队伍建设，强化人才的政治引领和政治吸纳，建设好“饶平人才驿站”，吸引和凝聚各方面优秀人才。

（六）坚守纪律建设这个底线。落实全面从严治党责任，持之以恒推进党风廉政建设和反腐败斗争，营造风清气正的良好政治生态。深入推进基层正风反腐三年行动计划，严查重处脱贫攻坚、乡村振兴、民生实事、执法司法、审批监管、工程建设等领域腐败和作风问题，深挖彻查涉黑恶腐败及“保护伞”，做到发现一宗、严处一宗，决不手软、决不留情。持续抓好基层纪律警示教育，深入开展“以案为鉴、以案促改”工作，一体推进不敢腐、不能腐、不想腐体制机制建设。坚决整治形式主义、官僚主义突出问题，深挖细查隐形变异的享乐主义和奢靡之风，完善落实中央八项规定精神、纠治“四风”长效机制。巩固深化省委巡视整改，持续深化政治巡察，完善巡察上下联动工作格局，做到利剑高悬、威慑常在。深化纪检监察体制改革，从严从实加强纪检监察队伍建设，增强监督整体效能。发挥纪检监察部门监督执纪职能作用，推动主体责任落实，解决队伍不担当、不作为问题，坚决破除有人干、有人看，甚至有人在背后指指点点等怪象。深化运用“四种形态”，注重抓早抓小，减存量、遏增量，不断巩固发展反腐败斗争压倒性胜利。

同志们，新时代赋予我们新使命。让我们更加紧密地团结在以习近平同志为核心的党中央周围，坚持以习近平新时代中国特色社会主义思想为指导，不忘初心、牢记使命，只争朝夕、不负韶华，撸起袖子加油干，在推动饶平高质量加快发展征程上铿锵前行、再创佳绩，为实现“两个一百年”奋斗目标和中华民族伟大复兴的中国梦作出饶平应有贡献！

政府工作报告

——2021年3月9日在饶平县第十五届人民代表大会第九次会议上

饶平县人民政府县长　雷伟平

各位代表：

我代表县人民政府向大会作工作报告，请予审议，并请县政协委员和其他列席人员提出意见。

“十三五”时期的工作回顾

“十三五”时期，是我县发展史上很不平凡的五年。在市委、市政府和县委的坚强领导下，在县人大及其常委会和县政协的监督支持下，县政府坚持以习近平新时代中国特色社会主义思想为指导，深入贯彻落实党的十九大和十九届二中、三中、四中、五中全会精神，认真学习贯彻习近平总书记对广东重要讲话、重要指示批示精神，全面落实省委“1+1+9”、市委“1+5+2”和县委工作部署，推动经济社会平稳健康发展，全面建成小康社会取得决定性成效，“十三五”规划圆满收官，为“十四五”发展奠定坚实基础。

五年来，我们在推动高质量加快发展中爬坡迈坎，综合实力实现新跨越。坚持以发展为第一要务，经济发展质效不断提升。2020年，全县完成地区生产总值282.74亿元、规模以上工业增加值59.07亿元、固定资产投资总额122.88亿元、一般公共预算收入8.40亿元、财政总收入98.24亿元，较2015年分别增长30.27%、20.33%、78.18%、10.24%和100.96%。三次产业结构调整优化为25.0：32.4：42.6。入围全国县级财政管理绩效综合评价前200名，荣获“全国县城新型城镇化建设示范县”“全国法治县（市、区）创建活动先进单位”“中国电商示范百佳县”等国家和省级各类荣誉称号60多项，饶平的综合竞争力、对外影响力显著增强。一是临港经济加速提质。潮州港经济开发区、闽粤经济合作区与饶平县实现“区县合一”、高度融合，潮州港经济开发区获评“广东沿海经济带建设先锋”。潮州临港产业转移工业园、联饶工业区等八大产业园区[1]建设有力推进。3个年产值百亿元级的临港产业项目[2]落地开工，19家企业落户樟溪低碳工业区，新兴产业发展的多元化、规模化、集聚化水平得到进一步提高。二是产业规模加速壮大。全县累计完成工业投资153.32亿元。培育年产值亿元级企业43家，规上工业企业增至134家，新登记企业增至5318家，新增进出口备案企业86家。入选市“四梁八柱”民营企业54家次。三是创新动能加速汇聚。全县累计投入工业技术改造资金45.01亿元。高新技术企业增至17家。新申请专利增至1895项，获授权专利1524项，主导或参与国家行业地方标准制修订15项，建成省级工程技术研发中心10家，省级以上企业技术中心7家。四是现代农业加速发展。农业龙头企业增至43家，国家级农业龙头企业1家，农民专业合作社增至815家。完成高标准基本农田建设15.05万亩、垦造水田5485.35亩、拆旧复垦633.5亩，有效提升农作物生产能力，全县粮食产量增至21.14万吨，茶产量增至1.18万吨。高质量打造5个省级、市级现代农业产业园[3]和51个“一村一品、一镇一业”产业基地。入选全国首批农业对外开放合作试验区。钱东镇、汫洲镇入选全国农业产业强镇建设名录。三百门国家一级渔港通过农业部验收。五是文化旅游加速融合。圆满举办“茂芝会议”90周年学术研讨会活动，“茂芝会议”旧址全德学校被评为省“国防教育示范基地”和“干部党性教育基地”。青岚地质公园成为粤东首个国家级地质公园。“饶平地质风光生态休闲游”列入“广东省乡村旅游精品线路”。“十三五”期间，全县接待海内外游客1430.42万人次，实现旅游收入15.92亿元，较“十二五”分别增长111.3%和136.2%。

五年来，我们在打赢三大攻坚战中奋勇拼搏，全面小康亮出新成色。坚持把打好三大攻坚战作为牵引全局的战略性任务来抓，助力全面建成小康社会。一是重大风险化解有力有效。政府债务率水平为绿色等级，辖内没有发生重大非法集资案件。加强国有集体资产管理，完成13家国有企业改制[4]，进一步盘活资源资产。二是脱贫攻坚取得全面胜利。累计投入扶贫资金5.1亿元，全县相对贫困人口和省定贫困村实现“双出列”。农村人居环境基础整治有效实施，完成农村老旧危房改造3661户，建设“四好农村路”425.09公里，农村环境实现革命性变化。完成40个新农村示范村建设，启动184个行政村（社区）美丽宜居乡村建设，打造上浮山村、永善村、英粉村等一批特色村[5]。三是污染防治攻坚成效显著。全面落实中央、省环保督察整改，生活垃圾和生活污水处理能力大幅度提升，海域违规吊养整治、森林抚育等工作取得新进展[6]。贯彻实施《潮州市黄冈河流域水环境保护条例》，三级河长体系高效运转，2020年黄冈河凤江桥国控断面水质平均值达到Ⅱ类，黄冈河水质明显改善。

五年来，我们在加快城镇化建设中内外兼修，城市形象焕发新颜值。“十三五”期间，交通、水利、能源等重点项目累计完成投资148.67亿元。一是城乡规划成果丰硕。完成县城控制性详细规划、全县村庄规划等各类规划编制，《饶平县县域乡村建设规划（2018-2035年）》获广东省优秀城市规划设计一等奖。完成征地0.5万亩，供应建设用地1.03万亩。二是交通扩网升级加速。甬莞、大潮高速公路建成通车，全县高速公路通车总里程达115.5公里，占全市的57.34%。厦深铁路饶平站实现始发运营，大潮铁路（疏港铁路）列入国家铁路专用线重点建设项目。成功争取漳汕高铁设置饶平南站（暂定名）。累计改造普通国省道184公里，全县通车里程达2674.39公里。三是水利设施日趋完善。引韩济饶供水工程建设加快推进。县城第二水厂扩建、饶北水资源调配等一批水利工程建设有力实施，“村村通”自来水工程全面竣工，县级饮用水源水质100%达标。四是能源保障取得突破。电力供应实现历史性跃升，完成220千伏蓝屋变电站建设，实现县域骨干电网“双保障”。实施《饶平县燃气专项规划（2019-2035年）》，完成燃气管道建设21.28公里。五是城乡面貌焕然一新。城市更新改造步伐不断加快，实施市政道路改扩建13公里，完成“三旧”改造1131.08亩、棚户区改造250户，新增小区住房面积189万平方米。“创文”“创卫”深入推进，县城市政设施“六个十”工程完成“黑底化”道路改造36条，改造提升肉菜市场15个，新增一批公园、停车场和公厕，城市魅力日益彰显。

五年来，我们在深化改革开放中系统破题，各项事业攀上新高峰。机构改革、行政审批、综合执法、教育医疗等重点领域改革多点突破，发展活力持续迸发。一是改革开放纵深拓展。“放管服”改革持续深化，政府性投资项目、企业核准项目和备案项目审批时间分别压缩85%、95%和80%，企业开办全流程仅需1个工作日，88.28%的政务服务事项实现“最多跑一次”。完成县级政府系统机构和乡镇体制改革，政务运转更加高效。农村集体“三资”清理整治强力推进，追回被侵占土地1.04万亩、被拖欠金额2 856.1万元。农村土地确权颁证全面完成。出台《促进教育创新发展若干措施》，高规格复办饶平二中初中部，解决教育“腰部乏力”难题。出台《饶平县促进医疗卫生健康事业发展若干措施》，成功引进优质医疗资源落户饶平，暨南大学附属第一医院托管县人民医院并正式挂牌运营，让群众在家门口享受省级三甲医院优质医疗服务。二是社会治理持续深化。圆满完成党的十九大召开、新中国成立70周年大庆、总书记视察广东视察潮州等维稳安保政治任务。创新开展涉黑恶、禁毒、反电诈、打击涉税“四大战役”，顺利摘掉涉宗族、涉交通运输行业、涉生态环境领域“三顶涉黑恶帽子”和涉枪、涉毒“两顶重点地区帽子”。“七五”普法规划全面落实。“十三五”期间未发生重大以上生产安全事故和食品药品安全事件。三是民生事业大步前进。民生领域累计投入资金230.19亿元，年均增长11.80%。城乡居民养老、医疗保险参保人数基本实现全覆盖。优先发展教育事业，投入19.28亿元用于全县各级各类学校基础设施和教学设备配套建设，教育教学成绩连年取得大幅度提升。县镇村三级医疗服务体系不断完善，县第二人民医院、县妇幼保健院新院建成投用，改造提升16个乡镇卫生院和264个村卫生站。文化事业加快发展，行政村综合性文化服务中心实现全覆盖。体育事业全面进步，饶平籍体育健儿荣获国际、国内比赛大奖13项。与此同时，信访、人事、审计、外事、侨务、统计、贸促、物价、打私、打假、海防、人防、气象、防震、地方志、民族宗教、退役军人事务、民兵预备役、老龄、红十字、妇女儿童等工作取得新成绩。

在推动经济社会高质量加快发展的同时，我们全面落实党风廉政建设责任制，深入开展省委巡视组反馈意见整改工作，政务公开、审计监督等工作有效落实。坚持依法行政，自觉接受人大、政协监督，累计办理人大代表建议36件、政协提案79件。

刚刚过去的2020年，是饶平改革发展史上浓墨重彩的一年。我们深入贯彻落实习近平总书记出席深圳经济特区建立40周年庆祝大会和视察广东视察潮州重要讲话、重要指示精神，紧紧围绕省委“1+1+9”和市委“1+5+2”工作部署，扎实做好“六稳”工作、全面落实“六保”任务，统筹推进疫情防控和经济社会发展，经济社会各项事业呈现高质量加快发展态势，地区生产总值、规上工业增加值、固定资产投资、社会消费品零售总额等主要经济指标排名全市前列，为全市经济复苏作出了饶平贡献。

（一）疫情防控取得阶段性胜利。组建“一办九组九专班”防控组织体系，守好“两站一港”第一道防线，全面加强院感管理、集中隔离点管理和冷链食品管控，成功实现“五个零”目标[7]。3名援鄂英雄逆行出征，为湖北保卫战贡献饶平力量，展现了非常时期的饶平担当。

（二）经济复苏注入新增长动能。出台支持复工复产“20条”“16条”，实行县领导挂钩服务180个重点企业（项目），统筹安排稳就业、稳外贸等扶持资金3794.2万元，落实减税降费2.26亿元，短时间内实现重点项目、规上企业全面复工复产。抢抓“政策叠加”机遇，争取上级资金74.33亿元（含20.67亿元债券资金），增长28.80%；创纪录入库重点项目172个，超额完成省、市、县重点项目年度投资计划。总投资278.06亿元的96个市、县“六大工程”项目建设有力推进，为稳住经济基本盘增添强劲动力。

（三）临港经济打开新发展空间。平台集群作用凸显，华瀛LNG、华丰中天LNG、华能风电、海山风电、益海嘉里（金龙鱼）粮油加工基地等大企业大项目集聚发展，潮州港绿色能源产业集群和粤东粮油糖集散基地初步成型。潮州港扩建货运码头竣工运营，潮州—厦门集装箱班轮航线正式开通。潮州临港产业园柘林文胜围南片区土地平整、能源大道改造、污水处理厂尾水排放、滨海路及周边环境提升等基础设施项目开工建设，进一步拉伸潮州港经济开发区发展框架。

（四）新兴业态呈现多元化态势。农村电商蓬勃发展，组织一批优质企业入驻“中国质造”“苏宁易购”等电商平台，举办水产品电商大赛，建成2058创意园、饶北物流园2个电商产业园，2058创意园、“妈鲜乐”入围省首批农村电商基层示范站。县领导开展直播带货，以新颖方式拓宽农副产品销售渠道。承办全省农村电商工作推进会，县域农产品网络零售排名全国第62位。文旅产业加速发展，成立饶平县文化旅游协会，举办首届文化旅游节和旅游美食节，投放饶平旅游、饶平美食等宣传片，吸引汕头、大埔、诏安等大量外地旅游团前来游玩。石壁山风景区、东山镇东明村成为网红打卡点。

（五）城乡建设实现整体性提升。城乡面貌有效改善，承办全省农房管控和乡村风貌提升（粤东）现场推进会，宜居宜业宜商的高品质城市环境加速成型。打通糖厂路（沿河南路至龙泽园）等一批断头路。县城新港东路连接四号街桥梁、西溪公园等市政项目即将建成。县运动场、黄冈河万里碧道、凤江广场、县城丁未革命纪念亭周边（中山公园）环境改造提升等市政项目全面开工建设，县城更加美丽。

各位代表，“十三五”期间特别是过去一年取得的成绩来之不易。这些成绩的取得，是市委、市政府和县委坚强领导的结果，是县人大、县政协有效监督和大力支持，以及驻饶部队、武警官兵、驻饶部省属单位和社会各界鼎力相助的结果，更是全县广大干部群众辛勤付出、奋力拼搏的结果。在此，我谨代表县人民政府表示衷心的感谢并致以崇高的敬意！

同时，我们也清醒地认识到，当前我县经济社会发展中还存在一些困难和问题：县域经济总量偏小，区域发展不充分、不平衡；受疫情影响，多数企业复工复产尚未恢复到正常水平，经济下行压力加大；财税收入堆头小，非税占比高，收支结构不合理；产业发展层次有待提高，产业园区对经济发展的强力支撑效应尚未充分发挥；农业农村发展存在欠账，民生领域存在短板；企业融资难、融资贵、融资慢问题仍需进一步解决；政府职能转变仍需深化，行政服务效能有待提升。对此，我们必须采取强有力的针对性措施加以解决。

“十四五”时期的目标任务

“十四五”时期是我国开启全面建设社会主义现代化国家新征程的第一个五年，是广东奋力在全面建设社会主义现代化国家新征程中走在全国前列、创造新的辉煌的第一个五年，是潮州牢记习近平总书记殷殷嘱托奋力把沿海经济带上的特色精品城市建设得更加美丽极为关键的五年，也是将饶平打造为潮州湾区精品城市的关键五年。随着新一轮科技革命和产业变革深入发展，全球治理体系正在深刻重塑，以国内大循环为主体、国内国际双循环相互促进的新发展格局将成为我国经济中长期发展的主线。我们要深刻认识新发展阶段的新机遇新挑战，准确识变、科学应变、主动求变，奋力开创新时代饶平高质量加快发展新局面。综合考虑我县发展趋势和各种因素，预期发展目标为：地区生产总值年均增长6.5%，规上工业增加值年均增长7.5%，固定资产投资总额年均增长8%，社会消费品零售总额年均增长9%，进出口总额年均增长8%，地方一般公共预算收入年均增长8%。

“十四五”时期，政府工作的指导思想是：高举中国特色社会主义伟大旗帜，深入贯彻党的十九大和十九届二中、三中、四中、五中全会精神，坚持以马克思列宁主义、毛泽东思想、邓小平理论、“三个代表”重要思想、科学发展观、习近平新时代中国特色社会主义思想为指导，全面贯彻党的基本理论、基本路线、基本方略，深入贯彻习近平总书记对广东系列重要讲话和重要指示批示精神以及视察潮州重要讲话重要指示精神，统筹推进“五位一体”总体布局和“四个全面”战略布局，坚定不移贯彻新发展理念，坚持稳中求进工作总基调，以推动高质量加快发展为主题，以深化供给侧结构性改革为主线，以改革创新为根本动力，以满足人民日益增长的美好生活需要为根本目的，不折不扣落实省委“1+1+9”、市委“1+5+2”和县委工作部署，围绕省委构建“一核一带一区”区域发展格局和市委构建“一江两城一海湾”发展格局，坚持“问题导向、系统思维、重点突破”，高质量打造“一城一廊一海湾”饶平发展新格局，着力将饶平打造为潮州湾区精品城市，为“把潮州建设得更加美丽”作出饶平贡献。

“十四五”时期，我们要突出重点抓好以下工作：

（一）实施创新驱动战略，增强经济发展能级。全面落实创新驱动发展战略，坚持创新在现代化建设全局中的核心地位，持续激发新动能，积极优化创新创业环境，构建综合创新生态体系。积极打造众创空间等支持创新创业的重要平台，构建鼓励“大众创业、万众创新”的体制机制和支撑服务体系，全面激发全社会的创新活力。加快培育新业态新经济新动能，构建特色优势突出的现代产业体系，打造特色产业集群，彰显饶平产业特色，推动经济社会高质量加快发展。

（二）实施文化振兴战略，着力打造文化强县。以增强文化自信和文化精神为引领，以保护优秀传统文化为己任，以推动文化创造性转化和创新性发展为方向，以提升文化软实力为目标，在更高起点上推进潮州文化和饶平本土文化的研究保护、传承、创新和发展，推动历史与当代相得益彰、文化与旅游相互促进、文化与经济相互融合、海内与海外相互联动，展现饶平魅力，打造文化强县。

（三）实施城乡融合战略，加快平衡协调发展。把新型城镇化和乡村振兴有机结合起来，发挥“一城”带动效应，坚持以工补农、以城带乡，系统谋划和统筹推进城乡发展。加大基础设施和公共服务向农村地区均衡配置，在产业布局、服务配套、环境美化、体制改革等方面加快城乡一体化步伐。巩固拓展脱贫攻坚成果同乡村振兴有效衔接，不断提高城乡区域发展的平衡性和协调性。

（四）实施绿色崛起战略，推动生态绿色发展。把生态优先、绿色发展作为长远之计，以实现黄冈河秀水长清为重点，抓好黄冈河流域综合治理，全面推进山水林田湖草系统治理，形成低能耗、无污染、可持续的绿色生产方式，让绿色成为新发展阶段饶平最亮丽的底色，为打造“一廊”奠定坚实基础。依托北部生态屏障发展绿色经济，争取纳入省对北部生态发展区特殊机制适用范围，携手粤北山区打造绿色生态新空间，建设粤东生态文明先行示范区。

（五）实施海湾先行战略，实现“小湾对大湾”。着眼于沿海经济带建设前景，突出潮州海湾在未来五年发展中的重要战略地位，谋划“一海湾”经济发展，坚持陆海统筹、港产城融合、发展保护并举，优化国土空间格局，加大开发建设力度，着力培育“432”重点产业[8]，优先布局工业、交通、旅游、环保、海洋等重大项目，推进湾区要素资源合理开发利用，深入实施延链补链强链工程，完善石化仓储、能源电力、港口物流、食品工业、再生能源等上下游企业配套，推动海上风电、海工制造、海洋牧场、海水制氢等产业发展，全力打造完备的临港产业链条体系，形成千亿临海产业经济，加快“一城一廊一海湾”饶平发展新格局的形成，打造成为省现代化沿海经济带东翼重要组成部分。

（六）实施内外联动战略，提升开放合作水平。借力构建新发展格局，积极融入“一带一路”建设、粤港澳大湾区建设、汕潮揭都市圈建设和闽粤经济合作，推进多形式产业共建和文化交流。持续加大招商力度，实施饶商回乡工程，打造饶平高质量加快发展“生力军”。强化主城区产业集聚、人口集聚，加强主城区与湾区、重点城镇和产业园区的联动发展，推进各类交通基础设施互联互通，打通发展大小脉络，培育形成新的经济增长点。

2021年工作安排

今年政府工作的指导思想是：以习近平新时代中国特色社会主义思想为指导，全面贯彻党的十九大和十九届二中、三中、四中、五中全会以及中央经济工作会议精神，深入贯彻习近平总书记对广东系列重要讲话和重要指示批示精神，认真贯彻落实省委十二届十一次、十二次、十三次全会精神和李希书记调研讲话精神，以及市委十四届十次、十一次全会精神和县委十三届十一次、十二次全会精神，坚持稳中求进工作总基调，立足新发展阶段，贯彻新发展理念，打造新发展格局重要节点，以推进高质量加快发展为主题，以深化供给侧结构性改革为主线，以改革创新为根本动力，以满足人民日益增长的美好生活需要为根本目的，坚持系统观念，突出问题导向、目标导向、结果导向，巩固拓展疫情防控和经济社会发展成果，更好统筹发展和安全，抓住“双区”建设重大机遇，深入贯彻落实省委“1+1+9”、市委“1+5+2”和县委工作部署，扎实做好“六稳”工作、全面落实“六保”任务，努力保持经济运行在合理区间，确保“十四五”开好局起好步，以优异成绩庆祝中国共产党成立100周年。

综合考虑各方面因素，今年全县经济社会发展预期目标是：地区生产总值增长7%，一般公共预算收入增长10%，固定资产投资增长8%，外贸进出口总额增长8%，社会消费品零售总额增长10%，居民消费价格指数涨幅控制在3%以内，居民收入增长和经济增长基本同步，城镇登记失业率控制在3.5%以内。

为实现上述目标，我们将重点做好以下六方面工作：

一、全面筑牢实体根基，提升产业发展的质量和效益

坚持把发展经济的着力点放在实体经济上，把提高经济发展质量作为主攻方向，全力推动经济高质量加快发展。

推动临港产业集群发展。抓住省“推动重大产业向东西两翼沿海地区布局发展”的机遇，加快推进总投资263.48亿元的国家和省、市、县16个临港重点项目规划建设[9]，引领产业集聚发展。积极对接正大、海大等农业龙头企业，打造粤东粮油糖集散基地；以华瀛、华丰中天、华能风电、海山风电等新能源项目为依托，深入开展热电冷联产、分布式能源、冷能综合利用等上下游产业链配套项目合作，积极谋划发展海上风电产业，打造潮州港绿色能源产业集群。打通潮州港扩建货运码头外贸航线，加快发展现代港口服务业。

推动产业平台做大做强。加快推进闽粤经济合作区跨省区重大平台建设，积极申报省级产业园和特色产业园，加快完善潮州港三百门新港区、临港产业转移工业园、樟溪低碳工业区（二期）、联饶工业区、高铁产业园、潮州特色商贸物流园等产业园区“六通一平”基础设施建设，系统完善园区基础配套和功能布局，全面提升产业发展承载力。学习借鉴佛山顺德区的先进经验，选取黄冈、钱东、三饶、新丰等产业基础较好的镇，探索实施一批“工改工”项目，释放产业发展空间。

推动产业结构优化升级。深入实施创新驱动发展战略，通过海利、新功、博宇、兴成、无穷、三元等龙头企业带动拓展上下游产业链，推动电子茶具、水族机电、食品加工、陶瓷等传统产业加快转型升级。深化与阿里巴巴的合作，探索发展数字经济。推广应用机器手等数字化、信息化生产模式，力促40家工业企业实施技术改造，积极引导“个转企”110家、“小升规”16家，培育一批高新技术企业和“四梁八柱”企业。

推动文旅产业深度融合。集中力量打造北部以“茂芝会议”旧址、永善古村、西岩山森林公园为核心，中部以坪溪茶区、汤溪水库、青岚地质公园、绿岛山庄为核心，南部以汛洲岛、西澳岛为核心的一批旅游目的地，规划建设汛洲岛博物馆文化旅游基地、西澳岛黄嘴白鹭观赏基地、坪溪茶旅康养基地、西岩山森林公园休闲度假基地，一体推进红色文化旅游、绿色生态旅游、蓝色滨海旅游，构建全域旅游发展新格局，争创省级“全域旅游示范区”。着力抓好石壁山风景区申报国家3A级旅游景区工作，推动聚贤园迎宾馆升级为三星级酒店，持续办好系列美食节、文化节、旅游节。推广“智慧+旅游”，打通旅游服务到用户的“最后一公里”。

二、全面深化营商改革，释放区域经济的活力和潜能

坚持以“背水一战”的决心打好营商环境翻身仗，持续推进“放管服”改革重点工作，着力打造市场化、国际化、法治化营商环境。

全力破解“审批难”问题。推进“数字政府”“智慧城市”建设，推广应用“粤省事”“粤商通”“粤政易”，落实数据共享核验、电子证照、电子印章、电子签名等新技术应用尽用，探索实现“秒批”“无感智办”。加强政务服务事项标准化管理，全面推行政府权责清单制度，以并联审批、承诺容缺、帮办代办、一网通办等方式探索推动产业项目“拿地即开工”。

全力破解“用地难”问题。严格落实《潮州港经济开发区和饶平县产业园区工业企业项目入园规定》，从严控制用地规模，努力提高投资强度，提升土地开发的节约集约水平。加快土地征收报批工作，着力将潮州港三百门新港区土地纳入县级土地储备管理。深入开展“三未两违”专项整治，推进“三旧”改造，鼓励优先开发利用工矿废弃地、空闲和低效用地。推进9个国有、集体企业改制[10]，进一步盘活土地资源。

全力破解“用人难”问题。坚持将人才作为第一资源，完善急需紧缺高层次人才需求目录和重点人才引培机制，探索对接“双区”高校直招模式，以“柔性引才”引进一批高水平专业人才。落实补助补贴、住房保障、子女入学、医疗保障等人才服务措施，提升人才归属感和获得感。

全力破解“融资难”问题。鼓励企业入驻省“中小融”平台，切实降低优质企业贷款门槛。推行出口退税“线上办、加速办、容缺办”，促进资金及时回笼，缓解企业资金周转困难。发挥饶平县新时代产业园区投资开发有限公司平台作用，加快组建国有城投公司，搭建起覆盖园区开发、城市基础设施建设等领域的国有投融资平台，更好服务地方经济健康发展。

全力破解“招商难”问题。积极承接“双区”优质资源溢出和优质项目转移，实行上门招商、精准招商、亲情招商。以乡情为纽带、以项目为依托、以政策为保障，做足乡贤“引”“聚”“留”文章，吸引乡贤回归、项目回迁、企业回乡，加快引进一批现代化优质大项目大产业。

三、全面加快城乡建设，塑优县域成长的空间和形态

紧紧抓住入选国家县城新型城镇化建设示范县的有利契机，有力有序推进总投资282.03亿元的81个重点项目开工建设和总投资88.5亿元的16个预备项目前期工作，拓展优化县域发展空间。

强化规划引领。贯彻新发展理念，科学编制国土空间规划，合理布局生产、生活、生态空间，统筹划定生态保护红线、基本农田、城镇开发边界三条控制线，绘就高质量加快发展蓝图。制订“一城一廊一海湾”实施意见，高标准做好凤江新城发展规划，加快构建“一城一廊一海湾”饶平发展新格局。

推进基础建设。加快交通基础建设步伐，做好漳汕高铁及饶平南站站场建设前期工作，抓紧推进18个交通重点项目建设[11]，构建现代化、立体化的综合交通运输体系。加快水利基础建设步伐，抓紧推进16个水利重点项目建设[12]，提高全域水资源调配能力和配置效率。加快能源基础建设步伐，抓紧推进10个电力重点项目建设和配网线路升级改造[13]。协调加快粤东天然气主干管网华丰LNG储配站和华瀛LNG接收站配套外输管线项目建设。加快燃气“一张网”建设步伐，推动县城区成网供气，完成8个住宅小区天然气置换工作[14]，提高供气安全保障能力。

提升城市品质。完善智慧交通、智慧停车、智慧城管等智能化设施配套，提高城市管理信息化、智能化、精细化水平。全面开展“创文”“创卫”行动，全力创建广东省卫生县城和8个省卫生镇[15]。解决好住房问题，加快推进11个房地产项目建设[16]，扎实抓好农村危房和棚户区改造工作[17]。推进13个市政重点项目建设[18]，加快一批断头路连通建设[19]，开展县城老城区水浸点应急抢险改造，实施丁未路旧街立面修缮提升等市政“微改造”项目，全面塑造城市新形象。

四、全面推进乡村振兴，补齐农业农村的短板和弱项

以精细农业、精美农村、精勤农民和数字化、市场化、国际化、品牌化“三精四化”为主攻方向，激发和释放农业农村发展潜能，把发展短板变成“潜力板”。

深化农业农村改革。健全防止返贫动态监测和帮扶机制，守住防止规模性返贫底线。巩固拓展脱贫攻坚成果同乡村振兴有效衔接，逐步实现由集中资源支持脱贫攻坚向全面推进乡村振兴平稳过渡。以农民和村庄需求为导向，推进“万企帮万村”“万小企扶万农户”行动，鼓励企业整镇整村帮扶，增强自身“造血”能力。推进农村集体产权制度改革，深化集体“三资”清理整治。以柘林镇入选城乡融合发展省级试点地区为契机，启动镇区服务功能现代化三年行动，补齐镇域短板弱项，带动城乡融合发展。

建设现代农业高地。实施现代农业产业化三年行动计划，大力发展现代农业、数字农业、对外农业。落实藏粮于地、藏粮于技战略，坚决制止耕地“非农化”、防止耕地“非粮化”。全力推进县储备粮仓库及配套设施工程建设，增强粮食和重要农产品保障能力。加快构建“一县一园、一镇一业、一村一品”产业布局，推进无穷蛋鸡养殖基地建设，探索发展深海养殖，鼓励发展设施农业，推动形成规模化、标准化、品牌化现代特色农业发展格局，打造现代特色农业产业集群。加快发展农村电商，规划建设农村电商产业园、农村电商创业孵化园和冷链物流产业园，培育一批农村电商示范镇、示范村。用好用活“全国首批农业对外开放合作试验区”政策，整合全县优势农业资源，申报建设东盟农产品进口集散中心。

打造美丽乡村示范。深入落实中央、省环保督察反馈意见整改，推进黄冈河流域上下游、左右岸、干支流协同治理，高质量建设万里碧道。抓好农业面源污染防治，巩固牛蛙养殖和海域违规吊养整治成效。科学编制澄饶联围整治规划，分期有序推进澄饶联围综合整治。推进碧洲海岸带综合示范区建设，打造美丽蓝色海湾。加快县餐厨垃圾和污泥消纳处理、村镇生活污水处理设施和配套管网等项目建设，推进生活垃圾分类处理，打造生态宜居环境。深入实施“千村示范、万村整治”，全力推进184个美丽宜居新农村建设项目。开展农房管控和乡村风貌带建设工程，妥善保护和活化利用古村落，因地制宜打造“四小园”，建设好精美农村。加快“四好农村路”建设，积极创建“四好农村路”示范县。

五、全面抓好基础保障，增强美好生活的底色和质感

始终把人民群众对美好生活的向往作为奋斗目标，着力解决群众各项“急难愁盼”问题，让全面小康成色更足底色更亮。

强化安全保障体系建设。密切关注经济运行突出风险，有效防范化解各类风险挑战。毫不放松抓好常态化疫情防控，全面加强监测预警、核酸检测、隔离管控、医疗救治、流调溯源等工作，坚决防止疫情输入和扩散蔓延。坚持和发展新时代“枫桥经验”，常态化开展扫黑除恶工作，严厉打击黄赌毒、涉枪涉爆、电信诈骗、涉税等违法犯罪，打好建党100周年安保维稳主动仗。加快“雪亮工程”建设和前端智能感知设备布设，构筑数字化社会治安立体防控体系。完善森林防灭火工作体系，全面提升森林火灾综合防控能力。全面压实安全生产“一岗双责”和企业主体责任，加强食品药品、特种设备、工业产品质量安全监管，加大消防安全、道路交通安全隐患排查治理力度，坚决防止重特大事故发生。

强化社会保障体系建设。深化“粤菜师傅”“广东技工”“南粤家政”三大工程，推动实现更加充分、更高质量就业。稳步提高城乡低保、社会救助、抚恤优待、特困人员供养标准和补贴水平。加强对困难群众和特殊群体的关爱帮扶，健全退役军人工作体系和保障制度。

强化民生保障体系建设。办快办实办好民生实事，按照量力而行、尽力而为原则，完善“小切口大变化”民生实事办理制度，办实办好省、市、县民生实事，着力解决群众烦心事、忧心事、揪心事。建设高质量教育体系，推进6个教育重点项目建设[20]，抓好12个学校寄宿制基础项目建设[21]，逐步推行高完中封闭式管理全覆盖。加快健康饶平建设，推进9个医疗卫生重点项目建设[22]，全力办好暨南大学附属第一医院潮汕医院，推动医疗服务高质量发展。深入实施文化惠民工程，完善三级公共文化设施网络，加快县图书馆、档案馆、运动场改造等项目建设，规划建设饶平县奥体中心、美术馆，传承发扬好布马舞、采青等非物质文化艺术和民间艺术，打造群众身边的“文化圈”“健身圈”“休闲圈”。

此外，加强双拥和退役军人保障，支持国防和军队建设。进一步做好信访、民族宗教、侨务、人防、海防、气象、统计、物价、地方志、残疾人、妇女儿童、红十字等工作。

六、全面加强自身建设，提高政府工作的效率和水平

坚持落实新时代党的建设总要求，推进政府治理体系和治理能力现代化，着力打造人民满意的团结、务实、高效、阳光政府。

坚持党的领导。严明政治纪律和政治规矩，坚持把习近平新时代中国特色社会主义思想内化于心、外化于行，把增强“四个意识”、坚定“四个自信”、做到“两个维护”融入具体工作实践、转化为实际履职成效，不断提高政治判断力、政治领悟力、政治执行力。进一步发扬斗争精神，增强斗争本领，不断提升干部“七种能力”。扎实开展好政府系统党史学习教育，做到学史明理、学史增信、学史崇德、学史力行。

坚持民主法治。贯彻落实习近平法治思想，推进法治饶平、法治政府、法治社会一体建设。深入实施“八五”普法，全面贯彻实施《民法典》。严格执行县人大及其常委会决议决定，高质量办理好人大代表建议、政协提案，自觉接受人大、政协、社会、舆论监督。健全科学民主依法决策机制，提升行政决策法治化水平，确保权力在阳光下运行。

坚持狠抓落实。实行“工作项目化、项目责任化、责任具体化”“清单式管理、跟踪式推动、销号式落实”“领导挂钩、包干落实、专班推进”等模式，定责定量定时推进各项工作。创新督查工作机制，力促各项工作部署不折不扣落地见效，坚决打通工作落实“最后一公里”。

坚持廉洁从政。严格落实全面从严治党主体责任和“一岗双责”，加强政府系统党风廉政建设。严格执行中央八项规定及其实施细则精神，持之以恒纠治“四风”。严格落实过“紧日子”要求，确保财政支出应压尽压、应保尽保。大力支持纪检监察机关依纪依法履职，强化重点领域和关键环节廉政风险防控，营造风清气正的政治生态。

各位代表，征途漫漫，惟有奋斗！让我们紧密团结在以习近平同志为核心的党中央周围，高举习近平新时代中国特色社会主义思想伟大旗帜，深入贯彻落实习近平总书记重要讲话、重要指示精神，在市委、市政府和县委的坚强领导下，不忘初心、牢记使命、接续奋斗，以一往无前的昂扬斗志、风雨无阻的精神状态，奋战新征程、开创新局面、创造新辉煌，以优异成绩庆祝中国共产党成立100周年！

附件：

词条注释

1. 八大产业园区：潮州港经济开发区、潮州临港产业转移工业园、联饶工业区、潮州港三百门新港区、樟溪低碳工业区、潮州特色商贸物流园、钱东中潮食品工业区、高铁产业园。

2. 3个年产值百亿元级的临港产业项目：益海嘉里（金龙鱼）粮油加工基地、潮州华瀛液化天然气接收站、华丰中天LNG储配站。

3. 5个省级、市级现代农业产业园：茶叶省级现代农业产业园、水产省级现代农业产业园、水产市级现代农业产业园、青梅市级现代农业产业园、狮头鹅市级现代农业产业园。

4. 13家国有企业改制：饶平宾馆、光明农场、县和盛酿酒公司、县酒厂、县电子工业公司、县液压件厂、县变压器厂、县农机一厂、县农业机械公司、县种子公司、县印刷厂、县果子厂、县纺织品公司。

5. 一批特色村：全国文明村·钱东镇上浮山村；全国乡村治理示范村·上饶镇永善村；中

国传统村落·所城镇大城所；中国少数民族特色村寨·饶洋镇蓝屋村；国家森林乡村·东山镇东明村、浮滨镇大榕铺村、浮山镇麻湖村、饶洋镇岗下村、三饶镇新塔村、上饶镇永善村、新丰镇杨康村、新塘镇顶厝村、新圩镇燎星村、樟溪镇英粉村、所城镇高埕村；广东美丽乡村特色村·樟溪镇英粉村；广东省红色村·上饶镇上善村、东山镇湖岭村、新圩镇长彬村；广东省文化和旅游特色村·上饶镇永善村、樟溪镇英粉村；广东省十大年度美丽乡村·樟溪镇英粉村；广东省古村落·饶洋镇蓝屋村、所城镇大城所；潮州市文化和旅游特色村·高堂镇军寨村、樟溪镇英粉村、汤溪镇大门坑村、黄冈镇大澳村、东山镇东明村、所城镇所城社区。

6. 生活垃圾和生活污水处理能力大幅度提升，海域违规吊养整治、森林抚育等工作取得新进展：宝斗石生活垃圾资源化处理厂投入运营，生活垃圾实现100%无害化处理。村镇生活污水处理设施建设不断加快，县城生活污水处理率达86%。累计清理海域违法违规吊养面积约22.17万亩。新增森林抚育46.17万亩。

7. 疫情防控相关名词：“一办九组九专班”，“一办”指县新型冠状病毒肺炎疫情防控指挥部办公室；“九组”指综合组、联防联控组、医疗救治组、环境整治组、宣传组、社会面管控组、督查督导组、物资经费保障组、复工复产保障组；“九专班”指学生返学工作专班、防控境外疫情输入工作专班、农贸市场工作专班、疫苗接种使用工作专班、医疗机构院感防控工作专班、农村地区疫情防控工作专班、集中隔离医学观察场所管理工作专班、建筑工地疫情防控工作专班、粤港澳跨境货物运输疫情防控工作专班。“两站一港”，“两站”指客运站、高铁站；“一港”指港口码头。“五个零”指疫情“零死亡”、本地“零感染”、医院“零院感”、接转“零传染”、关联“零病例”。

8. “432”重点产业：“4”指四大特色成长型产业，分别是绿色能源产业、商贸物流产业、新型临港制造产业、文旅康养产业；“3”指三大传统优势产业，分别是水族机电和电子茶具产业、食品产业、陶瓷产业；“2”指两大战略性新兴产业，分别是生物与健康产业、数字农业。

9. 16个临港重点项目：益海嘉里（金龙鱼）粮油加工基地、华瀛液化天然气接收站、华丰中天LNG储配站（一期）、华丰中天5万吨LPG码头升级改造工程、潮州亚太燃油仓储有限公司公共码头（配送基地）及配套道路、粤东名贵木材集散基地、大唐（华瀛）热电冷联产项目、潮州港天域游艇制造基地、潮州海润食品制糖基地、海大饲料加工基地、香港金旺食品加工项目、潮州临港产业转移工业园柘林文胜围南片（一期1337亩）土地平整工程、潮州港能源大道改造工程、潮州临港产业转移工业园污水处理厂尾水排放工程、潮州临港产业园文胜围片区滨海路及周边环境改造提升工程、潮州港三百门新港区（小红山片区）基础设施建设（一期）工程。

10. 9个国有、集体企业改制：县木材公司、县新兴织造厂、县龙祥皮件工艺厂、县水产公司、广东金洋进出口集团公司饶平公司、县制鞋厂、凤洲食品购销站、县教具厂、县铁丝厂。

11. 18个交通重点项目：总投资约39.97亿元的厦深铁路饶平站站前广场建设工程、省道S502线饶平李厝（海龙酒家）至施厝段改建工程、饶平大桥新建工程、省道S333线闽粤交界处至饶平县建饶镇区公路改建工程、省道S501线浮滨至樟溪路段改建工程、省道S502线闽粤交界至饶平大埕段改建工程、省道S502线饶平碧春至拥军路路段改建工程（含城东大转盘改造）、饶平大道延长线至省道S222线山家桥改建工程、县道X086铁汫线钱东高速口至国道段路面黑底化及配套工程、饶平火车站进站公路路面黑底化及配套工程、省道S232线浮滨上社至坪溪水库产业园公路改建工程、国道G324线县城城东至西区车站路段路面改造及配套工程、国道G355线新丰楼仔至三饶东门路段改建工程、省道S222线饶平三饶至浮山荔林路段改造工程、饶平火车站疏站西路改建工程、环城北桥及引道新建工程、“四好农村路”点亮乡村路灯安装工程、“四好农村路”提质提级建设项目。

12. 16个水利重点项目：总投资约32.28亿元的引韩济饶供水工程、汛洲岛跨海供水工程、饶北水资源调配工程、县第二水厂扩建工程、三饶自来水厂取水口上移及供水管网工程、东风埭十孔水闸重建工程、黄冈河县城段上游堤围加固提升工程、黄冈河下游联饶段堤围加固提升工程、钱东水厂新建工程、东溪大桥至叠石埭海堤加固提升工程、黄冈河下游高堂段堤围加固提升工程、大埕镇水尾溪水闸重建工程、全域河溪水陂除险加固工程、汤溪水库除险加固工程、东溪大桥至东风埭海堤加固提升工程、东溪水闸拆除重建及应急抢险配套工程。

13. 10个电力重点项目和配网线路升级改造：总投资约10.3亿元的220千伏龙湾输变电工程、220千伏柘林湾输变电工程、110千伏新联输变电工程、110千伏海山输变电工程、110千伏碧春输变电工程、110千伏仙春输变电工程、110千伏钱东输变电工程、110千伏联饶输变电工程、110千伏下岱输变电工程、35千伏新圩输变电工程。升级改造配网线路257公里。

14. 8个住宅小区天然气置换：南信半岛、福顺轩、南信华府、凤江家园、牡丹园、星河湾、海博现代城、龙泽园。

15. 8个省卫生镇：建饶镇、汤溪镇、东山镇、樟溪镇、钱东镇、高堂镇、浒洲镇、柘林镇。

16. 11个房地产项目：锦绣东方花园、金汇轩、豪友家园、海富·一品香域、逸景湾、南信华庭、铧骏·海景园、大肚林公寓、绿岛晴岚花园、怡景轩、唐商花园。

17. 棚户区改造工作：万山红农场棚户区改造项目建设安置房250套，光明农场棚户区改造项目建设安置房222套。

18. 13个市政重点项目：总投资16.41亿元的石壁山风景区基础设施改造项目（二期）、县运动场改造及地下停车场建设项目、凤江广场及地下停车场市政项目、县城智慧停车项目、县图书馆、档案馆“两馆”项目、新港东路改建工程（含连四号街桥梁）、丁未革命纪念亭周边环境改造提升工程、县城下市和新合片区排水防涝设施工程、凤中路延长线改造工程、饶平大道改造工程（二期）、县城沿河南北路人行道改造提升工程、殡仪馆易址新建工程、福泽园公墓项目。

19. 一批断头路：新汕路、益智学校西侧等道路。

20. 6个教育重点项目：总投资约12.84亿元的县中山实验学校建设项目、县城南实验学校建设项目、县技工学校新校区建设项目、县教师发展中心建设项目、暨南大学附属潮州实验学校建设项目、瑞峰实验学校建设项目（二期）。

21. 12个学校寄宿制基础项目：饶洋镇名扬小学教学楼建设项目、浮山中心小学教学楼宿舍楼建设项目、钱东中学学生宿舍楼建设项目、饶平五中学生宿舍楼及运动场建设项目、饶平二中综合教学大楼建设项目、华侨中学学生宿舍楼（含食堂）建设项目、田家炳实验中学综合教学楼及运动场建设项目、饶平四中学生宿舍及食堂综合楼建设项目、浒洲中学学生宿舍楼建设项目、凤洲中学学生宿舍楼建设项目、柘林中学学生宿舍楼建设项目、建饶中学学生宿舍楼建设项目。

22. 9个医疗卫生重点项目：总投资约13.57亿元的县人民医院异地搬迁新建项目、县第三人民医院新建项目、县卫生检验中心建设项目、县第二人民医院医疗专项配套建设项目、县中医医院住院大楼建设项目、县中医医院整体环境提升项目、县体检康复中心及宿舍楼建设项目、县第二人民医院传染病区建设项目、县人民医院异地搬迁新建二期项目。

饶平县人民代表大会常务委员会工作报告

——2021年3月9日在饶平县第十五届人民代表大会第九次会议上

饶平县人大常委会主任　童益民

各位代表：

我受县第十五届人民代表大会常务委员会委托，向大会报告工作，请予审议。

过去一年的主要工作

2020年，县人大常委会始终坚持以习近平新时代中国特色社会主义思想为指导，坚持党的领导、人民当家作主、依法治国有机统一，全面贯彻落实党的十九大和十九届二中、三中、四中、五中全会精神，深入学习贯彻习近平总书记出席深圳经济特区建立40周年庆祝大会和视察广东视察潮州重要讲话重要指示精神，紧紧围绕县委决策部署和全县工作大局，切实履行宪法和法律赋予的职权，充分发挥人大在推进经济社会发展和疫情防控中的监督助推作用，为我县夺取疫情防控和经济社会发展双胜利，推动高质量加快发展作出了贡献。全年召开县人大会议2次，召开常委会会议13次、主任（党组）会议31次；听取和审议“一府两院”的专项工作报告29项，做出决议、决定、审议意见13项；组织代表开展视察、执法检查、专题调研等活动16次，顺利完成县十五届人大七次会议确定的各项目标任务。

一、以党的科学理论为指引，始终保持人大工作正确政治方向

始终坚持以习近平新时代中国特色社会主义思想统领人大工作。把学习贯彻习近平总书记出席深圳经济特区建立40周年庆祝大会和视察广东视察潮州重要讲话重要指示精神与学习贯彻党的十九届五中全会精神，学习贯彻《习近平谈治国理政》第三卷，学习贯彻习近平总书记关于坚持和完善人民代表大会制度的重要思想紧密结合起来，做到一体学习领会，整体贯彻落实，努力将学习成果转化为推动依法履职最强大、最持久的动力，进一步树牢“四个意识”，增强“四个自信”，坚决做到“两个维护”，切实保证人大工作正确政治方向。

始终坚持党对人大工作的全面领导。严格执行重大事项向县委请示报告制度，全年就重大事项向县委请示17次，就人大履职重要工作向县委提交专项工作报告16项，确保县委决策部署落实。坚持党管干部与人大依法任免相统一，认真贯彻县委人事安排意图，全年依法任免国家机关工作人员36人次，补选市人大代表7人、县人大代表11人。充分发挥人大常委会党组把方向、管大局、保落实的领导作用，不断健全全面从严治党机制，切实抓好常委会及机关重大事项决策、意识形态、党风廉政建设等工作。认真落实县委“深调研”工作部署，围绕“完善代表履职服务机制，更好支持和保障人大代表发挥作用”专题深入基层调研并提出4方面意见建议。根据县委批示要求，牵头起草《关于建立县政府向县人大报告地方债务管理情况制度的意见》并报县委批准实施。

突出助力疫情防控和经济社会发展双胜利。新冠肺炎疫情发生以来，认真学习贯彻习近平总书记关于疫情防控的重要讲话和重要指示精神，全面落实党中央决策部署和省委、市委、县委工作部署，充分发挥人大常委会职能作用，及时请示报告并获得县委支持，完善疫情防控监督议题，开展疫情防控相关工作监督，有效促进我县依法防控措施落地落实。及时组织疫情防控有关法律法规宣传解读，指导各镇和有关职能部门依法保障全县疫情防控工作。疫情防控中，常委会领导率先垂范，分赴联系的镇村和挂钩的38个企业、重点项目指导做好抗疫复工复产各项工作，为全县夺取疫情防控和经济社会发展双胜利付出了不懈努力。

二、以推动高质量发展为主题，依法行使监督权和重大事项决定权

促进公共财政规范有效运行。听取审议计划、财政预决算、预算调整、审计、税收、社会保险工作等报告，支持和促进县政府坚持稳中求进工作总基调，落实积极财政政策，扎实做好“六稳”工作，全面落实“六保”任务。听取审议县政府关于未列入年度计划的财政性资金投资建设项目及部分新列增财政开支项目情况的报告、县财政局关于我县2016年—2020年各类债券资金分配和用途调整情况的报告、县审计局关于审计查出突出问题整改情况的报告，针对存在问题提出审议意见，助推打好防范化解重大风险攻坚战。首次审议县政府关于国有资产管理情况的综合报告，听取审议县自然资源局关于国有自然资源资产管理情况的专项报告，促进国有资产规范管理、高效运营、保值增值。听取审议县政府提请的关于县人民医院与暨南大学附属第一医院实施托管合作的议案，组织对托管事项的合法性、必要性、可行性审查，支持县人民政府贯彻中央和省政府有关政策，促进县人民医院提质升级，带动全县医疗卫生健康事业发展。

依法助推生态环境质量持续改善。落实环保法要求，严格执行环境状况和环境保护目标完成情况报告制度，助力我县打赢污染防治攻坚战，进一步推进全县生态环境质量持续向好发展。连续三年听取审议县政府关于《潮州市黄冈河流域水环境保护条例》贯彻实施情况汇报，持续强化黄冈河水环境治理意识，强力推动“母亲河”水质改善提升，2020年黄冈河凤江桥国控断面达到Ⅱ类水质。连续三年关注我县村镇生活污水处理设施建设情况，努力推动城乡环境综合整治，促进全县整体形象综合提升。视察我县水源保护地环境整治情况，加强饮用水安全监督，保护人民群众饮水安全。调研拆旧复垦、“森林小镇”创建等工作推进情况，促进加快美丽乡村建设步伐，推动脱贫攻坚成果有效巩固，助力我县乡村振兴战略深入实施。视察县城市政工程建设情况、石壁山风景区综合环境提升工程建设情况，促进城市服务功能不断增强，提升县城品位，推动我县投资环境和人居环境进一步改善。

保障法律法规贯彻实施。坚持宪法宣誓制度，组织依法产生的国家机关工作人员举行向宪法宣誓仪式5场，坚决维护宪法权威，增强法律观念，激励和教育就职人员忠于宪法、遵守宪法、维护宪法。听取审议县政府贯彻实施《禁毒法》情况报告，推动我县完善禁毒工作机制体制，强化禁毒基础保障，保持缉毒执法高压态势，切实解决涉毒犯罪问题。检查《道路交通安全法》贯彻执行情况，推动道路交通安全法律法规的宣传教育，提升道路交通安全监管能力和执法水平，保障人民群众安全出行权益。检查《广东省城乡生活垃圾处理条例》贯彻执行情况，促进全县上下依法做好城乡生活垃圾处理工作，推动形成城乡一体的垃圾治理新格局。检查《广东省野生动物保护管理条例》贯彻执行情况，提出要认真抓好《条例》的实施工作，压实野生动物保护管理责任，加强执法监管力度，杜绝买卖、食用野生动物。听取审议县法院关于执行工作的报告，督促法院加大执行工作力度，致力破解群众反映强烈的“执行难”问题，彰显法律的公平正义。坚持规范性文件备案审查制度，认真审查政府提请的5份备案文件，切实监督依法行政。认真接待群众信访，受理并交办来信来访事项9件，办结9件，切实维护法制统一，促进社会公正、和谐。

主动呼应城乡民众重大关切。听取县政府关于统筹推进新冠肺炎疫情防控和经济社会发展情况的报告，督促政府持之以恒抓好疫情防控，坚定不移推动经济发展，力争把疫情影响降到最低、损失降到最小，切实保障好人民群众生活需求和生命财产安全。视察疾病预防控制和救治能力体系建设情况、医疗卫生基础设施建设情况，就院感防控、人才引进和保障机制等方面提出意见建议，推动提升全县医疗卫生服务水平。听取县公安局关于打击治理电信网络新型违法犯罪工作的汇报，要求继续深入查摆工作短板弱项，努力为全面建成小康社会创造安全稳定的政治社会环境。听取审议我县医疗保障工作情况汇报，要求加强医保队伍专业化建设，切实提高医保基金管理水平，持续为疫情防控提供服务保障。调研推进高考综合改革情况，督促政府细化完善相关政策，重点加强在经费预算、教师编制、人才激励和培训政策等方面的支持。调研公共文化建设情况，就进一步促进我县公共文化建设工作，更好丰富群众精神文化生活，助推我县文化繁荣发展提出意见建议。此外，还就我县推进现代农业、气象防灾减灾等群众关心关注的工作开展了视察调研活动，就存在问题提出了针对性的意见建议，致力于增强广大群众的幸福感、获得感和安全感。

三、以优化服务保障为抓手，着力深化和拓展代表工作

*优化代表履职服务。*切实保障代表工作经费，及时发放无固定收入代表补助。举办履职专题培训班，组织新任县人大代表、县人大常委会委员及部分机关干部赴深圳人大干部培训中心学习，进一步提高代表及人大干部的思想政治素质和依法履职能力。有序推进代表小组、代表活动室、代表（中心）联络站等履职平台建设，有效发挥其代表活动“主阵地”、联系群众“桥头堡”作用。继续组织代表开展测评“一府两院”工作，加强工作对接，联系相关单位为代表依法约见提供方便、创造条件。继续组织代表票决政府民生实事项目工作，激发代表履职热情，提高代表履职影响。进一步扩大代表对常委会工作的参与，全年共有122人次的县人大代表参加常委会各类执法检查、视察、调研等活动，促进代表活动经常化、形式多样化、服务保障优质化。此外，常委会还积极协助配合市人大常委会开展立法调研、专题视察调研、市级人大代表培训等活动。

*切实提高代表建议督办质量。*认真总结代表建议办理工作经验，严把代表建议质量关，按照内容高质量、办理高质量的要求，加强代表建议提出、交办、办理的全流程管理，努力提高建议的办结率和群众的满意度。全年代表提出建议8件，其中县十五届人大七次会议期间提出6件，闭会期间提出2件，均交由县政府办理，建议办结率100%，办理结果代表满意8件。

*深化代表主题活动。*在总结前两年主题活动经验做法的基础上，在确保疫情防控安全的前提下，继续组织县各代表小组和各镇人大围绕城乡人居环境整治，开展为期一个月的“更好发挥人大代表作用”主题活动。通过组织专题调研、视察、执法检查、走访群众、接待选民等多种形式的活动，进一步增强了人民代表大会制度自信和人大代表履职尽责的责任感、使命感，进一步推动了民生实事问题的解决。活动期间，共组织代表活动133场，124名县人大代表和647名镇人大代表参加履职活动，收集群众关心问题102件，提出建议89件，及时有效解决人民群众最关心、最直接、最现实的重大民生问题，展示了代表履职为民的良好形象。

*汇聚代表抗疫力量。*在我县作出疫情防控全面部署的关键时刻，常委会第一时间向全体县镇人大代表发出倡议书，动员各级人大代表积极投身疫情防控工作，充分发挥代表密切联系群众优势和模范带头作用，助力打好疫情防控阻击战。疫情期间，各行各业的人大代表迎难而上，勇于担当，与群众携手并肩作战，全力投入疫情防控工作，充分展现了新时代人大及人大代表的风采与担当。

四、以党建为引领，持续加强常委会及机关自身建设

*一以贯之加强思想政治建设。*巩固拓展“不

忘初心、牢记使命”主题教育成果，进一步完善党建工作机制，不断提升常委会党的建设水平。全面贯彻落实“第一议题”制度，制订党组年度理论学习计划，坚持每月至少召开一次理论学习会，进一步推动习近平新时代中国特色社会主义思想的学习宣传贯彻往深里走、往心里走、往实里走，切实强化人大干部的思想理论武装。全年组织召开党组理论学习会17次，学习习近平总书记系列重要讲话重要指示精神36篇。切实加强意识形态工作，牢牢把握意识形态领导权、管理权和话语权，强化机关微信公众号信息审核，严格人大干部使用微信行为管理，提高《饶平人大信息》编辑质量，积极传播社会主义核心价值观。

*一以贯之突出干部能力建设。*以党组理论学习、机关“三会一课”、主题党日等为载体，组织人大机关干部认真学习习近平新时代中国特色社会主义思想，学习宪法及民法典等法律法规，不断提升常委会组成人员和机关干部的政治素质和法治素养。组织人大干部参加省、市人大组织的各类履职培训，不断提升人大干部的履职能力和专业水平。积极争取县委支持，着力优化人大干部队伍结构，进一步激发人大干部队伍的创新精神和工作活力。

*一以贯之狠抓机关作风建设。*认真抓好中央八项规定和省市县委实施细则精神的贯彻落实，驰而不息纠正“四风”新问题新动向，树立有为意识、担当精神，以作风整顿和解放思想的成果，促进职能作用的发挥，确保党中央和各级党委决策部署在人大落地见效。强化纪律刚性约束，坚持纪在法前，坚持述职述廉、个人重大事项报告等制度，加强对执行党内监督法规的监督检查，严肃审查、处分违纪党员，促进党员干部廉洁从政。坚持抓早抓小，对苗头性问题及时约谈，防止小问题变成大问题，进一步增强领导干部的廉洁意识，筑牢拒腐防变的思想道德防线。教育引导机关干部职工树立全局思想，培养严谨细致、雷厉风行、求真务实的工作作风，努力形成积极干事的良好工作氛围。

各位代表，一年来常委会取得的成绩，根本在于习近平新时代中国特色社会主义思想的科学引领，在于县委的正确领导和高度重视，是全体县人大代表、常委会组成人员、县人大各专门委员会和常委会各工作机构共同努力的结果，离不开县政府、县政协、县监察委、县法院、县检察院以及各镇人大的大力支持。特别是新冠肺炎疫情发生以来，全县各级人大代表积极响应县人大常委会倡议，充分发挥扎根基层的优势，或投身抗疫一线，或捐资捐物，为我县疫情防控工作作出了积极贡献。在此，我谨代表县人大常委会表示崇高的敬意和衷心的感谢！

我们清醒地认识到，面对新时代新任务，对照高标准、严要求，我们的工作还存在一些不足之处。主要是：监督工作的跟踪督办还需进一步深入；服务保障代表履职的工作还需要进一步加强；人大自身专业化建设还需要进一步提升。这些问题我们要高度重视，认真加以改进。

2021年的主要工作安排

2021年是“十四五”的开局之年和开启全面建设社会主义现代化国家新征程、向第二个百年奋斗目标进军的起点年，也是县镇人大换届年。县人大常委会将在县委的正确领导下，坚持以习近平新时代中国特色社会主义思想为指导，坚持党的领导、人民当家作主、依法治国有机统一，深入贯彻落实党的十九大和十九届五中全会精神，习近平总书记出席深圳经济特区建立40周年庆祝活动和视察广东视察潮州重要讲话重要指示精神，紧紧围绕构建国内国际双循环相互促进新发展格局和省委“1+1+9”、市委“1+5+2”工作部署，紧扣县委加快构建“一城一廊一海湾”饶平发展新格局的科学谋划，聚焦“十四五”规划，聚焦县委重点推进的大事要事，聚焦经济社会发展的短板弱项，聚焦人民群众关心关切的热点难点，忠实履行法定职责，更好发挥代表作用，扎实抓好人大换届相关工作，为推动饶平高质量加快发展、全面建成小康社会和迈上全面建设社会主义现代化国家新征程贡献人大力量。今年拟召开8次以上常委会会议，听取和审议专项报告28项，开展视察调研等活动10项。围绕上述总体要求，着重抓好以下四方面工作：

一、以更高站位把牢正确政治方向

始终高举中国特色社会主义伟大旗帜。坚持以习近平新时代中国特色社会主义思想为指导，深入学习贯彻习近平总书记出席深圳经济特区建立40周年庆祝大会和视察广东视察潮州重要讲话重要指示精神及党的十九届五中全会精神，牢固树立“四个意识”、坚定“四个自信”、坚决做到“两个维护”，努力创造出经得起实践、人民、历史检验的业绩。

始终坚持党对人大工作的领导。紧紧围绕贯彻落实中央重大决策部署和省委“1+1+9”、市委“1+5+2”工作部署，特别是要围绕贯彻落实县委十一次、十二次全会精神，紧扣县委提出的加快构建“一城一廊一海湾”饶平发展新格局和《中共饶平县委关于制定饶平县国民经济和社会发展第十四个五年规划和二〇三五年远景目标的建议》谋划推进各项工作，认真做好常委会会议听取和审议我县“十四五”规划编制情况报告的工作，切实做好县人大会议审查批准我县“十四五”规划纲要工作。坚持党管干部与依法行使任免权相统一，切实推动被任命国家机关工作人员依法履职。认真履行重要事项、重要工作、重大决定向县委请示报告制度。紧扣县委布置的重点工作，积极配合推动全县各项攻坚任务高质量完成。

始终坚持和完善人民代表大会制度。要更好地找准人大依法履职与中心工作结合点，更好发挥人大及其常委会作用，动员全体人大代表在推进饶平高质量加快发展中当先锋、作表率。要按照县委部署和要求，依法做好县镇人大换届选举工作，确保换届选举工作依法有序进行。

二、以更好成效展现人大担当作为

促进经济持续健康发展。加强国民经济和社会发展计划、预算执行情况及决算的审查和监督，推进预算联网监督制度化建设，积极跟踪调研“十四五”规划编制情况，视察农村电子商务高质量加快发展三年行动计划工作开展情况，促使“疫”后经济保持向好运行。

助力攻坚成果巩固拓展。听取审议审计查出突出问题整改情况报告、政府债务管理情况报告、国有资产管理情况报告，促进重大风险得到有效防范化解；调研省级现代农业产业园、绿美古树乡村、黄冈河碧道工程、“四好农村路”等建设情况，为巩固脱贫攻坚成果与乡村振兴深入开展建言献策；听取审议环境状况和环境保护目标完成情况报告、黄冈河流域水环境保护情况报告、村镇生活污水处理设施建设情况报告，村镇生活垃圾清运体系建设情况报告，视察近岸海域生态环境保护情况、县城综合环境改造提升情况，推动污染防治攻坚成果持续巩固。

力促民生事业提升改善。听取审议代表票决民生项目落实情况报告、公立医院管理和改革情况报告、人工影响天气情况报告，视察民办教育、融媒体中心建设运行等发展情况，促进教育、医疗等群众普遍关注的问题持续有效解决，努力提升人民群众的获得感和幸福感。

推进法治平安饶平建设。听取审议民事行政公益诉讼检察工作报告，开展对《残疾人保障法》等法律法规贯彻实施的执法检查，加强和改进规范性文件备案审查工作，协助和配合市人大常委会开展立法调研、《民法典》相关地方性法规专项清理等工作，促进依法行政、公正司法。

三、以更优服务保障代表作用发挥

强化履职交流培训。进一步提高代表培训质量，切实增强培训的针对性、实效性，促进代表思想素质、履职意识、履职水平和履职能力全面提升。继续加强常委会及机关工作人员履职业务培训，强化与外地人大的交流，提高人大机关服务代表履职的能力和水平。

强化代表活动平台建设。进一步密切代表同人民群众的联系，完善“双联系”制度机制，不断加强代表小组、代表活动室、代表（中心）联络站等的规范化建设和常态化管理。提高代表专题调研、集中视察、联系选民的组织水平，不断提高闭会期间代表活动质量。继续组织代表开展“一府两院”满意度测评和票决政府民生项目工

作，不断总结工作经验，促进代表了解民情，反映民声，维护民利。积极开展“更好发挥人大代表作用”主题活动，选准主题，精心策划，收集梳理群众普遍关心热点难点问题的建议，做好建议的转办交办工作，落实专人跟踪督办，推动建议得到有效解决。

强化代表议案建议办理。把办理代表议案建议作为接受人民监督的重要内容，把提高代表议案建议的落实率和满意度作为衡量办理质量的标准，进一步完善办理工作流程，健全常委会主任会议成员领衔督办和工作委对口督办等机制，听取审议县政府议案建议办理情况报告，安排领衔提出建议代表参与审议办理情况报告，推动代表议案建议的落实率和满意率进一步提高。依法受理来信来访，正确引导群众转变思想观念，积极向代表反映诉求，推动群众诉求在基层一线得到有效解决。

四、以更有力的举措强化自身建设

加强思想政治建设。把深入学习贯彻习近平新时代中国特色社会主义思想作为首要政治任务，跟进学习总书记最新重要讲话重要指示精神，筑牢坚持根本政治制度的思想根基。坚持学习制度，改进学习方式，拓展学习途径，通过党组会议、常委会会议、主任会议、机关干部会议等形式集中学习，培训研讨，促进真学真用，不断提高常委会及机关人员政治理论水平和履职能力，推动人大工作与时俱进完善发展。

持续改进工作作风。坚持全面从严治党，全面落实中央八项规定，严格贯彻执行各项党内法规和纪律规定，切实防止和克服形式主义、官僚主义，以作风整顿的成果促进人大职能作用更好发挥。坚持敢担当、善作为、转作风、重实效，深化人大文明机关建设，加强人大意识形态工作，着力打造具有群众意识、法治意识、民主意识的高素质人大干部队伍，树立地方国家权力机关的良好形象。

强化县镇人大工作协同。围绕上级党委、人大“推进县镇人大工作年”的部署要求，不断完善推进县人大规范化建设，进一步加强对镇人大工作和建设的联系指导、督促检查，保持良性互动，及时总结和推广经验，密切工作协同，实现县镇人大工作整体联动推进、同步高质量发展。加强和改进《饶平人大信息》编辑与宣传工作，传递人大声音，讲好人大故事，不断增强新时代人大工作整体实效。

各位代表，新起点鼓舞人心，新征程催人奋进。让我们高举习近平新时代中国特色社会主义思想伟大旗帜，在县委的坚强领导下，乘势而上、起而行之，进一步彰显人民代表大会政治优势，锐意进取，奋发有为，为推动饶平高质量加快发展、全面建成小康社会和迈上全面建设社会主义现代化国家新征程做出人大新的更大贡献!

中国人民政治协商会议
第十届饶平县委员会常务委员会工作报告

——在政协第十届饶平县委员会第五次会议上

（2020年5月27日）

县政协主席　詹松辉

各位委员、同志们：

我代表政协第十届饶平县委员会常务委员会，向大会报告工作，请予审议，并请列席会议的同志提出意见。

一、2019年以来主要工作情况

2019年是人民政协历史上意义非凡的一年。70年前，人民政协成立并代行全国人民代表大会职权，为新中国的诞生作出了重要贡献；70年来，人民政协始终与共和国风雨同舟、砥砺前行，迎来了同心共筑中国梦、携手奋进新时代的伟大征程。这一年，以中共中央名义首次召开中央政协工作会议，习近平总书记出席会议并发表重要讲话，深情回顾人民政协发展历程，高度评价人民政协重要贡献，为新时代人民政协事业发展指明了前进方向。省委、市委和县委也先后召开政协工作会议，对新时代加强和改进人民政协工作作出部署。一年来，县政协坚持以习近平新时代中国特色社会主义思想和习近平总书记关于加强和改进人民政协工作重要思想为指导，在中共饶平县委的坚强领导下，围绕中心、服务大局，坚持发扬民主和增进团结相互贯通、建言资政和凝聚共识双向发力，为促进我县经济社会发展和民主政治建设作出了应有的贡献。

（一）加强政治引领，确保政协事业正确方向

我们着眼政治之年、大事之年，牢牢把握新时代人民政协新方位新使命，着力强化理论武装，加强思想政治引领，始终保持人民政协沿着正确政治方向前进。

一是坚持和加强理论武装。把学习贯彻党的十九届四中全会和中央政协工作会议这两个历史性会议精神作为首要政治任务。以政协党组为引领，认真学习贯彻中共十九届四中全会精神，带动县政协各参加单位和广大政协委员深刻认识十九届四中全会的开创性、里程碑意义，牢牢把握我国国家制度和国家治理体系的显著优势，继续沿着党和人民开辟的正确道路前进，不断推进国家治理体系和治理能力现代化，牢牢把握人民政协制度与国家治理体系的内在联系，努力推动人民政协制度优势转化为国家治理效能。县政协主要领导按照县委学习贯彻党的十九届四中全会精神课题安排深入开展调研，形成《坚持和完善中国共产党领导的多党合作和政治协商制度》的调研报告送县委；认真学习贯彻习近平总书记系列重要讲话精神、关于加强和改进人民政协工作的重要论述、中央、省委、市委和县委政协工作会议精神，不断在学懂弄通做实上下功夫。通过党组会议、主席会议、常委会会议、专委会活动、

"政协学堂"等平台和形式，不断提升学习成效。深刻认识县委不折不扣贯彻落实习近平总书记重要讲话精神的政治站位和信心决心，牢牢把握县委政协工作会议的部署要求，切实增强做好我县政协工作的政治自觉、思想自觉、行动自觉。

二是扎实开展"不忘初心、牢记使命"主题教育。把学习贯彻习近平新时代中国特色社会主义思想作为根本任务贯穿始终，坚持在理论武装中筑牢初心，党组成员带头读原著、学原文、悟原理，举办"政协学堂"、专题党课、专题讲座等各类学习活动，党员干部党性得到锤炼、思想受到洗礼，进一步筑牢精神支柱和政治灵魂。坚持在检视整改中净化初心，从县政协党组和党组成员抓起、严起，拉单列条建立问题清单，研究细化举措逐项推动问题解决，进一步提振干部干事创业精气神。坚持在建言资政、凝聚共识中践行初心，把主题教育成果转化成履职为民的具体实践，进一步提升了工作效能。一年来，共组织开展各类协商活动25场次，形成了一大批有价值的意见建议，为党委政府科学决策提供重要参考。

三是全面加强党对人民政协工作的领导。把坚持党的领导作为政协履职的根本政治原则，认真贯彻《中国共产党党组工作条例》，切实加强党组自身建设，旗帜鲜明讲政治，认真抓好思想政治引领，教育引导县政协各参加单位和全体政协委员不断增强"四个意识"，坚定"四个自信"，做到"两个维护"，确保党的路线方针政策和中央决策部署以及省委、市委、县委工作部署在政协不折不扣地贯彻执行，切实发挥政协党组把方向、管大局、保落实重要作用。制订了《饶平县政协党组成员联系界别党员委员和党员委员联系党外委员制度》，形成由党组书记和党组成员挂钩联系党员委员、党员委员联系党外委员常态化联系制度，实现政协党的组织对党员委员全覆盖、党的工作对政协委员全覆盖；在十届四次会议期间首次设立临时党委和临时党支部，发挥好临时党组织统一思想认识、完成政治任务引领作用，通过党建引领广泛凝聚思想共识，不断夯实团结奋斗的共同思想政治基础。

（二）聚焦中心任务，全力助推高质量加快发展

坚持围绕中心、服务大局，紧紧围绕县委工作部署，精心谋划，主动作为，积极发挥人民政协作为专门协商机构作用，力求专出特色、专出质量、专出水平，全力助推我县实现高质量加快发展。

一是助力经济社会发展建诤言。十届四次会议期间认真组织广大政协委员通过大会发言、小组讨论、提交提案等形式，围绕政府工作报告开展广泛的协商讨论，并围绕支持民营企业发展、促进乡村振兴、重视文物保护、完善道路基础设施建设、解决卫生人才紧缺、加强交通安全教育、加强黄冈河流域治理、促进优质教育资源均衡配置、加大文化体育硬件设施建设等关系我县经济发展、社会事业、民生改善、社会治理等领域积极议政建言，共提出31个方面的工作建议，积极为县委、县政府科学决策提供参考。

二是助力产业结构优化谋实招。主席会议聚焦我县海洋水产品加工发展情况，在多次开展实地视察调研的基础上提出设立省级水产品工业园等意见建议，积极为我县水产品发展实现转型升级把脉支招。经济专委会、科技专委会、教育专委会分别就"我县果蔬专业合作社经营发展状况""我县民营企业研发机构发展状况""我县职业技术教育发展情况"课题，组织界别委员开展调研视察和协商座谈，聚焦农业现代化发展、民营企业研发能力提高、产业技能人才培养等方面，为全方位、多主体促进我县产业结构优化升级提出许多有价值的意见建议。

三是助力乡村振兴发展献良策。配合并参与省政协《关于对标三年取得重大进展硬任务扎实推动乡村振兴的实施方案》系列监督调研活动，农业农村专委会紧密结合自身职能定位，围绕"发展滨海旅游，助推乡村振兴发展"开展专题调研，就滨海旅游资源保护利用、基础设施建设、宣传推广、招商引资等方面，为发展滨海旅

游带动乡村振兴，走出生态资源、文化底蕴“转化变现”进而实现富民之路积极建言。部分政协委员还通过提案的形式，提出要充分利用地方特色资源，举办特色生态农产品节庆活动，大力发展特色生态旅游农业，以新业态新模式打造我县乡村振兴发展新引擎。

四是助力增进民生福祉出良方。按照县委主要领导要求，县政协对我县部分收入中等偏低群众住房难问题进行调研，这部分人群介于双困户和中等收入阶层之间，他们既达不到公共租赁住房准入门槛，也买不起商品房，只能居住在破旧狭小老房中，居住条件较为恶劣，生活质量亟待提高。为让更多城镇中等偏低收入家庭“住有所居”“住有优居”，针对我县住房保障工作上的短板，主席会议组成专题调研组多次深入基层和有关部门进行调查研究，在摸清我县保障性住房供应情况的基础上，从降低住房保障门槛、扩大优先保障对象、建立退出机制、多主体建设保障房等多方面提出意见建议，形成专题调研报告，为县委、县政府提供决策参考。

（三）立足履职为民，着力提升民主监督实效

把发挥民主监督作用作为践行“人民政协为人民”理念的有效抓手，多方式多渠道开展协商式监督，着力提升民主监督实效。

一是围绕提案办理开展协商监督。十届四次会议期间，各民主党派和广大政协委员围绕我县市政、交通、教育、经济、文化、旅游、农业、环保等社会发展和民生领域共提交提案25件，经审查立案20件、转为意见4件、暂不立案1件。为提升提案办理实效，县政协先后围绕“0—6周岁残疾儿童抢救性康复救助”“着力解决县城停车难问题”“推进黄冈河沿河两岸长廊改造”“加大力度对县城旧城区老化供水管网进行改造”“规范小区管理，促进社会和谐”等提案办理落实情况开展协商式监督，组织提案人和承办单位进行现场沟通，共商办法，加温鼓劲，积极推动提案办理落实。

二是围绕民生实事开展协商监督。各专委会精选课题、选准角度，分别围绕“学前至高中阶段生均经费保障落实”“政务服务中心建设”“扫黑除恶专项斗争”“《潮州市黄冈河流域水环境保护条例》贯彻实施”“引韩济饶供水工程建设”“春天绿化大会战贯彻落实”“乡村医疗站建设管理”等群众期待、社会关注专题积极开展协商式监督，努力助推民生实事贯彻落实。

三是围绕城市治理开展协商监督。为助力缓解县城停车难这一城市治理痛点、堵点问题，组织政协委员蹲点调查、深入研究，并以提案的形式积极为缓解这一难题建言献策；三胞专委会也以此为课题，组织相关职能部门开展民主监督活动，通过实地调研、深入了解情况，广泛听取群众和有关部门意见建议，形成专题民主监督情况反映，进一步加大对解决县城停车难问题的民主监督力度。

（四）发挥政协优势，凝心聚力促进社会和谐

充分发挥大团结大联合优势，积极搭建交流载体，打造协商平台，广泛凝聚思想共识，努力促进社会长期保持和谐稳定。

一是着力凝聚思想共识。牢牢把握团结和民主两大主题，将团结和民主贯穿于政协的全部工作之中，着力引导参加人民政协的各党派团体和各界人士深入学习习近平新时代中国特色社会主义思想，学习习近平总书记重要讲话和对广东重要指示批示精神，学习时事政策，学习中共党史、新中国史和统一战线历史、人民政协历史，树立正确的历史观和大局观，推动各党派团体和各界人士实现思想上的共同进步，不断巩固团结奋斗的共同思想政治基础。

二是凝心聚力共抗疫情。新冠肺炎疫情发生以来，县政协认真贯彻落实习近平总书记重要指示精神和党中央、国务院决策部署，坚持疫情就是命令、防控就是责任，发挥优势、主动作为，及时发出倡议书，动员号召全体政协委员团结一心、共抗疫情。广大政协委员积极响应，为抗“疫”尽一分力量，林吉胜、钱学工等委员第一时间捐赠了免水洗手液和口罩一大批。林吉胜常

委还在较短时间筹办了我县首家口罩生产企业，日均可生产一次性医用口罩20万只，很大程度上保障了我县的口罩需求，在筹建过程中，县政协主要领导还多次上门帮助协调解决实际困难，促进企业尽快投产；驻外商会委员纷纷慷慨解囊、捐款捐物，千方百计筹措资金、物资支援家乡抗疫工作。麦微纯常委在捐赠多批防控物资的同时，创作和演唱多篇战“疫”题材潮州歌册，积极宣传抗“疫”知识和先进人物。康贤通常委率领属下企业团队参与广东省应急攻关项目，紧急研发了“高通量自动化核酸制备检测一体工作站”，并于3月上旬运抵中科院武汉病毒所正式加入新冠病毒检测实战；其他各行各业、各部门单位的政协委员也以各种身份参与到防疫工作中，努力在抗击疫情中发出政协声音，贡献政协力量。据不完全统计，新冠肺炎疫情发生以来，县政协委员共捐赠抗疫资金和抗疫物资折合人民币127.27万元，充分体现了为国担当、为民履职的情怀，有力彰显了新时代政协组织和政协委员的品格与风范。同时，积极响应县委复工复产的工作部署，县政协班子成员分头到有关镇和企业了解疫情影响下生产经营情况，帮助解决困难和问题，并开展多场次调研，向县委、县政府报送了《关于我县涉农涉工领域复工复产情况的调研报告》，为我县复工复产出谋献策。

三是助推文明建设。引导和支持广大政协委员自觉履行社会责任，积极投身平安饶平、绿色饶平、文明饶平建设。开展扫黑除恶专项斗争专题宣传倡议活动，引导广大政协委员深入学习宣传贯彻习近平总书记关于扫黑除恶专项斗争的重要批示指示精神和相关业务知识，深入开展扫黑除恶专项斗争情况调研，为推动扫黑除恶专项斗争持续纵深推进贡献力量。组织开展“参与创文志愿服务，共建地绿水清饶平”创文志愿服务活动，广大政协委员积极参与志愿活动，以实际行动践行“绿水青山就是金山银山”发展理念，助推创文工作纵深开展。

（五）坚持固本强基，全面加强政协自身建设

坚持把加强自身建设作为做好政协工作的重要保证，多管齐下、多措并举为政协工作科学高效提供坚强保障。

一是加强履职能力培养。按照“懂政协、会协商、善议政，守纪律、讲规矩、重品行”的要求，充分利用“政协学堂”、全体会议、常委会议和专委会活动等形式，认真组织广大政协委员加强对习近平新时代中国特色社会主义思想、习近平总书记关于加强和改进人民政协工作重要思想特别是在中央政协工作会议暨庆祝人民政协成立70周年大会上的重要讲话的学习，不断增强履职本领，提高建言建在需要时、议政议到点子上、监督监在关键处的水平。

二是搭建知情明政平台。严格执行《饶平县政协机关挂钩联系专委会制度》，落实专人通过专委会工作微信群、电话、走访等形式，常态化与专委会和委员保持联系，及时传达党的方针政策和工作部署、及时通报县情民情、及时推送政协业务知识。同时，加强社情民意工作，及时了解反馈政协委员在我县民生实事热点上的意见和建议，使政协各级组织沟通更加顺畅、信息更加及时。

三是扎实抓好自身建设。常委会组成人员带头讲政治、讲学习、讲纪律、讲规矩，遵守政协章程、执行政协决议，不断提升委员队伍政治把握能力、调查研究能力、联系群众能力、合作共事能力。结合省委巡视我县和县委巡察县政协机关反馈意见整改落实工作，切实抓牢机关党的政治、组织、纪律、作风等各项建设，持续深入开展学习型、服务型、创新型、和谐型和文明机关创建活动，进一步提升组织服务保障能力，确保政协各项工作务实、有序、高效。

各位委员、同志们，过去一年县政协工作所取得的成绩，在于县委的高度重视和正确领导，在于县政府的热切关心和大力支持，在于各镇各部门的全力配合，更在于政协各参加单位和广大政协委员的认真履职。在此，我谨代表十届县政协常委会向所有关心、支持、参与政协工作的各级领导、各界人士和全体委员表示衷心的感谢！

对照党中央和各级党委对政协工作的新部署新要求，对照社会各界的新期待，县政协工作还存在着一些差距和不足。主要是：协商民主的制度和机制还需进一步完善，参政议政的广度和深度还需进一步加强，界别优势的平台和作用还需进一步拓展等。这些问题我们将高度重视，努力加以改进，不断把我县人民政协事业推向前进。

二、2020年主要工作任务

2020年是决战决胜全面建成小康社会和“十三五”规划收官之年，实现圆满收官、实现第一个百年奋斗目标是党和国家的中心任务。做好今年政协工作，必须坚持以习近平新时代中国特色社会主义思想为指导，胸怀“两个大局”，旗帜鲜明讲政治，坚定不移贯彻新发展理念，紧扣推动高质量发展这个根本要求，牢牢把握团结和民主两大主题，在建言资政和凝聚共识上双向发力，把人民政协制度优势转化为治理效能，在“两个一百年”奋斗目标历史交汇点上干出新气象、展现新作为。

（一）坚持和完善党的领导，强化思想政治引领作用。一是进一步强化理论武装。要推动参加政协的各党派团体和各界人士深入学习习近平新时代中国特色社会主义思想、学习习近平总书记关于加强和改进人民政协工作重要思想以及中央政协工作会议精神，努力使人民政协成为坚持和加强党对各项工作领导的重要阵地、用党的创新理论团结教育引导各界人士的重要平台、在共同思想政治基础上化解矛盾和凝聚共识的重要渠道，牢固树立“四个意识”，坚定“四个自信”，坚决践行“两个维护”，更加自觉做中国特色社会主义制度的建设者、宣传者、捍卫者，推动新时代人民政协工作结出新硕果。二是进一步健全党的组织建设。深入贯彻落实中共中央办公厅《关于加强新时代人民政协党的建设工作的若干意见》，继续执行《饶平县政协党组成员联系界别党员委员和党员委员联系党外委员制度》，组织和引导党员委员自觉接受政协党组织教育管理和参加政协党组织活动、进行党性锻炼。在召开全体会议和大型调研活动等履职工作过程中，规范设立临时党委和临时党支部，充分发挥党员的“关键少数”作用，真正做到哪里有政协委员哪里就有党的工作，政协队伍哪里有党员哪里就有党的组织。三是全面提升党建工作水平。深入贯彻落实《中国共产党党组工作条例》《中共饶平县政协党组工作规则》，坚持把加强党的建设摆在各项工作首位，充分发挥政协党组在政协工作中的领导核心作用，强化县政协党组织在政协工作中的政治领导力、思想引领力、群众组织力、社会号召力。加强对政协机关党支部的领导，定期听取机关党支部工作汇报，督促机关党支部认真履行全面从严治党主体责任，全面提升政协党建工作水平。

（二）把准政协性质定位，发挥专门协商机构作用。一是坚持民主协商方向。认真践行人民政协为人民理念，围绕“十四五”规划编制多建前瞻之言、多献有用之策，使规划更科学完善、契合县情。要围绕产业发展、脱贫攻坚、污染防治、基本公共服务等群众最关心最直接最现实的利益问题资政建言，切实做到善谋利民之策、多献利民之计、力促惠民之举。要多渠道收集和反映不同阶层、不同群体的意见建议和利益诉求，帮助县委、县政府更准确地把握社会各方面的真实情况，作出的决策更能顺民情、合民意、得民心。二是完善民主协商内容。要采用统筹安排和灵活运用相结合的方式，确保视察调研、民主监督、提案督办、对口协商等各占一定比例，坚持“围绕中心、服务大局”原则，充分发挥县级政协紧贴基层优势，着眼重大项目建设、乡村振兴、脱贫攻坚、污染防治、城乡基层社会治理等关系我县经济发展和社会进步的重要方面，明确协商内容，确定协商议题。三是丰富协商议政形式。完善全体会议、常委会议、主席会议协商机制，提升例会协商的针对性、有效性。开好全体会议，发挥这一协商履职最高形式的作用。更加灵活更为经常开展专题协商、对口协商、提案办理协商。以界别为依托，以专门委员会为基础，搭建界别协商平台，探索政协协商同社会治理相结合等新形式，拓展政协协商参与面，扩大界别群众工作覆盖面。

（三）把握政协履职重点，紧扣发展大局建言资政。一是组织开展系列视察调研。坚持把开展视察调研作为政协委员履职的根本，推动各专委会立足自身界别，精心选择视察调研课题，围绕我县产学研工作、推进政务服务体系建设、美丽乡村建设、城乡垃圾处理能力、乡村民俗活动、农业和农村水利设施建设，以及学习考察其他地区学前教育发展情况等专题，组织开展视察调研活动，形成高质量履职成果。特别是要围绕做好“六稳”工作、落实“六保”任务，针对这次新冠肺炎疫情应对中所暴露出来的短板和不足，聚焦全面复工复产复学、支持中小企业共渡难关等问题深入开展调查研究和协商议政活动，积极建言献策，提供有见地的决策参考。二是高度重视政协提案工作。要把提高提案工作质量作为提高政协整体工作质量的重要组成部分，精心组织委员开展理论学习、业务培训、视察调研、走访座谈，深入挖掘提案素材，在提案选题、撰写上确保质量。要严格把好提案质量审查关，不定期开展提案督办和“回头看”活动，切实加强同县委办、县政府办、提案人和各提案承办单位的沟通协商，共同推动提案工作质量有效提升。三是切实加大民主监督力度。深入贯彻落实中共中央办公厅《关于加强和改进人民政协民主监督工作的实施意见》，准确把握政协民主监督的定位、方向和原则，把县委重要决策部署的贯彻落实作为重点，开展多种形式的民主监督。围绕乡村振兴、扫黑除恶、“三大攻坚战”“四大战役”、提升城市治理水平、加强乡村基层治理、“引韩济饶”供水工程进展情况等专题开展实地调研、座谈协商和民主监督活动。鼓励更多委员通过担任特邀监督员、参与检查评议活动等形式，切实维护群众利益，促进社会公平正义。

（四）广泛凝聚智慧力量，着力促进社会和谐稳定。一是要当好团结协作践行者。充分发挥人民政协统一战线组织功能，坚持大团结大联合，坚持一致性和多样性，不断巩固共同思想政治基础，为我县实现新时代新目标凝心聚力。要把强化思想政治引领同经常性思想政治工作结合起来，引导政协委员自觉做党的政策宣传者、群众利益维护者、社会和谐促进者，担负起反映群众意见和呼声、宣传党和国家方针政策的责任，团结界别群众跟党走。二是要加强与各民主党派、工商联、无党派人士及各阶层人士的联系。主动邀请他们参加各种协商议政活动，搭建参政议政平台，把政协组织建设成为发扬民主、合作共事、议政建言、共促发展的大舞台。要发挥好港澳和驻外商会委员的桥梁纽带作用，不断丰富港澳和驻外商会委员履职活动内容，通过不定期走访、座谈交流等渠道，密切沟通联络，同时要扩大政协对外交流，进一步加强同饶籍港澳台侨人士的联系，充分发挥好他们在促进港澳繁荣稳定和我县经济社会发展中的积极作用。三是支持政协委员为做好新冠肺炎疫情防控工作出力。要围绕统筹推进新冠肺炎疫情防控和经济社会发展工作，坚持双向发力，加强思想政治引领，主动配合党委政府做好常态化疫情防控工作，凝聚起众志成城、共克时艰的强大正能量。继续动员政协委员积极参与疫情防控工作，开展医疗支援、健康指导、知识普及等志愿服务，充分展示政协委员责任担当。

（五）紧扣新时代新要求，切实加强政协自身建设。一是加强政协系统思想政治建设。引导参加人民政协的各党派团体和各族各界人士持之以恒学习贯彻党的十九大精神和习近平新时代中国特色社会主义思想，更加树牢“四个意识”、坚定“四个自信”，把带头做到“两个维护”作为首要政治任务，在政治立场上不含糊、政治原则上不动摇，在合作共事中发挥好思想引领和凝聚共识作用。二是加强政协系统制度机制建设。把学习贯彻党的十九届四中全会和中央政协工作会议精神转化为推动政协工作的强大动力，进一步推动政协工作制度机制建设和创新，更好地发挥人民政协的制度优势和专门协商机构的职能优势，使之更加成熟更加定型，为推进社会主义民主政治，实现国家治理体系和治理能力的现代化，更好为政协履行职能提供有力保障。三是加强政协系统责任能力建设。要按照“懂政协、会协商、善议政，守纪律、讲规矩、重品行”的要求，坚定“政协没有名誉委员，只有责任委员”担当意识，自觉把社会荣誉和社会责任统一起来，坚持为国履职、为民尽责情怀，把事业放在心上，把责任扛在肩上，认真学习各方面知识，深入开展调查研究，多提务实管用建议，始终以新时代奋斗者的姿态和干劲，自觉投身凝心聚力、建言资政、协商民主、社会治理的具体实践，努力当好人民政协制度参与者、实践者、推动者。

各位委员、同志们，在奋进新时代的征程上，我们倍感使命光荣、责任重大，舞台广阔、大有作为。让我们更加紧密地团结在以习近平同志为核心的党中央周围，高举习近平新时代中国特色社会主义思想伟大旗帜，在中共饶平县委的坚强领导下，不忘初心、牢记使命，只争朝夕、不负韶华，奋力开创我县政协工作新局面，凝心聚力推动我县实现高质量发展！

重要纪事

2020年饶平县大事记

1月

2日 饶平县委副书记、县长陈跃庆在新丰镇主持召开饶平县打击涉税犯罪工作会议，听取县公安局、税务局和上饶、建饶、饶洋、新丰等镇有关打击涉税犯罪工作情况汇报，对打击涉税犯罪工作再动员、再部署。

2至3日 广东省残联党组书记、理事长张永安莅饶开展调研残疾人工作。副市长胡鹏、县委副书记、县长陈跃庆、副县长黄文海等市、县领导陪同调研活动。

3日 饶平县第二中学举办2018—2019学年度“瑞光班”奖学金颁奖仪式，对111名优秀学子进行奖励。

5日 饶平县宝斗石综合资源利用厂启动垃圾焚烧式。宝斗石生活垃圾填埋场综合处理资源化利用工程PPP项目，于2018年3月31日开始场地平整，9月21日厂房开挖建设，2019年12月28日开始接受垃圾处理，从主厂房开工至接受垃圾处理仅历时15个月。

7日 饶平县委书记林文锋带队前往饶平高铁站、县妇幼保健院建筑工地以及金嘉超市，开展春运及春节安全生产大检查。

是日 饶平县委书记林文锋带队慰问了县城部分困难企业、困难职工和特困军转干部。

是日 “饶平县商会”正式更名为“饶平县总商会”。县工商联、县总商会在县工商联大厦举行县总商会揭牌仪式。

8日 由饶平县委宣传部、县文广旅体局主办，县盆景赏石文化协会、县摄影家协会、县文化馆承办的“饶平县第九届盆景暨茶园摄影精品展”在县城开幕。

9日 潮州市委书记李雅林带队到饶平县调研禁毒工作。

是日 饶平县在麦贤得英雄事迹陈列馆举办“讲英雄故事　抒爱国情怀”主题活动。市委书记李雅林，市委常委、宣传部部长王文森，县委书记林文锋、战斗英雄麦贤得及其夫人李玉枝出席活动。

10日 饶平县召开“不忘初心、牢记使命”主题教育总结会议，全面总结县主题教育工作情况。县委书记林文锋、市委主题教育第二指导组组长陈铿出席会议并讲话。

11日 潮州市委副书记、市长殷昭举带队莅饶督导禁毒工作。饶平县委副书记、县长陈跃庆以及市、县相关单位领导参加活动。

是日 农业部公布100个乡（镇）为全国乡村治理示范乡镇和1000个村为全国乡村治理示范村名单。饶平县上饶镇永善村被授予“全国乡村治理示范村”称号。

13日 饶平县政府召开2020年度第1次常务会议，聘任律师肖帆、余海松、潘桂海、王奕为县政府法律顾问。县委副书记、县长陈跃庆主持聘任仪式并作讲话。

是日 饶平县岭头单丛茶参加在广州举办的茶叶评定大会，被广东省气象学会评为“潮州岭头单丛茶·岭南生态气候优品”荣誉称号。

14日 饶平县委副书记、县长陈跃庆带队前往三饶、黄冈等镇和环卫单位，慰问部分困难企业、困难群众及特困职工。

是日 宋凰单丛红茶研发中心与宋凰精准扶贫（黄正村）示范基地签约仪式在浮滨镇黄正村举行，县委副书记、县长陈跃庆以及市委办、市海事局、电信潮州分公司、建行潮州分行等帮扶单位，浮滨镇党政领导，宋凰生态茶园有限公司代表等参加签约仪式。

15日 饶平县委常委、常务副县长张若群带队到黄冈、钱东等镇检查部分燃气充装企业及瓶装气体销售站，检查隐患11处，发出限期整改通知书四份，收缴过期未经检测瓶装气10瓶，行政处罚一家违章企业。

是日 饶平县委副书记、县长陈跃庆带队开展春节前夕生产及食品安全综合检查督查工作。副县长黄文海和县相关部门领导参加活动。

是日 饶平县委、县政府召开禁毒工作推进会。县委副书记、县长陈跃庆出席会议并讲话。

16日 2019年度“感动潮州”人物致敬盛典在潮州大剧院举行。饶籍乡贤王大春荣获2019年“感动潮州”人物。

是日 全国征兵工作电视电话会议召开，部署2020年征兵工作。县委副书记、县长、县征兵工作领导小组组长陈跃庆，县委常委、县人武部政委刘瑞林，县人武部部长胡凡鹏及县征兵工作领导小组成员单位、各镇专武干部在县分会场收听收看会议实况。

19日 中共饶平县第十三届委员会第十次全体会议在县城召开。县委书记林文锋代表县委常委会向全会作工作报告，县委副书记、县长陈跃庆作经济工作专题讲话，会议还表决通过有关事项。

是日 饶平县人社局举行饶平县创业孵化基地“创业创新项目单位”入驻仪式，县有16家单位正式入驻基地。

21日 饶平县第十五届人大常委会议召开第三十八次会议，决定任命刘子画为饶平县人民政府副县长。

是日 饶平县委副书记、县长陈跃庆主持召开2020年度第2次县政府常务会议，组织学习《中华人民共和国道路交通安全法》。

22日 中共饶平县委召开常委会议，研究部署新型冠状病毒防控工作。

是日 由中共饶平县委宣传部、县文联主办的“大美之春—2020饶平县书画邀请展”在县文化中心举行，展出26位饶籍书画爱好者的80多幅作品。

23日 饶平县委书记林文锋带队到县城部分肉菜市场、医院、客运站等重点区域，检查县新型冠状病毒感染的肺炎疫情防控落实工作。

25日 饶平县委书记林文锋，县委副书记、县长陈跃庆看望慰问节日坚守一线的民警、医务工作者、供电所员工及消防官兵。

26日 饶平县组织县公安、交通、卫健等部门联合在全县各地11个路口设置检查站，开展联合检查，全力防控新型冠状病毒感染的肺炎疫情。

至28日 饶平县各镇（村），通过村大喇叭进行疫情防控广播、LED电子屏等每日滚动播放宣传画、张贴宣传资料、印发《如何预防新型冠状病毒感染肺炎》进村入户宣传等方式，进行全覆盖疫情防控宣传。至30日，滚动刊播防控疫情公益宣传片、宣传画、宣传标语27 003条（幅）次，张贴公益宣传画、宣传标语13 153张，悬挂宣传横幅485条，派发宣传单171 496份，播放防控广播音频11 576次。发送手机提醒短信5590条次，入户宣传宣讲5590人次。

29日 饶平县497家公众聚集度高的文广旅体公共场所全部暂停对外开放。全县取消旅游团队50个，涉及游客314人。

30日 饶平县委、县防控新型冠状病毒感染的肺炎疫情工作领导小组召开推进疫情防控电视电话工作会议。

是日 饶平县委副书记、县长陈跃庆到汫洲镇政府、汫洲卫生院实地检查督导新型冠状病毒感染的肺炎疫情防控工作，并慰问一线医务人员。

31日 饶平县委书记林文锋带领县委、县政府、县人大、县政协等四套班子领导深入到全县挂点镇村督导防控新型冠状病毒感染的肺炎疫情工作。

是日 饶平县多所学校正式启用远程教学模式，全县初三、高三毕业班的学生在家通过手机、电脑、平板等工具，进行第一次线上学习。

2月

1日 饶平县委副书记、县长陈跃庆，县委常委、统战部长林建斌前往樟溪低碳工业区检查指导疫情防控工作，慰问一线工作人员。

是日 饶平县人武部在按照潮州军分区、饶平县委县政府的部署安排，紧急启动响应机制，组织300多名民兵应急队伍在全县21个镇所在地集结，分组赶赴到高速、国道、省道和县道等19个卡口，配合公安、卫生等部门，全力协助防疫应急处置等工作。

2日 潮州市委书记李雅林、市委副书记、市长殷昭举到饶平县督导检查疫情防控落实情况，听取饶平县有关疫情防控落实和应急处置情况汇报，并到沈海高速饶平出入口检查疫情防控工作。

是日 饶平县委政法委和诏安县委政法委在诏安县签订《防控新型冠状病毒感染的肺炎疫情合作协议》。饶平县委常委、政法委书记郑臣强，诏安县委常委、政法委书记沈义东参加签订仪式。

3日 饶平县委从县管党费中划拨100万元，连同上级划拨给县的100万元，共计200万元，一并划拨给21个镇党委以及奋战在疫情防控一线的卫生健康、公安、交通等系统党组织。

是日 饶平县坚持将党组织建立在防控疫情第一线上，及时在各方面选派的公安、交通、医务工作人员等路面执勤人员组成疫情防控检查站（点）成立12个临时党支部。

是日 黄冈镇爱心人士张道源、张伟杰代表福源公司本田品牌店，向县交通局13个联防联控点捐赠一批防疫物资。

是日 潮州军分区政委周文军在县委常委、县人武部政委刘瑞林、县人武部部长胡钒鹏的陪同下，到饶平县浮山镇高速路口督导执勤民兵应急队员开展工作情况。

5日 饶平县委副书记、县长、县防疫情防控指挥部常务副总指挥陈跃庆先后前往浮山、新圩、黄冈等镇卫生院及镇区市场调研督导疫情防控工作。

是日 县委常委、统战部部长林建斌到东山镇督导疫情防控工作。副县长庄英楷、县政协副主席朱礼敬到海山镇浮任、达南等村调研指导疫情防控工作。

是日 饶平县疫情防控指挥部办公室印发《关于开展企业外来人员情况调查的通知》（饶防疫指办〔2020〕17号）《关于加强废弃口罩管理做好新型冠状病毒感染的肺炎疫情防控有关工作的通知》（饶防指办〔2020〕18号）。

是日 饶平县疫情防控指挥部制定出台《饶平县新型冠状病毒感染的肺炎疫情防控工作指引汇编》。

是日 饶平县疫情防控指挥部与各镇党委签订《抗击疫情承诺书》，要求各镇要严格落实属地管理责任，织牢织密交通检疫网络，做好环境卫生清洁消毒等各项工作。

6日 广东省水利厅副厅长潘游带队到引韩济饶供水工程施工现场，督导疫情防控和安全生产工作。

9日 饶平县人民医院白衣天使杨宝珠、钟迟带着全县人民的关切奔赴武汉市。在出征仪式上，县委副书记、县长陈跃庆代表县委、县政府和100多万饶平人民，向出征白衣天使及家人表示衷心的感谢和崇高敬意。

是日 饶平县重点群体“三人领导小组”召开第3次工作会议。会议由县委常委、政法委书记、县“三人领导小组”组长郑臣强主持，副县长、公安局长吴俊楷，副县长、县卫健局长刘子画及相关领导参加会议。

10日 饶平县委副书记、县长陈跃庆主持召开2020年度第3次县政府常务会议，传达习近平总书记对新型冠状病毒感染的肺炎疫情防控工作的重要指示精神以及上级有关会议精神，分析研判防控形势，细化具化防控举措。会议以视频电话会议形式开至各镇。

11日 饶平县委书记林文锋、县委副书记、县长陈跃庆带队前往县人民医院召开慰问援鄂医护人员家属座谈会，慰问县援鄂医护人员刘敬勇、杨宝珠、钟迟的家属。

是日 饶平县委书记林文锋主持召开县委常委会（扩大）会议，传达学习习近平总书记在中央政治局常委会会议研究加强新型冠状病毒感染的肺炎疫情防控工作和在北京市调研指导疫情防控工作的重要讲话精神，听取全县疫情防控工作情况汇报，部署下一步工作。

是日 广东省卫健委副处长林志雄带领新冠肺炎县级重点收治医院防控工作指导组到饶平县人民医院的预检分诊、发热门诊和隔离观察病区进行检查和指导。

12日 饶平县委书记林文锋带队到钱东镇企业德弘冷冻和顺晖陶瓷企业调研；县委副书记、县长陈跃庆到汤溪、新塘等镇督导新冠肺炎疫情防控工作。

是日 饶平县印发《关于应对新冠肺炎疫情支持企业复工复产和重点项目建设若干措施》（饶府〔2020〕4号），全力抓好企业复工复产，推动经济社会健康发展。

截至12日止 饶平县接受各界人士捐赠一次性口罩341 900个、一次性手套48 500副（其中一次性医用外科手套6000副）、防护服500件、隔离衣1000件等一批物资；加大网络舆情处置力度，及时澄清不实传言，在融媒体中心第一时间发出聚焦抗疫新闻、防控知识、辟谣信息近千条，14条舆情网贴全部办结；全县累计破获涉疫情案件5件，抓获犯罪嫌疑人8名；查处涉饶散布疫情谣言案件3件，行政拘留3人。

13日 潮州市委常委、市纪委书记、市疫情防控指挥部副总指挥王少勇到饶平县检查省际联合检疫检测点疫情防控工作。

是日 饶平县委副书记、县长、县疫情防控指挥部常务副总指挥陈跃庆在县卫健局主持召开工作会议，听取县疫情防控有关工作汇报，部署推进排查管控、集中医学观测点设置预案等工作。县疫情防控指挥部副总指挥张若群、黄宝弟、刘子画等参加会议。

是日 饶平县人大常委会主任童益民到所城镇督导疫情防控工作，并到欧华能源有限公司指导企业疫情防控和复工复产；县委常委、县纪委书记、县疫情防控指挥部副总指挥卢志忠到浒洲镇政府、村（社区）和公路卡点督查防控工作；副县长、县疫情防控指挥部副总指挥黄文海到三饶镇督导疫情防控的复工复产工作落实情况，了解企业疫情防控和物资储备等各项措施。

14日 饶平县委书记林文锋主持召开县委书记专题会议，听取第七轮常规巡察和村级巡察工作情况汇报，研究部署下一步工作。

17日 上午，饶平县委书记、县疫情防控指挥部总指挥林文锋在县卫健局二楼会议厅主持召开工作会议，研究部署统筹推进疫情防控及企业复工复产工作。下午，林文锋前往联饶镇、浮滨镇调研防疫情、备春耕、保供应和脱贫攻坚等工作。

18日 饶平县委书记林文锋到引韩济饶工程现场、无穷食品、新功集团、永煌公司和宋凰生态茶业等企业和重点项目指导疫情防控和复工复产工作，帮助解决实际困难。同日，县委副书记、县长陈跃庆前往亨盛维嘉食品及腾跃食品公司，调研指导疫情防控和复工复产工作。同日，县“四套”班子成员31人分赴全县180家企业、重点项目，开展政策措施宣传，指导企业抗疫复产，协调解决存在问题。

19日 潮州市副市长余鸿纯带队前往饶平县中医（华侨）医院、县人民医院、县妇幼保健院等地，检查督导新冠肺炎疫情防控工作。

新冠肺炎疫情发生以来，饶平县社会各界踊跃捐赠防疫医疗物资，助力疫情防控。截至19日止，全县累计收到捐赠各类口罩40.7万个、一次性手套7万双、隔离衣4000件，以及消毒液、洗手液等其他各类医用物资一批。大部分物资已经发放到防疫一线。

是日 饶平县委书记、县疫情防控指挥部总指挥林文锋主持召开县委常委会议，传达学习习近平总书记在中央政治局常委会议上的重要讲话精神，广东省、潮州市疫情防控、复工复产有关会议和潮州市委主要领导的批示精神。

20日 晚上，饶平县委、县政府在县卫健局召开慰问第二批援鄂医护人员座谈会，县委书记林文锋出席座谈会并为县人民医院的曹慧、许玉萍，县中医医院的吕卫金、郑培芸四位医护人员送上慰问金。

是日 饶平县联饶、饶洋、新丰、新塘、东山、浮山等镇及无穷食品公司捐赠价值30多万元的蔬果和卤鸡蛋等物资一批驰援湖北省荆州市。

20至21日 潮州市禁毒委对饶平县禁毒重点整治工作进行考核验收。考核组一行听取县委书记、县禁毒委主任林文锋关于全县禁毒重点整治情况的汇报和县公安局、教育局、人社局等单位相关情况汇报，查阅台账资料，并在县委副书记、县长、县禁毒委副主任陈跃庆等领导的陪同下，前往县青少年宫、黄冈镇、汫洲镇等地进行检查。

21日开始 饶平县按照分区分级管理要求，陆续对联合检疫点进行撤除。截至2月24日下午，县高速出口、国道、省道、县道等19个联合检疫点完成撤除，仅保留厦深铁路饶平站、饶平县新城区客运站等2个体温检测点。

是日 饶平县召开新冠肺炎疫情防控工作暨推动企业复工复产工作会议。

24日 饶平县组织收看收听广东省、潮州市关于统筹推进新冠肺炎疫情防控和经济社会发展工作电视电话会议。会议结束后，县委书记林文锋主持召开会议，对全县疫情防控和经济社会发展进行部署推进。

25日 饶平县委副书记、县长陈跃庆主持召开2020年度第4次县政府常务会议，组织学习《中华人民共和国传染病防治法》，并就如何贯彻落实提出要求。

26日 上午，潮州市委常委、常务副市长张传胜在饶平县委副书记、县长陈跃庆等陪同下前往饶洋镇调研重点项目复工建设情况。

27日 下午，饶平县"京东物流、京鲜坊抗疫助农项目"活动仪式在新丰镇溁东村举行。

28日 下午，饶平县委书记林文锋主持召开县委常委会议，传达学习中央、省、市有关会议精神。

是日 上午，饶平全县新冠肺炎疫情防控工作期间茶区复工复产工作会议在浮滨镇召开。

是日 下午，饶平县召开政法工作会议，传达贯彻中央和省委、市委政法工作会议精神，总结2019年全县政法工作情况，部署2020年工作任务。

3月

2日 上午，饶平县委书记、县疫情防控指挥部总指挥林文锋到所城镇和益海嘉里、华丰中天、华瀛LNG等企业检查督导疫情防控、复工复产有关工作。

5日 上午，饶平县委书记林文锋前往新丰镇督导村（社区）"两委"班子运行情况、疫区防控、复工复产等工作。

是日 广东省文明委公布2019年广东省学雷锋志愿服务先进典型名单中，饶平县黄冈镇志愿者协会的魏健宇荣获"最美志愿者"称号。

6日 饶平县人大常委会主任童益民主持召开县十五届人大常委会第三十九次会议，决定有关人事任免事项。

是日 饶平县组织大埕、所城、柘林、黄冈、海山、汫洲六镇，出动县海监大队、潮州海警局、潮州港口事务局、县公安局等部门23艘船只、130多人，对大埕湾、海山镇东部航道非法占用海域的养殖设施及非法吊养装置进行清理拆除。此项行动从是日起至5月底。

7日 上午，饶平县新港东路改建工程（含连四号街桥梁）进行开工建设，工程总投资约4650万元，总工期为360天。工程起点于沿河南路，终点于国道324线，全长约1.89千米，规划路宽20米。

8日 广东狮子会慈善服务队开展防控疫情捐赠活动，为饶平县人民医院、残疾人联合会送上三层无纺医用口罩1000只、防护服200件、防飞沫面罩200个、400毫升装免水洗洗手凝露150支、20公升消毒水5罐、DM95口罩500只等一批防疫物资。

是日 潮州柑第一场直播销售活动在饶平县举办，副县长庄英楷向广大网友推介饶平县特色农产品潮州柑，短短两个多小时销售潮州柑2000多千克。

9日 上午，县委副书记、县长陈跃庆主持召开2020年度县政府第5次常务会议，组织学习

《突发事件应对法》。

是日 饶平县人民医院支援湖北抗疫护士钟迟因表现突出，被广东支援湖北医疗队荆州市石首中医院临时党支部批准“火线入党”，吸收为预备党员。

10日 下午，饶平县委副书记、县长陈跃庆在新圩镇渔村片区饶平县吉利来果蔬有限公司的加工厂，通过拼多多电商平台爱心助农直播间为县优质农产品实力打“call”，推销起饶平特色的潮州柑。现场卖出潮州柑3600多件，约1万多千克。

是日 饶平县警方抽调刑侦、治安、巡警及各派出所精干警力，在全县范围内开展打击涉疫诈骗“清源”统一行动，对前期掌握的犯罪线索实施集中统一收网，抓获违法犯罪嫌疑人员7名。

11日 上午，全县打击治理电信网络新型违法犯罪工作局际联席会议在饶平县公安局召开，部署新一轮打击治理专项行动，确保早日实现“摘牌”目标。

12日 饶平县“四套”班子领导和机关干部近100人在省道S222线海山镇坂上至美宅路段开展义务植树活动，种植桃花心木等苗木约2000株。

是日 潮州市委常委、宣传部部长王文森到饶平县浮滨镇黄正村调研新时代文明实践站和新农村建设工作。

是日 上午，饶平县残疾人公益慈善会拔出善款22.77万元，按照每人300元的标准，对全县759名因受疫情影响导致生活困难的贫困重度残疾人进行慰问。

13日 上午，广东省委召开全省决战决胜脱贫攻坚座谈会，深入学习贯彻习近平总书记在决战决胜脱贫攻坚座谈会上的重要讲话精神。会议以电视电话会议形式召开，饶平县在县大会堂设分会场组织收看收听会议实况。

是日 潮州市委常委、潮州军分区司令员姚登峰一行到饶平县海山、汫洲、柘林等镇调研民兵整组工作情况。县委常委、县人武部政委刘瑞林、副县长黄宝弟、县人武部部长胡钒鹏等领导参加活动。

14日 饶平县委副书记、县长陈跃庆在黄冈镇霞东公园主持举行打击治理电信网络诈骗“清剿”统一行动现场动员会，部署为期3个月的专项行动。

是日 广东吉华医疗器械有限公司5条口罩生产线正式投产，成为本县的首家口罩生产企业，预计日均可生产一次性医用口罩约20万只。

16日 广东省卫生健康委官网公布广东省新冠肺炎疫情风险分区分级名单，饶平县被划分为“低风险地区”。

是日 饶平县委召开常委会议，邀请潮州市禁毒办常务副主任、市公安局禁毒支队队长詹武为与会领导上禁毒专题辅导课。

17日 上午，饶平县“四套”班子领导前往县禁毒教育基地集中接受毒品警示教育学习。

是日 潮州市军分区政委周文军一行到饶平县大埕镇红花村及浮山镇荔林村开展扶贫调研活动。

18日 上午，饶平县委常委、政法委书记、县扫黑除恶专项斗争工作领导小组副组长郑臣强主持召开涉黑涉恶突出问题专项整治迎检工作会议。

19日 下午，饶平法院依法公开开庭审理两起疫情期间利用口罩诈骗案，当庭以诈骗罪分别判处被告人陈某有期徒刑三年六个月，并处罚金10 000元。判处被告人林某有期徒刑一年二个月，并处罚金4000元。其中，陈某涉嫌诈骗罪一案为饶平县首例涉疫情刑事案件。

20日 饶平县发出《关于疫情期间暂停清明祭扫活动的通告》。

是日 驰援湖北石首的刘敬勇、杨宝珠和钟迟3名饶籍医务人员，完成光荣使命返回饶平。

是日 饶平县人武部召开民兵调整改革任务会，部署2020年度饶平县民兵整组工作。会议颁布新任职专武干部的任命决定，表彰一批先进集体和先进个人。市、县领导姚登峰、林文锋、刘瑞林等出席并讲话。会议由县人武部部长胡钒鹏主持。县直有关单位主要领导及全县21个镇党委书记、专武干部参加会议。

23日 上午，饶平县委副书记、县长陈跃庆主持召开县政府第6次常务会议，传达学习《野生动物保护法》，并对禁毒迎检工作和清明期间森林防火等工作做具体部署。

24日 2020年广东省地方志工作电视电话会议在广州召开，总结交流2019年全省地方志工作，安排部署2020年工作任务。会上，佛山市南海区、潮州市饶平县地方志机构负责人分别介绍工作经验。

是日 广东省军区副司令员廖正荣少将一行到饶平县检查指导民兵工作。市、县有关领导姚登峰、周文军、陈跃庆、刘瑞林、胡钒鹏等参加活动。

24至25日 广东省禁毒办副主任、禁毒局副局长、省检查评估组组长何伟钦带领省禁毒检查组一行，通过实地走访、查看台账等形式，对饶平县禁毒重点整治工作进行检查评估。

25日 潮州市政府召开全市清明期间森林防火工作视频会议。副县长庄英楷和有关单位领导在饶平分会场参加会议。

27日 饶平县召开春季重大动物疫病防控工作会议，总结2019年全县畜牧兽医工作，部署2020年全县相关工作。

31日 上午，饶平县召开第二批援疆教师座谈会。会上，县委副书记、县长陈跃庆与6位援疆教师亲切座谈，勉励他们牢记使命，恪守尽责，确保圆满完成援疆支教工作任务。

是日 饶平县医共体总医院揭牌仪式在县人民医院举行，标志着以县人民医院为牵头单位，浮山、浮滨、东山、新圩、联饶等镇级卫生院为成员单位的紧密型县域医共体正式成立。

是日 下午，广东省人社厅党组书记、厅长陈奕威带队到饶平县开展脱贫攻坚调研督导工作。市、县领导胡鹏、陈跃庆等陪同活动。

是日 下午，饶平县副县长、县疫情防控指挥部副总指挥黄文海前往黄冈镇叶厝山公墓、县火葬场骨灰楼检查指导清明节期间疫情防控和安全防护工作。

是日 晚上，三饶镇联合相关部门在镇范围内开展地毯式排查制假烟行动，在桃园村查获一非法卷烟制假窝点，共查获制假物资一批，涉案金额约300万元。

是月 在“国家森林乡村”首次评选中，饶平县东山镇东明村、浮滨镇大榕铺村、浮山镇麻湖村、饶洋镇岗下村、三饶镇新塔村、上饶镇永善村、新丰镇杨康村、新塘镇顶厝村、新圩镇燎星村、樟溪镇英粉村、所城镇高埕村等11个村被国家林草局评定为“国家森林乡村”。

4月

2日 下午，饶平县防控办主任、县委常委、常务副县长张若群带领潮州边检站、潮州港口办事处、饶平海关及县有关部门领导和人员等到潮州华丰集团股份有限公司督导检查港口码头新冠肺炎疫情境外输入防控工作，现场检查停靠在码头的阿联酋入境船舶防控有关情况。

3日 下午，潮州市副市长胡鹏带队到饶平县开展清明节前森林防火检查工作。市县有关领导陪同活动。

是日 下午，饶平县委书记林文锋在县大会堂主持召开县委常委会扩大会议，传达贯彻李希书记莅潮调研时的讲话精神和在省应急管理厅信息上的批示精神及4月1日潮州市委常委会扩大会议精神，并就学习宣传贯彻落实相关工作进行动员部署。

4日 上午，饶平县委、县政府在县委接待所二楼会议厅举行援鄂医务人员返饶欢迎仪式，县委书记、县疫情防控指挥部总指挥林文锋，县长、县疫情防控指挥部常务副总指挥陈跃庆等亲切接见援鄂医务人员刘敬勇、钟迟和杨宝珠，并对他们主动请缨援鄂抗疫的精神致以崇高敬意。

6日 饶平县委书记林文锋带队前往新丰镇开展乡村振兴和脱贫攻坚督导工作。

7日 饶平县委副书记、县长陈跃庆主持召开县政府2020年度第7次常务会议，学习《防洪法》，部署汛期相关工作。

10日 上午，饶平县委书记林文锋带队前往浮滨镇调研现代农业产业园建设、乡村振兴、脱贫攻坚等工作。

是日 潮州军分区政委、市脱贫攻坚挂牌督导督战工作领导小组副组长周文军带队到饶平县大埕镇开展脱贫攻坚挂牌督导督战工作。

是日 全国安全生产电视电话会议在北京召开。饶平县委常委、常务副县长张若群，县直有关单位和各镇分管领导等在县电信局分会场收看收听会议实况。

是日 饶平县城小公园改造提升工程开工，改造总面积约3000平方米，主要包括在原状绿化面积保留大树木，改造低矮草地绿化，增设群众活动小广场，配套夜景灯光和一座约40平方米的公共厕所。

13日 广东省委、省政府召开全省打赢污染防治攻坚战工作推进会，深入学习贯彻习近平生态文明思想，传达学习2020年全国生态环境保护工作会议精神。饶平县领导林文锋、陈跃庆等及各镇党委书记，县直有关部门领导在县分会场收看收听会议实况。

14日 下午，饶平县举行教育重点项目动（开）工仪式。此次五个教育重点项目包括饶平县中山实验学校、暨南大学附属潮州实验学校、饶平县瑞峰实验学校、饶平县技工学校新校区、饶平县教师发展中心。项目总投资约13.5亿元，涵盖了从幼儿园至高中、技工各阶段教育。

是日 上午，饶平县政府召开全县国土空间总体规划编制工作会议。

是日 下午，饶平县“文艺助抗网上评佳作”活动捐赠仪式在县卫健局举行。仪式上，中国电信饶平分公司和县艺术家们分别向县卫健局和县慈善总会捐赠10幅文艺作品和1.5万元。

是日 下午，潮州市副市长余鸿纯在饶平县委常委、常务副县长张若群的陪同下，到饶平县部分中小学校检查指导开学前疫情防控工作。

15日 饶平县召开“三防”现场检查会。强调，要立足防大汛、抗大旱、抢大险、救大灾，全力从早从实从严抓好汛前各项防御措施工作，确保安全度汛。

16日 广东省工信厅党组成员、二级巡视员叶元龄带队到饶平县无线电监测站开展调研活动。

17日 下午，饶平县委副书记、县长陈跃庆带队检查汤溪水库防汛工作。

是日 饶平县280多所中小学校开展疫情防控模拟演练。

20日 饶平县委副书记、县长陈跃庆主持召开县政府2020年度第8次常务会议，学习《中华人民共和国环境保护法》。

21日 饶平县禁毒办联合新圩中学，由启德社工利用钉钉线上教育平台，增设禁毒小课堂，通过非接触性禁毒主题网课，切实做到疫情防控期停课不停学。

22日 饶平县召开春季学期学生返校工作会议，贯彻落实广东省、潮州市有关会议精神，部署相关工作。

是日 饶平县警方组织多个缉捕专班多路出击，分别在惠州市和揭阳市抓获涉命案在逃人员2名，破获26年前和22年前命案积案各1件，抓获盗窃、电诈、聚众斗殴等其他类型犯罪嫌疑人5名。

24日 上午，饶平县政府召开会议，部署2020年休渔相关工作。

是日 下午，饶平县委书记林文锋主持召开县委常委会议，传达学习中共中央政治局常务委员会会议精神及李希书记在广东省委常委会会议暨省新冠肺炎防控领导小组（指挥部）会议精神，部署下一步全县疫情防控工作。

26日 饶平县委书记林文锋带队到华侨中学、饶平二中检查学生返校复学、校园周边环境及安全工作。

29日 饶平县委书记林文锋带队到县融媒体中心调研，并在该中心召开县委常委会会议，学习贯彻习近平总书记在中央政治局第十八次集体学习时的重要讲话精神。

30日 饶平县委副书记、县长陈跃庆主持召开全县推动稳外贸稳外资工作座谈会，邀请县部分重点外贸企业代表座谈。

是日 由中共饶平县委、饶平县人民政府共同策划的原创城市形象歌曲MV《啊 饶平》制作完成，并正式对外发布。

是月 农业农村部发布《农业农村部办公厅 财政部办公厅关于做好2020年农业产业强镇建设工作的通知》公示公告，拟将全国259个镇列入2020年农业产业强镇建设名单。其中，广东省有12地入选，饶平县浒洲镇榜上有名，是潮州市唯一入围的乡镇。

5月

1日 饶平县举行“粤省事·城市名片·潮州饶平”启动仪式，县委副书记、县长陈跃庆、潮州市政数局副局长郭世武、县委常委、常务副县长张若群、县政协副主席许学骞、数字广东网络建设有限公司潮州分公司总经理洪宏杰共同按下启动球。

是日 饶平县委副书记、县长陈跃庆带队前往青岚地质公园开展节日疫情防控和安全生产检查活动。

是日 中午12时起，饶平县应休的396艘渔船已全部回港，进入为期三个半月的伏季休渔。

6日 上午，县委书记林文锋，县委副书记、县长陈跃庆带队前往部分重大项目建设现场调研督导项目建设等有关工作。

11日 广东省文化和旅游厅于官网公布广东省历史文化游径（第一批）。饶平茂芝纪念历史文化游径：饶平县黄冈丁未革命纪念亭—海山义勇军抗日指挥部旧址—绿岛—青岚地质公园—茂芝会议旧址—麒麟岭古驿道—永善村入选。

13日 潮州农商银行总行机关第一党支部、浮滨支行党支部与饶平县浮滨镇东里村党支部举行党建联盟启动仪式暨整村授信签约仪式，现场为东里村授信1000万元。

14日 饶平县政府副县长黄文海带队前往部分燃气企业和建筑工地进行安全检查。

15日 上午，饶平县监察委员会第一届特约监察员聘请会议召开，10名来自不同行业、不同领域的特约监察员接受聘书，正式上岗履职。

16日 饶平县召开全县打击违法违规开采、运输、销售和使用海砂工作会议。

18日 饶平县委副书记、县长陈跃庆主持召开县政府2020年度第10次常务会议，学习《中华人民共和国未成年人保护法》。

是日 下午，广东省维稳工作电视电话会议在广州召开。饶平县设分会场收看会议，县委常委、县委政法委书记郑臣强参加会议，并就县做好全国“两会”期间维稳安保工作进行部署。

19日 饶平县政协召开十届常委会第十六次会议，讨论研究县政协十届五次会议有关事项，会议决定县政协十届五次会议于5月26日召开。

是日 下午，饶平县由150名应急抢险队和有关单位领导参加的一场军地联合防汛抢险应急演练在高堂水库举行。

20日 下午，饶平县召开新冠肺炎疫情防控工作会议，研究部署做好全县疫情常态化防控工作。

22日 饶平县十五届人大常委会举行第四十一次会议，听取和审议有关工作报告，决定有关人事任免事项。会议决定，县十五届人大七次会议将于5月27日至29日在县城召开。

是日 饶平副县长庄英楷主持召开县渔船渔港安全管理工作会议，研究部署相关工作。

23日 饶平县在县青少年宫召开全县校园安全暨校车安全整治工作会议，贯彻落实潮州市委书记李雅林重要批示精神，研判当前校园安全形势，部署下一步校园安全管理工作。

25日 广东省人社厅厅长陈奕威一行在潮州市政府副市长胡鹏、饶平县委书记林文锋等陪同下，看望慰问黄冈镇霞西村、寨上社区当地的部分贫困户，并前往联饶镇潮刘村中草药基地调研。

是日 广东省农业农村厅副厅长陈东一行先后到益海嘉里潮州项目、饶平县万佳水产有限公司、广东海润冷链物流有限公司调研。

26日 全省农村电商工作推进会在饶平县大会堂召开，广东省人社厅厅长陈奕威、省人社厅一级巡视员郑朝阳、副厅长葛国兴、广东省农业农村厅副厅长陈东、郑惠典，饶平县领导林文锋、陈跃庆、庄英楷、刘子画以及市人社局、农业农村局主要负责人、部分企业代表等参加会议。

26至27日 政协第十届饶平县委员会第五次会议在县城召开。县政协主席詹松辉代表政协第十届常委会作工作报告。县委书记林文锋在闭幕会上讲话。沈寒晖当选为政协第十届饶平县委员会副主席。

28日 上午，广东省政府副秘书长任小铁、省交通运输厅副厅长贾绍明一行莅饶调研2020年“四好农村路”攻坚建设任务开展情况。

28至29日 饶平县第十五届人民代表大会第七次会议在县大会堂召开。县委书记林文锋出席会议并讲话。会议选举詹琼英为饶平县第十五届人民代表大会常务委员会副主席。会议通过饶平县人民政府工作报告、饶平县2019年国民经济和社会发展计划执行情况与2020年计划草案报告、饶平县2019年预算执行情况和2020年预算草案报告、饶平县人大常委会工作报告、饶平县人民法院工作报告、饶平县人民检察院工作报告等的决议。

29日 饶平县委巡察工作领导小组召开十三届县委第八轮常规巡察暨对村巡察工作动员部署会，启动新一轮巡察工作。经县委批准，县委六个巡察组将对汤溪、柘林、所城、新圩、高堂等5个镇的党组织开展常规巡察；对汤溪镇11个村、浮山镇14个村、新圩镇26个村、樟溪镇19个村、钱东镇27个村、高堂镇11个村、联饶镇19个村、黄冈镇35个村、所城镇10个村、大埕镇5个村、柘林镇7个村、海山镇14个村开展对村巡察。巡察时间5至8月。

6月

2日 广东省人社厅、省农业农村厅公布首批农村电商基层示范站名单，潮州市共有4个单位入选，入围单位数名列前茅。其中饶平有2个单位入选，分别是妈鲜乐海鲜电商基地、2058电商创意园。

3日 上午，饶平县委副书记、县长陈跃庆主持召开县政府2020年度第11次常务会议，学习新修订的《中华人民共和国森林法》。

是日 国家发改委发布《关于加快开展县城城镇化补短板强弱项工作的通知》，公布县城新型城镇化建设示范名单，包括24个省份120个县及县级市，其中，饶平县榜上有名，为广东省入选的10个县市之一。

是日 虎门销烟181周年纪念日。下午，县禁毒委、县委宣传部、团县委、县教育局在县运动场体育馆举行饶平县纪念“6·3”虎门销烟暨禁毒原创作品展活动。

是日 潮州邮政公司在新圩镇渔村举办饶平东魁杨梅上线“EMS极速鲜商城”“邮乐网”销售平台邮寄首发仪式。

4日 下午，饶平县委书记林文锋前往县运动场体育馆，参观县有关部门举办的纪念“6·3”虎门销烟暨禁毒原创作品展。

8日 广东省农业农村厅公示广东省第三届名特优新农产品入库名单，全省21市合计339个农产品拟纳入广东省第三届名特优新农产品名录。此次潮州共有5个农产品纳入。其中饶平的潮州蕉柑、高堂菜脯、岭头单丛茶、饶平狮头鹅4个农产品通过复审入选。

13日 上午，广东省、潮州市相继召开三防工作视频会议，县领导林文锋等及县三防指挥部成员单位主要负责人、各镇党委书记在县分会场收看收听会议实况，并就全县当前防汛防风工作进行部署。

14日 上午，饶平县开展防台风应急演练。县委书记林文锋参加演练，并宣布演练开始。

15日 上午，饶平县第十五届人大常委会召开第四十三次会议，经讨论表决，决定任命许美生为饶平县人民政府副县长。

是日 饶平县召开部署危险化学品运输企业安全生产会议。

是日 饶平县政府召开2020年度第12次常务会议，学习海域使用管理法。

是日 为期10天的第127届广交会“云”端

启幕。饶平县22家参展企业参会，涉及建筑及装饰材料、体育及旅游休闲用品、家用纺织品、园林用品、玩具、日用陶瓷、礼品赠品。

17日 饶平县委召开文明委全体（扩大）会议暨“创文”工作推进会。

18日 潮州港扩建货运码头正式投产运营。该码头位于汫洲镇小红山码头，用地面积265亩（约17.67公顷），投资5.6亿元。

19日 中山市委书记、市人大常委会主任赖泽华带领中山市党政代表团到饶平县调研扶贫协作和对口支援工作。潮州市、饶平县领导赖建华、林文锋等陪同调研。

22日 饶平县举办“健康人生绿色无毒”“6·26”国际禁毒日禁毒宣传活动。

24日 饶平县委、县政府召开全县打赢污染防治攻坚战工作推进会。同日，县委、县政府召开全县扫黑除恶专项斗争推进会，传达贯彻潮州市扫黑除恶整改工作动员会会议精神，研究部署下一阶段扫黑除恶工作。

26至27日 饶平县举办专场招聘会，提供管理类、文员类、促销类、收银员等300个优质岗位，有417人进场应聘，达成就业意向301人。

28日 广东省农业农村厅一级巡视员陈央带领调研组到饶平县调研乡村振兴战略工作推进情况。

29日 饶平县举行“广东扶贫济困日”捐赠启动仪式，县委书记林文锋、县委副书记、县长陈跃庆、县人大常委会主任童益民、县政协主席詹松辉等领导带头捐款。

是日 教育部、军委国防动员部在京组织召开“常态化疫情防控下兵员征集暨大学生征兵工作”电视电话会议。饶平县领导刘瑞林、吴俊楷，县人武部长胡钒鹏及县相关单位负责人和全县专武干部在县人武部分会场收看收听会议。

是日 上午，饶平县委书记林文锋带领县四套班子党员领导干部到东山镇湖岭村开展“红色之旅”“七一”主题党日活动。

是日 下午，饶平县2020年“扶贫济困日”活动仪式暨十周年总结大会在县大会堂举行，总结2019年“广东扶贫济困日”活动以及10年来取得的成绩。据统计，自2010年开展“广东扶贫济困日”活动以来，饶平县累计接受捐款近1.6亿元。

30日 饶平县委书记林文锋，县委副书记、县长陈跃庆带队调研县城区高中学校2020年高考备考工作，并看望慰问高三教师。

是月 农业农村部信息中心联合中国国际电子商务中心研究院在北京举办《2020全国县域数字农业农村电子商务发展报告》线上发布会。《报告》显示，广东省6个县（市、区）跻身全国县域农产品网络零售前100名，其中饶平县乌龙茶排名第62。

7月

2日 下午，饶平县在县大会堂分会场组织收看收听广东省委召开的全省中医药视频会议，县领导林文锋、陈跃庆等及县有关单位领导、各镇党委书记、名中医代表参加会议。

3至4日 暨南大学医学部及附属华侨医院领导一行莅饶考察，并实地调研县人民医院异地搬迁新建项目、县中医院改扩建项目建设情况。

5日 上午，饶平县在县大会堂召开2020年高考监考员动员大会，部署高考监考相关工作。县领导张若群及全县高考、高中合格性考试监考员共472人参加会议。

6日 下午，饶平县召开全县精准扶贫精准脱贫工作推进会。

7日 上午，饶平县委书记林文锋，县委副书记、县长陈跃庆带队开展高考考点检查。

8日 上午，饶平县委召开县委全面深化改革委员会第二次会议，深入学习贯彻习近平总书记关于全面深化改革重要论述，传达学习党中央、广东省委和潮州市委全面深化改革委员会有关会议精神，审议有关改革文件，研究部署全县2020年改革工作。

是日 财政部通报全国2019年度县级财政管理绩效综合评价结果，广东省排名全国第2，全省14个县（市）入围全国前200名，11个县入围东部地区前50名，饶平县入围全国前200名单，以总分89.3的成绩名列全国1862个县的第189名和全国的第14名，从2018年的全国第434名一跃上升了245名。

9日 潮州市委常委、潮州军分区司令员姚登峰在县委常委、县人武部政委刘瑞林、部长胡钒鹏的陪同下，到县钱东镇、联饶镇检查督导征兵工作。

11日 上午，饶平县委副书记、县长陈跃庆主持召开县水产养殖培苗产业高质量发展座谈会。

13日 上午，饶平县召开县政府2020年度第14次常务会议，学习新中国历史上首部以“法典”命名的《中华人民共和国民法典》。

18日 上午，饶平县召开全县新冠肺炎疫情防控工作会议，传达广东省、潮州市防控会议精神，结合近期香港等地疫情发展形势研究部署下一步工作。

20日 饶平县委书记林文锋主持召开县委书记专题会，听取县推进实施“六大工程”进展有关情况汇报，研究部署下一步工作。

21日 潮州市举行首届“潮州最美退役军人”发布仪式，全市共有10名退役军人当选，饶平县退役军人刘维才、郑创松获评“潮州最美退役军人”称号。

是日 下午，饶平县召开县委书记专题会议，专门讨论研究县农村电商发展有关工作。会议听取了县工信局、县人社局、县农业农村局和县邮政公司等相关部门关于推进电商工作的情况汇报，县有关领导就如何推动农村电商高质量发展提出意见建议。

22日 广东省水利厅厅长王立新一行莅饶调研引韩济饶供水工程项目建设情况。

是日 下午，黄冈镇河南社区开展第七次全国人口普查综合试点工作，标志着综合试点工作进入入户登记工作。

23日 饶平县委书记林文锋主持召开县委党的建设工作领导小组会议。

24日 饶平县委书记林文锋主持召开县委理论学习中心组专题学习（扩大）会议，学习《习近平谈治国理政》第三卷和《民法典》。

27日 饶平县委副书记、县长陈跃庆主持召开县政府2020年度第15次常务会议，学习《中华人民共和国电子商务法》。

是日 饶平县新冠肺炎疫情防控指挥部召开全县新冠肺炎疫情防控工作会议，对近期疫情防控相关工作进行再部署、再推进、再落实。

29日 国务院召开第七次全国人口普查电视电话会议，饶平县组织收看收听会议实况。

31日 下午，国务院召开联防联控机制严防聚集性疫情做好秋冬季防控工作电视电话会议，饶平县组织收看收听会议实况并部署相关工作。县领导林文锋等参加会议。

是日 广东省军区副司令员、省征兵工作领导小组副组长廖正荣带队到饶平县检查征兵工作。潮州市军分区司令员姚登峰、政委周文军，县委副书记、县长陈跃庆、县委常委、县人武部政委刘瑞林等领导陪同检查。

是日 饶平县十五届人大常委会举行第四十四次会议，听取和审议有关报告，决定人事任免有关事项。

8月

6日 下午，饶平县召开未成年人思想道德建设工作推进会。

10日 上午，饶平县委副书记、县长陈跃庆主持召开县政府2020年度第16次常务会议，组织学习《广东省渔业船舶安全生产管理办法》。

13日 上午，饶平县委召开县全面推行河长制工作领导小组会议，总结回顾全县推进河长（湖长）制工作情况，对河长（湖长）制工作进行再动员、再部署、再推进。

是日 下午，潮州市委理论学习中心组在市党政机关会堂举办专题学习民法典报告会。会议以电视会议形式召开，饶平县在分会场组织收看收听会议实况。

14日 下午，饶平县政府、县人武部、县退役军人事务局、浮滨镇等有关领导为荣立二等功的现役军人浮滨镇桥头村张杜健家属送上立功报喜和慰问金。

16日 潮州市委书记李雅林带队到饶平县检查督导港口码头、进口冷冻食品、水产业疫情防控和产业发展情况。

17日 2020年第二季度“潮州好人”评选结果揭晓，饶平县永盛源瓷厂厂长刘运巷榜上有名。

18日 在“万企帮万村”精准扶贫行动——健康饮水公益慈善捐赠启动仪式上，深圳市志成智能实业有限公司向饶平县捐赠430台、总价值120万余元的净水器。

19日 饶平县委在钱东镇召开全县“三资”清理整治工作现场会。

是日 饶平县召开“中国医师节”表彰大会，刘敬勇等70名医务工作者获表彰。

是日 饶平县委召开村（社区）“两委”班子换届选举务虚会，传达学习习近平总书记关于加强村级基层组织建设的重要讲话精神及中央、广东省和潮州市有关村级换届选举的重要文件政策精神，分析研判村级换届选举工作和村（社区）“两委”班子履职情况，研究部署下一步工作。

20日 由饶平县残联主办、饶平泓鑫职业培训学校承办的2020年饶平县残疾人电商培训班，在新丰镇潮州市升康陶瓷实业有限公司残疾人培训就业示范基地开班，来自饶北山区的60多名残疾人参加培训。

是日 下午，饶平县召开2020年国家机关“谁执法谁普法”履职报告评议会。

是日 饶平县委书记林文锋主持召开县委书记专题会，分析研判市、县“六大工程”情况，部署下一步工作。

24日 上午，饶平县召开全县新冠肺炎疫情防控工作会议，部署抓紧抓实抓细疫情防控各项工作。

26日 上午，潮州市“六大工程”中民生补短板工程重点项目之一的饶平县瑞峰实验学校正式揭牌，将于9月1日开始办学。该校位于新丰镇区，学校用地面积100亩（约6.67公顷），建筑面积82 000平方米，总投资约2.8亿元，三期工程全部竣工后，从幼儿园到高中，可容纳6000多位学生就读。

是日 饶平县举行夏季人力资源暨高校毕业生专场招聘会，吸引约1000人次进场应聘，初步达成意向132人。

27日 农业农村部国际合作司副司长彭廷军率领调研组到饶平县调研农业对外开放合作试验区建设情况。

29日 饶平县人民医院肿瘤中心正式揭牌成立。副县长刘子画，南方医科大学珠江医院肿瘤科教授张健等参加仪式并揭牌。

是月 广东省卫生健康委副主任马文锋带领调研组到饶平县调研发热门诊规范化建设和加强基层医疗服务能力建设工作。

暨南大学附属第一医院副院长王存川带领调研组到饶平县人民医院调研论证托管县人民医院项目相关事宜。

9月

1日 饶平县运动场改造提升工程正式进入封场改造阶段。该项目总投资约1.63亿元，将建设一座体育公园，一个游泳馆，一座五层综合体育训练楼，并配备两层地下停车场，预计建设工期约18个月。运动场于1955年修建，占地面积45亩（3公顷）。

2日 晚上，潮州市委召开全市领导干部会议，传达学习广东省委十二届十次全会精神，以及省委领导到潮州调研讲话精神。饶平县在分会场组织收听收看会议实况。

是日 饶平县召开2020年度夏秋季阳光征兵电脑随机派号定兵大会，确定一批双合格青年的入伍去向。

是日 由潮州市文明办、市教育局组织开展的感动潮州“最美教师”评选活动结果揭晓，饶平县益智学校教师张林娟、县师范学校附属小学教师李瑞兰、县汤溪学校教师陈映初榜上有名。

4日 饶平县委召开全县精神文明建设暨创

文迎检工作会议，深入贯彻落实潮州市“创文”“创卫”工作推进会精神，研究部署全县精神文明建设和“创文”迎检工作。

7日 饶平县政府召开2020年度第18次常务会议，县委副书记、县长陈跃庆为县政府系统党员干部上党章党规党纪专题辅导课。

是日 广东省法学会会长梁伟发带队到饶平县开展“以法兴企”文化沙龙专题调研活动。

8日 下午，饶平县政府召开全县道路交通安全管理工作联席会议，部署下一步工作。

9日 在第36个教师节来临之际，饶平县召开庆祝2020年教师节暨尊师重教表彰大会，表彰2019至2020学年度尊师重教、教育教学先进单位和先进个人，有364单位和个人获表彰。

是日 广东省自然资源厅党组成员、副厅长余云州带队到饶平县调研补充耕地及全省农房管控和乡村风貌提升现场推进会筹备情况及相关工作。

10日 饶平县举办2020年政府民生综合责任保险资助本科新生仪式，向55名贫困本科新生发放每人1.2万元的资助款。

是日 上午，饶平县在县大会堂举办《习近平谈治国理政》第三卷宣讲报告会，邀请潮州市委宣讲团成员、市委党校校委委员郑树旭作主题为“读懂新时代的重要文献——学习《习近平谈治国理政》第三卷”的报告。

11日 下午，饶平县召开全县2021年度城乡居民基本医疗保险参保缴费工作动员会，副县长刘子画出席会议并讲话。

13日 饶平县在县城举办2020年秋季退伍军人及全县军烈属专场招聘会，100多家企业提供就业岗位超过500个。

15日 上午，饶平县在县青少年宫举办第七届网络安全宣传周启动仪式。

16日 下午，饶平县十五届人大常委会举行第四十五次会议，听取和审议有关报告，决定人事任免有关事项。

20日 潮州市饶平县茶叶省级现代农业产业园茶叶硒含量特征研究与产品认证项目通过专家评审，潮州天有茶业有限公司、饶平县金利香生态茶叶有限公司等7家企业，通过国家认监委批准的认证机构——重庆金质质量认证有限公司的富硒产品（茶叶）的认证。

是日 下午，在浮滨镇张竞生文化园举办的饶平县岭头单丛茶（浮滨）质量品评暨数字茶叶饶平茶叶电商平台上线活动圆满落幕，参与评比的71个茶样，评选出特等金奖、金、银、铜等奖项和优质奖共50个。

21日 下午，潮州市委副书记、代理市长何晓军到饶平县调研临港产业发展工作。

是日 饶平县委书记、县长陈跃庆主持召开县政府2020年度第19次常务会议，部署迎接国务院第七次大督查相关工作。

24日 广东省农业农村厅印发通知，公示认定广东省2020年十大杰出高素质农民名单，饶平县群兴畜牧养殖场的许志群、饶平鸿霞农机耕作合作社的谢慎周榜上有名。

是日 由广东省自然资源厅牵头主办的全省农房管控和乡村风貌提升（粤东）现场推进会在潮州市饶平县召开。汕头、汕尾、潮州、揭阳4市在会上分别发言。副省长许瑞生参加会议并作讲话，与会人员实地调研饶平县东明村和英粉村农房管控和乡村风貌提升情况。

26日 饶平县召开新冠肺炎疫情防控工作会议，全面部署国庆、中秋“双节”期间及全县秋季疫情防控工作。

27日 上午，饶平县委书记、县长陈跃庆带队到西门市场、力诚文化创意园和力诚大酒店、厦深铁路饶平站等检查国庆、中秋“双节”前安全生产和食品安全综合督查活动。

10月

1日 上午，中共饶平县委、县人民政府在县第二中学体艺楼召开“问计饶平教育高质量加快发展”茶话会。

3日 由饶平县委宣传部、县文化广电旅游体育局联合主办的庆祝中华人民共和国成立71周年美术作品展在县城开幕。

是日 下午，饶平县举行首届文化旅游节。

9日 国庆、中秋假日期间，全县累计接待海内外游客22万人次，旅游收入2301万元，没有发生重大旅游质量投诉和旅游安全事故。

是日 饶平县出台促进活鱼出口高质量发展扶持措施，即从2020年9月1日到2021年12月31日，对在饶平注册的活鱼出口企业，每出口一船（船舶吨位不少于400吨）活鱼给予1万元物流补助。

12日 饶平县委书记、县长陈跃庆主持召开县政府2020年第20次常务会议，学习《行政强制法》。

是日 饶平县深化乡镇体制改革基础干部培训暨镇级领导干部培训班在县委党校开班。

13日 饶平县召开妇女第十三届代表大会，并产生新一届领导班子，吴丽君当选为妇联主席。

是日 饶平县疫情防控指挥部召开全县新冠肺炎疫情防控工作会议，部署下一步疫情防控工作。

14日 上午，深圳经济特区建立40周年庆祝大会在深圳市隆重举行，饶平县组织机关单位、企业和群众观看了直播盛况。

是日 饶平县委书记、县长陈跃庆带队调研金利佳机电有限公司和兴成机电水族用品有限公司等。

15日 饶平县精准扶贫档案管理工作培训会在县大会堂召开。

是日 上午，暨南大学附属第一医院托管饶平县人民医院签约仪式在县大会堂举行。

是日 佛山市产学研合作促进会、佛山全球创新技术应用转化中心会同清华大学海洋工程研究团队到饶平县调研海洋水产产业发展情况，深入洽谈合作事宜。县委书记陈跃庆同来宾进行深入交流。

是日 饶平县召开牛蛙养殖污染整治工作会议，强调要坚决清理整治牛蛙“反弹”和“复养”现象，进一步规范养殖行为，保护生态环境。

16日 下午，饶平县委常委会召开会议，传达学习习近平总书记在深圳经济特区成立40周年庆祝大会上的重要讲话精神和视察广东重要指示精神，研究部署贯彻落实工作。

18日 农业农村部对外经济合作中心主任张陆彪带队调研饶平县农业对外开放合作试验区建设情况。市、县领导胡鹏、陈跃庆等陪同调研。

19日 饶平县委书记、县长陈跃庆主持召开县政府2020年度第21次常务会议，传达学习习近平总书记出席深圳经济特区建立40周年庆祝大会和视察广东重要讲话、重要指示精神。

是日 上午，广东省委在广州召开全省干部大会，认真传达学习习近平总书记出席深圳经济特区建立40周年庆祝大会和视察广东重要讲话、重要指示精神，对全省学习宣传贯彻工作进行全面动员部署。饶平县在大会堂分会场组织收看收听会议实况。

20日 中国关心下一代工作委员会、中央精神文明建设指导委员会办公室发布《关于表彰全国关心下一代工作先进集体和先进个人的决定》，饶平县关心下一代工作委员会主任沈美成被评为先进个人。

是日 饶平县召开秋季重大动物疫病防控工作会议。

21日 广东省召开抗击新冠肺炎疫情表彰大会，表彰一批在抗击新冠肺炎疫情斗争中涌现的先进个人、先进集体和一批广东省优秀共产党员和广东省先进基层党组织。其中，饶平县的钟迟、杨宝珠、刘敬勇、郑镇坤、张凯旋五人被确定为“广东省抗击新冠肺炎疫情先进个人”，饶平县疾病预防控制中心被评为“广东省抗击新冠肺炎疫情先进集体”。

是日 上午，饶平县委召开全县干部大会，深入学习贯彻习近平总书记出席深圳经济特区建立40周年庆祝大会和视察广东重要讲话、重要指示精神，以及全省、全市干部大会精神，研究部署全县贯彻落实工作。县委书记、县长陈跃庆主持大会并作讲话。

22日 上午，饶平县委书记、县长陈跃庆到大潮高速公路建设现场调研。

是日 饶平县委书记、县长陈跃庆带队看望县部分离退休老干部，为他们送去党和政府的关怀和温暖，并致以节日的问候和美好的祝福。

是日 中共广东省委、广东省人民政府、广东省军区决定，命名广州市越秀区等60个县（市、区）为“广东省双拥模范县（市、区）”，授予广州市退役军人事务局双拥工作处等30个单位“广东省爱国拥军模范单位”荣誉称号，其中潮州市饶平县被命名为“广东省双拥模范县”，饶平县大埕镇上东村委会被授予“广东省爱国拥军模范单位”荣誉称号。

22日 饶平县委召开县委书记专题会议，听取县委第八轮常规巡察对村巡察的情况汇报，研究部署下一步工作。县委书记、县长陈跃庆主持会议并讲话。

26日 饶平县新时代文明实践中心揭牌暨志愿服务队伍授旗仪式举行。潮州市委常委、宣传部部长王文森，县委书记、县长陈跃庆参加仪式并揭牌授旗。

是日 是日为广东省第27届环卫工人节。上午，饶平县委书记、县长陈跃庆带队前往黄冈镇卫管所，看望慰问干部职工，代表县委、县政府向他们送去节日的亲切问候。

是日 下午，饶平县举办“传播饶平声音，构建宣传矩阵，饶平县立体化、多平台、全媒体”合作签约仪式，与潮州日报社签订融媒体宣传报道深度合作协议。

27日 上午，潮州港金狮湾港区潮州亚太燃油仓储有限公司公共通用码头（配送基地）项目正式开工。市政府副市长林文锋，饶平县委书记、县长、潮州港经济开发区党工委书记、管委会主任陈跃庆，益海嘉里集团领导等一同推动项目建设启动杆。

是日 广东省委常务副秘书长于敏带领省领导定点联系潮州工作调研组到饶平县调研澄饶联围生态修复工程整治情况。潮州市市长何晓军，县委书记、县长陈跃庆、副县长庄英楷等陪同调研。

28日 下午，潮州市委举办学习贯彻《习近平谈治国理政》第三卷宣讲报告会暨市委理论学习中心组专题学习会，邀请广东省委宣讲团成员、省委党史研究室主任杨建伟作宣讲报告。

28至29日 广东省禁毒办副主任、省公安厅禁毒局副局长郑志强率省整治突出毒品问题巡回帮扶督导专班粤东工作组，到饶平县督导检查禁毒工作。

29日 上午，为期两天的饶平县工会第十七次代表大会在县大会堂闭幕。会议选举产生县总工会第十七届委员会和经费审查委员会，以及出席潮州市工会第十五次代表大会代表。詹琼英当选为新一届县总工会主席。

31日 下午，2020广东省青少年举重锦标赛在饶平县体育训练馆举行，来自广州、深圳、珠海、汕头等19支队伍共550名运动员参赛。

11月

10月30日至11月2日 2020广东省群众艺术花会（音乐舞蹈）决赛在深圳举行。由潮州市文化广电旅游体育局、饶平县文化广电旅游体育局选送、三饶镇舞蹈队表演的《凤拈青花》获得舞蹈类铜奖。

3日 上午，饶平县十五届人大常委会召开第四十七次会议，决定任命雷伟平为饶平县人民政府副县长、代理县长。

是日 全国疫情防控工作电视电话会议在北京召开。饶平县在大会堂分会场组织收看收听会议实况。

是日 县委各巡察组分别召开反馈会，向被巡察单位汤溪、所城、柘林、新圩和高堂5个镇党委及相关村党组织反馈巡察情况。

5日 上午，饶平县委常委会召开扩大会议，专题传达学习习近平总书记在党的十九届五中全会上的重要讲话精神和全会精神，对做好学习宣传贯彻工作，进一步谋划好县“十四五”时期经济社会发展进行全面动员和部署。

是日 上午，饶平县召开2020年秋冬季森林防灭火工作会议，部署相关工作。

6日 广东省青少年举重锦标赛男子丙组45公斤级比赛在饶平县体育中心开赛。县举重小将张润楷获得季军。

7至10日 由中国陶瓷工业协会主办，以“精美陶瓷，装点美好生活”为主题的2020中国（北京）国际精品陶瓷展览会暨第九届“大地奖”中国陶瓷创新与设计大赛在北京中国国际展览中心隆重举行。饶平县5家陶瓷企业参加。其中，潮州市儒艺陶瓷研究所的作品“风韵清殊”斩获此次展会的最高奖项“特别金奖”。

8日 中央宣讲团党的十九届五中全会精神宣讲报告会在广州举行。中央宣讲团成员、广东省委书记李希作宣讲报告。大会以电视电话会议形式召开，饶平县在大会堂组织收看收听。

9日 上午，饶平县委书记陈跃庆主持召开县委书记专题会议，听取县推进实施“六大工程”有关进展情况。

是日 饶平县委、县政府召开全县扶贫开发暨农村人居环境整治工作推进会，要求全县上下要全力以赴固强补弱，积极做好迎检准备工作，坚决打赢脱贫攻坚收官战。

16日 饶平县第十五届人民代表大会第八次会议在县大会堂召开，会议表决通过《饶平县第十五届人民代表大会第八次会议选举办法（草案）》；补选雷伟平为饶平县人民政府县长。县委书记陈跃庆出席大会并作讲话。

17日 上午，饶平县委副书记、县长雷伟平主持召开县政府2020年度第23次常务会议，传达学习习近平总书记在党的十九届五中全会上的重要讲话精神和全会精神，以及广东省委、潮州市委相关会议精神，研究部署贯彻落实工作。

是日 上午，由饶平县委组织部、县委党校联合举办的全县县直科级单位领导干部培训班在县委党校开班。县委常委、组织部部长杨镇荣在开班仪式上作动员讲话。

18日 广东省残联党组成员、副理事长陈宏宇带领省政府残工委评估组一行到饶平县实地评估残疾人事业发展“十三五”规划实施情况。

20日 中央文明委发布关于表彰第六届全国文明城市、文明村镇、文明单位和第二届全国文明家庭、文明校园及新一届全国未成年人思想道德建设工作先进的决定。潮州市8个单位上榜，其中饶平县钱东镇上浮山村、饶平县黄冈镇大澳村被评为第六届全国文明村镇，饶平县师范学校附属小学被评为第二届全国文明校园。

22日 广东省政协副主席张嘉极带队到饶平县开展协商式民主监督调研。市、县领导柯泓、陈跃庆等陪同活动。

24日 2020年全国劳动模范和先进工作者表彰大会在北京隆重举行。广东省入选的122人中82人被评为全国劳动模范，其中饶平县群兴畜牧养殖场技术员许志群榜上有名。

26日 饶平县委副书记、县长雷伟平深入饶平二中、饶平二中实验学校、县人民医院异地搬迁项目新址、县妇幼保健院整体迁址新建项目施工现场调研。

27日 潮州全市村（社区）“两委”换届工作动员会召开，部署相关工作。饶平县在大会堂组织收看收听会议。

是日 饶平县在县政府四楼会议室召开全县森林防火工作会议，通报近日全县发生的森林火灾情况，并对全县的森林防火工作进行再部署、再安排。

28日 “精英赛”粤东地区小儿平衡车比赛在饶平县拉开帷幕，来自粤东地区的100多名平衡车的小选手参赛。此次比赛共分为16个竞赛组别，覆盖2—6岁各个年龄段。

是日 由广东省中医药局主办，南方医科大学中西医结合医院承办的2020广东省“大医精诚——中医名家走基层”活动走进饶平县中医医院，共有16名专家进行大型义诊。该院与县中医医院签订治未病科联盟、脾胃病科联盟技术合作协议书。

29日 饶平县委副书记、县长雷伟平前往新丰镇督导脱贫攻坚和农村人居环境整治工作。

30日 饶平县委副书记、县长雷伟平主持召开2020年度县政府第24次常务会议，组织学习《广东省信访条例》。

12月

1日 饶平全县村（社区）“两委”换届工作动员会召开，部署相关工作。县委书记、县村（社区）“两委”换届工作领导小组组长陈跃庆出席会议并讲话，县委副书记、县长雷伟平主持会议。

2日 中共广东省委、广东省人民政府发布《关于表彰广东省劳动模范、先进工作者和先进集体的决定》，饶平县公安局刑事侦查大队柘林中队四级警长、三饶派出所副所长（挂职）欧壮辉被评为先进工作者。

是日 晚上，220千伏坪溪（蓝屋）输变电工程顺利竣工投产。该工程位于饶平县饶洋镇东南处的吴屋岗农场及周边林场处，于2019年4月30日开工建设，总投资3.33亿元。

是日 潮州市委举办学习贯彻党的十九届五中全会精神宣讲报告会暨市委理论学习中心组专题学习会，邀请广东省委宣讲团成员、省委宣传部副部长杜新山作宣讲报告。会议以电视会议形式开至各县（区），饶平县在大会堂组织收看收听会议实况。

是日 饶平县政府召开质量强县工作推进会，贯彻落实广东省、潮州市有关质量强县的部署，布置岁末年初质量强县工作，全力做好迎接2020年市质量考核的各项准备工作。

3日 潮州市委常委、政法委书记林小群带队到饶平县检察院调研未成年人保护工作。市检察院、县委政法委、县公安局及县检察院相关领导参加调研座谈会。

是日 中储粮集团公司资产管理部部长程秉洲与和润集团副总裁、中海粮油集团董事长赵兴龙一行考察饶平县投资兴建“现代粮油深加工及粮食物流园区”项目，县领导陈跃庆等同来宾就合作问题进行交流。

4日 上午，饶平县十五届人大常委会召开第四十九次会议，听取和审议有关报告，决定人事任免有关事项。

是日 饶平县委召开十三届第170次县委常委会议，传达学习省委十二届十一次全会精神，研究部署贯彻落实工作。县委书记陈跃庆主持会议并讲话。县人大常委会主任童益民、县政协主席詹松辉和县有关单位负责人参加会议。

5日 广东省卒中中心建设基层系列巡讲培训会（饶平站）在饶平县人民医院隆重举行。中国卒中学会第一届理事会副会长、广东省卒中学会会长、暨南大学附属第一医院院长、潮汕医院总院长徐安定教授率领的由10多名专家、教授组成的高级别团队，为县各级医疗卫生机构近200名医务工作者进行授课。

5至6日 由饶平县跆拳道协会主办的2020年饶平县“体彩杯”跆拳道公开赛在县体育综合馆举行，共有来自全县15支代表队、305名运动员参加比赛。

6至9日 广东省文联在饶平县举办2020年广东省青年文艺骨干培训班。此次培训为期4天，全省各地级市文化战线相关人员近80人参加培训。

9日 中共广东省委、广东省人民政府发布“关于表彰2018—2020年度广东省文明城市、文明村镇、文明单位、文明家庭、文明校园和道德模范及提名奖获得者的决定”公告，饶平县新丰镇溁东村被评为“广东省文明村镇”，饶平海关被评为“广东省文明单位”，饶平县第二中学被评为第二届“广东省文明校园”。

10日 上午，中谷海运“江信5”轮首航潮州港，标志着潮州—厦门首条集装箱班轮航线正式开通，填补饶平县海上集装箱运输的空白。潮州市、饶平县领导邱安平、雷伟平，厦门港及上海中谷物流公司等有关领导任晓梅、陈朝辉、赵蔚华出席首航仪式。

10至14日 2020中国（深圳）国际秋季茶产业博览会在深圳会展中心举行。潮州岭头单丛（饶平）展馆再次亮相，来自饶平的25家茶企业抱团参加此次博览会。

12日 2020世界数字农业大会、第十九届广东种业博览会在广州开幕。作为此次大会九个分论坛之一的《数字冷链赋能最后一公里》冷链物流数字化发展论坛，在广州国家农业科创中心研究总院发布厅举办。饶平县农业对外开放合作试验区龙头企业——广东海润冷链物流有限公司总经理黄俊彪参加圆桌论坛，就“新基建”风口下冷链物流如何“乘风破浪”主题参与分享。

13日 饶平县四套班子有关领导、县直有关单位及各镇主要领导一行40多人奔赴东莞，借助东莞市饶平商会平台，举办招商推介会。

15日 下午，饶平县委副书记、县长雷伟平主持召开县政府2020年度第25次常务会议，组织学习《法治政府建设与责任落实督察工作规定》。

是日 由潮州市文化馆和饶平县文化广电旅游局联合举办的2020年饶平县基层文化队伍业务培训班开班，共130多名县、镇、村文化工作者参加培训。

16日 太平洋建设集团董事局主席严昊带队到饶平县考察，县领导陈跃庆、雷伟平与来宾就基础设施建设合作事宜进行深入沟通、探讨。

是日 下午，饶平县人民医院召开全院干部大会宣布主要领导任命决定。暨南大学附属第一医院院长徐安定被任命为暨大附一潮汕医院总院长，许典双为暨大附一潮汕医院执行院长，主持行政全面工作，履行院长职责。来自暨大附一院的神经内科专家张玉生和骨科专家罗斯敏任副院长。杨景先、林振发、吴序立为副院长。

18日 饶平县政府召开会议，就岁末年初全县安全生产和消防安全工作进行再部署、再落实。

19日 上午，位于饶平县所城镇的潮州华瀛液化天然气接收站项目举行开工仪式，标志着项目主体工程正式破土动工。潮州市委书记李雅林、市长何晓军出席活动并同有关领导共同推动启动杆。

20日 中共潮州市委、潮州市人民政府关于表彰潮州市抗击新冠肺炎疫情先进个人和先进集体的决定，饶平县政府办公室党组成员、副主任黄贤冲等38名人员被授予“潮州市抗击新冠肺炎疫情先进个人”，饶平县委办公室等13个单位被授予“潮州市抗击新冠肺炎疫情先进集体”。中共潮州市委关于表彰潮州市优秀共产党员和潮州市先进基层党组织的决定，黄贤冲等7人被授予“潮州市优秀共产党员”称号，饶平县卫生局党委等5个单位被授予“潮州市先进基层党组织”称号。

30日 上午，潮州市发布寒冷橙色预警信号，饶平迎来气温急降。饶平县委副书记、县长雷伟平带队前往浒洲、海山等镇开展慰问贫困残疾人家庭活动，送去党和政府的亲切关怀。

31日 饶平县副县长许美生带领相关职能部门人员到力诚酒店、石壁山风景区开展元旦节前安全生产大检查。

概况

基本概况

位置面积

饶平县，取“饶永不瘠，平永不乱”之意，地处广东省最东端，素有“粤首第一县”之称。

县境南北长95千米，东西宽31千米，东和东北与福建省诏安县、平和县交界，北部与梅州市大埔县接壤，西和西南与潮州市潮安区、湘桥区，汕头市澄海区毗邻，南濒南海，与汕头市南澳县隔海相望。县城距广州市518千米，距汕头市54千米，距潮州市45千米，距台湾省高雄市184海里，距香港特别行政区198海里，处在汕头、厦门两个经济特区之间。全县总面积2227.06平方千米，其中陆域面积1694.06平方千米，海域面积533平方千米，海（岛）岸线长136千米。

历史沿革

【设治前】 秦始皇三十三年（前214），秦派兵平南越，守五岭。置桂林、象、南海三郡。饶平地域属南海郡。

西汉元鼎六年（前111）置揭阳县（属南海郡），含饶平地域。

东晋咸和六年（331）分南海郡置东官郡，析揭阳县置海阳、潮阳、绥安、海宁四县。饶平地域属东官郡海阳县。义熙九年（413）分东官郡立义安郡。义安郡辖海阳、潮阳、妥安、海宁、义招五县。饶平地域属海阳县。

南朝时期，饶平地域属义安郡海阳县。

隋开皇十年（590）置义安郡，撤销海阳县。于义安郡治所置义安县，属循州。饶平地域属义安县。开皇十一年（591）始置潮州。领义安、潮阳、绥安、海宁、义招五县。饶平地域属义安县。大业三年（607），罢潮州，复义安郡。领海阳、潮阳、万川、海宁、程乡五县。饶平地域属海阳县。

唐武德四年（621），罢郡为州，复置潮州。领海阳、潮阳、程乡三县。饶平地域属海阳县。天宝元年（742），改潮州为潮阳郡。领海阳、潮阳、程乡三县。饶平地域属海阳县。乾元元年（758），罢潮阳郡，复罢潮州。领海阳、潮阳、程乡三县。饶平地域属海阳县。

宋淳祐三年（1243），潮州知府郑良臣主持创建黄冈城寨。淳祐六年（1246），潮州知府陈圭捐资建林姜桥、陈塘桥、水磨头桥、百丈埔桥、黄冈五里桥、竹林径内大桥、竹林第二桥等石桥。

元至元十六年（1279），改潮州为潮州路。领海阳、潮阳、揭阳三县。饶平地域属海阳县。至正十三年（1353），建柘林镇风塔（石塔），塔高20米，塔基围16米，七层八面。

明洪武二年（1369）改潮州路为潮州府。领海阳、潮阳、揭阳、程乡四县。饶平地域属海阳县。同年，倭寇进犯惠州、潮州。洪武三年（1370），罢黄冈巡检司。洪武二十七年（1394），潮州府于宣化都大埕筑大城，设大城守御千户所（明朝军事组织）。永乐七年（1409），倭寇多次劫掠南澳，并据为巢穴，南澳乡民被迫迁于苏湾都（今澄海境内）。

【设治后】 饶平置县于明成化十三年（1477），析海阳县（今潮安区）太平乡的宣化、信宁二都，光德乡的滦州、清远、弦歌三都，怀德乡的秋溪、龙眼城、苏湾三都，共8都置饶平县。县治设于弦歌都（清时改称为元歌都）下饶堡（今三饶镇），并建筑县城（土城）。此前南宋龙图阁学士王十朋曾游历于饶，夜宿双流寺，闻鼓角声，起视四方，见山川奇秀，说此处将来必为城邑。遂题“天下大乱，此处无忧；天下饥荒，此处半收”的碑记，置县时以此寓意取县名“饶平”，盖“饶永不瘠，平永不乱”也，县治设于弦歌都下饶堡（今三饶镇）。

明嘉靖五年（1526）划出光德乡的滦州、清远两都置大埔县。

嘉靖四十四年（1565）划出怀德乡的秋溪都归海阳县，划出苏湾都置澄海县。

万历四年（1576）划太平乡信宁都的南澳四澳（深、隆、青、云）设南澳镇（南澳镇设漳潮协守统管，由诏安县、饶平县共管）。其中青、云两澳属诏安县管辖；深、隆两澳由饶平县管辖。

清康熙八年（1669），诏安县管的青、云两澳重归饶平县管辖。康熙二十四年（1685）复南澳镇，青、云两澳又归诏安县管辖。

清雍正十年（1732）设南澳厅，行政隶属与饶平脱钩（注：1958年11月至1959年11月，南澳县曾并入饶平县）。

【民国时期】 民国时期（1912—1949年9月）粤东地区行政区划更名9次，饶平随粤东地区行政区划更名而属之。

【中华人民共和国成立后】 从1949—1979年，饶平隶属先后更动8次：

1949年12月属潮汕临时专员公署；

1950年2月属潮汕行政督察专员公署；

1950年10月属潮汕专员公署；

1952年属粤东办事处；

1952年11月属粤东行政公署；

1956年11月属汕头专员公署；

1967年3月属汕头地区军事管制委员会；

1968年3月属汕头地区革命委员会。

1979年后饶平行政隶属又有3次更动。

1980年1月属汕头行政公署；

1983年12月属汕头市；

1991年12月7日，属潮州市管辖。

行政区划

饶平置县时地域广袤，总面积5000多平方千米，置县后境域多次更动。明嘉靖五年（1526）划出光德乡的州、清远两都置大埔县。明嘉靖四十四年（1565）划出怀德乡的秋溪都归海阳县，划出苏湾都凑置澄海县。明万历四年（1576）划太平乡信宁都的南澳四澳（深、隆、青、云）设南澳镇（南澳镇设漳潮协守统管，由诏安县、饶平县共管）。其中青、云两澳属诏安县管辖；深、隆两澳由饶平县管辖。

清康熙八年（1669）撤南澳镇，诏安县管的青、云两澳重归饶平县管辖。康熙二十四年（1685）复南澳镇，青、云两澳又归诏安县管辖。清雍正十年（1732）设南澳厅（清代在新开发区的一种政区设置），行政隶属与饶平脱钩。

中华人民共和国成立后，县境先后更改4次。1949年10月25日，县属隆都区（面积65.7平方千米）划归澄海县管辖。1956年9月，三饶区的上陶、坪石、上园3个村（面积10平方千米）划归大埔县管辖。1958年11月，县属凤凰区（面积305平方千米）划归潮安县管辖。1958年11月，南澳县并入饶平县。1959年11月，析原南澳县境域恢复南澳县建制。至2005年底，饶平县陆域面积为1694.06平方千米，海域面积533平方千米，合计总面积2227.06平方千米。

2020年，饶平县辖21个镇（上饶镇、饶洋镇、新丰镇、建饶镇、三饶镇、新塘镇、汤溪镇、浮滨镇、浮山镇、东山镇、新圩镇、樟溪镇、钱东镇、高堂镇、联饶镇、黄冈镇、所城镇、大埕镇、柘林镇、汫洲镇、海山镇），下设356个村民委员会、40个社区居民委员会。

自然地理

【地质地貌】 饶平县位于潮汕平原边端，是广东山区县之一。其地形依山傍海，地势北高南低。东、北、西三面环山，中部谷地、盆地、平原交错分布，南临南海。西北为丘陵，间有空谷和盆地，东南部滨海为台地和冲积平原。海域有大小岛屿47个，最大海山岛面积46.9平方千米，中华人民共和国成立后通过大规模的人工围海造田，使海山岛与大陆相连；海拔1000米以上的山峰有7座，最高山峰为西岩山，海拔达1256米。黄冈河自北端发源，作南北走向沿中心迂回出南海，构成黄冈河平原丘陵区。

饶平县境东西狭、南北长，呈马蹄形。大致可分三个部分：溪头以北（即黄冈河上游）称饶北地区，以低丘和丘陵为主。西岩山上尖髻为饶平县最高点，海拔1256米。中心部分的冲积平原由黄冈河冲积物构成，一般高于河面2—5米。溪头以南至赤岭一带（即黄冈河中游）称为饶中地区，以高丘及低丘占广大面积，山间盆地相当发育为特点。赤岭以南称饶南，又称黄冈河三角洲，以低丘及河积海积平原为主，沿海岛屿罗列，海岸港湾多。丘陵多半形态浑圆，顶部平坦，坡度和缓，高度一般不超500米。平原除早已形成的三角洲大片面积外，1957年起，通过大规模人工围海造田，许多岛屿，如碧洲、汫洲、海山等已同大陆相连，平原面积进一步扩大。

饶平县山脉属莲花山系和福建武夷山系的延伸部分，分别从西北和东北入境，于北端上饶镇汇合，后沿西东边陲分出西东两支。西支为莲花山系西岩山脉，从西岩山向西南转南延伸，经上饶、饶洋、新丰、韩江林场、新塘、浮滨、樟溪，至钱东的莲花山和大北山；东支为武夷山系的嶂宏山脉，从上饶的嶂宏山起，向南转东南延伸，经饶洋、建饶、东山、新圩、联饶至东界的大幕山。全县海拔500米以上的大小山峰133个，其中海拔1000米以上10个，500—1000米123个，其余的均在500米以下。

【气候特征】　饶平属海洋性副热带季风气候区。常年光照充足，气候温暖，季风明显，雨量充沛，全年无冬，年平均气温21.4°C，降雨量1475.9毫米，农作物年可三熟，作物生长条件良好。据县气象站1956年、1985年资料，平均年日照时数2114小时，太阳辐射量124.72千卡/厘米，气温21.4℃，最热月为七月，平均温度28.1℃，极端最高温度38.6℃；最冷月为一月，平均温度13.4℃，极端最低温度0.8℃（三饶-3.5℃）。初霜期12月31日，终霜期1月16日，无霜期349天。年平均降雨日129天，降水量1475.9毫米，年际变化较大，最多的1983年达2173.8毫米，最少的1962年942毫米；由于地形关系，各地雨量也有差异，南部沿海年均1277.2毫米，北部山地年均1700毫米左右，西北部的新安、坪溪、新塘等处年均达2000毫米以上。降水时间分布基本呈单峰型，上半年逐月增多，6月份最高峰，以后又逐月减少。蒸发量年均2025毫米，气压年均1013.3百帕，相对湿度年均79%，饶平县常年盛行偏东风，次为偏北风及偏南风，西风极少。

饶平较常见的灾害性天气主要有台风、“龙舟水”、干旱、低温阴雨、寒露风、低温霜冻等。饶平县自1951—1985年，粮食生产因受台风影响造成较明显减产的有1959年、1960年、1961年、1974年、1975年，受“龙舟水”明显影响的有1965年、1966年、1968年、1974年、1976年；晚稻受寒露风与冷害较大影响的有1967年、1971年、1974年、1975年，1976年，受冬寒霜冻明显影响的有1963年、1975年、1981年、2002年；还有一些年份，因倒春寒而造成死秧烂秧现象。

资源物产

【土地资源】　饶平县位于潮汕平原边端，地形依山傍海，地势北高南低。东、北、西三面环山，中部谷地、盆地、平原交错分布，南临南海。西北为丘陵，间有空谷和盆地，东南部滨海为台地和冲积平原。山地占全县陆地面积70%以上，耕地仅占15. 8%，是广东山区县之一。2020年全县土地总面积173 228.78公顷，其中农用地面积149 334.44公顷，建设用地面积15 114.14公顷，未利用地面积8780.2公顷。

【矿产资源】 县域矿产资源种类较多。已发现的有铁、铜、钨、锡、高岭土、稀土、耐火土等23种矿产。其中较丰富的有高岭土、稀土，还有铁矿和其他有色金属矿。高岭土储量1亿吨以上，是发展陶瓷业的优越条件。

【水资源】 饶平县背山面海，全县境内水资源主要有地表水和地下水，全县河流主要为黄冈河系，黄冈河为县域最大的独立河系，发源于上饶镇大岽坪山麓，流经上饶、饶洋、新丰、三饶、汤溪、浮山、浮滨、樟溪、高堂、联饶、黄冈11个镇，至黄冈石龟头注入南海，全长87.2千米，纵贯全县。沿河汇集九村溪、食饭溪、新塘溪、浮滨溪、东山溪、新圩溪、樟溪溪、联饶溪8条主要支流和10多条小溪流，构成全县水系大动脉。其下游原分西溪、猪哥溪、渔樹溪、大澳溪、东溪和东溪仔共6条直流入海。1958年整治黄冈河，改为东溪独流出海。全流域集雨面积1317.5平方千米，其中属县境面积1256.1平方千米，占全县陆域总面积的74.1%。此外，县域边缘有柏峻溪、坪溪溪、径南溪注入韩江；灰寨溪、德林溪、南坑溪、大坑溪、水吼溪及其他溪流均直注入海。主体补给来源于大气降雨，因降雨分布不均，不少地方仍严重缺水。年平均降雨日129天，降水量1475.9毫米，年际变化较大，最多的1983年达2173.8毫米，最少的1962年942毫米；由于地形关系，各地雨量也有差异，南部沿海年均1277.2毫米，北部山地年均1700毫米左右，西北部的新安、坪溪、新塘等处年均达2000毫米以上。降雨量大都集中在夏秋4月至9月，占全年降雨量的77%—81%，降水时间分布基本呈单峰型，上半年逐月增多，6月份最高峰，以后又逐月减少。

新中国成立以来，全县已建成大、中、小型水库148个，山塘406个，有效蓄水库容共5.46亿立方米，独流出海的黄冈河下游东溪水闸控制集雨面积占县境总面积的78.9%，在调蓄洪水方面，发挥相当大的作用。

【水产资源】 饶平县地处粤东沿海，海岸（岛）线长136公里，海域面积533平方千米，渔业资源丰富，海域鱼类品种繁多。饶平海域已知和鉴定的鱼类分25目、131科、284属，共471种。主要经济鱼类有蓝圆鲹（巴浪）、金色小沙丁（鲇鱼）、单角鲀（迪仔）、大黄鱼（金龙鱼）、竹筴鱼（阔目）、脂眼鲱（乾鱼）、长体圆鲹（铁鲇）、金线鱼（红三）、鱿鱼、章鱼、墨鱼、带鱼、画鱼、长刺鲷鱼（立鱼）、乌鲳、银鲳、鲨鱼、鳗鱼、石斑鱼、海鲶、条尾鲱（红鱼）、黄鲫（黄只）、海蜇以及虾、琵琶虾、青蟹、梭子蟹等一百多个品种。水产养殖业形成海水网箱、对虾、鳗鱼和贝类四大养殖基地，海水网箱养鱼是饶平渔业经济的重要支柱，具有养殖周期短、产量高、经济效益好的优势，养殖主要有红斑、青斑、鲈科鱼、鲷科鱼、美国红鱼等优质品种。

【森林资源】 饶平县属南亚热带季雨林区，植被多为次生草本植物群落及灌木林、稀疏乔木。以常绿阔叶林和常绿针阔叶混交林为主。县内分布植物种类约有106个科，240多个属，共1300多种，较常见的有160余种，主要有：

乔木类：马尾松、杉木、荷木、台湾相思、红椎、五叶桐、鸭脚木、油桐、樟树、苦楝、枫树、粗叶榕、小叶榕、木棉、凤凰木、杨梅、荔枝、龙眼、黄皮、青榄、乌榄、芒果等。

灌木类：油茶、茶树、桃金娘、岗松、破布叶、山杜英、黑面神、毛果算盘子、乌桕、桃、李、桑叶、梅叶冬青、黄荆、九里香等。

竹类：毛竹、力竹、青皮竹、麻竹、桂竹等。

藤木：葛藤、金银花、玉叶金花、菝葜、酸藤果、山鸡血藤、百足藤等。

蕨类：苏铁蕨、乌毛蕨、桫椤、金毛狗等。

草木：大芒、小芒、飞扬草、金钱草、鬼针草、车前草、排钱草、五月艾、香丝草、马樱丹、野百合、长尖莎草、红翅莎草、火炭母、竹节草、凤毛草、刺芒野古草等。

其中属国家二级保护植物：苏铁蕨、桫椤、金毛狗等。先后从外地或国外引进的植物有南洋杉、大叶桉、落羽杉、南洋楹、川楝、湿地松、隆缘桉、柠檬桉、大叶相思、乌占相思、红花天料木、降香黄檀、柚木、麻栋、木麻黄、刺槐、侧柏、羊蹄甲、黄榕、玉兰等。还有大粒龙眼、蜜柚、木瓜、地毯草等优质果树或草类，以及槟榔、砂姜、生地、元参、红兰、菊花等中草药品种。

【野生动物】　饶平有珍稀动植物140余种，有国家一级保护的蟒蛇；国家二级保护或国际公约二类保护的穿山甲、大灵猫、小灵猫、虎纹蛙、大毛鸡、小毛鸡、白鹭、猫头鹰、老鹰、金环蛇、银环蛇、眼镜蛇等；一般性保护动物有野猪、豪猪、果子狸、松鼠、山羊、林麝、华南兔、草鹭、绿鹭、原鸡、鹧鸪、斑鸠、杜鹃、八哥、麻雀、燕子、喜鹊、乌鸦、水鸭、水蛇、青竹蛇、乌龟等。

此外，每年还有大天鹅、小天鹅等候鸟迁徙时途经县境。南部海滨及岛屿还有众多的海鸟栖息、繁衍。柘林镇西澳岛成了白鹭的天堂。

旅游资源

饶平县地处粤、闽、台的交汇处，依山傍海，山、川、湖、海等自然景观繁多。500米以上山峰共有133座，其中千米以上山峰10座，以北部的西岩山为最高，主峰海拔1255米；黄冈河自成水系，由北向南纵流全县，全长87.2千米。人工湖库星罗棋布，其中，1958—1959年，在黄冈河中游建成具有防洪灌溉、发电、饮用等功能的汤溪水库，最大库容3.78亿立方米，是粤东第一大蓄水工程，称为北湖，湖中有大小岛72座；县内，有大小岛屿27个，海滩涂面积1360公顷，位于海山黄隆西南的“辟龙”——海滩岩田，是世界上罕见的海洋地质奇观；分布于县境中北部山区多达10万多亩（约6666.67公顷）的苏铁蕨是古生代泥盆纪的孑遗植物，有40亿年历史；樟溪青岚地质公园，距离饶平县绿岛旅游山庄5千米，是省级地质公园，专家考察研究发现此间方圆百里2亿年前曾经是一片汪洋大海，由于火山运动形成现在的地质奇观，大自然巧夺天工雕刻出青岚地区岩洞、石林、群峰、峡谷、石臼群等奇特瑰丽的典型花岗岩地貌，而罕见的花岗岩洞，被誉为惊天发现，别处难觅，堪称国内一绝。全县现有4A级旅游景区1处，国家级地质公园1处，自然保护区4处，区属旅行社7家，三星级旅游饭店1家；共有各级文物保护单位74处，其中全国重点文物保护单位1处、省级文物保护单位16处、县级文物保护单位57处，是广东省旅游特色县。

饶平自4000多年前就居住着古越先民，初唐，中原文化进入饶平，明成化十三年（1477）置县至今已有500多年，悠久的历史使饶平蕴藏着丰富的人文景观。

历史遗迹　有民族英雄戚继光等抗击倭寇斗争的重要战场大埕所城、旗头山炮台等遗址；郑成功抗清复明斗争之处汾水关史迹；辛亥革命先声“黄冈丁未革命”史迹；朱德领导的南昌起义部队入饶的“茂芝军事决策会议”史迹。

文化遗迹　有商周文化遗迹——“浮滨文化”。位于浮滨圩北面的塔仔金山的商周墓葬群遗址，是20世纪70年代发现的新石器时代的人类遗存，有3000多年的历史。

古塔　以省级文物保护单位柘林镇风塔最为著名。该塔始建于元至正十三年（1353），塔高22米，基围16米，七层八面，花岗岩方条石垒砌，构筑稳重精巧，600多年来历经战乱和天灾依然完好。

古寺庙　饶平古寺庙众多，历史悠久。其中有始建于晋代的海山隆福寺，是潮汕地区规模最大、最古老的寺庙之一；有始建于宋代的林姜古寺、永福寺，始建于南宋的白雀寺、普陀岩，还有明代的雷音禅寺、西岩寺、观海寺和金光寺等。

古楼寨　全县有各种类型古楼寨700多座，列为各级文物保护单位的有19处，列为省级文物保护单位的有5座。其中以三饶镇南联村的道韵楼最为著名，2006年5月其被列为国家重点文物保护单位。该楼建于明万历十五年（1587），以其古、大、奇、美而享誉海内外，现已开发成旅游景点。

【驿道乡情】 1.由潮州通往饶平古县城三饶古驿道：该古驿道从樟溪镇乌溪村到樟溪镇新民村这一段，旅游资源较丰富保护较好的传统村落是乌溪村，村中有潮汕民居四点金、青云楼、旧书斋、祠堂、省级文物保护单位的明清古寨，该点已被绿岛度假山庄连带初步开发。

此段路现有明代“本府别驾徐侯爷修路碑”，记载当地徐侯爷修路的经过。碑文如下：明本府别驾侯徐爷开路永思碑（本乡乌溪路达凤城，溪涧一带春夏泛涨，涉者病之，侯爷摄篆往返于兹，停车四顾与乡众议，捐奉开修一路，非直免徙涉之艰抑，且利往来之便，幸而不日告成，惠及群生，名垂万世矣。爰刻石铭碑以志不朽。侯爷姓徐讳学颜号孺洲，江西广信府永丰县人。明万历三十八年仲春立）。

该点附近东有绿岛度假山庄（古时有雨亭、烟墩山），西北有省级青岚地质公园，往北经樟溪镇的新民村古圩中兴街，旧民居和沿街商铺保存较好。沿线古道虽大部分已不复存在，但都是田园山野风光，这段长约九千米，适合连带恢复修建古驿道，以带动该地带的旅游经济。

2.宋元明清时，由揭阳、潮州通往汾水关的闽粤古道，该线路：樟林（今属澄海）—钱东大北山畔—林姜寺—钱塘（有宋桥）—小东—水帽（紫云）—施厝—铺尾—上浮山（现有中兴街）—沈厝—李厝—龙眼城—黄冈—三霞—碧春—碧冈—仙春（一路往汾水关）—横山—北山—大港—所城千户所（现有古驿站）—柘林古渡口。该古驿道旅游资源丰富且传统村落保护较好的主要有以下三段：

（1）该古驿道旅游资源较丰富且保护较好的村落有钱东镇钱塘村至上浮山段。在钱塘村，还有约1千米长保护较好的官道，还标有官路门牌，钱塘村又称陈塘村，明清时设有陈塘堡，位于潮州府通往福建泉州古港的闽粤古驿道路段上，官路全长约3.3千米，起自始建于宋元时建的林姜寺。林姜寺古时设有驿站，又称林姜铺。自林姜铺驿站起贯穿钱塘村，官路横穿钱塘村，全长约1千米，现在还有官路门牌为证。

沿官路还遗存古老商铺、书斋、祠堂、当铺、驿点、保存较为完整。官路两边有文物点钱塘大庙、宋桥、驿点、古建筑大院崇德里（俗称九十九个门）。

官路两边分布大小不一的潮汕风格古院落20多座，艺术风格独特，所有古建筑，集潮州木雕、石雕、浮雕于建筑物上，风貌奇特。钱塘官路历史悠久，民间文化丰富，历史故事传奇多样，祠堂文化、古道文化、海洋文化、潮州小食文化分布于官路两侧，古老瓦屋至今犹在，可见当年繁华。

钱塘官路文化奇观是横跨闽粤两省古道文化的代表。明清时期钱塘村濒海倚山，又是潮汕地区出海口之一，商船来往于南洋各地，商贸活跃，官路集市贸易繁荣，来自闽赣浙的商人与来自潮属各地的山海特产商贩沿官路自由买卖，钱塘村是明清时饶平来往客商的集散地。

钱东镇钱塘村的古建筑“从德里”（俗称“99个门”），是潮汕地区最有代表性的古建筑。它集潮州木雕、岭南浮雕、潮州泥塑、闽粤石雕、京华土木建筑艺术于一体，既有明清中国土木特点，又有海外建筑风韵。它始建于1933年，以99个门为设计格局，由本地一名侨居南洋的华侨商人寄钱建造而成。始建到完工总共花了三年的时间，至今华侨的后人还住在这里。

该建筑坐北向南，别具一格，风格独特，龙虎门相对，大门通天井，99个门东西南北纵横交通，将厅堂房间客室以“门”串通，形成一埕二院二走廊一后包的格局。木雕、石雕、泥塑装饰较为丰富。虎门门额为“江夏世家”，龙门门额为“源远流长”，前门进门额为“美祖家塾”。门栏、楹木、墙壁、走廊、院庭都布设精细的木雕、石雕、民俗故事的彩绘画。呈现着一派文艺与建筑融合一致的精彩。

此处曾是红军驻军的地方，也曾是一个抗日战争驻兵的指挥部，具有革命历史和深厚的潮州文化。与小东村交界的还有钱塘桥，又称宋桥，因年代久远建于宋代而得名。史料记载，宋桥建于南宋淳祐六年（1246），由潮州知州陈圭捐建，交通位置重要，是潮州府通往福建的“闽粤古道”的交通枢纽之一。

宋桥横跨贯穿其村的钱塘溪，长28米，宽1.6米，高7米，6墩5孔，是饶平县现存最古老的石桥。宋桥往北联通饶平北部旧县邑三饶镇，南接“落海路”通往大海，明清时期是东南沿海抗击倭寇的兵家必经之路。北宋时杨文广带兵剿平闽南十八妖洞时曾在宋桥下喂马、磨兵器。相传南宋末年帝昺南逃，宋兵与元军大战百丈埔后经此宋桥撤退到海边。

宋桥至今已历经七百多年，曾经车水马龙，而今繁华不再，但仍是钱塘村通往镇区、沟通钱塘村和小东村的主要通道。其建筑结构简洁平实、古朴凝重，由大石块建造而成，十分坚固，几百年来任由河水和海潮冲涨，依然屹立于钱塘溪上，承载着古往今来的历史文化积淀，见证着钱塘村由古朴的小村走向文明和富裕的社会主义新农村的历程。

西面不远处有始建于宋代的林姜寺。经实地采点，铺尾与上浮山村现有龙须港、中兴街等遗存遗迹。中兴街保护较好，明清时期沿用到民国前的古驿道，《潮州府志》将其称为浮山铺，是闽粤古道必经之地，是昔时繁华的圩市街道。中兴街寓意兴旺繁华，故名。其历史时期为驿道，1994年重修路面为水泥路面，命今名且沿用至今。中兴街是钱东镇浮山村最中心的一条街道，起于面铺，止于铺仔头。全长600米，宽3米，现有住户88户，330多人，街道两侧均为商铺。该街虽历经年代变化，但仍然存留古时风貌，且保存较好，位于铺仔头的龙须港，是昔时水上交通载运货物的水口。从林姜寺到钱塘宋桥再到上浮山中兴街约10千米。

（2）黄冈碧岗至汾水关交界的竹林溪一带是闽粤古道东段，是潮州府通往福建诏安，福建泉州古港的必经之路，其中旅游资源较好的有碧岗村，在村后，保护较好的有一段古驿道，沿线还能看见隐于田园中的古老贝灰路，连接该村新建的文化广场，在汾水关山岭下的还有大桥庙的遗址，庙址上只存遗残石将军和一些破瓦。到了汾水关山岭上，汾水关古道上有一座雄伟壮观的石牌坊，牌坊方形石横梁上东面镌刻“功覃闽粤”，西面镌刻“声震华夷”，字体雄浑，笔画苍劲。其下石梁两面均镌刻“福建广东乡缙绅士民同　为大总成都督郑芝龙立”。旁边有座石亭，亭中竖立着《汾水关抗倭纪绩》碑，碑文清晰，历历可见。明末清初，郑成功曾屯兵汾水关，抗击清兵。清光绪三十三年（1907），黄冈丁未革命失败后，义军退守汾水关，与清兵鏖战。抗日战争时期，爱国军民在此挖掘壕堑，截击日伪军三次，战绩辉煌。解放战争时期，武装人员常出没汾水关内外，发动群众，摧毁反动营垒。多少民族志士和革命者，在这里与敌人浴血奋战，壮烈牺牲。

汾水关东侧蛇山北麓有大士庵，于明天启初期建，几经废圮修葺，于1989年由香港三学、圆明讲堂释定因法师捐资和该寺住持释定清法师募化重修，并扩其规模，易名为长乐寺。

该段古驿道，连接县城，东通福建诏安，汾水关上文物古迹遗存保护较好，又是闽粤经济合作区，修复古驿道对促进两省文化交流意义较大。

（3）所城千户所到柘林风吹岭古渡口段的古驿道：保护较好的有大城所，大城所是明清海防城堡，为省级文物保护单位。所内有省级非遗“大城所端午节游旱龙”，城内民俗点多，是中国传统村落的代表。在柘林风吹岭，有白雀寺、镇风塔、蝴蝶亭、古渡口遗址和石刻碑林等省级和县级文物保护单位，是粤东古代海上丝绸之路。柘林镇人文历史发展较早，有白雀寺、镇风塔、风吹岭、石刻群等名胜古迹，有金狮湾天然浴场、“七夕井”海底温泉、西澳岛“白鹭天堂”等自然景观，旅游资源十分丰富，人文观光及旅游开发前景非常广阔。

3.饶北山区旅游资源较丰富，传统村落保护较好的有以下二段古驿道：上饶跨市至梅州大埔和跨省至福建平和路段的古驿道。饶平古驿道以老县城三饶镇为总铺，也就是交通中心，往饶北山区，主要为客家地域。该地域与福建平和、梅州大埔相邻，关系甚为密切，同时集市、经商、贸易、民间交游和文化习俗交流活跃，民居多土围楼，崇尚文化教育，书画活动，与宋元以来饶北山区陶瓷发展渊源有关，许多习俗亦与福建有共通之处。

（1）茂芝到麒麟岭约3千米。该驿道起点茂芝镇区拥有茂芝会议朱德纪念馆旧址，在明清时称“塘边书斋”，民国初期改为全德学校。1927年10月7日上午，朱德在全德学校召开了团级以上干部会议，会议提出“隐蔽北上、穿山西进、直奔湘南”的军事决策，并决定部队向闽、粤、赣边区突围。饶平县委和茂芝群众到麒麟岭送别。这支由朱德带领的起义部队突破国民党军队的重重包围，于1928年4月28日在江西宁冈县砻市与毛泽东率领的秋收起义部队胜利会师，成立工农革命军第四军。同时朱德送给饶平农军一批枪支，留下一批军事骨干，激励饶平县委要艰苦奋斗，不怕困难，将革命进行到底，麒麟岭上的古驿道保存完好。

（2）镇内有潮州市爱国主义教育基地，朱德南昌起义军“茂芝会议”旧址。省文物保护单位马坑村镇福楼、永善村南洋楼。市文物保护单位西片古道、进修斋、自东张氏宗祠、南华楼、绍风堂、营前楼、青阳楼、茂芝詹氏宗祠、埔中邱氏宗祠、许氏大宗、云庆楼、扶阳楼、福海楼、闽粤赣边纵一团驻地遗址、中共饶平县委活动遗址、县文物保护单位永昌楼、潮源楼、华一东华楼、启明楼、东泰楼、西岩寺、雁溪楼、新华楼、永善东华楼26处古楼群。独特的“矮子坑”两省村，环山绕水，风景如画，气候宜人，是旅游的好去处。

（3）上饶镇西片古道：从马坑村到大埔县枫郎镇，保存较完好的有九千米长的古驿道，古驿道为山石路。西片古道建于明代，位于饶平县上饶镇西片村西岩山风景区，经过农民起义军张琏屯兵的三十六寨遗址，历史上是“两省四县”商家民众往返必经之道，古称“第一山”。

古道两旁建有县重点文物保护单位西岩寺、善福寺、宝塔寺、凉亭2处、伯爷泉1处。古道沟壑盘山而建，纵横台阶式，乱石砌筑而成。从西片村到大埔县枫朗镇三溪村全长共9千米，西片村地界内4.5千米，路宽1.5米；其中最长部分为365梯级，以层次鲜明而闻名。1927年，朱德率领的部分南昌起义军沿该古道从大埔到上饶茂芝全德学校，召开著名的军事决策会议。古道历经沧桑，至今保存完好，环境幽静，空气清新，登高望远，令人心旷神怡，具有较高的历史研究价值。

沿途的乌石楼是农民起义军领袖张琏的故居，张琏出生在上饶，起义失败后南下攻取今苏门答腊自立为王。明嘉靖年间（1522—1566），张琏因不满朝政腐败，杀死族长投奔大埔郑八、萧晚义军。郑八死后，张琏被推为首领，于三十九年五月武装起事，在柏嵩关歃血为盟，自称“飞龙人主”，国号“飞龙”“造皇历”，于乌石埔筑围城为大本营。

（4）西岩寺位于上饶镇马坑村西岩山上，在西片古道上。始建于明万历二十八年（1600），重建于清乾隆十九年（1754），民国29年（1940）及1981年两次重修。坐西向东，面阔21米，进深19米，面积399平方米。两进院落，建筑均为硬山顶，木瓜抬梁构架，主座二根前柱刻有蛟龙腾云浮雕，门外有石狮以及石刻画屏，工艺精致。大门匾镌“西岩寺”，款“大明万历二十八年创立，大清乾隆十九年重建”。现该寺保存完好，有一定的历史艺术价值。1988年10月被饶平县人民政府公布为县级第二批文物保护单位。2021年2月，省文化和旅游厅发布15项“南粤古驿道重大发现”饶平县西片明代古驿道入选。

【饶平特产】

岭头单丛茶　岭头单丛，属乌龙茶类极品名

茶。产于浮滨镇岭头村。单丛是继岭头奇兰后，在乌龙茶中又一特殊品种的新发现。其成品茶特征为：外形条索微弯曲，色泽黄褐似鳝鱼色。内质香气花蜜清高，滋味醇爽回甘，汤色橙红明亮，叶底笋色红边明亮（也称朱边绿腹）。岭头单丛茶在历年的茶叶评比活动中获得国家及省名优茶、特等奖、金奖等称号。2013年4月15日，农业部正式批准对“岭头单丛茶”实施农产品地理标志登记保护。2018年，列入饶平县县级非物质文化遗产代表性项目名录。饶平县也因“岭头单丛茶”而闻名，先后荣获“中国岭头单丛茶之乡”“全国重点产茶县”“全国茶叶标准园创建单位”“全国无公害农产品（茶叶）生产示范基地县”“最具有文化底蕴茶乡”等重量级荣誉称号。

高堂菜脯　菜脯，即萝卜干。因萝卜在潮汕俗称“菜头”，故称“菜脯”，是潮汕地区的特产之一，与潮州咸菜、鱼露并称“潮汕三宝”。《潮汕百科全书》记载：“饶平高堂菜脯、潮安江东菜脯，驰名海内外。”产于高堂镇的菜脯以其色泽黄珀鲜艳，味道香甜，肉厚酥脆等特点而著称，深受群众喜爱。高堂菜脯产品先后获得“广东省名牌产品”“广东省著名商标”“国家绿色食品认证”“农业部无公害农产品”“国家合格评定质量达标放心食品”等称号。2011年11月22日，国家农业部批准对“高堂菜脯”实施农产品地理标志登记保护。2018年，列入饶平县县级非物质文化遗产代表性项目名录。

浮滨狮头鹅　狮头鹅为中国农村培育出的最大优良品种鹅，也是世界上的大型鹅之一。狮头鹅肉质香甜，饶平县为狮头鹅的原产地，其中浮滨镇溪楼村为狮头鹅最古老的发源地。狮头鹅羽毛为灰褐色或银灰色，腹部羽毛为白色。头大而眼小，头部顶端和两侧具有较大黑肉瘤，鹅的肉瘤可随年龄而增大，形似狮头，故称狮头鹅。成年公鹅体重10—12千克，母鹅9—10千克，生长迅速，体质强健。2001年5月，浮滨镇获评广东省“一乡一品”议案项目——浮滨镇狮头鹅肉鹅养殖示范基地。2012年，浮滨狮头鹅被确认为国家农产品地理标志产品。2018年，列入饶平县县级非物质文化遗产代表性项目名录。目前，浮滨狮头鹅饲养量达180万只，农户家庭饲养区域遍布全县21个镇432个村。

大澳珠蚶　珠蚶属于贝壳类海产品，学名泥蚶，属瓣鳃纲、蚶科。肉供食用，味美可口。壳可作药用，有“消血块、化疾积”功效，也可烧制贝灰，或作陶瓷工业原料。潮汕泥蚶佳品除赤砂蚶外，便是大澳珠蚶。饶平大澳泥蚶，明代从福建蚶乡莆田传入，繁殖迄今有五百多年。粒小体圆，色白微红不带乌灰色，肉质细腻，不带咸味，血多而清红，能滋阴补肾，活血生津，大补元气。历来畅销上海，因质优闻名，上海人爱之如珠宝，故有“大澳珠蚶”美称。海山落山虎珠蚶、美宅珠蚶也享有较高的盛誉，现行销港澳一带。

浮山柿饼　浮山镇种植青柿及制作柿饼历史悠久，已有200多年的历史。当地群众种柿经验丰富，管理有法，生产的果实个子大，味道香甜，并且都掌握一套完善的柿饼制作技术，这些柿果刮皮后，要反复地晒、凉、揉，放进蒸笼里与配好的硫黄反复蒸熏，前后需要20多道工序，约半个多月时间，青柿才能变成柿饼。浮山生产的柿饼，其状圆扁，浑身雪白，果肉香甜，营养丰富，既可食用，又可药用，对人体健康有重要作用。浮山柿饼，不但销往全国各地，还远销东南亚一带，供不应求。2018年，浮山柿饼列入饶平县县级非物质文化遗产代表性项目名录。

青岚橄榄　橄榄营养丰富，果肉内含蛋白质，碳水化合物，脂肪，维生素C以及钙、磷、铁等矿物质，其中维生素C的含量是苹果的10倍，梨、桃的5倍，含钙量也很高，且易被人体吸收，尤适于女性、儿童食用。冬春季节，每日嚼食两三枚鲜橄榄，可防止上呼吸道感染，故民间有“冬春橄榄赛人参”之誉。青岚管理区种植的橄榄经过长期的改良、嫁接杂交，兼蓄各类品种的优点，因而形成独特的青岚橄榄品类，其果粒呈卵形，皮滑而薄，色青绿带蜡黄，蒂部略带红色，顶端有小条纹，果皮上有小黑点，果基圆、略带皱纹，肉厚爽脆，食后清香回甘，无涩味。

宝斗饼 黄冈镇生产一种饼食叫宝斗饼，是全国独一无二的一个饼种，八角四方，形如宝斗，故名。它用料非常精美、讲究，以猪油或豆油混合精面粉作饼皮，饼馅用绿豆豆泥（砂）加油、白糖、白肉丁、冬瓜丁、葱珠油和冰片，捣匀后装进瓮里密封冷藏，存放一段时间后才取用。这种宝斗饼，吃起来松软、清甜、凉爽，不粘牙，不油腻，非常可口，一直畅销海内外。许多归国华侨和港澳同胞常慕名购买，因而久盛不衰。2018年，宝斗饼列入饶平县县级非物质文化遗产代表性项目名录。

山枣糕 相传山枣糕的制作自清代后期始，至今已有一百多年的历史。饶平山枣糕别具一格，它以野生山枣肉为原料，色泽金黄澄亮，食之有原果风味，酸甜爽口，柔润而不黏，涤积生津，令人大增食欲。是潮汕凉果中的佼佼者，更是著名的绿色食品。近年来，山枣糕连续被广东省和汕头市轻工食品行业评为优质产品，在国内外市场深受欢迎，供不应求，尤其是旅居港澳和东南亚一带的侨胞，更是视为珍品，往往寄托回国探亲者代为购带。

钱东盐焗鸡 盐焗鸡是广东的一道特色名菜，最早始于清代末期，饶平钱东郭氏第一代传人郭家泰以潮汕地区特有的食品调料为基础，选用饶平出产的潮盐，开办家庭作坊，研制潮式盐焗鸡。后来其后代子孙在传统焗鸡的制法和配方上加以改进创新，兴资办厂，盐焗鸡最先在钱东镇开始走向工业化生产之路。钱东盐焗鸡选用老母鸡，经过处理后的整鸡填充作料、涂抹香料佐以中药材，熬煮入味，再用粗盐用器焗制，食品工艺经过近20道工序。广东省禽类制品行业协会的调研资料显示，钱东镇盐焗鸡销售量占全国70%以上的市场份额，“无穷”“无尽”“杜盛”等品牌畅销国内市场。

人文风俗

【人口】 改革开放后，饶平县人口总量增长快，同时外出务工人员增多。人口的分布呈两大趋势：一是从乡村向城镇流动，二是向经济活跃地区外流。2020年末，全县总人口106.14万人，常住人口81.74万人，旅居海外的华侨、华人和港澳台同胞约60万人。

【民族】 饶平居民的祖先在西周至西汉时期为百越族之一，唐宋时期主要为俚族、畲族和疍民。唐宋以后，俚、畲等民族和疍民逐步同中原南下的汉人融合。至明清以后，主要为汉族。清光绪《饶平县志》记载：“明天启四年造册……傜人，今名峯客，居于饶平县深山中，白沙潭、杨梅山、凤凰山、平溪、柘林、葵塘等处。”1958年凤凰划入潮安县，畲（峯）族人数减少。1988年6月5日，汕头市人民政府批准饶洋镇蓝屋村（54户285人）恢复畲族身份，畲族人口逐步增加。壮、苗、土家族等民族是1949年后外地调入饶平的机关干部、事业单位工作人员及外地嫁入的妇女。根据2020年第七次全国人口普查汇总资料：全县户籍人口1 061 403人；登记中常住人口817 442人，其中汉族人口815 198人，占总人口的99.73%；畲族、壮族、苗族、土家族、瑶族、黎族等22个少数民族人口2212人，占总人口的0.27%。

【宗教】 2020年，饶平县有佛教、基督教、天主教三大宗教教派，依法登记宗教活动场所113处。全县宗教信众人数约23 000人。教职人员96人，其中佛教僧尼62人，基督教牧师9人、长老2人、其他教职人员21人，天主教神父1人、修女1人，分布在全县20个镇。县域内设立有饶平县佛教协会、饶平县基督教“三自”爱国会、饶平县天主教爱国会等三个宗教团体。

【语言】 饶平地处客家方言和闽南方言交汇地带，全县使用两类不同的方言。中部、南部包括黄冈、钱东、海山、柘林、高堂、联饶、浮山、浮滨、新圩、樟溪、三饶等镇均使用闽南方言系统的饶平潮汕话，使用人口约占全县人口的

80%。北部靠近大埔县（纯客家话地区）、平和县（闽南方言、客家方言兼有地区）的上饶、饶洋、建饶等镇以及新丰镇的大部分乡村等地均使用客家方言系统的饶平客家话，使用人口约占全县人口的19%。此外，有少数地区以说潮汕话为主而兼说客家话，如新丰镇的溁东、溁西、葵坑、扬康等村落；少数地区以说客家话为主兼说潮汕话，如东山镇的双罗、水美、红峰、东明等村落以及新圩镇渔村的部分村落。这类“双方言”地区的人口占全县人口的1%左右。饶平境内有少量畲族同胞，居住在北部属客家话区的饶洋镇蓝屋村，都与当地汉族人一样说饶平客家话。

饶平潮汕话以县城黄冈话为代表，语音系统和汕头很接近；饶平客家话通称上饶客话，因习惯上把北部说客家话的几个镇统称为上饶地区。上饶客话和以梅县话为代表的粤东客话是不一样的。

20世纪80年代后，随着改革开放和人口流动，普通话渐渐兴起。进入21世纪，全县通行普通话。

【民风民俗】

春节习俗：

每年农历的最后一天称岁除，这晚上称除夕，潮汕习俗谓之“过年”。除夕前人们便忙碌张罗备办各式年货：买鸡、鹅、鸭、鱼、肉；添制新衣裳饰；新购家具、器皿；选购年画、春联等，尤其要买柑桔、青橄榄等水果作象征吉祥如意和迎送亲友的佳果。

新春伊始，第一件事便是贴门神、对联。每当除夕将至，家家户户纷纷上街购买春联，有雅兴者也自己铺纸泼墨挥春，将宅子里里外外的门户装点一新。家家户户的住宅打扮得焕然一新后，主妇们便忙着准备一年中最丰盛、最富意义的团年饭。团年饭，顾名思义，是一家在过年时欢聚在一起吃饭，连故去的老祖宗也不忘记的，也要祭拜。

送压岁钱是潮汕春节习俗中重要的一项，长辈要分钱给后辈，能挣钱的后辈也要送钱给长辈。这些钱不能直愣愣地送，而要很讲究地装在一个利是包中，或者用一块红纸包着，俗称“压肚腰”。意谓一年从头到尾，腰包里都会满满实实、富富裕裕。拜年，又称为“拜正”。大年初一一早，人们起床穿好新衣后，第一件事是自家对拜，往往是后辈先祝福长辈，然后长辈再给后辈晓以期望。拜年的人，无论带了多少礼物，其中大桔（潮州柑）是不可少的。此外还有迎神接福，正月初四是“迎神”的日子，原来，年前腊月二十四日是“送神”日，下界诸神都在这一天升天向玉皇大帝朝贺述职，报告一年来下界人间行为的善恶。正月初四这天，下界诸神再回到下界来继续监督人们，于是家家户户便在初四日迎接神的光临。饶平春节间的娱乐活动很多，有游神、游锣鼓、布马舞和猜谜等。

饶平布马舞：

接近于北方的“旱船”“跑驴”“莲花舞”等舞蹈的饶平布马舞源于宋末元初，把民间舞蹈、民间音乐、民间工艺三者融合为一体，文化底蕴深厚，表现内涵丰富，形式优美生动，形成了自己独特的艺术风格，被誉为粤东民间艺术的一朵绚丽的花。

饶平布马舞最初由江西的瓷工艺人传入后传遍饶北山区，民众喜闻乐见，历代盛演不衰。每逢新春佳节及喜庆日子，人们喜欢演出布马舞展示吉祥喜庆，增添节日气氛。布马舞在各地演出亮相中，给人们留下了深刻的印象，享有极大的声誉。

资料记载，布马舞源于南宋康王《泥马渡江》的传说，以后又吸收戏曲的表演和音乐赋予《状元游街》的内容，以图吉祥之兆。相传宋代江西人文天祥高中状元，又因抗击金兵有功，皇帝为了表彰其功绩，赐其会同进士、榜眼、探花策马游街庆贺，故名“状元游街”，共有布马九骑，并有锣鼓伴奏。后来，饶平上饶堡石井乡刘大力得中武科进士，九村人因其是邻乡同姓，引以为荣，遂将原来布马九骑增至武进士及夫人共十一骑，表演时，更加显示场面壮观，气派豪迈。

中华人民共和国成立后，布马舞流传至黄冈一带，并经艺术工作者整理，又被赋予新的内涵，以表现古代的女英雄（如陈壁娘、穆桂英、花木兰等）事迹为主要内容，人数扩大至几十人，坐骑列阵齐舞，布马以假乱真，角色以貌悦目，队伍齐整多变，并以潮州大锣鼓和唢呐伴奏，在潮州音乐和锣鼓的伴奏声中变换各种队形，或轻骑漫步，或冲锋陷阵，如疾蹄驰骋，战马奔腾。表现出飒爽英姿的巾帼英雄，柔中带刚。服装和布马的色彩与制作也比过去有了很大提高，随着时代的步伐，舞蹈的表现内容有多次的变换充实，多姿多彩。如《八仙八骑》《六国封相》《草原民兵》《昭君出塞》《辞郎吟》《穆桂英挂帅》等。布马少则9骑，多则20余骑。后来几经发展，逐渐形成舞蹈形式，其队形变化有“长蛇开阵”“双龙摆尾”“闯跳四门”“传花编索”“蝴蝶采花”等。

饶平布马舞尤以黄冈镇霞西村布马舞队表演最为精彩。多年来，霞西布马舞队在国内各地表演时屡获殊荣，不仅驰骋于粤东大地，还奔腾于羊城都市；两度马跃香江参加香港文艺游行，跃马濠江参加澳门回归大巡游，并在上海世博亮相，均受到热烈欢迎，得到高度赞誉。2004年，饶平县黄冈镇被广东省评为“广东民族民间艺术之乡”。2006年，饶平布马舞被列入广东省非物质文化遗产。2008年，饶平艺人李蔚被评为“广东省非物质文化遗产饶平布马舞传承人”。

元宵习俗：

元宵灯节。近年来，潮汕花灯展吸引了海外回国的乡亲和港澳台同胞，同故乡亲人观赏花灯，欢度新春佳节。有关报刊和电视台、电台相继报道。一盏盏精致的花灯，撩人情怀，令人流连忘返。

元宵节插榕。饶平农村在每年的元宵节，家家户户的门楣上都要插上榕树叶、竹笼、“毛车”“杜必”之类的植物，以祈求平安。相传唐末义军首领黄巢勇猛异常，刀剑一出鞘，剑影所及便头断人倒，人们闻之惊恐万分。一次，听说黄巢来了，村民纷纷出走。一个妇人背着一个孤儿，两手携着两个儿子，跟着大家一起逃命。路上，迎面遇上一位彪悍大汉，原来这个大汉是黄巢的部下。他细观那妇人，知道是个善良之人。便对她说：“黄巢是个好人。带孩子们回去，到了元宵节，取上榕树叶插于门楣上，自然会保平安的。”妇人回家后照着办了。果然那年平安无事，以后这事便传开去。此后，每年的元宵佳节，妇人们和孩子们都很早地采来榕叶、竹笼、“毛车”“杜必”之类的植物插于门楣两边，说是“插榕健过龙”“插竹笼养肥鸡”“插毛车饲大猪”“插杜必谷仓相叠”。有些妇女还特意把两片榕叶插在头上，孩子们则取一片夹在耳朵边。所有这些均表示人们向往吉祥之意。

彩青艺术（三饶饤桌）。三饶饤桌也叫“摆桌碗”“摆碟”，由古代的饤饾摆设演化而来，是三饶元宵节陈列在街上的传统食品花样工艺。

桌碗的制作一般可分两大类：一类是斋桌：有以五谷等种子组成的（也有用果品堆叠成型）。具体作法是把种子置于碗或盘里，累贴成平面、弧面和圆面，再在上面用种子、谷、麦、粟等铺列出各种吉祥文字或花纹图案（有的在中间插上石榴红花或置一个小型的纸剪团花），穿隙处以纯色种子铺垫，依放射状铺衬而出，制成后美轮美奂，令人赏心悦目；还有以面粉、茨粉等为原料的，煮成胶团状，再“以物象形，随类赋彩”，捏染成各种动植物形态，如猪头、白兔、青蛙、鱼、蟹、螺、瓜果；或八仙过海、古代人物、地方风情、各种花鸟虫鱼等，或油光剔透或小巧玲珑，莫不惟妙惟肖，叫人叹为观止。另一类是腥桌：以鸡、鹅、鸭、猪肉或内脏等为原料制成各种艺术造型。

每逢农历正月十二到十六，三饶镇盛摆桌碗的习俗，特别是在三饶镇西巷，各家各户做起桌碗，各展技艺，在街巷口摆起八仙桌、圆桌，将精工制作的“美食”摆到桌面，桌面上的盘碗便是争奇斗艳、五光十色、造型奇巧的“桌碗”和“桌盘”。各户人家每年都在门前比谁桌碗做得最多、“菜式”最好看。“摆桌碗”已成为当地民间艺术的一大特色，具有较高的欣赏价值、美术价值、审美价值和历史价值。

清明习俗：

扫墓。潮汕各地在清明节上坟扫墓的习俗十分盛行。扫墓俗称“挂纸”，为与冬至扫墓有别也叫“挂春纸”。人们到祖宗墓地填土整坟，扫除沙尘杂草，并在墓碑及墓堆上挂纸条，举行祭礼。不少侨胞也都有清明回乡扫墓的习惯，以示不忘先人，不忘故土。自古以来，清明扫墓不光是纪念自己的祖先，对历史上为人民立过功、做过好事的人物，也都会纪念他。

食薄饼。清明食薄饼在潮汕很盛行，几乎每家每户都不例外。薄饼分皮、馅两部分，皮是用面粉拌水搅成黏糊状，在热镬中烙成一张张圆形的熟面皮，其薄如纸。馅分咸、甜两种，由蛋、肉、肝类、腊味、香菇以及豆芽、韭菜等熟料混合成馅的称咸馅；用糖和麦芽糖经过特殊加工成为“糖葱”的为甜馅。食时用薄饼皮卷成贺筒状就食。潮汕人清明食薄饼是从古代的寒食节习俗演变来的。清明日食薄饼，既有纪念寒食古俗的含义，人们也享用了一顿别具风味的美餐。

端午习俗：

插艾挂蒲。人们认为五月是“恶月”，多瘴气毒气，在门上插艾草、菖蒲是为了驱除邪气。人们认为把菖蒲挂在门楣上像一把锋利的宝剑，鬼就不敢登门骚扰了。又据宗懔《荆楚岁时记》：“五月五日……采艾以为人，悬于门户上以禳毒气。”但潮俗今已少用艾草、菖蒲，而代之以“红花（石榴花）”“菝草”，同样有驱邪避秽之用意。

吃粽子。潮人嗜吃粽子，不但端午节有吃粽子之俗，无论冬夏，四时皆有吃粽子的兴趣。因而小吃店、点心店经常可以看到有粽子卖。吃粽子的习俗，汉时已有，不过那时是用竹筒装米煮成的“筒粽”。到魏晋时，才有形似现在的粽子，那时叫“角黍”。粽子只不过是当时一种夏令食品而已，不一定端午节才吃。《荆楚岁时记》便云：“夏至节日，食粽。”原亦与屈原无关。

龙舟赛会。端午节期间，黄冈河里锣鼓声声，热闹非凡，民间组织的一年一度端午节龙舟赛会隆重举行。黄冈镇龙舟赛会以其竞赛周期长、竞赛激烈、观赏性强等特点产生广泛的影响，吸引周边群众前来观看，省市多家媒体前来采访报道，可以说是黄冈镇民众参与度最高的一项民间比赛。

在正式比赛日，龙舟队会在凌晨4点多进行拜船头、洗船头、吃龙舟饭、撒“龙蛋”、送标等仪式，希望通过这些仪式来祈求人民平安、社会安定。比赛以抽签形式分组，每组都以传统的抢标形式决出胜负和名次，通过抢标比赛的形式增加了龙舟赛的观赏性。所有参赛龙舟两两竞渡，用抓阄的方式决定南北水路，用时较短者方可进入下一轮对决。比赛时，各龙舟如同长跑的运动员，在起点紧张待发，当发号枪一响，龙舟上的司鼓闻声起鼓，健儿挥臂划桨，那龙舟就如同离弦之箭，在水面疾飞。围观的人为自己的队员呐喊助威，有的甚至跳到水里，为队员泼水，使其精神抖擞。两条龙舟如同入水蛟龙在黄冈河上展开激烈追逐，队员都铆足了劲，手中的船桨一起一落、整齐划一。而不时吹来的一阵阵江风，更是给比赛增加了难度。河两岸人山人海热情高涨，河面龙舟竞渡你追我赶，增添了不少节日的欢乐气氛。

游旱龙。大城所是潮汕地区保存最完整的古城堡之一，是广东省省级文物保护单位，同时，“大城所游旱龙”民俗也是广东省省级非物质文化遗产项目。“游旱龙”至今已有600多年历史，仍然保持着古老形式，戏出扮装，锣鼓喧天。端午节，各地皆有赛龙舟的习俗，而所城四周没有溪河水域，怎样举行龙舟赛呢？居住在这里的先民不甘束缚，他们因地制宜，别出心裁地用竹片和竹篾做骨架，外面用厚纸板扎制和彩色纸粘糊成有头有尾的大龙舟，船里插着五彩旗帜和装载着绣球。这里的龙舟既不载人，也不下水，5米长的龙舟由纸和竹篾制成，每年农历五月初一至初六，当地群众依次巡游粉、褐、青、紫、红、黄六种颜色的龙舟祛邪祈福，别具特色。

初一当日午时龙舟神游，游龙队伍自本庙始出，先响地炮，老者一人在前引路泼“红花水”，鸣锣十三声开道，鼓乐齐鸣、扮演戏出故事。本庙（社）少男扛彩旗，壮男手扛结彩龙舟，后生仔（年轻人）肩抬老爷（神像）、香几（香炉），老辈在龙舟后助阵，队伍浩浩荡荡，所到之处乡民燃放鞭炮，夹道喝彩。龙舟每到城门和衙门都要燃放地炮三响。五月初一、初四、初六纸糊龙舟游到西门外；五月初二纸糊龙舟游到北门外；五月初三纸糊龙舟游到南门外；龙舟出城门后，彩龙部件和绣球由孩子们撕抢到家中插吉祥。五月初五的龙舟与其他庙社的龙舟不同，各家各户等“龙”来了，在“司命公”（灶神）处播香，把当天祈拜的男女“福身”和“五土钱”“脱难钱”“家门钱”等钱纸一同放在龙舟上，由龙舟载往东门外烧掉。大城所“游旱龙”民俗既为纪念屈原，又是潮州地区与众不同、形式独特的游龙舟习俗活动。游旱龙这一民俗活动，从旱龙的制作、技艺、工序到游旱龙的过程，注入潮州工艺、潮州音乐、潮州刺绣、潮州木雕的内涵，具有独特、不可替代的审美价值，人文价值和端午节的纪念意义。同时，整个故事扮景表现了当时明清海防前哨军民抗击倭寇的壮丽场面。

中秋习俗：

农历八月十五为中秋节，因此日恰是三秋之半，故曰中秋。在潮汕，有各种具有地方特色的民俗活动。

芋头祭祖先。潮汕有句俗谚：“河溪对嘴，芋仔食到畏。”八月中秋，天高月朗，银河灿烂。银河，潮汕人称为河溪，八月间，正是芋头的收成时节，农民都习惯以芋头来祭拜祖先。这固然与农事有关，但民间还有一则广泛流传的故事：1279年，蒙古军队灭南宋，建立元朝，对汉人进行了残酷的统治。马发据守潮州抗元，城破后，百姓惨遭屠杀。为了不忘“胡人统治之苦”，后人就取芋头与“胡头”谐音，且形似人头，以此来祭奠祖先，历代相传而成风，至今犹存。

拜月。潮汕各地中秋拜月，主要是妇女和小孩，所以有“男不圆月，女不祭灶”的俗谚。晚上，皓月初升，她们便在院子里、阳台上设案当空祷拜。银烛高燃，香烟缭绕，桌上还摆满佳果和饼食作为祭礼。这个季节，潮汕水果应市品种甚多，有柚子、香蕉、杨桃、柿、梨、菠萝等。民间还广泛流传八月十五杀鞑子的故事，元朝统治者规定每家都要住上一个蒙古兵，受汉人供养，监视汉人的行动，只允许三家共用一把菜刀。百姓不忍其苦，便趁着八月十五吃月饼的机会，把相约动手杀贼的纸条，放在月饼馅子里，使当晚举事成功。于是后人就把这一天，当作反抗压迫的纪念日。

冬至习俗：

冬至，不仅是二十四节气之一，而且也是潮汕民间一个大节日，有“小过年”之俗称。潮汕各市县冬至习俗基本相同，都有祭祖先、吃甜丸等习俗。

潮汕民间会在这一天备足猪肉、鸡、鱼等三牲和果品，上祠堂祭拜祖先，然后家人围桌共餐，一般都在中午前祭拜完毕，午餐时家人团聚。但沿海地区如饶平海山一带，则在清晨祭祖，赶在渔民出海捕鱼之前，意为请神明和祖先保佑渔民出海捕鱼平安。

吃甜丸（汤圆）。此习俗几乎普及整个潮汕地区，但这个习俗还包含着一个有趣的旧俗：人们在这一天把甜丸祭拜祖先之后，从中拿出一些贴在自家的门顶、屋梁、米缸等处。然而，这个“到处贴甜丸”的旧俗行不久，因为它不仅不卫生，而且有损美观和十分浪费，也就自然消亡了。而这个“吃甜丸”的习俗则一直流传至今。潮汕还有“吃了冬节圆多一岁”的俗谚。

【名人名家】 饶平历史悠久，人文荟萃。潮州右都统、南宋末年抗元名将张达；明中叶农民起义首领张琏；明中叶武术教练、抗倭英雄陈彝；明嘉靖年间礼部尚书盛端明；湖广布政使、《东里志》编纂者陈天资；崇祯年间礼部尚书黄锦；福建布政使黄琮；辛亥革命勋臣张永福；中共饶和埔诏县苏维埃主席余登仁烈士；“中国第一性学家”张竞生博士；著名古典文学学者、文学史家和书法艺术家詹安泰；蜚声海内外的著名方言学家、暨南大学文学院首任院长詹伯慧；曾受毛泽东接见、被誉为“秘密战线的虎胆英雄”的长征干部李沛群；钢铁战士、“八一勋章”“人民英雄”国家荣誉称号获得者麦贤得；新加坡副总理兼国安部长张志贤；外交部原驻外大使、优秀的外交战士张伟烈；财政部部长刘昆；著名农民作家王杏元；国内光纤通信领域元老级专家、天津大学电气自动化与信息工程学院教授杨恩泽；全国侨联秘书长李华；水利教授级高级工程师吴垂涛；中央气象台副台长、研究员级高级工程师余鹤书；当代著名剧作家兼理论家、诗人、散文和小说作家郭启宏；中国科学院院士、冶金材料科学家庄育智；参与设计北京工人体育馆的教授级高级建筑师林开武；南方医科大学校长郑木明；世界女子举重冠军张惜香、张宛琼。还有第45届世界技能大赛金牌得主陈鑫鹏……均是饶平人。

（县志办）

国民经济和社会发展

【经济发展】　全年实现地区生产总值282.74亿元，增长1.8%；农业总产值完成121.18亿元，增长6.1%；规模以上工业总产值253.63亿元，下降5.55%（规模以上工业增加值59.07亿元、下降0.9%）；固定资产投资总额122.88亿元，增长2.04%；社会消费品零售总额96.03亿元，下降8.9%；一般公共预算收入8.4亿元，增长1.16%；外贸进出口总额5.27亿美元（业务口径），下降41.3%；多项主要经济指标增速位居潮州市各县区首位。

【三大产业】　一是三大产业协调发展。第一产业同比增长5.1%，第二产业同比增长2.6%，第三产业同比下降0.2%。二是发展现代化农业。全县高质量打造5个省级、市级现代农业产业园和51个“一村一品、一镇一业”产业基地，浮滨镇、汫洲镇及28个村通过省“一村一品、一镇一业”专业镇、专业村认定，钱东镇、汫洲镇入选全国农业产业强镇建设名录，无穷食品有限公司被认定为农业产业化国家重点龙头企业，三百门国家一级渔港通过农业部验收。全县农业龙头企业增至43家。全县粮食播种面积24 186.67公顷，总产量21.14万吨，其中：水稻18 620公顷，总产量12.52万吨；水果总面积10 540公顷，总产量14.25万吨；茶叶总面积8 400公顷，总产量1.182万吨；生猪饲养量39.46万头；水产品总产量17.66万吨。三是加快企业转型升级。鼓励陶瓷、食品、水族机电等传统产业提高生产自动化、智能化水平，推动制造业高质量发展。四是培育临海战略性新兴产业。重点推动益海嘉里、华瀛LNG、华丰LNG等重大产业项目加快建设，打造临港产业和现代渔业，做强做大涉海经济，形成港、产、城联动发展新格局。五是文化旅游蓬勃发展。美丽乡村建设点燃文化旅游业，特色旅游焕发生机活力。“饶平古驿道红色历史文化游（一天游）”成功打造为第二批广东省乡村旅游精品线路。2020年全县接待游客185.2万人次，旅游营业收入19 458.4万元。

【固定资产投资】　①交通建设大力推进。重点加快推进省道S502线饶平大埕至仙春路段路面、和饶平李厝（海龙酒家）至施厝段与闽粤交界至饶平大埕段共三路段改建，厦深铁路饶平站站前广场、省道501线饶平浮滨至樟溪段改建、省道S333线闽粤交界处至饶平县建饶镇区公路（含支线）改建工程等重大交通项目建设。谋划好国道355线饶平上善镇区至饶洋石北路段路面改造、省道221线饶平路段路面改造、国道355线饶平新丰至三饶改造、省道502线饶平碧春至拥军路路段改建工程（含城东大转盘改造）、省道222线联饶下饶至黄冈上林路段路面改造、饶平县城迎宾大道路面修缮、县环城北路路面改造提升、铁汫线饶平段综合提升、厦深高铁饶平站进站道路整治提升等一批项目。②持续抓好重点项目建设。全力以赴推进六稳六保相关工作，克服新冠肺炎疫情影响，狠抓项目投资建设，有序推进重点项目，充分发挥重点项目对促投资稳增长的引领带动作用。2020年，7个省级重点建设项目累计完成投资9.27亿元占年度投资计划189.69%；43个市级重点建设正式项目累计完成投资42.27亿元，占年度投资计划117.48%；83个县级重点建设正式项目累计完成投资60.65亿元，占年度投资计划112.1%。坚持把实施“六大工程”作为落实“六稳”“六保”任务和推动经济高质量加快发展的重要抓手，落实每周一上报、每月一研判制度和县领导挂钩联系制度，有力有序推进总投资额超过279亿元的96个市、县“六大工程”项目建设。

【人居环境】 沿福建生态宜居美丽乡村示范带12个村已全部开工建设，已完成总体建设进度的75.74%，累计完成投资约9 089.33万元。26个省级示范村项目建设有序推进，16个项目已开工。以三清理、三拆除、三整治工作为抓手，统筹抓好村庄清洁行动，农村人居环境得到明显改善。全县386个行政村1 209个自然村（不包括纯居民社区）三清理、三拆除、三整治工作全部完成。无害化卫生户厕已完成计划任务数424户，累计改建无害化卫生户厕212 681户，普及率达100%；新（改）建公厕计划165座，已完成148座，剩余公厕均在有序建设中。

（县发展和改革局：张澹岚）

政治

中共饶平县委员会

【县委十三届十次全体会议】　1月19日，县委在县大会堂召开中共饶平县委十三届十次全体会议。县委委员、候补委员出席会议；不是县委委员、候补委员的县人大常委会、县政府、县政协领导班子成员及县政府其他党组成员；上级驻饶单位的正职领导；县人大驻会常委，县政协驻会常委，县纪委常委、县监委委员；不是县委委员、候补委员的各镇党委书记、镇长，县直副科级以上单位的正职领导；县人武部、县委组织部、县委宣传部、县委统战部、县委政法委、县公安局、县总工会、县委党校各一位副职领导；县第十三次党代会部分基层党代表列席会议。全会的主要任务是：深入学习贯彻习近平新时代中国特色社会主义思想、党的十九届四中全会和中央经济工作会议精神，学习贯彻省委十二届八次、九次全会和市委十四届九次全会精神，总结回顾2019年工作，研究部署2020年工作任务，动员全县各级党组织和广大党员干部，不忘初心、牢记使命，解放思想、接续奋斗，推动饶平实现高质量加快发展，与全国全省全市一道全面建成小康社会、开启全面建设社会主义现代化新征程。会上，县委书记林文锋代表县委常委会作工作报告。

【县委十三届十一次全体会议】　12月21日，县委在县大会堂召开中共饶平县委十三届十一次全体会议。县委委员、候补委员出席会议；不是县委委员、候补委员的县人大常委会、县政府、县政协领导班子成员；上级驻饶单位的正职领导；潮州港经济开发区管委会领导；县人大驻会常委，县政协驻会常委，县纪委常委、监委委员；不是县委委员、候补委员的各镇党委书记、镇长，县直副科级以上单位的正职领导；县第十三次党代会部分基层党代表。全会的主要任务是：高举习近平新时代中国特色社会主义思想伟大旗帜，全面贯彻党的十九大和十九届二中、三中、四中、五中全会精神，认真学习贯彻省委十二届十一次全会和市委十四届十次全会精神，对深入学习贯彻习近平总书记出席深圳经济特区建立40周年庆祝大会和视察广东重要讲话、重要指示精神进行全面部署、推动落实，动员全县上下抓住机遇、乘势而上、起而行之、感恩奋进，以新担当新作为开创饶平高质量加快发展新局面，为加快打造沿海经济带上的特色精品城市、把潮州建设得更加美丽作出饶平贡献。县委书记林文锋代表县委常委会作工作报告。会议审议通过《中共饶平县委关于深入学习贯彻习近平总书记出席深圳经济特区建立40周年庆祝大会和视察广东视察潮州重要讲话重要指示精神为“把潮州建设得更加美丽”作出饶平贡献的实施意见（稿）》。

【重要决策】　2020年，饶平县委班子深入学习贯彻党的十九届五中全会精神、习近平总书记出席深圳经济特区建立40周年庆祝大会和视察广东视察潮州重要讲话、重要指示精神，紧紧围绕省委“1+1+9”和市委“1+5+2”工作部署，立足高质量加快发展目标，深化运用“问题导向、系统思维、重点突破”工作法，统筹推进疫情防控和经济社会发展工作，全县经济社会保持健康平稳发展的良好态势。一是推进全面从严治党向纵深发展。深入实施加强党的基层组织建设三年行动实施方案，巩固深化固本强基“1+N”工程，扎实推进党建队伍、发展党员、组织生活、党建保障、党建引领等五大提质工程，推动全县各级党组织全面进步、全面过硬。深化“抓镇促村、整镇提升”创建行动，健全完善组织体系、制度体系和工作机制，全面提升基层党组织的政治领导力、思想引领力、群众组织力、社会号召力。持续整顿软弱涣散基层党组织，落实县领导包镇开展集中整顿，33个软弱涣散村（社区）党组织全部“摘帽”。落实全面从严治党责任，持续保持反腐高压态势，坚持重遏制、强高压、长震慑，坚决减存量、遏增量。2020年，全县纪检监察系统立案362件，给予党纪政务处分374人，分别同比上升7.1%、43.85%。精准运用监督执纪“四种形态”，切实做到抓早抓小，运用“四种形态”处理1036人次。深入推进基层正风反腐三年行动计划，重点排查涉及工程建设、社保医疗、扶贫领域、违反中央八项规定精神等群众反映较为强烈热点难点问题线索，驰而不息整治“四风”，深挖彻查涉黑恶腐败及“保护伞”。2020年，全县查处扶贫领域问题立案128件166人；受理涉黑涉恶腐败和充当黑恶势力“保护伞”问题线索44条，立案审查调查23件，处分27人。深化“以案促改”，精心编制案例警示短剧，一体推进不敢腐不能腐不想腐机制，筑牢党员干部拒腐防变思想防线。二是全力推动经济社会高质量加快发展。坚持把实施“六大工程”作为落实“六稳”“六保”任务和推动经济高质量加快发展的重要抓手，落实每周一上报、每月一研判制度和县领导挂钩联系制度，有力有序推进总投资超过279亿元的96个市、县“六大工程”项目建设。牢固树立“大抓产业、抓大产业”理念，依托华瀛LNG、华丰中天LNG、华能风电、海山风电等新能源企业和益海嘉里（金龙鱼）粮油加工基地等大项目龙头带动效应，延伸扩展上下游产业链，打造潮州港绿色新能源产业集群和粤东粮油糖集散基地。深入实施县领导挂钩企业、重点项目行动，全方位促进经济高质量加快发展。抢抓“政策叠加”机遇，全力做好项目储备，争取上级转移资金（含债券资金）74.3亿元，同比增长28.75%，其中债券资金20.67亿元，同比增长77.27%，有力保障重点项目建设顺利运行。三是奋力建设美丽宜居新家园。以入选国家县城新型城镇化建设示范县为契机，加快改善县城发展“软”“硬”环境，提高城市品位和竞争力。坚持规划引领，高标准编制国土空间总体规划和县城控制性详细规划，完成县城11个片区控规编制和3个片区控规调整，优化城市空间布局和城市功能。注重加强农村农房管控和乡村风貌提升，成功举办全省农房管控和乡村风貌提升（粤东）现场推进会。严格落实中央和省环保督察反馈意见，中央环保督察、中央环保督察“回头看”及省环保督察14项整改任务已完成整改13项，生态环境保护取得重大进展。加快推进村镇生活污水处理设施PPP项目、县餐厨垃圾处理和污泥消纳处理等项目建设，县宝斗石生活垃圾资源化处理厂顺利投产，全县生活垃圾无害化处理率实现100%。四是全力抓好民生保障和社会治理。成立县疫情防控指挥部，构建“一办九组六专班”高效协同指挥体系，齐心协力推进联防联控、医疗救治、环境整治、宣传引导、复工复产、防控境外疫情输入等工作，实现全县本土新冠肺炎病例“零”发生，5名抗击新冠肺炎疫情先进个人获得省委表彰。持续加大民生投入，全力办好年度十件民生实事，不断满足人民群众对美好生活新期待。全年民生领域支出61.02亿元，占一般公共预算支出85.52%，比增21.63%。全面落实社会保障政策，突出抓好“稳就业”工作，城镇登记失业率2.75%，低于市下达指标0.75个百分点。坚决打赢脱贫攻坚战，全县录入系统建档立卡贫困户9291户、24 238人全部达到“八有”脱贫标准并标注脱贫，35个省定贫困村全部出列。加快医疗卫生事业创新发展，总投资15.41亿元的县人民医院、县第二人民医院、县第三人民医院、县妇幼保健院等10个医疗卫生重点项目建设加快，充分发挥暨南大学附属第一医院全面托管县人民医院的积极效应，提升县域医疗保障的服务水平，解决群众“看病远、看病贵、看病难”问题。坚持办好人民满意教育，加快总投资15.78亿元的县中山实验学校、暨南大学附属潮州实验学校等11个教育项目规划建设，举办“问计饶平教育高质量加快发展”茶话会，筹集到助学助教善款3251.34万元。纵深推进扫黑除恶专项斗争，综合打击整治各类突出违法犯罪活动，全年没有发生群体性事件，顺利摘除涉宗族、涉交通运输行业和涉生态环境领域“三顶涉黑恶帽子”以及涉毒“省重点关注地区帽子”；实现刑事零警情87天，“飓风2020”专项行动考核成绩排名全市第一。

【信息与宣传】 一是切实做好信息上报。建立健全信息报送机制，认真编写《饶平信息》等专报。2020年，上报省、市《饶平信息》337期，上报市委办信息量累计采用得分居全市第一。三是切实做好新闻宣传工作，协调配合各级媒体记者前来县开展新闻采访，紧跟时局焦点和中心工作在潮州日报、南方+平台先后推出乡村振兴、脱贫攻坚、重点项目、教育、医疗等方面推出重点报道。紧跟全媒体时代媒体融合的发展趋势，以相片、视频、航拍、文字等多媒体表现手段向新闻媒体输送一批展现饶平改革发展新局面的新闻题材。2020年，在传统媒体方面，被市级以上媒体采用稿件180多篇。在新媒体方面，通过各家主流媒体的网站、APP、微信公众号等，发表报道400多篇，其中南方+APP发表文章150多篇。

【机要】 认真抓好密码通信、密码管理、信息化密码保障和全县公文信息交换系统平台管理工作。全年收发办理明密电报120多份，办理内网文件3700多份，公文系统7200多份，传真460多份，各个通信渠道办理各类电报和普通公文11 500多份，实现零失泄密事故的工作目标。全天候为县110多个公文系统用户单位提供技术保障，协助全县各单位收发上级部门内网文件，确保明密公文安全快速传输。积极配合上级单位做好各类系统升级、设备换装和有关替代项目的推进工作。深入贯彻落实《密码法》，建立完善宣传长效机制。配合上级统筹推进《机要密码工作条例》《商用密码管理条例》等配套法规的立改废释工作，做好金融和重点领域密码应用与创新工作。

2020年中共饶平县委书记、副书记、常委名录

书　记：林文锋（—2020.9）
　　　　陈跃庆（2020.9—）
副书记：陈跃庆（—2020.9）
　　　　雷伟平（2020.11—）　黄汉成
常　委：卢志忠　张若群　王　瑶（女）
　　　　刘瑞林　陈光钵　杨镇荣（2020.6—）
　　　　黄子鸿（2020.6—）
　　　　黄振海（2020.6—）
　　　　许美生（2020.12—）

2020年中共饶平县委办公室班子成员名录

主　任：黄振海（—2020.6）
副主任：郑木贤（2020.12—）　徐　睿　郑泽仪
保密委专职副主任：张伟峰

（蔡效宏）

中共饶平县委组织部

【简况】 2020年，中共饶平县委组织部坚持以习近平新时代中国特色社会主义思想为指导，坚持落实全面从严治党新要求，以提升组织工作质量为主线，着力建设忠诚干净担当的高素质干部队伍，一手抓疫情防控攻坚克难，一手抓组织工作创新突破，着力健全和落实科学精准的选贤任能制度、严密有力的组织制度、科学有效的人才制度，推动制度优势更好转化为治理效能，突出强基固本，聚焦主责主业、强化担当作为，为饶平经济社会发展提供坚强组织保证。

【选拔任用】 严格按照《党政领导干部选拔任用工作条例》规定，始终坚持党管干部原则，贯彻落实好新时代建设高素质专业化干部队伍建设的新要求，全面加强领导班子和干部队伍建设。2020年，提交县委常委会讨论干部任免658人次（其中：提任正科级干部19人次，副科级干部71人次，提职不提级35人次，调整交流干部69人次，晋升职级311人次；其他153人次）。

【考察培养】 一是深化考察识别干部。完善“全方位、多角度、近距离”干部考察识别机制，了解掌握干部在市、县重点工作、重点项目的工作表现，把疫情防控一线作为锤炼培养干部

的主战场、考察识别干部的主渠道，采取“四不二直”（不发通知、不打招呼、不听汇报、不用陪同接待、直奔基层、直插现场）等多种方式方法了解干部实际表现。二是完善干部业绩档。对干部在疫情防控、脱贫攻坚、“三资”清理、乡村振兴等重要工作中的实际表现记入干部业绩档案，作为选拔任用、晋升职级、培养教育的重要依据。对在防疫斗争中表现突出、担当作为的8名优秀干部予以晋升职级。三是开展专题调研。围绕“大胆改革创新，探索建立加快青年干部成长的制度建设”专题，深入县直有关单位及各镇开展调研活动，深究问题根源，探索促进青年干部成长的积极举措。

【干部培训】 制订《饶平县2020年度党员干部培训计划》，强化干部线上线下培训。做好主体班次培训和各级领导干部培训选送工作，举办12期主体班次、1485人次参加，选送14期、88人次参加；在中山大学举办饶平县中青年干部综合能力提升专题培训班，组织49名学员多形式、分层次、全覆盖开展《习近平谈治国理政》第三卷等专题学习培训；组织指导学员按时收看“南粤周末讲坛”。

【干部监管】 深入贯彻干部任用条例和干部选拔任用工作监督检查和责任追究办法，严格执行报告制度。2020年，向市委组织部书面报告县委常委会讨论干部人事任免事项20批次483人次；落实“凡提四必”（对拟提拔或进一步使用人选，要做到干部档案“凡提必审”，个人有关事项报告“凡提必核”，纪检监察机关意见“凡提必听”，反映违规违纪问题线索具体、有可查性的信访举报“凡提必查”），发函县纪委监察委等部门进行审核455人次；严格执行公示情况报告制度，报告13批321人次。开展县管干部个人信息采集、选人用人专项检查、领导干部全覆盖谈心谈话和在职干部因私出境证件清理工作。

【农村党员管理】 一是实行村（社区）党组织发展党员工作“红黄蓝”预警加“解剖麻雀”制度。把政治标准放在首位，加大在薄弱环节和重点人群中发展党员力度。2020年，发展党员347名。二是常态化推进“两学一做”学习教育，落实“第一议题”制度。每月印发《党的组织生活学习指引》，为基层党组织开展组织生活提供参考资料。抓好《中国共产党支部工作条例（试行）》的贯彻落实，县四套班子党员领导干部带头到挂钩联系党支部参加组织生活。发挥党校“阵地”“熔炉”作用，培训农村基层党员31 764名。推广使用广东党建云平台，激活率96.45%。三是组织人力对党的十八大以来乡镇党委所辖党组织发展的2485名农村党员的党员档案进行集中排查审核，发现疑似违规违纪问题的农村党员277人，占比为11.15%。

【村级换届】 对全县396个村（社区）“两委”班子进行分析研判，采取“一村一策一专班”方式抓好33个换届重难点村整治工作。完成村级党组织书记任期审计和届末考察工作，调整撤换“四不”（政治上不合格、经济上不廉洁、能力上不胜任、工作上不尽职）书记12名。牵头县直相关职能部门对拟任村级“两委”干部进行联审，成立8个联合考察组对村级党组织书记拟任人选进行考察。完成全县村级党组织换届选举工作，选出2137名“两委”干部，完成村（居）民选举委员会选举和村级集体经济组织委员推选。

【优化设置】 完成144个农村党组织优化设置，全县396个村（社区）全面完成此项工作。严格落实市委“123456”验收标准，33个在册软弱涣散党组织全部通过市复核验收达到“摘帽”及以上等次，其中8个“优秀”，21个“达标”。

【基层党建】 一是落实基层基础保障。统筹1850万元补助42个危旧破村（社区）党群服务中心建设。规范村级党组织运转经费管理，支出服务群众专项经费1605.74万元。扶持壮大村集体经济，第一批12个试点村已基本实现收益。“一卡通”发放“两委”干部补贴，实施“两委”干部学历提升工程，村级党组织书记岗位补贴提至每月1000元，下拨基层党建补助经费661万元、慰问经费111.33万元。二是配强基层党建力量。制定加强组工干部队伍建设工作实施方案，全面落实各镇“1+1+4”人员配备，即：1名党群副书记、1名组织委员和最少4名组织干事或党务工作者；县直部门配备1名分管领导和至少1名组织或党务工作者，确保组织工作（党务工作）真正有人管有人抓。三是提升党建工作质量。扎实推进“双同步”工作，49家企业单独组建党组织，36家不足3名党员的企业联合组建党支部，增派党建指导员兜底无党员企业。依托16个城市党建示范点和6家“两新”工委直联点，推进各领域党建工作规范开展。加强国企退休人员社会化管理工作，推动机关党建工作，组建县委教育工委，规范教育系统党员管理。

【健全机制】　一是健全人才机制。定期召开工作会议，开展调研，理清发展思路。加强人才信息库建设，掌握队伍动态。制定乡村人才振兴行动计划，开展人才下乡服务活动，强化农村实用人才培养、提升工作能力。二是构建人才服务。积极申建潮州市人才驿站饶平分站和长彬分站，谋划创建人才论坛等平台，提高人才服务水平。三是强化人才引进。制订2020年急需紧缺人才目录。落实人才优惠政策，支持和帮助优秀人才申报各级人才福利。强化优秀人才“以才引才”意识，发挥优秀人才名片效应和“织网”作用。加大柔性引才力度，通过争取人才来饶挂职、帮扶、合作机会，鼓励企业创建院士工作站、博士后（博士）工作站等，多渠道吸引优秀人才。四是开展人才信息采集。开展县域外专家人才信息采集工作，采集县域外专家人才38人次。同时，对县管人才进行年度综合考核。

【公务员管理】　做好选调生、公务员招录工作，贯彻落实新录用公务员导师制培养制度。2020年，新招录公务员165名，其中选调生17人。结合巡察选人用人专项检查工作，加强对选人用人工作的业务指导，进一步规范中层干部选拔任用工作。完成乡镇体制改革涉改革人员的转隶备案工作。制订公务员转任管理工作的意见，有序推进公务员转任工作。

【关心老干部】　认真落实老干部政治待遇和生活待遇。召开县领导班子离退休干部迎春座谈会，经常性走访慰问老同志，发放慰问金约50万元，发放企业离休干部、建国初期干部有关补助828 872元，发放已故离休干部配偶生活补助324 650元。扎实推进县老干部活动场所修缮改造工程，完成县老干部活动中心新丰分中心场所验收，投入129 337元购买办公用品及教学设备。

【疫情防控】　一是强化党的政治引领。及时动员引导各级党组织和广大党员，把思想和行动统一到党中央的决策部署上来，发挥党员突击队、先锋岗作用，成立12个临时党支部。组织党员开展自愿捐款，38 430名党员捐款2 574 123元。二是发挥专业人才作用。动员广大人才专家积极为疫情防控尽职担责，确保医疗机构、隔离区、联合交通检疫点等疫情防控一线的人才保障。注重发挥县管人才、学科带头人等优秀人才在各自岗位上的带头作用，鼓励支持领域人才专家参与抗疫专项科研攻关、建言献策。

【自身建设】　一是落实“第一议题”制度，常态化推进“饶组晨钟”学习和党支部“三会一课”学习，及时跟进学习贯彻党的十九大和十九届二中、三中、四中、五中全会精神、习近平总书记重要讲话重要指示精神与《习近平谈治国理政》第三卷，提高党性修养和思想认识。二是针对村级“头雁”队伍、青年干部成长及人才体制等存在问题，开展“1+3”专题“深调研”，形成《做好“吸纳、提质、培育”文章，全力打造乡村振兴“主力军”》等调研报告3篇，着力探索相关改革工作。三是结合纪教月学习活动，多措并举抓好党员干部的廉政建设，筑牢拒腐防变的思想防线。履行推进法治建设职责，组织开展学习习近平法治思想活动和《民法典》专题学习，做好宪法宣传，推动落实年度法治建设重点工作任务。四是做好办文、办会工作和公务出行保障，严控会议、文件数量，提高发文质量；慰问住院干部，关心机关青年干部成长；服务党员群众，做好来访来信的接待和处置工作；完成组织关系介绍信、干部关系介绍信等文书档案移交存档。加强经验交流，提炼组工信息，及时向上级推报。倡导党员主动亮身份、做表率，积极开展社区志愿服务，树立组工干部良好形象。

【服务中心】 提高组织部服务中心工作的能力，在乡镇体制改革、打假、创文创卫、交通安全整治等各项工作中，多次发出督促提醒函，对工作相对滞后的单位进行函询提醒，积极发挥督促提醒作用。

2020年中共饶平县委组织部班子成员名录

部　长：张华桢（—2020.5）
　　　　杨镇荣（2020.6—）
副部长：郑国涛（2020.5—2020.6
　　　　负责组织部全面工作）
　　　　徐树民（—2020.3）　刘泽添
　　　　欧炎银（2020.3—）

（郑木喜）

中共饶平县委宣传部

【简况】 2020年，中共饶平县委宣传部坚持以习近平新时代中国特色社会主义思想为指导，认真贯彻落实中央、省、市和县的重大决策部署，按照高举旗帜、围绕大局、服务经济、服务人民的要求，在提高全县思想政治理论水平、培育和践行社会主义核心价值观、加强文化建设和提高舆论引导能力等方面努力工作，为全面推动饶平县实现高质量加快发展提供有力的思想保证、舆论支持、精神动力和文化条件。

【媒体宣传】 以县融媒体中心成立为契机，坚持“媒体+政务+服务”定位，充分发挥媒体融合优势。新冠疫情发生期间，开设“聚焦一线”“聚焦新型冠状病毒肺炎疫情”等专栏，及时传递防疫信息，加强正面宣传。“魅力饶平”APP开展《海鲜电商复工复产》等多场直播，逐渐扩大影响力。全面深化媒体合作关系，与潮州日报、潮州电视台、潮安区电视台等多家党媒签订合作协议，全面开启饶平全媒体合作关系。利用潮州日报等市级媒体平台，加大对饶平县经济、政治、文化、社会和生态文明等多个领域的宣传报道，向全市发出饶平最强音。在南方日报推出《重大项目落地迸发新功能》等6个饶平专版，集中宣传县委、县政府对标“六大工程”、贯彻落实市委、市政府“1+5+2”总体思路和县委推动饶平高质量加快发展等中心工作的新举措新成效。以《饶平印记》为蓝本，拍摄饶平县“文明实践站示范点”乡村宣传专题片，在潮州电视台、饶平县融媒体中心、潮安电视台等同步播出并通过“潮州+”“饶平发布”等平台进行二次传播，充分展现饶平各镇村独特风貌，传播饶平乡村故事。原创《啊！饶平》歌曲MV，生动记录新时代饶平经济、社会、文化取得的新成就新变化；创作抗疫公益歌曲《你好吗》，凝聚起饶平党群万众一心、众志成城抗击疫情的精神力量。起草制定《关于推进饶平文化繁荣发展的意见》，着力打造一批展现饶平文化魅力和文化自信的文化品牌。编撰红色主题书籍《烽火闽粤边》、长篇小说《塔山作证》，初步创作《茂芝会议》等潮剧剧本，助推饶平历史故事薪火相传。

【舆论引导】 组织开展学习贯彻落实习近平新时代中国特色社会主义思想、党的十九大和十九届五中全会精神、习近平总书记出席深圳经济特区建立40周年庆祝大会和视察广东、视察潮州重要讲话、重要指示精神等宣传活动，唱响主旋律。围绕省委“1+1+9”、市委“1+5+2”和推进“六大工程”建设及县委重要工作、重要项目有关部署要求，扎实开展宣传舆论引导，构建强大宣传舆论氛围。聚焦“疫情防控”“三大攻坚战”“四大战役”（扫黑除恶、电信诈骗、涉税犯罪、禁毒）“脱贫攻坚”“村级换届”等县委中心工作，开设专题专栏，及时宣传报道县委、县政府在推进重点工作中的决心和信心。集中力量做好“扫黑除恶”“禁毒”“三资清理（对村集体经济组织的资金、资产、资源进行合理清查、整顿、完善）”等宣传工作，为饶平县打好打赢“四大战役”、迎接省禁毒委检查评估、省扫黑除恶督导“摘帽”工作营造良好的社会舆论氛围。2020年3月，省禁毒委在饶平县检查评估禁毒重点整治工作时对禁毒宣传工作充分肯定，将饶平县禁毒宣传工作经验上报至省禁毒刊物刊登。

【意识形态】　坚持把意识形态工作领导权主动权管理权牢牢抓在手上，建立健全工作制度，定期研究意识形态工作联席会议，分析研判形势政策，推动形成党委统一领导、党政齐抓共管、宣传部门组织协调、有关部门分工负责工作格局。加强意识形态阵地建设管理，健全县融媒体中心建设，牢牢把握正确舆论导向，坚决把党的声音和主张传播好。开展意识形态专项巡查和检查，深入排查各类意识形态阵地风险隐患，筑牢意识形态安全“防火墙”。严格按照主管主办和属地管理原则，及时跟进研判处理网络舆情，消除负面影响。2020年，处置市转舆情50件，自巡发现舆情34件，结办率均为100%。编印《饶平舆情动态》11期，《饶平网信动态》6期，查处通过网络散布疫情谣言、视频造谣类营销类案件7件，制作《网络安全风险通报》9期，提升县风险隐患排查化解和防护能力。

【理论武装】　县委理论学习中心组邀请专家学者在县融媒体中心为县四套班子讲授区域链专业知识，采取“现场教学”和“请进来”形式，探索推动理论学习新模式。邀请市委党校导师为四套班子宣讲《习近平谈治国理政》（第三卷）、《民法典》、十九届五中全会精神等，并通过学习强国学习平台同步向各镇党委书记直播授课及将视频录制发放至各镇村（社区），带动各级党委（党组）理论学习中心组常态化开展学习，充分发挥县委理论学习中心组示范引领作用。2020年，组织召开县委理论学习中心组专题学习会37场。依托“县-镇-村（社区）”三级宣讲队伍开展《习近平谈治国理政》第三卷和党的十九届五中全会理论宣讲活动439场次，受众约1.6万人次，推动习近平新时代中国特色社会主义思想进企业、进农村、进机关、进校园、进社区、进网络。从知名高校、党校等单位聘任4位专业人才担任县“新时代宣讲师”，采用“导师+学生”与“演讲比赛+课题理论宣讲+‘榕树下宣讲’”相融合的新模式开展充满生活气息和情感温度的百姓宣讲8场次，有效推动“新思想扎根工程”落实落地。将“学习强国”平台作为传递饶平声音、讲好饶平故事的重要载体抓实抓牢，积极向学习强国平台报送优秀作品。2020年向“学习强国”学习平台推送稿件241篇，其中被广东学习平台采用94篇，被全国平台采用1篇。

【精神文明】　坚持高位推动，精心谋划部署，从人员队伍、资金资源、平台载体、项目活动等多个维度实施有机整合，构建起上下贯通、软硬结合的文明实践矩阵。全县挂牌成立新时代文明实践中心1个，新时代文明实践所21个，新时代文明实践站396个，覆盖率达到100%。全县累计组建志愿服务队伍260支。结合理论宣讲、教育、文化、科普、健身“五大平台”建设，开展“讲身边故事”“凤江戏苑”等多场专题活动和800多场志愿服务活动。以“创文”工作为契机，对全县156个“创文”点位和各镇进行全覆盖督查及“回头看”，在全县掀起全民动员、人人参与的创建氛围。常态化开展文明村镇等五大文明创建活动，黄冈镇大澳村、钱东镇上浮山村被评为全国文明村。饶平师范附属小学被评为全国文明校园；1名学生被评为全市“新时代好少年”；5人获评“潮州好人”称号。

2020年中共饶平县委宣传部班子成员名录

县委常委、宣传部部长：王 瑶（女）
宣传部常务副部长：余国明
宣传部副部长：陈劲涛（—2020.2） 麦瑞平

（许丹伟）

中共饶平县委统战部

【简况】 2020年，在饶平县委、县政府的正确领导下，在市委统战部的精心指导下，全县统一战线始终以习近平新时代中国特色社会主义思想为指导，紧紧围绕大团结大联合的主题，充分发挥统战独特优势，突出巩固优势、弥补短板、培育亮点、彰显特色思路，勇于创新，矢志攻坚，奋发有为，扎实推进统战领域各项工作提质增效，进一步巩固和完善大统战工作格局，为助推全县高质量发展、决胜全面小康、建设幸福美好饶平凝聚了最广泛的力量。

【理论武装】 一是加强政治理论学习。组织全县统一战线广大成员深入学习贯彻党的十九大和十九届历次全会精神，以及习近平总书记出席深圳经济特区建立40周年庆祝大会和视察广东重要讲话重要指示精神，大力支持开展“不忘合作初心、继续携手前进”系列主题教育活动，坚持“党委中心工作推进到哪里，统一战线工作就跟进到哪里”的工作理念，同心同向聚共识，群策群力促发展。二是加强党对统一战线工作的领导。召开“战疫给我们的启示”学习座谈会，在战“疫”中增强制度自信，在活动中凝聚思想共识；支持引导各民主党派、工商联和无党派人士，同心战疫、共克时艰，积极发挥教育卫生等领域专家学者和医务人员的专业优势，为疫情防控献计出力。三是召开县各民主党派负责人工作座谈会，引导他们以习近平新时代中国特色社会主义思想为指导，加强理论武装，把握大局大势，提高政治站位，夯实团结奋斗的共同思想政治基础。四是推进网络人士统战工作。会同县委网信办首次举办全县网络人士统战工作会议，加强对网络人士的思想政治引导，支持他们在舆论引导、正面发声、营造清朗网络空间等方面发挥积极作用。

【民主党派】 一是加强协商民主建设。协助县委面向民主党派、工商联负责人及无党派人士召开征求意见会、情况通报会等6场次，深入了解党外人士在全县政治协商、参政议政、民主监督方面的工作情况。二是围绕县委中心工作，找准切入点，集中力量开展党派联合大调研，形成高质量调研成果。“两会”期间，各民主党派及成员提出提案17件，占总提案数的31%。无党派人士提出提案11件，占总提案的20%。三是组织发动各民主党派成员加强对《民法典》《习近平谈治国理政》（第三卷）和学习强国APP的学习。支持各民主党派做好组织发展工作，吸收新会员4名。协助各民主党派加强民主生活会制度、内部监督管理制度建设。形成《饶平县级层面民主党派代表人士名单》，推荐民主党派代表人士建议人选19名。

【民族宗教】

民族工作　一是联合致公党饶平支部及市民宗局到饶洋镇蓝屋村，开展《民法典》进民族村寨暨义医义诊活动，以“健康促团结”“民法促和谐”，提升宣传实效，把民族团结进步宣传月及民族团结进步创建活动推向深入，铸牢中华民族共同体意识。二是做好饶洋镇蓝屋村畲族特色村寨荔枝公园附属增项等工程的绩效评价和专项整改工作。三是加强在饶少数民族流动人口服务管理。

宗教工作　一是推动宗教政策法规进宗教团体、进活动场所、进信教群众，深入开展时事政治教育、普法教育、爱国主义教育等主题教育活动，落实宗教活动场所“四进”（即国旗、宪法和法律法规、社会主义核心价值观、中华优秀传统文化进宗教活动场所）全覆盖工作。二是严格执行宗教场所、民间信仰场所疫情期间“双暂停”及有序开放规定。签订宗教活动场所安全管理目标责任书，全面落实场所安全责任制，确保宗教活动安全有序。严格场所和人员管理，做好防渗反邪工作。三是开展民间信仰活动场所普查备案专项工作。开展全县宗教活动场所“一场所一档案”建立工作，提升县宗教活动场所管理服务工作规范化水平。

【台港澳】　一是加强与农业农村、公安、应急管理、海警等职能部门和沿海六镇沟通对接，强化对渔民的教育管理，稳妥推动涉台湾地区海上专项工作抓早抓小，落实落细。二是引导在港饶籍乡亲坚决拥护“一国两制”方针，坚定“爱国爱港”思想立场，与香港各界人士共同维护香港繁荣稳定局面。

【涉侨服务】　邀请律师解读《中华人民共和国归侨侨眷权益保护法》《广东省归侨侨眷权益保护法》等相关涉侨法律政策。举办“侨批鉴定与赏析”知识讲座，提升侨批文化知名度。选择钱东镇下黄隆村作为全县第二个村级侨胞之家建设点，夯实基层侨务工作阵地。配合市人大开展贯彻实施《广东省华侨权益保护条例》情况调研。帮助解决来信来访反映的家乡寻亲和侨房继承等问题。2020年，妥善处理涉侨信访5宗次。

【服务民企】　联合县检察院开展送法进企业活动，助力会员企业规范经营。对接市建行信贷部门，线上推出“惠懂你APP”，落实国家普惠金融政策，扶持中小微企业发展。扩大民营经济组织党建覆盖面，协助广东新功等5家“四梁八柱企业”成立党支部。

【疫情捐赠】　凝聚全县统一战线资源和力量，积极参与疫情捐赠活动。疫情期间，全县统战系统收到捐款40多万元，一次性乳胶手套4.8万只，口罩20多万个，免水洗手液3万多瓶、84消毒液1.2吨，其他防疫用品多批。县总商会被市慈善总会授予疫情防控捐赠活动做出突出贡献的慈善集体。深圳市志成智能实业有限公司向县捐赠430台净水器（总价值120万余元）。2020年，上门慰问贫困户30.99万元。

【队伍建设】　着力强化统战系统机关干部队伍建设，全面提升做好新时代统战工作能力素质，以“小机关”撬动“大统战”。购置党员教育电教设备，升级改造统战部机关党务政务公开栏和学习宣传栏，着力打造党员活动阵地，营造浓厚党建氛围。完善部务会议、机关管理、财务管理、保密、值班等制度，严肃工作纪律，增强担当意识，改善工作作风。成立县宗教团体服务中心，充实工作力量。优化统战部机关中层干部队伍配置，提升工作效能。多形式开展全县统战干部培训活动，提升统战干部的能力素质，不断推动全县统战工作提质增效。

2020年中共饶平县委统战部班子成员名录

部　长：林建斌（—2020.6）
　　　　黄子鸿（2020.6—）
常务副部长：陈广思（—2020.8）
　　　　　　曾惠阳（2020.12—）
副部长：林吉贵　郑允涛　张培林

（钟松杰）

中共饶平县委机构编制委员会办公室

【简况】　2020年，中共饶平县委机构编制委员会办公室（以下简称县委编办），县委编办在县委、县政府的领导和上级机构编制部门指导下，紧紧围绕饶平县委、县政府中心工作，全面落实深化改革要求，扎实推进乡镇体制改革工作、事业单位改革工作，进一步改善和规范机构编制管理，较好完成本年度工作任务，为推动饶平县高质量发展提供了强有力的体制机制保障。

【乡镇体制改革】　深化乡镇体制改革、完善基层治理体系，于2020年8月25日前全面完成镇机关“三定”印发、机构挂牌、办公室调整等机构改革工作，按省规定的机构限额和时间要求基本完成改革任务。一是统筹优化党政机构。按照省委文件和省委编办有关问题的政策口径的要求，实行机构限额管理，结合实际，统筹优化乡镇党政机构设置。黄冈镇按原特大镇定位，机构限额定为11个，即设置党政综合办公室、人大办公室、党建工作办公室（组织人事办公室）、纪检监察办公室、公共服务办公室（党群服务中心）、综合治理办公室、综合行政执法办公室（综合行政执法队）等7个规定设置的机构外，因地制宜设置经济发展办公室（财政办公室）、规划建设办公室、应急管理办公室、农业农村办公室等4个机构。上饶、饶洋、新丰、三饶、浮滨、浮山、新圩、钱东、联饶、汫洲、海山、所城等12个镇仍按原较大镇定位，机构限额定为10个，即在7个规定设置的机构外，因地制宜设置经济发展办公室（财政办公室）、应急管理办公室、农业农村办公室（规划建设办公室）等3个机构。建饶、新塘、汤溪、东山、樟溪、高堂、大埕、柘林等8个镇仍按原一般镇定位，机构限额定为9个，即在7个规定设置的机构外，因地制宜设置经济发展办公室（财政办公室）、农业农村办公室（规划建设办公室）等2个机构，应急管理办公室在综合治理办公室加挂牌子。二是健全乡镇党委统一领导机制。乡镇党委建立综合治理委员会、公共服务委员会、综合行政执法委员会等统一指挥协调的工作平台，日常工作分别由综合治理办公室、公共服务办公室、综合行政执法办公室承担。县自然资源局派驻在乡镇的机构实行属地管理，与所在镇规划建设办公室等机构整合设置，不再保留县自然资源局派驻在乡镇的机构。县公安局、县司法局、县市场监督管理局派驻在乡镇的机构继续实行派驻体制，由乡镇统一指挥协调，纳入乡镇工作平台，工作考核和负责人任免要征求所在乡镇党委意见。三是充实乡镇机关编制资源。注重统筹乡镇全部编制资源和工作力量，坚持编制下沉乡镇。在重新核定各镇机关人员编制时，在不调减原核定的行政编制数的基础上，将原待分配的镇级行政编制23全部分配相关镇，县自然资源局各基层自然资源管理所的行政执法专项编制将划入所在镇机关，并向省争取用于乡镇综合行政执法的编制156名。改革后，全县21个镇机关人员编制1144名，比原增加238名。其中行政编制929名，比原增23名；执法编制215名，全部为新增。

【事业单位改革】 一、完成镇属事业单位改革。根据市委编委印发的《潮州市深化乡镇街道事业单位改革的意见》精神和县委部署，县委编办结合实际，制订《饶平县深化乡镇事业单位改革实施方案》，经县委批准后于9月30日由县委编委印发实施。改革后，各镇综合设置事业单位6个，均为公益一类。一是镇农业服务中心、水利水电管理所合并组建镇农业农村服务中心，加挂镇水利水电管理所、农村公路工作站牌子。二是镇文化服务中心、人力资源和社会保障服务所合并组建镇公共服务中心。加挂镇文化服务中心、人力资源和社会保障服务所牌子。三是新设置镇执法服务中心、综合治理服务中心（加挂镇网格化服务中心牌子）2个事业单位。四是镇经济发展服务中心、退役军人服务站等2个事业单位仍予保留。联饶镇光明农场场部、钱东镇万山红农场场部、黄冈镇环境卫生管理所等3个事业单位按现有设置不变，饶平县茂芝会议纪念馆由上饶镇政府管理调整为县文化广电旅游体育局所属事业单位，由县文化广电旅游体育局委托上饶镇政府管理。11月17日县委编委印发《饶平县各镇综合设置的事业单位机构编制方案》，在明晰事业单位功能定位的同时，推动县级事业编制资源向乡镇下沉，尽力满足乡镇事业单位的编制需求。重新核定各镇综合设置的事业单位编制数968名，比原884名增加84名。其中从县交通运输系统事业单位改革后下沉事业编制数60名，专门用于承担农村公路工作。二、公益三类及其他从事生产经营活动事业单位改革。根据中央、省、市要求和县委的工作部署，县委编委于10月19日印发《饶平县公益三类及其他从事生产经营活动事业单位改革工作方案》，该方案采用“调整为登记设立事业单位”“予以撤销或撤并”“调整机构”等3种改革方式对56家涉改事业单位进行改革，其中调整为登记设立的事业单位24家、撤销或撤并整合6家、调整机构26家。改革后，列入机构编制管理的单位27家，收回事业编制数705名。全县经费自理的事业单位均不再列入机构编制管理。三、县交通运输系统事业单位改革。根据县委、县政府工作安排，县委编办与县交通运输部门协调配合，积极落实县委批准的《饶平县交通系统事业单位改革方案》，整合县地方公路管理站等6个公路工作机构组建县公路建设养护中心、整合县交通管理总站等10个交通运输工作机构组建饶平县交通运输服务中心，均为县交通运输局管理的副科级公益一类事业单位，分别核定事业编制240名和26名。四、教育卫生等方面的机构编制服务工作。1.教育方面。整合县教师进修学校、县教育局教学研究室、县教育局电化仪器站和县教育局勤工俭学工作服务中心等单位的相关职能和资源，设立县教师发展中心，为县教育局管理的副科级公益一类事业单位，核定事业编制120名，其中用于教育系统高层次人才储备专项事业编制60名。将饶平师范实验中学更名为饶平县第二中学实验学校，重新核定该校初中教职员编制179名，并明确县第二中学不再承担“实施九年义务教育的初级中等教育”职责。2.卫生健康方面。争取潮州市委机构编制部门支持，新丰中心卫生院机构规格调整为副科级。根据省委编办要求，加强乡镇卫生院疾病预防控制职能，各卫生院加挂镇疾病预防控制中心牌子。新设立县院前急救指挥中心，为县卫生健康局管理的正股级公益一类事业单位，核定事业编制6名。3.城市管理方面。整合县中山公园管理处和县城绿化队组建县园林绿化与公园广场养护中心，同时设立县市政设施养护中心，均为县城市管理和综合执法局管理的正股级公益一类事业单位，事业编制分别为35名和15名。

【机构编制管理】　一是按审批权限做好科级机构的调整设置。2020年涉及10个副科级机构调整均按权限报市委编委审批或按省文件执行，其中：①新设立副科级机构4个：县公安局打击走私大队、县教师发展中心、县公路建设养护中心和县交通运输服务中心。②升格为副科级机构1个：县新丰中心卫生院机构规格由正股级调整为副科级。③撤销副科级机构规格2个：县电影公司、县中国旅行社等2个调整为登记设立事业单位。④撤销1个：县地方公路管理站。⑤更名1个：饶平师范实验中学更名为饶平县第二中学实验学校。⑥调整管理体制1个：根据省有关文件精神，做好县公安局森林公安分局管理体制调整工作。二是切实加强机构编制日常管理。结合推进各项改革工作，对相关单位的机构编制事项进行全面核查，规范机构编制实名制管理。2020年，结合深化乡镇体制改革、交通系统事业单位改革和公益三类及其他从事生产经营活动事业单位改革，对涉改的全县21个镇机关、200多个事业单位的机构编制事项进行全面清理，按改革后的机构设置进行全面调整。对涉改事业单位在编人员进行核查确认，按程序办理转隶人员入编手续。对县文化馆等10个事业单位的机构编制事项进行全面规范完善。认真做好机关事业单位转任、招录、聘用人员使用编制的审核，确保合理规范用编。事业单位新招聘人员坚持按规定由编办、人社及用人单位主管部门联合向县委、县政府请示同意后方才实施。三是规范事业单位法人登记管理。截至2020年12月底，全县事业单位法人登记备案单位708个，其中正常状态单位609个，证书废止49个，注销50个。2020年设立登记单位15个，变更登记137个，注销登记29个，证书补领1个。2020年9月，随机抽查浮滨启新中学等5个事业单位，有效地发挥“双随机一公开”的事中事后监管作用。做好全县机关群团进行赋码工作，为184个机构赋码。

2020年饶平县机构编制委员会办公室班子成员名录

主　任：张步强

副主任：陈坤盛　沈伟民

（吴培欣）

饶平县机关事务管理局

【简况】 2020年，饶平县机关事务管理局紧紧围绕县委、县政府的中心工作部署，以“服务精细化、管理规范化、保障高效化”为目标，狠抓后勤服务管理工作，不断改善机关办公工作条件，自觉落实中央八项规定精神，全力推进效能后勤机关建设。经过全局干部职工的凝心聚力，圆满完成全年各项工作任务。

【公务接待】 一是做好国内公务接待工作。按照《饶平县关于进一步规范党政机关国内公务接待管理的实施意见》的要求，坚持“保障公务、热情周到、突出特色、从简从俭”的原则，全力推进公务接待工作规范化制度化。二是按照不同类型公务接待的要求认真落实相关接待事宜，做到科学合理安排，确保每次公务接待工作的圆满完成。三是着力提高接待服务人员的综合素质和服务水平。组织学习《关于推进新时代机关事务工作的指导意见》《机关事务工作指南（2020版）》及市委、市政府接待办编印的《接待工作指南》等。四是加强机关食堂管理。建立机关大院微信报餐群，提倡自带餐具，减少人员聚集。新购置10套自助餐具供县领导及莅饶客人使用，统一配置公筷公勺，防止交叉污染。定期对食堂内外进行全面清洁消毒，全年完成公务接待任务150批2522人次。五是开展机关食堂“光盘行动”。加强宣传引导，带头在机关大院营造浪费可耻、节约为荣的良好氛围。六是做好服务和保障工作。县委接待所全年承接县委接待所二楼会议厅召开会议119多场次，完成县大会堂召开会议95场次会议后勤服务工作。同时，完成各类型国内公务接待任务195批3720人次。

【机关管理】 一是保障机关大院用电安全、消除隐患。定期开展对机关大院供电高压设备及景观灯检查维护和检修保养，确保设备正常运转。完成县政府专用台变电源及柴油发电机组安装工程，解决机关大院长期以来缺少应急用电设备设施问题。二是做好机关大院日常保洁工作。结合疫情防控及登革热防控要求，全年开展无死角消杀工作9次，全面消灭传播媒介，营造干净、舒适、卫生的办公环境。三是加强机关大院的安全保卫和车辆管理工作。加大大院安全巡查力度，确保大院安全；切实做好机关大院的车辆管理工作。四是落实机关大院生活垃圾分类工作。设置公共场所垃圾分类投放点3处，垃圾分类收容器12个，宣传栏及垃圾分类指引牌3块，印发宣传海报100份，营造做好垃圾分类工作的浓厚氛围。五是完成县委、县政府交办的其他工作任务。

【规范管理】 一是认真抓好机关日常工作，落实各项规章制度，营造机关正常工作秩序。二是做好文件的收发登记、传阅工作，对涉及县委、县政府的工作性文件，及时组织局领导班子成员进行传阅。对县委、县政府领导有关公务接待的批示件及时呈报局领导批示，并及时送达相关部门按要求进行落实。三是切实做好人事、文秘、工资福利发放等工作。四是加强档案管理。及时组织工作人员对干部人事档案审核整理，确保干部人事档案真实准确、全面规范。按县档案馆收集档案及档案移交进馆的相关规定，及时将局2003年至2013年期间形成的各类文件资料进行整理归档，按要求移交至县档案馆。五是切实做好精准扶贫工作。定期走访贫困户，积极开展“三关怀”行动，推动帮扶工作落到实处。

【疫情防控】 及时成立机关大院防控新冠肺炎体温检测组，从各股抽调干部职工12人，局领导班子成员全员参与，组织协调机关大院保安人员，全天候对进出机关大院的人员进行询问、登记和体温检测。同时，加强对出入车辆和人员的管理，多次组织对公共场所进行消毒，为机关大院疫情防控工作做出贡献。

【队伍建设】 始终认真贯彻执行民主集中制，充分发挥班子成员集体领导作用；严格执行“三重一大”制度，切实提高党员领导干部拒腐防变和抵御风险的能力；认真执行“三会一课”制度，以理论中心组学习为抓手，加强政治理论学习和党课辅导。

2020年饶平县机关事务管理局班子成员名录

局　长：曾惠阳（—2020.12）
　　　　郑木贤（2020.12—）
副局长：李清海　杨江松

（庄钟洋）

中共饶平县委党史研究室

【简况】 2020年，县委党史研究室在县委、县政府坚强领导下，紧紧围绕服务经济社会发展和强化党史部门建设，坚持以资政育人为根本任务，努力推进党史研究、资料征编、党史宣传和党史队伍建设工作，为实现全县经济社会高质量发展提供智力支持。

【全县革命遗址普查】 根据《关于开展潮州市革命遗址大普查的通知》（潮委史〔2019〕2号）精神，县委宣传部与县委党史研究室、县文化广电旅游体育局、县退役军人事务局成立饶平县革命遗址普查工作办公室，组织实施饶平县革命遗址普查工作，于2019年底联合印发《关于开展饶平革命遗址大普查的通知》全面开展普查，对各乡镇上报的革命遗址以查找资料和实地调研等方式，严格把关，核查历史依据，为每个遗址建立普查档案。2020年全县新一轮的革命遗址大普查工作已基本完成，已将普查成果上报至市、省，并进入最后总结阶段。

【编纂《饶平县革命老区发展史》】 《饶平县革命老区发展史》编纂委员会于2017年12月成立，具体编纂出版工作由县委党史研究室承担。经过编研人员的共同努力，书稿于2019年3月底进入征求意见阶段。后经《饶平县革命老区发展史》编纂委员会审定，送潮州市《革命老区（县）发展史》编审小组评审通过，并送交广东人民出版社，根据出版社反馈意见，进行补充、修改和完善。

【编纂《广东省中央苏区饶平革命简史》和人物传记】 县委党史研究室积极完成中共广东省委党史研究室的省级党史科研项目《广东省中央苏区饶平革命简史》的编写以及全省新中国成立前牺牲的重要革命人物余登仁人物传记的编写，上报省委党史研究室，均在广东省委党史研究室审稿阶段。

【复印孤本资料《饶平革命老区资料汇编》】 县委党史研究室对本室的孤本资料《饶平革命老区资料汇编》进行扫描，制成电子文档，以便日常党史工作中对革命老区资料的应用。

【宣传服务】 2020年，县委党史研究室按照省、市有关红色革命遗址的建设保护工作要求，配合县委做好中共饶平县支部成立旧址的修缮工作；做好红色村党建示范工程建设的服务工作；在县委组织部、县委党校在全县科级干部培训、入党积极分子培训、新公务员初任培训等班次中讲好中共饶平县党史课程；配合县委组织部制作党员党性教育学习宣传片《饶和埔诏县苏维埃政府主席余丁仁烈士》；积极配合广东电视台有关“中央红色交通线”在饶平境内的拍摄工作，对饶平红色交通线的历史资料进行再发掘；认真做好配合上级有关部门对饶平苏区历史的宣传报道推介工作，同时，继续做好党史大事记的编写、中央苏区历史资料等地方党史研究工作。

2020年中共饶平县委党史研究室班子成员名录

主　任：林汉利（—2020.4）
　　　　王树标（2020.4—）
副主任：王树标（—2020.4）
　　　　许东阳（2020.7—）

（陈映芳）

中共饶平县委党校

【简况】 2020年，饶平县委党校在县委、县政府的正确领导下，始终坚持以习近平新时代中国特色社会主义思想为指导，认真贯彻落实《中国共产党党校（行政学院）工作条例》，围绕县委、县政府中心工作，服务大局，以加强理论教育和党性教育为首要任务，以抓好教学改革、提高教学质量为重点，坚持党校姓党、从严治校，努力提升党校工作科学化水平，充分发挥党校理论阵地作用，在干部教育培训、党的理论政策宣讲和科研工作中体现新作为。

【专题培训】 集中办好主体班次的培训。2020年，举办各类培训班25期，参训学员4689人。其中，村（社区）党组织书记培训班2期（采取分片集中培训方式），参训学员近700人次；饶平县新招录公务员初任培训班1期（采取租借场所方式）两批288人；深化乡镇体制改革基层干部大培训暨镇级领导干部培训班3期245人；县直单位科级领导干部培训班4期464人；饶平县深入学习贯彻习近平总书记出席深圳经济特区建立40周年庆祝大会和视察广东重要讲话重要指示精神专题培训示范班1期120人；全县公务员全员培训班14期2872人。

【宣讲授课】 一是党的理论政策宣讲。2020年县委党校充分发挥职能作用，有计划派员加入县委宣传团，开展《习近平谈治国理政》第三卷、《民法典》等宣讲活动，参与宣讲16人次，收到良好的社会效果。二是主动“走出去”宣讲。县委党校注重发挥自身职能优势，以服务基层为己任，不断创新工作机制和活动载体，延伸党员教育管理的触角，搭建党员教育培训的新阵地，进一步把党的十九大精神和习近平新时代中国特色社会主义思想宣传到基层党员干部。常务副校长徐景炎、副校长施少雄、副校长吕文晔、教务股股长吴亮光、林灿鹏、李楚珍、贺志强等成为县委宣讲团成员，分别为县直机关、镇、村党员群众上好主题教育党课。三是县委主要带头到党校上党课、作报告。2020年，县领导到党校授课或作专题报告6人次，其中，县委书记陈跃庆为全县领导干部作《牢记殷殷嘱托 做到“两个维护”全力推动总书记思想落地生根、开花结果》专题辅导报告，县委其他领导分别在党章党规党纪教育培训班、初任公务员培训班、乡镇领导干部培训班作专题辅导。

【师资培训】 11月25日至28日，县委党校选派青年教师张晓琪、林泽霞到县委组织部参加“饶平县高层次人才国情研修班”。11月30日至12月4日，选派青年教师李楚珍到广东省委党校参加“2020年全省党校（行政学院）系统学习贯彻习近平总书记出席深圳经济特区建立40周年庆祝大会和视察广东重要讲话重要指示精神暨学习贯彻党的十九届五中全会精神师资培训班”。

【试讲评课】 把建立试讲评课制度，开展试讲评课作为提升新教员授课水平的一项工作要求。5月，分管教学的副校长吕文晔就“‘三治结合’乡村治理体系的理论与实践研究”的课题进行试讲。张晓琪、贺志强等年轻教员就“深挖我县红色资源，全面打造旅游强县”“优化营商环境，打造经济强县”等课题于4月、7月进行试讲，党校组织教员进行集中评课。同时通过“课后评估”“互相听课评课”“青年教师汇报课”“外出教师汇报课”“教学片段与反思评选”等多种形式，让全体教员从备课、上课，到说课、反思，都有自己的思考，提高全体教员教学能力。据收到的455份教学评估表统计结果显示，全体教员的教学评估均为满意或很满意。

【理论科研】 一是教研室年初设置6个调研课题，形成新课件。主要有“学法懂法守法，弘扬宪法精神”“完善基层治理体系，提高适应改革发展新形势新任务需求的履职能力”“深入发掘我县红色资源，全面打造旅游强县”“提高安全防范意识，预防电信诈骗陷阱”等。2020年形成决策咨询服务文章一篇，题为“统筹协调 高效执法——完善基层综合行政执法改革的思考”，并发表于2021年1月14日的潮州日报。二是专题学习研讨。围绕学习贯彻习近平新时代中国特色社会主义思想和习近平总书记重要讲话精神，2020年共组织教员专题学习研讨会12次。

【党风廉政】 一是制定学习计划，抓好理论武装工作。严格落实按照单位年初制定的理论学习实施细则，以创建学习型机关为载体，重点抓好习近平新时代中国特色社会主义思想等党的基本理论学习教育，抓好新《中国共产党章程》《准则》《条例》的学习教育。二是加强对党员的管理和监督。全面实行党员目标化管理制度，推行承诺制，把党员自我教育、自我管理与组织监督、群众评议相结合，严格发展党员、规范党费收缴。严格组织生活会，认真落实“三会一课”制度。三是加强机关党的建设。2020年，校领导班子着力将党风廉政建设作为党的建设重要内容予以贯彻落实。7月21日经县委编办批复同意县委党校设立中共饶平县委党校校务委员会，设置校务委员会委员3名。四是履行党风廉政建设的主体责任。认真履行党风廉政建设第一责任人的责任，分管领导履行“一岗双责”。

【行政管理】 一是建立健全各项规章制度。为落实县委第六轮巡察整改意见，县委党校根据《中国共产党党校（行政学院）工作条例》以及广东省委关于贯彻党校（行政学院）工作条例的有关精神，在原《管理制度》的基础上，于2020年1月修订《县委党校管理制度汇编》。二是加强综合管理。严格按照规定和工作要求，做好保密工作；严格财务人员管理，确保财务工作正常运转；购置电脑、打印机等办公设施，改善办公条件，特别是对办公楼四楼会议厅LED投影设备和音控室柜台扩音器、话筒等设备进行更换，有效改善教学设施，提高教学效果；在办公楼四楼教学会议厅、学员宿舍楼、学员食堂饮用水安装净化设施，有效改善学员和集中医学隔离观察点人员的饮用水条件；按照县档案馆要求，组织人手整理档案，确保档案顺利入库；定期清理校园、办公室，保持整洁、卫生。三是指导镇级党校的评级工作。2020年，县委校联系指导镇级党校28人次，到场授课11人次。2020年度被潮州市授予四星荣誉的镇级党校有4所：黄冈、新圩、浮山、浮滨；授三星荣誉的10所：上饶、新丰、三饶、东山、钱东、联饶、所城、大埕、高堂、海山。

【精准扶贫】 认真贯彻执行脱贫攻坚政策，积极落实各项帮扶措施，坚持每月不少于1次的入户走访，了解扶贫户的情况，帮助扶贫户解决遇到的问题。根据单位人员调动，及时调整帮扶干部，明确帮扶对象，落实帮扶责任，13位干部对口帮扶29户贫困户。同时，发动全校教职员工踊跃捐款，并为贫困户送上慰问金和慰问物资，使贫困户切身感受到温暖。

【疫情防控】 全力以赴做好隔离医学观察点后勤保障工作，采取轮流值班、来访登记、测量体温、强化值守，防止无关人员及体温不正常的人员进入等方式，为隔离医学观察点提供更为安全的环境。及时在隔离医学观察点安装视频监控，方便工作人员加强对被隔离人员的监管。安排专人负责隔离医学观察点工作人员和被隔离人员的餐饮生活，配套有关设备，为隔离观察区提供更为舒适的生活环境。自设立隔离医学观察点以来，累计隔离观察204人。

2020年中共饶平县委党校班子成员名录

常务副校长：徐景炎

副校长：施少雄 吕文晔（2020.4—）

（余德生）

饶平县档案馆

【简况】 2020年，饶平县档案馆在县委、县政府和上级主管部门的领导和支持下，坚持以档案服务民生为重点，以档案法制化为保障，强化档案业务建设，完善档案服务机制，着力提升档案工作服务大局、服务发展、服务和谐社会的功能，切实履行“为党管档、为国守史、为民服务”的岗位职责，档案业务及各项工作取得新进展新成效。

【档案接收】 2020年，县档案馆深入贯彻国家档案局9号令，制定《饶平县档案馆接收档案工作计划》（饶档〔2020〕2号），针对各移交单位逐个发送《移交档案告知书》。对应移交进馆单位进行档案的验收、业务指导，符合移交要求的及时组织移交进馆；派员配合县委办档案发展和管理股加强对立档单位的监督指导及执法检查，推进档案移交工作。2020年，集中整理验收入库56个全宗档案2421卷6085件，2020年度应进馆全宗90个，其中已进馆全宗83个，完成应进馆全宗数量的92.22%，完成当年度档案接收进馆任务。

【档案服务】 2020年，县档案馆提供村“两委”正常离任干部证明150人次，为顺利拿到政策性福利补贴提供可靠的依据，解决大部分村委老干部的待遇问题。个人查阅干部介绍信、报到证、干部任免文件等档案35人次，为补全个人档案、核实干部身份提供依据和凭证。服务于个人查阅人民政府发契登记簿，为土地确权提供依据证明。为汫洲镇编制镇志查阅拷贝汫洲镇有关档案224卷2794件文件数据。

【编研工作】 县档案馆于2020年12月完成《指南》编印并发放至各立档单位。《指南》分三部分共八章，涉及全宗123个、临时机构18个、专业档案15种，共18.35万字。

【新馆建设】 县档案馆新馆建设从2018年11月立项以来，到2020年11月20日已完成桩基，12月底完成主体基础工作。

【安全保密】 严格执行馆规章制度、档案保密工作制度，落实各岗位责任制，落实档案管理“二十防”（防盗、防火、防雷、防震、防水、防潮、防高温、防霉、防虫、防鼠、防光、防尘、防磁、防污染、防腐蚀、防辐射、防汛、防台风、防失泄密、防电子病毒）措施，研究落实档案安全保密工作，坚持经常性检查和定期检查相结合方式做好档案安全保密工作，将档案安全保密工作贯穿于档案各项工作中去。加强对涉密文件档案的管理工作，落实专人专柜管理，严格涉密档案查阅审批手续，实行涉密档案一般不查阅利用的制度，确保档案实体和数据的绝对安全保密。

【宣传教育】 县档案馆围绕“6·9国际档案日”宣传主题，开展“档案见证小康路、聚焦扶贫决胜期”主题系列活动。通过LED显示屏滚动播放主题宣传标语、发放宣传手册等方式，集中开展档案法律法规和档案知识的宣传教育。

2020年饶平县档案馆班子成员名录

馆　长：余德州

副馆长：张卓泓　杨培辉

（刘燕君）

饶平县保密局

【简况】 中共饶平县委保密委员会办公室（县国家保密局，以下简称“县保密局”）实行“一个机构，两块牌子”，既是县委保密委员会的办事机构，也是主管本行政区域保密工作的政府职能部门。2020年，饶平县保密局依法组织开展保密宣传教育、保密检查、保密技术防护和泄密事件查处等工作，对机关、单位的保密工作进行指导和监督，取得了优异的成绩，被省人力资源和社会保障厅、广东省国家保密局授予“广东省保密工作先进集体”称号。

【保密检查监督】 一是开展保密专项检查，堵塞泄密漏洞。2020年，县保密局分别对31个县直单位和16个镇的计算机管理使用、文件收发、互联网邮箱管理使用等情况开展保密专项检查，及时发现安全隐患，严防泄密事件发生，累计检查计算机179台，发出整改通知书53份，提出整改意见133条。二是保密工作责任落实到位。在2019年将56个县直党政机关单位和部分上级驻饶单位党政领导干部保密工作责任制落实情况纳入年度绩效考核指标的基础上，进一步扩大覆盖面，将21个镇保密工作责任制落实情况也纳入考核，精准设定考核目标，改进考核方式方法，加强考核结果运用，切实推动各镇各部门落实保密工作责任。

【考试保密】　切实做好2020年高考、高中学业水平测试、英语语音考试、中考、自学考等各类考试保密监管工作，防止试卷失泄密。高考前，会同县教育局和县公安局对全县高考保密室进行检查。试卷入库后，定期不定期抽查各考点试卷保密室值班情况。考试期间，组成专项检查组对各考点保密室加强巡查、监督。考试后，配合有关部门将试卷安全送达，确保国家各类统一考试保密安全万无一失。制定印发《饶平县涉密考试保密安全突发事件应急处置预案》，进一步健全涉密考试应急处置机制，提高应对突发事件能力，保障各类涉密考试顺利进行。

【保密宣传教育】　一是积极开展宣传教育活动。通过多种形式，全方位、多角度深入开展《中华人民共和国保守国家秘密法》《中华人民共和国保守国家秘密法实施条例》的学习宣传教育活动，进一步增强广大干部群众，特别是领导干部、重点涉密人员的保密法治观念和保密责任意识。结合“4·15”国家安全教育日宣传活动，通过县广播电视台播放保密法相关宣传短片，进一步提高全民保密安全意识。二是积极做好保密宣传教材征订工作。组织全县各有关部门订阅《党政干部和涉密人员保密常识必知必读》《镜鉴：保密警示教育案例集》等保密宣传教育刊物，在全县掀起学习保密法律法规、保密知识的热潮。认真抓好2021年度《保密工作》《保密科学技术》学刊用刊工作，超额完成潮州市下达的任务。三是积极普及保密知识。会同县委党校在2019年度新公务员初任培训、2020年度公务员全员培训中开设保密知识课程，参训人数3200多人，全面提高全县公务员队伍的保密意识和保密知识水平。

（余　欣）

饶平县人民代表大会常务委员会

【县第十五届人民代表大会第七次会议】　饶平县第十五届人民代表大会第七次会议于2020年5月28日至5月29日在县城召开，会期共2天。此次会议应出席代表281名，实到会242名。县人大常委会于5月成立大会筹备处，启动大会相关筹备工作。会议听取审议县人民政府工作报告、县人大常委会工作报告、县人民法院工作报告、县人民检察院工作报告，审查县2019年国民经济和社会发展计划执行情况与2020年计划草案的报告、县2019年预算执行情况和2020年预算草案的报告，分别作出决议。会议期间，收到代表建议6件，涉及卫生健康方面3件，道路交通、生态环境、应急管理方面各1件，经议案审查委员会审查，全部列为代表建议并交由县人民政府办理。大会期间，人大代表对政府提请的11个民生候选项目进行票决，确定其中9个作为正式项目实施。

【县第十五届人民代表大会第八次会议】　饶平县第十五届人民代表大会第八次会议于2020年11月16日在县城召开，会期共1天。会议应出席代表280名，实到会255名。县人大常委会于10月成立大会筹备处，启动大会相关筹备工作。会议依法补选雷伟平为饶平县人民政府县长，补选麦来忠为饶平县第十五届人大常委会委员。

【常委会工作】 2020年，县人大常委会筹备县人大会议2次，召开常委会会议13次、主任（党组）会议31次；听取和审议“一府两院”的专项工作报告29项，做出决议、决定、审议意见13项；组织代表开展视察、执法检查、专题调研等活动16次，顺利完成饶平县十五届人大七次会议确定的各项目标任务。

【政治建设】 饶平县人大常委会严格执行重大事项向县委请示报告制度，全年就重大事项向县委请示17次，就人大履职重要工作向县委提交专项工作报告16项，确保县委决策部署落实。坚持党管干部与人大依法任免相统一，认真贯彻县委人事安排意图。认真落实县委“深调研”工作部署，围绕“完善代表履职服务机制，更好支持和保障人大代表发挥作用”专题深入基层调研并提出4方面意见建议。牵头起草《关于建立县政府向县人大报告地方债务管理情况制度的意见》并报县委批准实施。全县防控新冠肺炎疫情工作开展后，人大常委会及时请示报告并获得县委支持，完善疫情防控监督议题，开展疫情防控相关工作监督，有效促进饶平县依法防控措施落地落实。及时组织疫情防控有关法律法规宣传解读，指导各镇和有关职能部门依法保障全县疫情防控工作。疫情防控中，常委会领导率先垂范，分赴联系的镇村和挂钩的38个企业、重点项目指导做好抗疫复工复产各项工作。

【工作监督】 依法行使监督权和重大事项决定权。先后审议审查计划、财政预决算、预算调整、审计、税收、社会保险工作等报告，支持和促进县政府坚持稳中求进工作总基调，落实积极财政政策，扎实做好“六稳”工作，全面落实“六保”任务。审议审查县政府关于未列入年度计划的财政性资金投资建设项目及部分新列增财政开支项目情况的报告、县财政局关于县2016—2020年各类债券资金分配和用途调整情况的报告、县审计局关于审计查出突出问题整改情况的报告，针对存在问题提出审议意见，助推打好防范化解重大风险攻坚战。首次审议县政府关于国有资产管理情况的综合报告，听取审议县自然资源局关于国有自然资源资产管理情况的专项报告，促进国有资产规范管理、高效运营、保值增值。听取审议县政府提请的关于县人民医院与暨南大学附属第一医院实施托管合作的议案，组织对托管事项的合法性、必要性、可行性审查。落实环保法要求，严格执行环境状况和环境保护目标完成情况报告制度，助力饶平县打赢污染防治攻坚战。连续三年听取审议县政府关于《潮州市黄冈河流域水环境保护条例》贯彻实施情况汇报，持续强化黄冈河水环境治理意识，强力推动“母亲河”水质净化改善。连续三年关注饶平县村镇生活污水处理设施建设情况，努力推动城乡环境综合整治，促进全县整体形象综合提升。视察县水源保护地环境整治情况，加强饮用水安全监督，保护人民群众饮水安全。调研拆旧复垦、“森林小镇”创建等工作推进情况，助力饶平县乡村振兴战略深入实施。视察县城市政工程建设情况、石壁山风景区综合环境提升工程建设情况，推动县投资环境和人居环境进一步改善。听取县政府关于统筹推进新冠肺炎疫情防控和经济社会发展情况的报告，督促政府持之以恒抓好疫情防控，坚定不移推动经济发展。视察疾病预防控制和救治能力体系建设情况、医疗卫生基础设施建设情况，就院感防控、人才引进和保障机制等方面提出意见建议，推动提升全县医疗卫生服务水平。听取县公安局关于打击治理电信网络新型违法犯罪工作的汇报，要求继续深入查摆工作短板弱项，努力为全面建成小康社会创造安全稳定的政治社会环境。听取审议饶平县医疗保障工作情况汇报，要求加强医保队伍专业化建设，切实提高医保基金管理水平，持续为疫情防控提供服务保障。调研推进高考综合改革情况，督促政府细化完善相关政策，重点加强在经费预算、教师编制、人才激励和培训政策等方面的支持。调研公共文化建设情况，进一步促进县公共文化建设工作。开展推进现代农业、气象防灾减灾等视察调研活动，提出有针对性的意见建议。

【法律监督】　组织依法产生的国家机关工作人员举行向宪法宣誓仪式5场，坚决维护宪法权威。听取审议县政府贯彻实施《禁毒法》情况报告，推动县完善禁毒工作机制体制，强化禁毒基础保障。检查《道路交通安全法》贯彻执行情况，推动道路交通安全法律法规的宣传教育，提升道路交通安全监管能力和执法水平。检查《广东省城乡生活垃圾处理条例》贯彻执行情况，促进全县上下依法做好城乡生活垃圾处理工作，推动形成城乡一体的垃圾治理新格局。检查《广东省野生动物保护管理条例》贯彻执行情况，提出要认真抓好《条例》的实施工作，压实野生动物保护管理责任。听取审议县法院关于执行工作的报告，督促法院加大执行工作力度，致力破解群众反映强烈的“执行难”问题。坚持规范性文件备案审查制度，认真审查政府提请的5份备案文件，切实监督依法行政。认真接待群众信访，受理并交办来信来访事项9件，办结9件。

【重大事项】　坚持抓大事、议大事、决大事的思路，及时组织对重大事项的审议，先后审议审查县政府关于本级决算、国民经济个别指标调整、财政预算调整、调整2020年债务限额和新增政府债券以及抗疫特别国债预算、县政府关于县人民医院与暨南大学附属第一医院实施托管合作等事项，并依法作出决议、决定，有效地服务全县的经济发展和社会稳定。

【人事任免】　严格按照法定程序，及时审议本会机关及“一府一委两院”提请的人事任免事项。2020年依法任免国家机关工作人员36人次，补选潮州市人大代表7人、饶平县人大代表11人。

【县镇人大建设】　围绕上级党委、人大“推进县镇人大工作年”的部署要求，不断完善推进县人大规范化建设，进一步加强对镇人大工作和建设的联系指导、督促检查，保持良性互动，及时总结和推广经验，密切工作协同，实现县镇人大工作整体联动推进、同步高质量发展。

【代表工作】　一是优化代表履职服务。切实保障代表工作经费，及时发放无固定收入代表补助。举办履职专题培训班，组织新任县人大代表、县人大常委会委员及部分机关干部赴深圳人大干部培训中心学习。有序推进代表小组、代表活动室、代表（中心）联络站等履职平台建设。继续组织代表开展测评“一府两院”工作，加强工作对接，联系相关单位为代表依法约见提供方便、创造条件。继续组织代表票决政府民生实事项目工作，激发代表履职热情。2020年有122人次的县人大代表参加常委会各类执法检查、视察、调研等活动。常委会积极协助配合市人大常委会开展立法调研、专题视察调研、市级人大代表培训等活动。二是加强代表建议提出、交办、办理的全流程管理。全年代表提出建议8件，其中饶平县十五届人大七次会议期间提出6件，闭会期间提出2件，均交由县政府办理，建议办结率100%，办理结果代表满意8件。三是深化代表主题活动。组织县各代表小组和各镇人大围绕城乡人居环境整治，开展为期一个月的“更好发挥人大代表作用”主题活动。通过组织专题调研、视察、执法检查、走访群众、接待选民等多种形式的活动，进一步推动民生实事问题的解决。活动期间，组织代表活动133场，124名县人大代表和647名镇人大代表参加履职活动，收集群众关心问题102件，提出建议89件，及时有效解决人民群众最关心、最直接、最现实的重大民生问题，展示代表履职为民的良好形象。四是汇聚代表抗疫力量。常委会第一时间向县镇人大代表发出倡议书，动员各级人大代表积极投身疫情防控工作，助力打好疫情防控阻击战。疫情期间，各行各业的人大代表迎难而上，勇于担当，与群众携手并肩作战，全力投入疫情防控工作，充分展现新时代人大及人大代表的风采与担当。

【自身建设】 全面贯彻落实“第一议题”制度，制订党组年度理论学习计划，坚持每月至少召开一次理论学习会。2020年组织召开党组理论学习会17次，学习习近平总书记系列重要讲话重要指示精神36篇。切实加强意识形态工作，牢牢把握意识形态领导权、管理权和话语权，强化机关微信公众号信息审核，严格人大干部使用微信行为管理，提高《饶平人大信息》编辑质量，积极传播社会主义核心价值观。二是突出干部能力建设。以党组理论学习、机关“三会一课”、主题党日等为载体，组织人大机关干部认真学习习近平新时代中国特色社会主义思想，学习宪法及民法典等法律法规。三是狠抓作风建设。认真抓好中央八项规定和省、市、县委实施细则精神的贯彻落实，驰而不息纠正“四风”新问题新动向，树立有为意识、担当精神，以作风整顿和解放思想的成果，确保党中央和各级党委决策部署在人大落地见效。坚持述职述廉、个人重大事项报告等制度，加强对执行党内监督法规的监督检查，严肃审查、处分违纪党员，促进党员干部廉洁从政。坚持抓早抓小，对苗头性问题及时约谈，防止小问题变成大问题，进一步增强领导干部的廉洁意识，筑牢拒腐防变的思想道德防线。

2020年饶平县人大常委会班子成员名录

主　任：童益民

副主任：黄俊辉　余德顺

林树光（2020.10退休）　张彩凤（女）

詹琼英（女，2020.5—）　李福南

2020年饶平县人大常委会办公室班子成员名录

主　任：郑东焕

副主任：郑　骏　赖得强

（陈启星）

饶平县人民政府

【简况】 2020年，在潮州市委、市政府和饶平县委的坚强领导下，在饶平县人大及其常委会和饶平县政协的监督支持下，饶平县政府坚持以习近平新时代中国特色社会主义思想为指导，深入贯彻落实党的十九大和十九届二中、三中、四中、五中全会精神，认真学习贯彻习近平总书记对广东重要讲话、重要指示批示精神，全面落实省委“1+1+9”、市委“1+5+2”和县委工作部署，推动经济社会平稳健康发展，全面建成小康社会取得决定性成效，“十三五”规划圆满收官，为“十四五”发展奠定坚实基础。2020年，全县完成地区生产总值282.74亿元、规模以上工业增加值59.07亿元、固定资产投资总额122.88亿元、一般公共预算收入8.40亿元、财政总收入98.24亿元，较2015年分别增长30.27%、20.33%、78.18%、10.24%和100.96%。三次产业结构调整优化为25.0：32.4：42.6。入围全国县级财政管理绩效综合评价前200名，荣获“全国县城新型城镇化建设示范县”“全国法治县（市、区）创建活动先进单位”“中国电商示范百佳县”等国家和省级各类荣誉称号60多项，饶平的综合竞争力、对外影响力显著增强。

【三大攻坚战】 1.重大风险化解有力有效。政府债务率水平为绿色等级，辖内没有发生重大非法集资案件。加强国有集体资产管理，完成13家国有企业改制，进一步盘活资源资产。2、脱贫攻坚取得全面胜利。累计投入扶贫资金5.1亿元，全县相对贫困人口和省定贫困村实现“双出列”。农村人居环境基础整治有效实施，完成农村老旧危房改造3661户，建设“四好农村路”（到2020年，全国乡镇和建制村全部通硬化路，养护经费全部纳入财政预算，具备条件的建制村全部通客车，基本建成覆盖县、乡、村三级农村物流网络，实现“建好、管好、护好、运营好”农村公路的总目标）425.09千米，农村环境实现革命性变化。完成40个新农村示范村建设，启动184个行政村（社区）美丽宜居乡村建设，打造上浮山村、永善村、英粉村等一批特色村。3.污染防治攻坚成效显著。全面落实中央、省环保督察整改，生活垃圾和生活污水处理能力大幅度提升，海域违规吊养整治、森林抚育等工作取得新进展。贯彻实施《潮州市黄冈河流域水环境保护条例》，三级河长体系高效运转。2020年黄冈河凤江桥国控断面水质平均值达到Ⅱ类，黄冈河水质明显改善。

【基础建设】 1.“十三五”期间，交通、水利、能源等重点项目累计完成投资148.67亿元。完成县城控制性详细规划、全县村庄规划等各类规划编制，《饶平县县域乡村建设规划（2018—2035年）》获广东省优秀城市规划设计一等奖。完成征地333.3公顷，供应建设用地686.7公顷。全县高速公路通车总里程达115.5千米，占全市的57.34%。厦深铁路饶平站实现始发运营，大潮铁路（疏港铁路）列入国家铁路专用线重点建设项目。成功争取漳汕高铁设置饶平南站（暂定名）。累计改造普通国省道184千米，全县通车里程达2674.39千米。引韩济饶供水工程建设加快推进。县城第二水厂扩建、饶北水资源调配等一批水利工程建设有力实施，“村村通”自来水工程全面竣工，县级饮用水源水质100%达标。电力供应实现历史性跃升，完成220千伏蓝屋变电站建设，实现县域骨干电网“双保障”。实施《饶平县燃气专项规划（2019—2035年）》，完成燃气管道建设21.28千米。2.城乡面貌焕然一新。城市更新改造步伐不断加快，实施市政道路改扩建13千米，完成“三旧”改造75.4公顷、棚户区改造250户，新增小区住房面积189万平方米。“创文”“创卫”深入推进，县城市政设施“六个十”（开展十个公园改造建设、十个历史文物保育修复、十个水体修复整治、十大道路改造建设、十大市场改造提升、十大产业项目落地开工）工程完成“黑底化”道路改造36条，改造提升肉菜市场15个，新增一批公园、停车场和公厕。3.各项事业攀上新高峰。“放管服”改革持续深化，政府性投资项目、企业核准项目和备案项目审批时间分别压缩85%、95%和80%，企业开办全流程仅需1个工作日，88.28%的政务服务事项实现“最多跑一次”。完成县级政府系统机构和乡镇体制改革，政务运转更加高效。农村集体“三资”清理整治强力推进，追回被侵占土地693.3公顷、被拖欠金额2856.1万元。农村土地确权颁证全面完成。出台《促进教育创新发展若干措施》，高规格复办饶平二中初中部，解决教育“腰部乏力”难题。出台《饶平县促进医疗卫生健康事业发展若干措施》，成功引进优质医疗资源落户饶平，暨南大学附属第一医院托管县人民医院并正式挂牌运营，让群众在家门口享受省级三甲医院优质医疗服务。圆满完成党的十九大召开、新中国成立70周年大庆、习近平总书记视察广东视察潮州等维稳安保政治任务。创新开展涉黑恶、禁毒、反电诈、打击涉税“四大战役”，顺利摘掉涉宗族、涉交通运输行业、涉生态环境领域“三顶涉黑恶帽子”和涉枪、涉毒“两顶重点地区帽子”；“七五”普法规划全面落实；“十三五”期间未发生重大以上生产安全事故和食品药品安全事件。

【民生实事】 民生领域累计投入资金230.19亿元，年均增长11.80%。城乡居民养老、医疗保险参保人数基本实现全覆盖。优先发展教育事业，投入19.28亿元用于全县各级各类学校基础设施和教学设备配套建设，教育教学成绩连年取得大幅度提升。县镇村三级医疗服务体系不断完善，县第二人民医院、县妇幼保健院新院建成投用，改造提升16个乡镇卫生院和264个村卫生站。文化事业加快发展，行政村综合性文化服务中心实现全覆盖。体育事业全面进步，饶平籍体育健儿荣获国际、国内比赛大奖13项。

【主要工作】 1.疫情防控取得阶段性胜利。组建

“一办九组九专班”防控组织体系，守好“两站一港”第一道防线，全面加强院感管理、集中隔离点管理和冷链食品管控，成功实现“五个零”目标。3名援鄂英雄逆行出征，为湖北保卫战贡献饶平力量，展现非常时期的饶平担当。2.经济复苏注入新增长动能。出台支持复工复产“20条”“16条”，实行县领导挂钩服务180个重点企业（项目），统筹安排稳就业、稳外贸等扶持资金3794.2万元，落实减税降费2.26亿元，短时间内实现重点项目、规上企业全面复工复产。抢抓“政策叠加”机遇，争取上级资金74.33亿元（含20.67亿元债券资金），增长28.80%；创纪录入库重点项目172个，超额完成省、市、县重点项目年度投资计划。总投资278.06亿元的96个市、县“六大工程”项目建设有力推进，为稳住经济基本盘增添强劲动力。3.临港经济打开新发展空间。平台集群作用凸显，华瀛LNG、华丰中天LNG、华能风电、海山风电、益海嘉里（金龙鱼）粮油加工基地等大企业大项目集聚发展，潮州港绿色能源产业集群和粤东粮油糖集散基地初步成型。潮州港扩建货运码头竣工运营，潮州—厦门集装箱班轮航线正式开通。潮州临港产业园柘林文胜围南片区土地平整、能源大道改造、污水处理厂尾水排放、滨海路及周边环境提升等基础设施项目开工建设，进一步拉伸潮州港经济开发区发展框架。4.新兴业态呈现多元化态势。农村电商蓬勃发展，组织一批优质企业入驻“中国质造”“苏宁易购”等电商平台，举办水产品电商大赛，建成2058创意园、饶北物流园2个电商产业园，2058创意园、“妈鲜乐”入围省首批农村电商基层示范站。县领导开展直播带货，以新颖方式拓宽农副产品销售渠道。承办全省农村电商工作推进会，县域农产品网络零售排名全国第62位。文旅产业加速发展，成立饶平县文化旅游协会，举办首届文化旅游节和旅游美食节，投放饶平旅游、饶平美食等宣传片，吸引汕头、大埔、诏安等大量外地旅游团前来游玩。石壁山风景区、东山镇东明村成为网红打卡点。5.城乡建设实现整体性提升。城乡面貌有效改善，承办全省农房管控和乡村风貌提升（粤东）现场推进会，宜居宜业宜商的高品质城市环境加速成型。打通糖厂路（沿河南路至龙泽园）等一批断头路。县城新港东路连接四号街桥梁、西溪公园等市政项目即将建成。县运动场、黄冈河万里碧道、凤江广场、县城丁未革命纪念亭周边（中山公园）环境改造提升等市政项目全面开工建设，县城更加美丽。

【重要决策】 2020年召开县政府常务会议26次、县政府工作会议29次。

县政府常务会议 1月13日第一次常务会议审议研究关于2019年度第十三批次城镇建设用地国有建设用地公开出让有关问题、关于县第二水厂扩建工程招标有关问题等27个事项。1月21日第二次常务会议审议研究关于确认实施饶平县“四好农村路”建设项目有关问题、关于县城路灯管理服务采购招标有关问题等31个事项。2月10日第三次常务会议审议研究应对新型冠状病毒感染的肺炎疫情支持企业复工复产若干政策措施、关于核拨防控新冠肺炎疫情经费（第一批）有关问题等10个事项。2月25日第四次常务会议审议研究应对新冠肺炎疫情支持企业和重点项目复工复产若干措施（第二版）、《饶平县农村饮水工程运行管理制度》等17个事项。3月9日第五次常务会议审议研究落实关心关爱疫情防控一线人员相关人事激励工作、《饶平县城乡生活垃圾分类实施方案》等20个事项。3月23日第六次常务会议审议研究关于委托劳务中介机构招聘劳务派遣人员有关问题、关于实施黄冈河上游茂芝段生态廊道整治提升项目有关问题等24个事项。4月7日第七次常务会议审议研究县第二人民医院新建项目部分建设内容变更有关问题、关于建立建设用地审批（审核）会审制度有关问题等26个事项。4月20日第八次常务会议审议研究关于调整饶平县2020年度重点建设项目计划有关问题、关于实施饶平县运动场改造提升项目有关问题等28个事项。5月6日第九次常务会议审议研究关于河湖管理范围划定工作有关问题、关于实施汛洲村生态宜居美丽乡村示范村建设工程有关问题等23个事项。5月18日第十次常务会议审议研究关于农村建设用地拆旧复垦建设项目综合技术服务有关问题、关于餐厨垃圾和污泥消纳资源化利用项目建设前期有关问题等28个事项。6月3日第十一次常务会议审议研究关于法律帮助案件代理补贴有关问题、关于实施县新时代文明实践中心修缮项目有关问题等25个事项。6月15日第十二次常务会议审议研究关于对个体工商户实施阶段性降低用水价格政策有关问题、关于实施柘林镇内里村生态宜居美丽乡村示范村建设工程有关问题等20个事项。6月30日第十三次常务会议审议研究关于实施浒洲镇自来水厂供水项目有关问题、关于35个省定贫困村新农村建设项目有关问题等27个事项。7月13日第十四次常务会议审议研究关于实施潮州港临港产业园文胜围片区滨海路及周边环境改造提升工程有关问题、关于调整农村“厕所革命”无害化公厕资金补助有关问题等33个事项。7月27日第十五次常务会议审议研究关于潮州港能源大道改造工程招标有关问题、关于新一批美丽乡村示范村建设项目有关问题等33个事项。8月10日第十六次常务会议审议研究关于开展海洋灾害风险评估与区划编制工作有关问题、关于实施县城沿河南、北路人行道改造提升工程有关问题等36个事项。8月24日第十七次常务会议审议研究关于明确政府投资项目工程变更研究论证有关问题、关于县生猪定点屠宰企业升级改造项目建设有关问题等34个事项。9月7日第十八次常务会议审议研究关于实施黄冈镇汛洲岛跨海供水工程建设有关问题、关于钱东水厂新建工程建设有关问题等38个事项。9月21日第十九次常务会议审议研究部署国庆中秋期间安全生产工作、关于县交通运输局2020年省级涉农项目资金调整有关问题等32个事项。10月12日第二十次常务会议审议研究关于实施黄冈镇沿河北路上林段文化长廊建设项目有关问题、关于实施碧洲海湾带整治修复工程有关问题等33个事项。10月19日第二十一次常务会议审议研究关于实施大埕镇水尾溪水闸重建工程有关问题、关于实施黄冈河下游高堂段堤围提升工程有关问题等29个事项。11月2日第二十二次常务会议审议研究关于实施柘林镇污水管网项目有关问题、关于实施大潮高速潮州段（樟溪镇）出入口景观改造提升项目等四个项目有关问题等38个事项。11月17日第二十三次常务会议审议研究关于调整饶平县全域河溪水坡除险加固工程部分项目投资规模有关问题、关于2019年村卫生站公建规范化建设资金有关问题等24个事项。11月30日第二十四次常务会议审议研究关于实施潮州市饶平县汛洲岛重点海湾整治项目有关问题、关于聘用引进人才为县卫健系统医务人员有关问题等21个事项。12月15日第二十五次常务会议审议研究关于饶洋镇蓝屋村生态宜居美丽乡村建设工程有关问题、关于下达省市疫情防控一线城乡社区工作者临时工作预算补助资金有关问题等26个事项。12月28日第二十六次常务会议审议研究2021年县重点建设项目计划、关于核拨税务部门保障经费有关问题等17个事项。

县政府工作会议　2020年度，县人民政府先后召开岁末年初安全防范暨2020年第一季度防范重特大安全事故工作会议纪要，全县文化广电旅游体育工作会议，收看收听全省安全生产和消防工作暨第一季度防范电视会，关于收看收听全省统计稿子暨第七次全国人口普查动员电视会，新冠肺炎疫情防控期间茶区复工复产工作会议，潮州港航道清碍协调会，西澳岛污水处理厂推进会，县镇级生活垃圾集中转运项目建设推进会，临港片区已完成征地项目土地平整会，华瀛项目协调会，全县国土空间总体规划编制工作会议，全县有线电视小片网治理工作会议，县大潮高速新丰互通立交A匝道连接线工程项目有关问题协调会，饶平县村镇污水PPP项目约谈会，全县森林防灭火紧急会议，饶平县活鱼出口有关问题协调工作会议，四好农村路攻坚推进会，有关工作会议，第三季度安全生产及消防工作会，饶平县村镇生活污水处理设施PPP项目管线问题协调会，“两违”（违法建筑、违规建筑）专项行动会议，15号，饶平县2016年—2017年中央预算内投资项目建设推进工作会议，饶平县2021年度城乡居民基本医疗保险参保缴费工作动员会，临港产业园重点项目建设协调会，凤江广场建设项目涉及原公路局宿舍拆迁工作约谈会，共建香溪府—金凤园共享小区工作协调会，园区征地工作推进会等工作会议29场次。

2020年饶平县人民政府县长、副县长名录

县　长：陈跃庆（—2020.11）
　　　　雷伟平（2020年.11—）
副县长：张若群　黄宝弟（—2020.6）
　　　　吴俊楷　庄英楷　黄文海
　　　　刘子画（2020.1—）
　　　　许美生（2020.6—）

2020年饶平县人民政府办公室班子成员名录：

主　任：钟春鹏（2020.3—2020.12）
　　　　陈坐金（2020.12—）
副主任：黄逸武　张少辉　黄贤冲

（洪晓博）

饶平县政务服务数据管理局

【简况】　饶平县政务服务数据管理局（以下简称县政数局）始终坚持以习近平新时代中国特色社会主义思想为指导，紧紧围绕县委县政府的工作部署，坚持以“便民、规范、廉洁、高效”为服务宗旨，进一步深化政务服务改革，切实推进“一门式一网式”政务服务工作，全力推动群众、企业到政府办事“最多跑一次”改革和“数字政府”改革建设，有效提升政务服务质量和水平，力促饶平经济社会高质量加快发展。

【政务服务】　一是推行“不见面审批”。县政数局在疫情防控期间依托“粤省事”“粤商通”移动政务服务平台推行建设项目“不见面”审批，实行“网上办”“指尖办”。对于一些确需到实体大厅现场办理的工程建设项目审批事项，通过网上、电话、邮件等方式“预约办”。二是创新政创新服务举措。在大厅开通“绿色通道”事项，对符合条件的重点企业项目，实行全程代办，快速审批。推行容缺受理，对基本条件具备但次要条件欠缺的政务服务事项，经过申请人作出相应承诺后先予受理。2020年县政务服务大厅共受理各类政务服务事项4403件，办结4360件，办结率99%。三是推进乡镇体制改革政务服务。制订《饶平县深化乡镇体制改革政务服务工作实施方案》，为改革工作提供根本遵循；牵头县直有关单位认真梳理可委托和下放镇、村（居）的政务服务事项清单；通过集中授课、实地参观、系统操作等方式开展培训，有效提升乡镇体制改革政务服务工作的标准化和规范化水平。

【数字政府】　一是正式启用“一网通办”平台。“一网通办”平台于2019年底全面完成系统建设，实现全县21个乡镇全覆盖，在2020年5月初正式启用，初步实现群众办事“全县通办、异地办、一网办”。二是点亮饶平“城市名片”。2020年5月1日饶平“城市名片”正式上线，成为全省第一个拥有自己名片的地区。三是加大力度推广“粤系列”平台应用。县政务服务大厅及各分厅、各镇公共服务中心统一摆放“粤省事”“粤商通”“粤康码”二维码展架和宣传手册，积极引导群众、企业注册。饶平县“粤省事”注册用户数超48万；“粤商通”注册用户数超12 000；在全县推广应用面向公职人员的“粤政易”，饶平县“粤政易”开通数超14 000，激活率达到100%。

【效能监督】　开通12345投诉举报平台以来，县政数局特别重视时效性，接到平台工单后及时研判，加强部门协同联动，认真受理群众咨询、投诉、建议、求助、举报等事项。2020年接到工单件2623件（12345投诉举报平台2583件，广东政务服务网服务热线平台40件），办结2198件，办结率95.7%。

2020年饶平县政务服务数据管理局班子成员名录

局　长（党组书记）：郑良坤
副局长（党组成员）：林钟宏　王立雄　董斯奇

（张坤松）

饶平县地方志编纂委员会办公室

【简况】　饶平县地方志编纂委员会办公室（以下简称县志办）始终坚持以习近平新时代中国特色社会主义思想为指引，发挥党建领航作用，坚持志鉴编纂与开发利用、宣传弘扬同推进，留存史实与服务社会、资政辅治相结合，突出抓好"存史、育人、资政"三项主业，服务中心大局、服务经济社会发展、服务人民群众不断深入，持续强化部门自身建设，努力提高履职尽责标准，持续提升地方志服务社会的能力，各项工作均取得较好成绩。继2019年11月，主任余世同志获得全国地方志先进工作者称号之后，2020年3月24日，又在全省召开的2020年地方志工作电视电话会议上，向全省各级地方志部门分享了其从事地方志工作的经验和做法，得到时任省委常委、常务副省长张虎和与会领导的充分肯定；2020年第二期的《广东史志》刊物，专题刊发其经验材料在全省传阅推广。

【年鉴编纂】　县志办认真总结《饶平年鉴·2019》获全省优秀年鉴三等奖的经验，在《饶平年鉴·2020》编纂过程中，注重在装帧、版面设计、条目设置、资料内容等方面拓宽思路、开拓创新，着力突出了地方特色和时代特色。特别是在年鉴的框架、内容、版式上下功夫求突破。经过精心的策划和编纂人员不懈努力，《饶平年鉴·2020》以"大事不漏，小事不收"为原则，记载了2019年底年间饶平县社会发展大事以及各镇、各部门，上级驻饶单位工作特色、亮点等；全书设编目25个，143个分目、副分目，条目1052个，约69万字，随文照片120多幅，彩页39个版面。至10月初，已完成年鉴稿编纂，并送交华南理工大学出版社编审，于年底前完成印刷出版。同时，按照省、市年鉴编纂要求，按时按质完成《广东年鉴·2020》《潮州年鉴·2020》"饶平部分"组稿工作。

【《全粤村情·饶平卷》各册编纂出版】　县志办加班加点，组织业务骨干对编纂的《全粤村情·饶平卷》2—4册中部分欠缺文稿完善补充，校对和整理。2020年以来，已完成出版印刷前3次校对和补充资料工作，正加紧与出版社沟通协调；力争在《全粤村情·饶平卷》1册已出版发行的基础上，尽快完成其余3册近220多万字的《全粤村情·饶平卷》地情文化专著的编纂出版，为实施乡村振兴战略提供翔实具体的数据资料。

【《扶贫村情》编纂】　按照省志办《开发利用自然村落普查资源，助力乡村振兴战略工作方案（2018—2020年）》具体要求，县志办精心策划，收集整理全县省定35个贫困村129个自然村落创建社会主义新农村示范村的基本情况，截至2020年12月底，完成60多万字的文稿编纂工作，进入审定环节。

【《饶平姓氏文化》编纂】　县志办在组织人力进行调查的前提下，按照志书编纂的要求，多次组织召开编辑部会议，讨论编辑方案，并经反复修改，现已完成并整理出县内80多个姓氏的初稿，文稿字数达近40万字。

【年报资料】　年初，县委、县政府"两办"印发的《全县地方志资料年报报送工作的通知》后，县志办主动加强与年报承报单位的联系，并做好业务指导，对一些编写年报了解不够或编写有困难的单位，认真帮助解决编撰业务，推进资料年报质量的提高和报送进度的加快，经过多方的努力，全县已基本完成二轮志书下限年2006—2020年"资料年报"收集工作，108个承报单位全部报送资料年报。全年收集整理年报资料68万字已经完成归档。同时，安排专人收集2020年全县大事要闻。

【数字化】 县志办始终重视地方志数字化建设，扎实开展“互联网+地方志”行动，委托广州尚思科技股份有限公司开展数字化加工服务，并签订合作协议，以数字化为依托，及时更新完善地情资源数据库，不断加快志书、年鉴、地情资料等地方志成果数字化速度，大批志鉴成果实现数字化并在《饶平政府网》上发布。截至2020年，《饶平县人民政府网》地方史志栏目设置9个地情专题，多角度展示饶平历史文化。

【志鉴宣传】 一是开展宣传推介。充分发挥地方志资源和地方志人才库的作用，全力做好《饶平年鉴》和《年度大事记》在全国范围的宣传推介工作，让全国了解饶平、知晓饶平；积极与中国期刊网《中国知网》合作，并报送《饶平年鉴》资料提供《中国知网》网上宣传推介，增强了饶平声音的传播力和影响力。二是加强媒体宣传。先后在《人民日报》《中国经济导报》《南方日报》《潮州日报》等媒体、杂志宣传报道饶平地方文化成果及动态，共计刊发稿件30多篇。分别介绍饶平历史与人文等地情，引起社会反响和关注。三是用微视频展示家乡新貌。县志办先后组织饶籍高校大学生利用暑期参与2020年广东多彩乡村主题教育实践活动，以微视频的形式记录、展示饶平5个古村落、美丽乡村的多彩画面和动人故事，以实际行动助力乡村振兴。

【党建】 一是开展“三会一课”、主题党日活动，借助学习强国的主体平台，以集中学习和个人学习方式相结合，通过党建知识要点巩固学，单位微信群随时学，班子成员上党课带头学，业务知识提升学，人物先进事迹对标学等方式，加强习近平新时代中国特色社会主义和党的十九大和十九届四中和五中全会精神以及习近平新时代中国特色社会主义思想；学习《习近平谈治国理政》第一至第三卷、《中国共产党章程》、习近平总书记出席深圳经济特区建立40周年庆祝大会和视察广东重要讲话、重要指示精神以及省委、市委和县委全会精神为核心的政治理论学习。共组织干部职工集中学习22次，组织外出学习培训3人次，形成学习笔记20余篇，学习心得体会15篇，调研报告4篇。二是做好制度“加减法”“废改立”。在原制订《县志办工作规范》小册子基础上，重新制定和完善规范服务、内部管理、重大事项管理、保密管理、党内管理、意识形态、网络与信息安全方面制度72大项800多小项，以及完善党风廉政建设制度、民主评议制度、谈心交流制度等20多项党建工作制度，形成了《饶平县地方志办公室机关工作及规章制度汇编》，确保机关内部科学化、规范化、制度化运行。三是坚持抓责任制、抓责任人，增强主业主责意识，严格落实全面从严治党主体责任、党支部书记“第一责任人”责任、班子成员“一岗双责”责任，坚持党建工作和业务工作同谋划、同部署、同落实，及时研究解决机关党建重大问题。

【党风廉政】 一是组织学习《中国共产党章程》《中国共产党廉洁自律准则》《中国共产党纪律处分条例》《中国共产党问责条例》等党规党纪。贯彻落实党风廉政建设责任制，大力推进廉政教育，观看警示教育片和开展反腐倡廉教育，为党风廉政建设和反腐败斗争提供思想保障和文化支撑。二是坚持标本兼治、综合治理、惩防并举、注重预防的方针，抓好教育、制度、监督三个关键环节。认真落实党风廉政建设责任制，严格执行领导干部个人重大事项报告、述职述廉、民主评议、廉政谈话等党内监督制度。三是完善落实主要领导党风廉政建设第一责任人责任，落实党风廉政建设“一岗双责”工作责任机制。落实“三重一大”事项制度。班子成员带头执行财经制度，节约办公用水电纸，切实做到勤俭办事。

2020年饶平县地方志编纂委员会办公室班子成员名录

主　任：余世和

副主任：林之平（2020.4—）

（张舜滨）

饶平县信访局

【简况】　饶平县信访局机关行政编制7名。设局长1名，副局长2名；正股级领导职数2名，后勤服务人员数1名，为正科级单位。2019年3月，因机构改革，县信访局由原与县委办公室合署办公调整为县人民政府组成部门。2020年，紧紧围绕中央、省、市和县关于信访维稳工作总体部署要求，以做好各个重要敏感时期信访维稳工作为重点，压实工作责任，完善工作措施，积极主动化解各类社会矛盾纠纷问题，切实维护群众正当权益和社会稳定，为全县经济社会发展创造了和谐稳定的社会环境。

【信访责任制】　坚持把信访维稳工作当作首要政治任务来抓，牢固树立信访维稳第一责任人责任意识，饶平县多次召开县委常委会、书记专题会议和信访维稳工作专题会议，研究部署信访维稳工作。特别是在全国“两会”等国家重大节日、活动期间，都专门召开会议，成立信访维稳领导小组，下发《方案》《通知》等，要求各级各部门认真做好矛盾纠纷排查，加强值班，及时掌握苗头性、倾向性问题，切实把矛盾解决在基层、化解在萌芽状态，营造和谐稳定的社会环境。县党政主要领导率先垂范，带头做好信访工作，坚持亲自接待来访群众，亲自阅批群众来信。县委书记、县长坚持亲自接访、下访、约访群众，对所接访和阅批信访件，做到件件有着落，事事有回音，为全县各级领导做出了表率。明确各级各部门一把手是信访工作的第一责任人，对本地区、本单位的信访工作负总责、亲自抓，分管领导具体抓，其他领导按“一岗双责”的要求，认真履行职责。各部门切实负起责任，主动解决问题，化解矛盾，共同做好信访问题协调化解工作，确保信访维稳工作落到实处。

【信访“抗疫”】　在疫情防控期间，县信访局全体党员干部履职尽责，奋战在信访“抗疫”一线。一是通过LED、张贴海报等方式，宣传科学防疫，落实定期消毒措施，营造放心安全的上访环境，设置体温监测点，对进入县信访局办公场所及县人民来访接待厅的所有人员进行体温检测，并做好登记，多措并举。二是引导群众通过电话、网络、书信等非接触式方式表达合理合法诉求，减少群众走访。三是对涉疫信访事项，坚持急事急办、特事特办，在开展好疫情防控期间信访工作的同时，做好自身防护，确保防风险、护安全、战疫情、保稳定各项举措落地生根。

【信访三服务】　一是为领导受理信访工作服务。在日常工作中，注意掌握信访动态，及时梳理群众来信来访，将重要信访问题呈报县领导，为领导提供决策依据。二是为基层信访工作服务。在将群众信访问题交由基层单位办理，化解矛盾的同时，加强对基层信访工作的指导和协调，定期发放相关法律法规资料和信访杂志给基层信访干部学习，不断提高基层信访干部应对新时期信访工作能力，使信访事项依法、依规、依情、依理妥善得到调处，切实为群众排忧解难，进一步密切党群干群关系，赢得基层单位的信任和群众的好评，树立政府公信力。三是为群众来信来访工作服务。对每宗群众信访事项，严格按《信访条例》《广东省信访条例》有关规定程序及时办理，认真做好登记、送阅、转办、交办，并对重要信访事项进行立案，以重要信访事项交办形式，及时转相关单位进行调处，对一些信访热点难点问题，派出督查组实地督查，确保群众反映问题调处到位、落实到位，使群众要求解决的合理诉求，做到件件有着落，事事有回音。

【领导大接访】　一是定期做好党政领导接访日制度。每月10日定为县委书记接待日，县委书记和一位县委常委接待来访群众；每月20日定为县长接待日，由县长和一位副县长接待来访群众。党政领导班子亲自接待来访群众，亲自调处重大信访问题。各镇建立党政领导干部每天轮值接待来访群众制度，党委书记或镇长每周安排一天接待来访群众，确保群众反映问题及时介入调查，及时做好疏导化解工作，切实把矛盾纠纷化解在萌芽状态。二是特别防护期实行天天接访。在全国“两会”等国家重大节日、活动期间，及时制订县党政领导干部接访、下访安排表。全县每天安排一位县党政领导到县信访局接访上访群众，妥善调处群众反映问题；安排县党政领导深入到基层下访，协调解决群众合理诉求。同时，要求各镇场参照县做法，做好镇党政领导接访和下访工作。三是扎实开展好“四访”（开门接访、全员接访、带信下访、入户走访）活动。在全县范围内组织开展县、镇领导干部基层接访、上门探访、带案下访和基层巡访活动，落实常态化工作。县党政领导班子成员带头做好表率，亲自接访、约访和下访，确保“四访”活动扎实有效开展。

【排查化解】 充分发挥县、镇、村三级综治中心作用，进一步完善诉求表达、矛盾排查、纠纷调处机制，建立健全“大排查、大接访、大调处、大化解”信访网络，认真排查调处社会不稳定因素，切实把矛盾纠纷解决在基层、化解在萌芽状态。特别是在全国“两会”等国家重大节日、活动期间，进一步强化信访矛盾纠纷排查化解工作，及时掌握各种矛盾纠纷和苗头隐患。对排查发现的矛盾纠纷和不稳定因素，进行全面分析，逐个登记造册，建立台账，按照“属地管理、分级负责，谁主管、谁负责”和“依法、及时、就地解决问题与疏导教育相结合”等原则，落实领导包案，落实责任单位和责任人，制定解决方案，全力推进调处化解工作，把隐患消除在萌芽状态、消除在初始阶段，努力做到“小事不出村、大事不出镇、矛盾不上交”。

【学习培训】 一是加强信访业务培训。积极参加上级组织业务培训，定期举办全县业务知识培训班，多次邀请上级信访部门到县指导有关网信等方面的工作。二是执行信访督察员制度。认真落实新提拔县直副科级干部到县信访局任信访督察员的要求，每一期任职2个月，每批4人。信访督察员积极配合信访局认真做好接访及督办等工作，及时发现苗头性、倾向性问题，协调、督促有关单位及时处置各种社会矛盾，消除社会不稳定因素。三是选派县直新录用公务员到县信访局学习锻炼。分期选派县直机关新录用公务员到县信访局学习锻炼，每期学习时间2个月。

【宣传教育】 县信访局以群众喜闻乐见的方式多层次全方位宣传信访相关法律法规。8月份，借助2020年饶平县夏季人力资源暨高校毕业生专场招聘会召开的契机，局主要领导带队，派出业务人员在新丰镇、村及县运动场开展集中宣传活动。通过宣传，进一步提高群众对《信访条例》的认知度，增强群众的法治观念，有效引导群众理性反映诉求、依法维权，为饶平县打造更高水平的阳光信访、责任信访、法治信访奠定良好基础。

2020年饶平县信访局班子成员名录

局　长：黄　彬（2020.7—）
副局长：邱璧莹（女，—2020.9）　施高盛

（康浩）

政协饶平县委员会

【简况】 2020年，政协饶平县委员会在中共饶平县委的坚强领导下，按照新时代新使命新要求，坚持团结民主主题，围绕全县工作大局，广泛团结参加政协的各党派团体和各界人士，着力

推进协商民主建设，强化民主监督职能，增强参政议政实效，切实做好思想引领、汇聚力量、建言资政、服务大局各项工作，为助推饶平县振兴发展和政协事业发展作出了积极贡献。2020年，召开委员全体会议1次，召开主席会议、常委会议、议政座谈会等共32次，形成委员提案意见11件，通过组织专题视察、专题调研、专题议政等参政议政活动，形成书面发言材料、视察调研报告21篇。

【全体会议】　5月26日至27日，政协第十届饶平县委员会第五次会议在县城召开，詹松辉主席作十届常委会工作报告。委员们围绕县委、县政府中心工作和人民群众关心的热点难点问题，认真开展协商讨论，在提高城乡垃圾处理能力、提升家庭教育水平、加强住宅小区规范化科学化智能化管理、助推生态农业旅游、严厉打击涉税犯罪、加快养老服务体系建设、加强农村突发公共卫生防控、创建狮头鹅现代农业产业园、逐步推进传统文化教学进课堂等方面，提出许多有价值的意见建议。会议表彰徐树民等委员提出的一批优秀提案；表彰县工信局、县交警大队、黄冈镇政府等提案优秀承办单位。大会选举沈寒晖为政协第十届饶平县委员会副主席。

【主席会议与常委会议】　2020年召开12次主席会议、6次常委会议。县政协十届第十六次常委会议听取县政府工作报告，审议通过《饶平县政协常委会2020年工作要点》和县政协十届五次会议有关事项，增补沈寒晖为政协第十届饶平县委员会委员，撤销谢镇亮政协第十届饶平县委员会委员资格，通报林元芳、黄楚钦2位委员因去世，其委员资格自然消失问题。

【视察调研和民主监督】　2020年，县政协组织各专委会围绕如何提高饶平县城乡垃圾处理能力、推进政务服务体系建设、打击涉税违法犯罪的情况、农业和农村水利设施建设情况、美丽乡村建设情况、产学研工作开展情况和民俗活动情况等专题开展视察调研活动8场次，组织围绕“引韩济饶”工程建设情况开展民主监督活动1场次，积极为加快饶平县改革发展建有用之言、献务实之策。相关视察调研报告及时报送县委、县政府并印发相关单位决策参考。

【提案办理】　十届五次会议县政协提案委员会收到委员提案14件，内容涉及饶平县交通、市政、环境、文化、旅游、农业等经济发展和民生领域，经审查立案7件，转为意见办理4件，未予立案3件。其中，在办理《关于创建狮头鹅现代农业产业园的提案》过程中，县政府高度重视狮头鹅产业发展，坚持“市场导向、企业主体、政府服务”的原则，加强政策扶持，不断延伸产业链，提高产品附加值，形成涵盖狮头鹅养殖、加工、营销、餐饮服务等环节的产业链条，力促一二三产业融合发展。在办理《关于对汛洲岛、西澳岛生活垃圾转运出岛的提案》过程中，县委、县政府高度重视，把该事项作为落实中央环保督察、国家海洋督察和农村人居环境整治的重要工作来抓。该工程项目已竣工验收并投入使用，并在村内配齐分类收集箱及建设收集点。2020年底，在各承办单位的共同努力下，11件提案意见所提事项中，7件已落实解决，4件正在落实。

【政协信息】　县政协利用会议活动、视察调研、协商座谈等形式，组织委员深入基层和社会各界，倾听民声、了解民情，掌握社会动态和群众呼声，及时如实向县委、县政府及有关部门反映群众意愿和期盼。2020年，通过《政协信息》向县委、县政府和有关部门报送社情民意信息共12期。同时，多次直接向县委、县政府有关领导和相关职能部门反映一些急需解决的工作和社会问题，充分发挥好畅达民意的“直通车”作用。

【精准扶贫】　认真按照县委、县政府有关开展精准扶贫工作部署，扎实开展精准扶贫工作。县政协领导多次深入挂钩村调查研究，指导精准扶贫工作，积极协助相关部门，多方筹措资金帮助挂钩村兴修水利，发展种养业，壮大村集体经济。县政协机关帮扶干部积极帮助樟溪镇烈火村贫困户扶贫项目，提供致富信息和资金扶持，进村入户，捐款赠物。6月30日扶贫济困日，机关党总支部开展扶贫济困活动，党员主动缴纳“特殊党费”。

2020年政协饶平县第十届委员会班子成员名录

主　席：詹松辉

副主席：邱广福　林坚兰（女）　余志伟

朱礼敬　许学骞　沈寒晖

2020年政协饶平县委员会科室成员名录

办公室主任：魏松海

办公室副主任：郑琳娟

综合科科长：陈景富

综合科副科长：陆晓丽

组织联络科科长：洪泽茂

组织联络科副科长：张巧威

（陆晓丽）

中共饶平县纪律检查委员会、县监察委员会

【简况】　2020年，饶平县纪委监委在潮州市纪委监委和县委的正确领导下，始终坚持以习近平新时代中国特色社会主义思想为指导，深入贯彻落实党的十九大、十九届三中、四中和五中全会精神，认真贯彻落实上级纪委监委和县委各项决策部署，忠实履行党章和宪法赋予的职责，充分发挥监督执纪问责和监督调查处置职能，深入推进干部作风建设，持之以恒正风肃纪，坚定不移推进反腐败工作，努力营造风清气正的良好政治生态。

【理论学习】　全年召开县纪委中心组学习会47次，深入学习贯彻习近平总书记出席深圳经济特区建立40周年庆祝大会和视察广东、视察潮州重要讲话、重要指示精神，从中汲取精神力量，激发奋斗豪情。深入学习贯彻党的十九届四中、五中全会和中央纪委、省纪委、市纪委全会精神，跟进学习习近平总书记关于疫情防控、决胜全面建成小康社会、决战脱贫攻坚、全面依法治国等重要讲话和重要指示批示精神，切实抓好贯彻落实。把《习近平谈治国理政》第三卷和第一卷、第二卷贯通起来学习，深刻感悟精髓要义。充分发挥监督保障执行、促进完善发展作用，围绕党中央重大决策部署、县委中心工作做实政治监督，推动各项重点工作落实落地。印发《主题教育专题调研成果转化具体措施清单》，形成124项具体措施，严格按要求抓好落实，积极推动调研成果转化。

【纠“四风”】　锲而不舍督促落实中央八项规定精神，深挖细查隐形变异、改头换面的“四风”问题，组织暗访16次涉及83个单位，对值班工作不到位的相关责任人员给予口头批评教育2人、诫勉2人，批评教育12人，责成浮山镇、联饶镇、饶洋镇、新丰镇、县应急管理局、县林业局等单位值班工作不规范的问题立行立改，严明值班纪律。认真贯彻落实习近平总书记关于制止餐饮浪费行为的重要批示精神和上级纪委关于加强监督执纪坚决制止餐饮浪费行为的工作要求，对社保局、民政局、浮滨镇等6个单位的食堂用餐情况进行暗访，责成在制止餐饮浪费方面执行不到位的单位采取有效措施立行立改，对3名相关责任人员予以批评教育。加大对扶贫领域不正之风和腐败问题的查处力度，全年立案132件，给予党纪政务处分166人，为决胜全面建成小康社会、决战脱贫攻坚提供坚强纪律和作风保障。

【教育培训】　开通县纪委监委微信公众号、在饶平主流媒体“魅力饶平”客户端开设“党廉”

专栏，让纪律观念和规矩意识从“指尖”走向“心间”。协助县委举办饶平县领导干部党章党规党纪教育培训班，教育全县党员干部讲政治守纪律，切实履行全面从严治党政治责任。扎实开展纪律教育学习月活动，组织纪检监察干部深入各单位上廉政专题党课68场次，精心选取近年来县纪委监委查处的39个典型违纪违法案例。联合县融媒体中心，将纪法教育内容设计成通俗易懂、干部群众喜闻乐见的情景短剧进行拍摄，编排警示短剧6集，“有声有色”地开展廉政教育。

【监督检查】 组织各镇党委、县直局以上单位党委（党组）75位主要负责人开展2019年度书面述责述廉，对撰写述责述廉报告存在不规范等问题的19人进行约谈。组织6名镇、县直单位党委（党组）书记向十三届县纪委五次全会述责述廉，对测评分数排名靠后的2名党委（党组）书记进行提醒谈话。修订完善《饶平县县管干部个人廉政档案管理办法（试行）》，及时准确掌握党员领导干部的廉洁从政情况，推动精准画像、高效监督。严格把好干部选拔任用的政治关、廉洁关，以实事求是、客观公正的原则进行认真审查和回复，全年就干部选拔任用回复党风廉政意见4573人次。围绕县委县政府涉黑恶、禁毒、反电诈、打击涉税“四大战役”、农村人居环境、“三资”清理、换届选举等开展督导检查，督促各镇各职能部门解决存在问题，履职尽责，推动工作深入开展。开展纪检监察建议书整改落实情况“回头看”，对2019至2020年度发出的119份纪律检查建议书、监察建议书落实情况进行跟踪回访，着力推动以案促改工作，进一步提升纪检监察建议书的严肃性。注重日常监督、抓早抓小，全年谈话函询29人，给予诫勉处理29人，努力实现治病于初萌。成立村（社区）“两委”换届选举工作领导小组和工作专班，制作换届选举警示短剧，开展换届风气检查，加强换届选举过程监督。加大联审力度，审核换届“两委”干部3222人次；加快村干部案件办理力度，完成村级换届选举前对涉及村（社区）“两委”干部案件审理工作，及时服务村级换届工作。围绕提升基层治理能力，选取黄冈镇龙眼城社区和柘林镇内里村作为探索镇级纪委监察组与村务监督委员会协同联动机制的试点工作单位，制订《关于开展强化镇纪委与村（居）务监督委员会协作衔接的工作方案》，着力提升基层监督实效。

【巡察监督】 扎实推进县委第八轮、第九轮巡察工作，配合市委做好提级巡察工作。第八轮完成对5个镇的常规巡察监督，以及198个村（社区）的对村巡察监督，发现问题2809个，形成问题线索33条，完成对村巡察全覆盖。积极推进问题整改，重点抓好民生领域突出问题的整改工作，针对第八轮巡察发现3个镇9个村存在牛蛙养殖的问题，及时梳理向县委汇报，县委高度重视，责成相关责任部门对全县各镇牛蛙养殖问题进行全面排查，并抓紧抓实整改。针对巡察发现个别村环境卫生存在“脏乱差”、村民饮水难等与群众密切相关的民生领域突出问题，县委巡察办向涉及的5个镇党委发出5份《督办函》，限期落实整改，深化巡察成果运用。

【查办案件】 始终保持惩治腐败高压态势，全县接受群众信访举报及巡察、办案中发现等问题线索1355件（其中信访举报件854件，同比增长27.08%）；立案362件362人，其中科级干部33人；结案372件，给予党纪政务处分374人，严肃查处广东省渔政总队饶平大队原大队长林宗达严重违纪违法案件，查处涉及违规领取重度残疾人护理补贴、危房改造、低保等扶贫领域系列案件，在党员干部和群众中产生较大反响。在执纪审查中重视抓好查办案件“后半篇文章”，督促相关部门就存在问题落实整改，并建章立制，形成长效机制。重视对干部正向激励，认真做好政治思想工作，引导干部认错悔错，努力帮助干部走回正轨、奋发作为。以对党员干部高度负责的政治责任感，通过全面起底、精准研判、有序推进、统筹力量、查审同步、定期通报等方式，深入开展久立未结案件清理工作，清理120件。注重深化运用监督执纪七个看和问责六字诀，综合考虑、精准处置，做到宽而有度、严而有格、惩前毖后、治病救人。全县运用“四种形态”处理党员干部1036人次。高度重视办案安全工作，进一步修订完善《饶平县纪委办案工作点工作手册》《视频监控管理制度》《对象用餐食物留样制度》等制度，按照六必知等要求抓实“走读式”谈话安全，坚决守住安全底线。全年全县收缴、罚没违纪违法资金人民币549.79万元，挽回经济损失1072万元。

深入开展基层正风反腐三年行动，着力解决群众反映强烈、损害群众利益的突出问题。全县立案农村基层党员干部违纪违法案件192件，结案108件，处分105人。坚持“打”“惩”结合，紧盯群众身边涉黑涉恶腐败和“保护伞”问题，全年全县立案查处涉黑涉恶腐败和“保护伞”问题23件23人，处分27人。坚决铲除长期在饶平海域实施敲诈勒索的张尚伟涉黑组织、吴楚涛涉黑组织及充当黑组织“保护伞”的问题。严肃查办建饶派出所原所长杨泽伟伙同他人生产伪劣烟草制品、为制假犯罪分子充当“保护伞”严重违纪违法问题。持续加大追逃追赃工作力度，不断提升震慑力和感召力，潜逃21年之久的林好悟主动投案自首。追逃工作开展以来，抓获外逃人员15人，追回资金130.62万元。

【队伍建设】 坚持党建引领，认真落实“三会一课”等制度，开展党支部书记述责述廉、党员干部谈心得体会、红色主题党日等活动。扎实推进全员培训，设立“饶邑纪法学堂”微信学习交流群，通过组织会议集体学习、开展常规培训、座谈会、业务知识测试、业务骨干授课等多种载体，举办一系列纪检监察干部全员培训课程，累计培训1386人次，得到市纪委主要领导的肯定，并专门作出批示。继续推行“以案代训”实练，全年组织镇纪委专职纪检监察干部83人次参与“以案代训”活动，发挥县纪委办案骨干的“传、帮、带”作用，提升镇纪检监察干部执纪办案能力。严格落实保密工作责任制，出台《饶平县纪委监委保密工作若干规定（试行）》，组织开展保密考试、保密检查，规范保密安全工作。加强日常教育监督管理，健全完善103名纪检监察干部个人廉政档案。聘请10名特约监察员，主动听取意见建议。重申请示报告有关制度，组织观看纪检系统反面警示教育片，对履职不到位的纪检监察干部进行谈话提醒、批评教育，严防“灯下黑”。

2020年中共饶平县纪律检查委员会班子成员名录

书　记：卢志忠
副书记：余坤孟　赵春山
常　委：王惠君（女，—2020.4）　林成通
　　　　黄永江（—2020.4）　周鸿彬
　　　　王得胜（2020.4—）

2020年饶平县监察委员会班子成员名录

主　任：卢志忠
副主任：余坤孟　赵春山
委　员：林成通　黄永江（—2020.4）
　　　　朱光远（—2020.1）
　　　　王得胜（—2020.4）
　　　　周鸿彬（2020.4—）
　　　　刘映东（2020.4—）

2020年饶平县纪委办公室班子成员名录

主　任：邱文强
副主任：余雪霞（女，2020.8—）
　　　　蔡晓琳（女，2020.5—）

（翁晓旋）

人民团体

饶平县总工会

【简况】 2020年，饶平县总工会以习近平新时代中国特色社会主义思想为指导，全面学习贯彻党的十九届三中、四中全会精神，在县委的坚强领导下，突出主责主业，夯实基层基础，致力疫情防控、职工维权帮扶和社会维稳以及推进基层工会建设和实名制注册等各项工作任务，团结动员全县广大职工在饶平高质量发展中充分凸显主力军作用。

【职工教育】 多方式多渠道开展政治理论学习宣传，深化职工思想政治教育，充分利用工会微信公众号、微信群以及“职工书屋”等平台开展《习近平谈治国理政》第三卷、民法典宣传教育及预防职业病、维护网络安全等宣传，推动学习活动进基层一线、进企业班组、进职工群众，引导广大职工听党话、跟党走，进一步巩固党的阶级基础和群众基础。组织全县13个企业职工参加全国安康杯劳动竞赛，覆盖班组193个，参赛职工12 210人，根据活动开展情况推荐新功集团1个班组为优胜班组，进一步提升职工劳动技能和安全生产意识。认真开展一线职工申报学历提升补贴工作，7名职工通过“求学圆梦”学历提升补贴申请。积极推进基层工会职工书屋建设，2020年打造全国职工书屋1个（县供电局）、省职工书屋1个（饶平景祥工贸公司），并为原有1个全国职工书屋增配书本（饶平电商行业工联会），推荐“广东省书香企业”1家（无穷公司）。积极做好网络宣传周工作，组织工会志愿者深入企业一线派发宣传资料，不断加强政策宣传和职工教育的阵地建设。

【维权服务】 认真开展服务农民工公益法律服务行动，邀请广东烨彰律师事务所谢孝义律师到新功集团进行宪法、民法典等法治宣传，进一步提高职工依法维权的意识和能力。联合县法院制定《关于进一步加强劳动争议诉调对接工作实施办法（试行）》，成立一支劳动争议诉调对接调解员队伍，为共同推动劳动争议案件的有效化解、切实维护职工合法权益提供制度保障。联合县委政法委印发《2020年维护工人群体和重点企业等劳动领域政治安全专项行动实施方案》，成立工作专班，明确各成员单位的职责分工，为专项行动的顺利开展提供制度保障。县总领导多次带队深入企业调研，了解基层一线劳资关系现状，排查劳工领域不稳定因素，有效防范敌对势力的恶意渗透。加强信访接待工作，及时介入并化解劳资纠纷4宗，切实维护职工的合法权益和社会的和谐稳定。积极开展职工互助医疗保险活动，为全县1073名职工办理互助保险。其中二次医保660名，女安康212名，职工保201名。

【职工帮扶】 认真开展困难职工调查工作，完善困难职工档案管理，为精准帮扶工作打下坚实基础。联合潮州市集德福利会举办困难职工迎春慰问活动，向60名困难职工发放慰问金共3万元以及大米和食用油一批；关心关爱困难劳模，春节前由县总工会主席带队上门看望慰问余锦良等4位劳模，共送去慰问金4000元；陪同县委、县政府领导慰问8名困难企业和特困职工。利用各级专项帮扶资金开展困难职工帮扶活动，帮扶慰问困难职工427人，其中生活救助198人，助学救助39人，医疗救助94人，重大疾病救助96人，帮扶资金共计683 600元。及时分解下拨中央财政疫情防控帮扶专项资金（二批共计9.2万元），共帮扶40户因疫情致困的职工家庭。5月份，根据上级部署对饶平县49户在档城市困难职工家庭进行全面摸底调查，对濒临低保边缘的8户家庭进行上门走访慰问，并联合民政、残联、工信等部门对其进行精准帮扶，确保饶平县城市困难职工全面脱困。7月份，接受广东省解困脱困第三方评估调查组对饶平县样本库中的100户困难职工进行评估并顺利通过验收。

【职工活动】 联合福建省诏安县总工会举办“庆元旦”职工篮球友谊赛，活跃节日气氛，丰富职工业余文化生活，促进闽粤职工文化交流；7月份，组织机关人员和一批工会志愿者前往高温作业一线，向奋战在一线的劳动者带去夏日的清凉慰问，送出清凉饮料780件、降暑药品一批。清明节前组织一批工会志愿者在县中山公园和苏区文化公园开展卫生整治行动。

【服务大局】 积极参与疫情防控工作，助力企业有序复工复产。积极开展防疫抗疫宣传动员和科普教育，向广大职工发出《疫情防控倡议书》；做实做细、关心关爱疫情防控一线职工尤其是医务工作者工作，先后共向县卫生系统拨出专项资金17万元，领导上门看望慰问援鄂医务人员及其家属并落实与其家庭结对帮扶联系的制度，为他们解除后顾之忧；与县委组织部等部门联合印发《关于加强党建带群建切实做好疫情防控和复工复产的工作指引》，转发上级工会关于组织动员职工做好复工复产的通知，由县总工会主席亲自带队深入黄冈、三饶两个镇共5家企业指导疫情防控和复工复产，协调解决企业复工复产遇到的难题。由常务副主席带队深入饶平中通公司开展困难职工调查，关心慰问复工复产第一线的“快递小哥”。认真落实小微企业工会经费支持政策，对符合条件的小微企业开展全面排查，并组织相关企业及时完成工会经费全额返还申报工作。

积极开展各项活动。积极发动全县各级工会组织和广大职工群众参与购买因疫情严重滞销的柑橘，共推动购买4500多千克合计1.8万元的柑橘。深入贯彻习近平总书记关于开展消费扶贫行动的重要讲话精神，积极动员各级工会为会员办理“消费扶贫爱心卡”，为决战决胜脱贫攻坚贡献力量。积极参与禁毒宣传活动，认购100本《无毒世界——青少年防毒禁毒教育手册》赠送饶平县中小学生。

【推优评优】 认真开展劳模评选服务工作，弘扬劳动光荣的时代精神。春节前召开劳模座谈会，就新的一年协会如何在推动饶平实现高质量加快发展中作出新贡献提出指导性意见。组织省、部级劳模参加健康体检和疗养。9月底，组织劳模代表参加“9·30”革命烈士公祭活动。2020年，推荐15人评选全国劳模等先进个人，全国模范职工之家等先进集体10个。组织开展劳模先进事迹宣传活动，弘扬“劳动光荣，创造伟大”的时代主旋律，在全社会营造尊重劳模、关心劳模、学习劳模、争当劳模的良好风尚。

【自身建设】 一是扎实推进基层工会规范化建设和实名制注册工作，进一步扩大工会组织的有效覆盖面。以新建工会和换届选举为契机，指导基层工会完成规范化建设，截至2020年12月底完成民主建会16家，民主换届13家，变更登记16家。积极推进工会组织和会员实名制注册工作，截至12月底全县已有238个工会组织、12 494名会员完成实名注册，各项指标在全市各县区中均位列第一。二是认真做好社会化工会工作者招聘管理工作，并于2020年8月份招聘22名社会化工会工作者，于9月初举办社会化工会工作者岗前培训后，派遣到各镇充实基层工会工作力量，打破基层无专职工会干部的困局。三是召开县工会第十七次代表大会。大会于2020年10月29日在县大会堂召开，会议选举产生县总工会新一届领导班子和出席潮州市工会第十五次代表大会代表。县总工会以此次换届为契机，在领导班子中增加挂职副主席1名、兼职副主席2名，并增加工会领导机构中的基层比例。

2020年饶平县总工会班子成员名录

主席（县人大常委会副主任兼）：詹琼英（女）
常务副主席：郑明永
副主席：王丹平（女）

（童娴巍）

共青团饶平县委员会

【简况】 2020年，在县委县政府的正确领导下，在团市委的支持指导下，共青团饶平县委员会（以下简称团县委）坚持以习近平新时代中国特色社会主义思想为指导，紧紧围绕新形势下党对群团工作的新要求，以及县委县政府确定的各项工作目标和任务，坚持服务大局，加强从严治团，加强青年思想政治教育，巩固团的自身建设团结，带领全县广大团员青年、青年志愿者在抗击新冠疫情的攻坚战中不畏困难，同心协力，充分发挥团员青年的生力军和突击队作用，为饶平高质量加快发展贡献青春力量。

【思想政治教育】 一是加强团员青年、少先队员的思想政治引领。通过主题团队日活动，上团课队课、组织观看“云队课”——守护生命的对话、学习交流会、少先队中队会等多种方式，组织饶平县团员青年和少先队员认真学习宣传习近平总书记重要讲话精神和党的十九届五中全会精神，持续发动饶平县团员青年进行“青年大学习”“青年大讨论”，学习新思想、争做新青年。贯彻落实党建带团建、队建，加强少先队工作体制机制，提高未成年人的文化、思想、道德及政治素质，形成良好的社会风尚。二是开展系列宣教活动。以“雷锋行动月”“爱国卫生运动”“绽放战疫青春　坚定制度自信”等为主题，组织饶平县各级团组织及青年志愿者组织广泛参与。在“六一”期间，开展以“迎接少代会，争做好队员”为主题的系列活动，举行少先队入队仪式、开展“六一”慰问等形式多样的“六一”活动。三是发挥典型引导作用。通过评选表彰2019-2020年度饶平县优秀共青团员、最美少年等奖项，激励广大青少年团员、青年志愿者对标先进，以饱满的热情和昂扬的姿态，奋力谱写无愧于时代的壮丽青春篇章。

【青年志愿者】 2020年，团县委积极发挥职能优势，围绕中心、服务大局，积极组织各级团组织及青年志愿服务组织投身到疫情防控、脱贫攻坚、乡村振兴、生态文明、“创文”、新文明实践活动、学业提升和青年就业工作，助力县委、县政府中心工作。截至2020年，饶平县青年志愿者协会志愿者共注册14 838人，团县委组织志愿服务活动2912个，累计志愿服务时长575 163小时，志愿事业呈现一派欣欣向荣的景象。一是助力开展“创文”工作。在“五四”期间，启动“延续五四精神，奋斗不负青春”主题志愿服务系列活动。围绕创文主题，积极开展关爱空巢老人、贫困户、困难群体等志愿服务活动。组织志愿者为家庭困难、行动不便的贫困户、孤寡老人送米、油等生活物资，打扫卫生、料理家务，以体现党政和社会的关怀温暖。二是广泛开展美化村容村貌、促进文明乡风等志愿服务。组织志愿者开展公益巡河护河，深化“保护母亲河”项目，推进“河小青”助力“河长制”专项志愿服务行动。以骑行加徒步、荧光夜徒等多种多样的活动形式传播“河小青”绿色生态理念。并利用航拍进行巡河，收集短视频资料，营造良好的乡村生态环境。三是开展“青春志愿行·奉献新时代”春运高铁志愿服务活动。积极响应县委县政府关于做好春运有关工作的要求及部署，开展“青春志愿行·奉献新时代”春运高铁志愿服务活动，为旅客搬运行李，指引道路，为回家的在外乡亲提供真诚服务。四是助力饶平完成禁毒摘帽工作。联合启德社工、各青年志愿服务组织，以举办禁毒书法比赛、开展禁毒志愿者培训等形式开展禁毒宣传、扫黑除恶、扫黄打非、反电信诈骗、垃圾分类、光盘行动、谨防溺水、“民法典”及宪法法律法规等系列宣传志愿服务活动。

【疫情防控】 一是助力防疫攻坚，开展“绽放战疫青春”系列实践活动。组建青年战疫突击队，在所在区域检查点协助开展体温测量、进出人员登记、派送防疫物资、发放防控知识宣传单、播放防疫宣传口号、送口罩、送凉茶、在隔离区提供后勤保障。针对“外防输入、内防反弹”的工作重点，助力外防输入实现“闭环”管理。积极整合社会资源，以组建各领域各层级青年“战疫”志愿队伍为抓手，为学校、村居、企业、公共场所等区域提供全面的消毒消杀，大力推进青年志愿服务复工复产复学行动。积极推进疫情群防群控、爱国卫生运动等主题青年志愿服务活动，为进一步提升城市卫生环境奉献青春力量。二是做好“青春情暖——白衣战士致敬行动”工作。联合县卫健委、人民医院入户慰问援鄂医护家属，参加援鄂医护归饶座谈会，开展“团暖云端”饶平学校共青团及饶平红领巾致敬白衣战士“云”行动，多名团员和少先队员在手抄报绘画比赛中荣获嘉奖。

【青少年活动】 一是做好“青春情暖·情满凤城”南粤会亲助学工作。发动基层团干入户进校摸底核查，筛选符合条件的贫困学生，为28名学生发放助学金28 000元。在2020年的“社会热心人士资助项目”中为27名学生争取到助学金31 000元。为帮助品学兼优、家庭贫困的学生实现上学的梦想，开展2020年“关爱学子·圆梦100”励志助学金助学活动，为饶平县2020年度考上大学的45名优秀贫困学子，争取到22.5万元励志助学金。二是做好“两帮两促”工作。在新圩镇燎星村开展“惠民暖民”乡村行志愿活动暨潮州乡村青少年健康成长“两帮两促”行动；针对需要经济扶助的先天性心脏病、儿童风湿病、胸廓畸形、视力障碍患病青少年，提供帮扶服务；联合南方医科大学南方医院在大埕镇开展“健康直通车”乡村青少年体质健康促进行动，组织医院专家团队下基层为青少年开展脊柱健康公益筛查及健康知识宣讲。

【助力乡村振兴】 一是助力脱贫攻坚。开展“爱心助农·抗疫守望志愿者大行动”，组织饶平县志愿者队伍组成联盟，帮助果农销售滞销农产品，为浮山镇销售3.5万千克滞销柑橘，为新圩镇贫困户销售滞销杨梅、山枣糕、南瓜等农产品，切实打好防疫助农，助力乡村振兴和脱贫攻坚战。以贫困家庭、孤寡老人、精准扶贫户为主要服务对象，为其送去生活物资和生活上的关怀。二是助力乡村振兴，促进生态宜居。开展环境整治、环境保护、垃圾分类、爱卫行动等主题活动，通过多种方式向广大居民群众倡导绿色理念，促进农村生态宜居。开展“邻里守望”系列活动，以关爱孤寡老人、空巢老人、留守儿童、残疾人、困难家庭为重点，互帮互爱、守望相助，积极营造尊老爱幼、诚实守信、邻里和睦、崇尚科学，传承优良传统的社会氛围。三是开展村级换届知识、“民法典”和宪法法律宣传、垃圾分类、生态文明、禁毒、公勺公筷、光盘行动等主题宣传活动。向广大居民群众倡导绿色理念，促进农村生态宜居。

【青年创业创优】 实施“领头雁”农村青年人才培养工程。推荐优秀农村青年致富带头人，参加广东省“领头雁”线上扶智学习平台学习，为参训学员提供持续免费的专业赋能系统性培训，同时通过产品宣传、资源链接、能力提升等，支持“领头雁”进一步做大做强，辐射带动更多农民增收致富。

2020年共青团饶平县委员会班子成员名录

书　记：陈镇娟（女）

副书记：陈林海　黄东曼（女）

（曹轶萍）

饶平县妇女联合会

【简况】 2020年，饶平县妇女联合会（以下简称饶平县妇联）以习近平新时代中国特色社会主义思想为指导，以实施妇女儿童发展规划、“巾帼创业创新”行动和“护苗行动”为主线，在强化妇联职能、转变机关作风、服务妇女群众、建立完善制度、推进县级妇联改革“破难”、推动整体工作等方面着力，进一步提升了妇联组织的“三服务”能力和水平。通过加强能力建设，围绕中心，创新思路，突出重点，大胆实践，积极发挥宣传、教育、引导妇女群众的作用，切实履行好家风好家教、维护妇女权益的基本职能，各项活动亮点频出，全县妇女儿童事业呈现出良好的发展态势。

【最美家庭】 常态化开展寻找“最美家庭”活动、评选“平安家庭”“巾帼建功标兵（文明岗）”“最美乡村女能手”等活动，采用网络化、社会化、大众化方式推选典型，提高公众的参与度和关注度。从基层一线、平凡岗位中挖掘出县级“最美家庭”64户，“平安家庭”示范户64户，“巾帼建功标兵（文明岗）”35个。

【意识形态】 坚持把意识形态工作纳入重要议事日程，成立意识形态工作领导小组，制定《饶平县妇联意识形态工作责任制实施方案》，建立健全意识形态工作机制，落实责任主体，强化组织领导；加强理论学习，树牢意识形态工作思想根基。

【疫情防控】 疫情期间，县妇联把好疫情防控宣传关，提升妇女群众防控意识，参与防控检查。慰问支援湖北医疗队员的家属。为困境妇女、儿童解决困难，共度疫情。做好复工复产工作。

【“巾帼创业创新”行动】 一是实施“南粤家政”工程。联合县人社局制定《关于印发饶平县“乡村振兴巾帼行动”—“南粤家政”工程实施方案的通知》，于2020年7月9日在县爱田园职业技能培训学校举行饶平县“乡村振兴巾帼行动”—“南粤家政”工程启动暨培训班开班仪式，积极开展妇女家政培训，已接受培训妇女719人，着力发展巾帼家政服务融入乡村振兴、融入精准扶贫脱贫工作，充分发挥妇女在乡村振兴中的积极作用。二是实施妇女小额贴息担保贷款项目。为帮助妇女群众解决创业中的资金瓶颈问题，县妇联持续开展小额贴息担保贷款活动。2020年，全县发放妇女小额贷款30万元，扶持3名妇女创业。

【组织建设】 一是推进县级妇联改革“破难”。成立筹备领导小组，负责换届选举大会筹备工作，确保换届工作的开展。于10月13日，顺利召开饶平县妇女第十三次代表大会，选举产生县妇联第十三届执行委员会成员35名，常务委员会成员15名，兼（挂）职副主席3名，副主席2名，主席1名。执委结构进一步优化，县妇联领导班子进一步加强。二是推动组织覆盖“破难”。按照《关于进一步推进新领域新业态新阶层新群体妇联组织建设的意见（试行）》指引，对“四新”（新领域、新业态、新阶层、新群体）领域中已建立党组织的广东无穷食品有限公司、饶平县中英文幼儿园和饶平县海龙酒家有限公司，指导其同步建立妇联组织，建立完善工作机制，将其建设成为宣传党政策的阵地、服务联系妇女群众和展示妇女工作的窗口。三是推动基层妇联执委作用发挥“破难”。全县、各级妇联组织落实执委普遍联系妇女群众制度，完成重点儿童、重点妇女、重点家庭登记造册，落实结对帮扶，每月不少于2次上门走访，密切跟踪关注妇女儿童热点难点问题，把为妇女群众办实事、好事、解难事的工作有效落实在基层。四是创建省级“妇女之家”示范点。向上级妇联推荐县6个省级妇女之家示范点，示范点通过开展“关爱儿童，牵手共成长”儿童关爱服务活动、“点亮爱心　关爱老人”的活动、评选“最美庭院”“干净庭院”的“赛家政”等活动。

【“护苗行动”】　2020年，县妇联联系其他责任部门并建立“护苗行动”协调机制，制定“护苗行动”实施方案，并发挥基层妇联主席和执委、妇女骨干的作用，对排查出来的智力、精神残疾女童及其家庭以及全县孤贫、留守和残疾妇女，落实妇联结对帮扶人，开展针对性强、形式多样的家庭教育指导和关爱帮扶达9310人次；配合相关职能部门对困难家庭建立台账，发现问题及时向相关部门报告等。由县妇联与县民政局，县委政法委等部门成立饶平县农村留守儿童关爱保护和困境儿童保障工作联席会议制度，并依照分工职责，认真落实联席会议确定的工作任务和议定事项，依托妇女之家、儿童之家等活动场所，为留守儿童、困境女童等提供关爱服务。

【好家风好家教】　联合相关部门成立饶平县传承弘扬好家教好家风行动工作领导小组，制定《饶平县传承弘扬好家教好家风行动实施方案（2020—2022年）》，明确各部门的职责和分工，加强队伍建设，充实工作力量。于9月21日到东山镇开展主题为“制止餐饮浪费　巾帼在行动”的宣传活动，邀请妇女群众在宣传海报上签上承诺书，引导妇女群众自身做起，坚决制止餐饮浪费。

【妇女儿童维权】　与县人民法院、县司法局合作，加强家事调查员、家事调解员专业队伍建设。充分利用专业人士、社工、党员、志愿者队伍等广泛的社会资源，让家长能够理性表达诉求，积极沟通协作，保持好乐观心态与儿童进行交流。二是做好来信来访工作。全年县妇联接受上访、来电等形式群众信访24件，件件有回复，件件有落实。

【民生实事】　一是帮扶110名孤贫儿童，每名1000元，共11万元。二是援助29户农村贫困患病母亲11.3万元。三是疫情期间发放儿童口罩4200个。

【妇女儿童发展规划】　以实施妇女儿童发展规划终期督导为契机，扎实做好妇女儿童纲要规划的达标冲刺收官工作和新一轮规划的筹备起草工作，建立纲要规划主任清单，建立“一周一通报”制度，先后召开重难点指标攻坚研判工作推进会、达标冲刺会等加强指导，强力推进纲要规划达标工作，攻坚克难成效明显，全县妇女儿童发展规划可量化指标达标率94%。

2020年饶平县妇女联合会班子成员名录

主　席：吴丽君（女）
副主席：沈　敏（女）　沈玲玲（女）

（曾晓莲）

饶平县科学技术协会

【简况】　2020年，饶平县科学技术协会（以下简称县科协）坚持以习近平新时代中国特色社会主义思想为指导，以贯彻落实《科普法》和《全民科学素质行动计划纲要》为重点，认真履行“四服务”工作职责，围绕中心、服务大局、发挥优势、打造特色，认真开展各类科普宣传和科技培训活动，全面加强自身建设，助力全县经济社会高质量发展，科协各项工作实现新作为，展示新气象。

【疫情防控】 科学有序地开展疫情防控工作，坚持做到组织领导、应急响应、防控宣传、助力复工复产“四到位”，坚决打赢新型冠状病毒感染的肺炎疫情防控战。先后深入到黄冈、钱东、汫洲、柘林、所城、浮山、汤溪、三饶等镇20多个村居（社区）。发放《新型冠状病毒预防宣传册》《新型冠状病防控普法宣传册》共3000份，筑起了“健康防线”。同时，赠送手套、消毒液等防控物资一批，受益群众约20万人（次）。

【县科协全委会】 2020年11月12日，县科协召开第七届委员会第三次会议，传达学习党的十九届五中全会、习近平总书记出席深圳经济特区建立40周年庆祝大会和视察广东重要讲话、重要指示精神和全县干部会议精神，县委常委、县委统战部部长黄子鸿出席会议并讲话。

【科技工作者日】 5月25日，第四个“全国科技工作者日”前夕，县科协分别开展走访慰问活动。到县人民医院、浮山中心卫生院看望慰问科技工作者，召开医务科技工作者代表座谈会；向援鄂抗“疫”英雄的县人民医院急诊科护理组长钟迟、内一科护士杨宝珠、浮山中心卫生院住院部副主任刘敬勇送上节日慰问信和慰问金；深入到浮山中心卫生院的DR室、中医馆和住院部，走访看望一线医护人员。同时，选树县科协常委、县水产养殖技术推广站站长、高级工程师陈兴强和县科协委员、钱东镇经济发展服务中心主任吴明俊等2位先进典型，在县电视台和县融媒体中心“魅力饶平”播出。

【全国科普日】 9月21日，县科协在县科普教育基地“爱田园研学营地”举行饶平县科技志愿服务分队成立大会暨科技志愿者培训活动。10月12日，举办饶平县公共安全科普培训班。来自全县21个镇的分管科协工作领导和专（兼）职工作人员、县科技志愿者服务分队志愿者代表近50人参加培训。

【科普进校园】 12月27日，县科协联合所城镇政府、所城社区、潮州市爱田园教育培训有限公司等在所城镇中心小学开展消防安全科普系列活动，推进“科普中国”社区e站落地应用，构建线上线下相结合的科普信息化服务新阵地，以点带面精准提高社区居民的科学素质。所城镇所城社区居委会、饶平县茶叶行业协会被列入2020年度科普中国e站项目。潮州市爱田园文化传播有限公司被潮州市科协评定为“潮州市科普教育基地”。

【科普进社区】 1月9日，县科协联合县文联在所城镇所城社区开展写春联送万“福”公益文化惠民活动，以春联形式宣传科学、弘扬科学。11月1日和11月8日，联合县消防救援大队、潮州市爱田园教育培训有限公司分别在黄冈镇新港家园小区、嘉逸园小区开展家庭消防、火灾隐患排查、灭火器使用等进行科普讲解和防范逃生、灭火体验等消防安全科普讲座。12月20日，联合县消防救援大队、爱田园教育培训有限公司在黄冈镇南信华府住宅小区开展消防安全科普系列活动。

【科普宣传】 2020年县科协联合县电视台以周播形式播出科普专题电视节目《科普大篷车》，播出时间合计750分钟。受益群众约20万人（次），向公众弘扬科学精神，普及科学知识。同时，在省科协网站开展科普宣传，报送工作信息26篇。

【技术培训】 6月24日，县科协联合县关工委等部门在浮滨镇德业村举办广东省科技进步活动月暨山区创业青年饶平县浮滨镇茶叶生产技术培训班。7月15日，在新圩镇金背村以“党建+科普”形式创建科普知识长廊，开展村民科学种养的科普宣传服务，帮助该村解决精准扶贫的突出问题。7月16日，组织华南农业大学农学院、潮州市果树研究所、联饶镇政府等单位在联饶镇举办荔枝龙眼栽培管理技术培训班。8月2日，联合潮州市果树研究所邀请广东省现代农业产业体系龙眼创新专家团队，深入饶平县开展科普活动和科技服务。组织广东省专家团队“上山下乡”以龙眼新品种品鉴会和技术、产业、服务等形式，助力乡村振兴。9月24日，县科协联合县关工委、浮滨镇人民政府举办浮滨镇山区创业青年茶叶制作技术培训班，同时采用网络直播。11月26日，邀请中国水产科学研究院南海水产研究所以及韩山师范学院水产学科创新团队到汫洲镇举办山区创业青年暨残疾人水产养殖技术扶贫培训班，助力新时代文明实践活动。

【推优评优】 饶平青岚地质公园有限公司、三饶中学被潮州市科协评为“2020年度潮州市科普工作先进单位”。县科普服务中心副主任汤华权、潮州市爱田园文化传播有限公司经理蔡灶怀、县腾跃食品有限公司副总经理林少华被潮州市科协评为“2020年度潮州市科普工作先进个人”。钱东中学庄思思和袁梦月参加广东省科普讲解大赛，获广东省科技厅、广东省科协授予“优秀中小学生科普讲解员”称号。

【自身建设】 以“加强党的领导，增强科创使命”“坚持以人民为中心做好新时期的科普工作”为题，组织科协干部、科普工作者进行研讨交流；邀请抗疫英雄刘敬勇为科协干部宣讲抗疫事迹；召开科协常委会，传达学习党的十九大四中、五中全会精神，研讨交流心得体会；开展“不忘初心、牢记使命”七一主题活动，切实践行“爱国、创新、求实、奉献、协同、育人”新时代科学家精神。

2020年饶平县科学技术协会领导班子成员名录

主　席：施镇平

副主席：翁炎真（女）

（汤华权）

饶平县残疾人联合会

【简况】 2020年，饶平县残疾人联合会（以下简称“县残联”）在县委、县政府的正确领导下，认真贯彻落实党的十九大及十九届三中、四中、五中全会精神，紧扣年初制定的残疾人工作要点和改革方案，围绕“全面建成小康社会，残疾人一个也不能少”的目标要求，进一步健全残疾人权利保障机制，扎实推进残疾人民生工程、信访维权、康复服务、就业扶贫、教育培训等工作，不断加强残联自身建设，成效显著。

【疫情防控】 一是制定残疾人服务机构秋冬季疫情防控方案、疫情防控工作指引和紧急预案，提高残疾人服务机构的防控和应急处置能力。二是整合资源，向各镇社区康园、残疾儿童康复机构和盲人按摩机构配备电子测温枪60余支，口罩2000个，酒精消毒液350余瓶等防疫物资。三是加强健康监测，对残疾人工作者及残疾人朋友进行严格的健康检查和健康登记，实行每日信息通报制度，确保做到早发现、早报告、早隔离。

【出台《方案》】 出台《饶平县残疾人联合会改革方案》，通过改革机构设置、优化管理模式、创新运行机制，去除“机关化、行政化、贵族化、娱乐化”，进一步增强残联组织的政治性、先进性、群众性，提高联系、凝聚、服务残疾人的能力和水平。

【精准脱贫】 一是为精准扶贫对象中的残疾人办理残疾人证，2020年为156多名精准扶贫对象开展评残办证服务，打通服务残疾人办证“最后一公里”。二是积极做好残疾人社会保障工作，帮助全县贫困残疾人受理、审核“两项补贴”的发放工作。三是协助做好全县16至59周岁的重度残疾人统一缴纳城乡居民基本养老保险和全县重度残疾人、轻度精神及智力残疾人统一缴纳医保工作。

【就业培训】 一是配合税务部门征收残疾人就业保障金，全年分散安置残疾人就业140名。二是开展残疾人就业创业调研工作，对自主创业、残疾人农村电子商务进行深入调研，指导残疾人就业基地参加“南粤扶残·碧桂园助力计划”评审工作。其中饶平县“升康”“绿源”两个国家级残疾人基地分别获得一等奖30万元和三等奖15万元。三是联合县人社局在新丰镇开展2020年饶平县残疾人招聘会，为残疾人提供就业岗位150个。四是联合县科协、县关工委等部门开展残疾人职业技能培训，在全县开展6期残疾人职业技能培训班，为246名残疾人提供电子商务、陶瓷生产、青梅种植及水产养殖等就业创业技能培训。

【康复服务】 一是大力推进全县0—6周岁残疾儿童康复救助工作。2020年为115名残疾儿童提供抢救性康复服务，努力实现饶平县残疾儿童“人人享有康复服务”的目标。二是加强残疾人社区康园建设，实现全县每个镇有一个社区康园的目标。三是对精神病患者实行免费住院治疗和免费服药治疗，2020年全年补助服药精神病患者389名，补助费用56.1万元。四是开展盲人定向行走培训班，助力38名全县参训盲人、低视力对象掌握外出行走能力。

【辅具适配】 一是联合广东省残联开展为梦“添翼”之35个省定贫困村残疾人辅具适配全覆盖活动，入户走访700多人次，为312名残疾人提供辅具适配，发放辅具384件。二是委托假肢矫形器制作公司为全县26名有截肢的肢体残疾人进行免费适配假肢。三是开展康复体育关爱家庭计划服务行动，为贫困肢体残疾人采购发放各类居家康复训练器材258件，提高贫困肢体残疾人的自我康复能力、生活质量和社会适应能力。四是开展全县残疾人基本型辅助器具适配全覆盖活动，初步调查辅具需求600多件，接下来，县残联将逐步为有需求残疾人适配辅具。

【民生实事】 一是每月与县民政局、县扶贫办对比数据，及时动员未申请补贴的残疾人进行补贴申请。2020年配合民政部门办理两项补贴新申请1568人次，全年合计发放补贴4947万元。二是配合县医保局为9422名重度残疾人（不含扶贫和低保对象）统一缴交2020年度城乡医疗保险，投入资金235.55万元。三是配合县人社局为5232名16至59周岁的重度残疾人和全部精神、智力残疾人统一缴交2020年度社会保险，投入资金62.8万元。四是为8000名贫困残疾人购买人身意外保险。

【残疾人证管理】 开展到期换证重新评定工作，根据《饶平县第二代残疾人证到期换证工作方案》，对2331名残疾人证到期的残疾人进行重新评定。

【上门评残】 积极开展上门评残服务，克服疫情影响，2020年，县残联开展两次上门评残服务，评定404名残疾人，切实维护和保障残疾人的合法权益。

【慈善活动】 一是开展扶贫助残帮扶活动，在2020年春节前夕联合广东狮子会慈力服务队为黄冈镇4个社区约300户低保、精准扶贫、五保户的残疾人家庭发放春节慰问物资，投入资金约9万元。二是为应对新冠肺炎疫情影响，县残疾人公益慈善会向112名残疾儿童及全县因受疫情影响严重的759户残疾人发放生活补助金31.7万元，及时帮助残疾人朋友渡过难关。三是开展义医义诊活动。联合广东狮子会慈力服务队、康泰药业，为250多名残疾人开展义诊，提供3万元的药品物资，为70名听障残疾人免费设配助听器，为25名未成年留守残疾儿童赠送图书、学习用品、蛋白质粉及益智玩具，价值1.5万元。同同，对全县2万多名残疾人进行动态更新信息采集。

【信访维权】 一是认真做好残疾人来信来访和接待工作，就地、就近、依法解决问题与疏导教育相结合，坚持多办少转，只办不转，保证信访信息的畅通无阻。二是积极帮助残疾人提供法律援助，维护残疾人合法权益。2020年全年接待残疾人来访来电86件，来信4件，做到事事有回音，件件有着落。

2020年饶平县残疾人联合会班子成员名录

理事长：吴继祖

副理事长：杨孟章

（郑锦瑶）

饶平县归国华侨联合会

【简况】 2020年，饶平县归国华侨联合会（以下简称县侨联）坚持以习近平新时代中国特色社会主义思想为指导，牢固树立为侨服务宗旨，从疫情防控、扶贫帮扶入手，充分发挥职能作用，努力构建平台，编织情感纽带，以心聚侨、以情连侨，使侨联组织成为打好“侨牌”的发力器，归侨、侨眷和海外侨胞的“贴心娘家”，为饶平经济建设和社会发展做出了积极的贡献。

【疫情防控】 新冠疫情发生以来，县侨联发挥海外联谊优势，第一时间向海外乡会及侨领发出倡议书30多份，进一步发动海外侨胞行动起来，奉献爱心和力量，全力配合打好疫情防控阻击战。据统计，疫情防控中，饶籍海外侨胞共捐献一次性乳胶手套4万只，一次性口罩30 000个，N95口罩7200个等抗疫物资。

【扶贫帮扶】 一是做好春节慰问贫困归侨侨眷工作。县侨联在春节前走访慰问全县21个镇120户贫困归侨侨眷，送上慰问资金3.6万元和慰问物资一批。二是开展贫困归侨扶贫救助补助资金分配、发放的部署工作。把纳入低保、因病失能、因残失能的贫困归侨列为救助补助对象，分配扶贫救助补助资金11.3万元（其中：贫困归侨扶贫救助补助资金3.15万元，中央下达华侨事务预算8.15万元）。三是全力推进扶贫帮扶各项工作。切实帮助帮扶对象找准致贫原因，摸清帮扶需求，落实帮扶措施，扎实开展扶贫各项工作。

【幼儿园整改】 针对县侨联幼儿园存在场地老化、管理混乱、经营不善等问题，县侨联成立幼儿园整改领导小组，决定向社会公开招聘委托管理方，引入有资质的教育机构和社会资金进行升级改造和管理，并于2020年7月20日确认饶平县新立教育咨询服务有限公司为符合资质合作方，8月5日召开评聘会议。会上，该机构承诺：投入固定资产改造资金不低于60万元；一次性缴交10万元用于帮助县侨联幼儿园解决历史遗留问题；无条件续聘现该园教职员工并且工资不低于潮州市最低工资标准；按规定为教职员工缴纳社保、为退休人员缴纳医保费用，按物价局等三局核定收取保教费，确保该园的普惠性不变。经综合评分，该机构获得委托管理合作资格并通过公示。经领导小组会同驻会法律顾问与合作方协商，同意修缮期间，续聘的教职工及原侨联幼儿园的学生由托管方就近协调到黄冈镇城区幼儿园上课、寄读。待改造工作完成后，再迁回侨联幼儿园。此外，托管方向表态愿意接受续聘现在岗职工，明确待遇标准并缴纳社保，承诺到城区幼儿园期间，对侨联幼儿园师生与城区幼儿园师生一视同仁。

【凝聚侨心】 一是与县委统战部联合召开饶平县侨界学习贯彻习近平总书记出席深圳经济特区建立40周年庆祝大会和视察广东重要讲话重要指示精神暨侨法颁布30周年宣传工作会议。邀请县委党校讲师作辅导报告；并邀请律师解读《中华人民共和国归侨侨眷权益保护法》《广东省归侨侨眷权益保护法》等相关涉侨法律政策。二是开展“饶平县侨界热议习近平总书记视察广东重要讲话重要指示”约稿活动。向各海外乡会和饶籍侨领、侨务系统工作者、有代表性的归侨侨眷代表发出约稿函，并先后在“饶平统战”微信公众号上发布了泰国、新加坡、菲律宾等饶籍侨领发来的稿件。三是举办“侨批鉴定与赏析”知识讲座。县侨联与广东力诚文化集团联合举办“侨批鉴定与赏析”知识讲座，邀请广东省档案馆民间档案征集鉴定专家、潮汕历史文化研究中心侨批研究会副会长张美生莅饶宣讲。

2020年饶平县归国华侨联合会班子成员名录

主　席：詹东升（—2020.8）

　　　　陈林涛（2020.8—）

副主席：陈林涛（—2020.8）

（麦慧媛）

饶平县工商业联合会

【简况】　2020年，饶平县工商业联合会（以下简称“县工商联”）在饶平县委、县政府的正确领导下，全面贯彻落实党中央关于新时代民营经济统战工作的重要部署，全面学习习近平总书记出席深圳经济特区建立40周年庆祝大会和视察广东、视察潮州重要讲话重要指示精神，着力提高“两个健康”水平，充分发挥联系政府与企业的桥梁纽带作用，助力民营企业积极应对疫情，大力复工复产，服务民营经济高质量发展，各项工作取得了新突破。

【工作会议】　一是经县委批准，原饶平县商会更名为饶平县总商会。1月7日，在县工商联大厦举行饶平县总商会揭牌仪式。二是1月20日，县工商联（总商会）在海龙酒家召开2019年度全体会员大会暨2020年迎春茶话会。会上，全体会员共同学习《深入学习贯彻党的十九届四中全会精神——充分发挥社会主义市场经济制度优势》，通报县工商联2019年度工作总结、2020年工作计划及有关工作情况。三是4月17日，在饶平县泓鑫职业技能培训学校召开主席扩大会议暨助力打赢疫情防控攻坚战表彰大会。就疫情防控工作、非公党建工作和市青企联成立筹备工作等进行部署，并对县工商联在助力打赢抗击疫情攻坚战中表现突出的企业进行表彰。四是9月8日，召开2020年第一次执委会议。专题学习《习近平谈治国理政》第三卷，贯彻学习习近平总书记关于厉行节约、反对浪费重要指示精神，传达学习中共广东省委十二届十次全会精神，以及集中学习《民法典》相关内容。会议以举手表决的方式，增补童少华为饶平县工商联十二届执委会委员，选举童少华为饶平工商联十二届执委会副主席、饶平县总商会副会长。

【企业服务】　一是2020年3月和6月，与县检察院共同前往非公企业走访调研，开展暖企行动，了解企业复工复产情况，并进行送法进企活动。二是10月28日，县工商联与县检察院共同举办“服务‘六稳’‘六保’护航民企发展”主题开放日活动，更好地为民营经济发展提供优质检察产品和法治保障，倾听民企呼声，增进司法认同，凝聚各方力量，齐心协力护航民营经济健康发展。三是12月3日，全国工商联第六联系调研组在省、市工商联领导的陪同下莅临饶平县开展调研活动，通过走访县民营企业，并召开企业家座谈交流会，了解县民营企业受疫情影响及复工复产、参与国际经济合作交流工作等情况，倾听民营企业家和个体户面临困难及建议诉求。四是为响应国家普惠金融政策，扶持中小微企业发展，针对“融资难、融资贵”小微企业的两大痛点，县工商联对接市建行信贷部门，在线上依托公众号平台推出“惠懂你APP”，力争普惠金融实实在在惠及更多会员企业。五是12月份与县政法委、县法学会等部门联合举行“以法兴企”兴饶平文化沙龙第四期——《民法典》宣讲答疑活动。六是走访会员企业，及时了解非公人士的思想动态和会员企业的生产经营情况。征求会员企业对工商联工作的意见和建议，为工商联工作的开展提供参考依据。

【非公人士】 一是结合县非公经济党委的职能，主动作为，协助条件成熟的市、县的“四梁八柱企业”和其他会员企业成立党支部。通过走访，协助顺创水产、广东新功、广东铭康、鼎诚水产、统一纸品、饶平国药成立企业党支部，推荐广东博宇、无穷食品、潮州东饶科技为潮州市非公党建工作示范点。二是抓好意识形态工作。大力加强非公有制经济领域人士的意识形态能力建设，引导非公有制经济领域人士正确认识意识形态的基本理论，进一步增强对社会主义意识形态的共识。

【社会公益】 一是组织发动工商联会员企业参与“广东扶贫济困日”和“问计饶平教育”教育基金活动。据不完全统计，发动会员企业捐款超800万元。二是4月20日，前往浮山镇东官村，慰问贫困户王惠娥，送上慰问金1万元；6月1日，前往大埕镇上东村，慰问贫困户陈天竹，并送上慰问金1万元；6月17日，结合“七·一”主题党日活动，前往所城镇高埕村和黄冈镇霞中村，慰问分别因大病致贫困难群众陈汉群和张炜，各送上慰问金1万元；6月24日，结合“七一”主题党日活动，前往黄冈镇仙春村，看望慰问该村贫困户刘喜，送上慰问金800元。三是经省工商联牵线搭桥，争取深圳市志成智能实业有限公司向饶平县捐赠430台净水器（总价值120万余元），并提供3年保修、10年免费跟踪维护的后续服务，为全县各村实现农村饮水安全目标创造更有利条件。

2020年饶平县工商业联合会班子成员名录

副主席（党组书记）：张培林

副主席（党组成员）：童少华（女，2020.3—）

（黄毅浩）

饶平县文学艺术工作者联合会

【简况】 2020年，饶平县文学艺术工作者联合会（以下简称县文联）深入学习贯彻习近平新时代中国特色社会主义思想和党的十九大精神，中央、省、市关于繁荣发展社会主义文艺的意见要求，坚持文艺“二为”方向，“双百”方针和“三贴近”原则，自觉承担起“举旗帜、聚民生、育新人、兴文化、展形象”的使命任务。认真履行团结引导、积极协调、服务管理、自律维权的职能，团结带领广大文艺工作者努力创作优秀文学艺术作品，积极开展主题文艺活动，开创饶平县文艺事业和文联工作的新局面。

【文学成果】 由县文联主编出版《饶平文学作品选编》（2019年），将在地级市以上报刊作品94篇文学作品进行收编。主编出版《饶风诗词》，收编的诗词近1000首。有效地推动文学作品创作的开展。

【系列活动】 2020年，县文联依托文艺各协会弘扬主旋律，开展了各项系列文艺活动。一是元旦节在县音协金色大厅举办新年音乐会；春节前夕组织饶平县书画院、美术、书法协会分别在浮山、上饶、新丰、所城等镇开展送春联活动，丰富群众文化生活；在县文化中心一楼展示大厅举办“大美之春”书画精品邀请展，展出国协、省协会员多幅作品。二是书法进校园，加强中华优秀传统文化教育。县文联联合县书画院于9月4日、9月8日开展送书法进校园活动，组织县书法家到县师范附小和新丰职校开展书法进校园活动。三是展览优秀作品，营造学习氛围。10月18日至22日，由县文联主办张德智书法作品展在饶平县文化展厅展览。四是10月3日县文联组织饶平县灯谜协会在县力诚文化创意园举办灯谜会猜活动。灯谜作为此届文化旅游节一大项目，精彩绝伦。闽、粤四市二百多人参与此次灯谜会猜，谜台前人山人海，报猜声、击鼓声此起彼伏。县文联还组织饶平县收藏协会在县力诚文化创意园举办首届民间收藏精品展和古玩地摊交流会，近300家参展。五是围绕中心工作，发挥文艺工作者作用。县文联与县委宣传部、中国电信饶平分公司联合主办，县书画院、县美术协会、县书法协会、县萱楠书画协会、县摄影协会协办的网络书法、美术、摄影作品展览暨义捐义卖慈善活动，以艺术形式开展艺术创作投身战“疫”，为打赢疫情防控阻击战贡献力量。县灯谜协会配合县税务局在第29个全国税收宣传月期间围绕“减税费优服务，助复产促发展”的主题，开展线上灯谜竞猜活动，将疫情防控税收优惠政策融入传统民俗，在体验传统民俗乐趣的同时，也能接触、学习税法知识。利用网络形式，由县委宣传部、县文联主办，县灯谜协会承办的元宵节网上灯谜会猜活动，累计参与群众5343人，通过创新的灯谜方式过元宵，既让群众感受到元宵的氛围，同时也多学习一些防控疫情的知识。

【文艺采风】 5月16日，组织县诗词协会30余名文艺工作者前往上林社区莲池公园开展《社会主义新农村行》采风活动。围绕社会主义核心价值观、新时期社会主义精神文明建设、社会主义新农村、乡村振兴等内容，创作一批诗词散文。9月24日，组织县美术家协会和县摄影家协会前往樟溪镇英粉村和东山镇东明村，开展美术写生和摄影采风活动，创作一批反映社会主义农村建设发展变化的美术摄影作品，展示农村新风貌。10月23日，饶平县文联组织县书画院、县文学协会理事及县文联各协会负责人到茂芝和大浦三河坝开展“红色路线采风活动”，积累红色创作素材。

【文艺交流】 6月27日，由广东省作家协会指导，潮州市作协、饶平县文联联合主办，饶平县文协承办的“张南山长篇小说《塔山作证》改稿会”在饶平县力诚艺术酒店会议厅成功举办。此次改稿会特别邀请三位专家莅临指导，国家作协、省作协分别在国家作家网、省作家网作专题报道。10月3日至6日，由文联组织，县灯谜协会组成饶平队参加第七届中华灯谜邀请赛取得较好成绩，荣获团体优胜奖、个人优胜奖、佳评奖和“金虎奖”。

【“古村落”申报】 成功完成广东省第七批“广东省古村落”申报工作。畲族和大城所已被评为“广东省古村落”。

2020年饶平县文学艺术工作者联合会
班子成员名录

主　席：洪楚忠

副主席：黄伯良

（陈蔚华）

法治工作

中共饶平县委政法委员会

【简况】 2020年，县政法机关坚持以习近平新时代中国特色社会主义思想为指导，按照中央、省委和市委政法工作部署，认真履职尽责，落实有效措施，重点加快平安饶平、法治饶平和政法队伍建设，纵深推进扫黑除恶专项斗争，全力做好疫情防控社会面稳控工作，有效地维护全县政治大局和经济社会和谐稳定，为全县经济社会高质量发展营造良好的法治环境。

【安保维稳】 牵头相关职能部门切实开展政治安全八个专项行动，全力维护好全县疫情期间和各个敏感节点政治社会大局稳定。牵头各地各部门持续开展社会矛盾八个专项治理工作，深入推进中秋、国庆“双节”期间较突出矛盾纠纷排查化解和村（社区）“两委”换届选举突出矛盾纠纷排查化解，确保及时消除风险隐患，全县排查6宗社会矛盾不稳定因素均全部化解。全力推进社会领域中问题楼盘开发商与业主合同纠纷化解，牵头相关单位多次召开形势研判会议，落实黄冈镇和相关部门做好稳控化解工作，使业主状态平稳可控，表达诉求合理合法。

【扫黑除恶】 持续开展六清行动，紧扣三年为期总目标和“深挖整治”“长效常治”目标任务，扎实有效推进重点行业领域专项整治行动，打赢扫黑除恶专项斗争收官战。2020年5月份，饶平县涉宗族势力、涉交通运输行业、涉生态环境领域挂牌整治顺利“摘帽”，行业治理水平和基层组织建设不断加强，人民群众满意度和安全感明显提升。截至年底，全县打掉涉黑组织2个刑拘27人，恶势力犯罪集团5个刑拘38人，普通涉恶团伙57个刑拘303人；立黑恶案件237件，破获黑恶案件237件，刑拘涉黑恶犯罪嫌疑人员368名，查封、冻结、扣押涉案资产约33 948万元。起诉涉黑恶案件22件58人，生效判决14件35人；查处涉黑涉恶腐败和“保护伞”案件70件69人。

【综治及平安建设】 制订《饶平县推进县域社会治理现代化工作实施方案》，落实平安建设领导责任制、完善社会治安防控体系，为下一步深入推进社会治理现代化夯实基础。指导落实各镇、村（社区）建立健全以基层综治中心为依托的社会心理服务实体，完善心理咨询、心理疏导、危机干预机制，推动县逐步建立社会心理服务运行机制，增强人民群众安全感。牵头制订《饶平县推进平安乡村视频监控建设实施意见》，推动全县内形成县镇村三级可兼容、可管理、可共享的网格化治安视频监控体系。全县已有260个村（社区）完成平安视频监控建设，铺设监控3900余个。着力创新社会管理，社会救助体系建设不断完善，县综治部门累计发放精神障碍患者“以奖代补”资金476万元，惠及3969名患者，落实免费服药及投保费用250多万元，各项救治救助核心指标在省市排名靠前。

【法治建设】 强化政法队伍执法监督工作，适时组织召开案件协调会议，组织县政法各部门开展涉法涉诉信访工作专题调研，牵头相关部门扎实推进民主与法治领域改革专项工作，督促督导“饶平县看守所建设项目”并顺利通过验收。全面深化法治政府和司法规范化建设，部署落实诉前调解（和解）中心建设工作，着力深化县“一站式”诉讼服务体系建设和矛盾纠纷多元化解机制改革工作。饶平县诉前调解（和解）中心初具雏形。落实“谁执法谁普法”责任制，加大普法宣传力度，各级依法行政水平和全面法治意识不断提升。2020年度县公安局、县交通运输局、县税务局和县烟草局4个单位获评优秀。组织“百名法学家百场报告会”和“以法兴企”等，做好学习、遵守、维护民法典的表率，切实推动民法典的实施。

【队伍建设】 深入贯彻落实《中国共产党政法工作条例》，压实各党组（党委）责任，做好各级党组织的优化工作，顺利完成县公安局机关党委、县检察院党总支和下属党支部的换届选举，进一步健全政法基层党组织建设。制定《2020年县委政法委党委理论学习中心组专题学习重点内容安排》，推动政法系统“不忘初心、牢记使命”主题教育常态化、制度化。对全县政法工作进行系统梳理，编制完成1978至2020年政法工作全宗卷，并完成县政法委1997年至2014年档案归档移交工作，移交文书档案150卷。

2020年中共饶平县委政法委班子成员名录

书　记：郑臣强（—2020.6）
　　　　黄振海（县委常委，2020.6—）
第一副书记：吴俊楷
常务副书记：康忠德（2020.4—）
副书记：康忠德（—2020.4）　林少鸿
　　　　余敬明（2020.2—）

（陈杨）

饶平县公安局

【简况】 2020年，饶平县公安局在饶平县委、县政府及上级公安机关的正确领导下，按照“以打开路、打防结合”的工作思路，不忘初心、牢记使命，忠诚履职、尽职尽责，各项公安工作均取得质的飞跃、实现重大突破、开拓新的局面。先后圆满完成经济特区成立40周年庆典等重大安保任务，顺利摘掉全省涉毒重点关注地区、全省利用家族宗族势力涉黑恶犯罪重点地区两顶“省帽”，扫黑除恶专项斗争以最大化战线圆满收官，“飓风·2020”专项行动排名全市第一。

【维护稳定】 一是全力以赴，确保重要节点安保任务万无一失。在2020年10月份习近平总书记赴潮州考察调研期间，县公安局抽调350名警力赴潮州市区参加安保行动，确保总书记在潮期间社会大局的稳定。国庆防护期，积极做好涉稳重点人员的管控劝返工作。二是防微杜渐，确保饶平县社会治安秩序有条不紊。县公安局充分发挥情报职能作用，将全县近50名涉稳重点人员纳入布控监测，做好20名涉军人员的稳控工作，做好15名涉众经济投资者受损人员的教育稳控工作，及时预警、迅速上报、坚决把人员吸附在本地。加大对全县80名登记在册的三级以上严重精神障碍者以及各类前科人员、扬言报复社会人员的管控工作，严防各类案事件的发生。做好涉警信访案件处置工作，积极开展化解工作。全年县公安局收到来信来访118件（其中重信重访26件），依法分类处理82件，已办结81件，办结率为89%。

【疫情防控】 2020年新冠肺炎疫情暴发，县公安局牢固树立“疫情就是命令，防控就是责任”的理念，按照“高度重视、积极应对、联防联控、科学处置”的原则，切实把新冠肺炎疫情防控工作作为最紧迫最重要的政治任务来抓。一是打造“外围防控网”，筑牢安全屏障。全面统筹公安、交通、卫健、林业、农村农业等部门的力量，在进入饶平县的高速公路出口、国道、省道、县道以及乡村公路和高铁站、汽车站设置21个的交通联合检疫点，累计检查入粤、进饶车辆18万辆、人员30万人次。二是打造“内部防控网”，消除安全隐患。落实隐患部位、流动人员、重点人员、公共场所“四个每日必查”工作制度，坚决消除各类安全隐患。发挥情报职能，第一时间向卫健部门、各镇通报从疫情高风险地区入饶人员及进出疫情高风险地区的饶平籍人员

3000余人次。充分发挥"三人小组"的职能，联合卫生和镇、村开展涉疫情人员核查相关工作，坚决确保稳定。三是加大涉疫情违法犯罪的打击，维护社会稳定。依法严打利用疫情哄抬物价、诈骗、制假售假以及散布疫情谣言等扰乱社会秩序的违法犯罪行为，累计抓获涉疫情违法犯罪人近百名，查获各类涉疫情案件65件，切实维护人民群众的切身利益。

【打击刑事犯罪】 始终坚持以打开路的工作原则，以扫黑除恶专项斗争为一号工程，以开展"飓风·2020"专项行动为抓手，以"智慧新警务""智慧新侦查"为支撑，持续保持对各类违法犯罪的严打高压势态势。2020年，全县立刑事案件1581件，破刑事案件610件，破案率38.6%，刑拘犯罪嫌疑人734名，抓获网上逃犯184名，查处行政案件902件747人，刑事零警情累计达到87天。

【扫黑除恶】 深入开展扫黑除恶专项斗争，以"六清"行动为重点，以打击利用家族宗族势力涉黑恶犯罪为突破口，紧盯海上养殖重点领域，着力打好扫黑除恶专项斗争收官之战，破获涉黑恶案件180件，刑拘涉黑恶犯罪嫌疑人168名（其中网上逃犯42名）；打掉黑社会性质组织1个刑拘12人、恶势力集团3个刑拘23人、涉恶犯罪团伙15个刑拘66人。针对"枪黑合流"的实际情况，持续开展涉枪犯罪专项打击，坚持消除枪支所带来的安全隐患，破获涉枪案件5件（其中非法持有类1件、制贩类4件），刑拘涉枪犯罪嫌疑人5人，缴获涉案枪支1把。

【打击电诈】 充分发挥牵头主导作用，带领全县各成员单位，在全县范围着力打造"打防管控宣"五位一体工作模式，全力协助外地警方开展饶平籍涉电诈嫌疑人的抓捕工作，持续加大对涉电诈隐患重点部位的整治，深入开展"断卡"专项行动，持续对源头性电信诈骗犯罪施以重拳，坚决营造"不敢骗、不能骗、不想骗、不好骗、骗不了"的浓烈社会氛围。2020年，核查"电诈案件侦查平台"下发的线索467条，侦破电信网络诈骗案件306件（其中自主侦破61件、协助外地警方侦破245件），累计抓获电信网络诈骗嫌疑人264名，成功打掉14个涉电信网络诈骗团伙抓获71人。

【整治涉税犯罪】 针对涉税犯罪给饶平县招商引资和在外形象造成不良影响的实际情况，以开展抓捕饶平籍涉税网上逃犯为抓手，按照"一人一档、一人一策"的工作原则，持续开展饶平籍涉税网上逃犯抓捕专项工作，抓获饶平籍涉税网上逃犯61名。持续保持对本地涉税犯罪的严打高压态势，发起"涉税会战2020—7号战役潮州6·05专案"，破获涉税案件2件，刑拘涉税犯罪嫌疑人13名，涉案资金高达3亿元。

【打击卷烟涉假】 持续加大对山林旷野、果林、养殖场、废旧房屋等涉假重点部位全方位、滚动式的排查，积极主动发现各类涉假违法犯罪线索，以铁的手腕果断给予端掉。加大从福建方向进入县国道、省道、县道、村道的设卡查缉和常态化巡查，严打运假犯罪，坚持严防卷烟涉假犯罪死灰复燃，立卷烟制假案件64件，破卷烟制假案件21件，刑事拘留卷烟制假犯罪嫌疑人41名，捣毁卷烟制假窝点23个，打掉储存制假物资仓库6个，缴获制假机械26台套，缴获制假物资一大批，涉案金额高达6259.93万元人民币。

【整治黄赌毒】 按照"露头就打、打早打小、不停得打"，持续严打严治黄赌毒，深入开展"全民禁毒工程""禁毒2020两打两控"和打击整治涉黄赌违法犯罪专项行动，全面净化社会风气，查处吸毒人员217名（其中强戒105名），破获涉毒案件32件、逮捕涉毒犯罪嫌疑人33名，查获海洛因96.83克、冰毒125.87克；破获涉黄赌案件36件，刑拘涉黄赌人员68名；查处涉黄赌行政案件85件处罚430人。

【“飓风2020”】 持续开展“飓风·2020”专项行动，制定严格的考核标准、任务清单和追责制度，取得全市第一的优异成绩。一是实现命案现案全破的工作目标。坚持“命案必破”的工作方针，迅速反应、靠前指挥、果断处置，破获全部4件命案现案和破获5件命案积案。二是“破小案”工作成绩显著。围绕群众反映强烈的“盗抢”问题，进一步发挥群防群治的优势，坚决严击盗抢违法犯罪，破涉“盗抢销”案件104件，刑拘68人，切实提升群众的获得感、幸福感和安全感。三是“护苗”专项行动成绩突出。成立打击性侵害未成年人犯罪工作专班，发现一起严打一起，绝不姑息手软，坚持保护青少年的身心健康，破获涉“护苗”类的案件20件，刑拘71名。

【治安防控】 提升社会面的管控效能。加强对特种行业、娱乐服务业、旅馆业以及出租屋、流动人口的日常管理。加强对党政军重点要害部门、金融机构、水电气热等基础设施、交通枢纽、公共场所、大型活动地点等的安全保卫。充分发挥汾水关、上善两个省际公安检查站外围过滤器的作用，按照“逢嫌必检、逢疑必查”的工作原则，24小时常态化开展设卡查缉。全面推动“雪亮工程”建设，伸延治安管理触角，消除治安防控盲区，更好地服务于侦查破案和治安防控。组织警力采取定时、不定时，步巡、车巡，设卡查缉、蹲点伏击相结合的方式，屯警街路面，动中备勤，不断提升见警率和管事率。2020年度，全县接报各类“盗抢”警情203起，同比大幅下降了50%。

【交通安全管理】 深入开展“减量控大”道路交通安全隐患大整治，紧盯客货车驾驶员、公交车司机、危险品运输人员等重点人员，突出“两客一危一货”、校车、公交车、农用车、搅拌车、水泥罐装车等重点车辆，集中整治“百吨王”“营转非”大客车安全风险隐患整治，查处酒醉驾511宗，同比上升440.52%；行政拘留无证驾驶177人，同比上升411.63%；查处“8类”（货车超载、疲劳驾驶、强超强会、违法载人，面包车超员载客，汽车超速行驶、闯红灯、逆向行驶）国省道重点交通违法行为4177宗，同比上升142.03%；查获泥头车超载交通违法行为713宗，同比上升145.51%；查处不按规定停放的交通违法行为18 741宗，同比上升52.89%。

【服务群众】 围绕广大人民群众关心关注的热点、堵点问题，聚焦短板，精准发力，着力推动“放管服”改革深入发展，精简办事、办证的服务流程，提高群众办事效率，不断提升服务的能力和水平，让群众办事“只进一扇门，最多跑一次”成为常态。受理出生入户14 506人、变更姓名273人、户口迁移14 251人、申领二代身份证51 099张、申领居住证176张；受理、审核公民因私出国出境申请3241人次，其中办理护照1576人次，办理港澳通行证1540人次，办理台湾通行证124人次，办理港澳定居1人次；受理车辆入户12 477辆，放发驾驶证6928本。

【队伍建设】 全县公安机关和广大公安民警，发扬不怕苦、不怕累，连续作战精神，为全县政治安定和社会治安的持续稳定作出突出贡献，在加强侦察破案，打击刑事犯罪、维护社会治安工作中，涌现出一批政治坚定、作风过硬、纪律严明、秉公执法、工作扎实的先进集体和个人。欧壮辉荣获“广东省先进工作者”荣誉称号；张希加荣获广东省“最美禁毒人”荣誉称号；2个单位荣立集体三等功；14名民警荣立个人三等功；58名民警受到省厅、市局、县局嘉奖。

2020年饶平县公安局班子成员名录

局　长：吴俊楷（副县长）
政　委：刘　源（—2020.1）
　　　　邱　旸（2020.1—）
副局长（含党委委员）：
　　　　林钟松　连俊松　徐福泉　邱　旸
　　　　蔡忠立　陈志贤　陈　绍（2020.05—）

（刘晓玲）

饶平县人民检察院

【简况】 2020年，饶平县检察院在上级院和县委的正确领导下，坚持以习近平新时代中国特色社会主义思想为指导，认真学习贯彻习近平总书记视察广东、视察潮州重要讲话重要指示精神，坚持“讲政治、顾大局、谋发展、重自强”总要求，坚持“落实、稳进、提升”工作思路，聚力“四大检察”，狠抓工作落实。在为大局服务、为民司法中坚守初心，在强化法律监督、维护公平正义中担当使命，积极助力经济发展、维护社会稳定、保障民主民利，忠实履行宪法和法律赋予的职责，全力做好疫情防控常态化背景下各项检察工作，在抓落实中实现稳中求进，以高度的政治自觉、法治自觉、检察自觉，为国家治理体系和治理能力现代化以及饶平经济社会发展贡献检察力量。

【刑事检察】 以深化扫黑除恶专项斗争为牵引，积极参与县域社会治理现代化建设，对严重暴力、盗抢骗、黄赌毒、食药环等突出刑事犯罪依法严厉打击，全力维护大局稳定。2020年，批准逮捕各类刑事案件369件532人，提起公诉526件762人，批捕和起诉的件数及人数均创历史新高，是2016年的两倍以上。秉持客观公正立场，对无社会危险性、情节轻微、不构成犯罪或证据不足的决定不逮捕83人、不起诉9人。持续发力打击各类黑恶势力，批准逮捕涉恶案件4件14人，提起公诉4件14人；批准逮捕涉黑案件1件1人，提起公诉2件14人。依法从严从快办理张某伟等12人黑社会性质组织案，取得较好的社会效果。结合办理涉黑恶犯罪案件发现的行业和社会管理中存在的漏洞，向有关部门发出检察建议书11份，做到以案促治、以案促建。

【三大攻坚战】 一是打好防范化解重大风险攻坚战，重点惩治生产、销售假冒伪劣产品等破坏市场经济秩序的犯罪，批捕41件99人，起诉45件111人。二是打好精准脱贫攻坚战，对涉及扶贫资金犯罪提起公诉1件4人。做好因案致贫返贫困难群众的救助帮扶工作，办理国家司法救助案件2件，发放救助金近26万元，传递司法温情。三是打好污染防治攻坚战，批捕涉污染环境犯罪案件4件8人，提起公诉3件14人。深入开展“守护海洋”检察公益诉讼专项监督活动，针对调查中发现的大埕湾、海山东部海域存在的违规吊养行为，向职能部门和沿海镇依法发出检察建议书8份，督促行政机关开展违规吊养清理整治，已清理吊养面积3800公顷。

【疫情防控】 建立涉疫情刑事犯罪提前介入、快捕快诉工作机制。提前介入涉疫情案件11件，批准逮捕涉疫情案件11件11人，提起公诉8件9人。完成远程视频提审系统建设，确保防疫和检察办案两不误。积极履行公益诉讼检察职能，做好疫情防控源头治理。针对医疗废弃物处置过程中存在的问题向有关职能部门发出公益诉讼告知函3份，督促职能部门依法履职，聚力保障公共卫生安全。以“饶平县人民检察院服务民营企业联系点”为平台，走访县部分民营企业，依法保障企业权益，助力复工复产。

【化解矛盾】 坚持不懈抓好“群众信访件件有回复”，对受理的81件来信来访均在7日内进行回复。开展“民有所呼、我有所应——群众信访件件有回复”新时代检察宣传周活动，起到良好的社会效果。办理县检察院首例国家司法救助与精准扶贫对接案件，有效促使申请人自愿将冷冻五年的两具被害人尸体火化，解决积压多年的遗留问题，有效化解社会矛盾。首次将公开听证机制引进国家司法救助工作，对1件故意杀人案被害人及被害人家属申请司法救助进行公开听证，帮助群众排忧解难。

【未成年人司法保护】 依法惩治未成年人犯罪，批准逮捕46件69人，不批准逮捕12件17人；起诉51件84人。贯彻落实“教育为主，惩罚为辅”的司法理念以及宽严相济的刑事政策，对3件案件10名未成年犯罪嫌疑人依法作出附条件不起诉决定，最大限度挽救、教育未成年人。认真落实“一号检察建议”，开展“关爱明天护青春 懂法守法共成长”主题法治进校园系列活动。

【诉讼监督】 一是围绕生态环境和资源保护、食品药品安全等重点领域，办理公益诉讼案件9件。县检察院坚持把诉前实现维护公益目的作为最佳司法状态，发出诉前检察建议8份、诉前磋商函1份，回复整改率100%。如通过诉前磋商督促职能部门成功追回违法发放、调整涉刑退休人员基本养老保险待遇金3万多元，避免国有财产流失。审查处理民事行政检察案件3件，依法不支持监督申请1件。积极开展行政非诉执行监督专项活动，发出检察建议1份。通过开展行政争议实质性化解专项监督活动，保障人民群众在行政争议中的合法权益。二是树立“少捕慎诉”的司法理念，完善捕诉一体办案机制。2020年，县检察院刑事“案——件比”为1∶1.51，同比下降17.0%。刑事诉讼监督取得实效。办理立案监督案件4件；针对侦查活动违法提出书面纠正3件次，纠正漏捕19人，纠正漏捕后起诉20人。对认为确有错误的刑事裁判提出抗诉3件。针对刑事执行活动违法行为和财产刑执行履职不当提出纠正26件，已回复26件，均被采纳。推进反腐败斗争，受理监察机关移送案件5件5人，审查后提起公诉4件4人。

【阳光检务】 常态化开展检察开放日活动，共邀请75名人大代表、政协委员和各界人士走进检察机关视察检察工作或参加重大检察活动。及时主动发布案件信息，实现检务公开由静态公开向动态公开的转变。大力推进公开听证工作，举行9场听证会，邀请人民监督员等担任听证员，提升检察机关办案透明度。加大检察宣传力度，在“饶平检察”公众号推出“饶检君话你知（刑诉普法篇）”原创专题法治宣传片。

【司法体制改革】 一是落实司法责任制。推进内设机构改革，坚持领导带头办案，院领导直接办理刑事案件156件。落实检察长列席同级法院审判委员会。充分发挥检察官联席会议作用，召开联席会议195场次。组织开展员额检察官遴选工作，及时增补空缺员额，配齐配强办案队伍。有序推进检察官业绩考评各项工作。二是深入落实认罪认罚从宽制度。2020年，县检察院共办理适用认罪认罚从宽制度审结案件453件，认罪认罚从宽制度适用率为79.1%，其中速裁程序案件47件；提出确定刑量刑建议364人，占量刑建议的60.0%，法院均采纳。积极与县法院、县公安局、县司法局协调配合，共同推进认罪认罚从宽制度的有效落实。

【队伍建设】 一是坚持把政治建设摆在首位。以党组会第一议题、党组中心组理论学习、党支部“三会一课”为载体常态化开展政治理论学习，深入学习领会党的十九大和十九届历次全会精神、习近平总书记出席深圳经济特区建立40周年庆祝大会和视察广东、视察潮州重要讲话重要指示精神等内容。坚持党对检察工作的绝对领导，落实《中国共产党政法工作条例》等重要法规，共向县委、县委政法委报告检察工作、专项检察工作6次。严格落实意识形态工作责任制，坚持每季度召开意识形态联席会议，进一步增强“四个意识”、坚定“四个自信”、做到“两个维护”，确保绝对忠诚、绝对纯洁、绝对可靠。二是狠抓检察业务建设。采用“互联网+培训”的方式加强业务培训和岗位练兵，组织干警参加《习近平谈治国理政》第三卷及民法典专题学考暨2020年度学法考试等，强化法治理念和政治思想。组织干警参加各类视频培训学习551人次，参加各类培训班79人次，提升履职能力。三是坚持全面从严治检。坚持每季度召开党风廉政建设及队伍管理闭门会议，着力查找存在问题，对标对表抓整改。严格执行中央八项规定精神，力戒形式主义、官僚主义。严格落实过问或干预、插手司法办案等重大事项记录报告“三个规定”，报告“三个规定”12条。组织开展检务督查43场次，提出督察口头建议6次，执规巡查提醒107人次，发出《抓早抓小提醒谈话函》1份。

2020年饶平县人民检察院班子成员名录

党组书记、检察长：蔡立群
党组副书记、副检察长：吴少芳（女）
党组成员、副检察长：杨小彪
党组成员：张贵锋　刘武汉
尤少雄（—2020.7）
刘镇冰（2020.7—）

（刘漫娜）

饶平县人民法院

【简况】 2020年，饶平县人民法院（以下简称“县法院”）坚持以习近平新时代中国特色社会主义思想为指导，全面贯彻党的十九大和十九届历次全会精神，深入贯彻习近平总书记对广东重要讲话和重要指示批示精神，紧紧围绕县委工作部署，忠实履行宪法法律赋予的职责，各项工作取得长足进步。全年共受理各类案件4448件，办结4230件，同比分别上升84.18%、89.26%，收结案数均为历史新高。

【刑事审判】 受理各类刑事案586件，办结547件，同比分别上升26.57%和31.81%，判处罪犯829人。严惩危害群众生命财产安全犯罪，审结故意伤害、“两抢一盗”、诈骗、交通肇事等危害公共安全、危害社会管理秩序、侵犯公民人身、财产权利的犯罪案件369件。重拳打击毒品犯罪，办结案件31件。严厉打击非法吸收公众存款、集资诈骗、电信网络诈骗等犯罪，办结涉众型经济犯罪案件41件。始终保持反腐高压态势，办结贪污贿赂等案件7件7人。加大生态环境司法保护力度，打击环境污染犯罪22件48人。

【民商事审判】 2020年，受理民商事案件2364件，审结2250件，同比分别增长89.57%和94.64%，结案标的额2.64亿元。稳妥处理涉民生纠纷案件，审结婚姻家庭、继承、侵权等案件502件。注重保护合法借贷关系，审结金融纠纷案件48件、民间借贷纠纷案件249件。维护房地产业健康发展，依法审结新港家园小区业主诉开发商房屋买卖合同系列案624件，取得良好的法律效果和社会效果。坚持调解优先、调判结合原则，调解结案283件，撤诉结案174件，调撤率为25.89%，妥善化解社会矛盾。

【执行工作】 2020年，积极开展“南粤执行风暴2020”等专项活动，共受理执行案件1491件，执结1426件，同比分别上升113%和116.39%，执行标的到位率、执行完毕率分别为19.05%和48.93%，四项核心指标全部达标。加大强制执行力度，严格按照有关规定对被执行人采取纳失限消措施，发布失信被执行人511个，发出限制高消费令608人次，司法拘留2人次，以拒执罪、妨害公务罪移送追究刑事责任2件，立案1件。探索引进司法拍卖辅拍机构，实现对执行财产快速评估，拍卖案件数23件，拍卖金额达492.66万元。

【服务社会】 一是打好扫黑除恶收官战。紧盯涉黑涉恶案件审理，“打伞破网”“打财断血”，依法准确有力惩处黑恶犯罪。2020年，办结涉黑涉恶案件15件47人，移送问题线索46条。严厉惩处刘某辉等5人寻衅滋事、故意伤害恶势力犯罪团伙案。依法审结张某伟等人黑社会性质组织犯罪案，从立案到审结历时仅33天。开展涉黑恶案件财产刑执行“雷霆行动”，加大“黑财清底”力度，执结金额57.28万元。发出司法建议12件，反馈率100%，进一步健全社会管理机制。二是优化营商环境。2020年，审结一审商事案件1108件，同比增长153%。维护市场交易秩序，依法审结买卖、租赁等各类合同纠纷案件1090件，稳定市场主体预期。坚持保护劳动者合法权益和维护企业生存发展并重的理念，调判结合依法妥善处理劳动争议。同时，与县总工会构建“法院+工会”接力模式，不断探索劳动争议的调解新途径，多元化解劳资纠纷，更好地服务饶平县营商环境建设。三是积极参与社会治理创新。在饶平县委政法委的统筹及政府相关部门的大力支持下，饶平县诉前调解（和解）中心在县法院挂牌成立并进入实体运行。县法院民商事案件，除特别程序、身份关系确认等不适合调解的案件外，一律引入诉前调解，引导当事人通过诉前调解（和解）中心进行调解。自7月份运行以来，该中心（含基层法庭）收案296件，已结案221件，调解成功106件，调解成功率达47.96%。其中12件促成当事人当场履行，当场和解；12件当事人达成调解协议申请撤诉。四是注重民生权益保护。依法严惩侵害农村留守儿童、孤寡老人、残疾人合法权益的犯罪，依法严惩扶贫领域的职务犯罪，加强对贫困人员的司法保护。加大司法救助力度，为经济确有困难的当事人缓、减、免交诉讼费，向7名符合条件的刑事被害人、申请执行人提供司法救助18.5万元。营造精准脱贫良好环境，结对帮扶新丰镇扬康、丰联、滦西、上葵村共计75户贫困户，推进和加快帮扶贫困户的脱贫致富步伐。

【司法改革】 一是健全诉讼服务便民机制。2020年，严格落实立案登记制，当场立案率达95.54%。加快建设“厅网线巡”为一体的诉讼服务中心，努力为当事人提供一站式诉讼服务。在诉讼服务大厅设立扫描中心，承担立案材料、证据、上诉卷宗等扫描工作，实现电子卷宗随案生成，方便诉讼当事人从网上了解案件情况。推广网上立案、在线缴费，接收网上立案申请269件，审核通过165件。1月份，饶平法院受理首宗跨域立案案件，通过与潮州中院对接，帮助案件当事人完成立案材料跨域线上递交，2020年办理跨域立案申请7件，方便当事人诉讼。二是深化案件繁简分流改革。全面实施刑事案件认罪认罚从宽制度和刑事案件速裁程序改革，适用认罪认罚从宽制度审结433件629人，其中适用速裁程序41件41人，结案率100%。适用速裁程序案件基本做到当庭宣判，当庭送达，切实提高司法效率。深化“分调裁审”改革，完善民商事简案快审工作机制，设立专业速裁团队，实现能调则调、当判则判、简案快审、繁案精审，一审案件简易程序适用率达75.75%。用好用足小额诉讼程序，对符合法定条件的30件案件全部纳入小额诉讼程序审理。

【审执公开及司法宣传】 坚持阳光司法理念，以公开促公正。2020年，在中国庭审直播网直播案件969件，观看人次超过27万人次，在裁判文书网上传公开文书2597份。落实“谁执法谁普法”责任制，充分发挥司法裁判的引导、规范作用。在《潮州日报》等媒体发表普法稿件6篇，在微信等新媒体平台推送404篇。积极开展法律六进活动，选派资深法官到校园、企业进行法制宣讲，在县普法办牵头下首次在饶平二中举办模拟法庭活动，以学生喜闻乐见的方式开展法治教育。向县人大常委会专题报告县法院2020年执行工作，自觉接受人大监督。健全人大代表、政协委员联络机制，走访人大代表，邀请人大代表、政协委员参加座谈、旁听庭审和见证执行，推动人大代表、政协委员了解和监督法院工作。

【自身建设】 一是加强政治学习。2020年，县法院召开党组会48次、党组理论学习中心组学习会13次，组织开展《习近平谈治国理政》（第三卷）宣讲会，不断增强“四个意识”、坚定“四个意识”、做到“两个维护”。二是提高业务能力。加强教育培训和技能练兵，2020年组织全体干警参加各类培训890人次，线上学习248人次，不断提升干警综合素养和司法能力。学习宣传贯彻《民法典》，集中培训470人次，全面提升审判人员准确适用《民法典》的能力。加强法院文化建设，通过举办运动会、纪念五四运动演讲比赛等，丰富干警文化生活。发挥先进典型的示范引领作用。2020年，1个集体和2名个人受到广东省法院、潮州市中院的表彰。三是落实政治责任。坚决落实管党治党主体责任，坚持党风廉政建设两个责任、“四张清单”和检察业务同安排、同部署、同落实。7月，潮州市委第一巡察组进驻县法院开展巡察工作，对巡察反馈意见虚心接受，立行立改，并结合整改持续开展“以案三释”（以案释德、以案释纪、以案释法）警示教育和“三个规定”，持续开展“过问或干预、插手司法办案等重大事项记录报告”工作，坚持全员覆盖、逐月报告，防止发生人情案、关系案、金钱案。制定《饶平县人民法院关于建立领导干部全覆盖谈心谈话工作制度的实施办法》，开展领导干部全覆盖谈心谈话，共谈话126人次。加强审务督察。2020年开展审务督察20次。

2020年饶平县人民法院班子成员名录

院　长：柳　茂

副院长：朱铠铠　余速通

（刘忆灵）

饶平县司法局

【简况】 2020年，饶平县司法局在县委、县政府的正确领导和市司法局的精心指导下，以习近平新时代中国特色社会主义思想为指导，全面贯彻党的十九大和十九届历次全会精神，认真落实县委、县政府、县委政法委的决策部署和市司法局的工作要求，以推进法治饶平建设为主线，以深化司法行政改革为重点，强化“一个统筹、四大职能”，加强基层基础和过硬队伍建设，求真务实，开拓创新，切实履行司法行政为民服务宗旨，充分发挥司法行政职能作用，扎实推进各项工作。

【依法治县】 进一步健全党领导法治建设制度机制，召开县委全面依法治县委员会第二次会议和委员会立法、守法普法协调小组第一次会议，建立工作要点台账填报机制，印发办公室协调工作规定、办公室督察工作实施办法，设立县委依法治县办公室秘书股，县、镇两级全面铺开述法工作，完善将法治建设纳入年度考核、绩效考核。强化法治建设督察工作，组织各镇各单位开展法治政府建设全面自查，认真组织协调各镇各单位接受法治政府建设实地督察和法治潮州评估，开展行政执法案卷评查和行政执法“三项制度”专项督察，发挥法治督察监督作用，逐步建立督察倒逼责任落实的工作机制。

【法治督察】 组织全县行政执法人员培训和资格考试工作，县、镇两级通过培训475人，参考445人，合格443人，合格率99.55%（镇级100%）。开展行政执法案卷评查活动，随机抽取5个行政执法单位进行现场评查，着重从办案程序、适用依据、执法笔录、证据收集、办理期限等方面结合行政执法“三项制度”落实情况对案卷进行评查，并现场反馈存在问题，提出整改意见和建议，以案释法、以评促改。开展行政执法三项制度专项督察，对各执法单位落实行政执法公示制度、执法全过程记录制度、重大执法决定法制审核制度情况进行督察。全县上线26个执法主体，公开行政许可案件信息3376件、行政处罚752件、行政强制95件、行政检查1083件、随机抽查事项清单5件、行政执法全过程记录清单5件、重大行政执法决定法制审核清单6件。持续推进行政执法“两平台”建设和应用。

【法律顾问】 承办县委、县政府交办和各单位提请审查的法律顾问事项，对重大改革、重大项目、重大合同等重大决策进行全过程法律把关，处理公文会办、征求意见函和招标文件397件。全面推行政府法律顾问制度，2020年在聘县政府法律顾问5名，镇政府法律顾问21名，实现县、镇法律顾问全覆盖。

【规范性文件】 完善规范性文件制定机制，严把规范性文件内容关、程序关，严格合法性审查，办理行政规范性文件合法性审查2件。开展现行有效行政规范性文件梳理工作，梳理现行有效行政规范性文件46件。强化规范性文件清理工作，为县委提供党内规范性文件清理意见15件，清理与民法典精神、原则和规定不一致的行政规范性文件4件，其中拟修订3件，拟废止1件。清理普通行政规范性文件31件，其中拟修订8件，拟废止9件，拟保留14件。

【民主法治】 坚持和发展“枫桥经验”，以为人民群众解决问题为目的，以为政府排忧解难为核心，以人民调解为抓手，以矛盾纠纷化解为主线，做到“小事不出村，大事不出镇，矛盾不上交”，实现村（社区）委员会人民调解组织全覆盖，全县已建各类调解委员会427个，有人民调解员1400多名。全年调处人民调解案件1397件，成功1389件，排查纠纷862宗，预防纠纷785宗。完善人民调解工作机制，缩短“以案定补”评审周期，提高人民调解员工作积极性，审核以案定补案件969件，发放补贴29.67万元。组织280人次线上人民调解员业务培训会。强化“诉调”对接，开展诉前调解149件，成功42件。强化涉黑涉恶线索摸排，摸排线索1条。全力推进全县多层次法治创建开展，实现全县法治乡镇省级标准创建全覆盖。全县392个村（社区）已完成省级民主法治创建工作。以“法治扶贫”为契机，为县35个省定贫困村建设完善36个法治宣传栏，新建和完善法治书屋25个。

【执法体制改革】 成立法律专班，充分调动有限专业法律人才资源应对改革中的重点难点，制发改革方案，细化工作任务，明确时间节点，确保各项工作按时按质顺利开展。落实“一统筹四统一”职责，组织梳理管理职权457项上报市审核，按照《潮州市县级行政执法职权调整由镇街实施事项目录（第一批）》，首批158项县级行政执法职权于2021年1月1日正式下放到镇级实施。组织学、考、训等活动，制发镇级综合行政执法人员培训方案，开展为期3天的专项技能培训班，292名行政执法人员参训，切实提高执法人员执法业务能力和实务操作水平等综合素质。

【“三资”清理】 发动驻村律师积极参与农村集体“三资”管理专项清理整治法治服务工作，对各村（社区）“三资”管理的合法性、合规性、合理性进行审查，提出法律意见。召开系列工作会议，制定细化工作方案，深入开展分析研判。立足专业职能，梳理合同审查流程，制定《合同清理提交审核函》《合同审查表》《合同审查意见书》《合同审查及问题合同纠正的工作指引》和《关于追缴租金、承包款的建议》等法治服务组工作指引。全年审查合同27 841份，出具法律意见书19 715份，排查法律风险和问题17 191个，提供法律意见书27 143条，高效高质完成合同清理审核工作任务，确保应清尽清，应审尽审，为村级换届夯实法治保障。

【行政复议和应诉】 完善行政复议工作机制，及时纠正违法或不当的行政行为，切实发挥行政复议化解行政争议主渠道作用，办结行政复议案件8件。贯彻执行行政诉讼法和《潮州市行政应诉工作规则》，加强行政应诉工作规范化建设，建立败诉行政案件和行政机关负责人出庭应诉年度报告制度，全县17件行政诉讼案件都落实负责人出庭应诉。

【法治宣传】 围绕“七·五”普法工作规划目标，紧扣宪法、民法典、疫情防控、“四大战役”、乡村振兴、村级换届等开展法治宣传。紧抓领导干部和青少年等“关键少数”法治宣传教育，切实运用生动案例“以案释法”“以案促学”。制订县政府常务会年度学法计划，达24期次。组织全县6692名公职人员参加学法考试。举办“模拟法庭进校园”活动，录制视频DVD光盘300盘发放到全县270所学校。组织20多名科级以上领导干部参加旁听庭审直播活动，各镇各单位自行通过网络直播进行旁听。举办2020年度国家机关“谁执法谁普法”履职报告评议活动，并将相关活动材料汇编成册发至各普法责任单位，切实做好“查差距、学先进”。全面落实普法责任制，督促和指导各单位加强工作梳理，做好查漏补缺，切实抓好抓细抓实“七·五”普法收官战。

【法律服务】 以常态化开展督导检查推动一村（社区）一法律顾问工作规范化建设，持续推进法治乡村建设，助力脱贫攻坚，累计为56个重点扶贫项目开展“法律体检”，实地走访26次，开展法律咨询42场，召开座谈会14次，出具法律体检报告35份，帮助项目排查法律风险及问题40个，出具法律意见81条，通过微信工作群主动推送法律知识128条，为群众解答法律咨询80人次。拟订法律帮助律师代理补贴标准，联合县财政局印发《饶平县支付办理法律援助事项补贴标准》，接待法律咨询95宗150人次，承办法律援助案件849件，同比增长超过200%。优化公证管理服务，着重为贫困群众、困难中小微企业、军人军属等提供人性化服务，办理案件数584件。贯彻县委、县政府高质量发展农村电商决策部署，通过参观走访、召开座谈会等方式了解2058电商创意园农村电商企业发展中遇到的法律困惑和问题，从法律角度进行剖析并提出对策建议，引导企业逐步建立公司法务制度，形成有效防范法律风险机制，推进农村电商企业依法经营，营造法治化营商环境。

【社区矫正】 全年新入矫社区矫正对象397人，现有列管社区矫正对象532人（其中缓刑499人，假释26人，暂予监外执行7人），未出现脱管漏管现象。严把“入矫关”，上好“入矫课”，坚持“普教并举”，确保防疫、学习两不误。落实十五类重点社区矫正对象每月四级排查层报制度，鼓励社区矫正对象检举、揭发涉黑涉恶线索。实施精准帮扶教育，组织社区矫正对象参与小规模、分散式“送岗位到镇进村”招聘活动。推进社区矫正法学习宣传贯彻，召开5场动员部署会，举办2场专题培训会，组织专题学习60场900多人次。强化信息化建设，完成460只监控手机发放，推进部门数据共享，开展审前调查评估134宗。累计远程会见200宗650多人次。

【疫情防控】 开展多形式多层次疫情防控法治宣传教育，开展普法宣传6000多场次，进企业重点场所3200场次，发放宣传资料5万多份。组织驻村律师在疫情防控常态化下做好法律服务，开展法治宣传1392场次，提供法律咨询4069次，出具法律专业意见154份，参与人民调解和办理法律援助案件714件，其他法律服务18次。根据司法部要求，提高政治站位，迎难而上、敢于担当。在没有警员、警用设备，警车损坏的情况下，多次派员到外省外市接回县刑释人员和假释社区矫正对象，实现无缝交接，全年累计衔接615人，确保“零疫情”“零感染”。

【党建】 一是加强理论武装。认真落实“第一议题”和“首题必政治”制度，精心组织，周密安排，通过党组会、党组理论学习中心组、“三会一课”和系统工作会议等形式组织学习，研究部署贯彻落实工作。二是推进党建融合。以“两学一做”为抓手，健全完善党建工作制度机制，落实年度工作重点任务，推动党建工作和组织建设抓在经常、融入日常，引导党员干部立足岗位做贡献，力争学习有收获、干事有担当、为民做表率。三是推进从严治党。抓好党风廉政建设，贯彻执行中央八项规定精神和反对“四风”问题等。抓好巡察“后半篇文章”，列出清单，制订方案，抓好落实，有序推动整改工作落地见实效。开展纪律教育学习月活动，结合身边人身边事开展“以案促改”，直面问题，立行立改，集中整改，教育一片，整改一方。

【队伍建设】 一是加强理想信念教育，强化队伍责任意识。深入开展社会主义核心价值观和社会主义法治理念教育，班子分工明确，但分工不分家，各股室处所“左手帮右手”，形成互相配合、协调一致的整体，既提高个人单兵作战能力，也提高团队的整体作战能力。二是把好选人用人关，树立“有为者有位，有位者更有为”鲜明用人导向。全年提拔司法所所长（副科级）2人，副所长（正股级）6人。三是加强学习培训，通过每月一次的“饶平县司法局法治课堂”和线上线下相结合的内部培训机制，推进法治人才队伍“四化”建设。四是落实意识形态工作责任制，严抓疫情防控期间、重要时间节点内律师、刑释人员和社区矫正对象等特殊人群意识形态工作。

2020年饶平县司法局班子成员名录

局　长：吴进强

副局长：谢旭鹏　李伟雄

（郑桂钦）

地方军事

饶平县人民武装部

【简况】 2020年，饶平县人民武装部在潮州军分区党委的正确领导下，在地方同级党委、政府的帮助和支持下，坚持以习近平新时代中国特色社会主义思想为指导，全面落实中央和省、市、县决策部署，决战脱贫攻坚、打赢疫情防控阻击战，着眼新时代强军目标，牢固树立“四个意识”，全面贯彻落实新时代政治建军、改革强军、科技兴军、依法治军要求，深入贯彻落实党的十九大精神，注重打牢基础，坚持真抓实干，积极改进创新，圆满完成上级赋予的各项工作任务，人武部全面建设呈现稳步发展良好局面。

【政治工作】 2020年，饶平县人民武装部党委扎实开展聚焦“传承红色基因、担当强军重任”主题教育和“加强道德修养、强化法纪意识”教育活动，严格落实“四个一”活动实施。组织开展纪念建党99周年“参观茂芝会议旧址，重走红军路”主题教育等配合活动。根据年度主题教育总体部署，对党员、骨干“守岗位尽职责、提振精神气、提升工作质量效率”开展谈话谈心活动，进行个人思想深处剖析原因差距，查摆问题，拿出整改措施，摸清干部职工思想底数。抓实形势政策教育宣传，围绕深入学习贯彻十九届五中全会精神，更新主营院宣传灯箱、LED灯屏内容，升级改造2个哨所宣传灯箱和橱窗各类标语标识，翻新办公大楼“八一”军徽，完成营院办公楼“强军目标”标语标识建设，在河口哨所新增团队活动室。

【民兵预备役】 2020年，县武装部采取有力措施，抓好基干民兵队伍建设。一是加强民兵预备役思想政治建设，大力开展以爱国主义为核心的全民国防教育，不断强化全民国防意识，确保民兵预备役建设的正确方向。二是抓好民兵军事训练。按照训用一致、突出重点、分类施训、注重实效的原则，有计划、有步骤加强，对县应急连、各镇应急排、交通巡线连、海防巡逻排等37支分队进行全面拉动点验。组织130名基干民兵和10名新任专武干部进行集训，包括军事理论学习、形势政策教育、手榴弹投准、自动步枪实弹射击等战术基础动作；组织100名保交护路分队民兵和7名新任专武干部进行集训，包括保交护路理论知识学习、形势政策教育和简易通讯操作、轻武器实弹射击等训练，结合任务实际组织一场重要目标防卫演练。三是发挥民兵预备役作用。2020年，在疫情防控期间，县人武部按照“外防输入，内防扩散”要求，出动民兵5000余人次，参与了防疫卡点管控、重点人群摸排、防疫政策宣传、民生物资配送等疫情防控任务。其中配合县公安局在与福建相接、与汕头相连的19个公路干道卡点执行防控任务，担负对356个村、40个社区“网格化”排查任务，检查车辆约17.86万次，人员约30.07万人，守住一方“净土”。在防汛抗洪演练中，组织基干民兵20人赴黄冈河高堂水闸参加县三防办防汛抗洪演练，组织县应急连60人参加县防台风应急演练，组织海山镇武装部以及基干民兵41人参加市县两级海防办组织的“反盗采海砂”军警民联合维稳演练，较好地发挥了民兵的模范带头作用。

【综合保障】 一是建全通联完善体系。2020年，县人民武装部投入近50万元设立海防视频监控系统，以2个海防民兵哨所为基站分别设立高清高倍摄像头，在县人武部和哨所值班室设立视频监视系统，将县海岸线监控系统接入县人武部指挥席位，实现对大埕湾海面和海岸线的全天候监控。二是动员支前能力有效推动。结合任务编组，及时成立交通运输连、巡线连和运输保障分队，进一步有效整合辖区内公路运输企业、道路警戒、巡线掩护，落实战时运输配送力量；编组建立船舶维修专业队伍，落实人员和装备力量，组织专项演练；依托县人民医院、蓝天救援队等编组5支民兵应急救援队；依托县城部分施工企业，编组成立3支战场抢建抢修分队，明确部署位置及保障能力。组织县18人的国防教育讲师团开展集中教育培训和经验交流座谈会；由卫健局牵头，在县人民医院和县华侨医院指定120名医护人员和100张床位，做好保障部队作战医疗准备。三是逐步完善后装综合保障。落实预征预储工作，与饶平县中医院、饶平县粤运汽车运输公司等单位、企业签订预征装备协议；与蓝天救援队、山豹救援队签订应急器材托管协议，预置部分橡皮艇到分队；为基层武装部配备应急器材，拟购置缺编的民兵应急装备器材20类161件，解决“有兵无装”的严峻现实问题。

【兵役征集】 2020年，县人民武装部始终坚持高标准、严要求，积极克服新冠病毒肺炎疫情影响，按照国动部一年两次征兵要求，认真组织适龄青年应征入伍。一是认真搞好思想发动。充分利用转发征兵微信推文、悬挂横幅等形式，广泛宣传征兵政策、优抚措施等，多措并举做好发动工作，确保辖区内适龄青年应登尽登。高考前夕，联合县委宣传部、县教育局走进县13所高中（中职）开展征兵宣传进校园活动，与县融媒体中心联合制作“英雄家乡再现从军热”专题宣传片，在县电视台黄金时段滚动播放，激发广大青年从军热情。二是严格把关，确保兵员质量。严格政审程序，坚持村、镇、县三级政审制度，把好疫情防控关、初检初审目测关、推荐送检关、上站验证关四个“关口”，全力做好应征青年体检复查保障工作，逐人进行核实，保证兵源质量。经过层层选拔考核，为部队输送一批优秀新兵，较好完成了兵役征集任务。

【军民融合】 一是结合对口挂钩浮山镇荔林村、东洋村22户帮扶对象实际情况，多次组织深入到户慰问活动，切实帮助扶贫对象解决实际困难，帮助7户贫困户解决因新冠肺炎疫情产生的农副产品滞销问题。二是牵头协调县政府、县退役军人事务局为立功受奖军人送喜报活动；协助南部战区与东部战区部队进驻辖区训练的相关事宜，确保部队正常战备执勤。三是主动协调地方建设中的涉军问题。如县“引韩济饶”供水工程施工中的多处国防通信光缆进行迁移和修复，协调处理部队实弹演训禽畜损失纠纷事宜，营造军民融合鱼水情的良好氛围。

2020年饶平县人民武装部班子成员名录

部　长：胡钒鹏
政　委：刘瑞林
副部长：王志华

（吕小清）

饶平县退役军人事务局

【简况】 2020年，饶平县退役军人事务局在市退役军人事务局和饶平县委、县政府的正确领导下，紧紧围绕“让军人成为全社会尊崇的职业”目标定位，以习近平总书记关于退役军人工作重要论述为根本遵循，以退役军人为中心，自觉强化服务意识，主动增强服务能力，合力做好服务保障，各项工作取得了显著进步。全县退役军人服务保障体系加快推进，退役军人荣誉感、归属感、获得感、幸福感日益增强。

【服务体系建设】 县退役军人事务局坚持把搭建县镇村三级退役军人服务保障体系作为开展退役军人事务工作的重要一环，以强烈的政治担当、责任担当、使命担当，用心用力、真抓实抓。一是切实打通服务退役军人的“最后一公里”。全县21个镇、396个村级退役军人服务站完成挂牌运作。21个镇退役军人服务站共核定事业编制64名且人员全部到位，全面提升退役军人服务站管理水平。二是持续做好退役军人的信息采集工作，对已完成信息采集的对象2.1万人。三是着力提升退役军人服务站“软”实力，多次举办镇村两级服务站工作人员业务培训会，下发宣传资料，规范档案管理等。

【退役军人典型】 一年来，县退役军人事务局广泛开展“最美退役军人”等活动的宣传工作，营造良好社会舆论氛围；深入挖掘饶平县优秀退役军人先进事迹，建立完善优秀退役军人人才档案资料库，集中上报参加省、市“最美退役军人”评选活动。刘维才被广东省评为“广东省最美退役军人”荣誉称号，郑创松被潮州市评为“潮州市最美退役军人”荣誉称号。

【就业创业】 一是接收2019年秋、冬季退役士兵196人，为其完成落户，信息录入工作，并发放一次性自主就业补助金539.7万元。196人参加技能培训，于年内10月中旬举办300多人退役军人参加专场招聘会。二是2020年接收符合政府安排工作条件退役士兵21人，均已完成档案接收、报到及落户工作，并全部安置到一类公益性事业单位。三是为167名企业军转干发放2020年1—12月生活困难补助金684万元。五是持续开展符合政府安排工作条件退役士兵政策落实“回头看”，发现并及时解决问题。六是加强创业意向摸底。结合退役士兵就业意向适时举办退役士兵技能和创业培训班，加大“订单式”“定向式”“定岗式”培训力度，做实做好自主就业退役士兵职业技能培训，提高退役士兵职业技能和自主创业的能力。

【双拥创建】 2020年，县退役军人事务局按照县委、县政府工作要求，大力配合开展创建广东省双拥模范县工作。一是广泛开展国防和双拥宣传教育。1.配合有关部门在清明节和烈士纪念日，组织县四套班子领导带领机关干部、群众、学生和部队官兵到革命烈士纪念碑前参加祭奠活动，开展革命传统教育。2.积极开展双拥工作宣传。配合有关部门在县域主要道路进行双拥工作宣传投放，在官方主流媒体平台推出双拥宣传报道等。二是坚持开展慰问活动。在“八一”、元旦期间，围绕“让军人成为全社会尊崇的职业”、维护军人军属合法权益，扎实做好拥军优属、拥政爱民工作。慰问驻饶部队17个，送去价值37.85万元的慰问品，慰问全县重点优抚对象7842人，发放慰问金78.42万元。饶平县于2020年10月22日被中共广东省委、广东省人民政府、广东省军区命名“广东省双拥模范城（县）”。

【疫情防控】 一是切实做好疫情预防。加强机关内部卫生管理，定时消毒杀菌，保持清洁卫生，对县内各类烈士祭扫场所实施临时性闭园措施，暂停对外开放和祭扫、参观等活动，切实消除引发疫情的各类隐患。二是组织参与防疫工作。通过各级退役军人服务机构组织退役军人防疫志愿者400余人次，“点对点”协助村（社区）做好禁止外来车辆进入、出入人员登记、发放防疫宣传单等疫情防控工作。三是加强宣传引导。通过网站、微信、短信、张贴海报等途径加强疫情防控宣传，通过药房、超市、网络平台、微商等渠道，自行筹备防疫物资，做好干部职工的安全防护工作。

【党建】 一是强化责任落实。局成立由党组书记任组长的党风廉政建设领导小组，将党风廉政责任进行分解，定期召开局党组会议专题研究、部署党风廉政建设工作。二是作风建设监督管理常态化。切实加强干部日常管理和监督，深入开展专题教育和专项整治，把廉政教育与政治学习、党课学习紧密结合，丰富学习形式，确保意识形态方向正确，使每个党员脑中有把“戒尺”，心中有盏“红绿灯”。三是同步推进支部建设，把规范化党支部创建纳入重要日程，明确责任到每名党员干部，建立权责一致、协调高效的运行责任体系。从严格落实“三会一课”、组织生活会、民主评议党员、主题党日活动等组织生活基本制度做起，全面提升基层党建制度化规范化水平。

2020年饶平县退役军人事务局班子成员名录

负责人：林军农

副局长：杨志浩　刘志群

（黄宪京）

城建·环保

饶平县住房和城乡建设局

【简况】 2020年，饶平县住房和城乡建设局（以下简称县住建局）在饶平县委、县政府的正确领导下，以习近平总书记重要讲话和党的十九大、十九届历次全会精神为指导，紧紧围绕县委、县政府的工作部署，以改善城乡人居环境为重点，扎实推进创建“一城一廊一海湾”工作；以深化作风建设为抓手，提高依法行政的能力；以强化职能为手段，规范住房和城乡建设管理。结合实际，发挥职能，抓住重点，依法行政，加强管理，优化服务，使饶平县的住房和城乡建设事业稳步和谐发展。

【房地产业】 1.严格执行房地产管理有关法律法规，执行“房是用来住的、不是用来炒的”方针，严厉打击“炒房”行为，依法对房价进行调控。2020年，全县有15个房地产开发项目，总建筑面积1 400 116.6平方米；竣工项目3个，面积431 966.4平方米；核发商品房预售7宗，总建筑面积206 767.39平方米；商品房网签1169宗，二手房699宗，交易建筑面积15.99万平方米；全县商品房库存面积18.61万平方米，1151套。实行预售资金专户专管、专款专用，监管资金约12 247.5万元。加强住宅专项维修资金管理，全年共缴存的住宅小区有17个，缴存住宅专项维修资金共人民币3299.84万元。2.加强房地产开发企业的资质管理。2020年2月对全县28家已取得房地产开发资质的企业进行年检审工作。经审核，注销6家没有参加年审或不符合条件的企业。根据广东省住建厅文件要求，通过广东省“三库一平台管理信息服务系统”，为符合条件的24家企业核发房地产开发企业电子资质，为信息时代添砖加瓦。3.开展房地产市场专项整治工作。制定《饶平县房地产市场专项整治工作的实施方案》，2020年4月17日至22日，全县28家房地产企业和10家有进行物业服务活动的物业企业开展专项整治，重点针对售楼处、展示厅等开发企业对外宣传场所进行检查，并召开房地产开发企业专项整治工作会议通报整治情况。加大房地产领域的风险防控。一是开展在建在售楼盘检查，要求各房地产公司法人签署《饶平县房地产开发企业诚信经营承诺书》，承诺在取得预售许可证前不得售房。拟定商品房销售《提醒告知书》并在饶平县人民政府网站公告，提高市民购房风险防范意识，鼓励市民积极参与对房地产市场的监督和举报。二是规范开发商售房行为，制定商品住房交付使用要求，明确商品住房交付的条件和期限，确保住宅小区交付时满足居民入住的基本生活需要，维护消费者合法权益。

【棚户区改造】 积极协调指导联饶光明农场棚户区改造和钱东万山红农场的改造建设。一是扎实推进钱东镇万山红农场棚户区改造项目。饶平县钱东镇万山红农场棚户区改造项目位于钱东镇万山红农场场部，项目占地面积7119平方米，计划建设棚户区安置房250套，规划总建筑面积15 797.48平方米，总投资3391.91万元。项目于2018年5月11日完成立项；2018年8月15日完成工程规划许可手续；2018年8月20日发布施工招标公告，同时进行施工前期“三通一平”（水通，电通，路通，场地平整）工作。项目于2018年9月11日完成监理招标，9月18日完成施工招标，9月28日进入施工阶段，2019年11月19日主体工程完成封顶。至2020年底，已完成二幢电梯安装，进入一幢电梯安装及套房房门安装阶段。二是启动联饶镇光明农村棚户区职工宿舍建设工程。该项目计划建设房屋222套，规划总建筑面积约15 690平方米，总投资4481.71万元，已报送财审审核中。项目预计2021年第一季度完成上网招标，第二季度完成打桩，第三季度完成清基工程，第四季度进行硬化及墙体建设。

【保障性住房】 1.加快推进住房保障对象年审工作，完成2019年实施的对部分保障性住房和租赁补贴对象家庭的资格审核，本次年度审核实物配租对象397户，租赁补贴对象109户，通过委托第三方机构对上述对象的入户调查，上述对象经年度审核后拟于保留实物配租389户，租赁补贴对象84户。对年审中不符合保障条件实物配租对象家庭及时组织清退，逐步落实相关社区居委推荐有意向的轮候对象家庭入住保障性住房。截至2020年12月，饶平县公共租赁住房实物配租654户，租赁补贴174户，根据《饶平县城区中低收入家庭租赁补贴实施方案》，按季度发放，全年累计发放租赁补贴金额35.67万元。2.组织开展保障性住房租赁补贴对象家庭摸底工作。参照《潮州市城区低收入住房困难家庭住房租赁补贴管理法》，完成2020年度新增的10户保障性住房租赁补贴对象家庭的申请、初审、复审和公示工作。为确保2021年度住房保障性工作正常开展，县住建局对县城区相关社区的非农居民保障性住房租赁补贴对象家庭进行摸底，计划2021年将新增保障性住房租赁补贴对象家庭34户。因时制宜，结合县实际调整住房租赁补贴标准。根据县政府工作部署，2020年8月份县住建局委托国家统计局饶平调查队对饶平县县城区房屋市场平均租金情况进行调查；9月份完成县城区房屋租赁市场平均租金情况报告资料，并结合县实际情况报经县政府批复同意；10月份，根据县政府批复同意的《关于重新核定县城区保障性住房租赁补贴标准的请示》（饶建报〔2020〕52号），饶平县保障性住房租赁补贴标准提高到每人每平方米5元，于2020年7月1日起实施。

【农村危房改造】 一是核查2019年建档立卡等重点对象存量数及下达改造任务。列入2019年新增的农村危房改造对象共103户，至2020年底已全面完工，并完成竣工验收、资金拨付及“一户一档”资料归档工作。二是完成农村泥砖房摸查对象房屋登记认定及分类信息录入等相关工作，其中符合改造条件的2户改造户已完成竣工验收等工作。三是根据市下达2020年新增农村危房改造任务，结合各镇调查摸底上报的数据，县住建局派员上门对全县符合条件的改造户进行核查，确定2020年农村危房改造对象户数28户，并报市住建局审核。

【公有房地产管理】 加强公房租金的征收、检查维护，确保公房使用安全，保障租户的生命财产安全。加强公房的检查维护。台风雨汛之前及时落实各房管所加强值班，对存在安全隐患的公房及时巡查，做好解危护堵工作，采取安全防范措施，通知居住危房的租户及时腾退，确保租户生命财产安全。

【生活垃圾无害化处理】 1.推进生活垃圾无害化处理。在镇级填埋场整治同时，县住建局加快县终端处理设施建设的步伐。2019年11月3日，县宝斗石资源化利用项目顺利点火，至12月底垃圾进场进入试运营调试阶段。2020年1月15日焚烧垃圾，1月24日发电并网，2月22日往外送电。全县新产生的生活垃圾全部运往饶平县宝斗石综合处理资源化利用厂进行无害化处理。加大力度对海岛生活垃圾的治理，黄冈镇汛洲岛通过新建生活垃圾无害化填埋场、柘林镇西澳岛袋装外运，使饶平县生活垃圾无害化处理率从原来47.6%提升到100%以上。2.推进城乡生活垃圾分类。牵头制订《饶平县城乡生活垃圾分类实施方案》，成立饶平县生活垃圾分类工作领导小组。10月26日，启动饶平县生活垃圾分类宣传仪式，确定柘林镇为生活垃圾分类示范镇，樟溪镇英粉村、东山镇东明村为生活垃圾分类示范村，示范带动全县生活垃圾分类工作扎实有序开展。3.推进生活垃圾转运规范化，建设饶平县生活垃圾转运项目。项目于2020年2月20日完成招标采购程序，投资约5000万元（服务期3年），委托中标单位瀚蓝环境股份有限公司负责从镇转运站到县终端处理设施的垃圾运营及管理。至2020年底，已有新丰（镇区）、建饶、饶洋、新塘、三饶、汤溪、海山、所城等8个镇进入投产运营，尚未建成的镇按照县政府的要求抓紧收尾工程建设。配合生活垃圾分类工作，启动餐厨垃圾和污泥处理终端设施建设。饶平县餐厨垃圾处理项目和污泥消纳处理项目经县政府批准，委托第三方机构编制完成《饶平县餐厨垃圾与污泥协同处理项目实施方案》《饶平县餐厨垃圾与污泥协同处理项目项目建书》，项目总投资8400多万元，于2020年9月底进入开工建设，现基础打桩已基本完成，项目正加紧推进中，预计2021年底可进入投产运营。

【村镇生活污水处理设施】 饶平县村镇生活污水处理设施PPP项目总投资6.84亿元，计划新建县级污水处理设施1座，新建镇级污水处理设施13座，扩建改建镇级污水处理设施7座，计划配套管网100.27千米，处理规模54 070吨/天。计划新建村级污水处理设施254座，配套管网117.70千米，处理规模9700吨/天。截至2020年底，饶平县城南污水处理厂建设项目已进入基础填土施工，土方回填完成约100%。全县应建镇级污水处理设施20座，全县镇级污水处理设施已全部进入通水调试阶段，实现建制镇污水处理设施建设全覆盖率。配套管网建设方面，已建成89.23千米，完成比例100%。

【农村削坡建房专项整治】 2020年，县住建局对原已上报的农村削坡建房风险隐患点进行再次排查、审核，全县农村削坡建房风险隐患点调整为3处39户。委托广东省有色金属地质局九三一队对该39户农村削坡建房点的边坡风险等级进行排查认定，建立农村削坡建房风险点整治工作台账，制订整治方案。按照“先急后缓”的原则，2020年饶平县3处39户农村削坡建房点已挑选15户进行专项整治，于2020年底完成整治，剩余24户于2021年兜底整治。2021年，市住建局追加任务40户，计划于2021年一并兜底整治。

【建筑工程审核与管理】 抓工程质量安全，规范建筑市场秩序。加强建筑市场管理，提高工程质量，确保施工安全，坚决杜绝工程质量安全事故发生。在做好工程施工安全管理工作的同时，严格把好核发工程施工许可证关，对符合规划、通过图纸审查及消防安全审查的工程给予核实办理。在工程竣工验收备案方面，认真审查建筑工程竣工验收的必备资料，资料齐全的，方准办理竣工备案手续。2020年，核发施工许可58宗，建筑面积约56.65万平方米，均达核发条件；监督竣工验收工程15宗，竣工面积约65.87万平方米，工程竣工验收合格率达100%。在做好行业工程招投标文件初审工作及增设电梯审批工作方面，严格按《潮州市既有住宅增设电梯管理办法（试行）的通知》及行业工程招投标相关管理规定等文件精神，做好县既有住宅增设电梯的审批工作。完成房屋建筑和市政基础设施工程招标文件初审43宗；既有住宅加装电梯审批5宗；完成消防图纸审查21宗、消防竣工验收备案16宗。

【建筑工程安全管理】 认真抓好安全生产管理工作，严格执行“党政同责”“一岗双责”和“管行业要管安全”的原则，制定《全县房屋建筑和市政工程安全生产集中整治工作方案》《2020年度饶平县房屋市政工程安全隐患集中排查整治工作实施方案》《2020年饶平县建筑施工“安全生产月”和“安全生产南粤行”活动方案》《秋冬季建设工地新冠肺炎疫情防控方案》等工作方案，切实加强施工现场安全生产管理，防范重大安全事故的发生。重点抓好施工现场的安全管理工作，县住建局有针对性地组织开展安全生产督促11次、防疫及复工检查11次，对全县在建工程实施安全生产监管抽查。出动检查人员179人次，检查在建工程149项次，发出整改通知书47份，责令停工整改通知书2份，发现并落实整改安全隐患314点处，动态记分总计1062分，确保全县连续多年工程施工安全无事故。同时，加强文明施工和工地扬尘控制，规范施工工地配套扬尘防控设施，严格落实6个“100%”，全县在建工程均配套洗车设备及喷淋系统，有效地控制施工扬尘的对大气的影响。县住建局还做好混凝土搅拌站管理工作。2020年出动86人次对全县预拌混凝土企业开展检查，现场抽样砂68组，并严格要求各站、在建工地要认真落实主体责任，建立健全各项管理规章制度，严格把好原材料进场、产品质量关。

【建筑材料推广应用】 加大宣传力度，促进全县建设工程散装水泥、商品混凝土、新型墙体材料及建筑节能新型材料的应用和推广。切实做好全县建设工程的散装水泥专项资金和新型墙体材料专项基金的推广、验收等工作，加强对全县5家商品混凝土搅拌站的管理，每月进行混凝土材料砂、石、水泥抽检，经检测均达合格，并完善“广东省散装水泥发展应用监管信息平台”。

【工程造价管理】 切实做好工程造价管理和施工合同的监证管理工作。加强建材价格调查，认真调查县城各项主要建筑材料价格，跟踪了解建材市场价格变动实际情况，按实调整相关材料价格，每月按时发布“饶平建材信息”，为饶平县建设工程预、结算提供较准确的主要材料参考价格。贯彻落实《广东省建设工程造价管理规定》等工程造价相关文件，认真实行“三价”备案工作。

【工程审批制度改革】 牵头推动工程建设项目审批制度改革，采用网上申报、不见面审批的方式，实现施工许可证核发与工程质量安全监督手续合并办理。简化申报材料，取消施工合同备案、建筑节能设计审查备案、施工图审查备案等事项。同时推行施工图数字化审查管理，项目申报施工许可证前实行数字化申图并从系统调取图审合格书，实现建设单位图纸数字化审查零跑动，图审全过程留痕。实行全程电子化申报核准，已实现审批时间压缩时限、审批流程100%覆盖。2020年6月12日，县住建局在新工建系统中签发联饶镇葛口村、深塗村、春光村沿福建生态宜居美丽乡村示范带建设工程项目的施工许可证。

【农民工工资纠纷协调】 重点对建设项目的工人工资支付情况进行监督，及时协调解决工人工资发放中存在的问题。按照上级部门推进房屋和市政基础设施工程领域用工实名管理工作落到实处，协调解决建筑工地农民工工资欠薪投诉21宗，共涉及农民工120人，金额210万元，解决建设领域拖欠劳动者工资问题，维护劳动者合法权益。

【燃气行业安全生产】 一是加强组织领导。组织召开燃气行业安全生产工作会议，部署燃气安全生产及防汛工作，并与企业签订安全生产责任书。制定《饶平县瓶装燃气安全综合治理提升行动方案》，全面开展瓶装燃气综合整治工作。二是全面排查治理各类安全隐患。2020年，县住建局持续组织开展燃气安全隐患大排查大整治及汛期风险点排查工作，共组织129人次对全县各燃气企业开展安全隐患排查工作，发出安全整改通知书78份，发现存在安全隐患183处，各燃气企业投入隐患整改资金共计约112.1万元，存在隐患已全部落实整改。三是建立多部门联合检查机制，严厉打击取缔各类违法违规行为。牵头各相关部门开展“瓶装燃气安全”联合执法检查行动，抽查县4家燃气企业，发现存在安全隐患7处，发出整改通知书3份，立案查处案件一件，对涉案企业处以罚款10 000元。突击检查3家瓶装燃气点（无照经营和超范围经营），强制报废过期5公斤级气瓶5个、15公斤气瓶11个。四是推动消防安全演练，提升消防安全意识。联合市燃气安全事故应急指挥部成员单位及潮州市欧华能源有限公司，开展“潮州市2020年危险化学品泄漏综合应急消防救援演练”，参加“华丰杯”消防技能竞赛。通过演练，检验危险化学品经营单位自救能力，增强各相关职能部门快速反应和协同作战能力，全面提高饶平县危险化学品企业突发事件救援工作处置能力。五是加强燃气安全知识宣传，普及常识。制定《2020年“安全生产月”和“安全生产万里行”活动工作方案》，组织燃气企业参加2020年“安全生产月”“安全生产宣传咨询日”等活动，在各供气小区周边“摆摊”，现场为群众答疑解惑、发放燃气安全使用常识宣传小册子以及小礼品。2020年，向群众发放燃气安全使用常识宣传小册子9000多份，液化石油气减压阀接头密封胶圈200多只。

【燃气“一张网”】 2020年10月29日，县住建局依法对《饶平县燃气专项规划（2019—2035年）》进行批后公告（公布）实施。县城区已完成燃气管道铺设约21.28千米。已完成临时LNG供气设施建设工作，作为天然气置换气源供应。

【人民防空】 抓好人防管理工作，规范配套设施建设。主要抓好人防设施的配套建设，加强学习宣传工作，提高全民的防空意识。一是积极开展学习，提高理论和业务水平。重点是学习《中华人民共和国人民防空法》、广东省实施《中华人民共和国人民防空法》办法，以及各级的法律法规。二是做好警报器的维护管理及试鸣工作。全县设有警报器14台，其中县城11台，钱东镇政府1台，浒洲镇政府1台，汤溪水库1台。在维护方面，除每个点指派报警器所在单位一名人员看护外，委托专业机构实行全年固定维护及维修，确保设备始终处于良好状态。在每年试鸣前五天进行一次全面检测，确保试鸣顺利进行。2020年根据上级部署实施4月4日防空警报鸣响以及10月29日防空警报试鸣活动。三是根据潮州市人民防空办法室《关于进一步加强和规范县级人防结建工程建设和管理的通知》（潮人防〔2014〕12号）中“应建尽建、应收尽收”“以建为主，以收促建”政策精神，至2020年12月饶平县在建结建的人防工程合计共11宗，已竣工2宗。

【人防易地建设费征收】 切实做好人防易地建设费征收工作。至12月31日，受理申报人防工程7宗，应建人防工程面积13684.48平方米；已缴交易地建设费的民用建筑项目125宗，收取易地建设费10 248 317.71元。

2020年饶平县住房和城乡建设局班子成员名录

党组书记、局长：王文清

党组成员、副局长：林科喜　林益镇　余伟峰

党组成员：周义群

（方炎丽）

饶平县供电局

【简况】 2020年，饶平供电局坚持以习近平新时代中国特色社会主义思想为指导，聚焦做好“六保”工作，全面落实“六稳”任务，扎实推进广东电网公司、潮州供电局和饶平县委、县政府各项决策部署落地，服务地方经济发展大局，助力广东电网公司加快实现“全国最好2021”，取得疫情防控和生产经营“双胜利”，实现“十三五”圆满收官。全年购电量15.88亿千瓦时，同比增长8.97%；售电量15.12亿千瓦时，同比增长8.94%。综合线损率4.8%，同比下降0.14个百分点。当年电费回收率100%，三年以上旧欠电费回收率15.1%。主营业务收入8.66亿元，利润总额0.94亿元。全员劳动生产率39.83万元/人·年。资产负债率74.77%。完成配网固定资产投资1.008亿元。客户年平均停电时间9.318小时/户。供电可靠率99.89%。综合电压合格率99.99%。新增专利申请数3项。无发生五级及以上事故事件，累计安全生产天数3288天。

【重大决策】 一是推进机构改革进程，顺利完成“子改分”工作的分公司设立工作，于2020年12月8日设立“广东电网有限责任公司潮州饶平供电局”并开始运作。二是助力疫情防控和地方经济发展。全力配合做好疫情防控工作和全县复工复产的电力保障，开通业扩报装绿色通道，助力全县“口罩接力战”。疫情期间落实政策性优

惠电价，为全县工商业用户节约用电成本1523万元。有效落实各项内部防控措施，严守防控底线。调整工作方式，应用远程办公系统，实现各项业务的无缝对接。与国网福建省诏安县供电公司互赠互补防疫物资，携手共克“战疫”时艰。确保全局没有确诊或疑似病例。1人被评为“潮州市抗击新冠肺炎疫情先进个人”。三是全面完成扶贫脱贫攻坚任务。按时按质完成35个广东省定贫困村的电力设备宽带改造，新农改“三大指标”（农网供电可靠率、综合电压合格率、户均配变容量）全面达标，对口帮扶的11户贫困户全面脱贫，新塘镇乌洋村二个定点帮扶扶贫项目竣工投运，“低（五）保户”免费电执行率100%，扶贫消费指标按时完成。

【电网建设】 加强政企沟通，充分发挥属地化管理职责，将主网建设项目列入饶平县政府重点督办项目。220千伏坪溪（蓝屋）输变电工程提前竣工投运；110千伏所城站、汫洲站，35千伏建饶站等3个变电站扩建、改造工程按时投产，220千伏龙湾、110千伏海山、新联等3个项目获得核准批复，110千伏华能大北山风电场项目接入系统工程按时投产。2020年第一批配网工程19个项目全部投产；第二批29个项目投产25个；2019年新建配网工程127个项目投产122个，均完成上级下达的投产任务。联合建饶镇车岭村委成立临时党支部，破解工作难点，圆满完成建饶镇车岭村农网改造升级。强化与政府、当地村民协调沟通，完成新塘镇大潮高速业扩配套项目建设，确保该高速路段的如期通车。

“十四五”电网规划计划总投资13.9亿元，其中主网计划投资10.1亿元，配网计划投资3.8亿元。计划新建220千伏变电站2座、110千伏变电站7座、35千伏变电站1座，集中力量加快临港工业区、樟溪工业园、钱东、海山、县城南片等地区电网建设，为饶平县的经济发展提供坚强有力的电源保障。

【安全生产】 一是安全生产风险管理体系建设进一步深化。编制《作业现场人身安全风险管控提升工作方案》，细化人身安全风险管控工作任务34项。印发《潮州饶平供电局配网常见四大类人身风险及控制措施》，梳理作业现场保命措施79项。进一步提升基层班组人员安全保命、现场急救技能和安全风险防范能力。压实各级安全生产主体责任，印发《安全生产监督履职奖惩实施办法》，加大安全生产工作的月度绩效考核力度，促使各级人员更好履职，安全监督合力进一步增强。二是加大督查力度，严查违章行为。局领导班子带头下沉一线常态化开展作业现场安全督查。建立智慧安全监控值班制度，实现作业录入率、勘察率、到位率均达到100%。应用“线上+线下”模式，开展现场督查3316次，发现、处理违章问题260起，全年督查量同比增长72.6%。三是加强设备运维管理，提高供电可靠性。做好综合停电管理，减少客户平均停电时间13.87小时/户。整治重过载和三相不平衡问题台区491个。完成“三线”隐患治理379处。落实防范社会人员触电措施，发现、处理隐患729处。顺利完成两会、高考以及省青少年举重锦标赛等保供电任务27项。四是大力推进新技术应用。加快配网自动化建设，新装自动化开关35台，馈线自动化覆盖率提升到86%，自愈率31%。大力推广无人机技术的应用，完成线路的机巡采集397千米、日常巡视600余千米、监察性巡视和故障巡视91次；特种喷火无人机消缺16次，推动科技兴安。

【客户服务】 一是持续加大降损力度。建立倒逼机制，推进线损率超2.5%的线路和超3%的台区的整治。加强反偷查漏工作，查获窃电33宗，追补电量9.86万千瓦时；整治计量故障106宗，追补电量39.77万千瓦时。全面清查超容用户，整改超容用户124户。二是进一步提升客户服务水平。建立“客户经理+设备主人”网格化服务机制，形成网格业务协同联动，及时、高质响应客户诉求。客户投诉大幅减少，12398投诉减少至0宗，95598投诉减少至9宗。推进“一次都不跑”远程办电服务，实现办理22项业务足不出户。中压业扩报装平均用时缩短至31.13天；低压非居民业扩报装用时缩短至2.39天。提升“获得电力”服务水平，完成潮州闽粤经济合作区LNG储配站（一期）项目、广东华丰中天液化天然气有限公司用电办理、潮州市妇幼保健院扩建工程业扩配套、县东风埭二十孔水闸重建工程业扩配套线路建设等5个省级重点项目及饶平县瑞峰高级中学用电办理的县重点项目的建设。主动为华瀛天然气等重大项目提供用电报装绿色通道。积极配合政府迁改10千伏线路14回、长度9.2千米。第三方客户满意度提高到84分。三是打赢污染防治攻坚战。推进小水电和光伏等清洁能源项目建设，消纳清洁能源6751万千瓦时。完成电能替代173万千瓦时。配合完成高污染企业停电处理19户。四是开展专项用电安全检查工作。落实《潮州饶平供电局2020年客户故障出门管控方案》，检查通信基站155户、水产养殖户57户、小水电站106座，发现隐患341项；检查汛期路灯和表箱等用户用电设备，发现隐患619项，均落实相关责任单位整改。

【经营管理】 一是不断提高经营管控水平。落实上级“过紧日子”要求，严格控制消耗性费用，节约成本3751万元，优惠税收1165万元，减免企业所得税835万元。配合开展审计项目7个，披露问题83个，完成4项40个问题的整改，挽回经济损失约87.5万元，审计发现问题逐年减少。二是健全工会组织，保障职工合法权益。完成局工会换届选举工作，实现供电所“一所一分会”。柘林供电所等11个供电所荣获广东电网有限责任公司“四星级模范职工小家”称号，“四星级模范职工小家”达到20个、“五星级模范职工小家”1个，创星覆盖面100%。局工会荣获南方电网公司厂务公开民主管理贯标认证达标单位，局“职工书屋”荣获全国总工会“职工书屋”称号。三是提高综合管理水平。顺利完成“子改分”工作的分公司设立工作。推进班站所标准化建设，柘林供电所、计量运维及用电检查班荣获省公司“四星班站所”称号。部署“2020护网行动”信息安全和防范“社工”攻击工作要求，提升网络信息安全防护级别，确保信息安全“三个零”。加强涉密人员、涉密文件、内部文件资料以及敏感信息的管理，守住不发生失、泄密事件的底线。四是加快推进新兴业务发展。完成签约客户设备代维业务73户，合同额34.7万元；新增投运31台电动汽车充电桩，均超额完成指标任务。

【党建党廉】 一是强化思想政治引领和主责落实。党委中心组组织学习研讨14场、宣讲辅导10场、组织党性锤炼31场，深入学习贯彻习近平新时代中国特色社会主义思想，坚决做到“两个维护”。建立党建和安全生产工作挂点督导机制，深入联系点生产场所开展监察性巡视，多管齐下整治中压故障，解决各项重难点问题共111项。优化党的建设和经营业绩考核“双等级”评定机制，促使党支部更加重视“自身建设”和“发挥作用”。完成“不忘初心、牢记使命”专题民主生活会15项问题整改销号。二是抓实“三基建设”促规范。规范黄冈供电所党组织设置，完成14个党支部换届选举。建成党员活动室22个，打造“党支部建设年”示范点5个，上饶供电所党支部获潮州市直机关“三好两强”模范党支部。积极发掘身边故事，在网省公司媒体上稿199篇（抗疫题材48篇），外部媒体上稿48篇（抗疫题材24篇）。稳妥完成417名退休人员的社会化管理移交工作。三是筑牢“两道防线”促融合。督导11个出现党员违章违规违纪的党支部及时召开专题组织生活会16场次，深挖问题根源并落实整改。围绕上级重大决策部署，开展疫情防控、脱贫攻坚等专项监督，做实做细大监督效能。强化廉洁护航，持续推进谈话工作，开展“全面谈”“重点谈”、提醒谈话、标前谈、工程验收前谈话2500人次，开展坚决遏制酒驾等专项提醒教育谈话887人次。

【队伍建设】 一是加大年轻干部培养及干部选拔

任用、管理力度。提拔助理级及以上干部8人，其中年轻干部占比87.5%。着力实施关键岗位干部轮岗锻炼，调整干部6批次。二是优化岗位能上能下的动态管理机制。全面完成部门、供电所的组竞聘上岗工作，深化队伍能上能下的动态管理，晋升岗级和降级各57人，跨岗位平级调整116人，73名80后优秀人才竞聘到班组长和业务员岗位（占竞聘成功总人数2/5），合理分流黄冈所30位员工到缺员的供电所。三是从严动真实施绩效考核激励机制。以业绩考核为导向，从严动真全面推行“经营业绩+党建党廉+划小单元”绩效考核新模式，倒逼各级工作业绩和管理水平提升。

2020年饶平县供电局班子成员名录

党委书记、副总经理：李柱江
党委副书记、总经理：黄晓涛
党委委员、副总经理、工会主席：钟景贤
党委委员、副总经理：余少文（—2020.3）
陈浩生　张金銮（2020.3—）
党委委员、纪委书记：陈介生

（余子明、谢俊真）

饶平县城市管理和综合执法局

【简况】 2020年饶平县城市管理和综合执法局（以下简称县城综局）高举习近平新时代中国特色社会主义思想伟大旗帜，深入学习贯彻党的十九届五中全会精神、习近平总书记出席深圳经济特区建立40周年庆祝大会和视察广东、视察潮州重要讲话重要指示精神，按照县委、县政府决策部署，围绕打造宜居宜业良好环境，以推进重点项目建设，提高县城管理水平为抓手，积极做好城区净化美化亮化工程，高质量推动城区品质提升和绿色发展，为创建“广东省卫生县城”贡献自己的一分力量。

【城管宣传】 一是利用执法宣传车，在县城主次干道、农贸市场周边，不定期宣传市容市貌和环境卫生方面的法律法规。二是采取“请进来”的方式。对于巡查中发现的屡教不改的店主与流动摊贩邀请到城管巡查队，向相关人员宣传饶平县城市管理的规章制度，与其签订“门前三包”承诺书。三是印发《致县城居民一封信》《创文倡议书》等，以全覆盖发放的形式进行广泛宣传和发动。发放《致县城居民一封信》6500余份，《“防疫有我，爱心护学”活动倡议书》2500余份。四是建立简报撰写制度，整理创文工作实录，撰写《创文工作实录简报》。

【市容整治】 一是严厉打击占道经营现象。按照“疏堵结合、宣传教育与严管重罚相结合”的原则，集中人力、物力，重点对县城主次干道和背街小巷进行专项整治。2020年，城管巡查队在“六乱”（乱搭乱建、乱堆乱放、乱扔乱倒）问题整治工作中，开展环境卫生综合整治121次，清理乱涂写乱张贴牛皮癣4308处，取缔打击占道经营14 120个，清理规范占道经营商铺1707户，拆除固定及活动广告牌533块，清理广告布条820条，清除占道经营、乱堆放的垃圾死角297处。专人定点巡查与执法车辆流动巡查相结合。巡查队伍分成固定班次，全天不间断巡查、无缝隙监管，变被动查处为主动规范管理，让店外经营、占道经营、乱扔垃圾等各类违规行为无机可乘，有效遏制各类违反市容市貌的行为反弹回潮。二是重拳整治土地卫片违法图斑。对县城区“两违”现象进行网格化、精细化管控，强化“接诉即办”工作作风，并创新工作理念，探索形成“查、应、解、判”的四步工作法，主动查、早回应、解难题、判需求，以零容忍态度第一时间拆除违法建设，实行“严打击、停增长”。全年查处涉嫌两违建设99宗，责令整改拆除24宗，停电停水14宗，解决信访案件32件（含信息平台12345上访。）

【公园绿化】 一是以人为本，不断提高公园环境卫生管理。中山公园管理处通过补种各类林木花卉，配套完善各公园景点的服务功能，加强公园的日常管理，营造良好的健身活动场所；通过科学制定管理制度，加大卫生清理力度，及时排除安全隐患，使公园面貌及配套服务功能得到提高。同时利用节假日在中山公园、滨河公园等园区张灯结彩，开展形式多样的灯谜、电影、跳舞、唱歌等文体活动，丰富县城文化生活。二是县城主要道路绿化通过采用社会化有偿购买服务，引进专业的园林绿化养护队伍，加强日常管理养护，借助其优质先进的园林绿化养护管理技术，提高园林绿化养护质量，提升园林绿化景观效果，进一步改善县城人居环境，创造良好的城市发展环境。三是春节期间鲜花布置项目。在县政府大门前、高速公路出口、饶平大酒店南侧以及高铁站进站路口进行鲜花布置，营造春意盎然的春节氛围。

【市政工程】 2020年，县城综局承担并完成县城石壁山市政道路（宝斗石垃圾场进场路）建设工程、县城恩泽路路面加铺沥青改造工程、县城公园大道改造工程、小公园改造工程（完成小广场石板铺设、绿化设施砌筑及绿化种植、公厕建设）、县城建设路（新港西路至饶平大道）建设工程、县城华侨医院前改造工程等市政工程项目。

2020年饶平县城市管理和综合执法局
班子成员名录

局　长：陈继雄
副局长：郑壮斌　郑国南
主任科员：张镇平

（郭建光、余泽伟）

饶平县石壁山风景区管理处

【简况】 2020年，石壁山风景区管理处在饶平县委、县政府的正确领导下，紧紧抓住景区环境卫生改造提升契机，以“创文”“创卫”为主线，保护、传承和发展相结合，采取得力措施，真抓实干，担当进取，努力推动风景区事业高质量加快发展。

【景区党建】 坚持以《习近平谈治国理政》第三卷、习近平新时代中国特色社会主义思想、党的十九大和十九届五中全会精神、习近平总书记出席深圳经济特区建立40周年庆祝大会和视察广东、视察潮州重要讲话、重要指示精神为指导，进一步增强理想信念和政治立场，严守政治纪律和政治规矩。扎实开展“两学一做”及纪律教育月活动，强化廉政教育，不断增强全体干部职工理论素养，牢固树立“四个意识”，坚定“四个自信”，做到“两个维护”，积极创建学习型、实干型和服务型工作团队，营造“干事创业”的良好工作氛围。

【景区建设】 一、一期工程。风景区基础设施改造一期工程于2019年9月开工，2020年9月基本完工，9月26日保洁、保安等工作初步移交风景区管理处管理。建设范围东至丽泽湖环湖东路东侧、西至纪念碑前西停车场、南至牌坊外南停车场、北至景区大道北听风亭，打造景观大道、登山口小广场和炫彩灯光秀，主要修缮新建景点景观及公共设施配套，包括景区道路、景观墙、亭榭廊架、木栈道、湖心曲桥、绿化亮化设施、景观湿地、健身广场、南西两个大型停车场，以及商铺、公厕、母婴室等。风景区基础设施改造一期工程的实施，景区面貌焕然一新，形象品位明显提升。国庆、中秋双节期间连续多天车场爆满，人流激拥，游客累计突破35万人次，成为远近闻名的网红“打卡点”。二、二期工程。认真按照县委、县政府工作部署，积极稳步推进风景区基础设施改造二期工程前期相关工作。计划总投资约为5198.38万元，其中建安造价2740.13万元，列入2021年一般债券项目。建设内容：1.建造以纳海楼为中心的观光游览区；以恋园为中心延伸的体育健身休闲区及观海长廊；以漱玉泉为中心的茶艺休憩区；针对现状步道沿线13处景观节点进行景观提升。2.铺设山顶供水管网，在景区相应的位置布设监控及无线网络覆盖。3.山体轮廓景观照明，为游人提供一个艺术、富有文化内涵的视角体验。4.电视塔下方空旷平台配置885平方米停车场，新建80平方米管理用房，新建100平方米观海长廊等。5.增设“灯谜文化石刻碑廊”，展示饶平历史文化，挖掘文化底蕴，传承发扬传统文化，凸显本土特色人文风情。三、景区提升。在积极推进一、二期工程建设的同时，积极做好景区整体景观提升和配套设施完善工作。全面着色整装修缮“粤东一璧”牌坊、延景亭，清洗、上色景区内景点石刻，集中“整、拆、移”整治“五线”（铁路线，电力线，通信线，输油管道线，金融战线）电杆线路，清整景区环境，打造景区新形象，提升旅游品位。

【景区管理】 一是景区创文。严格对照26项点位标准，认真查漏补缺，积极统筹协调，多方联动，突出重点，细化措施。一方面大力推进环境保洁美化工作。另一方面强化宣传宣教工作。制作配置一系列宣传展示导游导向标牌、悬挂国旗以及编印发放旅游宣传画册资料，积极创建“六无一整洁”（无垃圾乱堆、无车辆乱放、无乱搭乱建、无乱贴乱画、无坑洼积水，道路整洁）文明景区，做好禁毒及“扫黑除恶”专项斗争宣传教育工作，取得较好创文工作成效，进一步营造景区文明旅游新风尚。二是景区安保。坚持以景区“两保一服务”（保安、保洁和志愿服务）为理念，千方百计加强景区安保工作，推进景区安防监控系统建设，努力营造管理有序、服务到位、欢乐祥和的良好旅游环境，实现景区零治安案件、无安全事故。三是疫情防控和安全防火。根据景区旅游特点，在重要时段、节日长假，组织有害生物防控专业队伍开展防疫消杀。先后组织向景区各铺户、庵寺、游客群众发放防疫、防火、野生动物保护等一系列宣传资料，加强日常安全巡查，认真落实疫情防控消杀、环境保洁、安全防火各项措施，确保景区安全无事故。

【纪念活动】 每年9月30日，是国家法定“烈士纪念日”。纪念日前夕，重新整装着色革命烈士纪念碑文字刻，同时开展主题党日义务保洁劳动，展现景区人良好精神风貌。是日上午，在风景区革命烈士纪念碑举行饶平县烈士纪念日公祭大会。县委、县人大、县政府、县政协、驻饶部队、武警官兵、军烈属、县直单位领导以及学生代表、社会各界人士等500多人参加公祭活动。

【环境整治】 一是清明节前夕，组织清洗烈士纪念碑园及周边环境，以集体活动形式缅怀先烈、祭奠英魂，让党员干部对光荣革命历史的了解、深刻体会时代赋予的责任和使命。二是“五一”节前夕，以纳海楼、登山石阶以及厕所等重点景观、易集人群区域卫生保洁和防疫消毒工作为重点，全面清理多处卫生死角，检查落实防疫防火卫生保洁工作。三是“七一”节前夕，联合饶平二中学生志愿者，开展“共建共治、景校共美”新时代文明实践活动，庆祝“七一”建党99周年，并为饶平二中高考考场营造清新洁净环境。四是“9·30”国家烈士纪念日前夕，重新整装着色革命烈士纪念碑文字刻，同时开展主题党日义务保洁劳动。

2020年饶平县石壁山风景区管理处班子成员名录

主　任：李焕顺

副主任：吴爱顺　钟林生

（蓝少珊）

潮州市生态环境局饶平分局

【简况】 2020年，潮州市生态环境局饶平分局（以下简称：饶平分局）认真贯彻习近平生态文明思想和党的十九大、十九届历次全会精神，全面落实县委、县政府决策部署，努力克服疫情等带来不利因素的影响，强化统筹协调，狠抓“六保”促“六稳”措施落实，以决战决胜污染防治攻坚战为重要抓手，坚决打好疫情防控常态化背景下污染防治攻坚战，生态环境质量持续改善。

【生态环境保护督察】 中央环境保护督察及“回头看”、广东省环境保护督察反馈意见及交办问题得到切实整改。到2020年底，饶平县牵头落实的14项整改任务已完成10项。未完成的任务中，1座县级污水处理厂已开工建设，完成地勘和基础填土，正进行地基桩基施工；20座镇级生活污水处理厂已全面开工建设，其中6座已建成，12座正在通水调试进入收尾阶段，2座正在进行建筑主体施工（已采用一体化设施应急处理）；全县应建村级污水处理设施254个，已开工建设41个，其中20个基本建设完成；镇级生活污水处理设施配套的77千米管网已全面建成，村级管网已建成33.2千米。全县建制镇生活污水处理实现全覆盖，各项整改任务取得积极成效。

【疫情防控】 新冠肺炎疫情发生以后，饶平分局严格按照饶平县疫情防控指挥部的工作部署落实办公场所疫情防控措施，主动安排6名工作人员协助做好高速检查卡口的值守工作。积极发挥部门职能作用，对县人民医院、华侨医院等医疗机构及县党校集中隔离点的疫情防控工作落实情况展开检查，督促医疗机构落实主体责任，加强废水消毒杀菌，完善29家次的医疗废物转移处置登记备案，确保医疗废物和废水得到无害化处置，保障人民群众生命健康安全。

【扫黑除恶】 饶平分局2020年报送生态环境领域涉黑涉恶线索17条，有效涉刑案件线索6条；县公安机关破获生态环境领域刑事犯罪案件6件，刑事拘留32人。4月2日，广东省扫黑除恶办组织对饶平县生态环境领域扫黑除恶挂牌整治工作情况进行验收，于5月15日解除对饶平县生态环境领域扫黑除恶突出问题挂牌整治。6月5日，因在生态环境领域专项斗争中取得显著成效，潮州市生态环境局被潮州市扫黑除恶专项斗争领导小组办公室评为“2019年度全省扫黑除恶专项斗争先进单位”，予以通报表扬。

【黄冈河水环境质量】 根据国家采测分离监测结果，黄冈河4个地表水重点考核断面优良率100%。2020年黄冈河凤江桥国控断面水质全年平均值达到污染防治攻坚战和环保督察要求的Ⅱ类标准考核目标，各项主要监测指标浓度值中，总磷为0.099mg/L、氨氮为0.32mg/L、化学需氧量为13.9mg/L、五日生化需氧量为2.4mg/L，与2019年（总磷0.119mg/L、氨氮0.36mg/L、化学需氧量14.4mg/L、五日生化需氧量3.0mg/L）相比，均呈下降趋势。黄冈河水质稳中向好，达到污染防治攻坚战水质保护目标要求，但凤江桥断面全年仅有4个月水质达到Ⅱ类标准，大多数月份处于Ⅲ类水质，甚至个别月份出现Ⅳ类水质，黄冈河水质未能稳定达标。黄冈河主要支流联饶溪、高堂干渠、樟溪溪水质仍未达标，长期处于Ⅳ-Ⅴ类甚至劣Ⅴ类，影响黄冈河干流水质。

【环境空气质量】 为贯彻执行《潮州市扬尘污染防治条例》，饶平分局强化工业源治理，落实全县39个生物质锅炉完善配套废气高效除尘治理设施，对禁燃区4台高污染燃煤锅炉采取淘汰整治工作。推进挥发性有机物和氮氧化物、PM2.5、臭氧的协同减排，强化VOCs重点企业

“一企一策”综合整治工作，落实10家涉VOCs废气排放企业开展销号整治。开展加油站、储油站、油罐车专项整治行动，全面开展加油站油气回收设施的检查，完成54家次加油站专项整治检查，进一步压减空气中臭氧浓度。同时，强化城市面源整治，落实“六个100”防尘措施，禁止建筑工地废弃物随处堆放倾倒，确保施工场地堆场和渣土车等交通运输车辆的规范化管理。全面禁止露天焚烧各类物质；规范全县垃圾运输和处理处置。通过控尘、控烧、控气、控煤、控车，全方位落实“气十条”。2020年，PM2.5平均浓度为18微克/立方米，县城区黄冈镇空气质量AQI达标率为96.7%，达到污染防治攻坚战三年行动计划目标要求（≥94%）。

【近岸海域生态环境】 以全面推行河长制为抓手，结合创建省卫生县城（国标）和省卫生镇、河道沟渠水污染综合整治等工作，对8个入海河流沟渠开展综合整治，以持续改善近岸海域生态环境质量为核心，强化陆海统筹，坚持标本兼治、多措并举推进近岸海域污染防治。3月2日，饶平县违规违法吊养清理整治会议召开，对近岸海域违规吊养养殖采取整治行动，累计清理吊养面积约3925.6公顷（其中养殖户自行拆除486.93公顷）。3月19日，潮州市生态环境局海洋环境水质监测系统（移动式浮标）建设项目开始安装。4月16日，三个移动式浮标分别投放到汛洲岛东南侧、青屿南侧和大埕湾港口航运区水龟地附近海域，于年底前完成调试验收。

【土壤污染防治】 一是加强土壤污染源头控制，督促广东新生环保科技股份有限公司、瀚蓝环境等重点监管企业依法开展土壤污染情况监测。划定耕地土壤环境质量类别，稳步推进受污染耕地安全利用和严格管控。强化建设用地土壤环境管理，严格把控建设用地准入。加强土壤与地下水污染协同防治，强化农村地下水型饮用水源保护，完成“千吨万人”地下水型饮用水源调查评估和保护区划定，完成55个加油站埋地油罐双层罐防渗改造工作。二是强化固体废物管理，推进土壤污染防治各项重点工作。着力推进生活垃圾处理设施建设，完成全县20个镇级填埋场的搬迁及封场工作，完成宝斗石生活垃圾填埋场PPP项目建设并投入试运行，实现生活垃圾100%无害化处理。完成涉危险废物企业规范化检查，联合县交通部门开展专项执法检查，落实机动车维修行业危险废物规范化管理，督促29家机动车维修单位完成备案注册，19家完成危废转移申报任务。

【生态环境整治】 强化农村污染治理，深入推进农村人居环境整治。2020年，钱东镇、高堂镇、汫洲镇三个镇级饮用水水源保护区划定，水源保护区配套建设稳步推进。建饶镇白花洋村生活污水直排污染饮用水源问题得到整改。《饶平县农村生活污水治理攻坚实施方案（2020—2022年）》正式实施，农村生活污水处理工作得到切实提升。全县1203个自然村雨污分流、污水排放管道收集或暗渠化完成率以及生活污水处理率，达到考核目标要求，完成年度目标任务。

【环评审批】 ①加强生态环境源头管控，协调组织“三线一单”（生态保护红线、环境质量底线、资源利用上线和生态环境准入清单）编制成果征求意见，提出切合县经济社会发展规划实际的意见建议。②深化生态环境领域“放管服”改革，进一步优化环评审批流程，落实“最多跑一次”和容缺受理，提高审批效率。③严守环保底线，把好建设项目环境影响评价“关口”，引导水产养殖企业完善环评手续，开展环评报告表质量自查，审批建设项目环境影响报告表66份，不予批准环评文件2个，网上备案建设项目环境影响登记表79个。④推进排污许可管理，全面实现“一证式”管理，列入重点和简化管理企业57家，发证15家，特殊情形42家，发证完成率100%；列入登记管理企业776家，已登记594家，特殊情形182家，登记完成率100%，总体完成率100%。

【生态环境监管】 积极开展各项生态环境保护专项执法行动，严查重治生态环境违法违规建设、生产及超标排污行为，严厉打击违法排污企业（作坊），认真推行污染源日常监管双随机执法抽查及重点污染源监管制度，出动环境执法人员2825人次，检查企业998家次，责令改正企业10家，实施行政处罚10宗，罚款84.9万元。妥善处理群众来访信访投诉的生态环境问题，受理环境信访投诉617件。信访案件做到件件有登记，件件有落实，件件有答复，当年受理当年结，2020年已办结617件，办结率100%。

【生态环境监测】 ①县环境监测站每月进行地表水、饮用水源水质的常规监测，对九村溪、樟溪水、联饶溪、高堂干渠等主要污染支流开展定期监测，分析主要污染来源，全年取得水环境质量监测有效数据8800多个，为及时掌握黄冈河水质状况和变化趋势，落实整治工作和执法监管提供科学依据。②环境空气质量：县城空气自动监测站实时采样分析得到大气环境有效数据2130个。③污染源监督性监测：全年完成污染源监测任务100多家次，其中国控污染源1家4次，市控污染源3家8次。对镇级生活污水处理设施进行每月1次进水、每季度1次出水监测，完成160多家次监测。5个直排海污染源每季度1次共4期次监测。全年污染源监测有效数据2100多个。

【生态环境宣教】 充分发挥“广东省环境文化宣传橱窗”、县城运动场大型户外LED广告屏、画报等宣传载体的公益宣传作用，多方位开展生态文明建设、污染防治攻坚等主题的宣传，投放宣传海报、墙报、横幅85幅，公益视频广告4个，传播传唱《让中国更美丽》主题歌曲。联合县水产协会组织开展海洋生态环境保护法律法规和政策知识专题讲座，开展线下主题活动8次，加强政企交流，共同推进海洋生态环境保护工作。开展环保法律法规、环保知识、环保服务进企业、进社区的系列宣传活动，发放宣传手册800份，宣传折页500份。

2020年潮州市生态环境局饶平分局班子成员名录

局　长：吕俊仕

副局长：周愈河　邱志坚　余世达

（许揭平）

交通·邮电

饶平县交通运输局

【简况】 2020年，饶平县交通运输局紧紧围绕市、县的决策部署，以立足确保完成省、市、县下达的任务为目标，积极主动加强与有关部门的协调衔接，切实解决工程推进过程遇到的困难和问题，特别是征地迁拆问题，扎实稳步推进项目建设顺利进行。一年来，全县交通基础设施建设投入22.42亿元，其中地方交通基础设施建设投入8.37亿元，高速公路建设完成年度投资17.15亿元。

【公路建设】 至2020年底，全县交通基础设施建设投入22.42亿元。其中地方交通基础设施建设投入约8.37亿元，积极推进省道S222线海山段、迎宾大道、省道S501线泶洲段、省道S502线大埕至仙春段路面改造、县道X080新圩至渔村段路面改造、饶平火车站疏站北路、省道S501线饶平樟溪至浮滨路段、省道S502线闽粤交界至饶平大埕段、省道S502线饶平李厝（海龙酒家）至施厝路段、小红山变电站至灰泶线改建、国道G324线饶平东溪大桥至饶平大道路段路域环境整治及配套设施完善、省道S333线闽粤交界处至建饶镇区（含支线）改建、国道G355线饶平上善至饶洋段路面改造、省道S221线饶平段路面改造、省道S222线联饶下饶至汕汾高速黄冈出入口段路面改造、省道S222线三饶至大埔段路面改造、省道S232线福建交界至浮山段、浮滨至湘桥段路面改造、饶平县环城北路路面黑底化及配套工程等交通项目建设。

【高速公路】 积极协调推进大潮高速公路建设，协调各施工标段在建设过程中碰到的问题。同步推进线外“三改”工作，督促沿线各镇及早交地。要求各施工标段对已经交地的“三改”工程及时实施，改顺地方道路和水系，减少因施工建设对村民生活及生产的影响。2020年以来，高速公路建设完成年度投资14.05亿元，12月28日实现全线通车。

【道路运输】 不断加强道路运输企业和站场的源头监管，认真做好客货运安全生产及业务检查、驾驶员培训、机动车维修、危险品运输、货运源头、道路运输车辆动态等监管工作。通过开展运输企业、驾培机构诚信评价工作，促进企业加强管理、保障安全、诚信经营、优质服务。同时，积极协调客运企业，进一步简化办事程序，做好服务交通运输行业业户和群众的工作。

【安全监管】 一是加强安全宣传教育，传达上级有关安全生产工作的指示精神，开展安全生产宣传教育工作。二是结合各项安全生产专项活动，加强交通运输行业安全生产督查。三是加强路面执法巡查、渡口渡船安全检查、基建项目和公路养护安全隐患排查和整改工作。四是做好台风的防抗工作和节日安全生产工作，重点加强运输行业安全生产管理。五是结合实际，建立健全应急队伍及应急物资库，修订应急预案，落实隐患排查措施，把安全工作做实做细，构建平安交通。

【综合执法】 交通运输综合执法部门采取常态化管理与专项整治相结合的执法方式，保持高压态势，严厉打击各类违法、违规经营行为，确保全县道路运输市场更加规范有序。2020年，查处各类违法违规行为为981宗，罚款金额151万元。其中查处非营“黑车”23辆、源头企业15家、超限超载运输车701辆（百吨王31辆）、其他违法违规行为242宗，共卸载货物28 522.19吨。

【公路养护】 主要落实各养护单位对管养线路做好路面修补、路面保洁、路肩整修、边沟清疏、路侧除草等工作。在完成日常养护工作的同时，要求各养护单位加大巡查力度，重点对公路上下边坡，急弯陡坡、危险桥涵、排水系统进行排查，发现隐患及时处置，确保公路交通环境安全有序。2020年，完成公路环境综合整治提升共96千米，出动路政巡查人员1293人次，巡查里程22 021千米，联合清理摆摊设点62宗，治理安全隐患点18处，施划标线和减速线2425平方米，增设减速带和中间分界线1498平方米。

【扫黑除恶】 按照“有黑扫黑，有恶除恶、有乱治乱”的工作思路，认真排查、研判交通运输领域涉黑涉恶线索，重点整治黑恶势力和“保护伞”。2020年，排查行业基础线索715条，经研判梳理，列为重点基础线索3条，办结3条（办结率达到100%），移交公安机关1条。全县交通运输领域扫黑除恶专项斗争取得明显成效。

【精准扶贫】 2020年，县交通运输局多次组织帮扶责任人对贫困户进行走访调查、促膝谈心，并组织局领导干部对贫困户进行慰问以及完成精准扶贫开发财政扶贫专项资金帮扶项目的申报。扎实推进交通设施建设扶贫工程，有效发挥交通运输“先行者”的作用，精准扶贫工作成果斐然，实现全面脱贫。

【自身建设】 认真贯彻落实党的十九大和党的十九届五中全会、习近平总书记出席深圳经济特区建立40周年庆祝大会和视察广东重要讲话、重要指示精神，深入开展纪律教育学习月活动，不断巩固“不忘初心、牢记使命”主题教育成果，切实增强“四个意识”、坚定“四个自信”、做到“两个维护”，推动交通系统全面从严治党向纵深发展。2020年，局理论学习中心组组织18场次，召开党建专题会议14场次，领导班子带头上党课12场次，党组织开展集中学习191场次，上党课93场次。

2020年饶平县交通运输局领导班子成员名录

局　长：林益构

副局长：余速亮　余朝鹏　张少群

　　　　吴晓锋　林吉东（—2020.3）

党组成员：周义群（—2020.3）

（苏锦藩）

中国邮政集团有限公司广东省饶平县分公司

【简况】 2020年，中国邮政集团有限公司广东省饶平县分公司（以下简称饶平邮政分公司）以习近平新时代中国特色社会主义思想为指导，认真贯彻落实集团公司“四梁八柱”“六维共生”发展战略，以寄递业务、代理金融和基础性业务作为全年的经营重点，各项工作取得明显实效。2020年全县邮政业务收入累计完成6200万元，同比增长11%。基础管理进一步夯实，服务质量稳步提升，全年无重大安全事故。

【疫情防控】 2020年初新冠疫情期间，饶平邮政分公司坚持“四不中断、四免费办”（网点服务不中断、机要通信不中断、揽投服务不中断、在线服务不中断。救援物资免费送、上门揽收免费办、个人捐助免费寄、捐款转账免费汇），在服务地方抗疫助农、学校停课不停学、保障居民用邮通邮等方面积极作为。全力保障员工防护物资需求，常态化落实防控措施。组建青年党团突击队，参与一线支撑，协助分拣邮件，投送、安装违标电动车车牌，封装配送中小学教材，助力网课教育以及参与开发助农潮州柑项目，纾困柑农。

【邮政业务】 一是寄递业务快速发展。整合投递、邮件处理、收寄环节。将县城2个投递部门的道段进行调整，平衡各道段工作量，实行“普邮+快包”与“标快+快包”的分网模式，提升邮件处理的速度，规范转趟乡镇邮件的处理，减少差错率，省内邮件T+1时限水平稳步提升，提高地方用邮体验。二是普惠金融服务进一步提升。常态化开展特色沙龙服务，优化网点资源配置，同时，积极开展“送金融知识进校园”“金融知识进万家”等活动，向公众宣传防范电信诈骗、防范非法集资、反假币等相关知识，提高了公众维护自身资金和信息安全的意识和能力，有效保障广大人民群众资金安全。三是邮务业务有效转型。首次举办乡镇小型惠民书展，先后在新丰镇政府广场开展“书香饶平·随心所阅”书展活动，在汫洲镇同步举办惠民书展；开展《民族大团结》和“抗击新冠病毒”等各项集邮品营销活动，以邮票的独特视角让广大邮迷在畅享集邮文化的同时，进一步激发热爱党、热爱祖国、热爱社会主义的情怀。

【“三大攻坚”】 一是巩固脱贫成效。一方面，协助李厝村和新乡村开展村容村貌整治、教学环境改善，创新开展简易保险扶贫，共投入扶贫资金10.8万元，挂钩帮扶的71户282人均全部脱贫。另一方面，响应政府“抗疫助农”工作部署，为潮州柑拓宽销售渠道、保障寄递畅通，25天销售上百吨，助力乡村振兴。二是绿色邮政“9792”工程全面达标，结合2020年绿色邮政建设行动工作要点，重点推进绿色包装、绿色运输、绿色金融三大重点工程，绿色邮政建设行动取得重要进展。加大绿色邮政宣传，开展植树活动、低碳行动。三是重大风险底线牢牢守住。扎实推进“平安邮政”建设，持续落实“双管控、双加强”防控金融风险，全年未发生重大金融风险和安全事故。

【服务质量】 一是进口政务邮件零流失、零虚假。二是营业管理实现提质达标。完成17个网点开通便民汇兑业务、解决4个边远乡村单人临柜网点营业隐患问题，线上预约收寄率、新型面单推广率、营业网点签到签退率、营业时长达标率等指标均有所提升。“五达标、两提升、两压降”及国网有责申诉率、普遍服务客服工单率全部达标。畅通政企沟通渠道，解决边远山区部分网点未满点营业的老大难问题。全年无重大有理由投诉，机要通信质量保持全红。

【农村电商】 建成首个“茂芝红色主题邮局”。全县邮政营业支局叠加了新零售、税邮、代办联通等业务开始运营，渠道转型初显成效。农村电商加快发展，协助建设6个“电商+寄递+金融”潮州邮政扶贫工作站，助力茶叶、番薯、蜂蜜等扶贫农品拓宽网销渠道，实现销售近16万元。

【关爱员工】 推进“员工关爱工程”。组织全县员工及离退休人员体检；慰问患重病、生病住院员工16人次。推进小家建设。为五个支局的职工食堂、职工宿舍等进行修缮和配套建设，投入资金8.94万元，为农村支局员工努力营造良好的工作、生活环境。

2020年中国邮政饶平分公司班子成员名录

总经理：陈　奇

副总经理：陈宏涛　魏少亮

（陈肖琳）

中国电信饶平分公司

【简述】 2020年，中国电信饶平分公司（以下简称“饶平电信”）在饶平县委、县政府的正确领导下，以党建为统领，坚决执行省、市公司经营战略，全面深化企业战略转型，以建设网络强县，服务地方经济和民生，提升全县信息化为宗旨。充分发挥企业在基础网络、光纤覆盖、云网安、客户服务和人才队伍的优势，深入推进“数字乡村、智慧社区”建设，努力提高5G网络覆盖，不断提升企业服务水平。

【党建】 坚持以党的政治建设为统领，紧跟党中央和上级党委节奏，强化思想政治学习，深入开展多形式、分层次、全覆盖的学习培训活动，提升广大党员干部的思想觉悟和党性修养。加强党的组织建设，实行党员积分管理，落实全面从严治党，开展“党建翼联”以及“两深入两服务”等活动，进一步巩固企业党建的政治核心，铸就坚强战斗堡垒。

【网络建设】 围绕“数字乡村、智慧社区”战略，全面推动光网智能升级，深化网络端到端运营能力，提升客户感知。全力开展5G共建共享，5G信号基本覆盖县城及重点领域、行业及重要产业区域，实现20户以上自然村全光网覆盖率达99%以上，网络速率提供能力达到1000M。持续推进云改数转，强化云网资源保障能力，提升面向客户的云网安交付能力，重塑服务支撑体系。加快云产品体系从单云单网向多云多网延伸，打造城市安全大脑服务平台。

【服务质量】 一是贯彻落实“用户至上、用心服务”理念，以客户为中心，强化网络、产品、渠道、服务等品质保障，强化服务标准，落实提速降费；落实“当日装、当日修、慢必赔”等服务承诺。在营业窗口设立志愿者服务岗，文明服务岗等。二是通信保障方面，开展日常巡检，完善应急预案，加强应急演练，确保重要节日、汛期的通信保障。三是加强国家传输一级干线设备及线路日常维护和应急备纤调试工作，确保重要长途传输系统运行稳定。

【社会服务】 1.坚决打赢脱贫攻坚战。不断巩固“两不愁三保障”成果，确保贫困户“八有”脱贫标准真正落地，实现古笃村和光陇村28户贫困户全部脱贫摘帽。2.扎实推进疫情防控。成立防控领导小组，做好内外防控。一是派发防疫用品，成立防控服务志愿小组、选派志愿小组成员参与各卡点的防疫防控工作；通过电信自有平台，发送防控短信到手机用户。二是做好重点客户通信保障，确保好疫情期间的通信畅通。三是确保学生停课不停学，为学校提供远程课堂升级改造方案和网络平台，提供优质网络。3.利用专业技术优势，配合政府做好网络“扫黄打非”“扫黄打非·新风”“扫黄打非·非正道”等行动，净化网络环境。四是确保网络和信息安全，成立防诈专班和处置中心，开展“断卡”行动，严格落实新入网业务按规范100%实名登记，严查各种不规范业务操作，达成网站备案率100%、不良信息处理及时率100%的目标。

2020年中国电信饶平分公司班子成员名录

总经理：吕党钦

副总经理：郑三创　黄　晖

（邱海武）

中国移动饶平分公司

【简况】 中国移动通信集团广东有限公司饶平分公司（以下简称饶平移动）是中国移动通信集团广东有限公司下属的分支机构。2020年以来，紧紧围绕地方政府和上级公司的工作思路，以党建为引领，以增收为目标，从个人、家庭、集客三大基础市场出发，牢固树立“责任、拼搏、争先、创新”四个理念，全力以赴完成公司转型发展战略。

【党建引领】 认真落实“质量达标　和格行动”主题实践活动，深入推进“党建+网格”工作，抓好“三个创”。一是积极开展“党建和创”、红色文化基地共建。以“党建和创”为切入点，聚焦茂芝会议旧址、麦贤得英雄陈列馆等红色文化旅游景点，不断探索党建名片、文化旅游与5G等新技术业务的深度融合，以党建引领业务发展，擦亮红色文化教育基地品牌，促进党业融合。二是分公司领导积极发挥“党团指导员”作用，坚持三个支撑下沉网格管理，指导网格打造“三位一体”的“铁三角”，并带头开展对企事业客户的首拜和“总经理接待日”流程穿越、集团信息化项目攻坚、商机收集等，助力网格改革深化、实践创效。三是网格积极与市公司职能部门进行跨部门结对子同创，上下联动合力支撑切实推动网格价值化运营。

【市场运营】 持续做好客户服务，开展总经理接待日活动。公司总经理与客户进行面对面沟通，倾听客户心声，了解客户需求，推动解决客户服务工作存在的实际问题，能够与客户间建立理解与信任，切实提升客户满意度。同时通过引入连锁渠道、引导当地渠道招募兼职拓展团队等增强拓展力量，加强客户大数据分析，支撑网格大力市场运营，以引导渠道做好熟客运营为契机，推动渠道主动拓展。

【集团保拓】 加强集团专线开通工单跟进和闭环管理，促进专线业务、企业宽带、家宽扩容等多项工程一体化设计、同步建设、一次覆盖到位，提升集团专线开通及时率，提升政企客户的服务感知，强化集团专线技术支撑。2020年，累计完成新建集团专线建设超300条。

【网络支撑】 根据市公司网络规划和工程建设工作部署，发挥属地资源优势和网络经理网络哨兵作用，加强与各综合网格联动、专业协同，提升工程建设效率，全力推进工程建设及选址效率。2020年全年开通4G基站近2000个，开通5G基站超60个，基本实现4G连续覆盖，有力支撑4G市场快速发展。同时全力做好应急通信保障工作，切实做好节日、重要活动、防风、防汛等通信保障，服务地方社会经济发展。

【基础管理】 主动为一线员工排忧解难，在基层班组全面实施“暖心工程”关爱一线，落地开展2020年员工服务“十大实事”，着眼员工需求开展“幸福1+1”系列员工文体活动、节日关怀活动，如“办公环境美”评比活动、“童心未泯放飞梦想”员工亲子线上活动、“走进潮美乡村-古村落”徒步活动等等。开展业余羽毛球兴趣班、与外单位的篮球友谊赛等舒缓员工工作压力、丰富精神生活，不断提高员工的归属感、获得感、幸福感。为有效缓解职工工作生活压力，关爱职工子女成长，开展暑期员工子女夏令营活动，解决员工的后顾之忧，让员工能更加踏实地、更加专注地投入到工作中，聚力“潮前进”。

【社会责任】 一是热心社会公益活动。积极落实“扶贫济困日”开展扶贫捐款活动；协助黄冈镇社工站解决学生线上教育学习的困难问题；疫情期间，公司团支部利用自身的技术优势，制定“信息化助学专项服务行动”，主动上门为学生、教师优化网络问题；全力做好应急通信保障工作，如潮州华瀛天然气接收站项目开工仪式、饶平县水产品电商大赛等。二是落实精准扶贫。对口帮扶樟溪镇青岚村，帮扶贫困户全部脱贫。三是打击电信诈骗，开展“扫黄打非”专项行动。100%落实客户实名制，做好垃圾短信的拦截，上线网站备案率100%，网站备案主体信息准确率达100%。

2020年中国移动饶平分公司班子成员名录

总经理：曾炳宏（—2020.4）
　　　　许路星（2020.4—）
副总经理：黄　强（—2020.6）
　　　　谢伟鹏（2020.6—）
　　　　赵朝炎（2020.6—）

（郑素花）

中国联通饶平县分公司

【简况】 中国联合网络通信有限公司饶平县分公司（以下简称饶平联通）是中国联合网络通信有限公司广东省分公司下属分支机构。2020年，饶平联通以服务广大人民群众为出发点，持续深化转型和混合所有制改革、纵深推进“五新”（新基因、新治理、新运营、新动能、新生态）联通建设，聚焦高质量发展和5G发展，将高质量发展理念贯彻到生产经营的各个环节中，实现公司持续健康发展，为饶平县社会稳定和经济建设做出积极贡献。

【网络建设】 围绕人民群众关心的网络质量问题，扎实推进网络建设，与电信共建共享快速建设站点，完善4G网络站点的覆盖建设和5G网络站点建设、网速优化。2020年饶平县区域内物理基站增加到447个，新增4G网络站点123个、新增5G网络站点104个，宽带端口3.65万个，新增光缆资源140千米，光缆资源增长9PP（原饶平光缆资源1435千米），饶平区域内道路和主要村庄基本实现光缆网络的覆盖，尤其解决饶平北部山区资源禀赋不足的状况。特别是在加快5G网络、数据中心等新基建项目中积极承担央企责任。为后续业务接入缩短建设距离与支撑周期，为市场的发展奠定坚实的基础。全力做好自然灾害、节假日、重要活动等应急网络抢修和应急通信保障，网络基础管理能力大幅提升，全年国家干线零故障，重大信息安全零发生，安全生产零事故。

【员工关怀】 “我为群众办实事”专题实践活动，持续推进“三个一切”落到实处，一切为了客户、一切为了一线、一切为了市场，贯彻以人民为中心的理念，践行初心使命的政治责任，深化落实职工队伍建设“20条”、广东联通特色化“五心”工程，聚焦凝心工程、圆心工程、舒心工程、匠心工程、暖心工程，解决职工群众“急、难、愁、盼”问题，不断细化员工关怀举措，团结广大职工坚决打赢疫情防控阻击战，确保疫情防控物质发放到位。加强岗位能力培训投入，切实为职工进步成长、提升打开通道，激发广大职工的学习热情和参与岗位能力培训认证的积极性，使职工个人综合素质有大的持续的提升，让职工有干劲、有奔头，聚人心鼓士气。

【经营管理】 加快运营转型、落实网络强国战略、深化混合所有制改革、纵深推进“五新”联通建设、高质量发展等重点任务，持续推进“三个一切”落到实处，“一线事、马上办”工作机制，形成“前台甩单、中台流转、后台支撑”的直达支撑体系，严格落实实名制入网要求，为推进企业高质量发展提供坚强保证。政企业务成功拓展“雪亮工程”和“智慧党建”项目，公众业务止跌回升，收入实现同比正增长，较好的完成公司下达的各项工作任务。

【社会服务】 疫情防控学生停课期间，配合教育部门在全县中小学开通钉钉网上课堂。持续扎实做好扶贫工作，2020年是脱贫攻坚战收官之年，认真落实精准扶贫脱贫攻坚任务，实施对口村扶贫工作，助力实现公司教育扶贫、公益扶贫、网络扶贫、党建扶贫和消费扶贫，助力贫困村和贫困户完成脱贫攻坚。联合县文明办、县创文办开展一系列创文活动。坚决执行反打击通信诈骗活动，用户信息安全严格保障，严格按照实名制入网要求，落实稽核及考核制度，落实“断卡”行动相关要求。认真落实“扫黄打非·正道”“扫黄打非·新风”等专项自查和集中行动，定期网络及数据安全检查、公司内部系统漏洞防护、用户信息加密保护等方式保障用户信息安全。加强对ip地址的管控，定期稽核抽检等方式进行监管，封堵高危端口，关停涉/立案（电诈）用户，关停被举报诈骗用户，积极配合网警进行ip溯源等工作。

【党风廉政】 一是全面从严治党，做到勤政廉政。组织党员干部在客户服务、网络保障、员工关爱、生产经营等方面发挥堡垒和先锋作用，化危为机加快创新转型实现高质量发展。持续做好先进典型事迹宣传，营造当先锋、作表率的良好氛围。二是加强廉洁教育，提升廉洁意识。落实严格遵守中央八项规定，遵守廉洁自律准则，构建“不想腐”“不能腐”“不敢腐”的工作机制，营造了风清气正的政治生态环境，全年公司没有发生违法违纪事件，员工凝聚力强。

2020年中国联通饶平县分公司班子成员名录

总经理：张志晓

副总经理：谢绪煜　李　媛（2020.4—）

（谢木多）

港口、口岸管理

饶平海关

【简况】 2020年，饶平海关以习近平新时代中国特色社会主义思想为指导，坚决贯彻落实习近平总书记重要讲话和重要指示批示精神，坚决贯彻落实党中央、国务院重大决策部署，在汕头海关党委的正确领导下，在潮州市、饶平县两级党委政府的关心和支持下，聚焦基层、基础、效率、质量，持续深化改革、强化监管、优化服务，全关上下团结一心、砥砺奋进，筑牢检验检疫防线，优化营商环境，统筹推进口岸疫情防控和促进外贸稳增长，各项工作稳中提质，新时代现代化强关建设全面起势。

【筑牢检疫防线】 认真贯彻落实国务院、总署和地方疫情防控有关政策规定，制定新冠肺炎疫情、动植物疫情、非洲猪瘟疫情防控防护等应急预案14个，举办应急处置演练13次，提高疫情防控应急处置能力。落实落细新冠肺炎疫情口岸防控各项措施，严格落实“三排三查一转运”（“三查”，即百分之百查验健康申报、全面开展体温监测筛查、严密实施医学巡查。“三排”即对“三查”当中有相关症状或来自疫情较严重的国家和地区的，或是接触过确诊病例、疑似病例的人员严格实施流行病学排查、医学排查以及实验室检测进行排查。“一转运”即对“三排”当中判定的人员一律按照有关规定落实转运、隔离、留观等防控措施）。2020年检疫进出境船舶393艘，船员6980人，采样核酸检测287人，移交地方隔离148人。6月2日，查处汕头海关首宗进境渔船申报不实简易案件，起到较好的震慑效果。8月11日，成功在“克莱德”轮上检出粤东首例境外输入新冠肺炎病例，有效防止新冠肺炎从境外输入，实现粤东境外输入检出阳性“零的突破”，做到“打胜仗、零感染”。强化危化品出口监管，全面排查风险隐患，全年共监管进口液化气70.26万吨，实现安全“零事故”。

【优化营商环境】 认真落实“六稳”“六保”任务，进一步优化营商环境。支持港口业务发展，扩大吞吐量，帮促生石膏、河沙等大宗散货在饶平口岸进口，在外关区进口液体糖的企业通过一体化报关方式回流纳税。全年共监管进出口货物779.3万吨，货值8.24亿美元，征收税款4.6亿元。提供原产地证书签发服务，全年签发各类原产地证书1890份，使企业享受关税减免153.59万美元。主动响应潮州市委、饶平县委工作部署，开辟“绿色通道”，扶持饶平特色农业拓展“一带一路”等新兴市场，帮助饶平特色水产品出口逆势增长。全年共监管活鱼出口2381吨，货值1376.6万美元，同比分别增长131.75%和123.73%。加强AEO企业培育认证，扶持饶平高资信企业开拓海外市场，疫情期间，助力相关企业获得一般信用认证，及时享受出口转关便利，帮助企业减少疫情通关影响。

【协同高压打私】 全力推进“国门利剑2020”“蓝天2020”“打击濒危野生动物及其产品走私”等专项行动，联合地方打私部门综合治理，强化正面监管，加强口岸货运查验和进境运输工具登临检查，加大非设关地巡查力度，严防“洋垃圾”在辖区走私入境。

【精准扶贫】 发挥党组织在脱贫攻坚中的引领作用，通过“党建+扶贫”“机制+扶贫”“志愿+扶贫”模式，精准开展扶贫工作。针对部分贫困户发展生产缺乏启动资金的实际，积极协助联系地方金融机构，为有劳动能力的67户贫困户办理贴息小额贷款共201万元。至2020年4月底，对口帮扶的171户贫困户全部达到脱贫标准并办理退出手续，提前完成精准扶贫目标任务。

【队伍建设】 扎实开展“四强”（政治功能要

强，支部班子要强，党员队伍要强，发挥作用要强）支部创建，较好发挥支部在抗击疫情、执法把关、服务外贸和脱贫攻坚中的战斗堡垒作用，涌现出一批先进集体和先进个人。1人被海关总署评为“全国海关系统抗击新冠疫情先进个人”，30人次受到汕头海关、潮州市记三等功、嘉奖等奖励表彰，运输工具和口岸监管科被潮州市评为潮州市第六届先进集体，饶平海关被评为“2018—2020年度广东省文明单位”和“潮州市抗击新冠肺炎疫情先进集体”，收到锦旗7面。

2020年饶平海关班子成员名录

关　长：林永新

副关长：陈松凯　林建雄　胡　鹏（女）

（朱　丰）

潮州港口海事处

【简况】　潮州港口海事处成立于2001年1月，副处级建制，内设综合办公室、柘林海巡执法大队和黄冈海巡执法大队，管辖潮州港海域和饶平县域内河通航水域（含封闭水域）。潮州港包括金狮湾、三百门及西澳3个港区，海岸线长136千米，海域面积为533平方千米，为国家一类对外开放口岸。沿海港口现有码头13座，其中7万吨级通用码头和煤码头各1座，5万吨级液化气码头1座，2万吨级通用码头1座，5千吨集装箱码头和油气码头4座，3千吨级及以下小码头4座，拖轮码头1座，码头总泊位16个。拟建的码头有金狮湾港区怡华5万吨级石化码头和华瀛15万吨级LNG码头等。

2020年度，辖区进出港船舶1934艘次，（其中国际航行船舶272艘次）；货物吞吐量1264.6万吨（其中煤炭1037.4万吨，石油、天然气及制品119.3万吨，其他化工原料及制品3.6万吨），辖区未发生列入统计范围的一般等级及以上水上交通事故，水上交通安全秩序总体保持稳定态势，实现“零事故、零伤害、零污染”的目标。

【打击水上交通违法】　一是持续开展“攻砂”行动打击内河涉海运输违法行为。建立起以饶平县政府主导，海事、交通、公安、海监、海警、沿海六镇等相关单位联合执法机制，注重“海上查、岸上堵、重点跟、处罚严”，强化打击非法开采、运输、堆放、销售海砂行为。海事查处的内河船涉海运输案件从2017年108件下降到2020年的1件（由海警移交）。二是推动欧边至汛州自用船非法载客综合整治。配合县政府、交通、海监开展欧边至汛州水域水上综合执法，现场制止自用船非法载客行为。对发现相关违法违章行为及时通报相关镇政府，督促其落实好属地安全管理责任，联合相关职能部门对自用船船主开展集中安全知识培训，有效遏制自用船非法载客蔓延势头，实现“二级风险源”成功降级为“三级风险源”。三是积极开展汤溪水库农自用船非法载客综合治理。通过CCTV、电子巡航和现场巡航及时采集汤溪水库副坝区域自用船非法载客相关证据并及时通报汤溪镇政府，发送《海事安全建议书》，与汤溪镇政府、镇派出所、水库管理处开展多次联合突击执法，建立非法载客案件移送司法机关的合作机制。2020年8月20日，将首宗农自用船非法载客案件成功移公安机关处理，起到有力威慑作用。推动地方政府在库区各入口处安装铁栅栏、库区周边修筑安全防护墙，安排工作人员轮班值守，从遏制客源上解决非法载客现象。9月以来，暂未再发现汤溪水库农自用船非法载客现象。

【疫情防控】　一是严格内部防控和做好外部支援，派出青年党员和团员投身地方战“疫”一线，参与地方无偿献血，奔赴一线区域协助防疫工作。二是强化“非接触式”安全监管，部署应急储备力量，做好码头、航运公司防疫宣指导。与地方防疫办、海关、边检等口岸单位协同联动建立信息共享和联防联控机制，有序完成292人次的国际航行船舶船员换班管理，严防境外疫情通过水运口岸输入本土。落实好阶段性减免港口建设费政策，减免港口建设费1600余万元。加快办理进出港手续，维护良好的通航秩序，全力支持企业复工复产。疫情防控开展以来，在市级以上新闻媒体刊载疫情防控等方面的新闻稿件26篇，营造浓厚宣传氛围。

【海事服务】 围绕潮州市建立沿海经济带上的特色精品城市目标和临港经济发展思路，提前协调主动介入，为华瀛LNG码头、华丰中天LPG码头、益海嘉里粮油码头等一批百亿级临港产业集群落地和潮州港公用航道疏浚扩能、扩建货运码头建设提供海事专业指导和技术支持。主动参与地方“电子口岸”建设，做好“单一窗口”标准版实施，通过开通能源运输“绿色通道”，为港航企业和船员提供“7×24小时”“线上+线下”双轨业务办理等快捷优质服务。

2020年潮州港口海事处班子成员名录

处　长：陈天岱

副处长：欧建煌　廖茂标（2020.11—）

（刘　雄　陈启任）

工业·商业

饶平县工业和信息化局（工业部分）

【简况】 2020年，饶平全县生产总值为282.74亿元，按可比价同比增长1.8%。其中，第一产业增加值70.69亿元，增长5.1%；第二产业增加值91.74亿元，增长2.6%；第三产业增加值120.31亿元，下降0.2%。三次产业结构为25.0：32.4：42.6。

【工业生产】 2020年全县规上工业产值253.63亿元，同比下降5.55%，规上工业增加值59.07亿元，同比下降0.9%。全县五大支柱产业产值呈现二增三降。1—12月份电力生产产值61.94亿元，比2019年同期增长3.34%；水族机电制造业产值27.28亿元，同比增长2.74%；食品制造加工、燃气生产和供应两个行业同比分别下降4.9%、3.11%；陶瓷玻璃制品制造下降49.05%。

【技术改造】 积极实施新一轮技术改造，宣传落实工业企业技术改造奖补等政策措施，推动企业实施技术改造，提高生产清洁化、自动化、智能化水平。2020年全县工业技术改造投资3.69亿元，新增技术改造投资项目备案22项。

【扶持中小微企业】 加强政策宣传和项目申报服务。做好惠企政策进企业服务，先后组织350多家次企业参加政策宣讲会、业务培训班、企业高管培训班等活动，使惠企政策措施真正走进企业落到实处。做好项目申报的指导服务，组织指导企业申报各级财政专项资金支持发展，帮助企业在工业、商务、科技等领域获得各级财政专项资金支持。宣传贯彻落实国家、省、市、县各级扶持企业发展政策措施，积极促进中小微企业发展，推动小微工业企业上规模。2020年度新增上规企业19家。组织企业申请潮州市中小微企业贷款风险补偿金入库，缓解企业“融资难、融资贵”问题。2020年新增入库企业7家，全县累计入库企业58家。

【二平台二基地】 支持企业申报广东省中小企业公共技术服务示范平台和广东省民营企业（中小企业）创新产业化示范基地认定。2020年，全县有广东省中小企业公共技术服务示范平台2家，分别是广东铭康香精香料有限公司香精香料公共技术服务示范平台、广东海利集团有限公司水族器材和电子茶具公共技术服务示范平台。广东省民营企业（中小企业）创新产业化示范基地4家，分别是广东博宇集团有限公司水族机电创新产业化示范基地、广东三元玉瓷文化发展股份有限公司日用玻璃陶瓷创新产业化示范基地、广东新功电器有限公司多功能组合茶具创新产业化示范基地、无穷食品有限公司禽肉休闲制品创新产业化示范基地。

【专精特新中小企业】 积极组织企业申报广东省专精特新中小企业认定。2020年7月，广东明泰盛陶瓷有限公司、广东健源匠心食品有限公司被省工信厅认定为“2020年广东省专精特新中小企业”，有效期三年。

【“四梁八柱”民营企业】 积极培育产业龙头企业示范带动产业发展，打造根植于本县的“四梁八柱”骨干企业。2020年，11家企业被认定为2020年潮州市“四梁八柱”民营工业企业，分别是无穷食品有限公司、广东海利集团有限公司、广东新生环保科技股份有限公司、饶平县宇祥水产养殖有限公司、饶平县腾跃食品有限公司、广东新功电器有限公司、饶平县展雄水产品有限公司、广东博宇集团有限公司、饶平县统一纸品有限公司、潮州市欧华能源有限公司、广东铭康香精香料有限公司。北京同仁堂粤东有限公司被认定为2020年潮州市“四梁八柱”民营商贸企业。

【清洁生产】 贯彻落实潮州市委、市政府工作部署，打好污染防治攻坚战，打赢蓝天保卫战，鼓励企业实施清洁生产审核，提高企业绿色生产水平。2020年，全县有3家企业通过清洁生产审核，受颁“潮州市（2020年度）清洁生产企业”证书和牌匾，分别是广东无尽食品有限公司、广东大唐国际潮州发电有限责任公司、饶平县新丹丰金属制品有限公司。

（薛锦添）

饶平县商业企业集团公司

【简况】 饶平县商业企业集团公司（以下简称集团公司）是国有商业流通企业的主管部门，前身为饶平县商业局，组建于1956年，于1993年体制改革易名为饶平县商业企业集团公司。集团公司位于黄冈镇沿河北路18号。集团公司内设办公室、人事部、财务部、开发部、企管部等。2020年，全商业系统在册干部职工2570人。其中在岗人员221人，下岗人员928人，移出社会化管理退休人员1257人；拥有资产30处，资产总额7600万元，其中：固定资产3661万元，流动资产3939万元。集团公司下设辖百货公司、五金交电公司、华侨公司、旅游服务公司、商业贸易中心、纺织品公司、糖烟酒公司、食品公司8个公司和黄冈、钱东等21个基层食品站。

集团公司坚持习近平新时代中国特色社会主义思想为指导，以建立新型流通体制为目标，以提高经济效益和经济运行质量为重点，全面深化改革，调整结构，强化经营管理，克服诸多不利因素的困扰，坚持边解决历史矛盾边开拓经营，各项工作有了新的起色。

【体制改革】 ①由职工带资租赁门店经营进行改革。对资产过大、职工无法购买的企业或亏损严重、资不抵债但仍有一定业务渠道的企业，由职工出资组建新的经营企业，租赁原企业的资产进行经营。如糖专、华侨公司等。对经营方式多样、经营状况复杂，整体改革有困难的企业，实行化整为零，先由属下部门的职工出资组建有限责任公司或股份合作制企业，实行带资租赁经营，实施分部门转制。如百货公司等。②引入社会竞投方式进行改革。让社会投资主体通过竞投方式租赁经营。如五金交电公司等。③实施关、停、并、转。对严重亏损、资不抵债，没有经营前景的企业坚决实施关、停、并、转及时止亏止血，防止亏损的进一步扩大。同时，对剥离出的公司均按“自主经营、自负盈亏、自筹资金、确保上交”的原则，面向内部职工租赁承包经营，安排大量下岗职工就业；因机制灵活、政策宽松，大部分公司都取得较好效益。④县纺织品公司经县政府批准，实施改制，对资产进行处置，所得资金用于职工安置及债务偿还。公司将若干处资产实行拍卖，拍卖收入优先解决职工经济补偿金、社保金、职工生活补贴及职工医疗补充金，调整其他支付费用。至2019年末，已拍卖资产有汕汾中路252号一、二层和六层，拍卖收入1077万元。新港仓库由国土局收回实施拍卖。安置职工181人，支付安置资金约1490万元。⑤根据饶平县政府、县财政局等上级有关文件精神，积极配合有关部门做好国有企业退休人员社会化管理工作。2020年，全系统移出社会化管理退休人员1257人。

【企业管理】 各企业加强财务管理，强化资金运用的监管。建立进货价跟踪制度和各店进货价比较制度，控制经营成本。加大对拖欠款的追收力度，减少经营风险和财务风险。积极实施减员增效，盘活闲置资产。积极盘活闲置物业和推销积压商品，增加资产收益。建立和完善激励机制，推进分配制度改革，实行贴身经营，调动全体员工的积极性。

【行业管理】 集团公司坚持向法制化、规范化方向逐步推进企业管理。抓好生猪定点屠宰管理。集团公司有县华平肉联厂、三饶、浮山、海山、樟溪等五个生猪定点屠宰场，实现改造升级，投入资金200万元。规范管理，组织对私屠滥宰和非法销售肉品的行为进行打击，保障“放心肉”的供应。抓好“打假”工作。配合有关部门加强市场商品质量管理，严把市场商品质量关，维护国有商业企业的声誉，保护生产者、经营者和消费者的合法权益。

2020年饶平县商业企业集团公司
班子成员名录

总经理：王明勇

副总经理：郭庆辉

（罗元组）

饶平县供销合作联合社

【简况】 2020年，饶平县供销合作社联合社（以下简称“县供销社”）在县委、县政府的正确领导下，以习近平新时代中国特色社会主义思想为指导，不断创新为农思路、搭建为农平台、落实为农举措，一手抓疫情防控，一手抓改革发展，年度各项目标任务高质量完成，全社为农服务能力得到进一步提升，乡村振兴主力军地位进一步彰显。

【疫情防控】 2020年，县供销社以服务“三农”为宗旨，认真贯彻落实中央、省、市、县委对新冠肺炎疫情防控的决策部署，面对疫情迎难而上，加强对属下企业外来人员和复工复产人员的排查，坚持每天一登记、每天一报，同时通过悬挂横幅、发放宣传手册、转发推送等形式，加大科学防疫宣传力度，增强系统人员防疫意识，提高人员自我防范能力。

【综合改革】 一是全面推进新型助农服务示范体系建设，建成运营1个县城助农服务综合平台和25个镇村助农服务中心，超额完成年度乡村助农体系建设任务；完成县域助农服务综合平台联饶镇区延伸建设项目，将作为蔬菜直供配送集中点，扩大农副产品销售渠道。在上年度广东省供销社的助农服务体系考核中，县供销社被评为优秀等级。二是制定《2020年深化全县供销合作社综合改革重点工作任务书》和《关于印发全县供销合作社培育壮大工程实施方案的通知》，2020年度建设完成1个村级基层社（海山石头），改造升级3个镇级基层社（汤溪、海山、樟溪），设立5个庄稼医院，新创办7个农民专业合作社（合计9个），开展土地社会化服务333.8公顷，推进社有企业提质增效。三是夯实基层基础，盘活社有资产。新建、改造基层门市、仓库共2300平方米，其中海山供销社新建门市、仓库600平方米，改造升级450平方米；汤溪社新建门市500平方米，改造升级250平方米；上饶社改造升级500平方米。拆除浮滨社危旧仓库，进一步消除安全隐患。2020年，全县供销社系统销售总额7088.53万元，比2019年同期增长58.81%，综合业绩考核全省排名第40位，比2019年上升53位。

【安全生产】 严格执行各项安全生产法律法规，制定《饶平县供销合作联社灭火疏散应急管理制度》《县供销社安全生产管理制度》《县供销系统应急管理预案》，层层签订《安全生产责任书》，明确安全责任；领导班子多次带队下基层，排查危房、用电、消防灭火设施上的安全隐患问题，保障复工复产安全有序。2020年9月，市供销社将县社开展安全检查工作情况发表于“南方+”平台。

【为农服务】 一是建立茶叶农资监管与物流追踪平台服务网点。立足地方特色，投入资金建设坪溪、桥头两处网点，主要经营茶叶有机肥料、农药，提供茶叶种植、加工等技术咨询，开展茶叶生产知识培训，帮助茶叶仓储销售，有力推动当地经济发展。二是配合县电商办，积极引进电商、物流。结合三年电商计划，发挥供销社农村网络优势，进驻镇助农服务中心开展相关业务，电商、物流进驻设点10处。三是拓展农村金融服务网络。与太平洋保险公司开展战略合作，与农业银行饶平支行共建“银行+供销合作社+农户”绿色融资通道，开展支农服务体系建设。四是组织开展农民培训活动。联合潮州市农资公司、浮滨助农服务中心举办放心农资下乡宣传暨农技培训活动，开展茶树栽培、茶叶加工、荔枝嫁接、病虫害防治等农技知识培训，免费发放生产肥料、杀虫剂、除草剂，培训农民群众150多人次。与饶平技工学校、东莞市东供职业培训学院对接合作，开展“粤菜师傅”“电商”等技能培训，2020年共培训60多人次。

【消费扶贫】 制定《2020年全县供销社系统推进消费扶贫工作实施方案》，在大埕、汫洲、联饶和黄冈开展4场扶贫消费活动。同时各基层门店设立扶贫专柜，积极引导购销湖北农副产品，助力消费扶贫，共计购销15万多元。

【组织建设】 认真贯彻落实饶平县加强党的基层组织建设三年工作实施方案，通过读原文、看视频、上党课等形式进行集中学习，开展讨论交流；创新学习载体，推广使用“党建云”“学习强国”等网络平台进行学习；积极开展“多谈话”、民主生活会，组织观看警示片、参观红色基地等活动。同时，组织属下党支部书记进行党建工作培训，聘请资深律师，开展《民法典》等法律专题学习会，提高干部队伍综合素质，增强凝聚力、组织力、领导力。

【完善机制】 一是调整理事会、监事会主任，健全联合社“三会”制度，进一步规范机关运行机制。二是建立县社合作发展基金，完善《资产管理办法》和《财务管理制度》，规范基层社内部治理机制，确保资产管理和监督到位。三是完善更新《县供销社“三重一大”制度实施办法》以及各办公室规章制度，制定《饶平县供销社党风廉政建设制度》，与属下各党支部书记签订《廉政承诺书》，强化廉政风险防控，营造风清气正的工作环境。

2020年饶平县供销合作社联合社班子成员名录

主　任：余庆松（—2020.5）
　　　　沈俊汉（2020.5—）
副主任：邱立婷（女）　杨逸忠
　　　　余晓敏（女，2020.10—）

（胡顺德　余铭涵）

饶平县粮食集团公司

【简况】 2020年，饶平县粮食集团公司（以下简称粮食集团）以习近平新时代中国特色社会主义思想为指导，紧紧围绕县委、县政府重大决策，主动适应经济发展新常态，从基层党建和内部管理入手，坚持不懈开展安全生产、国有资产管理、越战退役养老续保、疫情期间防控等工作，较好地完成了年初确定的工作目标及上级交给的各项工作任务。

【基层党建】 一是进一步健全完善“三会一课”、组织生活会、党员民主评议、党费缴纳等相关制度。粮食集团党总支及辖下3个支部坚持党支部书记带头上党课，组织开展党员谈心谈话、主题党日活动，落实意识形态工作责任制。组织党员干部学习习近平总书记出席深圳经济特区建立40周年庆祝大会和视察广东重要讲话、重要指示精神，深入学习《习近平谈治国理政》第三卷，党的十九届四中、五中全会精神等内容。二是开展慰问困难党员工作，慰问困难党员6人次，慰问金额3600元，让党员干部切实感受党组织的关怀和温暖。三是选拔三位干部分别担任黄冈、所城和大埕贸易公司任法人代表。并根据《中国共产党章程》和《中国共产党基层组织工作条例》的有关规定，于2020年12月30日顺利完成党总支换届工作，选举产生新一届党总支委员会。四是积极参与疫情期间捐款活动，参与捐款26人，捐款金额2260元，为全县疫情防控工作贡献一分力量。

【制度建设】　在2019年制订《饶平县粮食集团公司（本部）管理细则》的基础上，2020年又在广泛征求基层单位的意见后，出台《饶平县粮食集团公司内部规范管理补充通知》，对粮食集团及属下各单位在用人用工、工资津酬、日常管理等各方面进行全面规范，让企业日常管理工作有章可循，有规可依。

【安全检查和维修】　加强集团和下属公司重点部位安全检查和维修。一是集团金谷大厦玻璃幕墙维修。金谷大厦玻璃幕墙自95年建成至今20多年，多处出现玻璃开裂，胶条脱落，五金配件锈蚀，随时有玻璃掉落的危险。2020年10月，集团向上级申请5万元资金补助，粮食集团投入20多万元对该幕墙进行全面维修，更换玻璃、五金配件、加装防护设施，消除安全隐患。二是针对钱东贸易公司3仓后面职工宿舍墙体及屋顶漏水、油脂仓库的地埕下陷等情况，分别于2020年1月、4月和12月，投入1.2万元，完成维修等工作，消除安全隐患，改善办公环境。三是2020年2月和12月，三百门粮食港口服务公司投入3.4万多元，对辖区的消防设施、排水沟、老食堂烟囱、值班室门窗等进行全面配套、维修、清理，改善码头靠泊及经营条件。四是针对新丰贸易公司北拱仓后围墙外倾严重，围墙隔壁处溁东村乡道人员出入位置，存在安全隐患，该公司投入3700元对围墙进行拆除重建及批挡。五是针对三饶贸易公司松墩仓库由于附近村民自建房对围墙外护土坡进行开沟，时有塌方现象。公司投入6000元，协助将该护土坡建成挡土墙。六是樟溪贸易公司原围墙边宿舍陈旧老化，出现屋顶崩塌、墙体严重开裂，对毗邻住户及过往行人构成严重威胁。2020年4月，公司投入1800元将该危房屋顶及墙体进行拆除。七是大埕贸易公司原办公楼及现办公场地年久失修，下水管道破损，天台积水严重，办公楼门窗老化，无法打开通风。2020年6月，该公司投入12 000多元对该场地进行维修。八是所城贸易公司对库区内部分排水沟及四仓后面倾斜的围墙进行加固，共投入资金5000元。

【财务管理】　加强对基层各公司的业务指导和财务监督，完成粮食集团本部、三百门港口公司及浮山贸易公司的财务会计核算和财务管理工作；对基层各公司2018—2019年会计核算、资金管理等进行检查，并对存在问题提出整改意见；做好基层公司退休负责人离职与财务会计相关工作；及时准确汇总辖属各公司的财务报表，完成财务会计信息的上报工作；加强资金管理和费用开支的监督，使资金运用合规有序，各项费用开支符合相关制度；运用政策工具，细致协调与税务、银行等业务部门的往来，做好汇算清缴工作，防范税务风险，促进公司稳健经营；与贸易部团结协作，完成粮食集团进口大米配额的申报和购销业务。

【粮食进口】　粮食集团贸易部与财务部通力协作完成《2020年粮食进口关税配额申请》业务，并从2020年3月中旬起，始终跟踪国内去库存政策对粮食市场带来的影响，特别是关注广东配额其他相关单位进口动态，积极多方搜集潮州市粮食进口业务经营信息。为粮食集团领导经营决策提供依据。同时，对历年配额申报资料建档，以备上级发改部门及相关部门检查。

【国有资产管理】　按照粮食集团领导班子的工

作部署，聘请有资质的评估公司对浮山、三饶、黄冈、所城、大埕、钱东、汫洲、海山、新丰等9个镇基层公司拟将出租的标的进行评估。依据评估公司的评估价结果进行招租，其中三饶公司西门门市通过竞拍租金收入净增3.5倍，浮山公司主所及东山站通过招租年收入净增2倍多。其他公司通过评估招租租金都有大幅度提高，使国有资产出租逐步贴近市场价，实现保值、增值和资产处置规范化。粮食集团将逐步规范基层公司的资产处置行为，使企业的资产价值充分体现，坚决杜绝拥有大量的门市、仓库等资源而低租、贱租，干部职工领取低下待遇的现象。

【退休人员社会化管理】 2020年9月，根据《潮州市推进国有企业退休人员社会化管理工作实施方案》（和《饶平县国有企业退休人员社会化管理移交接收工作指引》精神，粮食集团成立工作领导小组，将全系统263名退休人员的人事档案移交到各镇政府，同时，党员的组织关系也转移到属地党委，顺利将全系统退休人员纳入社会化管理。

【慰问困难职工】 2020年粮食集团工会积极筹措资金，购置慰问品，由领导亲自带队，对本单位离退休干部、基层公司原退休经理及生病住院干部、特困职工等70人进行慰问，共发放慰问金及慰问品约28 980元，给他们送去党组织和企业的关怀。

【越战退役养老续保】 根据《关于落实部分军队退役人员基本养老保险关系接续有关问题的批复》（饶府办复〔2011〕56号）要求，为原粮食系统解除劳动关系越战退役人员37人解决社保接续手续。按照政府审批程序，2020年已为5人办理退休手续。

2020年饶平县粮食集团公司班子成员名录

副总经理：周建雄（负责人） 许文生
吴利和 沈镇伟

（陈璐希）

广东省盐业集团潮州有限公司饶平分公司

【经济指标】 广东省盐业集团潮州有限公司饶平分公司（以下简称饶平分公司）2020年食盐销售量1282吨，完成计划的63.47%。其中小包装碘盐632吨，完成计划的61.96%；食盐销售量比2019年同期减少33.88%，小包装碘盐销售量比2019年同期增加22.98%。

【食盐营销】 根据《广东省盐业集团潮州有限公司外勤客户经理工作考核方案》要求，制定相应的工作目标，积极主动并经常保持与客户的联系，建立长期可信赖的合作关系。外勤客户经理通过安装“食安云商”，继续推行“渠道下沉”战略，借助平台实现传统食盐营销渠道升级改造，加强实体销售网络建设，逐步扩展自有食盐销售主渠道，提升对食盐终端市场的掌控能力。至11月底止，新增配送商7户，用盐厂家6家。

【宣传活动】 一是“3·15国际消费者权益日”前后，饶平分公司在办公楼悬挂“凝聚你我力量，科普安全用盐”宣传标语。结合新型冠状肺炎病毒疫情实际，组织单位员工在朋友圈积极转发省集团和市公司发布的线上宣传资料，潮州公司执董麦伟杰在活动期间带领配送中心人员深入到三饶指导宣传工作。同县消协签订“广东省线下无理由退货”的承诺。通过一系列的线上线下活动，向消费者宣传食品安全的重要性，在特殊时期展示广东盐业的产品优势和“粤盐”的品牌形象。二是5月15日第27届“防治碘缺乏病日”，饶平分公司在县城黄冈和三饶、饶洋等地持续近一个月时间开展“防治碘缺乏病日”宣传咨询活动。通过向过往群众发放宣传资料，对前来咨询的群众讲解碘缺乏病的病因、危害及防治知识。活动开展3场（次），覆盖3个社区2000居民，出动宣传营销人员20人（次），现场促销小包装自然盐、低钠盐、生态盐和海水盐一批，发放宣传资料近2000份，送出赠品盐罐48个。同时，分公司在县城恒晟购物广场举办宣传咨询活动，《潮州日报》对宣传活动作图文报道。

【人员流转安置】 根据《关于实施广东省盐业集团潮州有限公司人员流转安置方案》和潮盐司〔2020〕64号”的通知要求，公司对距法定退休年龄不足5年的在岗员工，可自愿提出申请离岗退养。离岗退养人员由公司按月计发离岗退养生活费至法定退休年龄。生活费标准根据公司经营效益按与同职级在岗人员当月平均工资水平的70%确定，节日待遇按照同级别在岗人员的70%执行。对符合条件的在岗职员工，可与公司协商解除劳动合同。经济补偿基数按职工本人解除劳动合同前十二个月的月平均工资确定，每满一年工龄按一个月工资的标准支付经济补偿金。计算补偿工龄最高不超过21年。员工对实施流转安置方案反响很大，1人申请协商解除劳动合同，6人申请办理内退外，干部职工队伍稳定。

【扶贫慰问】 在春节和中秋节前夕，饶平分公司组织帮扶人员到所挂钩的所城镇鸿东村走访原贫困户，对原18户贫困户进行慰问，每户每次慰问金额200元，共计慰问款7200元。对2019年已脱贫的贫困户进行跟踪巩固工作，按上级布置的有关帮扶工作进行落实。

【基层党建】 一是完善“三会一课”、组织生活会、党员民主评议、党费缴纳等相关制度。组织开展党员谈心谈话、主题党日活动，落实意识形态工作责任制，坚决贯彻党的路线方针政策和决策部署；二是认真贯彻落实党的十九大和党的十九届五中全会、习近平总书记出席深圳经济特区建立40周年庆祝大会和视察广东重要讲话、重要指示精神，深入开展纪律教育学习月活动，不断巩固“不忘初心、牢记使命”主题教育成果，积极引导党员干部职工切实增强“四个意识”、坚定“四个自信”、做到“两个维护”。三是坚定贯彻落实省集团“以盐为基、以盐带路、严把盐关、广开盐路”的发展思路和“强品牌、提品质、增品种、优服务”的经营战略，勇担国企使命，履行好食盐是“小产品、大民生”的国有企业、民生企业的社会责任，以企业高质量发展助力饶平经济高质量发展。

【安全生产】 一是开展冬季灭火演练。10月26日由市公司主办，饶平分公司承办的潮州盐业系统冬季灭火演练在饶平分公司新港仓库举行。该次灭火演练，对正确使用4千克干粉灭火器，掌握灭火以及扑救初级火灾技能有较好的促进作用。二是开展安全大检查。重点检查新港仓库、东里储备盐坨等属下单位安全防火预防情况，检查消防器材、检查车辆安全状况等。对存在一定安全隐患地方进行细致排查，对存在安全隐患的车辆及时安排检修，切实保护人员和国有资产的安全。三是加强值班备勤工作。认真执行县委县政府通知要求，落实机关及下属各单位值班人员24小时值班制度，各部门负责人带班制度等。

【退休人员管理】 根据《潮州市推进国有企业社会化管理工作实施方案》的通知，饶平分公司领导高度重视退休人员社会化管理工作，将其纳入2020年重点任务，第一时间制定工作方案，层层压实责任，细化任务分工，明确要求尽快全面完成。针对推进该项工作的程序步骤、信息采集、档案整理等几方面，同时解决在推进过程中遇到的困难和难点。通过对退休人员调查摸底和信息采集，完成《个人信息登记表》《档案移交花名册》等表格的信息采集录入。重点对退休人员档案进行逐卷核对，按照目录分类整理档案目录清单，整理后装订成册，确保退休人员人事档案的完整。截至9月18日，饶平分公司已完成退休人员社会化管理档案移交工作，与饶平县国有资产监督管理局签订移交协议，整理移交80份退休人员档案，转移退休党员党组织关系35人，按时完成省市公司安排部署的工作任务。

2020年广东省盐业集团潮州有限公司饶平分公司班子成员名录

经　理：洪少明（2020.11—）
　　　　刘坤茂（—2020.10）
副经理：徐四钦　黄顺孝（—2020.10）

（余郁欣）

饶平县烟草专卖局（分公司）

【简况】　2020年，饶平县烟草专卖局（分公司）以习近平新时代中国特色社会主义思想为指导，有序推进疫情防控常态化和全面复工复产，紧紧围绕高质量发展战略部署和上级工作安排，持续提升饶平烟草高质量发展水平上新台阶，局党总支2020年10月被市委组织部确立为“潮州市城市基层党建示范点”并授牌。1—12月销售卷烟193 080.53万支，卷烟销售金额145 664.85万元，毛利率30.19%，单箱销售收入3.77万元。分别比减0.37%、比增5.12%、0.22%、5.54%，较好完成年度下达的各项工作任务。

【专卖管理】　开展“以案说法”专题宣传活动，持续强化使命担当，奋力提升专卖管理高质量发展水平。2020年，共查处卷烟涉假案件75件（其中无证运输48件、无证生产21件、非法储存6件），累计查获YJ14B-22卷烟机械11套（22台）、其他制假机械22台，假冒卷烟6322.56万支、烟丝63.635千克（其中烟梗9.86吨）和其他制假原辅材料一大批，涉案金额达6555.57万元，并抓获涉案人员25名。特别是成功破获“7.10”非法生产卷烟案等国标网络案件4件，“5.10”非法运输卷烟案等省标网络案件2件，起到很大的震慑效应。全年共出动执法人员2 560人次、车辆480车次对市场进行监管维护；共查获市场案件152件，查获假私非烟61.638万支（其中假冒7.592万支、走私烟1.616万支、非烟52.43万支），涉案总金额63.3万元，其中“双5”（案值破五万烟支破五万）以上真烟非法流通大案4件、“单5”案件1件，达到打击一片，震慑一方。

【服务与活动】　严格落实“三会一课”、主题党日等制度，认真学习习近平新时代中国特色社会主义思想、习近平总书记在深圳经济特区建立40周年庆祝大会和视察广东重要讲话重要指示精神，推进饶平烟草高质量发展。年内重点解决群众职工六件大事，一是优化便民利民服务事项。开通“绿色通道”，简化审批环节，在原办理时限基础上压缩50%以上，全面进驻“广东政务服务网”，实现“一网通办”“群众申办零跑动”。二是加强许可证的后续监管，建立健全许可证“黑名单”，全面清理“空挂户”，及时更换新版卷烟零售许可证。三是“五一”前夕组织以“全民健身，战胜疫情”为主题的徒步登山健身活动。四是“七一”前及主题教育期间组织到茂芝红色教育基地参观学习、锤炼党性。五是认真组织领导干部到碧岗村开展精准扶贫，落实精准扶贫、帮扶规划、帮扶到户、帮扶脱贫等工作。六是组织全体干部职工进行健康体检。

2020年饶平县烟草专卖局（分公司）班子成员名录

局　长、经理：余晓明
副局长：蔡汉平　谢昭群
副经理：程　刚

（江团生）

农业·水务·气象

饶平县农业农村局

【简况】 2020年，饶平县农业农村局坚持以习近平新时代中国特色社会主义思想为指导，紧紧围绕省委“1+1+9”、市委“1+5+2”和县委十三届九次全会工作部署，认真贯彻落实“中央一号文件”和省、市、县农业农村工作会议精神，以实施乡村振兴战略为总抓手，扎实推进各项重点工作和重点项目建设。全年全县农业总产值121.18亿元，比2019年增长6.1%，农业农村经济稳步持续发展。

【农业生产】 农作物生产方面：2020年，县粮食播种面积24 203.33公顷，总产21.512万吨，播种面积比2019年增加447.6公顷，总产增加1.2048万吨。其中：水稻18 653.33公顷、总产12.72万吨（早稻10 053.33公顷、总产7.004万吨；晚稻8 600公顷、总产5.72吨）；玉米种植面积773.33公顷、总产0.52万吨；大豆335.33公顷、总产0.101万吨；薯类种植面积4040公顷、总产8.06万吨。花生种植面积1486.67公顷，总产0.353万吨。蔬菜种植面积8200公顷，总产28.29万吨。水果总面积10 513.33公顷，总产14.21万吨，其中，荔枝种植面积1933.33公顷，总产1.72万吨；龙眼种植面积2846.67公顷，总产3.9万吨；柑桔橙种植面积1600公顷，总产3.06万吨。茶叶总面积8400公顷，总产1.182万吨。

【畜牧业】 2020年全县生猪饲养量36.59万头（存栏量11.54万头、出栏量25.05万头），牛饲养量1.33万头（存栏量0.67万头、出栏量0.66万头），羊饲养量1.09万头（存栏量0.44万头、出栏量0.65万头）；三鸟饲养量1358.02万只（存栏量355.26万只、出栏量1002.76万只），其中肉鸡饲养量580.77万只（存栏量164.97万只、出栏量415.80万只）、蛋鸡存栏68.97万只；肉类总量40 893吨，禽蛋产量9413吨。

【渔业生产】 2020年，全县水产养殖面积11 200公顷，年总产量17.5万吨，年产值35.6亿元。其中海水养殖产量13.3万吨，深海网箱养殖面积286.67公顷，深海网箱产量2.31万吨；淡水养殖产量2.42万吨。

【农业机械】 农业机械年末拥有量35.75万千瓦。水稻生产综合机械化水平81.9%，农作物机械化综合水平达到57.78%。

【脱贫攻坚】 2020年，聚焦“两不愁、三保障”和“八有”目标，围绕“扶真贫、真扶贫”具体要求，县建档立卡贫困户9303户、24 277人，其中有劳动能力贫困户4571户、17 521人，无劳动能力贫困户4732户、6756人，脱贫“八有”全部达标并标注脱贫；35个省定贫困村全部出列。全县有劳动能力贫困户年人均可支配收入16 799元，35个省定贫困村居民人均可支配收入超19 873元，超过同期全省农村居民人均可支配收入60%（11 935元）；全县累计筹集中央、省级、中山市、潮州市及县级财政扶贫专项资金37 039.88万元，其中“631”统计资金33 380.88万元，已使用扶贫资金33 380.88万元，“631”资金使用率100%。

【疫情防控】 2020年初，受新冠肺炎疫情影响，饶平县潮州柑出现滞销现象。为落实上级部门“抗疫助农”工作部署，县农业农村局积极联系市、县多家媒体和国内知名助农电商销售平台，拓展助农销售新渠道，帮助柑农迅速打开潮州柑销售的困局，共解决全县2.8万吨柑桔的销售。局充分发动饶洋、新丰、新塘、东山、浮山等镇11家柑桔种植企业向湖北省荆州市红十字会捐赠潮州桔14.9吨，价值9万元整；国家级农业龙头企业无穷食品有限公司捐赠卤鸡蛋500件，价值12.5万元；联饶镇多家种养专业合作社捐赠蔬菜1.5万千克，价值9万元，用于支援广东医疗队。

【产业园建设】 扎实推做好潮州市饶平县茶叶产业园收尾工作。潮州市饶平县茶叶产业园以构建农业产业、生产、经营三大体系为重点，立足饶平县茶叶产业的资源、区位与基础优势，突出体现茶叶产业化种植、精深加工、品牌营销和技术创新的发展内涵，承载技术集成、产业融合、创业平台、核心辐射等主体功能。

1.产业园规划项目43个中已开工项目43个、开工率100%，已完工项目42个、完工率97.67%，达到省农业农村厅规定的项目验收要求。计划总投资21 405.60万元中已投入资金21 716.22万元、总投入资金进度为101.45%。6月中旬，县已组织验收专家组对产业园建设情况进行验收，验收结论为合格；绩效自评报告及相关佐证材料已整理完成，经县政府审定后，已按要求上报市局、省厅。根据省农业农村厅《关于抓紧做好现代农业产业园存在问题整改工作的通知》文件精神，对省反馈存在问题进行剖析，提出整改意见，已稳步开展各项整改落实工作。

2.积极谋划申报省级水产产业园建设。在成功申报创建潮州市饶平县茶叶产业园的基础上，积极谋划申报更多的省级现代农业产业园。申报的潮州市饶平县水产产业园已列入“2020年第一批省级现代农业产业园建设名单”。2020年12月底，潮州市饶平县水产产业园规划项目31个中已开工项目31个、开工率100%；计划总投资23 613.5万元中已投入资金7131.11万元，总投入资金进度为30.2%；其中，省级财政资金5000万元，已使用2061.59万元，省级财政资金使用进度为41.23%，其他社会资本投入5069.52万元。

3.有序推进市级水产、青梅现代农业产业园建设。截至2020年12月底，饶平县水产市级现代农业产业园项目总数为6个，完工项目6个，总体工程建设进度达100%。青梅市级现代农业产业园项目总数为11个，已开工项目11个、开工率100%；已完工项目11个、完工率100%。组织做好2020年市级农业产业园申报，狮头鹅产业园已被市列入2020年市级产业园项目拟扶持建设名单，已公示，待市正式批复后开展相关工作。

【产业强镇】 一是积极开展产业强镇项目。推进2019年钱东镇农业产业强镇示范建设项目加快建设。贯彻落实《2019年钱东镇农业产业强镇示范建设项目实施方案》，5家项目实施主体中4家完成建设并通过县组织的专家验收，杜家庄项目正在进行收尾及验收资料准备等工作，在2020年12月完成项目县级验收，并拨付财政补助资金。二是推进浒洲2020年农业产业强镇建设项目。组织编制的《2020年浒洲镇农业产业强镇建设项目实施方案》已经县政府常务会议同意，联合县财政局已将项目建设计划及资金下达至各实施主体，各实施主体已根据县政府批复的项目实施方案，细化各自项目具体实施方案，并同步开展项目相关建设工作。截至2020年底，项目总体形象进度可达40%左右。

【“菜篮子”工程】 2020年度，继续引导菜篮子基地引进优新品种和新技术，改进市场流通设施和农田水利基础设施，做好农产品质量安全检测体系建设，现已建成检测中心，正申请省级验收。带头开展食用农产品标识工作，强化种养基地的源头治理，加大对农药、肥料、种子、兽药、饲料等农业投入品生产、经营和使用过程的监管力度，全面提升菜篮子基地的产品质量。一年来，全县8个省级基地和5个粤港澳大湾区生产基地，均能认真贯彻落实广东省农业农村厅的工作部署，按规定开展菜篮子产品生产，严把农产品质量关，实现整个生产过程的标准化和规范化，并不断丰富菜篮子产品；充分发挥示范、引领和辐射作用，带动农村经济发展，促进农民增收。

【“一村一品、一镇一业”】 县2019年度“一村一品、一镇一业”项目26个，项目财政补助资金达2611万元，项目基本完成建设，资金使用率80%。各项目镇正按照县项目领导小组办公室印发的《饶平县“一村一品、一镇一业”项目验收办法》，组织各项目实施主体进行镇级初步验收工作。开展省级“一村一品、一镇一业”专业村、镇认定。组织2019年26个项目实施村、浮滨镇夏校村、汤溪镇大门坑村申报首批省级“一村一品、一镇一业”专业村认定以及浮滨镇政府、汫洲镇政府申报第二批省级“一村一品、一镇一业”专业镇认定，均已获得通过。稳步推进2020年度项目实施，制定印发《饶平县2020年“一村一品、一镇一业”项目实施方案》，确定县有25家农业经营主体2020年度项目实施主体，财政资金总额1717万元。财政补助资金已拨付至项目实施主体，并已组织项目实施主体完善修改项目实施方案报省农业农村厅备案，以开展项目建设。

【产业主体培育】 组织做好省、市、县农业龙头企业、农民合作社、家庭农场申报认定与监测工作。积极组织有关农业企业进行市级农业龙头企业申报，经市人民政府同意，新增6家企业被认定为“潮州市农业龙头企业”。2020年，饶平县县级以上农业龙头企业43家，市级以上农业龙头企业36家，省级以上农业龙头企业13家，国家重点龙头企业1家，农业合作社800家。

【渔港升级改造】 积极组织申报饶平县渔港经济区建设项目，对饶平县渔港经济区总体规划编制及前期基础工作进行实施。开展海山渔港升级改造项目建设工作，申报将海山渔港升级改造项目列入2021年广东省渔港升级改造和整治维护项目。

【农业品牌】 持续部署名牌战略工作，继续从高起点、高质量、严要求出发，着手组织、指导农业企业开展申报二品一标认证和名牌产品工作。2020年，全县获广东省名牌产品（农业类）企业12家，产品12个；获得无公害农产品、绿色食品、有机食品认证产品32个。

【农产品质量安全监管】 加强农产品安全监测及宣传工作。2020年抽检果蔬、茶叶样品、水产品2608个，涉及39个果蔬、茶叶品种，代表果蔬大约94.8万千克，茶叶1123吨，水产品340吨，经定性检测，农残超标果蔬样品12个，合格率99.25%（其中茶叶样品全部合格）。主动配合省、市相关检测中心在县开展的蔬菜、水果、茶叶、畜禽产品、水产品质量安全定量抽检工作，抽样633个，经定量检测，合格率98.89%。对检测不合格的产品进行追踪溯源，查找问题根源并消除安全隐患。加大农业生产经营主体的检查指导力度，督促其履行主体责任，落实标准化生产，建立健全生产过程记录档案，严格执行农药安全间隔期和兽药休药期规定，确保农产品质量安全。

【宣传推广】 坚持配合做好农作物品种的宣传推广的工作，抓好全县早、晚造杂交稻种植组合的宣传推广。主导深两优870、深优9528、y两优321、y两优911、y两优3088、美香占2号、象牙占等组合品种，全县早造杂交稻和常规优质稻占水稻总面积的98%以上；主推秸秆腐熟还田技术、测土配方施肥技术、病虫害综合防治技术、水稻育插秧机械化技术、塑料软盘育秧抛秧技术，推动品种不断地更新，保持县粮食生产的稳步发展。

【信息进村入户工程】 将全县35个省定贫困村纳入申报认定和建设任务中，已申报认定的益农信息社335个（包括35个省定贫困村），其中标准社235个，运营社99个，覆盖率达100%，已完成信息进村入户工程覆盖所有行政村的任务。其中益农信息社县级运营中心，已基本完成建设任务，主要围绕着益农信息平台和电商运营平台，对全县信息员进行培训，累计培训150人次。

【畜禽养殖废弃物资源化利用】 做好畜禽养殖场直联直报信息系统上报工作的同时，继续做好全县畜禽粪污综合利用，完成养殖场粪污处理设施装备配套。配合其他职能部门开展执法监管工作，清理取缔禁养区内的畜禽养殖反弹复养。2020年底全县畜禽粪污资源化利用率已达到75%以上，规模化养殖场粪污处理设施配套率达100%。

【生猪屠宰企业转型升级】 加强生猪定点屠宰厂（点）的全面改造、升级、设施投入、资格认证、管理工作。对饶平县食品公司华平肉联厂、浮山食品购销站、三饶食品购销站、樟溪食品购销站等四家屠宰企业进行升级改造，项目建设已完成60%，项目概算总投资为1850.27万元，计划在2021年4月底前完成升级改造，并申报资格认定。

【污染治理】 扎实推进农村“散、乱、小”畜禽养殖污染整治工作。在全面清查的基础上，大力整治农村“散、乱、小”及规模化畜禽养殖污染，指导畜禽养殖户做好养殖污染治理工作，重点开展对养殖场污染整治，规范畜禽养殖生产，集中清理禁养区内的畜禽养殖场，对适养区内养殖专业户及规模化养殖场进行限期整治。实现畜禽养殖废弃物减量化、资源化、生态化、无害化治理，坚持畜禽养殖业生产和生态环境保护全面协调发展。

【渔业资源养护】 落实强渔惠渔政策，切实做好渔民减船转产和渔船更新改造项目申报和资金发放工作。2018年度减船转产21艘、减功率1687.4千瓦，其中拆解捕捞渔船20艘、功率1481.4千瓦，渔船灭失注销1艘、206千瓦。根据《饶平县2018年度渔民减船转产项目补助资金发放工作方案》要求，已发放并公示第一期补助资金168.74万元。

【整治牛蛙养殖（复养）】 于2020年9月27日开始，县农业农村局在全县范围内组织开展牛蛙养殖（复养）摸查、清理整治行动。经排查，全县21个镇中，8个镇有牛蛙养殖户73户，养殖面积8.46公顷。在局和各镇党委、政府的有序推进下，各镇迅速采取行动，积极开展宣传动员工作，组织人力对违规养殖场进行清理拆除。同时，局还多次组织督查人员，对七个重点乡镇的牛蛙清理整治工作开展专项督查和明察暗访。截至2020年12月底，各镇上报的牛蛙养殖户已全面清理完成。

【违规渔具整治】 进一步保持高压态势，开展渔业执法专项行动，继续以打击“电、炸、毒”等非法捕捞为重点，维护渔业生产秩序。至11月份，渔政执法船艇出航162艘次，出动执法人员833人次，渔港巡查21次，渔场巡查11次，检查渔船904艘次，处罚渔船违法案件29件，罚款21.71万元，砸毁电机15台套，没收电缆1650米。

【人居环境】 以“三清理、三拆除、三整治”工作为抓手，统筹抓好村庄清洁行动，农村人居环境得到了明显改善。全县386个行政村1209个自然村（不包括纯居民社区）“三清理三拆除三整治”工作全部完成。

【“厕所革命”】 无害化卫生户厕已完成计划任务数424户，累计改成无害化卫生户厕21.2681万户，普及率达100%；新（改）建公厕计划165座，已完成148座，剩余公厕均在有序建设中。

【美丽乡村】 推进生态宜居美丽乡村建设。沿福建生态宜居美丽乡村示范带12个村已全部开工建设，已完成总体建设进度的75.74%，累计完成投资约9089.33万元。联饶镇春光、葛口、深涂第一项目包已累计完成工程量的93%，新陂、上寨、赤坑、群力、新寮第二项目包完成工程量约82%，黄冈镇碧春、碧岗、仙春、碧洲项目包完成约69%；示范带照明路灯设备安装项目联饶段基本完成建设、黄冈段完成96%。26个省级示范村项目建设有序推进，16个项目村已开工，其中浮滨镇岭头、古山、上社项目包已完成70%，浮滨镇坪峰、三红、东里项目包已完成35%，柘林镇西澳村已完成42%，下岱村已完成15%，所城镇龙湾村已完成35%，汫洲镇西峡村已完成8%，黄冈镇汛洲、上饶镇永善、海山镇东港、柘林内里施工单位陆续进场。另外完成财审，开展招投标的有5个，分别为柘林镇柘北村，高堂镇军寨村，联饶镇赤岭村、下饶村，大埕镇上东村；正在财审的有3个，为钱东镇的钱塘村、仙洲村，黄冈镇大畔寮村；完成施工图设计，准备送财审的有2个，为浮滨镇桥头村、大榕铺村。2019年确定的两批次、110个村的前期工作正在开展中，其中第一批次40个村全部完成规划初步方案，完成立项17个村；第二批次70个村的村庄规划编制和完善工作已全面启动，美丽乡村建设各项工作不断提速。2020年县计划再启动35个村建设美丽乡村前期工作。35个村启动名单已基本确定。

【农村集体产权制度改革】 继续推进农村集体产权制度改革工作，已完成全县385个经联社、147个经济社的清产核资、成员确认、资产量化。清理出可量化经营性资产31 489.35万元，确认成员181 321户、900 377人，形成532个成员清册，确定全县25个经联社开展股份制量化工作，推动产权制度股份合作制改革。在全县183个经联社、20个经济社开展份额制量化工作，并发放证书。在全面完成产改工作基础上，在全县21镇532个农村集体经济组织完成登记赋码的工作。

【重大动物疫病防控】 2020年，全县禽流感应免数1289.6万只，已免1289.6万只次，免疫率100%；鸡新城疫应免数658.3万只，免疫632.0万只次，免疫率96%；猪口蹄疫应免数37.5万头，免疫37.5万头次，免疫率100%；猪瘟应免37.5万头，免疫36.2万头，免疫率96.6%；猪蓝耳应免37.5万头，免疫36.2万头，免疫率96.6%；牛羊口蹄疫应免数2.26万头，已免2.26万头，免疫率100%；羊小反刍兽疫注射2324头。持续做好全县防控重大动物疫病工作，统筹集中免疫行动。筹备各类动物疫苗累计230万毫升，认真落实动物防疫工作经费和物资，为防疫工作提供保证，全年各级财政投入资金292.8万元。

【猪瘟防控监管】 严格落实非洲猪瘟疫情监控排查机制，强化疫情防控，促进生猪生产保障市场肉食供应。严厉打击各种违法违规调运行为，严格监管生猪养殖、经营、运输、屠宰等环节，进一步控制非洲猪瘟疫情传播，切实保障生猪生产安全。局落实监管人员网格化管理，全县乡镇划片包干监管人员150人，出动排查1770人次，网格化监管生猪养殖380户，排查养殖场2517场次，排查生猪244 185头次。据省市要求，县设立上善、汾水关2个临时检查站，选派人员脱产配合公安部门对运猪车辆开展检查，安排专职专班，建立查验台账，强化调运环节监管，严守流通运输关。

【布鲁氏菌病防控】 2020年6月份，局组织对全县的奶羊进行排查、抽血监测，抽检奶羊血清781份，经县动监所初检、市动监所确诊有22份血清阳性。已对患病羊22头全部扑杀，并运至县无害化处理中心进行处理，同时落实对同群其他羊只的隔离、消毒及相关养殖场人员的防护工作。通过印发《关于加强布鲁氏菌病防治工作的紧急通知》《致饶平县奶羊（奶牛）养殖户及羊奶（牛奶）食用者的一封信》，指导各镇开展布鲁氏菌病防治工作。

【牛结节性皮肤病防控】 2020年6月中旬，县报告发现牛只发病并个别死亡现象，局及时邀请市动监所专家会同县动监所技术人员到饶平县饶洋镇开展病样初筛及紧急流行病学调查，抽检牛血清39份，有4份样品被中国动物卫生与流行病学中心确诊为牛结节性皮肤病病毒核酸阳性。6月底迅速组织对确诊的四只病牛全部进行扑杀并落实无害化处理，对养殖场所开展消毒灭原工作。同时紧急部署全县牛结节性皮肤病排查工作，及时组织调配疫苗25 000（每只牛注射5份），对全县牛只落实全面紧急免疫，免疫牛只3588头。紧急下拨消毒药两次6.85吨，对全县养牛场进行全面消毒。8月份又对上饶1头有牛结扎性皮肤病症状进行扑杀。至2020年底，县没有发现牛只新增病例，疫情得到有效控制。

【农产品质量安全专项整治】 制定《饶平县2020年农产品质量安全专项整治“利剑”行动方案》，发放宣传材料320份，出动监管执法人员251人次，检查生产经营主体140家次，抽检果蔬、茶叶样品、水产品850个，涉及39个果蔬、茶叶品种，代表果蔬大约45.8万千克，茶叶620吨，水产品210吨。经定性检测，农残超标果蔬样品4个，合格率99.5%（其中茶叶样品全部合格）。开展蔬菜、水果、茶叶、畜禽产品、水产品质量安全定量抽检工作，抽样285个，经定量检测，合格率为99.3%。对于风险监测中发现的问题隐患、媒体报道和群众投诉举报的质量安全问题、日常监管中发现的问题确定检查区域，采用飞行检查和监督抽查相结合的方式，重点检查质量安全控制措施落实情况、生产过程规范性以及产品质量安全情况，开展监督抽查4次，抽查样品57批次，合格率100%。

【农药管理】 继续认真贯彻《农药管理条例》及《农药经营许可管理办法》的相关规定，落实有关工作。2020年局颁发《农药经营许可证》（限制使用农药除外）4张，全县颁发许可证97张。组织执法人员开展农药安全经营、使用检查，狠抓农资市场监管，保障农资经营安全和农业生产安全，全面加强县农药经营和使用监督管理，保障农产品质量安全和人畜安全。

【农资监管】 积极开展农资打假活动，加强对种子、农药、肥料、农机、兽药、饲料和饲料添加剂执法监管，以农资生产批发企业、农资集散地、农村农资零售店、流动商贩为执法检查重点，主要检查生产经营活动有关证照、档案、设备设施、包装标识是否符合有关规定等。2020年发放各类农资宣传资料6800份，出动执法人员646人次，检查农资生产经营单位509个。积极开展农产品质量安全专项整治工作，结合新冠疫情防控工作，加强监管。全年受案5件，立案4件，截至年底已结案3件。

【“四大战役”】 积极开展“四大战役”（涉黑恶、禁毒、反电诈、打击涉税）工作。组织排查属下单位涉农领域是否存在涉电信诈骗、涉税犯罪、涉毒、涉黑、涉恶等违法犯罪的经营行为，宣传普及相关法律知识，检查各镇农产品种植基地、养殖及饲料企业，联合环保、水务等部门开展耕地和水利违法行为执法检查，同时检查涉黑、涉恶等行为。开展打击海洋捕捞涉黑涉恶势力宣传，同时开展对海洋捕捞涉黑涉恶势力线索摸查和行业违法行为执法检查，联合各镇农业农村部门开展农业安全生产和农产品质量安全监督检查行动。开展打击涉黑涉恶、涉税犯罪、涉电信诈骗等违法犯罪行为宣传。

2020年饶平县农业农村局班子成员名录

局长、县委农办主任、县扶贫办主任：庄松如
副局长：朱文鹏　郑松弟　郭文明
县委农办常务副主任、县扶贫办常务副主任：
　　黄燕生
县委农办专职副主任、县扶贫办专职副主任：
　　刘志群（2020.1—2）
县委农办专职副主任、县扶贫办专职副主任：
　　朱利滨（2020.2—12）

（麦　渠）

饶平县林业局

【简况】 2020年，饶平县林业局坚持以习近平新时代中国特色社会主义思想为指导，深入学习贯彻习近平生态文明思想和习近平总书记视察广东、视察潮州重要讲话指示精神，深入开展绿化饶平大行动，统筹推进涉林疫情防控和森林资源保护和发展，着力深化生态保护、生态修复、生态惠民，各项工作实现稳中有进、稳中有新、稳中向好。据统计，全县林业用地面积近98 000公顷，森林蓄积量391.96万立方米，森林覆盖率62.84%，林木绿化率62.84%。全年无重大盗伐材木案件，无发生重大森林火灾，无大面积森林病虫害，森林蓄积量大于消耗量，全县森林资源得到有效保护和发展。

【疫情防控】 一是加大宣传力度。组织党员干部下沉各镇、村，向当地群众发放疫情防控《通知》、野生动物保护宣传小册子和《野生动物保护法》等宣传资料5000份，并向群众讲解疫情防控和野生动物保护有关知识，引导广大群众加强野生动物保护，杜绝捕杀和食用野生动物，切实做好疫情防控，全力打赢疫情阻击战。二是加强野生动物监管，落实“点线面”全方位防控措施，重拳打击非法猎捕、交易野生动物行为，斩断从非法猎捕到运输交易到加工食用的利益链条，没有发生一宗县外违规野生动物流入本县。三是做好复工复产。认真贯彻落实上级有关复工复产通知精神，组织全局抢抓林业生产及重点工作落实，确保了全县国土绿化、生态修复、资源保护管理和“创森”各项工作顺利实施。

【绿化行动】 组织开展“3·12”义务植树活动。共种植各类乡土阔叶树种130多万株，建设“巾帼林”项目，完成了一批公园、广场、可绿化空旷地绿化和裸露地复绿项目。全县国土绿化取得新成效。实施林业重点生态工程建设，全年共落实造林面积566.67公顷，森林抚育2933.33公顷，绿化美化村庄30个，建设绿美古树乡村、红色乡村和树木园各1个。全县有11个村获得“国家森林乡村”荣誉称号；有19个行政村已申报省级森林乡村。全县各地“见缝插绿”“见空建园”成效进一步显现。

【生态公益林效益补偿】 完善生态公益林补偿资金发放制度，严格执行资金“专户、专账”管理，将生态公益林补偿资金通过银信部门按时足额地发放到全县林农账户。共发放生态林补偿资金2853.27万元，补偿发放率100%。

【森林防火】 落实全县19家重点森林经营单位签订了《森林防火承诺书》，确保防火责任落实落地。加快防火林带建设，营造生物防火林带和开设防火隔离带80千米。加强森林防火宣传教育，增设宣传牌160块，发出宣传手册资料8万份、宣传短信上10万条。抓好火源监控，有效排除隐患点2个。组成四个督导检查组在特别防护期开展专项督查，做好节假日期间值班和领导带班，加强森林防火应急处置工作，确保森林火灾降低到最低限度。

【森林资源管理】 加强资源管理，依法办理林地征地10宗（60.47公顷）、林木采伐308宗1906.67公顷（13.4万立方米），均控制在定额指标以内。依法办理涉林事项行政许可182件、政务服务审批事项24项。加强野生动物保护，会同柘林镇政府配合做好候鸟栗喉蜂虎在柘林镇栖息地的保护管理，组织救护并放生保护动物蟒蛇38条，定期组织开展“清网行动”，清理拆除违法拉网并缴获捕鸟网具一批。加强林业有害生物防治，积极开展松材线虫病秋季普查工作，针对2020年松材线虫病迅速蔓延的情况，采取防治措施，投入资金183万元，完成松线材虫病受害面积189.33公顷和薇甘菊受害面积120公顷防治工作，分五期实施，做到应治尽治，共除治松材线虫病3279株，林业有害生物得到有效的控制。加大执法力度，先后组织开展以“2019-2020森林督查”“碧海2020”“红线行动”和野生动物保护等为重点的专项行动。全年来共完成对“森林督查”2019年57个违法图斑点的核查整改和2020年302个图斑点的外业核查工作，共查处并立各类涉林立行政案件120件，立刑事案件44件，有力打击破坏森林资源违法犯罪行为，有效保护森林生态安全。

【生态公益林落界】 组织技术人员认真开展外业勘查。“一张图”年度更新已完成外业核查年度应更新图斑数量492个，确保按期完成上级要求的各项更新目标任务。做好饶平县自然保护地整合优化预案的修改和完善，在此基础上形成饶平县自然保护地整合优化预案和重点自然保护地整合优化分述报告，并征求县直有关单位和各镇政府意见后送县政府审定同意，已报送上级林业主管部门。全县生态公益林落界面积基本确定，正按程序上报审核。在完善省级以上生态公益林界定期间，发现一系列历史遗留问题，为有利于饶平县产业布局规划，促进经济发展，本着实事求是原则，林业局在县政府部署下，对全县涉及非林地、道路、住宅、林班边界修边、高速公路护坡、重点工程储备用地等的生态公益林地历史遗留问题进行汇总，并报由县政府办征求各镇各县直有关部门意见后，分三批召开县政府常务会和县委常务扩大会进行研究、审定和调整，形成落界成果数。完善落界后的全县省级以上生态林面积51 412.91公顷（控制面积51 386.67公顷），其中，使用林地历史遗留问题，调出省级以上生态公益林3621.89公顷（含落界在行政界线外面积710.41公顷），调进省级以上生态公益林2751.4公顷。已将落界成果数据及相关材料上报广东省林业局审批。

【推进“创森”】 认真按照《饶平县贯彻落实〈潮州市创建国家森林城市攻坚行动计划（2019—2020年）的工作方案〉的通知》和《饶平县贯彻落实〈潮州市创建国家森林城市攻坚阶段宣传任务分解方案〉的实施方案的通知》要求，围绕四大创建指标28个主要任务共54个项目内容，层层分解责任清单，明确完成时间，抓好各项攻坚任务落实。全县森林覆盖率达到64.08%，县城建成区绿化覆盖率达到40.95%，城区人均公园绿地面积达13.01平方米；年均新增造林（绿化）面积904公顷；县城重要水源地森林覆盖率提高至70%以上；村庄林木绿化率提高至30%；水岸林木绿化率提高至80%以上；道路林木绿化率提高至80%以上；乡土树种应用达到80%以上；公众对森林城市建设的支持率达到90%以上，达到创森各项考核指标。

2020年饶平县林业局班子成员名录

局　长：张俊源

副局长：詹文仕　陈林强　詹谭江

县森林公安分局局长：朱俊晓（—2020.12）

（张久仪）

饶平县水务局

【简况】 2020年以来，饶平县水务局始终坚持以习近平新时代中国特色社会主义思想为指导，扎实推进水务重要工作和重点水利工程项目的实施，加大工程建设和管理的力度，强化水利工程设施防御各项措施的落实，努力构筑安全高效水利体系，确保水利工程安全与效益，全面推行河长制，各项工作取得较好的成效。2020年全县水利建设投入资金9.5亿元，完成工程量：土方400万立方米，石方16万立方米，砼14万立方米，重点水利工程应急抢修9个，清理水域面积217平方千米，清理漂浮物4.9万吨，清淤疏浚河道渠系174千米，加固堤围37千米。有效地提高水利工程的抗灾能力和效益，改善全县河湖水环境。

【市“六大工程”建设】 1.引韩济饶供水工程。该工程是缓解县季节性缺水和单一水源的关键性工程，该工程按50年一遇洪水标准设计，调水规模为40万吨/日。工程于2017年5月10日开工建设，全线36.554千米已全面完成移民拆迁征地工作。至12月，隧洞已挖进10.4千米，占隧洞总工程量的45%；埋管及顶管10.4千米，占管道工程量的63.2%，本年度累计完成投资4.3亿元，年度投资计划已完成。2.黄冈河（第二水厂至汕汾高速路桥段）碧道建设工程。工程于7月27日开工建设，分两年实施，已基本完成左右岸清表和土基压实平整工作，左右岸亲水路浇筑已完成2840米，景观墙、花架等挡土墙已完成，河滩公园等景观设施正在推进中，累计完成投资1350万元，占2020年度投资任务的92.29%。预计工程将于2021年6月全面完成建设任务。

【中小河流治理】 一是列入2019年度省投资计划的淶西溪、建饶溪、东山溪（浮山段）等3宗中小河流治理工程，概算总投资5271万元。已下达省级资金投资为3416万元，工程于2020年1月陆续开工建设，累计完成清障清违24.4千米，基本完成主体工程建设。完成投资3304.2万元。二是列入2020年度省投资计划的7宗中小河流治理工程，其中新塘溪（新塘段）治理工程已开工，正在进行清表等工作，新塘溪（三饶段）治理工程正在办理开工备案等手续，联饶溪等5宗治理工程正在进行准备招投标等前期工作。

【河堤海堤加固】 1.黄冈河马岗段河堤加固工程。估算总投资781.18万元，主要综合治理河长1.5千米，清淤疏浚、护岸砌筑、新建亲水平台、绿道和穿堤涵闸3座等。已完成马岗桥下游60米河道清淤和浆砌石施工约400米，完成涵管一座，累计完成投资270万元。2.饶平县汛洲岛海堤加固工程。经优化后总投资4227.85万元，工程主要建设内容为新建海堤1.524千米，新建防汛路1.2千米，新建绿道及配套景观等。已完成防汛路段清表工作约1.1千米，现场构筑物迁移以及沙滩乱石破除等工作正在进行中。

【城乡饮水工程】 1.县城第二水厂取水口上移工程。工程计划将县城第二水厂取水口上移到黄冈河中游，建安总投资11 544万元。工程于2019年11月正式开工建设，主要施工工作面有：取水泵站（管理楼、加药间、变配电间、格栅及吸水井、泵房等）、顶管井（完成320米）、完成阀门井12个、排泥井12个、排气井5个、排气阀5个，输水钢管合计铺设1.1千米，累计完成投资9850万元，占建安总投资的85.33%。2.饶平县第二水厂扩建工程。该工程是引韩济饶供水工程配套工程，工程估算总投资14 972.1万元。厂外配水干管工程部分于2020年6月19日正式开工，厂外配水干管顶管井已完成打桩，即将完成沉井；厂区主体工程主要工作面有清水池、送水泵房、污泥浓缩池、混合絮凝沉淀池等，工程累计完成投资8039万元，占年度计划总投资的80.3%。3.三饶自来水厂取水口上移及供水管网工程。该工程将有效解决三饶镇、新塘镇水资源分配问题，保障两镇居民用水安全和用水需求。工程计划总投资4456.79万元。工程采用勘察、设计、施工总承包（EPC）模式实施，9月30日正式开工建设，管道逐步沿公路进行铺设，累计完成投资850万元。4.实施2020年的中央资金农村供水维修养护项目，分2批投入资金561万元，对全县72宗农村饮水工程进行维修养护和水质提升，项目已完成。

【水利工程】 一是县城北污水处理厂提标改造工程。工程已完成竣工验收，经县人民政府批复同意，现正在与县住建部门开展移交工作。二是东栢引黄冈河干渠县城段整治工程。东栢引黄冈河干渠是东溪灌区重要组成渠系之一，承担着县城片区排涝和灌溉的重要任务，全长5.1千米。县城段1.76千米，工程批复概算投资1871万元，工程已完成；农村段长度3.34千米工程批复概算投资2484.83万元，工程于2019年12月启动建设，已完成渠道清淤疏浚3.34千米和渠坡加固改造、渠岸道路铺设和景观建设等工作，累计完成投资2300万元。年度投资计划已完成。三是饶平县三溪（渠）整治工程。工程分为联埭灌区主干渠、西溪、幸福渠三个标段实施，综合整治渠道总长度16.15千米，概算总投资9279.74万元，已到位资金5000万元。工程2020年9月中旬陆续开工建设，已基本完成渠道清障、清淤，渠岸加固改造等工作，累计完成投资4980万元，占年度计划投资的83%。四是三百门大堤整治工程。工程主要是在堤面后坡新建人行栈道、照明设施、绿化提质等，计划总投资为686.74万元。工程进度约85%，投入资金约400万元。

【水闸拆除重建】 一是高堂水闸拆除重建工程。工程设计总投资13 355万元。水下工程和水闸主体工程已完成，正在进行管养楼主体结构施工，右岸导流明渠土方回填累计完成80%。工程累计完成投资11 828万元。二是东风埭二十孔水闸拆除重建工程。批复概算总投资为6280万元，水下工程和水闸主体基本完成，正在进行管理楼建筑以及内部装饰施工。累计完成投资5547万元。

【小型水库】 2019年度小型水库大坝安全鉴定和小型水库安全管理标准化建设。饶平县7宗小型水库列入省级2019年度小型水库除险加固计划，批复概算总投资994万元，上级计划补助795万元，补助资金已全面到位。7宗工程已完成建设任务并通过完工验收，累计完成投资795万元，正在进行竣工验收有关工作。县2020年度小型水库安全管理标准化建设项目任务涉及水库宗数140宗。其中小（1）型和重点小（2）型水库共61宗，修建坝后导渗沟；一般小（2）型水库79宗，配套大坝三位一体设备。该项目以政府采购方式实施，基本完成建设任务，完成投资322万元。

【水旱灾害防御】 一是对防汛责任再部署再落实，明确县重点水利水电工程领导责任点和防汛抗灾部门责任点，落实相应责任，强化安全意识。二是结合实际编制重点应急度汛项目抢修加固计划向县政府上报，申报专项资金180万元，加紧对汤溪水库溢洪道、副坝头、牛角笼水库护堤及防汛路等工程隐患进行整改。三是开展防汛抗洪集训。5月19日组织抢险队伍到县高堂水闸在建工程现场开展防汛抢险应急演练，6月14日配合县应急部门在汫洲镇小红山堤围模拟受台风袭击堤围决口应急演练，增强抢险队伍的应急反应和处置能力。四是多措并举做好旱情的防范应对和统筹协调，多措并举做好旱情的防范应对和统筹协调工作。下属水库单位全面停止发电作业，汤溪水库做好用水调度计划，根据蓄水量算好水账和流量；架设2条虹吸管，将内库蓄水引至外库排给下游；加强调度，高堂水闸计算钱东、高堂两镇日用水量，根据上游来水量做好统筹分配，确保两镇和下游生产生活用水，必要时启动分片供水的应急措施；黄冈河管养所做好河道水位调控和管理；自来水公司做好应急供水预案和计划，密切关注水情，启动相应的措施缓解旱情的影响。

【河长制】 开展河（湖）长制“五查”（查各级河长制湖长制制度体系建设、查公示牌设置、查制度机制执行、查巡河记录、查工作成效）专项行动，压实河长巡河责任，督促镇河长办全面推行河长制台账资料规范整理，同时敦促镇村河长运用“广东智慧河长”等巡河平台开展巡河工作，及时查漏补缺、补齐短板，推动县河长制工作从“有名”到“有实”转变。2020年，县、镇、村三级河长巡河5509次，召开相关会议127次，解决巡河问题241个。

【河湖管理】　一是推进河湖“五清”（清污、清漂、清淤、清障、清违）“清四乱”（乱占、乱采、乱堆、乱建）常态化规范化管理，组织开展全县水域全面清漂专项行动。2020年6月，河长办联合黄冈镇政府、交通运输局、城综局等有关部门开展专项行动，清理黄冈河凤江桥至东溪水闸段废弃渔船、龙舟船56艘，拆除黄冈河下游穿城河段违规建筑物18处，违规养殖场3处；拆除东柘引黄冈河干渠仙春村段88间违规搭建（构）筑物，面积约2400平方米，有力地震慑了涉水违法违规行为。截至12月，累计拆除涉水违建（构）筑物162间，面积4373平方米，清理河流长度868千米，清理水域面积217平方千米，清理垃圾、漂浮物4.49万吨，排查清除河湖障碍物48处，清淤河道28条，长度25.7千米。同时积极推进“清四乱”常态化规范化管理。2019年至2020年，经省、市核查和县自查，饶平县“四乱”问题28宗，“微四乱”（乱围建乱停靠、乱张贴乱拉挂、乱采砂乱挖土、乱种养乱排污）问题208宗，已全面完成清理整治，销号率100%。二是推进流域面积50平方千米以上河湖管理范围划定工作。饶平县2020年需完成17条流域面积50平方千米以上河流河湖管理范围任务，总长度265.86千米。17条河流河湖管理范围划定已通过市合规性审核，并已在县人民政府网站公告，基本完成2020年度河湖管理范围划定任务。

【水资源利用】　1.农业用水：2020年全县农业用水总量为11 591.6万立方米。工业用水：2020年全县工业用水总量为933.1万立方米。2.生活用水：2020年全县城乡人畜用水总量为2457.6万立方米。3.水能资源：至2020年底全县利用水能资源兴建的小水电站共123处，装机131台，总装机容量7.38万千瓦，年度小水电总发电4826万千瓦时，上网电量4656千瓦时。4.城市供水：城市供水主要由县自来水公司负责。该公司担负着县城和沿海六镇的居民生活、生产用水及大唐国际潮州火电厂专用管道的供水任务。现有供水厂二座，设计供水规模为12万立方米/日，供水管网总长度（直径75mm以上）约516.65千米，用水总户数52 253户，用水人口55万人。2020年度供水总量2228.51万立方米，售水总量1961.09万立方米。

【宣传与执法】　一是积极开展水法律法规宣传教育。在“世界水日”和“中国水周”期间，在县运动场设点宣传，发放节水宣传小册子及水土保持宣传资料，同时接受群众的咨询和投诉，并出动宣传车到全县各镇进行水法宣传。二是全面落实最严格水资源管理制度和取水许可制度。依照有关规定，对各类取用水户依法征收水资源费和各项水务规费，加大征收力度，对全县各镇小水电站及各自来水厂的历年所欠的水资源费进行清理及催收，追缴水资源费550.59万元。2020年度全县水资源费应收款247.6万元，已收156.12万元。三是加大执法力度。依托群众举报和加强巡查，严厉查处河道非法采砂、盗用自来水和破坏供水设施等行为。2020年，县水务局对4件案件进行立案查处，捣毁非法采砂点14处，捣毁PVC吸砂管812米，吸砂带700多米，扣留柴油机、简易抽砂排、运输车等作案工具一批，有力地维护水利工程和供水设施的安全。四是开展生产建设项目水土保持检查。对省反馈的疑似图斑点开展复核，办理水土保持方案审批共26宗。五是开展水利行业扫黑除恶专项行动。2020年，在全县重点监控河道共增设警示牌6幅，设立监控4个，对各镇河道（湖泊、水库）进行142次巡查，合计出动563人次，办结举报投诉、信访、转办函案件等11件。其中4件予以立案查处，分别处以罚款或暂扣工具等措施。

2020年饶平县水务局班子成员名录

局　长：黄文波

副局长：杨业勇　余邻生　陈创波

（吴静芬）

饶平县气象局

【简况】 2020年，饶平县气象局深入学习贯彻习近平总书记重要指示精神，坚持人民至上、生命至上，统筹做好疫情防控和防汛救灾工作，各项任务扎实推进，亮点纷呈，成效显著。据统计，2020年，饶平县平均气温22.8℃，比历年同期平均气温偏高1.0℃。年降水量872.4毫米，比历年同期降水量偏少657.2毫米，日最大降水量74.9毫米，出现在8月11日。年日照2051.3小时，比历年同期日照偏少90.2小时。全年有2个热带气旋进入饶平县防区，其中2006号“米克拉”对县有较明显影响。

【气候特点】 1.年平均气温偏高。2020年平均气温22.8℃，比历年同期平均气温偏高1.0℃。年极端最高气温38.9℃，出现在7月14日；≥35℃高温日数9天，出现在5月份1天，7月份6天，9月份2天。年极端最低气温2.9℃，出现在12月31日。2.年雨量偏少，降水分布不均匀。年降水量872.4毫米，比历年同期降水量偏少657.2毫米；日最大降水量74.9毫米，出现在8月11日。3.日照偏少。2020年日照2051.3小时，比历年同期日照偏少90.2小时。

【灾害性天气】 热带气旋：2020年有2个热带气旋进入县防区，其中2006号台风“米克拉”对县有较明显影响。受2006号台风“米克拉”环流影响，饶平县普降大雨到暴雨，8月10日08时到11日08时县平均降水量39毫米，最大降水量出现在所城镇，为78.8毫米。50毫米以上的站点有柘林镇76毫米，浮滨镇59.3毫米，海山镇58.4毫米，樟溪镇56.2毫米，高堂镇56毫米，大埕镇54.4毫米，县城56.4毫米。县沿海陆地出现7~8级阵风，其中柘林镇17.2米/秒，大埕镇15.5米/秒，所城镇15.1米/秒。

【气象灾害预报】 一是推进气象信息员农村覆盖率，实现镇镇有气象协理员、村村有气象信息员。全县355个行政村，全部安装气象预警大喇叭并上线运行。二是推进国家级观测站标准化改造工作。已完成观测场平整和新草坪的铺设、浅层地温场改造、多余的水泥基础和百叶箱拆除、电线隐蔽、观测场中心标志改造和视频监控系统安装、观测场仪器位置调整、草温场改造、地温分采集加装基座、百叶箱基座重做等工作，预计2021年底完成全部标准化改造任务。三是改善气象探测环境。针对虎头山探测基地现有围墙为铁丝网结构，存在较大安全隐患等情况。县气象局对观测站进行安全改造工程，已完成基础施工，预计2021年年底完成安全改造项目；为消除虎头山观测站用电安全隐患，拟对观测场北面10kV变电器进行箱变改造，已完成整体基础完工，预计2021年年底完成改造工程；对影响探测环境树木进行修整，拆除观测场北面超高的电线杆，使探测环境评分由原来的91.9分上升到94.6分。四是新增码头区域气象自动站。县气象局在柘林镇饶平县海事处码头建成6要素码头气象自动站，已正常运行。五是开通四条互联网专线。在高堂镇区域站、柘林镇码头站、浮滨镇小气候站安装监控设备，同时观测业务实行无人值守制度。同时，开通四条互联网专线，业务人员在值班室就可以通过监控查看虎头山、高堂镇、柘林镇、浮滨镇实时天气。六是做好国家气象观测站迁站准备。针对局观测场已逐渐不能满足现代化气象观测体系建设需求。在上级和有关部门支持下，拟选址在黄冈镇上林村范围东瓜山，建设占地面积约1公顷，该山顶最高海拔约95米，距离原址直线距离约2千米。七是开展观测质量管理体系建设。县气象局按照观测质量管理体系要求，两次更新《广东省气象观测质量管理体系文件》，完成与潮州市局内审交叉审查。八是做好预报预警服务。加强对全县360个气象预警大喇叭和21个镇气象信息站的日常巡查维护工作，对离线的气象预警大喇叭和气象信息站及时跟进处理，确保气象预警信息传达至“最后一公里”。

【气象灾害防御监管】 8月26日，县气象局联合县应急管理局、县住建局组织对辖区内爆炸和火灾危险环境场所、在建大型工程项目开展气象灾害防御重点单位专项执法检查行动。为切实做好县危险化学品生产和经营企业、非煤矿矿山、粉尘涉爆等场所气象安全工作，县气象局、县应急管理局联合印发《关于加强危险化学品生产和经营企业、非煤矿矿山、粉尘涉爆等场所气象安全工作的通知》，开展气象行政执法督查检查、“双随机、一公开”监管行动10次38人次。

【气象服务】 做好春运、中考、高考、节假日等气象服务、安全生产保障工作。根据《饶平县气象局2020年春运气象服务实施方案》《饶平县气象局2020年高考气象服务实施方案》，全力做好春运、节假日、中考、高考等重大活动和阶段性暴雨等气象服务、安全生产保障工作。

【人工增雨】 至12月底，县气象局开展地面火箭人工增雨作业34次（成功发射12次），出动作业264人次，成功发射增雨火箭弹42枚，一定程度上缓解持续的旱情、增加水库蓄水。

【汛期综合检查】 做好2020年汛期气象业务服务和安全生产各项工作，努力确保县汛期工作有序进行。3月26日，广东省气象局副局长曾琮带队到县局开展汛期综合大检查。

【“三农”气象服务】 一是做好“三农”专项气象服务工作。自2018年起，县气象局开展“三农”气象服务专项工作，主要包括“开展基层气象防灾减灾标准化建设”和“发展直通式智慧化农业气象服务”。6月份，潮州市气象局同意饶平县气象局开展“三农”专项区划编制和农业气象业务平台开发工作，对农业气象服务平台进行优化。二是气象保障助力地方特色经济发展。在高堂镇塘南村、浮滨镇省级现代化茶叶产业园建成田间、茶园小气候观测站2个并投入业务运行。1月22日，广东省饶平县岭南单丛茶被广东省气象学会授予“潮州岭头单丛茶·岭南生态气候优品”称号。从气象科学角度论证岭头单丛茶的天然优势，为岭头单丛茶品牌创建注入气象科技元素。

【安全宣传】 6月16日，县气象部门以“消除事故隐患，筑牢安全防线”为主题，积极开展全国第19个“安全生产宣传咨询日”活动。11月27日，县局工会精心组织，在爱田园研学营地开展职工安全教育培训活动，有效提高大家的安全意识和应急处置能力。

【日常管理】 一是加强财务管理工作。先后按期完成账户年检、工会账户备案、年度部门决算编报、项目入库、2021年部门预算和地方财政预算编制、工资调整等重要工作，按时上报预算执行督办表、各季度收入表；根据上级部门最新文件及时修订相关规章制度；完成饶平县气象局业务技术用房项目竣工财务决算审计。二是严格执行执行公务接待有关规定，严格按照财务规定管理“三公经费”，实现“三公经费”每年零增长。按照相关规定规范使用专项资金，做到专款专用，办公用品采购、报销均遵守有关制度。三是开展档案管理整改。完成各类档案文件的整理归档。

【人才培养】 进一步优化人员配置，提高工作效率。派员参加省、市局办公室业务培训，提高办公室业务能力。拓宽干部培养渠道，加快培养锻炼年轻干部，全面提升县局气象部门干部队伍综合素质。组织干部职工积极参加各类业务培训和技术交流学习，参加预报测报业务竞赛等，提高干部职工各方面综合能力。

【精准扶贫】 县气象局帮扶高堂镇15户贫困户，每月组织扶贫干部开展进村入户帮扶工作，节假日组织慰问活动，派员前往高堂镇军寨村任驻村第一书记，扶持村级集体经济试点村工作。

【党风党建】 通过党组会、中心组理论学习会、组织生活会、局务会等形式，学习贯彻习近平新时代中国特色社会主义思想和总书记出席深圳经济特区建立40周年庆祝大会和视察广东重要讲话重要指示精神、党的十九届五中全会精神。组织党员干部参观廉政、禁毒教育基地、学习特殊党课、参加党纪法规在线知识测试活动等主题党日活动，丰富支部组织生活。2020年县气象局完成1名预备党员转正，接收1名发展对象成为中共预备党员，有1名入党积极分子正在培养发展。

2020年饶平县气象局班子成员名录

局　长：佘元标（2020.3—）
副局长：佘元标（—2020.3主持全面工作）
　　　　陈　永（—2020.7）
纪检组长（三级主任科员）：张秀红（女）
主任科员（一级主任科员）：郑贵生

（谢汉良　许琼芸）

财税·金融

饶平县财政局

【简况】 2020年，饶平县财政局（以下简称“县财政局”）坚持以习近平新时代中国特色社会主义思想为指引，坚决贯彻落实中央、省、市、县关于应对新冠肺炎疫情形势稳定和经济增长等一系列政策措施，在全县财政减收增支压力凸显的情况下一手抓防疫情，一手抓促发展，保财政收支运行平稳及各项重点工作有力开展。据统计。一年来，全县一般公共预算总收入774 241万元。其中，本级一般公共预算收入83 960万元，上级补助收入527 305万元，地方政府债券转贷收入37 335万元，上年结转25 394万元，调入资金100 247万元（其中：政府性基金预算调入70 980万元，国有资本经营预算调入439万元，从收回的财政存量资金等其他调入28828万元）。全县一般公共预算总支出774 241万元。其中，本级一般公共预算支出713 291万元，上解上级支出32 132万元，政府一般债券还本支出4337万元，结转下年支出（专项结转）24 481万元。全年预算收支平衡。

【疫情防控】 一是高效运行，充分保障疫情防控财政。2020年全年投入新型冠状病毒感染的肺炎防控工作资金6446.43万元，其中拨付各有关单位疫情防控专项经费6294.07万元，拨付县定点医院新冠肺炎医疗费152.36万元。疫情防控资金涵盖饶平县省界防疫检查、驰援医务人员补贴、基层建设保障、公共卫生服务、文化繁荣发展、农业生产、水利救灾、核酸检测、隔离区建设、防控表现突出个人嘉奖等各个方面。建立高效的疫情防控资金保障体系，确保全县疫情防控处置工作顺利开展。二是及时出台防控措施和制度方案。转发财政部关于疫情防控采购便利化的通知，对使用财政性资金采购疫情防控相关货物、工程和服务的建立采购“绿色通道”；联合县医保局制订防控医疗保障专项工作应急方案，将确认疑似和确诊为疫情感染的参保患者医疗和治疗费用纳入医保基金支付范围；联合县人社局、县税务局印发失业保险稳岗补贴的有关文件，引导企业办理失业保险稳岗补贴业务。三是精心开展复工复产暖企行动。疫情期间切实发挥财税政策的引导作用，下达13家企业复工复产专项资金63.1万元。其中3家企业生产医用口罩测温仪奖补资金29万元、10家企业贷款贴息补助资金34.10万元。切实减轻企业融资负担，满足企业实际还息资金需求；下达3家企业疫情防控重点保障企业优惠贷款贴息资金62.48万元，助力企业纾困减负、提振信心。四是坚守风险底线，保障疫情期间“三保”（保工资、保稳定、保增长）支出。不折不扣将“三保”支出放于预算安排优先和库款支付优先，特别是保工资支出，形成固定提前在本月底前拨出下月工资的先进做法。并通过大力发展经济，加强财政综合管理能力，逐步解决财政困难问题，提高饶平县“三保”支出保障能力，防范基层财政运行风险。五是及时反应，科学精准做好抗疫期间库款调度工作。疫情防控期间，在面临上级固定调度资金和本级收入双双锐减的困难形势下，饶平县采取科学严格的库款动态监测和库款调度措施，一方面按资金支出需要的轻重缓急控制“三保”外支出；另一方面通过及时向上级申请调度资金和本级自筹资金等方法，全面做好疫情期间库款调度工作，有效提升调控能力。通过提前谋划和精准控制，实现疫情期间库款零风险。2020年全县预算支出执行顺利平稳，有力支撑了全县政治经济社会等工作正常顺利开展。

【业务收入】 2020年，受新冠肺炎疫情带来税收减收影响，饶平县自2月起至10月一般公共预算收入出现负增长，收入形势受到前所未有的严峻挑战。县委县政府高度重视，迅速反应，周密部署，在做好检疫防疫全面工作的同时，积极组织财政、税务、自然资源等部门召开多场经济和财税收入分析会，积极盘活政府资源资产，积极开拓合法收入来源弥补疫情经济下行带来的减收影响，持续将饶平县各月份一般公共预算收入跌幅尽力收窄，尽显疫情期间经济发展的韧性，更是在11月实现一般公共预算收入由负转正。2020年全年完成本级一般公共预算收入8.40亿元，同比增长1.16%。一是合理筹谋“聚财”之方。细化年初收入目标任务，完善收入调度机制，抓好财政收入均衡入库。主动配合国土部门做好土地出让管理工作，强化土地出让基金使用管理。2020年实现国有土地使用权出让收入8.3亿元，同比增长277.27%。积极组织乡镇和各预算单位利息收入收缴工作，补充收支缺口，2020年实现利息收入6331万元，做到应收尽收。二是加大存量资金盘活力度。对全县各镇各单位的结转结余资金进行清理，全面梳理2018年及以2019年度县财政下达但未形成实际支出的资金，要求一律收回县财政统筹，进一步盘活沉淀资金。2020年盘活存量资金27 882万元。三是多渠道争取上级资金。2020年争取到上级资金53.3亿元，其中一般性转移支付收入41.86亿元、专项转移支付收入10.18亿元、返还性收入1.26亿元，保障全县重点产业及重大项目建设资金需求。四是积极开展减税降费工作。密切联系税务部门，关注经济结构、税源结构的变化，掌握影响税收增减的政策及经济因素，严格落实各项减税降费政策，做到应减尽减。2020年全县减税降费总额2.27亿元，其中2020年出台的支持疫情防控和经济社会发展税费优惠政策新增减税降费1.48亿元，2019年出台政策在2020年翘尾新增减税降费0.79亿元，切实减轻饶平县企业负担，增添发展活力。五是强化国有资产管理。2020年对全县行政事业单位224个单位出租出借情况全面清理，涉及物业出租出借闲置66个单位298宗物业，核实物业出租已缴库及待缴库26个单位131宗物业，切实摸清情况，为下一步物业出租租金缴库和盘活闲置物业工作奠定基础。

【重点项目】 2020年中央通过新增财政赤字、发行抗疫特别国债（直达资金），建立特殊转移机制来补充受疫情影响大幅下降的地方财政收入。县财政局多措并举，切实做好直达、债券和涉农资金的下达工作，为做好饶平县“六稳”工作和落实“六保”任务提供有力保障。一是精准支出直达资金。严格按照直达资金管理工作要求，单独发文下达直达资金，打上直达资金标识，跟踪监控预算资金的分配。按照国库集中支付制度有关规定严格执行点对点将资金支付到最终收款人，受益对象实行实名制管理，将直达资金落实到位、落实到人，发挥积极的财政政策。及时将支出信息导入监控系统，依托监控系统建立直达资金台账，协调相关部门提供发放信息，并将其导入监控系统，建立同上级财政部门、本级人民银行定期对账的机制，确保数据真实、账目清晰、流向明确，进一步做好监管工作，促使资金落实到位、规范使用。2020年饶平县收到中央直达资金5.96亿元，并提前完成2020年底前实现100%支出进度的任务。二是牵头组织申请和推进债券资金使用。2020年在县政府的大力部署和县分管领导的亲抓指导下，积极做好债券项目申报和资金管理工作。坚持从全县发展所需和民生所盼出发，聚焦全县教育工程、公共卫生、基础设施、市政建设等内容分配使用债券资金。2020年累计向广东省申请地债项目80个，申请资金共计54.56亿元。2020年收到广东省财政厅下达债券项目资金20.67亿元。作为县中央直达资金和债券实施项目工作专班成员和办公室，县财政局积极研究谋划，主动与有关部门进行项目对接和协调联动，协助县政府定期召开债券项目推进会商讨解决项目推进难题，并实行债券资金一周一督查一周一报告制度，切实加快债券资金支付进度，年终完成支出进度96.77%。三是统筹涉农资金推进乡村振兴。2020年饶平县收到省级涉农资金4.36亿元，重点用于推进饶平县乡村振兴战略发展和重大民生发展，不断加大对美丽乡村和新农村建设、交通运输、基础设施、重点水利民生等项目的资金投入，年终完成2020年省级涉农资金支出进度97.95%。同时，大力开展2021年省级涉农遴选项目上报工作，截至2020年12月，饶平县向广东省上报遴选报备2021年项目为89个，经省联合审查通过项目为81个，争取并获得批复省级涉农资金3.6亿元。

【数字财政】 一是开展2021年“数字财政”系统上线前期准备工作。按照省财政厅统一部署，2021年4月1日饶平县将正式上线“数字财政”的预算域、执行域和核算域，为确保系统顺利上线，县财政局一方面梳理学习预算管理一体化的相关管理流程、规则和要素，进行业务初始化调研工作，协调各软件系统服务商，做好系统上线的信息搜集；另一方面主动对标对表，紧张有序开展“数字财政”“三域”（时间域、空间域和属性域）上线的业务准备，完成国库支付电子化改造、系统对接、联调测试，以及规范财政专户核算业务和预算单位财务核算集中监管等工作。二是推进国企退休人员社会化管理和出清僵尸企业。立足全面深化国企改革和国企退休人员权益保障需求，成立县国有企业退休人员社会化管理工作领导小组和工作专班，制订社会化管理移交接收工作指引，建立信息沟通机制，督促县各国有企业开展调查摸底和建档清单。2020年县属105家国有企业退休人员应移交人数4905人，其中党员999人。县属国有企业退休人员4905人的档案全部移交到相关镇政府，转接党员组织关系999人。接交央企、省企、市属企业退休人员档案1213人，移交1213人，完成党员组织关系接收465人。同时致力打赢县属国有“僵尸企业”出清攻坚战，省国资委认定饶平县24家“僵尸企业”，2020年已完成出清24家，完成率100%。三是认真做好乡镇财政体制改革工作。按照全面深化改革任务要求，积极做好乡镇体制改革的政策研究和调研工作，严格按照《潮州市乡镇街道财政管理体制改革工作指引》，结合饶平县实际，代拟《饶平县乡镇财政体制改革实施方案》，进一步促进区域均衡发展，增强镇级财政基本保障能力，激发乡镇发展经济内生动力，加快推进基层治理体系和治理能力现代化建设。

【监督管控】 围绕全县重大项目、重点领域资金，不断加强资金监管力度，确保财政资金使用安全高效。一是积极开展财政监督检查。2020年组织对饶平县2015年以来国有建设用地使用权出让印花税缴交情况开展纳税自查，对饶平县自行出台的涉企和个人财政补贴政策进行清理，对行政和事业单位开展会计信息质量检查工作，同时对全县21个镇开展“小金库”和存量资金专项检查工作，对检查中发现问题的责成落实整改。二是做好政府采购监管工作。2020年全县相关单位合计向县财政局报备政府采购计划1698宗，预算金额54 297万元，其中实施电子化采购1549宗8126万元，进行公开招标和竞争性谈判、竞争性磋商等149宗46 171万元。2020年印发《饶平县县级集中采购机构采购项目实施规范》，并组织对8个县直行政事业单位的有关政府采购的内控管理和2019年以来实施政府采购业务进行检查，针对查找的问题现场进行指导督促。三是加强抗疫特别国债“双监控”工作。成立抗疫特别国债“双监控”工作领导小组，组织饶平县特别国债资金项目覆盖的县直主管部门和项目实施单位进行动员部署和业务培训，专人负责全程指导跟踪，确保相关主管部门和项目实施单位准确分解和填报任务数据，有效实施“双监控”工作。四是完善优化投资审核项目的管理措施。2020年对县级财政投资项目社会中介机构参与审核管理暂行办法进行修订及补充，确保对第三方中介机构的分派任务更加公平公正；完善县财政局投资审核中心自主审核项目复核机制，顺利完成对第三方中介机构的年度考核，进一步规范中介机构参与财政投资评审活动，提高工程审批效率；全力配合全县的重点项目和重点工作，召开专题会议研究部署提高财审工作效率，为地债和涉农资金项目的财审提供绿色通道，有力推动项目建设和加快专项资金支付进度。2020年完成工程预结算审核业务1459宗，送审金额379 385万元，审定金额312 610万元，核减66 775万元。

【经费拨付】 一是持续加大对教育、医疗和社会保障等民生领域的投入。2020年饶平县教育支出投入163 767万元，通过统筹财力优先保障基础教育投入，确保教育经费投入实现“两个只增不减”。2020年申请直达和债券资金7000万元用于建设县中山实验学校项目；卫生健康支出投入103 658万元，包括投入县级公立医院升级建设和中心卫生院升级建设项目，落实基层“公益一类财政供给”、实施卫生专业技术职称补助等措施，健全卫生健康投入保障机制、公立医院绩效工资制度和基层绩效工资制度；社会保障支出113 515万元，在低保、特困人员、残疾人两项补贴、城乡居民基础养老金、城乡居民医疗保险基金等资金方面严格发放范围，及时足额拨付。圆满完成全县204个预算单位职业年金工作，拨付职业年金5102万元。二是开展禁毒和扫黑除恶专项斗争。重点保障政法、宣传、公安等相关部门的工作经费，2020年下达扫黑除恶工作经费75万元、“四大战役”工作经费100万元、禁毒专项经费942万元。三是保障创文工作经费。对标饶平县创建省县级文明城市工作任务，以实施创文“八大环境”（廉洁高效的政务环境、民主公正的法制环境、公平诚信的市场环境、健康向上的人文环境、有利于青少年健康成长的社会环境、舒适便利的生活环境、安全稳定的社会环境、可持续发展的生态环境）提升行动为突破口，在城市和农村环境、城乡配套设施、平安视频建设、绿化亮化、水环境综合整治和社会治安等方面不断加大投入，进一步提升城市文明程度。

【党建】 一是坚持政治建设和业务学习常态化。2020年以中心组集中学、支部会上党课学、支委会和各股室选读学的不同方式对《习近平谈治国理政》第三卷、习近平总书记在深圳经济特区建立40周年庆祝大会上的重要讲话精神和视察广东重要指示精神、十九届五中全会精神进行深入学习，从9月起开展财政业务专题学习会活动，每月由各股室、属下单位落实主讲人为机关人员进行财政政策宣讲和财经业务辅导，进一步搭建交流互动、信息互通、业务互补的工作平台。二是坚持队伍建设和党管意识常态化。严格落实干部选拔任用的工作规程、指引和规则等文件精神，把好政治关、品行关、廉洁关不断提高选人用人质量。2020年共提任正股级和副股级干部十二人，年轻干部占比六成。每季度召开局党总属下各支部党务交流会议，切实强化支部党建的督促指导，并发动局党总支全体党员93人注册党建云，激活率100%。每季度召开党组意识形态研判会，成立网络评论员队伍，加强对干部日常言论思想和微信等网络工具使用的教育和监管。同时不断强化对全县基层党建工作的经费保障，2020年下达党建经费总计14 288.8万元。三是坚持文明建设和内部管理常态化。以创建文明单位、法治环境、规范化和节约型机关为活动载体，不断增强干部职工的责任意识和服务观念，充分利用微信工作群、财政共享平台、局创文工作推进会强化创文宣传力度。在筑牢普法学法堡垒方面，组织在编党员干部专题学习党纪法规知识和《民法典》，以及参加行政执法人员执法证考试。四是坚持制度建设和廉政防控常态化。修订局“三重一大”制度、考勤管理制度、值班制度、财务管理制度和党组会议记录管理办法，切实提高对党组决策和机关队伍的管理水平。2020年增设两个廉政文化宣传栏，对新提任干部开展廉政谈话和身边警示教育活动。同时发动各股室及属下单位以个人和部门自查方式相结合，分析职权行使的每个工作环节可能存在的风险点，重点查找岗位职责风险、业务流程风险、制度机制风险和外部环境风险四类风险，狠抓具体防范措施的制订和落实，形成局岗位廉政风险防控责任清单。

2020年饶平县财政局班子成员名录

局　长（党组书记）：张如明

副局长（党组成员）：黄学鑫　黄惠敏　林美才

（黄　昶）

饶平县税务局

【简况】 2020年，饶平县税务局以习近平新时代中国特色社会主义思想为指导，紧密围绕“带好队、收好税、服好务”的宗旨，以政治建设为统领、以服务大局为目标、以税收征管为主线、以严管厚爱为原则、以正风肃纪为导向，不断披坚执锐、克难奋进，用汗水浇灌收获、以实干笃定前行，圆满完成各项工作任务，全面展现饶平税务的新担当、新作为。2020年国内税收收入16.56亿元，同比下降0.19%，较好完成上级局下达的全年税收收入目标。

【党建引领】 一是增强党建引领质效。充分发挥党委书记“头雁”作用，把加强党的领导和党的建设落实到税收工作中，以支部品牌创建活动为抓手，持续丰富模范机关创建形式。二是巩固争先创优成效。2020年，县税务局获得市级城市基层党建示范点的荣誉称号。在饶平县国家机关“谁执法谁普法”履职报告评议活动中获得第二名。县局党委书记被县委推荐参评全国优秀党务工作者，1名职员获评“饶平县三八红旗手”，1户家庭授予“绿色最美家庭”。除此之外，还涌现出全国税务系统先进工作者林为忠，以及在国庆值班期间因公牺牲在岗位上的黄界亮等先进人物。三是夯实基层党建基础。组织党员干部到东山镇湖岭村开展“红色之旅”主题活动，重温入党誓词、聆听红色故事、传承红色基因。选派青年代表参加县委组织的“讲身边故事·献礼新中国成立71周年”主题演讲比赛，1位职员获得优秀奖。

【聚焦“三力”】 一是疫情防控有序有力。第一时间成立“疫情防控”党员先锋队、党员志愿者团队，落实疫情防控常态化措施，号召广大党员干部积极配合地方党政防疫工作，多名干部职工。参与社区值守，协助做好防疫申报登记、环境消毒杀菌等工作，凝聚起严防严控、联防联控的强大正能量。二是税费优惠成效给力。积极配合开展“落实税费政策　促进经济快速发展”媒体采风和系列接龙报道活动，不断完善宣传渠道，确保减税降费政策落实落地。2020年，全县落实鼓励高新技术、改善民生、支持小微企业发展政策减免税共2.49亿元。其中2020年出台的支持疫情防控和经济社会发展税费优惠政策新增减税降费1.70亿元。三是以税资政服务加力。健全利用增值税发票数据分析反映企业复工复产情况的分析工作机制，统筹开展调研分析，透视辖区企业的生产经营状况，形成《饶平县盐焗鸡行业的现状及发展趋势》等多篇调研报告，为地方经济社会发展决策提供参考，其中3篇次得到县委县政府主要领导的肯定性批示。

【税费征管】 一是深化“放管服”改革。推行增值税、消费税、城市维护建设费、教育费附加、地方教育附加和文化事业建设税等税费种合并申报，实现全部主附税费“一表反映”，全部申报数据“自动填列”“一次点击”即可完成全部税费申报；多渠道全方位加大税费优惠政策宣传和税收新闻故事的宣传力度，主动走访企业和人大代表委员，积极响应税费需求提供精准服务，不断提升纳税人满意度和获得感。二推广非接触性办税。积极推广“非接触式”办税，通过短信平台、税企微信群等渠道，引导辖区纳税人和缴费人采用电子税务局、粤省事APP等“非接触式”途径办理业务。推行疫情防控期间发票网上申领、代开免费寄递服务，2020年发放发票100多万份，打造升级“无纸化”+“电子化”服务新模式，“非接触式”网上办理发票业务达100%。三是推进“六清”行动。扎实开展扫黑除恶专项斗争“六清”（线索清仓，逃犯清零，案件清结，伞网清除，黑财清底，行业清源）行动，悬挂宣传标语10处、设置举报箱2个、LED滚动屏10处；在新丰、三饶等5个镇区交通要道安装24幅、720平方米关于打击涉税违法犯罪的宣传画。

【正风肃纪】 一是开展警示教育。深入剖析违反中央八项规定精神、酒驾、违反疫情防控工作纪律等问题的典型案例，组织多名青年干部参加市纪委监委廉政教育实践活动，多渠道、多形式教育引导广大干部知敬畏、存戒惧、守底线、正言行，筑牢队伍廉洁自律思想防线。二是开展专项整治。对全系统在办公用房、公车使用、财务预算、固定资产管理、资金使用管理等专项领域加强监督检查；紧盯关键时间节点，加强对违规使用公务车、违规发放津补贴、公款送礼、公款吃喝等“四风”问题进行监督检查，把“反四风”步步推向深入。三是严格监督执纪问责。全方位、全覆盖在全系统开展违规收送礼品礼金、私车公养专项整治工作，释放纵深推进整治的强烈信号；加大执纪审查力度，探索实践监督执纪“四种形态”，充分运用约谈、函询、诫勉等手段，抓早抓小、及时提醒，做到压邪风、树正气，有力形成风清气正的政治生态。

【文化建设】 一是厚植核心价值理念。以社会主义核心价值观和中国税务精神为引领，不断强化党员、公务员、税务干部等身份意识教育，引导干部牢记初心使命，助力拧紧世界观、人生观、价值观的“总开关”，增强干部集体荣誉感和从税归属感。二是推进物质文化建设。结合行业特色、职业特点、岗位特征，深入开展精神文明创建活动；积极选树先进典型，引导干部崇德向善、见贤思齐；用好用活“红色+税务党员教育”品牌，常态化多形式开展接地气、聚人心的活动，增强队伍凝聚力、向心力。三是营造浓厚文化氛围。将文化建设渗透到日常工作、生活和学习中，构建起向上向善的税务文化生态；通过上网上墙上桌等手段打造文化软环境，因地制宜装饰文化标识、文化作品，充分展示法治文化、诚信文化、廉政文化等丰富内涵；关注、关心、关怀税务干部身心健康，加强人文关怀和心理疏导，共建阳光税务、文明税务、幸福税务。

2020年国家税务总局饶平县税务局班子成员名录

党委书记、局长：李伟平

党委副书记、副局长：林钟敏（—2020.7）

党委委员、副局长：康信要　郭志雄

陈　淮（—2020.10）

杨景熙（2020.11—）　林　盛

党委委员、纪检组组长：黄伟群（—2020.11）

游淦祥（2020.11—）

党委委员、总经济师：林佳发（—2020.9）

（林　鋆）

中国人民银行饶平县支行

【简况】 2020年，人民银行饶平县支行以习近平新时代中国特色社会主义思想为指导，全面贯彻新发展理念，围绕供给侧结构性改革，抓好疫情防控和金融服务，统筹推进稳增长、促改革、调结构、惠民生、防风险各项工作，保持稳健的货币政策灵活适度，坚决打赢防范化解重大金融风险攻坚战，大力推进金融改革开放发展，全力支持饶平经济社会持续健康发展。2020年末，辖区金融机构本外币各项存款余额313.56亿元，增长12.78%；本外币各项贷款余额68.29亿元，增长5.26%。全辖外汇收入3.89亿美元，同比下降38.02%；外汇支出0.87亿美元，同比下降16.19%；辖区外汇指定银行结汇3.80亿美元，同比下降34.75%；售汇0.24亿美元，同比增长171.41%。跨境贸易人民币结算业务量2.91亿元，同比下降64.02%，其中收入0.33亿元，同比下降88.46%；支出2.58亿元，同比下降50.08%。

【金融管理工作会议】 2020年6月4日，人民银行饶平县支行组织召开2020年饶平县金融管理工作会议，传达中央和人民银行关于金融支持疫情防控系列政策精神和工作要求，听取辖区金融机构业务开展情况和工作亮点，重点听取“新冠肺炎”疫情期间各金融机构支持企业复工复产的措施和信贷支持情况，总结2019年度全县金融工作情况，通报2020年第一季度全县金融运行情况，并就2020年金融工作思路和工作要求提出具体意见。饶平县政府办、饶平县金融局、人民银行饶平县支行、辖区金融机构负责人等参加会议。

【支持经济发展】 坚持以供给侧结构性改革为主线，加快疏通稳健货币政策向实体经济的传导机制，提升金融服务实体经济的质量和效率。疫情期间，认真贯彻落实中央和人民银行关于金融支持疫情防控与复工复产、稳企业保就业的各项决策部署，充分发挥好货币政策工具精准滴灌作用，实施好3000亿元、5000亿元和1万亿元再贷款再贴现政策，推动中小微企业延期还本付息和普惠小微信用贷款两项直达工具落地见效，做好“六稳”工作、落实“六保”任务，精准助力疫情防控和经济社会发展。

【服务农村经济】 探索落实县域银行业金融机构新增存款用于当地的有效机制，按期监测辖区新增贷款用于当地的情况，做好跟踪反馈工作。从货币信贷政策指导、货币政策工作的运用、加强农村金融产品和服务创新、推进农村信用体系建设、不断完善农村金融服务体系等方面入手，引导和鼓励辖区金融机构提高认识，切实加大对“三农”的信贷投入，不断提高金融对农村经济发展的推动力。2020年末，全县涉农贷款余额49.58亿元，较年初增长32.57%。

【精准扶贫】 人民银行饶平县支行切实把精准扶贫精准脱贫的要求贯彻到金融助推脱贫攻坚工作各领域各环节，抓好金融领域精准扶贫工作，加大对县域重点领域和薄弱环节的支持，为乡村振兴铆足后劲。截至2020年末，饶平辖区金融机构扶贫小额贷款余额0.22亿元，带动帮扶户数540户。

【普惠金融】 以辖区上饶镇、黄冈镇、汫洲镇移动支付示范镇作为县域及县域以下农村地区移动支付便民工程的突破口，开展移动支付示范镇建设，推进农村地区移动支付普惠金融发展。其中，汫洲镇被人民银行广州分行、广东省地方金融监督管理局授予“移动支付示范镇”荣誉称号。6月15日，人民银行饶平县支行联合县金融局、县工业和信息化局、县市场监督管理局、县公安局、黄冈镇政府以及潮州农商银行饶平支行开展“央行支付，普惠便民之路”主题宣传活动，并深入黄冈镇南门社区，为居民普及金融知识，宣传农村移动支付“十百千示范工程”创新项目及特色举措，推动移动支付全面向县域及县域以下延伸，助力乡村振兴和美丽乡村建设。

【金融稳定】 完善存款保险制度，加强对重点地区存款保险宣传及存款保险标识使用情况的巡查力度。对辖区银行机构开展现场督查，进一步加强支付结算管理，防范业务风险。及时组织召开饶平县银行机构“断卡”行动工作部署会议，加强对非法金融活动的信息排查、监控和预警。积极配合县政府有关部门开展金融风险防控专项行动、防范电信网络新型违法犯罪、扫黑除恶专项斗争等工作，增强风险防控和处置合力。

【经理国库】 人民银行饶平县支行依法经理国库，高效运用国库会计集中核算系统（TCBS），提高资金汇划效率，更好地为地方财政资金运行效率提供优质服务。疫情期间及时开通绿色通道，积极与饶平县财政局沟通联系，全力做好抗疫特别国债监督管理，确保资金流向明确。每月组织开展国债巡查，积极开展“人民银行经理国库35周年”宣传活动。继续拓宽“财关库银横向联网系统”覆盖面，不断完善乡镇国库集中支付。

【外汇管理】 始终把完善监测分析工作机制作为切入点，强化国际收支统计监测，不断提高预警分析水平，维护正常外汇市场秩序。充分发挥事中事后监管效能，落实非现场监测制度，积极推进外汇市场信用体系建设。注重以服务促监管，规范开展银行外汇业务评估，常态化开展对经常项目、资本项目、国际收支涉外收付款统计的日间核查工作，对企业开展贸易信贷核查，强化主体管理工作。密切关注外汇指定银行和重点企业的跨境资金运作情况，防范跨境资金流动风险。2020年全辖货物流、资金流匹配情况良好，未发生异地大额购付汇情况，促进了辖区涉外经济健康发展。注重加强政策传导及窗口指导，做好数字外管平台与政务服务网上办理系统上线工作，运用“互联网+监管”系统规范监管行为，切实落实“好差评”功能上线工作，提升政务服务精准化、电子化、现代化水平。

【征信管理】 积极推进社会信用体系建设，建立组织协调机制，推动应收账款融资业务向纵深发展；持续宣传粤信融平台，做好平台中“稳企业保就业政银企对接平台”重点名单对接工作，加强部门联动，强化工作协同，助力小微与民营企业融资发展。指导涉农金融机构不断完善原存量农户信息各要素的补充录入，现已基本能为辖区金融机构提供农户信用信息查询业务。为有效做好疫情防控工作，积极推动微信预约机制，减少民众排队查询征信的情况，提高民众满意度。

【现金服务】 人民银行饶平县支行建立定期排查和暗访机制，构建专业化队伍，整治辖区拒收现金人民币现象，净化现金流通环境。开展明察暗访工作，加强1元及以下面额人民币服务管理工作，积极建立多渠道的小面额人民币服务体系。加强反假货币管理，做好反假货币督导工作，结合2020年版第五套人民币5元纸币培训工作及人民币机具升级工作，依法对辖区金融机构反假货币培训工作开展监督管理，营造良好的金融消费环境。

【金融知识宣传】 结合“3·15消费权益保护日”“6·14征信日”“金融知识普及月”“12·4宪法日”等主题宣传活动，多形式多渠道加强金融知识宣传教育，深入到社区、群众中去普及金融知识，提升社会公众金融素养。

2020年中国人民银行饶平县支行
班子成员名录

党组负责人、副行长（主持工作）：
吴　勇（2020.12—）
党组成员、副行长：游晓群　黄永德
党组成员、纪检组长：潘　锋

（林文泓）

中国银行饶平支行

【简况】 中国银行饶平支行（以下简称：饶平支行）现有员工41人；内设部门三个，分别是营业部、业务发展部、贸易金融部。支行片区内辖属网点一个：环城支行。2020年，面对“新冠”疫情和复杂多变的内外部的经营形势，饶平支行片区的全体员工，围绕上级行发展战略，坚持以党建引领全行经营发展，积极实施年度的战略目标，“市场争先进位，考核事争第一”，扎实抓好拓展存款、授信、贸易融资、国际结算业务和客户基础拓展建设工作，切实加强内控管理和文优服务工作，全力营销优质客户资源，强化支行及片区管理，经营业绩不断攀升。

【业务发展】 一是营业净收入。饶平支行实现营业净收入3280万元，超额完成全年任务。二是存款业务。1.对公存款。人民币公司存款余额50 331万元，较2019年末新增16 242万元，为潮州分行对公存款做出突出贡献。2.对私存款。截至12月末，全口径个人人民币存款余额67 628万元，比2019年考核基数净增8291万元，完成存款任务的132.98%。3.授信业务。饶平支行落实“六稳”“六保”工作要求，加大对疫情防控相关领域的信贷支持力度，积极为受疫情影响较大的行业和企业提供差异化优惠的金融服务。①对有发展前景但受疫情影响暂遇困难的企业，特别是小微企业，做到不盲目抽贷、断贷、压贷。②对受疫情影响严重的企业到期还款困难的进行调查和摸底。③对符合广东省中行和广东省工信厅联合推出的“抗疫贷”专属授信产品，通过适当下调贷款利率、增加信用贷款和中长期贷款等方式，支持相关企业战胜疫情灾害影响。四是建立启动快速审批通道，提高效率。通过对饶平当地生产抗疫防护企业及重要生活物资的骨干企业进行调查和走访，筛选抗疫重点物资企业和重要生活物资的两家骨干企业及时投放“抗疫贷”400万元，为七家出口外贸企业提供2500万元授信，积极服务实体经济。至12月底，贷款余额人民币16.6亿，其中公司贷款余额13亿，其中中小1.48亿元（新增投放0.4亿元），个贷2.14亿元（新增投放0.2亿元）。四是国际结算业务。在疫情防控和复杂多变的国际形势下，累计办理国际结算结售汇量15 343万美元，其中收汇量14 407万元，市占达36.96%。

【经营管理】 一是储蓄存款、企事业单位存款出成效。围绕“一个中心（存款）、两个基本点（双户拓展和代发薪）”，大力推动“五大战役”，攻坚克难，努力拓展企事业单位存款，借助服务及业务优势，支行两项存款均超额完成全年必保任务，对私对公存款新增创历史新高存款业务。二是以点带面，提升对公业务整体业绩。支行以企事业存款为突破口积极投入、高层攻关、多方位立体营销，日均完成率净增一直名列全辖前茅，市占一直保持10%左右，对公综合业务取得突破。三是多管齐下，提升融资贡献度。加强与地方政府的金融战略合作，大力拓展中小企贷款业务和个人经营抵押类贷款业务；房产按揭、分期付款等均同比有较大增长，提升授信业务的综合贡献度。

【队伍建设】 一是细化量化完善绩效考核机制。制订和下发《潮州饶平支行2020年度绩效考方案》和各阶段考核制度，并承接分行绩效考核导向，将业务设定为绩效考核关键指标。二是精细管理强内控。培养全行合规氛围，强化员工业务学习及主动执行案防制度。每周固定召开支行班子例会、夕会，坚持每日晨会制度，及时贯彻落实上级行的内控要求，积极执行上级行相关考核制度，及时做好考核制度本地细化工作，做好考核制度传导和后评价。内控方面各季度排名逐季提升，成绩较好。

【党风党建】 1.抓党风廉政建设。积极推进政治思想、组织建设、作风建设、廉政建设和队伍建设，推动党风廉政建设工作的开展；执行“三重一大”决策机制，引导干部员工树立正确的“三观”，筑牢拒腐防变的思想道德防线。2.“一岗双责”抓党建。落实“三会一课”，严格执行党的“六大纪律”，积极落实党风廉政建设责任制，签订党风廉政责任书，层层抓落实；定期召开组织生活会和民主评议党员活动；积极开展“复兴一号”党建平台外推及党建共建工作；积极开展“党日活动”。不断完善党支部工作机制建设。

2020年中国银行饶平支行班子成员名录

行　长：张鉴生

副行长：沈　扬　唐　森　张卫华
　　　　张军斌（2020.5—）

（张军斌）

中国工商银行股份有限公司饶平支行

【简况】 中国工商银行股份有限公司饶平支行（以下简称“工行饶平支行”）有员工52人，辖属网点有：工行饶平支行本部、中国工商银行股份有限公司饶平中山支行、中国工商银行股份有限公司饶平黄冈支行。2020年，工行饶平支行以习近平新时代中国特色社会主义思想为指导，在分行党委的领导下，紧紧围绕各项中心工作，贯彻落实三比、三看、三提高经营理念，加强业务结构调整转型，着力提升业务市场竞争力和营业贡献度，全行上下团结一致，努力拼搏，各项业务和内控管理工作得到较好的发展。截至2020年12月31日，存款余额23.14亿元，比年初减少0.29亿元，贷款余额8.04亿元，比年初净增1.21亿元，个人金融资产22.85亿元，比年初净增1亿元，国际结算业务渗透率57.14%，比年初增长17%，新拓公司客户存款余额全辖（潮州工行）排名第三、新拓机构客户存款全辖（潮州工行）排名第一。

【内部管理】 根据分行内控工作管理要求，建立案件防范工作长效机制建设，全面落实各项规章制度。抓好员工的遵纪守法、合规操作教育，加强对重要岗位、重点环节、重要部位的监督管理，业务处理过程中对制度、流程、操作、内控等环节中可能导致案件、事故和风险的隐患和漏洞进行搜集、分析以及制订防范措施；每月召开一次案件防范分析会，分析员工思想动态，进行工作检查，对发现的问题，立即制定整改及防范措施，实现全年安全无事故。

【党建】 落实新时期全面从严治党从严治行的新要求，强化担当意识，认真学习贯彻党的方针政策，十九届五中会议精神，贯彻落实传达贯彻习近平总书记重要讲话重要指示精神，切实增强学习贯彻重要讲话精神的政治责任感和历史使命感。针对饶平支行发展新党员较少的情况，加大新党员的发展力度，2020年吸收正式党员1人，按程序对6名入党积极分子进行考察中。

【精准扶贫】 工行饶平支行挂钩饶平县浮滨镇溪楼村6户精准扶贫户的脱贫攻坚帮扶工作，挂钩浮滨镇五址村的“直联”工作。支行帮扶干部经常入户走访座谈，宣传精准扶贫政策，多方筹集资金，认真落实贫困户“八有”情况，帮助落实贫困户各项扶贫帮扶资金收入，为贫困户早日脱贫乃至奔小康积极开展工作，截止2020年底，饶平工行帮扶的6户帮扶户已全部成功脱贫。

2020年中国工商银行饶平县支行
班子成员名录

党支书记、行长：郑国栩

（詹汉城）

中国邮政储蓄银行饶平县支行

【简况】 2020年邮政储蓄银行饶平县支行（以下简称饶平邮储银行）始终坚持以习近平新时代中国特色社会主义思想为指导，全面贯彻落实广东省行、潮州市分行及监管部门的要求，以“促合规、提水平”为宗旨，坚持稳中求进、提质增效，不断完善内控制度建设。2020年全年，存款余额达52.03亿，贷款结余4.35亿元，实现个人、公司、信贷三大业务的均衡发展，经营效益稳步提升。

【普惠金融】 2020年，饶平邮储银行进一步提高政治站位，充分发挥自身优势，坚持服务社区、服务中小企业、服务“三农”，扎实推进金融服务乡村振兴各项政策举措落地生效。一是提升金融服务。积极推进20个惠农站和上饶茂芝、黄冈、浒洲移动支付示范镇建设，进一步促进农村移动支付便民工程有序、高效开展。做好征收代发，确保民生政策落地，各网点均设立城居保和退役军人优先专柜，积极配合县社保局推进扩面征缴和待遇发放工作以及收缴退役军人社保接续费。截至2020年累计发放城居保人数14.5万，缴费人数27.9万，2020年新参保1.43万人。二是助力乡村振兴。强化建档立卡贫困户金融服务和加大产业扶贫支持力度，充分发挥信贷资金对贫困户发展产业的支撑作用，与扶贫办共搭“金融精准扶贫”平台，助力发展乡村振兴。创业贷款“贷”动就业，自2014年9月与人社局合作搭建“扶持双创”平台，推出创业担保贷款以来，饶平邮储银行发放创业贷款780笔，累计投放1.3亿，进一步推动全县失业人员再就业，为县域经济发展做出积极贡献。三是小微企业贷款专注服务实体经济。多措并举降低融资成本，全额承担小微企业贷款抵押房产评估费用和降低贷款利率，有效缓解融资贵难题；通过积极搭建平台，政银合作推出中小微企业风险补偿基金“助保贷”等弱担保产品，进一步提高金融服务的可及性和普惠性；通过不断创新小微易贷和税贷通等产品，多元化满足客户融资需求，有效加大中小企业的信贷扶持。积极推进金融助力抗疫，2020年疫情来袭，饶平邮储银行及时针对饶平医药行业资金需求发放小额贷款和小企业抗疫贷，以实实在在的信贷支持帮助企业共克时艰。

【合规管理】 始终把疫情防控和防范化解金融风险放在突出位置，积极普及社会公众金融知识，全方位构筑金融风险防控网，实现全行业务稳步发展，案防工作持续保持零案件，舆情风险管控有效，建立起持续健康的内控合规文化，营造良好的全行合规氛围。

2020年中国邮政储蓄银行饶平县支行班子成员名录

行　长：余家强

副行长：陈树国

（余洁琦）

中国农业发展银行饶平县支行

【简况】 中国农业发展银行是国家政策性银行。2020年，农发行饶平县支行以党建为统领，以防疫抗疫、支持复工复产为抓手，以脱贫攻坚为载体，全力服务饶平经济发展和乡村振兴，聚焦粮食安全，深化业务转型，抓合规管理，扎实推进高质量可持续发展。

【政策性金融】 做好粮油储备业务的供应和管理，加快业务转型步伐，支持抗疫复工复产，助力脱贫攻坚，聚焦“三农”经济发展。落实县级储备粮计划的实施，确保粮食安全。支持乡村振兴和重大项目建设，助力饶平经济发展。至2020年末，各项贷款4.5亿元，各项存款7193万元。

【金融服务】 承担各级粮食、食用油储备贷款等政策性贷款业务。办理中央和省级政府财政支农资金、粮食风险基金的代理拨付。支持当地粮食、油料加工企业和农林牧副渔产业化龙头企业的贷款。支持当地农业综合开发贷款、农业生产资料、农业小企业和农业科技的贷款。支持当地农业基础设施建设贷款。办理业务范围内的开户企事业单位的存款和结算。同时，代理保险业务。

2020年中国农业发展银行饶平县支行班子成员名录

行　长：谢　文

副行长：郑晏生

（郑海元）

中国农业银行饶平县支行

【简况】　中国农业银行股份有限公司饶平县支行（以下简称：饶平农行）属一级支行，有员工126人。饶平农行本部内设综合管理部/风险管理部、运营财会部、个人金融部、公司业务部4个部门，现辖营业网点8个，其中县城和乡镇网点各4个，乡镇网点分别设置在钱东、浒洲、三饶、新丰等四个经济较发达乡镇。饶平农行拥有离行式自助网点2个，现金类自助设备机45台。

【金融服务】　牢固树立“以市场为导向，以客户为中心，以效益为目标”的经营理念，始终坚持“客户至上，始终如一”的服务理念，致力于为城乡居民提供高效、便捷的综合金融服务。饶平农行通过数字化转型和网点转型推动传统物理网点向广大人民群众体验转型，加快线下业务向线上迁移，持续提升广大群众金融服务体验，提高业务办理满意度。截至2020年底，农行饶平县支行本外币各项存款余额57.4亿元，各项贷款余额16.0亿元。

【服务“三农”】　主动作为，助力打赢脱贫攻坚战。2020年全年新增扶贫小额贷款160笔616.33万元，县域同业市场占有率稳居第一，消费扶贫、产业扶贫和定点帮扶均圆满完成全年计划。饶平农行青年金融扶贫突击队被农总行授予金融服务“三农”党员先锋队称号，为全国农行众多基层单位中获此荣誉的60家单位之一。同时，积极开展农户信息建档整村推进和“深耕乡村”工作，营销拓展“惠农e贷”1152笔金额10 153万元，有效缓解农户融资难，融资贵的问题。

【普惠金融】　2020年，面对新冠疫情肺炎的冲击，饶平农行严格落实党中央及上级行关于疫情防控和服务“六稳”“六保”的各项决策部署，主动服务实体经济和小微企业，落实普惠贷款政治任务，全年银保监口径普惠贷款实绩12 154万元，完成率104.78%。全力普及“云闪付”移动支付等相关知识，积极推进乡村数字化移动支付建设，取得良好成效。饶平农行浒洲支行被人行广州分行评选为2020年广东省移动示范镇建设先进单位。

【党建案防】　深入学习贯彻习近平新时代中国特色社会主义思想，全面落实从严治党要求，推进党建与业务融合发展。坚持底线思维，持续推进“平安农行”建设，加强案件风险排查，扎实开展清廉金融文化建设和合规宣教活动，不断强化内部控制，有效筑牢“三道防线”，实现全行稳健、安全、可持续发展。

2020年中国农业银行饶平县支行班子成员名录

党委书记、行长：黄晓明

党委委员、副书记、纪委书记：佃宏彬

党委委员、副行长：陈炜钿（—2020.12）

吕海生　周钢贤　刘浩丹（2020.12—）

（王海燕）

中国建设银行股份有限公司饶平支行

【简述】 中国建设银行股份有限公司饶平支行（以下简称“饶平建行”）高举习近平总书记新时代中国特色社会主义思想伟大旗帜，紧紧围绕广东省、潮州市分行党委的中心工作，围绕业务发展进行经营管理推动，统筹谋划区域乡村振兴发展战略，加强队伍建设，不断提升队伍的凝聚力，促进饶平县域市场竞争力的提升，扎实推进“三大战略”，努力实现“合规平安年”的管理目标，促进饶平建行各项业务得到稳步健康发展。

【业务拓展】 饶平建行一般性存款四行占比30.9%，比2019年底提升6.1个百分点，当年新增67.87%，新增在饶平四行排名第一，其中：企业存款余额四行占比46.9%，比2019年底提升19.3个百分点，当年新增占比104.59%，新增在饶平四行排名第一；个人存款余额四行占比24.7%，比2019年底提升0.9个百分点，当年新增占比33.95%，新增在饶平四行排名第二。

【内部管理】 全面落实上级“转型发展、创新驱动、合规保障”指导思想和“凝心聚力谋发展，严格管理保平安”要求，以防控风险、保障发展、创造价值为核心，进一步推进人人尽责的合规管理工作，助力网点治理与竞争力提升，保障“三大战略”与新金融实践推进，不断增强能力建设，实现“合规分行、平安分行”的管理目标。抓好党建引领，促业务发展。通过抓基础、强基层，围绕经营找定位，围绕基层找抓手，充分做好思路谋划和方向引领，把工作重心放在基层，把功夫落到支部，抓好营销推进和各项工作有效落实。不断改进工作流程、提高服务效率，提供多种线上服务渠道提高客户服务体验，全面提升客户对建行的满意度。

2020年中国建设银行饶平支行班子成员名录

行　长：张式发

副行长：周惠华　谢焕壮　林伟生（2020.7—）

（吕晓江）

潮州农商银行饶平支行

【简况】 2020年，潮州农商银行饶平支行（以下简称饶平支行）在各级党政、人行、银保监以及社会各界的关心支持下，以习近平新时代中国特色社会主义思想为指导，始终坚持扎根农村、服务“三农”和小微企业的宗旨不动摇，践行普惠金融，助力乡村振兴，较好完成年度各项工作任务。至2020年末，全辖各项存款余额115.56亿元，比年初增加14.64亿元，增长14.51%，市场份额占比37.00%，比年初增长0.7个百分点；各项一般性贷款余额23.36亿元，比年初增加3.89亿元，增长19.98%，市场份额占比34.21%，比年初增长4.20个百分点。饶平支行荣获潮州农商银行2020年度争先创优铜奖。

【支农支小】 一是推广“党建+整村授信”，构建党建联盟13个，覆盖县域各乡镇。至2020年末，累计签约合作村39个，项目总授信3.12亿元，已授信客户808户，授信金额1.01亿元，已用信客户734户，用信金额7574万元。二是践行“珠江模式”，开办一家亲贷款2279笔，贷款余额3.35亿元。其中揭榜团队“战狼”队自2020年9月1日挂牌成立以来，共拓展一家亲贷款602户，贷款余额1.22亿元，完成任务150.50%，在全行6支团队中位列第一名。三是开展“百行进万企”，对名单内的63家企业取得对接联系，实地发放问卷调查。四是依托党政，联手支持复产达产，与饶平县水产协会签署战略合作协议，开展“一家亲”“好易贷”系列信贷及其他金融产品的推广。五是丰富“服务包”，根据不同群体的金融需求，配置满足不同类型客户的金融服务，接地气，贴民生，加大对乡村振兴、精准扶贫的信贷支持，助力打赢脱贫攻坚战。至2020年末，共发放支农支小再贷款308户，余额1.44亿元；发放建档立卡贫困户贷款111户，余额677万元。六是实施差异化授信政策和利率政策。定期调整贷款利率，对饶平区域贷款在利率指导价基础上全面下调10BP，更好推动饶平县“红绿蓝”战略落地。七是开展第四季度“亮剑·走村入户”营销，以辖内各经营机构为单位共组建22支营销团队，共走访村委村社201户，走访企业、商铺、单位、村民3727户，覆盖了饶平县各乡镇人员密集区域，影响广泛，新增珠江收银台49户；新增存款167户1.89亿元；新增贷款593户1.29亿元。

【支农惠农】 一是积极响应国家“六保六稳”政策，充分运用自身资金优势及央行支农支小再贷款政策，同时结合企业的需求，灵活设计授信方案，以低利率、高效率的服务向县域累计投放贷款7524户，合计21.34亿元。二是支持县域农业龙头及四梁八柱企业发展。2020年全县市农业龙头企业36家、四梁八柱企业17家，两者均超一半为该行客户，保持合作的市农业龙头企业13家，四梁八柱企业7家，合计授信总额1.93亿元。三是支持蓝色海洋经济发展。一方面落实县长交办事项，全力支持沿海各镇水产养殖产业发展。2020年累计向该行业投放贷款金额超3亿元，年末贷款余额2.68亿元；另一方面推动水产品出口的快速发展。支持县域8户知名水产品加工企业发展，授信总额9480万元。四是做好支农支小对接饶平县“红绿蓝”经济发展战略。针对饶平北部山区的种养业、红色旅游、陶瓷生产等主要经济产业，投放“整村授信”“一家亲”等珠江模式信贷产品；针对中部地区，投放“一家亲”贷款、信用村小额农户贷款等产品；针对沿海地区，支持海水养殖、水产品商贸、冷链物流、水族机械、临港经济等产业，投放“一家亲”、“好易贷”等信贷产品。至2020年末，该行共计发放支农惠农小额贷款5106户5.25亿元，其中发放整村授信762户，余额7574万元；好易贷66户，余额2718万元；一家亲贷款2279户，余额3.35亿元；“信用村”小额农户贷款1999户，余额8680万元。

【资产保全】 多措并举抓好不良压降，全年共压降表内不良贷款9216万元。处置表外不良贷款118笔，收回贷款本金合计720万元；对本息逾期的客户，申请下发律师函进行催收，最大限度维护资产权益。

【社会责任】 在疫情期间，饶平支行发放支农再贷款共295笔，余额1.37亿元，金额和户数位列全行第一。协助南海农商银行在饶平县域内发放防疫专项贷款500万元；下调贷款利率，切实让利于企，壮大支农实力，助力企业抗疫渡难关。抓好各项税收的征缴，全年缴交各项税款合计2363万元。做好扶贫工作，定期开展对樟溪镇烈火村的15户贫困户入户探访，对口帮扶。同时，推进光伏发电、养鸡等特色产业扶贫，协助樟溪镇政府建立健全返贫监测和动态帮扶机制，助力贫困地区脱贫摘帽。开展创文宣传。“3·15”金融消费者权益日、“6·14”信用关爱日、“中小微企业日”政策宣传、合规宣传月、存款保险标识启用、金融知识进万家、国家宪法日、消防、禁毒教育等各类金融宣传活动。

2020年潮州农商银行饶平支行班子名录

党委书记、行长：陈伟彬

党委副书记、纪委书记：吴文杰

副行长：刘培泽

行长助理：郑何荣

（庄华裕）

中国人寿保险股份有限公司饶平县支公司

【简况】 中国人寿保险股份有限公司饶平县支公司是中国人寿保险股份有限公司在饶平县唯一派出机构，下辖新丰、钱东及浒洲3个营销服务部。公司秉持“成己为人 成人达己”的企业文化核心理念，坚持高质量发展，扎实推进保险主业价值和规模协调发展。全县有337名保险营销员、25名团险销售人员、6个银行保险渠道销售代理网点及4名银行保险渠道销售人员，使公司成为客户身边最近的寿险服务商。2020年保险费累计收入7838.35万元，较上年度同期增长8.89%，赔付累计支出1917.80万元，较上年度同期增长0.13%。

【公司服务】 中国人寿保险股份有限公司饶平县支公司秉持“专业、真诚、感动、超越”的服务理念，坚持“以人为本”的用人理念，着力培养素质优良、与国际一流寿险公司需要相匹配的员工队伍。向个人及团体提供人寿、意外和健康保险产品，涵盖生存、养老、疾病、医疗、身故、残疾等多种保障范围，全面满足客户在人身保险领域的保险保障和投资理财需求。截至2020年12月31日，拥有约15.85万份有效的个人和团体人寿保险单、年金合同及长期健康险保单。

【党的建设】 一是着力强化政治建设，做到“两个维护”的政治站位和行动自觉明显提高。二是着力强化思想建设，学习贯彻习近平新时代中国特色社会主义思想持续走深走实。三是着力强化组织建设，党的建设基础进一步夯实。四是着力强化作风建设，聚焦权力运行，充分发挥党内监督的主导作用。五是着力强化纪律建设，增强“两个维护”的自觉性与坚定性。严格落实“三会一课”与组建支部营销员党员相结合，认真开展“我是党员我创优”主题活动。

2020中国人寿保险股份有限公司饶平县支公司班子成员名录

总经理：张卓贤（—2020.6）
副总经理、负责人：陈伟谦（2020.7—）
总经理助理：张扬浩 杨子立（2020.7—）

（林志群）

中国人民财产保险股份有限公司饶平支公司

【简况】 中国人民财产保险股份有限公司是“世界500强”企业，亚洲排名第一。中国人民财产保险股份有限公司饶平支公司（以下简称：饶平支公司）是中国人保财险在饶平县内唯一派出机构，下辖钱东三饶2个营销服务部。人保财险是饶平非寿险行业历史实力最雄厚、营业网点最多、保费规模最大、服务领域最广的保险机构，市场份额稳居饶平财产保险市场第一。

【经营管理】 饶平支公司坚持“以人为本，诚信服务、价值至上、永续经营”的经营理念。用诚信、责任、专业、价值塑造享誉饶平的优势品牌。服务范围遍及城市乡镇、偏远农村，构建县内庞大的销售服务体系。销售服务网点和门店建设持续推进，有效提升公司品牌形象，为客户提供“面对面”的优质保险服务，不断改善客户体验与满意度。多样化的营销渠道，形成强有力的销售和服务网络，可以与任何客户实现“点对点”快速对接，足以支撑全县范围的“通保通赔”与“异地出险、就地理赔”等保险服务，随时随地为客户提供投保咨询、理赔查询等高品质保险服务，更好地服务广大人民群众。

【业务管理】 一是致力于政策性业务的承接和服务质量提升。2020年农险保费收入788.83万元，同比上升11.96%，为农业安全生产提供12 021.58万元的保障，有效提高农户受灾重建能力，构筑县农村防御风险的防护网，助力服务社会主义新农村建设，支持饶平经济的发展。二是积极参与社会风险管理和社会保障体系建设，履行企业社会责任。2020年承保饶平县综合民生责任险，为全县户籍的自然人、有居住证的外地务工人员81.5万人提供自然灾害公众责任保险、见义勇为责任险、儿童意外溺水保险、高考本科生资助（资助对象包括扶贫建档立卡贫困户家庭子女、城乡最低生活保障对象、孤儿、事实无人抚养儿童）和组织活动责任险等保障。2020年度赔付儿童意外溺水身亡3宗，共30万元；资助贫困本科新生55人，每人1.2万元，资助金额共66万元，两项合计96万元，切实为遭遇不幸的家庭和困难学子"雪中送炭"。2020年承保政策性农房保险，参保农户15多万户，参保率98%，受灾农户近128户，赔款41.7万元；承保岭南特色水果约266万；累计承保政策性水稻2333.33公顷，累计赔款约77万元；累计承保能繁母猪1558头，生猪26 122头，仔猪26 870头，累计赔款51.5万元。

【业务发展】 ①保费收入。2020年饶平支公司实现保费收入6646万元，同比增长6.95%。其中车险保费收入4515万元，非车险保费收入2131万元。②赔款支出。2020年饶平支公司赔付成本2390.47万元，其中车险赔款1974.47万元，商非赔款195.77万元，政策性赔款220.24万元。③市场情况。2020年饶平支公司市场份额40.17%。其中车险份额32.99%，非车险份额74.53%。

2020年中国人民财产保险股份有限公司
饶平支公司班子成员名录

经　理：张　晓

副经理：罗旭武　郑建芬（女）

（张静暖）

经济·管理

饶平县发展和改革局

【简况】 饶平县发展和改革局（加挂饶平县粮食局牌子，以下简称县发改局），为饶平县人民政府主管国民经济和社会发展，以及粮食工作等方面的综合工作部门。2020年，县发改局深入学习贯彻习近平新时代中国特色社会主义思想和习近平总书记出席深圳经济特区建立40周年庆祝大会和视察广东、视察潮州重要讲话、重要指示精神以及党的十九届五中全会精神，按照广东省委“1+1+9”潮州市委“1+5+2”和县委工作思路，立足高质量加快发展目标，统筹推进疫情防控和经济社会发展工作，全县经济保持平稳健康发展的良好态势。全年实现地区生产总值282.74亿元，增长1.8%；农业总产值完成121.18亿元，增长6.1%；规模以上工业总产值253.63亿元，下降5.55%（规模以上工业增加值59.07亿元、下降0.9%）；固定资产投资总额122.88亿元，增长2.04%；社会消费品零售总额96.03亿元，下降8.9%；一般公共预算收入8.4亿元，增长1.16%；外贸进出口总额5.27亿美元（业务口径），下降41.3%。

【三大产业】 一是促进三次产业协调发展。第一产业同比增长5.1%，第二产业同比增长2.6%，第三产业同比下降0.2%。二是进一步巩固农业基础地位，大力发展现代化农业，取得显著成效。全县高质量打造5个省级、市级现代农业产业园和51个“一村一品、一镇一业”产业基地，浮滨镇、汫洲镇及28个村通过省“一村一品、一镇一业”专业镇、专业村认定，钱东镇、汫洲镇入选全国农业产业强镇建设名录，无穷食品有限公司被认定为农业产业化国家重点龙头企业，三百门国家一级渔港通过农业部验收。全县农业龙头企业增至43家。全县粮食播种面积24 186.67公顷，总产量21.14万吨，其中：水稻18 620公顷，总产量12.52万吨。水果总面积10 540公顷，总产量14.25万吨；茶叶总面积8400公顷，总产量1.182万吨；生猪饲养量39.46万头；水产品总产量17.66万吨。三是企业转型升级加快。积极推动新一轮技术改造，鼓励陶瓷、食品、水族机电等传统产业提高生产自动化、智能化水平，推动制造业高质量发展。四是发挥临海临港优势，着力培育临海战略性新兴产业。重点推动益海嘉里、华瀛LNG、华丰LNG等重大产业项目加快建设，打造临港产业和现代渔业，做强做大涉海经济，形成港、产、城联动发展新格局。五是乡村产业融合加快，文化旅游蓬勃发展。美丽乡村建设点燃文化旅游业，特色旅游焕发生机活力。“饶平古驿道红色历史文化游（一天游）”成功打造为第二批广东省乡村旅游精品线路。2020年全县接待游客185.2万人次，旅游营业收入19 458.4万元。

【固定资产投资】 ①交通建设大力推进，打通交通网络“大动脉”。重点加快推进省道S502线饶平大埕至仙春路段路面、和饶平李厝（海龙酒家）至施厝段与闽粤交界至饶平大埕段共三路段改建，厦深铁路饶平站站前广场、省道501线饶平浮滨至樟溪段改建、省道S333线闽粤交界处至饶平县建饶镇区公路（含支线）改建工程等重大交通项目建设。谋划好国道355线饶平上善镇区至饶洋石北路段路面改造、省道221线饶平路段路面改造、国道355线饶平新丰至三饶改造、省道502线饶平碧春至拥军路路段改建工程（含城东大转盘改造）、省道222线联饶下饶至黄冈上林路段路面改造、饶平县城迎宾大道路面修缮、县环城北路路面改造提升、铁汫线饶平段综合提升、厦深高铁饶平站进站道路整治提升等一批项目。②持续抓好重点项目建设。全力以赴推进六稳六保相关工作，克服新冠肺炎疫情影响，狠抓项目投资建设，有序推进重点项目，充分发挥重点项目对促投资稳增长的引领带动作用。2020年，7个省级重点建设项目累计完成投资9.27亿元，占年度投资计划189.69%；43个市级重点建设正式项目累计完成投资42.27亿元，占年度投资计划117.48%；83个县级重点建设正式项目累计完成投资60.65亿元，占年度投资计划112.1%。坚持把实施“六大工程”作为落实“六稳”“六保”任务和推动经济高质量加快发展的重要抓手，落实每周一上报、每月一研判制度和县领导挂钩联系制度，有力有序推进总投资额超过279亿元的96个市、县“六大工程”项目建设。

【人居环境】 生态宜居美丽乡村建设成效显著。沿福建生态宜居美丽乡村示范带12个村已全部开工建设，已完成总体建设进度的75.74%，累计完成投资约9089.33万元。26个省级示范村项目建设有序推进，16个项目已开工。进一步延长农村人居环境提升专项行动时间，持续加强对各镇、村人居环境整治的督查督导工作。以三清理、三拆除、三整治工作为抓手，统筹抓好村庄清洁行动，农村人居环境得到明显改善。全县386个行政村1209个自然村（不包括纯居民社区）三清理、三拆除、三整治工作全部完成。无害化卫生户厕已完成计划任务数424户，累计改建无害化卫生户厕212 681户，普及率达100%；新（改）建公厕计划165座，已完成148座，剩余公厕均在有序建设中。

【经济社会规划】 编制《饶平县2019年国民经济和社会发展计划执行情况与2020年计划草案的报告》，协助开展编制饶平县“十四五”规划纲要的相关工作，协助完成《饶平县“十四五”规划纲要》（征求意见稿），提出2020年经济社会发展明确具体奋斗目标，为全县经济社会发展明确具体奋斗目标，并组织实施，引导饶平县经济平稳较快增长。积极做好全县经济运行的监控和预警，做到一季度一分析，及时发现运行中存在的问题，以及围绕全县经济社会发展的重大问题，立题调研，撰写调研报告，为领导决策提供参考。组织协调做好各项社会事业发展规划，协助有关单位积极争取上级资金和项目扶持等。

【投资管理】 ①抓项目开展，推进项目建设。全力以赴推进六稳六保相关工作，克服新冠肺炎疫情影响，狠抓项目投资建设，有序推进重点项目，充分发挥重点项目对促投资稳增长的引领带动作用。②抓项目审批，优化项目审批服务。依托广东省投资项目在线审批监管平台全面实行投资项目网上“不见面”审批。③抓项目谋划，强化项目编报。认真贯彻落实上级投资项目管理政策，做好市重点建设项目和县重点建设项目的收集、编报和月报工作。④抓项目督查，做好项目储备。深化市场化改革，充分发挥市场在资源配置中的决定性作用，强化政府在市场失灵领域的作用，积极引导社会资本投资方向，优化资源配置，推动产业布局，逐步形成功能定位清晰、发展导向明确、开发秩序规范、经济发展与资源环境相协调的开发格局。

【交通与产业】 贯彻落实国家、广东省工业、交通和能源等产业投资政策，统筹编制全县工业、交通和能源发展规划，协调重大产业基地建设，指导协调县域能源发展，协调综合交通发展重大事项。加快“四好农村路”建设，同步推进配套设施改造，实现农村路网、电网、水网、地下管网等“四网”贯通，积极创建“四好农村路”示范县。积极对饶平地区可再生能源、能源项目开展梳理，联系饶平县项目单位，掌握能源基本情况，填写各材料清单表格形成饶平县可再生能源发展现状及“十四五”期间可再生能源发展思路报告。积极协助潮州市发改局推进潮州港疏港铁路、粤东天然气主干管网华丰华瀛LNG配套外输管线项目前期工作。协助将饶平通用机场列入《广东省通用机场布局规划（2018—2030年）》。

【农业与服务】 助力乡村振兴，建设美丽乡村。委托深圳建昌工程设计有限公司编制完成《饶平县乡村振兴战略实施方案（2018—2022年）》，于2020年4月15日印发。截至2020年，新增审批的生态宜居美丽乡村建设工程31宗，县生态宜居美丽乡村示范村建设工程的立项工作已全部完成，涉及13镇26村。县新增第一批的40个村生态宜居美丽乡村建设的立项工作，进度为37.5%，涉及6镇15村。

【粮食和物资】 组织饶平县储备粮管理中心参加广东省粮食和物资储备局开展2020年“等级粮库”评选的申报工作，被潮州市发改局授予“AA级粮库”称号。完成2020年度县级储备粮静态轮换稻谷2529吨的轮换任务和县级储备粮稻谷7700吨动态储备续储工作及县级动态储备食用油120吨轮换工作，提前100%完成潮州市政府下达给饶平县1000吨成品粮（大米）的储备任务。健全提升粮食应急保障能力，按省、市粮食应急供应网点的要求，粮食应急体系，确保在重大自然灾害或紧急状态时粮食应急供应的需要。

【体制改革】 借力国家“双公示”季度评估机制和“法治广东”考评活动，督促全县有行政许可和行政处罚权利的单位“双公示”工作显著提质增效，提高“双公示”及时率、准确率。补充潮州市“红黑”名单数据库。凝聚营商环境建设合力，全面推进各项指标任务。做好国务院第七次大督查迎检及整改工作，牵头饶平县直有关单位做好营商环境资料报送及建立台账工作。要求各相关单位进一步细化明确实施步骤、时间和要求，把优化营商环境各项任务抓实抓好。

【收费与价格】 一是全面清理规范收费和收费标准。结合2019年全年国家和省收费政策调整变动实际，2020年1月1日发布最新《饶平县发展和改革局关于更新饶平县收费目录清单的公告》，清单分别公示饶平县48个行政事业单位104项、11个经营服务性单位92项收费项目和收费标准。组织饶平县相关机构对涉企收费进行进一步清理，做到收费公开透明。联合市场监督管理局深入调查了解供电局对相关政策的落实情况及清理规范转供电的进度。二是完善相关收费标准的制定工作。制定学校收费标准，予以公布。在成本监审的基础上，按照非盈利并兼顾居民承受能力的原则合理制定饶平县福寿正果墓园服务收费标准，并予以公布。联合县财政局、县水务局、县农业农村局制定2020年农业水价综合改革实施计划，组织协调各单位协同推进各项工作，促进社会主义新农村建设。发出《饶平县发展和改革局关于建立健全砂石保供稳价工作协调机制的通知》，进一步完善县砂石保供稳价工作，强化部门联动，落实属地责任，为基础设施投资建设和经济平稳运行提供有力支撑。三是开展价格认定工作。联合公检法部门认真做好价格认定，进行价格认定310宗，涉案金额2582 546元，为政法机关提供价格依据。

【能源管理】 强化能源管理，严厉打击非法经营。做好饶平县汛期城乡电力设施安全隐患、“三线缠绕”安全隐患整治和全县56个成品油经营单位的年检工作。积极组织推荐饶平县新丹丰金属制品有限公司等16家企业申报广东电力市场交易一般用户、饶平县绿宇贸易有限公司等4家企业的加油站规划点上报市局规划确认工作。为确保全县安全生产形势稳定，2020年对全县成品油经营单位开展安全生产检查。对中石化城西加油站、中石油龙眼城加油站和彰联加油站等15家成品油经营企业进行安全检查，对3家存在安全隐患的加油站现场提出限期整改意见，并要求加油站负责人将整改情况报送县发改局。在2019年大力打击非法经营成品油行为的基础上，结合县交通领域货运行业乱象专项整治工作，牵头县直相关部门和当地镇政府深入基层开展成品油非法经营联合打击行动。县出动执法人员、专业技术人员433人次，出动执法车、消防车和专业运输车144车次，查处非法经营成品油行为17宗，没收加油机16台，查扣非法加油流动车11辆，没收汽油38 178升，柴油58 234升，对16个油罐进行注水灌沙及洗衣粉，公安机关立案查处4件。

【机关建设】 贯彻落实新时代党的建设总要求，多形式开展专题学习会、党课辅导、专题讲座、考学活动、支部专题生活会等系列学习活动。认真贯彻落实党中央和上级党委关于意识形态的决策部署及指示精神，将意识形态工作纳入党建工作责任制。严守政治纪律和政治规矩，严抓组织纪律和纪律教育，把发改系统党组织锻造得更加坚强有力，切实转变机关作风，有效地推动发改工作再上新台阶。

2020年饶平县发展和改革局班子成员名录

县政协副主席兼局长（党组书记）：许学骞

副局长（党组成员）：杨基培　蔡饶勇　欧树开

（张澹岚）

饶平县工业和信息化局（经济和信息化）

【简况】 2020年积极采取措施应对新冠肺炎疫情带来的影响，扎实做好“六稳”工作，落实“六保”任务，贯彻落实各级支持企业复工复产若干政策措施，全力帮助企业实现复工复产，开拓国内国际市场，促进经济发展。

【商贸消费】 2020年，全县社会消费品零售总额96.03亿元，同比下降8.9%。批发业商品销售总额32.0亿元，同比下降0.6%；零售业商品销售总额56.20亿元，同比下降6.1%；住宿业营业额5868万元，同比下降21.1%；餐饮业营业额86 450万元，同比下降20.8%。

【外贸进出口】 据业务数据统计，2020年全县外贸进出口总额52 714万美元，同比下降41.3%。出口总额38 084万美元，同比下降34.7%；进口总额14 630万美元，同比下降53.6%。

【出口商品】 据业务数据统计，2020年全县水族器材产品出口4952万美元，同比增长12.4%；水产品出口11 969万美元，同比下降35.4%；食品出口9 236万美元，同比下降34.2%；陶瓷产品出口6 011万美元，同比下降49.5%；其他产品出口5 515万美元，同比下降38.4%。

【国内外市场】 2020年，县工信局先后组织有关企业和单位参加第127届网上广交会、第128届网上广交会、第九届上海国际尚品居家及室内装饰展览会、第二十四届中国国际宠物水族用品展览会、第15届上海国际渔业博览会、2020粤澳名优商品展览会、2020中国（北京）国际精品陶瓷展览会暨第九届“大地奖”、第三届中国国际进口博览会等展会，积极帮助企业在疫情影响下获取订单，稳住外贸出口。组织外贸外资企业参加“广东省疫情防控涉外法律风险防范线上系列培训班（潮州专场）”“稳就业、保民生”商务法律服务月活动，提高企业防范国际经贸突发事件法律风险能力，帮助企业应对新冠肺炎疫情影响。

【出口新增长点】 做好企业办理对外贸易经营者备案的指导服务，积极引导生产型企业申报对外贸易经营者备案。2020年，全县新增对外贸易经营者备案企业28家，累计达271家。积极培育外贸出口新增长点，出台《饶平县促进活鱼出口高质量发展扶持措施》，支持企业在饶出口活鱼。

【外贸专项资金】 落实潮州市2019年促进外贸稳增长专项扶持资金，2019年度对外贸稳增长做出突出贡献的26家企业获得专项资金支持。落实《2019年饶平县促进外贸稳增长专项扶持资金实施方案》，2019年度对全县外贸发展做出突出贡献的35家企业和单位获得专项资金支持。

【外资企业】 2020年全国外商投资企业年度投资经营联合报告参报企业199家，全县合同利用外资2000万美元。

【经贸交流】 2020年12月，县委、县政府组织党政领导干部赴东莞参加2020年饶平县招商推介会。

【“潮州老字号”企业】 为进一步弘扬潮州特色传统文化，促进“潮州老字号”的传承和发展，积极动员引导符合条件的企业申报“潮州老字号”评定。至2020年，全县“潮州老字号”企业增至5家，分别是无穷食品有限公司、饶平县大军茶厂、广东博宇集团有限公司、饶平县海龙酒家有限公司、饶平县钱东忠祥调味食品厂。

【电子商务】 2020年6月，县政府组织召开问计饶平农村电商高质量发展座谈会。10月，县政府办公室印发《饶平县加快农村电子商务高质量发展三年行动计划（2020-2022）》，从打造农村电商基地、综合示范提升、电商龙头企业培训、“百佳品牌”培育等十大方面进一步加快饶平县农村电子商务高质量发展。11月，县工信局组织委托独立第三方会计师事务所对2015国家电子商务进农村综合示范县创建项目进行验收，并通过验收，验收报告上报市商务局进行复核后函报省商务厅。

【工业互联网】 推动工业和信息化融合工作，鼓励有资质的企业申报两化融合管理体系贯标认证。2020年，广东新生环保科技股份有限公司通过两化融合管理体系贯标认证，全县累计通过认证的企业达2家。深入实施工业互联网创新发展战略，支持工业企业“上云上平台”，引导企业运用工业互联网新技术进行转型升级。2020年全县新增上云上平台企业6家，累计上云企业达8家。

【5G基站建设】 为加快5G商用步伐，培育新的经济增长点，2020年先后出台《饶平县加快5G产业发展行动计（2019—2022年）》《饶平县加快5G产业发展工作服务专班工作方案》，加快推进5G基站建设。全年完成5G基站进场建设协调站点240个，其中建成开通5G基站126个。

2020年饶平县工业和信息化局班子成员名录

局　长：麦来忠（—2020.7）
　　　　刘壮辉（2020.7—）
副局长：卢惠平（—2020.4）　陈志高
　　　　刘映斯　徐建辉（2020.4—）

（薛锦添）

饶平县审计局

【简况】 2020年，饶平县审计局在饶平县委、县政府和上级审计机关的正确领导下，坚持以习近平新时代中国特色社会主义思想为指导，深入贯彻落实习近平总书记对审计工作的重要指示、批示和各级审计委员会会议精神，紧紧围绕县委县政府中心工作，依法履行审计监督职责，切实加强自身建设，发挥审计在维护县域经济安全、推动全面深化改革、促进依法治县、推进廉政建设等方面的作用。

【政策落实跟踪审计】 根据国家审计署规定和省审计厅的统一部署以及潮州市审计局的安排，饶平县审计局组织对新冠肺炎疫情防控资金、捐赠款物、推动复工复产复市、新增财政直达资金惠企利民、“粤菜师傅”等重大政策措施落实情况进行跟踪审计。审计发现，“粤菜师傅”技能培训基地项目建设缓慢等问题。

【本级预算执行审计】 饶平县审计局积极创新

审计方式方法，运用大数据审计技术完成对2019年度县本级预算执行和县本级52个一级预算单位部门预算执行情况的审计。重点关注地方政府预算体系建设、财政资金的存量和增量、财政支出结构和投向情况、重点专项资金管理拨付使用、财政转移支付规模和结构、地方政府性债务管理等情况，促进财政资金合理配置和发挥效益，防范财政风险。同时围绕贯彻中央“八项规定”精神、国务院“约法三章”要求，加强“三公”经费、会议费使用和楼堂馆所建设等方面审计，促进厉行节约和规范管理。审计发现，非税收入未及时、足额、直接缴入国库等方面问题。

【任期经济责任审计】 饶平县审计局紧紧围绕被审计领导干部贯彻执行经济法律法规、党和国家方针政策和重大项目决策部署情况、落实中央八项规定、“三公”经费管理等情况进行审计。2020年，对高堂镇政府、新塘镇政府等4个单位5名领导干部进行任期经济责任审计。2020年的经济责任审计项目，在全面审查领导干部履行经济责任情况的基础上，重点关注领导干部贯彻执行经济法律法规、党和国家方针政策和重大项目决策部署情况，落实中央八项规定、厉行节约和国务院“约法三章”相关要求，并把机构设置、编制使用、“三公”经费等作为考核内容纳入审计范围。审计发现，部分领导干部在履行经济责任过中存在工程建设管理和资金结算不合规等方面的问题。对经济责任审计发现存在的问题，县审计局分别组织召开被审计单位的审计情况通报会，通报发现问题，提出整改意见和措施，限期整改上报，同时落实责任，加大审计后续跟踪检查工作力度，进一步建立健全审计结论落实反馈制度和审计回访制度，确保审计发现的问题得以整改，提出的意见或建议得以落实。

【财政财务收支审计】 以规范行政事业单位经济行为，促进健全内控制度、加强财务核算、规范财务管理、提高资金使用效益为目标，县审计局组织对新圩镇人民政府、县电视台等3个单位进行财政财务收支审计。重点审查被审计单位内控制度是否健全有效，部门预算是否规范完整，财政财务收支是否真实合法，是否存在截留、挤占、挪用专项资金及扩大开支范围、提高开支标准、损失浪费等问题，是否认真执行有关财经纪律和相关政策规定，关注“三公”经费及其他行政运行经费等情况。审计发现，部分专项资金未能及时、足额拨付，没有充分发挥应有效益等方面的问题。

【公共投资审计】 围绕政府投资工程管理、资金管理、内部控制等关键环节等方面问题开展审计监督，县审计局完成对饶平县村镇生活污水处理投资项目审计调查。认真贯彻落实《审计署关于进一步完善和规范投资审计工作的意见》精神，牢固树立依法审计意识，坚持在法定职责权限范围内开展审计。审计发现，有工程项目开工、施工程序不符合相关规定等问题。

2020年饶平县审计局班子成员名录

局　长：郑镇生

副局长：林汉平

黄志越（县经济责任审计联席会议办公室专职主任）

詹伟国

（李序跃）

饶平县统计局

【简况】 2020年，饶平县统计局紧紧围绕饶平县委、县政府各项工作部署，严格执行国家统计标准及基本统计报表制度，组织、协调全县统计工作和第七次全国人口普查工作，履行统计监督责任，为县委、县政府、各部门和社会公众提供统计服务，努力提升统计工作能力、统计数据质量，较好地完成各项目标任务。

【全县第七次全国人口普查】 第七次全国人口普查工作作为2020年的重点工作任务，县统计局严格按照普查方案及时间进度安排，扎实、高效推进全县第七次全国人口普查工作。一是完成“两员”（普查指导员、普查员）选聘工作。全县共划分为403个普查区、3251个小区，选聘普查指导员758名，普查员3081名。二是积极开展普查宣传。普查工作期间，发放宣传横幅403条，一封信263 000张，公告5300份，海报660件，宣传折页1500份，为人口普查顺利进行营造良好的舆论环境。三是开展全覆盖综合业务培训。在摸底工作启动前，分组分批深入各镇开展第七次全国人口普查综合业务培训，分22场次对全县22个镇、场，403个普查区的3400多名镇级业务骨干、普查指导员和普查员进行培训授课，为推进人口普查工作的开展打下扎实的基础。四是填报户主姓名底册，顺利完成摸底工作。五是入户登记填写短、长表，正式登记全面完成。比对复查工作、行业、职业编码工作也基本完成，正按普查方案推进其他工作任务。

【工业经济统计】 2020年全县规模以上工业产值253.63亿元，同比下降5.55%，规模以上工业增加值59.07亿元，同比下降0.9%，增速位居全市第一。一是配合县工信局，继续对符合“小升规”入库条件的企业进行核实，做好“小升规”入库资料的审核上报工作。2020年已新上规上工业企业19家。二是完成2019年度能源消耗“双控”目标责任评价考核。2019年GDP能耗下降3.46%，超过年度下降3.4%的目标值；能源消费总量增长速度1.95%，没有超过年均增速控制目标。三是完成2019年度R&D内部经费支出的统计。2019年度R&D内部经费支出2677万元，同比下降66.5%。

【固定资产投资统计】 2020年全县固定资产投资总额122.88亿元，同比增长2.04%，增速位居全市第一。其中基础设施投资总额64.35亿元，同比增长3.38%；房地产开发投资28.67亿元，同比增长114.55%；工业投资24.15亿元，同比下降24.36%，其中工业技术改造投资3.69亿元，同比下降70.55%。一是每月收集项目入库。全年入库项目183个，计划总投资额144.82亿元，入库项目及投资额创历年最多。二是对投资、房地产、建筑业定期报表逐笔进行审核，发现问题及时核实，确保报表能够按时、准确上报，通过线上线下指导项目单位完成统计报表填报，确保数出有据。

【农业、社零统计】 2020年全县社会消费品零售总额96.03亿元，同比下降8.9%，增速位居全市第一。一是扎实开展农业、贸易专业的月、季、年报工作，顺利完成全县农业、贸易等主要经济指标统计、上报、监测等统计任务。二是组织实施上级统计部门分配给饶平县的商贸业限下抽样（国家点、省点）等常规性专项调查任务，确保饶平县限下数据的可靠性。

【现代服务业统计】 扎实做好基本名录库建设工作，以“多证合一”登记制度改革为契机，通过“互联网+政务”的模式，充分利用经济普查数据、部门共享资料、基层行政记录、互联网信息等大数据，变革传统的基本单位名录库更新维护工作方式，积极稳妥地推进完善名录库动态维护更新机制改革试点工作。

【GDP核算】 2020年，全县地区生产总值（GDP）282.74亿元，同比增长1.8%，增速位居全市第一。其中，第一产业增加值70.69亿元，增长5.1%；第二产业增加值91.74亿元，增长2.6%；第三产业增加值120.31亿元，下降0.2%。三次产业结构为25.0：32.4：42.6。主动加强与交通、建设、财政、地税等部门之间的联系和沟通，使参与GDP核算的部门基础数据准时上报。

县统计局各专业加强对各镇各企业上报的数据复核、评估工作，切实搞好各类数据的纵比、横比和类比，使数据更精、更准、更全。

【统计分析】 一是继续加强统计产品的优化工作。以政务公开网站、《统计月报》等为载体，做好全县重要统计数据的解读，及时发布统计信息，为各级党政领导、有关部门和社会公众提供优质的统计服务。二是加大统计成果展示力度。从2019年七月份开始，编印《饶平县第四次全国经济普查主要数据公报》《2019年饶平县国民经济和社会发展统计公报》等统计公报，运用图片加数据的形式，提升统计分析研究水平和影响力，多方位、广角度展示全县经济社会发展成效。三是改进服务方式，做好统计信息咨询服务。建立领导分工联系镇制度，及时到联系镇开展联系、指导、督促工作。真正做到为群众、为企业、为基层服务，赢得大家的认可和肯定。

【队伍建设】 做好镇一级的统计工作是做好全县统计工作的重要前提。一是主动与有关镇联系，督促抓好统计机构人员配备工作。配强配齐统计负责人和业务人员，基层统计力量得以有效夯实。二是做好统计从业人员统计信用信息库的建立，并实行动态管理。三是分镇联系提升统计工作质量，进一步推动各镇统计机构履职尽责。

【机关党建】 一是发挥基层党组织先锋模范作用。组织党员自愿捐款支持新冠肺炎疫情防控工作，包含退休党员在内共28名党员全部自愿捐款。二是切实加强支部建设。确定1名入党积极分子，加强入党积极分子党员知识教育，壮大支部党员队伍。三是抓好党员干部、职工的意识形态工作。组织党员干部深入学习贯彻习近平总书记关于意识形态工作的重要论述，增强对意识形态工作重要性的认识，落实意识形态主体责任。陈仕彬被评为潮州市第六届劳动模范，县统计局被潮州市妇联评为潮州市三八红旗集体。

【党风廉政】 一是县统计局党组书记与党组成员签订《党风廉政建设责任书》，切实履行管党治党主体责任，认真履行“一岗双责”，加强廉政风险排查，建章立制，堵塞漏洞，深入落实全面从严治党要求。二是狠抓党风廉政建设和反腐败工作，加强统计“两防”（防弄虚作假、防少统漏统）工作，营造风清气正干事创业的良好氛围。

2020年饶平县统计局班子成员名录

局　长：杨向东

副局长：张杰明　杨光化

（杨雪琼）

国家统计局饶平调查队

【简况】 国家统计局饶平调查队（以下简称饶平调查队）隶属国家统计局、接受国家统计局广东调查总队管理，既是政府统计调查机构，也是统计执法机构，依法独立行使统计调查、统计监督的职权。2020年，饶平调查队紧紧围绕国家局、总队、饶平县委、县政府的中心工作和重点工作，密切关注宏观经济运行的变化趋势，加大对社会热点、难点问题的调查反映，为党政领导提供快速及时的情况和咨询建议，做到服务宏观经济决策，服务国民经济核算，服务地方政府统计，服务社会信息咨询。

【常规调查】 2020年，饶平调查队完成的常规调查工作有：农业农村调查（包括农业调查、农村调查）、居民收支调查（包括城乡一体化住户、分市县住户、农民工监测、农户固定资产投资）、专项调查（劳动力调查），调查网点几乎覆盖全县。

【样本轮换】 2020年是住户样本轮换年，饶平调查队高度重视，通过分析掌握“放心户”“钉子户”情况，有针对性地开展宣传引导和跟踪辅导，做好样本评估。充分发挥党员辅调员和调查对象先锋模范作用，大力宣扬典型调查事迹、优秀调查榜样，以点带面，取得调查对象理解支持。实施“辅调员—业务骨干—股室负责人”多级联审制度，对比新旧记账户的收支数据情况，保证记账数据平稳过渡。饶平县第二轮记账户电子记账率实现100%，E调查普及率实现100%，率先实现全面电子记账。

【统计执法】 2020年，饶平调查队不断加大统计执法的检查力度，严格开展“双随机”统计执法检查工作，发放统计法律告知书137份。联合潮州调查队到6家企业进行“双随机”执法检查，基层的统计调查工作逐步规范。每月联合潮州调查队到劳动力调查点进行数据质量检查工作，每月对住户记账数据逐一交叉检查，有效提升统计数据质量。通过执法检查的开展，统计调查对象配合度明显提高，充分发挥统计法制为统计调查工作和统计数据质量保驾护航的作用。

【统计宣传】 借助“中国统计开放日”、外出调研、业务培训会等契机，采用开办统计法律讲座、在调查小区开辟统计普法宣传专栏、张贴宣传海报、悬挂宣传横幅、及时更新维护队官网信息等形式开展统计宣传，打造宣传阵地，过好统计人的节日，说好统计人的故事。全年开展法制宣传6场次，举办法制活动2场次。9月，饶平调查队党支部与大陇村第一党支部开展共联共建活动，通过数据解读、政策分析宣传统计调查业务，获得当地村干部、群众的一致好评。结合“9·20统计开放日”“12·4法制宣传日”，饶平调查队举办“送法进机关”活动，为县地震局、县水务局、县林业局全体干部职工解读《统计法实施条例》，分发统计法制宣传手册和纪念品，加深机关单位对统计法律法规条例的认识。

【统计服务】 截至12月底，饶平调查队撰写信息分析27篇次。调研信息被饶平县委、县政府领导批示6篇次，被总队内网采用21篇次，撰写情况和采用情况较2019年实现翻番，有力凸显饶平调查队在服务地方、做好统计服务方面取得的长足进步。承接并认真开展饶平县住建局委托的县城区租赁住房租金调查，撰写调查报告，为党政和上级决策提供参考意见。

【党建业务】 饶平调查队将党建品牌与调查业务相融合，以党建引领业务。3月初，饶平调查队党支部牵头组织党员干部拍摄制作宣传视频《“疫”起奋进》，深度挖掘疫情防控战线上涌现出的先进事迹，将调查员在劳动力调查开展过程中的亮点剪辑成片段融入视频中。该宣传视频被“潮州调查”“饶平政府发布”等微信公众号采用，得到广泛传播，弘扬抗疫正能量。7月，农业调查融入主题党日，开展“助农解卖难”活动，协助联饶镇光陇村农产量辅助调查员化解荔枝出售难题。

2020年国家统计局饶平调查队班子成员名录

队　长：张喜君（女）
副队长：邱海刚
纪检员：余晓敏（女，—2020.10）
　　　　林　杭（2020.12—）

（李楠楠）

饶平县自然资源管理局

【简况】 2020年，饶平县自然资源管理局坚持以十九大精神和习近平新时代中国特色社会主义思想为指导，在县委、县政府和市局的坚强领导下，围绕中心工作，服务大局，牢牢抓住“党建引领、事业争锋、疫情防控”三条主线，认真贯彻新发展理念，坚持规划引领、生态优先、保护资源、保障用地、推进创新协调绿色共享发展，较好完成了全年各项目标任务。

【国土规划编制】 1.国土空间规划编制。2020年，饶平县已完成国土空间规划的前期筹备阶段。拟定《饶平县国土空间总体规划（2020—2035年）编制工作方案》，成立饶平县国土空间规划编制工作领导小组，并召开饶平县国土空间总体规划编制动员会。2.控制性详细规划编制及调整。2020年，全部完成编制县城11个片区控规，有饶平县城城北片区（不含物流园片区）、饶平县城商贸物流园片区等8个片区的控制性详细规划批复实施，剩余3个片区也均通过规委会审议。开展控制性详细规划调整，启动饶平县城黄冈大道西段北侧片区、饶平县城黄冈大道西段南侧片区、饶平县城城西新城片区共3个片区控规调整工作。

【村庄规划编制】 2020年，继续推动全县乡村规划体系建立，完成黄冈镇汛洲村等22个村庄的审查和报批工作。2020年9月，全省农房管控和乡村风貌提升现场（粤东片区）推进会在饶平县顺利召开。

【规划审批】 2020年，审查审批村镇建设用地规划许可项目25宗；审查审批县城建设用地规划许可项目7宗；审查审批县城建设工程规划许可项目24宗；审批私宅建设工程规划许可24宗；审批临时建设工程规划许可1宗；审查审批村镇建设工程规划许可项目74宗；审查审批乡村建设工程规划许可项目55宗。

【耕地保护】 1.2019年度耕地保护目标责任制履行情况自查。2020年，饶平县组织对2019年度耕地保护责任目标履行情况进行自查并上报市考核。至2018年末，全县实际耕地（含可调整地类）保有量为23 973.33公顷（市下达任务16 560公顷），比市下达指标超出7413.33公顷；基本农田面积14 673.33公顷（市下达任务14 440公顷），比潮州市下达市基本农田保护控制指标超出233.33公顷，完成市下达的控制指标任务。2.垦造水田。2020年，饶平县完成垦造水田建设规模205.12公顷，新增水田178.9公顷。其中由建工集团负责垦造的垦造水田建设规模148.24公顷，新增水田126.5公顷。由县兑现承诺自行垦造的建设规模56.876公顷，新增水田52.40公顷。另外开展2020年度市下达给饶平县须兑现承诺40公顷垦造水田任务的前期工作。3.拆旧复垦。市下达饶平县2018—2019年度拆旧复垦任务合计36.67公顷。截至2020年年底，县分解到区域内8个乡镇。已完工10个项目42.27公顷，超额完成任务5.6公顷。4.高标准基本农田历史遗留项目验收。督促各镇集中力量，采取措施推进2012-2016年度面积8966.67公顷已完工的高标准基本农田历史遗留项目县级初验工作。截止2020年底，饶平县已完成初验7666.67公顷，未完成初验1300公顷。

【建设用地】 1.土地征收报批。2020年，县全年建设用地报批件共7个批次，包括饶平县图书馆、饶平县博物馆、力诚博物馆等重大项目，面积共20.606公顷。此外还组织开展磷溪、官塘、铁铺镇三个污水处理厂、潮汕高等学院、天然气一张网相关项目、北山路、外环大桥等重点项目的用地报批组卷工作。2.土地供应。2020年全县共供应土地16宗，供地面积合计85.77公顷。其中划拨土地9宗，面积合计29.50公顷，涉及有偿划拨3宗，收取土地价款779.88万元；出让土地7宗，面积56.27公顷，累计收取土地出让金115 958万元。3.土地供后监管。截至2020年底，全县共有供而未用土地6宗、面积合计约14.2公顷；2020年度通过解除合同收回处置闲置土地2宗，面积1.096公顷，通过开工处置闲置土地3宗，面积1.978公顷。4.土地定级与基准地价制定。2020年，组织开展饶平县区2020年标定地价、集体建设用地基准地价、集体农用地基准地价制订。5.“三旧”改造。2020年，组织召开饶平县“三旧”（旧城区、旧村庄、旧厂房）改造工作推进会议，推动全县重点项目改造落地。全年审批“三旧”改造方案5宗，面积约9.47公顷，办理出让用地手续1宗，面积约7.21公顷，收取土地出让金约1.54亿元。2020年市下达饶平县新增改造任务18.47公顷、完成改造任务13.8公顷，饶平县实际完成新增实施改造任务20.48公顷、完成改造任务13.9公顷，完成率分别达到111%、101%。

【土地执法】 1.2019年度土地卫片执法整治工作。饶平县2019年国家季度卫片情况为违法用地77宗、39.07公顷（占耕5.5公顷），拆除违法建筑物面积为1.61万平方米，完善用地手续5.31公顷，复耕8.07公顷，复绿4.87公顷。扣除可扣减项目后，全县新增违法占用耕地面积为1.09公顷，违法占耕比为13.31%。2.2020年前三季度土地卫片执法整治工作。饶平县2020年度前三季度违法用地79宗、违法用地面积56.03公顷（占耕19.15公顷），拆除违法建筑物面积为1.04万平方米，复耕4.47公顷，复绿0.83公顷。扣除可扣减项目后，全县新增违法占用耕地面积为1.03公顷，新增建设用地违法占耕比情况为6.29%。3.土地动态巡查。2020年全县平均巡查上线率为76.86%，上报违法事件432宗，待核查57宗，已制止429宗，已核查375宗，已办结93宗，制止率99.3%，核查率86.8%，处理率77.8%，办结率21.5%。报送违法用矿事件9宗，待核查2宗，已办结5宗，尚未办结4宗。

【地质灾害防治】 2020年，制订《饶平县地质灾害防治三年行动实施方案》，计划用3年时间对全县117处地质灾害隐患点进行综合整治，并建立起联席会议制度，进一步明确各部门、各单位责任，汇集各方地质灾害防治力量，推进地质灾害防治三年行动落实。印发《饶平县建立健全地质灾害防治工作责任制工作方案》，建立全县在册地质灾害隐患点县、镇领导挂点组织体系。截至2020年底，饶平县在册地质灾害隐患点117处，其中威胁100人以上的25处。同时，部署地质灾害隐患点搬迁避让和治理工作，投入资金约2000万元，完成新塘镇粟寮坑及浮滨镇三坵田2个地质灾害危险点搬迁重建；投入省级项目资金1585万元，完成25处威胁100以上大型隐患点勘察设计；投入项目治理资金665万元，完成12个100人以下的隐患点的搬迁治理任务。

【不动产登记】 一是“双提升”行动。2020年，结合市局不动产登记能力和作风建设“双提升”行动要求，优化审批流程。一般转移登记压缩到3个工作日内办结，抵押登记压缩到1个工作日内办结，档案查询、抵押注销等业务立等可取。2020年业务量达7250宗。二是“三个一”改革。全面推行“一窗受理”“一号通办”“最多跑一次”的“三个一”改革，推行流程集成和信息集成的不动产交易、税收征缴、登记“一窗受理”模式，实施“一套材料、一次签名”的模式统一收件监签，做到住建交易合同备案确认与税务核税工作、登记受理等同步开展，全面提升办理效率，二手房交易实现一站完成交易纳税登记等手续，不动产权证书还可免费邮寄到家，实现真正的最多跑一次。三是推行“互联网+不动产登记”。加快完善系统升级改造和落实部门联通，实施信息集成的“一窗受理”和互联网+不动产登记“虚拟窗口”建设，连接实体窗口、政务服务网、粤省事、自助设备等四类载体，构建“一个平台、四个入口”的“1+4”不动产登记网上办体系，推动不动产登记便民服务窗口全面覆盖各大银行和进入大型房企社区。四是日常登记发证。通过各项简化手续、信息化改革服务提升，日常登记效率大大提高、业务量趋增。全年共颁发不动产权证书4053宗、不动产权证明3011宗，其中查封登记91宗、注销登记898宗。五是农村房地一体化确权发证。2020年，部署开展全县农村房地一体化确权登记发证工作。截至2020年底，饶平县需开展权籍调查行政村420个，已完成调查391个，需开展权籍调查45.23万宗，外业调查工作已基本完成，转入内业建库阶段。

【基础工作】 一是第三次全国土地调查。2020年，继续推进第三次全国土地调查工作。饶平县21个镇总计涉及重点图斑55 893个，一般图斑32 428个，2019年已完成外业调查举证、数据建库的工作。“三调”统一时点更新，饶平县更新变化图斑20 968个，已全部完成外业调查、内业建库工作，上述两项工作均已通过省级检查。二是完成省市县重点项目，110千伏樟溪新联变电站、110千伏海山变电站、220千伏龙湾变电站等项目用地预审与选址意见初审工作，并上报市局审批。三是信访维稳。2020年，饶平县自然资源局共接收信访件162件，已办结135件，办结率83.33%。对于信访案件，加强对涉土涉矿信访苗头的排查化解，加大对信访问题的排查和预警调处，确保将涉土涉矿问题化解在基层。

【海洋督察整改】 继续推进海洋督察整改工作，落实完成2020年国家海洋督察反馈意见整改工作，全县47项整改措施，除15项需长期坚持外，按规定应于2020年底前完成的32项整改任务在11月底全面完成。

【用海服务保障】 2020年，华瀛液化天然气接收站和华丰中天5万吨级LPG码头升级改造项目用海申请分别获国务院和省政府批准，两个项目实施后预计全年产值增加200亿元。

【自然岸线保有率考核】 梳理全县海岸线保护和利用情况，落实2处违法围填海图斑挖除，修复海岸线6.26千米，超额完成省下达的整治修复5千米海岸线任务。其中大陆海岸线整治修复5.06千米，海岛岸线整治修复1.2千米。

【围填海问题处理】 加快推进历史遗留用海问题处理，全面开展全市12个未确权图斑的处置，组织并指导违法主体对拟确权的已填已用图斑开展用海前期工作，其中2个图斑完成海域使用论证工作；拟挖除的3个图斑已挖除碧洲村委会填海和陈映章违法填海2个图斑点。

【海域海岛海岸带整治】 2020年，饶平县柘林湾区被列入全省海岸带综合保护与利用总体规划，获得省级财政资金支持4800万元，计划用于黄冈镇碧洲和海山镇东沙湾实施海岸线整治修复工作。积极编制完成实施方案并获广东省自然资源厅批准，通过实施3.6千米的海岸带生态保护修复工程，提高饶平县海岸线景观价值和生态价值。

【海洋基础数据调查】 推进海岸线修测、无居民海岛开发利用现状填报和养殖用海普查工作，对技术成果认真校核，及时提供意见和相关佐证材料，按时完成相关任务。至2020年年底，海岸线修测已基本完成待部确认，无居民海岛102个100%通过省级审查通过率，养殖用海普查工作正式开展。

2020年饶平县自然资源局班子成员名录

局　长（党组书记）：陈坐金

副局长（党组成员）：林伟杰　张少璞

党组成员：罗泽瀚

（曾　杨）

饶平县市场监督管理局

【简况】 2020年，饶平县市场监督管理局（以下简称：县市场监管局）坚持以习近平新时代中国特色社会主义思想为指导，深入学习贯彻党的十九届五中全会和习近平总书记系列重要讲话、重要指示批示精神，贯彻落实市委“1+5+2”工作部署和县委十三届十次、十一次全会各项部署，秉持大市场大监管理念，积极主动作为，依法履职尽责，持续守住工业产品质量、特种设备、食品药品、市场秩序“四大安全”，持续优化营商环境，深入发挥打假治劣职能，为饶平县加快构建“一城一廊一海湾”发展新格局、助力饶平高质量加快发展贡献市场监管力量。

【机关党建】 结合纪念建党99周年开展“担当作为、一线建功”主题党日活动，组织“红色之旅”，开好主题组织生活会，上专题党课，开展“书记论坛”活动，开展志愿服务活动。完善用制度管人、用制度管事、用制度管物的长效管理机制，2020年发文数量较2019年同比减少28%，“三公经费”开支同比有所下降。坚持树立正确用人导向，坚持德才兼备、以德为先的原则，严格选拔任用工作程序，发展预备党员3名、入党积极分子8名，提拔5批次30名干部。

【疫情防控】 筑牢八道防线，保障市场领域安全稳定。筑牢责任防线，全面防控部署；筑牢价格监管防线，平抑市场物价；筑牢药械保供防线，确保质量安全；筑牢1110防线，强化集市管控；筑牢严禁野生动物交易防线，誓向“野味”说不；筑牢公共安全防线，维护社会稳定；筑牢消费维权防线，畅通网络投诉；筑牢战斗堡垒防线，突出先锋标杆。牵头协调好县农贸市场疫情防控专班各项工作，严守农贸市场疫情防控关口，全面摸查，建立台账，明确工作重点，狠抓“三强化三覆盖”（持续强化冷库、冷链物流企业直接接触人员、产品和环境核酸监测每周全覆盖；持续强化落实市场环境每日清洁通风消毒全覆盖；持续强化进口冷冻肉制品和安全监管的全覆盖）防控措施，抓好抓细抓严进口冷冻肉制品和水产品各项疫情防控措施。落实进口水产品和肉制品核酸检测820批次，从业人员核酸检测372批次，环境核酸检测286批次。2020年，全县市场监管系统出动执法人员25 214人次，检查各类市场主体32 702家次，确保市场监管领域“零疫情”。

【营商环境】 推进“多证合一、一照一码”“证照分离”“多证合一”、电子营业执照及全程电子化登记等一系列商事制度改革，将企业开办全流程从原来平均2.5个工作日压缩至1个工作日内。2020年，核发食品经营许可证1198份、药品经营许可证15份。全县新登记内资企业（内资本年累计开业户数）41户、私营企业910户、农民专业合作社86户、个体工商户4528户；办理全程电子化登记业务16笔，发放电子营业执照392份，办理各类变更登记2308户，注销登记1578户；推进“个转企”173户。全县有各类市场主体29 029户（其中内资企业788户，私营企业4476户，个体工商户22 972户，农民专业合作社793户），同比增长16.4%。

【知识产权】 实施知识产权、商标品牌战略，服务创新驱动发展。至12月31日，全县有效注册商标数量12 508件，有驰名商标3件，中国地理标志证明商标1件。国家知识产权示范企业1家，国家知识产权优势企业2家，广东省知识产权示范企业2家，广东省知识产权优势企业4家。2020年，全县专利申请1479件。

【计量与标准化】 2020年，县市场监管局为企业免费检定计量器具4640台件，减免检测费63.2万元，惠及257家企业。完成43批次定量包装商品及过度包装商品专项抽检工作。组织协调制定由县农业技术推广中心提出的饶平县绿色食品杨梅的生产规程。鼓励和支持宋凰生态茶业有限公司主导《潮州工夫茶艺技术规程》团体标准、饶平县金利香生态茶叶有限公司的广东省陈香型单丛茶标准化示范区项目，申报2020年市级标准化战略专项资金资助项目，促进县产业结构转型升级和经济的可持续发展。

【消费维权】 稳步推进12315“五进”［12315消费维权进企业、进商场（超市）、进市场、进景区、进学校］工作，已设立“五进”消费维权服务站29个。开展“放心消费承诺单位”及“线下无理由退货承诺店”创建活动，推选出31家放心消费承诺单位及2家线下无理由退货承诺单位。第一时间妥善处理举报投诉件逾1800宗，办结率100%。

【食品安全监管】 守住食品安全底线，多措并举抓好食品监管。严格监督检查，开展桶装水、猪肉原料、“吸食（固体）”类食品、冻库原料、食品“两超一非”等多项专项检查。重点保障安全复学，开展2020年春季学校食堂及校园周边食品安全专项检查，对学校食堂全覆盖检查，排查校园周边食品经营单位，规范校外供餐托管机构，专项抽检周边校园周边“五毛食品”，确保校园周边食品安全。做好重大活动食品安全保障工作，派出执法人员进驻供餐单位，做好两会、农商展销会、高考期间食品安全保障工作。加大食品抽检力度，2020年度抽样3040批次，完成率101.33%。不合格51批次，不合格率1.68%；落实农贸市场快检工作，饶平县有8个市场纳入农贸市场快速检测范围，完成25 986批次，其中水产品7815批次，果蔬为18 164批次，完成90%，合格率99.55%；做好互联网+明厨亮灶监管平台建设工作，97个学校食堂（93个学校）完成摄像头安装工作，接入互联网+“明厨亮灶”监管平台，已全部投入使用。

【药械化监管】 开展全县零售药店、医疗机构、化妆品经营单位的日常监督检查工作，主要对疫苗、特殊药品、医疗器械经营、发热药品销售等情况进行全覆盖检查；加强对特殊药品经营使用单位和快递业的检查力度；开展药械化抽检工作，抽样160批次，医疗器械抽检8批次，化妆品抽检15批次；录入药品不良反应234例，医疗器械58例。

【特种设备】 坚守特设安全红线。紧紧围绕“坚守红线意识，推动安全发展”的工作思路，深入开展特种设备风险隐患排查治理，主要加大岁末年初、中秋国庆等重大节日全县锅炉、大型游乐设施、公共场所电梯、露天工作的门式起重机械和燃气行业所使用等特种设备安全检查力度。发出《特种设备现场安全监督检查记录》218份，发出《特种设备安全监察指令书》2份，排除事故隐患226宗，保障全县特种设备使用安全无事故。

【产品质量】 开展工业产品质量监督抽检，抽检电热水壶、玩具等各类产品37批次；开展认证领域专项监管行动，加强对儿童玩具、小家电、电动自行车等产品流通领域3C认证巡查监管，落实防疫防护产品认证监管以及检验检测机构资质认定证后监管工作。

【市场执法】 强化稽查执法，提高监管水平。按照“四个最严”（最严谨的标准、最严格的监管、最严厉的处罚、最严肃的问责）原则，从严从快从重坚决打击市场各领域的不法行为，维护市场秩序。2020年查处案件172件，结案171件（移送公安机关8件），案值逾7217万元，罚没款逾146万元。

【卷烟打假】 加强卷烟打假，规范市场秩序。持续开展打击制售假冒卷烟标识违法行为专项行动，查获涉烟案件51件，其中制假窝点24个、存储仓库6个、运输案件21件；查缴卷烟机21台套，印刷机3台套，假烟4275万支，假烟标识693万件，烟丝46 125千克，车辆62辆，涉案金额约4772万元。县公安局刑拘犯罪嫌疑人45人，逮捕54人；县检察院起诉62人；县法院判刑71人。有效打击制假售假者的嚣张气焰，维护市场经济秩序，保护人民群众的合法权益。

2020年饶平县市场监督管理局班子成员名录

局　长：吴华昊
党组副书记：黄建华
副局长：李伟丰　林　平　张竟雄　张四海
　　　　杨业昭　许汉森
党组成员：余家旺　邓文奇

（余　函）

饶平县市场物业管理服务总站

【简况】 饶平县市场物业管理服务总站（原饶平县市场物业管理局）是隶属县人民政府领导的全民所有制正科级事业单位，是县人民政府主管市场物业管理和市场规划、建设的职能机构。从2020年10月19日晋升为二类事业单位，内设市场管理、市场规划基建、人秘、财务和办公室5个股室。下设14个市场物业管理所，管理国有市场35个。2020年，认真落实县委、县政府的决策部署，坚持稳中求进的工作总基调，带领全体干部职工奋力拼搏，在抢抓机遇中乘势而上，在攻坚克难中砥砺前行，并取得明显实效。全县年集市贸易总成交额63 679万元。

【市场招租】 2020年，在市场租赁上，县市场物业管理服务总站首次规范招标程序，把“粤东中心市场”“樟溪市场”的经营权在潮州市公共资源交易平台进行网上公开招租，并取得圆满成功。

【市场管理】 2020年，县市场物业管理服务总站把整治市容市貌和综合环境卫生作为一项经常性工作来抓，切实加强市场日常经营秩序的管理，严格按照规划的位置规范摆卖，严禁占道经营，保证了市场内通道的畅通。同时，加大力度完善系统内部管理机制，实行所长负责制和集体经济管理承包责任制。2020年国有市场集市贸易总成交额为63 679万元，全县最大综合商品批发市场—北门市场，年交易额达到30 241万元。

【安全生产】 全年召开5次安全生产专题会议，以各基层所长为安全生产第一责任人，与基层所长签订消防安全责任书；市场管理股根据市场实际情况制订《饶平县市场物业管理服务总站消防预案》和2020年度各市场消防安全预案与安全生产工作计划，明确规定各级管理人员职责；每逢节假日专门下发做好安全生产工作文件；与经营户签订防火协约960份；全年投入安全生产隐患整改专项资金62.3万元；实现全年安全生产无事故。

【疫情防控】 在2020年爆发的新型冠状病毒肺炎疫情中，农贸市场作为唯一一个开放的人群密集场所，饶平县市场物业管理服务总站充分利用LED、广播等进行疫情防控的宣传；杜绝一切野生动物及制品的交易行为；对冻库冷链进行重点监控；强制熟肉网罩，熟生分砧；给经营户和上市群众发放口罩；加强值班，为上市群众和经营户做体温测试及记录备查；严格执行“1110”制度，为胜利完成疫情防控工作做出应有的贡献。

【食品安全】 加强管理东门市场食品快速检测点，对通用市场、河南市场、汫洲市场的鱼、菜类进行每天抽样检测，让消费者放心购物。冬季是禽流感发生时节，配合市监、农业、卫生、疾控、等部门对疫情的堵截，活禽检测，严格执行“1110”制度，认真做好市场一天一清洗、一天一消毒、一月一休市，活禽零存栏。市场范围内禁止屠杀活禽，有效地控制新型冠状病毒肺炎和禽流感的发生。

【市场升级改造】 从年初开始，在完成饶平县委、县政府“六城同创”“治六乱”（乱扔吐、乱堆放、乱摆卖、乱拉挂、乱贴画、乱搭建）的整体部署，对县城10座肉菜市场进行升级改造的基础上，继续按照创文标准，对乡镇的七座肉菜市场进行升级改造。

2020年饶平县市场物业管理服务总站
班子成员名录

站　长：余家旺
副站长：杨楚坤　林晓峰

（文　武）

饶平县应急管理局

【简况】 2020年，饶平县应急管理局认真贯彻习近平总书记关于安全生产的重要指示、批示精神及省、市、县关于安全生产工作的决策部署，切实加强组织领导，压实责任落实，强化工作措施，全力推进安全生产、消防、森林防灭火等各项工作落实，不断强化疫情防控工作，为饶平县加快高质量发展构筑坚强有力的安全保障。一年来，全县发生生产安全事故79起，死亡14人，受伤92人，直接经济损失33.19万元。全县没有发生较大以上生产安全事故。

【行业事故】 各起事故多为道路运输事故，与2019同期相比，事故起数同比下降10.23%，死亡同比下降17.65%，受伤同比下降6.12%，经济损失同比下降57.83%，交通安全形势稳定向好；消防及其他重点行业领域未发生亡人生产经营性事故。全县没有发生较大以上生产安全事故。

【森林防火】 建立健全森林防灭火形势会商研判机制，突出抓好重点时间节点和防灭火关键时期防火工作，落实好包责任、重宣传、设路卡、强震慑、抓救援等工作措施，全力筑牢森林"防火墙"狠抓责任落实和应急备战，多措并举、扎实做好森林防灭火工作。2020年，接报森林火警21宗，及时有效扑灭21宗，处置率100%，没有发生人员伤亡事故，也没有发生较大以上的森林火灾。饶平森林消防队成功组织扑灭山火救援多场次，增援南澳扑火1次，被省应急管理厅和省委宣传部联合推荐评为2020年广东"最美应急集体"。

【监督检查】 一是大力推进安全生产责任体系建设。认真落实党政领导干部安全生产责任制，县委常委会每季至少听取一次安全生产工作汇报，研究安全生产工作；县政府常务会议每两月至少一次；分管领导每月至少一次主持召开汇报会或现场会。建立县政府领导每周带队检查督查安全生产工作长效机制，以上率下，有力有为，加大对安全生产工作的日常监督力度。县政府主要负责同志代表县委、县政府与各镇政府、各部门主要负责同志签订《饶平县安全生产和消防工作责任书》，明确安全生产、消防和森林防灭火工作责任和年度任务。二是健全完善安全生产检查督查相关制度。印发了《饶平县政府领导同志分工每周带队检查督查或专题研究安全生产工作方案》，进一步强化领导对安全生产的指导检查，全面排查落实事故隐患风险管控，及时解决县安全生产及消防存在的突出问题及薄弱环节，保障人民群众生命财产安全。三是全力保障重点时段安全生产形势稳定。春节、元宵、清明、"两会"、春茶采摘、五一、国庆、冬至等重点时段，县委、县政府高度重视，提前部署，带队开展安全生产、消防、森林防灭火检查督查，确保重点时段安全形势的稳定。

【排查整治】 转发、下发关于加强对危险源分级管控有关制度，多次组织、督促开展"风险点、危险源"排查整治行动，加强安全风险识管控和隐患排查整治。2020年，全县排查落实管控风险点危险源81个，在整改9个，落实管控72个；其中红色风险1个、橙色风险25个，黄色风险4个、蓝色风险51个，主要涉及非煤矿山、危险化学品、建筑施工、液化石油气、渡口渡船等行业领域。

【专项整治】 制订下发了危险化学品、消防安全、道路运输、水上交通和渔业船舶、城市建设、工业园区、危险废物等重点领域专项整治三年行动方案，成立专班，制定"一图两清单"，开展整治。全县排查隐患871处，已整改854

处，整改率98.05%；实施安全生产行政处罚307宗，罚款216.49万元，约谈企业49家（次），责令停产整顿企业3家。

电力、农业机械、渔业船舶、民爆器材等其他行业领域也能结合实际，认真落实安全整治措施，消除事故隐患，确保生产安全。

【应急管理体系建设】 1.着力加强应急处置能力建设。一是借助科技支撑，对多套网络系统进行整合，同时推广省“一键通”的应用，构建了可以连结省、市、县、镇四级的视频会商系统、值班值守系统、灾害直报系统、预情预报系统，初步健全应急指挥一张网系统，实现了应急视频信息上传下达的指挥。二是结合机构改革后的承接对接问题，建立或完善了以消防综合救援大队为骨干，以每镇一支专业（半专业）综合应急救援队为补充、以民间蓝天、利民、和群等志愿者队伍为辅助的救援队伍26支近500人。同时修订完善应急预案、开展应急演练、加强值班值守，严格落实“四个一”（一位分管省领导和一个部门牵头负责、成立一个工作专班跟进处置、制定一个专项工作方案统筹应对、统一一个口径上报和发布信息）应急处置机制，有效地为饶平县防灾减灾、扑灭山火等提供了保障。2.突出宣传警示培训教育。以“消除事故隐患，筑牢安全防线”为主题，全力推进全国第19个“安全生产月”和“安全生产万里行”宣传活动，多形式开展安全宣传咨询日、重点危化品执法警示和应急演练等各项宣传警示活动。6月16日，安全宣传咨询日活动，接受群众咨询2100多人次，发放各类宣传资料3600多份。组织非煤矿山、危险化学品、工矿商贸企业法人、安全生产负责人和管理员培训和考试及村级安全管理员三期418人次。3.完善预案，加强安全生产应急管理建设。

2020年饶平县应急管理局班子成员名录

局　长：张清文

副局长：黄胜标　罗超明　林旭志

（肖　枫）

教育·科技

饶平县教育局

【简况】 2020年，饶平县教育系统以习近平新时代中国特色社会主义思想为指引，全面贯彻党的教育方针，落实立德树人根本任务，坚持为党育人、为国育才的教育宗旨，一手抓防疫、一手抓教学，有序推进各项工作，大力促进教育公平发展和质量提升，全县教育事业呈现出持续健康发展的良好态势。

【疫情防控】 一是强化组织领导，周密安排部署，扎实开展疫情防控工作，做好全体师生的体温检测、人员流动、信息上报等工作，严格按照“早发现、早报告、早隔离、早治疗”原则严密安排防控工作，确保了教育系统零感染；对广大师生进行疫情防控宣传教育，开展应急演练，切实提高了师生防控防护能力和学校应急处置能力。二是疫情防控形势基本稳定后，按照省市县统一部署和要求，成立复学工作专班，研究落实复学各项防控措施，积极协调相关部门形成联动配合，做好开学复课前各项准备工作，按照“一校一案”的要求，周密制定完善的分批、错峰返校方案，严格落实师生“日报告”“零报告”和因病缺勤跟踪制度，加强师生日常管理，严禁师生员工到中高风险等重点地区活动。三是做好疫情应对工作，落实校园卫生消毒工作，坚持做好教室、食堂、宿舍等学生重要聚集场所和洗手间、洗漱间的保洁和消毒，做好重点场所通风换气。

【教学质量】 继续开展全县毕业年级教学质量检测，补齐基础教育教学质量监测体系短板，倒逼义务教育阶段学校全力提升教学质量。切实加强高考、中考备考工作，坚持抓快、抓实、抓细，提高备考管理专业化、科学化水平。2020年高考，全县上本科线1619人，上线率38.82%，较2018年（26.26%）增长12.56个百分点，较2019年（34.07%）增长4.75个百分点，连续三年实现大幅增长。饶平二中上高分优先投档线342人，上线率39.13%；上本科线837人，上线率95.77%；饶平侨中本科上线530人，上线率54.53%；其他各学校均取得佳绩。2020年中考，饶平县取得骄人的成绩，全县被市屏蔽175人，占全市屏蔽人数43.21%，700分以上达673人。

【五育并举】 深入实施“体育、艺术2+1项目”活动，学校体育艺术系列活动全面“开花”。加快推进国家级、省级体育特色学校创建工作。按照体育艺术“一校一品”创建规划，开展课外球类教学与训练，提高校园足球、篮球、排球人口。开展阳光体育活动，完善大课间体育活动形式，提高活动质量，确保学生每天锻炼一小时。举行县中小学生美术书法摄影评比及获奖作品展览。实施非遗“春苗”计划，推动潮剧、布马舞、彩青、旱龙工艺、竹编、版画、剪纸、陶艺、彩扎工艺等民间艺术进校园，并推动中小学生劳动教育实践活动。2所学校通过第四批广东省艺术教育特色学校复评，4所学校通过第二批广东省中小学中华优秀传统文化传承学校复评，4所学校的学生艺术实践工作坊被评为潮州市优秀工作坊。

【重点项目】 一是推进重点项目建设。加快饶平二中体育艺术楼、华侨中学艺术体育教学楼、县益智学校易地新建、汫北小学艺体教学楼、饶平县瑞峰实验学校等5个续建重点项目的建设进度，已竣工项目有4个、完工项目1个。加快县中山实验学校、教师发展中心、寄宿学校基础设施等新建重点项目建设进度，截至年底，已投入公办学校重点建设项目资金约1.1亿元。二是推进“厕所革命”。根据2020年全县十件民生实事之“厕所革命”，全面完成20个学校厕所改建任务。

【学前教育】 推动学前教育普惠健康发展。实施学前教育“5080”攻坚行动，2020学年度县公办幼儿园在园幼儿占比达53%、公办幼儿园和普惠性民办幼儿园在园幼儿占比达85%，较好完成学前教育“5080”普惠目标任务。安排省级教育发展专项学前教育发展资金168万元用于32所普惠性幼儿园改善办园条件，有效推动各普惠性幼儿园的健康发展。

【义务教育】 深化义务教育优质均衡发展。加强小规模学校和寄宿制学校建设，推进“薄改与能力提升”工程，确保乡村寄宿制学校办学条件达到省定基本办学标准，促进城乡教育一体化发展。加强招生工作的统筹管理，科学核定招生计划，确保各年级不出现大班额现象。采取摸底排查、强化学籍管理、建档立卡外省户籍学生劝返、建立帮扶制度等措施，完成控辍保学任务。

【队伍建设】 2020年，根据饶平县委编办重新核定并下达的全县各中小学校教职工编制6583名，增加下达全县21所镇公办中心园公办教职工编制983名，进一步健全中小学岗位设置动态调整机制，提高编制使用效益。完善中小学教师公开招聘制度，对符合条件的研究生学历和原“211”“985”本科毕业生通过“绿色通道”直接考核，引进人才15名。从中学派出300多名教师到小学支教，优秀教师向农村薄弱学校送教支教人数不低于交流轮岗教师总数的20%。依法依规落实中小学教师工资福利待遇保障政策，确保中小学教师与公务员工资收入水平“两个不低于或高于”。

【党建】 一是深化“不忘初心、牢记使命”主题教育成果，定期开展理论学习中心组学习，深入学习贯彻习近平总书记出席深圳经济特区建立40周年庆祝大会和视察广东重要讲话重要指示精神；学习《习近平谈治国理政》、开展“学习强国”学习平台在线学习和推广、扫黑除恶专项活动等多种形式的党员学习教育活动。二是全面理清基层党组织隶属局党委管理关系。县教育局党委属下有党员3285人，党组织210个，其中党委6个，党总支17个，党支部187个。2020年9月底，县委组织部将全县各乡镇中小学校的党组织隶属关系，转由饶平县教育局党委直接管理，全县中小学校党建工作由县教育局党组和县教育局党委统一领导。县教育局党组严格按照《中国共产党支部工作条例（试行）》和《广东省党支部规范化建设指导意见》有关要求，落实校长、党支部书记“一肩挑”，推进学校党组织和党建工作全覆盖。三是全面落实党委主体责任和“一岗双责”要求，集中开展纪律教育活动，举办理想信念教育、党章党规党纪教育、纪律教育、警示教育、师德教育等活动；推进党风廉政建设，严格执行中央八项规定，规范办学行为。先后对慈云中学、鸿程中学等12所学校进行校长离任经济责任及财务收支审计。

2020年饶平县教育局班子成员名录

局　长：陈裕平（2020.3—）

副局长：吴少东　林岳梓　詹春潮

（王泽润）

饶平县工业和信息化局（科技部分）

【简况】 2020年，饶平县工业和信息化局积极实施创新驱动发展战略，鼓励引导企业加大研发投入，增强自主创新能力，培育高新技术企业和科技型中小企业，推动新型研发机构等创新平台建设，深入开展科普宣传活动，进一步深化产学研合作，推动全县科技创新和科技进步。

【高新技术企业】 加强宣传落实高新技术企业培育认定补助、申报科技计划项目等政策措施，做好企业相关业务培训指导服务，积极动员符合条件的企业开展高新技术企业认定申报。2020年，县工信局分三批次组织6家企业申报高新技术企业认定，其中到期重新认定申报企业5家（广东博宇集团有限公司、广东海利集团有限公司、广东新生环保科技股份有限公司、广东挚信彩印有限公司、广东铭康香精香料），新增认定申报企业1家（广东卓尔办公设备有限公司）。

【名优高新技术产品】 引导企业增强自主创新能力，研发高技术含量产品，申报名优高新技术产品认定，提高市场竞争力。2020年组织相关企业申报名优高新技术产品认定8个。

【工程技术研究中心】 加强政策宣传和培训指导，引导企业加大科研投入，重视自主创新能力，鼓励符合条件的单位申报省级、市级工程技术研究中心认定。2020年，全县有省级工程技术研究中心10家、市级工程技术研究中心21家。

【新型研发机构】 加强支持新型研发机构发展政策措施，引导有条件的企业建设新型研发机构。2020年，组织了广东广油华丰科技研究有限公司申报新型研发机构认定。

【科技项目】 2020年，积极引导企业实施科技项目促进企业科技创新。组织申报省、市科技项目10项，其中予以立项7项。落实下达2019年县级科技计划项目资金46万元，对8个单位和企业予以项目资金补助。

【技术创新专业镇】 2020年，全县有省级技术创新专业镇10家，市级技术创新专业镇12家，市级创新发展示范专业镇1家。

【科技活动】 积极推进科普工作，培养青少年的创新精神和实践能力。8月，县工信局组织饶平县钱东中学参加2020年广东省科普讲解大赛，其中两名学生荣获“优秀中小学生科普讲解员”称号。推进中小学校校园科普特色教育工作，推荐饶平县高堂镇中心小学申报省科技厅“粤东西北地区农村中小学科学馆（室）”建设项目。

【创新创业大赛】 积极组织企业参加中国创新创业大赛，营造大众创业、万众创新良好氛围。县工信局动员组织相关企业参加2020年第九届中国创新创业大赛（广东·潮州赛区）暨潮州市第三届创新创业大赛，1家企业荣获成长组三等奖、1家企业荣获成长组优秀奖。

（薛锦添）

饶平县地震局

【简况】 2020年，饶平县地震局紧密围绕全县经济社会发展大局，牢固树立“警钟长鸣，常备不懈”的意识，采取一切措施，强化震情研判，防范地震风险，持续开展防震减灾宣传、地震应急准备和党建等各项工作，全力推进饶平县防震减灾事业现代化建设取得新突破、新发展。

【防震减灾】 开展防震减灾法制宣传教育，提升防震减灾能力。5月12日上午县地震局联合县科协、县体育中心在县运动场大屏幕循环播放防灾减灾知识、避震应急技能等有关科普视频，现场向过往群众发放有关防灾减灾应急知识宣传画册，并接受群众的对防震减灾知识咨询，从不同的角度提高社会民众的防震减灾意识和避震应急能力。围绕2020年防灾减灾的主题——“提升基层应急能力，筑牢防灾减灾救灾的人民防线”，县地震局组织人力在县城环城各干道悬挂宣传横幅、防灾减灾宣传标语。于5月11至12两天分日夜2场在县电视台《科普栏目》连续播放相关防震减灾知识宣传教育科教片，讲解有关避震应急技能。同时联合县应急局、气象局利用县、镇、村三级气象广播，连续几天播报防灾减灾宣传语，进一步营造宣传氛围。

【党建党廉】 一是夯实责任，层层传导压力。2020年，党支部多次召开专题会议，学习贯彻中央省市县有关精神，就党建和党风廉政建设工作进行研究部署。二是深化学习，加强理论武装。建立党支部理论学习制度，年度学习计划，把学习习近平新时代中国特色社会主义思想和党的十九大精神作为首要任务，组织党员踊跃参与学习强国平台的学习，真正让习近平新时代中国特色社会主义思想入脑入心。三是丰富活动，凝神聚气强活力。每月定期开展主题党日活动，重温入党誓词，组织党员干部参加党建知识测试和考学活动，督促党员学习党建和党风廉政建设理论知识。

2020年饶平县地震局班子成员名录

局　长：陈秋澄

副局长：王松明

（陈晓存）

文化·体育·卫生

饶平县文化广电旅游体育局

【文体活动】 2020年，县文化广电旅游体育局（以下简称县文广旅体局）系统举办文体活动共44场次。其中1月12日“助推四大战役文化进万家文艺晚会”；1月20日“2020年饶平县我们的中国梦大型迎春文艺晚会”。受疫情影响，县图书馆利用移动图书馆APP进行线上活动2场次、线下读者活动6场次、在馆内进行的读书分享会1场、21天阅读挑战活动1场、一馆一品系列活动4场（浮山镇、浮滨镇、汫洲镇、高堂镇）；10月至12月饶平县潮剧团演出28场，其中“广东省戏曲进校园”演出15场、“凤江戏苑”潮剧专场演出2场、农村演出11场。11月，饶平县潮剧团被中共中央宣传部等部门授予“第八届全国服务农民、服务基层文化建设先进集体”荣誉称号。国庆期间，饶平县全县各镇文化站举办文化活动数量约70场，活动参与人数约37 000人次。创编抗击疫情宣传主题文学作品，音乐作品，舞蹈等各种形式原创作品45件。《红色茂芝燎原之火》《凤拈青花》《乡村的春天》等三个节目参加2020潮州市群众艺术花会（音乐舞蹈）作品展演。其中饶平县三饶镇舞蹈原创作品《凤拈青花》被选送到广东省参加2020年省群众艺术花会决赛，并获得舞蹈类铜奖。10月31日下午，广东省青少年举重锦标赛在饶平县举行。来自广州、深圳、珠海、汕头等19支举重队伍共550名运动员参加比赛。该比赛是饶平县迄今为止举办的规模最大的举重比赛，开创了广东省5年之间在同一县区2次举办该项赛事先例。

【文化服务】 深入推进县图书馆、县文化馆（站、室）、县博物馆、非物质文化遗产展习馆等免费开放，完善公共文化馆站服务项目和免费开放制度。县图书馆馆藏种类67 965种，藏书量93 668册，全馆每周开放不少于56小时。新办借书证968张，进馆人数约14.76万人次，读者阅览图书约52.8万册次，读者外借图书计47 883册次，接待读者咨询人数1929人次，接待读者免费上网次数8997人次，总时长8828小时。县图书馆组织开展志愿者图书采编、“粤读越精彩”阅读推广、“全国少儿报刊阅读季”读书分享会、“21天阅读挑战书”等活动，引导读者阅读，营造全民阅读的良好氛围。

【旅游事业】 开辟旅游线路“饶平古驿道红色历史文化游（一天游）”成功打造为第二批广东省乡村旅游精品线路；黄冈镇申报广东省旅游风情小镇；樟溪镇英粉村正在申报第二批广东省文化和旅游特色村；指导爱田园、花田农庄申报第八批广东省休闲农业和乡村旅游示范点。爱田园研学游基地、瓦岗寨生态庄园认定为潮州市文化研学游基地；樟溪镇英粉村、汤溪镇大门坑村、高堂镇军寨村公布为首批潮州市文化和旅游特色村；黄冈镇大澳村、东山镇东明村、所城镇所城社区为第二批潮州市文化和旅游特色村；推荐聚贤园迎宾馆、海龙酒店参加潮州市旅游宴评选活动。旅游事业协同发展提质增效。组织协调本年度14座旅游厕所新建及改扩建工作，至9月中旬按时、按质完成了建设任务。推进5个饶平县休闲农业和乡村旅游发展项目。10月3日，顺利举办2020饶平县文化旅游节，宣传推介饶平文化旅游资源和产品。截至2020年，共接待游客149.4万人次，旅游营业收入15 112.8万元，分别比2019年同期下降63.6%和66.8%。

【文化遗产保护】 做好各级非物质文化遗产名录项目推荐申报，建立健全各级非物质文化遗产名录、传承人和传承基地体系。发挥非遗传承人作用，鼓励和引导传承人依托资源和技艺自办非遗展习馆所，展示和传习非遗的工艺制作技术。力诚文化分馆打造传承民俗艺术、弘扬非遗文化研学一天游，组织参观“力诚潮汕民间艺术馆”道韵楼建筑工艺、灯谜、饶平日用陶瓷、潮汕民俗展示区展出的各类非物质文化遗产代表作品300余件。加大文博物保护和管理力度。推进道韵楼整体修缮。鼓励和推动民办博物馆建设，汫洲镇麦贤得英雄事迹陈列馆纳入市第四批“博物馆之城”系列馆。6月5日，黄冈城隍庙被县人民政府列为县级文物保护单位。完成泰华楼、南阳楼文物消防安全工程，投入资金56万元；潮源楼、润丰楼文物消防安全工程正在设计中。

【文化旅游市场】 深入贯彻落实“最多跑一次”，依法依规做好娱乐场所、互联网上网服务经营活动、艺术品经营单位等行业的审批、备案和管理工作。其中互联网上网服务经营单位注销4家，娱乐场所经营单位延续2家、变更1家，文艺表演团体延续1家，经营高危险性体育项目许可1家。饶平县共有文化经营单位67家，其中演出经营单位1家、艺术品经营单位备案1家、互联网上网服务经营单位9家、娱乐场所经营单位8家、出版物经营单位28家、印刷企业22家。完成83项政务服务事项“一网通办”平台事项流程配置。组织开展饶平县文化旅游市场安全生产检查；积极推进饶平县旅游行业创文创强工作。印发《关于拆除非法安装使用卫星电视广播地面接收设施的通告》，强制拆除非法设施4件套、自行拆除10件套。开展广播电视“户户通”维护，建立“户户通公共服务网点”。规范广播电视播出秩序，完成饶平县未纳入本地有线电视网络统一运营管理的有线电视网络（简称“小片网”）治理；开展反电信诈骗、网络游戏专项整治、打击非法出版物、印刷品及有害信息集中行动，加强娱乐场所、游艺娱乐场所、互联网上网服务营业场所、出版物市场、印刷业、文保单位、景区景点等的监管，开展禁毒整治宣传。疫情期间，加强对县域内暂停对外开放公众聚集度高的文广旅体公共场所巡查力度。2020年出动执法人员2825人次，检查经营单位640家次，与经营单位签订承诺书22份，张贴宣传海报60多份，发放宣传资料4100多份，制作宣传展板8块，宣传标语5条，举办宣传活动6场次，发出《责令改正通知书》55份，处理潮州市123451举报平台投诉件8件，旅游投诉件1件，省政府疫情防控线索核查1条。开展“双随机抽查”22次，抽查文化旅游经营单位44家。落实禁毒宣传工作。到浮山镇禁毒办督导禁毒工作8次，组织员工培训参观学习8次，发放宣传资料4100份，制作宣传展板8块，宣传标语5条。

【文化设施】 在推进县文化馆、县图书馆、县博物馆等县级公共文化设施建设的同时，推进“三馆一站一中心”提档晋级。其中完成县文化馆提质升级项目，一楼设置展厅，二楼设置书画创作培训基地，设立饶平县文化馆力诚分馆，设立常年开放的书画展厅和县青花瓷非遗基地。县图书馆拟新建一幢5层高的新馆，配套地下停车场等公共设施。完成县博物馆展厅布展工作，通过实物、音像、文字，分浮滨文化、红色饶平、饶平史迹、饶平非遗四个部分重点介绍饶平历史，实现对外免费开放。各镇加大对文化站的投入和保障力度，切实推进文化站达标晋级。推进总分馆制建设，建成文化馆总分馆制22个分馆、44个服务点，实现公共文化资源的上下联通、共建共享。推进县图书馆总分馆制建设。新丰、新圩、钱东、高堂、汫洲、柘林、樟溪等7个镇的图书馆分馆正在建设中，其中钱东镇分馆、新丰镇分馆预计年底完工。推进全民健身工程。开展农民健身工程场地设施建设，县运动场改造及地下停车场建设项目于8月14日完成招投标工作，8月28日发出中标通知书，9月23日完成合同签订工作，该项目计划投资16 359.84万元，工程期限为18个月。落实县、镇、村（社区）申报潮州市足球场地建设项目，建成5人制足球场15个。启动新圩镇长彬村、钱东镇灰寨村2个7人制足球场的建设。大力实施全民健身计划，推进乡镇农民健身工程建设，利用市体彩公益金配套安装乡镇农民健身工程31个村，配套安装健身路径372台。

【扫黑除恶】 开展旅游行业扫黑除恶专项治理，执法人员对旅行社、A级景区及景区周围进行摸排清查，重点检查敲诈勒索、欺行霸市、强买强卖等违法行为。开展文化市场领域扫黑除恶专项治理，执法人员对网吧、歌舞娱乐场所、图书音像店、影院等重点场所进行了排查。配合县纪委、县公安局、县市场监督管理局等相关部门对位于饶平县海山镇达南村南洋前大路东饶平县合家欢农家乐有限公司进行联合检查，加强日常监管和督导。2020年，新增扫黑除恶线索1条，扫黑除恶工作累计投入经费4万元。

【疫情防控】 加强组织领导，制定疫情防控工作方案，加强应急值守和督促检查，指导文旅系统做好疫情防控和复工复产工作。加大对旅游企业的扶持力度，加强对规模上住宿业、景区、各旅行社检查管控及宣传工作。启动鼓励“引客入饶”奖励机制，推进饶平县辖区内依法设立、具有独立法人资格的旅行社积极开展复工复产。发动旅游企业推出消费券，促进旅游消费市场。积极引导景区和酒店等公共场所全面推广使用“粤省事”粤康码和“粤政易”封闭娱乐场所人流量监控，有序开展工作人员及来访人员健康信息收集和疫情防控工作。

2020年饶平县文化广电旅游体育局班子成员名录

局　长（党组书记）：郑良群

副局长（党组成员）：郑跃辉　刘树宏　许志宏

党组成员：叶献明

（谢湘煌）

饶平县融媒体中心（广播电视台）

【简况】 根据中共饶平县委机构编制委员会文件《中共饶平县委机构编制委员会关于印发<饶平县融媒体中心机构编制方案>的通知》（饶机编〔2019〕57号）的精神，饶平县广播电视台于2019年底完成机构改革，更名为饶平县融媒体中心，加挂饶平县广播电视台牌子。2020年，饶平县融媒体中心紧紧围绕县委县政府重点工作，把握舆论导向、引领舆论航向、正确舆论方向，以宣传县委县政府方针政策、防疫抗疫、禁毒教育、复工复产等舆论宣传工作，展示全县经济社会发展成果、反映人民群众心声、弘扬社会正能量为工作目标，对内凝心聚力促发展，对外提升服务树形象。在新闻宣传、媒体融合、产业发展、安全播出、队伍建设、内部管理等方面取得了显著成效。

【舆论宣传】 围绕全县中心工作，着力宣传报道县委、县政府在防疫抗疫、两违整治、打好“四大战役”、推进精准扶贫、乡村振兴等工作。采制播出电视、广播新闻2200多条，“魅力饶平”APP发布新闻信息4600多条。一是争先进位，新闻宣传再创佳绩。2020年以来，饶平县融媒体中心在《饶平新闻》播放稿件中精选280条稿件在市台时政、民生新闻栏目播出。如《一线特写：防疫“夫妻档”　上阵“父女兵”》《饶平：县长当主播　推介潮州柑》《饶平县推进脱贫攻坚和乡村振兴工作》《饶平：抓好常态化疫情防控 确保经济社会平稳》《打造电商创意园 点燃青年创业梦》等。精选15条新闻在省台新闻频道播出。如《饶平县2名医务人员启程驰援武汉》《饶平：守好广东东大门　抗疫情复产两不误》《退伍兵心系战疫　捐献物资共克时艰》等。精选《饶平县生态环境持续向好“最美小鸟”栗喉蜂虎再现柘林镇》于4月27日在央视新闻直播间播出。二是创新引领，新兴媒体协同发力。发挥魅力饶平APP客户端平台优势，扩大传播力、引导力、影响力，创新观念，大胆探索，围绕县委县政府的中心工作和重大决策部署，积极开展宣传报道。防疫期间，“魅力饶平”APP及时发布权威信息、回应社会关切、引导舆论导向，累计发布抗疫相关信息达1500多条。其中，消息《致敬！我县医务工作者杨宝珠、钟迟将驰援湖北抗疫一线》27 025点击量、《饶平警方侦破一宗销售假冒口罩案件》9185点击量、连线饶平援鄂护士钟迟的《饶平护士在湖北：我们很好，请放心！》6400点击量。APP推出《防疫进行时》系列短视频，制作《返工后如何保护自己》《如何正确使用酒精》《孕产妇该如何防护》《户外运动　做好防护》等系列节目。三是要素优先，保障公益宣传力度。先后播发了“精神文明建设”“精准脱贫”“法治宣传”“社会主义核心价值观”“征兵报国”“扫黑除恶”“安全生产”等一系列公益广告。截至2020年底，共播发公益广告20 000多条/次，占整个广告播发时长的90%以上，为构建富强、民主、文明、和谐、美丽饶平打下了舆论基础。

【节目多样化】　组织片源办好《科普之窗》《走近教育》《视听天下事》《乡村法制》《致富故事会》《健康面对面》《乡村文化》《生活视觉》等专题栏目，播出150辑。根据县委、县政府的工作要求，策划并摄制《苏区饶平：让党旗在疫情防控最前线高高飘扬》《脱贫攻坚　你我同行》《放飞农村电商在希望的田野上》《梅竹故里话东明》《醉美苏区饶平　乡村焕发新颜》《英雄家乡“从军热”》《扬帆采时雨　挂席拾春风》等12部专题片。按时按质做好《走近教育》的制作和播出工作，全年播出26期。拍摄制作《饶平印记》《新时代文明实践》等系列专题题片。组织编排出连续剧96部3000集；潮剧140部；综艺栏目52辑；动画片14部600集；科教栏目《科普之窗》50辑；各类专题片32部。

【广播电视设施设备】　1.强化根基，制度保障。一是在安全播出重要保障期启动《安全播出应急预案》，同时加强对播出节目的监听、监看和机器设备的巡查，发现节目异常或特殊情况第一时间向安全播出指挥中心汇报，及时处理。二是加强对播出设备、设施的维护管理，确保前端系统稳定。同时，加强对石壁山发射台转播发射设备的全面维护，确保无线覆盖节目的正常播出。在“春节”“元宵”“全国两会”“国庆”等重要播出保障期都做到安全播出无事故。三是积极强化各部室之间的协调联动，确保每天节目的正常播出及部分时效节目的应急播出，同时做好每晚《饶平新闻》《一周要闻》《走近教育》《视听天下事》等节目上传到政府网站。四是贯彻执行《卫星广播地面接收设施管理规定》的要求，加强政策宣传，加紧实施全县小片网的联网接入，扩大有线电视网络覆盖范围，确保广播电视安全播出。15个村级小片网电视站已经全部接入县有线电视网络。2.加快事业产业发展，做好设施保障。一是加强对采编、播出设备和电源设施的配置、维护、检修及更新；做好数字电视前端平台及其配套设施的维护工作，确保所有设备、设施都处于最佳工作状态。二是做好饶平县融媒体技术平台、数字机房播控、电台音频播出、非编网升级、虚拟演播室等项目的组建及后续运维工作。三是组建高清编辑线及配合做好培训工作，采购高清摄像枪，完善采、编、播高清播出链路，实现电视频道高清播出。四是做好乡镇站数字电视网络的发展规划，加强管理和监督维护，及时做好线路故障的抢收、修复，同时配合道路建设做好相关线路迁改工作。3.宽带网络建设方面。饶平县融媒体中心积极与广东有线网络股份有限公司潮洲网络公司合作，拓展宽带业务，加快广电网络建设，已完成县城区大部分区域宽带网络覆盖。

2020年饶平县融媒体中心（广播电视台）班子成员名录

主　任：林钟桐

副主任：许序兴　余少雄　严素龙

（张少鑫）

饶平县体育发展中心

【简况】 2020年，饶平县体育发展中心在县委、县政府的坚强领导下，认真贯彻落实《全民健身条例》和《全民健身实施计划（2016—2020年）》，以全民健身活动为抓手，以完善体育基础设施为重点，大力构建群众体育服务体系，群众体育活动蓬勃开展，竞技体育水平不断提高，体彩销售稳步提升，体育产业得到较快发展，较好地完成了全年各项任务。

【群众体育】 一是全民健身网络日趋完善。在新冠疫情期间，积极组织各体育运动协会制作网上运动课程，引导群众参加线上运动。疫情缓解后，于8月13日依托县足球协会组织饶平县足球联赛、10月3日依托县羽毛球协会组织饶平县羽毛球赛、10月25日依托县登山运动协会组织重阳登山活动。二是推进农民健身工程场地设施的建设。县运动场改造及地下停车场建设项目于8月14日完成招投标工作。该项目计划投资16359.84万元，工程期限为18个月，已完成围挡、前期拆迁等工作。落实县、镇、村、社区申报潮州市足球场地建设项目工作，建成洴洲镇洴南社区、海山镇东港村、黄冈镇洪西寮村、山美村、碧岗村、大澳村，高堂镇军寨村、前寮村、塘南村，柘林镇柘北村、浮山镇五联村、钱东镇新乡村、峙头村，联饶镇下饶村、下寨村等15个村5人制足球场；同时启动新圩镇长彬村、钱东镇灰寨村2个7人制足球场的建设。联合县住建局推进洴洲镇洴南社区、浮山镇五联社区2个体育健身公园的建设；推进乡镇农民健身工程建设，利用市体彩公益金配套安装乡镇农民健身工程31个村，配套安装健身路径372台。完成2019年省级涉农转移资金（农村人居环境整治类—推进社区体育公园建设）推进建设项目的绩效评估工作。

【竞技体育】 一是竞体成绩创新高。8月2日至9月4日，在肇庆市怀集县举办2020年广东省青少年拳击锦标赛上，饶平县组织运动员参赛，周双铨获得男甲59KG级第二名；沈森溪获得男丙57—60KG级第二名；郑小东获得男甲60KG级第三名；沈义涛获得男丙57—60KG级第五名；林树欣获得男丙51—54KG级第五名。8月26日至29日在清远市清城区举办2020年广东省青少年围棋锦标赛上，饶平县12岁的余晶烁获得青少年围棋锦标赛冠军。二是完善竞技体育人才注册和培养工作。组织完成2020年广东省青少年运动员报名注册工作。组织完成“星奥竞赛云”APP教练员首次注册、信息更变工作。同时完成外聘教练员招聘工作，解决业余体校拳击项目学生就读学校。完成体校常年招生工作。组织参加2020年潮州市青少年田径选拔赛。三是输送高水平体育后备人才。8月份跆拳道输送唐斯烁队员到省体校集训。9月份拳击队输送郑梓、吕梓炀2名队员到省体校拳击队集训。9月份田径队输送张锦杏、张银璇2名队员到省冲浪专业队。武术套路2020年高考吕楷涵队员考上浙江大学。

【体育产业】 一是加强体育彩票销售管理工作。2020年涉及全国体育彩票政策调整，饶平县根据市场需求，合理的设置网点，更新投注方法，增加销售途径。二是积极宣传体育彩票。围绕体育彩票“取之于民、用之于民”主题，先后开展多场电彩宣传促销活动，提高体育彩票品牌形象的影响力。

【精准扶贫】 县体育发展中心挂钩上寨、下寨两个村15个扶贫户，帮扶干部有12人，每月走访帮扶贫困户一到二次，传统节日一次慰问，为巩固提升脱贫攻坚战奠定扎实的基础。

【党建】 一是抓好理论学习。以“学习强国

APP”为载体，组织广大党员干部认真学习贯彻习近平新时代中国特色社会主义思想，深入学习贯彻党的十九大和十九届历次全会精神；二是明确职责任务。把落实“三会一课”等党内制度，严格纳入党建工作目标责任制，认真开展“三会一课”“主题党日”“组织生活会”等活动；三是狠抓意识形态工作。建立班子成员意识形态工作责任制，建立健全意识形态工作研判机制；四是推动全面从严治党。认真开展纪律教育学习月活动，增强反腐倡廉责任感和使命感；认真落实党支部书记“一岗双责”，切实增强政治意识、大局意识、核心意识、看齐意识。

2020年饶平县体育发展中心班子成员名录

主　任：麦名城

副主任：陈文杰　余庆银

（郑之弟）

饶平县卫生健康局

【简况】 2020年，饶平县卫生健康局（以下简称“县卫健局”）在饶平县委、县政府的正确领导下，在县委、县政府的坚强领导和主管部门的精心领导下，以“建设卫生强县、打造健康饶平”为目标，以提升医疗卫生服务能力建设为重点，紧紧围绕打赢新冠肺炎疫情防控阻击战保障广大群众生命安全和身体健康为中心，解放思想、创新机制，不断提高卫生服务能力，为保护人民群众身体健康作出了积极贡献。

【医疗卫生体制改革】 成立以饶平县人民医院为牵头单位，浮山中心卫生院、浮滨卫生院、东山卫生院等为成员单位的紧密型县域医共体，加快推动更多优质医疗卫生资源下沉到基层农村一线。成功促成暨南大学附属第一医院托管饶平县人民医院，补齐饶平县医疗卫生短板，让饶平百万群众在家门口享受优质医疗服务。

【基础设施】 一是县级重点项目建设。（1）县第二人民医院已于2019年12月30日建成，于2020年11月实现门诊部开业，现正在加快进行医疗专项及其他配套建设。（2）县人民医院异地新建项目：已于2019年12月实现主体封顶，现已完成外墙砌筑，正在进行室内外装修及设备安装工程，同步开展医疗专项配套建设。于2020年12月完成主体建设及内部医疗专项装修配套；计划2021年投入使用；（3）县妇幼保健院异地新建项目。已于2019年9月初全面封顶，已完成室内外装修、医疗专项配套、围墙等各项建设任务，预计2021年底全面完工并投入运营。（4）县中医（华侨）医院住院大楼建设项目，现已完成建筑施工安装验收工作，正在进行医疗专项及其他配套建设报建工作。项目预计2021年7月投入使用。（5）县中医（华侨）医院整体环境提升建设项目。已完成立项、规划，现项目已完成立项、规划，预计2021年7月投入使用。（6）县院前医疗急救（指挥）中心项目，已竣工并完成相关配套建设，县120急救指挥中心人员已到位。（7）县第三人民医院新建项目。项目于2020年10月正式开工，现已完成打桩及地下室底板施工，预计于2021年底前竣工投入使用。（8）县体检康复中心及宿舍楼建设项目。计划投资1.5亿元，利用县人民医院异地新建项目二期用地2公顷中的0.67公顷，规划建设一幢地上28层地下1层的体检康复中心、宿舍大楼。其中宿舍250套。已投入开工。（9）县卫生检验中心实验大楼建设项目。计划投资7108万元，在县疾控中心内预留用地建设，占地约0.4公顷，规划建设一幢5层实验、办公大楼，并配备相应设备。已投入开工。（10）县第二人民医院传染病区建设项目。计划投资6302万元，于饶平县第二人民医院预留0.8公顷用地中建设，占地约0.53公顷，建设一幢传染病楼和一幢医护人员留观楼。已开工建设。二是基层就医环境进一步改善 浮山中心卫生院大力推行“互联网+家庭医生服务”，国家基本公共卫生服务工作连年来都走在潮州市先进前列；三饶卫生院眼科、浮山中心卫生院、海山卫生院的老专家门诊等基层特色专科百花齐放，方便群众看病就医。继续推进村卫生站规范化建设。做好2020年24所村站建设工作，3所完工，6所基本完工。三是“互联网+医疗”信息化建设扎实推进，投资120万元的县人民医院远程医疗中心建设项目已完成与省远程医疗平台网络连通，正常开展医院视频会议和培训、远程会诊业务。加快推进上饶、新丰、三饶、浮山、新圩、钱东、汫洲、海山等8个基层卫生院远程医疗项目建设。

【疫情防控】 2020年1月，面对突如其来的新冠疫情，县卫健系统始终坚持人民至上、生命至上，充分发挥专业技术优势，夜以继日奋战在疫情防控第一线，用心用情守护辖区群众生命安全和身体健康。截至11月30日，累计健康管理从国内疫情高发地来饶人员1954人，累计管理境外抵饶人员141人，排除新型冠状病毒排查病例198例，累计管理密切接触者40人，全部已解除医学观察。县发生新冠肺炎疫情输入性病例1例，没有发生本地疫情。一是下好“先手棋”。第一时间成立新冠肺炎疫情防控工作指挥中心，启动应急预案，建立高效协同的工作机制，设立疾病控制工作专班、医疗救治工作专班。二是打好“主动仗”。始终强化各类医疗机构、发热门诊、集中隔离点的院感管理，完成县人民医院定点救治医院建设，拥有救治病房30间、床位82个；设置县华侨医院为定点后备医院，设床位32个；完成发热门诊改造，实行预检分诊和发热门诊工作一体化闭环管理。组建一支20人的县级流行病学调查队（其中11人为后备队员）。组建疫情防控医疗救治专家组；依托珠江医院专家团队组织开展医疗救治培训、医院抗感染培训。三是守好“入饶关”。联合公安、交通、林业、农业农村等部门严格做好卡口监测，抽调工作人员进驻23个联合检疫站点，及时收集掌握从疫情高发地返（抵）饶人员信息，组织实行医学观察和健康监测管理，配合境外专班对境外来返饶人员严格落实防境外输入措施，做好闭环运作管理工作，守好“两站一港”第一道防线，形成“一例一圈一专班”和“公安+大数据+卫健+疾控+基层”合成作战模式等精密智控机制。四是织密“防护网”，优化“三位一体”管理、强化农贸市场从业人员和重点产品及环境等的核酸检测采送检工作。截至11月30日，全县农贸市场开展核酸采送检6041份，其中人员检测3291人，农贸市场重点产品1696份、市场环境1054份。五是打出“组合拳”。①抓好医疗防控物资储备：县卫健局、县疾控中心、以及党校隔离点已计划按标准要求采购消杀器械和防护物资一批，计约为90.2942万元。县人民医院已投入63.97万采购负压救护车1辆及车载设备；配套负压担架有3台（其中1台随120救护车配套）。②加强核酸检测能力建设。投入350多万元，分别在县人民医院、县疾控中心配套建设核酸检测实验室，2个实验室合计日最大单检检测量为642份，采取10合1混采检测最大检测量为6420份，大大提高县核酸检测能力，截至11月29日止，县人民医院核酸检测实验室已完成检测14 529例。③发热门诊（诊室）建设运行。全县设置发热门诊2家（县人民医院、新丰中心卫生院），设置发热诊室23家（县中医医院、县保健院及21家卫生院），9月底已全部建成并投入使用。④强化院感防控督查。不定期、经常性组织专技人员进行全方位督查，督促做好常态化新冠肺炎疫情防控工作，落实“四早”措施，巩固防控成果。⑤加强集中隔离点管理。以县委党校为定点集中隔离点，设有隔离床位102个，按照“平急结合”原则，选定星河城大酒店作为县级备用集中隔离点，拥有可用床位75个。星河城大酒店3月26日正式启动投入使用，于4月27日暂停使用，隔离医学观察点留观34人。县委党校集中隔离医学观察点由新冠疫情防控指挥部在全县抽调17名医务骨干和10名警务人员全脱产驻点。到12月5日止，县委党校集中隔离医学观察点留观对象201人，其中境外返（来）饶留观对象126人。六是最美“逆行者”。县卫健系统医护人员按照上级关于组建支援武汉医疗队工作要求，从积极报名的众多医护人员中，挑选出首批符合要求的县人民医院护士钟迟、杨宝珠和浮山中心卫生院住院部副主任刘敬勇3名医护人员，于2020年2月11日逆行出征湖北抗疫保卫战，白衣战士顽强拼搏，在荆州石首忘我奋战的38个日日夜夜，用责任和担当，用爱心和勇气，夺取抗击疫情胜利，被授为“2020年度湖北省新时代最美逆行者”称号。10月21日，广东省召开抗击新冠肺炎疫情表彰大会，钟迟、杨宝珠、刘敬勇等被评为“广东省抗击新冠肺炎疫情先进个人”。

【疾病控制】 一是加快疾病预防控救治体系建设。①改善县疾控中心设施设备条件。投入7108万元，开工建设县卫生检验中心实验大楼。投入金额58万元，加快县疾控中心冷库改造建设。②实施预防接种门诊标准化建设。加快全县22家基层卫生院的预防接种门诊全面完成规划与改造长艾滋病快速检测实验室创建，22家基层卫生院、民营医院全部实现设置艾滋病快速检测点，开展筛查检测工作。③加强县级医院传染病检测和诊治。重点加强感染性疾病科和相对独立的传染病病区建设，完善检验检测仪器设备配置，提高快速检测和诊治水平。投资6302万元，在县第二人民医院预留0.8公顷用地中建设传染病区，已于9月底动工建设。④健全传染病防控救治网络。推进县人民医院、县第二人民医院两个常态化发热门诊规范化建设，其他23家医疗机构均按省的要求完成发热诊室，作为发热“哨点”，同时设置预检分诊点、隔离观察点、隔离病区，切实发挥常态化防控的“哨口”作用。二是持续加大其他传染性疾病防控力度。到11月底，全县尚未发生登革热、人感染H7N9禽流感病例；截至11月底，全县无甲类传染病报告，报告乙、丙类传染病15种1714例，无死亡病例；其中乙类传染病报告10种1446例，丙类传染病5种268例，全县报告HIV感染者10例，死亡5例。2020年报告突发公共卫生事件相关信息2宗，分别为报告5、6月份饶洋镇祠东村发生布鲁氏菌病确诊病例各1例；8月份上饶报告布鲁氏菌病聚集性病例疫情5例，都得到有效的处置。

【公共卫生】 1.落实各项基本公共卫生服务。截至2020年11月，中央投入公共卫生服务资金1884.28万元、省投入公共卫生服务资金4539.75万元，到位人均补助经费73.54元/人。县辖区内常住居民876 400人，建立健康档案人数788 936人，建档率90.02%；各类一类疫苗接种率均达90%；0—6岁儿童健康管理率94.38%；建立老年人健康档案人数82 343人，接受健康体检人数48 445人，体检率58.83%；高血压患者规范管理率74.45%，管理人群血压控制率65.09%；应管理2型糖尿病患者人16 100人，糖尿病患者规范管理率78.53%；管理人群血糖控制率68.29%；严重精神障碍患者规范管理率94.47%；肺结核患者健康管理率99.19%；老年人中医药健康管理率57.53%，0—36个月儿童中医药健康管理率70.69%。2.推进家庭医生签约服务。截至10月30日，全县已有22家卫生院完成家庭医生APP签约工作，建立家庭医生签约服务团队131个，常住人口签约数603 924人，签约率68.91%；重点人群总签约率64.51%。3.推进健康促进工作。开展潮州市居民健康素养和烟草流行监测，做好三饶镇、联饶镇、汫洲镇3个监测点监测项目的组织实施和监督管理工作。已顺利完成6个片区、720户家庭户监测工作推进职业病防控工作。开展2020年职业病危害现状调查和工作场所职业病危害因素监测工作。完成285家企业职业病危害现状调查工作，28家企业工作场所职业病危害因素监测工作。县人民医院通过省卫生健康委员会备案，取得职业健康检查机构资质。

【中医药】 以县中医院为龙头，带动全县中医药建设。全县现有国家二级甲等中医医院1家，中医类别诊所24家；22所基层卫生院均设置中医馆，均能熟练运用6种以上中医药技术。全县拥有中医执业医师（含助理执业医师）317名，占全县医师总数26.53%；中医医疗机构急诊服务1.24万人次，占全县医疗机构急诊服务总量约15.7%。面向全县各医疗单位先后开展中医适宜技术知识培训25场次，提高全县医师的中医临床诊疗水平。完成培训330多人次。鼓励有条件的镇村因地制宜发展中药材种植，据统计，全县种植中药材规模87.93公顷，其中种植铁皮石斛42.33公顷、溪黄草26.33公顷、其他中药材19.27公顷。

【卫生村镇】 据市爱卫办的工作安排，县拟分阶段创建5个“潮州市卫生镇”，其中第二季度创建镇为上饶镇、饶洋镇，第三季度创建镇为樟溪镇、高堂镇、东山镇。全年共计划创建“广东省卫生村”75个，截至11月30日，县5个镇及75个村（社区）已通过市卫生镇和卫生村的验收，提前完成全年任务。

【计生】 一是加强计生管理。截至2020年11月30日全员人口信息系统报表统计数据，全县（户籍人口）总人口数1 066 230人；人口出生9984人，出生率9.36‰，出生性别比107.14；自然增长率4.45‰。二是严肃计生政策。根据县委组织部通知要求，筛查党的十八大以来乡镇党委所辖党组织发展的党员计划生育情况，对组织关系转入的按规定进行核查，党员2557人，属违反计划生育政策未处罚或处罚未完结予以否决273人。审核“两委”干部人选2772人，属违反计划生育政策未处罚或处罚未完结予以否决378人。严格按照《广东省人口与计划生育条例》等规定，依法征收社会抚养费，征收社会抚养费652.58万元。三是落实奖励扶助。2020年1—9月，全县应发奖励扶助金1398.965万元，按时足额发放到奖励对象手中。其中：全县符合“省奖”人数7487人，应发放奖励金799.8万元；“节育奖”人数5224人，应发放奖励金236.745万元；“特别扶助”人数119人，应发放扶助金74.25万元；“城镇独生子女父母”人数4156人，应发放奖励金284.48万：“并发症”补助20人，应发补助金3.69万元。农村纯生二女结扎及独生子女中考加分173人。为2050户计生家庭投保，每户60元，投保金额12.3万元。四是推进技术服务。推进孕前优生健康检查项目深入开展。2020年1月至11月，全县有3520对夫妇接受免费孕前优生健康检查，完成省目标人群覆盖率76.52%；全面开展“两癌”免费筛查工作。截至2020年11月，全县有4380名适龄妇女接受“两癌”免费检查。

【健康扶贫】 全力实施健康扶贫工作。农村建档立卡贫困人口建立电子健康档案24 468人，建档率100%；建立家庭医生签约服务，签约率100%；为贫困人口开展健康体检，全县贫困人口健康体检人数为贫困人口健康体检人数18 806人，健康体检率77.45%。实施农村贫困人口大病专项救治，指定饶平县人民医院、饶平县华侨医院为县农村贫困人口大病专项救治定点医院，为农村贫困大病患者开通就医绿色通道。2020年，县人民医院救治农村贫困人口人数343人，华侨医院救治人数303人。县卫健局挂钩帮扶66户154人基本到达“八有”要求，有劳动能力户人均可支配收入19 929.85元，达到退出标准。

【无偿献血】 广泛开展无偿献血知识宣传，积极组织、协调做好全县公民无偿献血，2020年全县累计参加献血人数为1113人次，比2019年增加273人次，完成无偿献血量为222700毫升，比2019年增加54 600毫升，增长32%。

【人才队伍】 一是注重人才引进，充实医疗队伍。积极参与省、市、县各项公开招聘工作，2020年8月参加省事业单位公开招聘高校应届毕业生，有4人通过面试。2020年3月和5月分别参加南昌大学抚州医学院和甘肃卫生职业学院网上双选会，招聘19人。2020年11月赴广州参加高校毕业生（医疗卫生类）就业洽谈会，有155人投档成功，初定84人。积极争取订单定向名额，增加培养指标，2020年县有50个订单定向生培养指标，毕业返饶学生10人，分别分配到钱东中心卫生院、浮山中心卫生院、新丰中心卫生院、汫洲卫生院和海山卫生院。二是注重人才培养，培养技术骨干。县人民医院成功申报设立为广东省助理全科医生培训基地、钱东中心卫生院、浮山中心卫生院、新丰中心卫生院设立为基层临床实践基地，方便全县基层全科医生规范化培训。2020年安排参加全科医生规范化培训、全科医生转岗培训、全科医生岗位培训90名。三是推进医疗卫生人才队伍提质。落实卫健系统“一类供给”政策，基层医疗卫生机构在编在岗人员的基本工资（按县人社局核定数）、绩效工资的70%，由县财政纳入预算并予以保障，统筹发放。绩效工资余下30%部分及其他，由各单位在业务收入中自行解，提高基层人员的工资待遇；落实中级职称以上人员生活补助措施。按2019年12月31日时点统计，全县有中级以上职称418人（中级职称357人、副高职称54人、高职称7人），按文件规定符合条件可享受中级职称标准生活补助308人，副高职称标准生活补助39人、正高职称标准生活补助4人。取得中级及以上职称后在县基层卫生院连续工作满10年以上22人，一年预算需要投入295.44万元，已全部落实。在人才激励机制的作用下，全县医技人员技术职称得到提高。2020年，全县卫生专业技术人员总数1494人。其中正高7名，副高54名，中级职称357名，初级人员1076人。

【党建】 一是坚持从严治党，统筹谋划全年工作。各项重点工作与党建、廉政建设同安排、同部署、同检查。扎实召开专题民主生活会，自觉把自己摆进去剖析查找问题，提出整改措施，党建工作精准实效。二是持续组织理论学习，落实党管意识形态。严格落实党组“第一议题”学习制度，全面落实党委意识形态主体责任，加强主流意识形态建设，强化意识形态领域管理；认真学习宣传贯彻党的十九大和十九届历次全会精神，学习贯彻习近平总书记视察广东、视察潮州的重要指示精神。三是强化党建工作，压实领导责任。落实党组织书记第一责任和班子成员“一岗双责”责任，做到工作管到哪里、党建责任就延伸到哪里。“七一”期间，局党委联合新圩镇党委举办“庆七一建党99周年暨扶贫济困义医义诊服务活动”。四是聚焦廉政建设要求，切实履行主体责任。细化《主体责任清单》，加强对重点工作、重大工程项目和重大决策部署落实情况的监督检查。加强重大工程廉洁同步预防工作。严肃查摆官僚主义、形式主义现象，真问责，问真责。围绕解决“四风”方面突出问题，切实做好廉政风险防控工作。

2020年饶平县卫生健康局班子成员名录

局　长：刘子画（—2020.4）
　　　　黄永江（2020.4—）
副局长：吴志涛　杨荣明　郑木贤
党组成员：陆合武

（许良周）

社会生活

饶平县民政局

【简况】 2020年，饶平县民政局以习近平总书记关于民政工作的重要论述和指示精神为“工作主线”，紧紧围绕县委、县政府的中心工作，聚焦脱贫攻坚、聚焦特殊群体、聚焦群众关切，克服新冠肺炎疫情影响，履职尽责，强化保障，推进民政事业高质量发展。

【城乡低保】 2020年，饶平县纳入城乡最低生活保障对象9344户20 547人，其中城镇对象1071户1645人，农村对象8273户18 902人，累计下拨低保金7906.72万元。根据省、市、县落实“十件民生实事”的责任要求和上级有关提标的文件精神，将2020年全县城乡低保标准提高到城镇每人每月772元，农村每人每月532元。2020年城乡低保补差水平提高到城镇每人每月609元，农村每人每月276元。特困供养人员供养标准提高到农村分散供养对象每人每月852元，城镇分散供养对象每人每月1300元，集中供养的特困人员的供养标准提高到每人每月1300元。

【特困供养】 2020年，全县纳入特困供养人员2980人，其中集中供养对象133人，分散农村供养对象2744人，分散城镇“三无（城市非农业户籍的无劳动能力、无生活来源且无法定赡养、抚养、扶养义务人，或者其法定赡养、抚养、扶养义务人无赡养、抚养、扶养能力的老年人、残疾人以及未满16周岁的未成年人）”人员103人。全年累计下拨特困人员供养资金3234.47万元，同时为181位病故特困供养对象发放一次性丧葬费补贴资金88.89万元。

【临时救助】 实施临时救助政策。2020年，全县累计落实临时救助特殊困难群众613户2025人，发放救助资金122.86万元。

【儿童福利】 一是提高孤儿基本生活保障。2020年饶平县执行的标准为：集中供养孤儿1820元/月人，分散供养孤儿1110元/月人，均达到上级的标准。2020年，全县列入发放补助孤儿68人，发放供养资金105.3万元。二是落实父母双方不能履行抚养义务儿童保障。根据上级文件规定，事实无人抚养儿童以个人为单位全部纳入最低生活保障，并按低保标准全额享受低保。事实无人抚养儿童生活保障的申请、身份认定和归口管理按孤儿基本生活保障程序办理。2020年全县列入发放补助事实无人抚养儿童341人，发放保障资金446.775万元。三是落实自身困境（重病、重残）儿童保障。按每人每月发给基本生活保障金100元，所需经费，全额列入县财政预算。2020全县列入发放补助自身困境儿童461人，发放保障资金55.47万元。

【养老服务】 一是稳步推进养老服务业发展。加大力度推进养老床位建设，把“每千名老年人口养老床位数”列入各级民政部门重点考核任务。2020年，饶平县累计完成养老床位6433张，每千名老人拥有床位36.07张，达到市政府关于饶平县每千名老年人拥有床位数达到35张的要求。下拨养老服务设施配套资金586.05万元，加快各级养老服务机构配套设施建设，提升养老服务质量。推进放管服改革，激活市场活力，挖掘民间资本潜力，促进社会力量逐步成为发展养老服务业主体。通过简化优化养老机构相关审批手续，促成社会力量投资500多万元，于2018年9月建成一所公益性民办养老院——高堂晨光爱老院，设置养老床位100个，可入住老人80人，现阶段已入住35位老人。此外，三饶镇正兴建一所公益性民办养老院，已办理民办非企业登记手续，正在抓紧完成项目建设。截至2020年，全县各级共建成养老服务机构119所。其中：县级养老服务机构（县福利院）1所、镇级养老服务机构（敬老院）19所、城乡养老服务机构（居家养老）97所、公益性民办养老院3所。二是加强养老机构配套建设。2020年共投入资金58.32万元为全县21家养老服务机构全面安装无障碍扶手，为集中供养的特困人员提供更好的居住和生活条件，增强入住老人的获得感、幸福感。全县共有80周岁以上高龄老人20 634人享受高龄生活津贴，其中：低保、五保、优抚等特殊群体1472人、每人月发放生活津贴30元；80—89周岁普通高龄老人15 311人，每人月发放10元；90-99周岁高龄老人3764人，每人月发放30元；100周岁以上老人87人，每人月发放200元。2020年，全县累计发放高龄老人生活津贴387.84万元。

【残疾人补贴】 2020年饶平县执行的标准为：残疾人重度护理补贴235元/月人。残疾人困难生活补贴175元/月人，均达到上级的标准。2020年，发放全县符合困难残疾人生活补贴（含扩面对象）6773人，共发放资金1433.84万元。其中扩面对象258人，共发放资金90.43万元。发放重度残疾人（含非重度智力、精神残疾人）护理补贴12 642人，资金3516.90万元；合计发放残疾人两项补贴资金4950.74元；同时抓好残疾人二项补贴与特困人员供养、孤儿基本生活保障、伤残军人抚恤、高龄津贴等其他相关保障政策的衔接，做好政策宣传工作。

【民生综合责任保险】 民生综合责任保险是县委、县政府补齐民生短板的重要举措。2020年，投入资金89.65万元，落实民生综合责任保险理赔儿童意外溺水身亡理赔5宗，每宗资助10万元，理赔金额共50万元；受理资助贫困本科新生55名，每名1.2万元，合计资助66万元。2020年度已落实理赔资金达116万元。

【社会事务】 1.加强殡葬管理服务工作。一是切实做好政府殡葬惠民政策宣传工作，从登记、收验、火化三个环节告知广大丧属，引导他们办理有关手续。2020年度，顺利完成完成遗体接运火化具数6444具。减免殡葬基本服务费570万元，无力支付30万元。二是结合创文宣传教育活动，在做好常规宣传工作的基础上，利用清明节等有利时机，组织11部宣传车进镇入村，发放《文明办丧倡议书》3000份，大力宣传殡改政策法规，引导广大群众破除陈规陋习，树立现代文明办丧新风尚，有效减少群众在办丧过程中乱抛“纸钱”、燃放鞭炮等现象。三是按照省、市和县的工作部署，开展私建“住宅式”墓地等突出问题专项摸排工作，依法查处乱埋乱葬、违规建造坟墓，促进全县殡葬改革工作。2.加强流浪乞讨人员救助管理。2020年，共救助各类受助人员75人次，其中护送往四川、福建等地户籍流浪精神病人返乡8人，协助各乡镇送医、送治共8人，提供医疗救助6人），共投入救助支出等资金50.1万元。3.推进婚姻登记规范化信息化建设。完善服务制度，改善登记服务环境，开展和谐婚姻家庭宣传，提高婚姻登记服务质量。2020年共办理婚姻登记6823对，其中结婚登记5659对，离婚登记1164对；补领婚姻证件631对，接受咨询约2000多次，接待服务对象约2万多人次。4.加强农村留守儿童关爱保护。投入资金61万元与大爱社工服务中心签订“筑梦成长”项目，加强儿童关爱保护，促进农村留守儿童的健康成长。建立农村留守儿童关爱保护和困境儿童保障工作联席会议制度。为农村留守儿童和困境儿童建档立册，实行动态管理，及时将基本信息录入广东省农村留守儿童和困境儿童管理系统。开展儿童督导员儿童主任培训二次。

【社会慈善】 2020年，饶平县慈善总会接受善款4112.29万元，支出拨出善款2928.79万元。在努力做好“广东扶贫济困日”活动捐款接收拨出等工作的基础上，积极参与政府做好各项社会救助活动。一是根据捐赠人的意愿，及时办理好正常捐款的接收和拨付工作。二是在2020年春节前夕，选择部分镇、村因灾因病返贫的困难群众开展“慈善情暖万家”等救助活动。先后举办活动

6场次，救助困难对象300人次，救助资金约28万元。三是继续实行“精准扶贫专项医疗救助”等救助项目。救助对象24人次，救助资金10.1万元。四是继续联合汕头饶平商会开展实施“白内障患者复明手术救助”公益项目。五是配合广东省慈善总会开展实施贫困家庭18岁以下先天性心脏病患者“大爱救心”公益项目。

【志愿服务】 2020年，全县有注册专业社会工作机构5家，镇级“双百”社会工作服务站8个，从事社会工作专业人员145人，在社会福利、社会救助、慈善事业、社区建设、精神卫生、教育辅导、矫治帮教等行业提供社会服务。饶平县已有8个镇先后列入第一、二批“双百计划”，招聘社工专业人员35名。先后投入60万元实施“社工成长计划”，培育5家专业社工机构，培养专业化社工人才，组织举办社工成长培训班16期，参加培训640多人次。围绕“创建广东省文明城市”“全民禁毒公益宣传”“关爱困境儿童，播撒人间真爱”“珍爱生命，远离毒品”“社工关爱，志愿同行活动”“志愿服务共创美好生活”等主题，开展一系列公益志愿服务活动。2020年，全县注册志愿者48 133人，成立志愿服务组织39个，志愿服务团体540个，发布活动项目546多个，服务群众16.38多万人次。

【疫情防控】 2020年，各民政服务机构均能严格执行疫情防控制度，印发疫情防控指南等方式加强防疫宣传。其中养老服务机构全面临时实行封闭式管理，为老人提供防控宣传、心理疏导、精神慰藉等关爱服务。婚姻登记服务中心推行电话、网络或者微信预约避免“扎堆登记”。县救助站加强入站安全检查工作，开展“寒冬送温暖”救助专项行动。县福利院实行封闭式管理，并设置消毒室及隔离观察室。县火葬场（殡仪馆）组织学习规范新型冠状病毒肺炎人员死亡遗体的处置工作。同时做好物资调配支援防控防寒工作，支援各镇各部门开展一线防寒防控工作，开展疫情防控募捐活动，共接受“防控新冠肺炎疫情”捐款165.81万元。

【社会组织管理】 2020年，全县有各类社会组织398个，其中社会团体293个，民办非企业单位105个。2020年全年登记成立社会组织50家，注销登记社会团体3个。积极倡导全县社会组织参与精准扶贫、疫情防控、禁毒扫黄行动。同时动员各社会组织发挥自身优势，依法依规支持阻击疫情，助力疫情防控，复工复产。

【区划地名管理】 做好地名普查成果转化和界线管理工作。落实完成《饶平县行政区划图》编制、校对工作，印制地图1000份。配合潮州市民政局开展地名图、录、典、志相关内容编撰、图表校对工作，推进地名普查成果转化。投入9.8万元，制作安装界线宣传牌，开展区划界线管理条例宣传工作；拨出4.1万元，支持上饶镇栢峻村平安边界示范点配套建设。

【基层建设】 2020年10月底，已完成全县396个村（社区）村规民约和居民公约的修订和制作安装工作。投入50万元，对全县396个村（社区）党务村务公开栏进行更新改造；投入60万元，落实对新圩镇长彬村、东山镇湖岭村、上饶镇上善村等3个红色村公共服务设施进行规范化配套建设；投入40万元，对浮山镇五联村、建饶镇饶中村公共服务设施进行规范化配套建设，搭建村民议事平台，推进村务规范化建设。会同县委组织部等开展村（社区）“两委”干部人选县级联审工作，落实2835名初步人选资格审查。组织各镇认真排查，对15个重难点问题村（社区）进行整治。组织开展第七届村委会及其成员民主评议，举办全县村级换届选举工作业务培训班5场次。成立农村集体“三资”管理专项清理整治工作领导小组，带队组织对19个镇44个村开展村务、“三资”管理公开情况督查，推进村务公开制度化、规范化建设。积极会同各部门进行联合审查。共采集正常离任村干部信息4141人，并完成上报备案工作。落实社区工作者疫情防控补贴发放工作，发放工作补贴870万元，全县列入发放对象3542人。开展基层社区工作者招聘工作，先后招聘符合条件的困难高校毕业生对象2批共10人，并安排到黄冈、浮山、大埕、海山、钱东等镇基层社区工作。

2020年饶平县民政局班子成员名录

局长（党组书记）：林惠恭

副局长（党组成员）：黄旭浩　余少锋　涂超群

（施文韬）

饶平县人力资源和社会保障局

【简况】　2020年，饶平县人力资源和社会保障局（以下简称县人社局）在县委、县政府的坚强领导和上级业务部门的精心指导下，我局深入贯彻落实习近平总书记来陕考察重要讲话和党的十九届四中、五中全会精神，坚持把做好“六稳”工作、落实“六保”任务放在突出位置，统筹推进新冠肺炎疫情防控和人社工作健康发展，提升就业质量、强化社会保障、深化人事制度改革、构建和谐劳动关系，为县域经济快速发展、决战决胜脱贫攻坚提供智力支持和人才保障。

【劳动就业】　全县城镇新增就业人数2727人，完成市下达年任务的54.54%；城镇失业人员再就业1383人，完成市下达年任务的100.2%；就业困难人员就业276人，完成市下达年任务的100.2%；城镇登记失业率2.75%（市下达城镇登记失业率控制在3.5%以内）。一是举办线上线下招聘会。2020年，组织开展网络招聘会及现场聘会24场，提供就业岗位43 951个，达成意向约1300人。二是落实惠企利民政策。截止2020年底，实际支出1592.6万元创业就业资金（其中1100万元为2020年度就业创业专项资金，2020年就业创业专项资金支出率100%，其余492.6万元为往年结余资金）。三是推动创新创业带动自主就业。截至12月底，累计发放小额担保贷款175笔4668万元，审核小额担保贷款贴息480人次83.2万元，实现创新创业带动自主就业532人。

【扶贫就业】　一是与县扶贫系统数据进行对接。截至2020年11月30日，饶平县全县建档立卡贫困人员有劳动能力的7826人，实现就业7488人（其中6个月以上6871人），就业率达到95.7%。积极开发公益性岗位，2020年新安置精准扶贫建档立卡人员公益性岗位134人，累计全县安置公益性岗位676人，有效地促进贫困劳动力实现就业。同时积极创建扶贫就业载体，全县建成就业安置基地23个，吸纳建档立卡贫困劳动力73人。二是做好技能扶贫工作。做好贫困家庭技工学生教育生活费补助发放工作。完成2020年春季学期发放技工学生补助237人；2020年秋季学期发放技工学生补助248人。落实全县建档立卡的贫困劳动力7826人参加年度技能培训，培训率达到100%。三是做好社保扶贫工作。饶平县精准扶贫对象贫困人员24 238人，符合加参城乡居保养老保险条件人数12 003人，已全部落实参城乡居保养老保险；落实财政全额代缴养老保险费12 003人，共资金144.04万元；60周岁以上（含60周岁）符合领取待遇精准扶贫对象贫困人员应发城乡居保养老待遇7443人，已按规定全部落实养老待遇的领取。四是人才扶贫方面。优先派遣“三支一扶”到扶贫岗位。2020年新招募的56名“三支一扶”人员，大多数都分配到扶贫岗位上。五是定点扶贫方面。充分发挥人社部门职能作用，加强与广东省人社厅驻村工作队的协调沟通。长彬村“粤菜师傅”培训示范中心施工已完成50%；就业扶贫基地已于10月开工，进入打桩阶段。开展春节、中秋节慰问局挂钩贫困户活动，2020年发放扶贫慰问金、慰问物资合计28 755元。

【社会保障】　一是做好社保扩面工作。2020年全县参加缴纳职工养老、失业、工伤保险人数达到4.81万人、2.82万人和3万人，同口径相比2019年底分别新增0.71万人、0.43万人和0.42万人。截至12月底，全县城乡居民养老保险参保37.26万人，完成2020年目标96.6%，缴费15.4万人，完成2020年任务105.5%。二是各项社保待遇按时足额发放。落实退休人员基本养老金调整工作。至12月底，合计支付社保待遇25.27亿元（2020年1月份起，企业养老保险和失业保险基金市级统收统支，县区不反映收支情况）。同时，发放企业养老保险退休待遇9.4亿元。落实疫情期国家扩大失业金保障范围专项政策，通过审核并主动告知办理符合条件失业人员349人，支付失业补助金待遇合计76.90万元。三是落实援企稳岗政策。2020年，向140家企业发放2019年度失业保险稳岗补贴301.13万元、惠及职工1.33万人。四是全面落实社保改革任务。城乡居民基本养老保险基金市级管理于2020年7月1日顺利全面实施，扩大失业保险保障范围各项措施按期落实到位，失业补助金政策全面实施。五是做好工伤认定工作。2020年受理数52起，认定数51起、不予认定工伤1起。

【劳动人事关系】 一是开展“根治欠薪冬季攻坚”“劳务派遣用工”“清理整顿人力资源市场秩序”“根治欠薪冬季专项行动”专项检查行动。截至2020年底，主动监察用人单位367家，协调处理劳资纠纷投诉件120件，涉及劳动者497人、金额539.4多万元；接受群众咨询90多批次、100多人次，未因欠薪引发50人以上群体性事件和极端事件，未因违反劳动法律法规问题引发较大社会矛盾。2020年4月16日，潮州市考核组到饶平县进行2019年度保障农民工工资支付工作实地核查。饶平县2019年度保障农民工工资支付工作考核排全市第二。二是大力构建和谐劳动关系。积极发挥县人社局劳动关系调整构建、劳动保障监督检查、劳动争议调解仲裁等职能作用，切实保护劳动者的合法权益，促进经济发展和社会进步。截至12月底，审核审批机关事业单位职工退休110人；解除劳动关系手续86件，全县劳动合同签订率达98.5%；7家劳务派遣单位向76家用工单位派遣898人，劳动合同签订率100%，并按时发放工资、缴纳社保。三是全县共受理劳动争议案件101件，结案101件，比增102%，涉案金额710.2万元。其中除2件裁决外，其余以调解方式结案，调解率98.02%。基层人社所共调解案件72件，涉及劳动者165人，涉案金额约263.9万元。

【事业单位人事制度】 一是坚持“人随事走”“人岗相适”的原则。2020年，办理事业单位人员调动54人、人员转隶1人、新招聘试用期满转正84人、机关后勤服务人员聘用（续聘）22人、级别晋升3人、聘用制干部续聘60人。二是深化事业单位人事制度改革。制定出台《饶平县乡镇体制改革事业单位人员管理工作实施方案》，研究制订涉改事业单位岗位设置方案。三是会同县教育局、县委编办制定《饶平县教育系统2020年人才引进实施方案》，于10月24日赴华南师范大学公开招聘教育专业技术人才，共签约17人；会同县卫健局11月6日赴广州参加高校毕业生（医疗卫生类）专场洽谈会招聘医学类人才，共签约78人。四是严格执行国家、省事业单位考核规定，完成2019年事业单位工作人员考核的审批备案工作。全县共有367个单位12 200多人参加考核，有1600多人获得优秀等次。对其中年度考核等次为优秀且符合奖励规定的1619人，按照规定的程序给予嘉奖。五是积极开展事业单位人员招聘。组织事业单位参加广东省事业单位2020年集中公开招聘，发布121个岗位，拟招191人，123人进入面试环节，截至2020年底已完成笔试、面试、体检等环节。此外，县卫健系统2019年两次赴广州参加现场招聘会，招聘18人；2020年面向甘肃卫生职业学院、南昌大学抚州医学院网络线上招聘19人；上述总共37人经县政府批准，于2020年12月11日派遣去招聘单位报到。

【工资福利】 完成审批全县事业单位机关工勤

在职人员正常晋升工资约11000次，完成饶平县教育系统教师岗位交流、遴选的工资变动约130人。完成审批新招录事业单位人员入职和2020年退役士官安置的入职工资审批；完成乡镇机关事业在职人员乡镇山区补贴变动审批工作；办理机关事业单位工作人员日常业务如退休、死亡、遗属供养、职务晋升、学历变动、岗位变动、工作调动等业务约1500人次。发布传染病疫情防治人员临时性工作补助，发放内部工作指引等医务人员防疫一线临时性工作补助的相关文件；发布《新冠肺炎疫情防控期间事业单位人员有关工资待遇政策的通知》等提高防疫一线医务工作者奖励性绩效的通知；与县卫生健康局衔接医务人员防疫临时性工作补助发放工作，完成县三名援鄂医务工作者的防疫临时性工作补助及薪酬待遇的发放工作；完成事业单位机关工勤年度考核优秀人员的嘉奖奖金审批及发放工作。

【职称评聘】 审核办理事业单位专业技术人才职务聘任4204人，其中高级职称359人、中级职称3107人、初级职称738人；受理职称评审等材料476份，其中高级163份、中级59份、初级254份。

【高校毕业生接收和人才交流】 一是坚持从实际出发，紧紧抓住人才资源培养、吸引和服务三大环节，认真做好人才工作。2020年共接收毕业生报到2392人，接收市人才办转来的毕业生档案共18 620个。二是全力做好高校毕业生就业工作。广东省高校毕业生信息管理系统中饶平县应届未就业高校毕业生1977名，通过大力落实各项高校毕业生就业创业促进措施，已实现就业1654人，剩余未就业人数323人，应届未就业高校毕业生就业率为83.66%。三是做好“三支一扶”人员管理工作。根据市局下达的计划，并结合基层服务岗位的需求情况，2019年、2020年，饶平县共接收“三支一扶”大学生85人，现仍在岗人员82名，全年发放生活补贴384 500元。对接收的“三支一扶”大学生，采取“一帮一、结对子”的方式，开展环境介绍、经验传授、工作指导等。

【技工学校】 一是推进县技工学校新校区建设。项目总投资8400万元，2020年底新校区已完成食堂屋面工程；宿舍楼砌体已完成；综合楼、理论楼砌体完成90%，装饰工程完成5%；扶贫楼外墙抹灰已完成5%；实训楼1、实训楼2砌体工程完成50%。预计2021年6月全面竣工验收，9月投入使用。二是克服疫情影响，积极有效开展教育教学活动。学校结合实际，于2020年3月2日开始在线上开展2019—2020年第二学期教育教学活动，做到停课不停学。三是完成招生任务。共完成招生402人，比2019年增长8.6%，完成2020年的招生目标。四是有效开展职业技能培训及鉴定工作。面向社会有效开展四期技能培训活动（参加人数约100人）和十期技能鉴定活动（参加人数约600人）。

2020年饶平县人力资源和社会保障局
班子成员名录

局　长：文培洪

副局长：陈少彬　陈少玲（女）　黄旭亮

（罗少晖）

饶平县社会保险基金管理局

【简况】 2020年，饶平县社会保险基金管理局（以下简称“县社保局”）全面贯彻党的十九大和十九届历次全会精神，按照党中央和省、市、县决策部署，以建设人民满意社保经办部门为目标，在组织、业务、创新等能力方面不断提升、攻坚克难，坚持抗疫情、保民生齐抓共管，落实好“六稳”“六保”社保任务，充分发挥社保保障民生的基本功能以及对经济发展、社会治理的调节作用，为饶平县经济和社会发展贡献力量。

【疫情防控】 一是及时召开疫情防控工作专题会议，落实领导责任，明确工作任务，加强新冠肺炎疫情防控工作的策划铺排。二是在单位办公区设置体温检测和防控宣传点，配备非接触式红外体温计和皮肤消毒液，安排专人负责，对进入单位办公区人员一律要求佩戴口罩、测量体温和洗手消毒。三是做好后勤保障，为干部职工配发防护口罩、胶手套给，加强自我防护，保障干部职工生命安全和身体健康。

【社保经办】 一是对领取社保待遇人员未按期办理资格认证的，不暂停待遇的发放。截至12月底，城乡居民养老保险完成本年度资格认证工作和待遇公示工作，通过网上自主认证达59 765人，约占认证总人数的41%。二是推行社会保险公共服务事项“不见面”办理。通过微信、政府网站加强宣传力度，引导单位和个人通过网上办理社保业务、查询业务进度和结果，减少现场办理，允许参保单位和个人依规延期办理业务。三是加强医疗保障和完善就医管理服务，同时，做好已上报新冠肺炎核酸检测费用的医保结算，2020年审核结算21 557人次，支付金额154.95万元。四是落实好阶段性减免企业社会保险费工作。2020年办理职工医保退费120万元，共505家单位；养老、失业和工伤退费571.04万元，共1188家单位。

【社保扩面征缴】 多措并举，推进社保扩面征缴。截至12月底，县各项社保基金总收入21.94亿元（2020年1月份起，企业养老保险和失业保险基金市级统收统支，县区不反映收支情况）。职工养老、机关事业养老、医疗、失业和生育保险人数达到22.66万人，城乡养老和医疗保险的人数分别为372 655人和856 180人。

【落实惠民便民政策】 一是做好精准扶贫对象参加城乡居民养老保险、医疗保险的工作。认真配合相关部门做好精准扶贫数据比对、缴费录入、特殊群体人员标识等业务工作；与扶贫办联合，为扶贫对象提供特殊门诊绿色通道，立审立办，共办理59人次。二是做好2021年度城乡居民基本医疗保险参保缴费工作。对各乡镇报送的缴费信息进行仔细校对，录入系统，已录入并推送至税务局共420个村居委会，人数802 347人。协调县残联、县民政局、县扶贫办、县军退局的工作，力争四大群体无一遗漏参保。截至2020年，四大群体医保缴费41 502人，总金额1162.05万元。

【社保民生保障】 2020年，饶平县社保基金支出25.27亿元。享受城乡居民基本养老保险养老待遇145 073人，累计发放养老金3.322亿元；职工和城乡居民基本医疗保险统筹基金支付6.44亿元，享受医保待遇51.35万人次。其中大病保险零星报销方面，到目前累计受益31 969人次，减轻参保人大额医疗费用负担7805.51万元；失业保险待遇方面，累计支付失业金待遇8611人次654.69万元；有40 415名离退休人员享受企业养老保险待遇，累计发放待遇9.4亿元；工伤保险方面，疫情期间开辟快捷支付通道，依规核发工伤保险待遇，按月累计支付工伤定期待遇28人，70.33万元，一次性工伤待遇127人次，累计支付576.23万元。全年受理审核申请享受生育保险待遇914人次，支付生育保险（计划生育）医疗费用及生育津贴948.27万元。

【社保基金】 一是按照《转发广东省社会保险基金管理局关于做好“三个全面取消”工作自查及情况报送的通知》要求，认真进行全面自查，基本上实现“全面取消社银人工报盘、全面取消手工经办、全面取消直接收支现金业务”。二是开展社会保险基金管理风险检查。开展2019年度违规一次性缴纳养老保险费排查工作。经查，自2017年1月1日至2020年1月31日，县社保局受理一次性补缴业务人数4714人，参保缴费人员均符合一次性缴费政策的相关文件规定，没有发现违规超龄参保人员。对重复领取社保待遇及丧失领取待遇资格的参保人及时停发待遇。经核实确认，存在失业人员在缴纳养老保险的同时领取失业金，已及时停发失业待遇，并追回6人不符合政策规定领取失业金8881.7元。对于重复领取养老金的人员，积极上门约谈，多方做思想工作，敦促筹资归还重复领取养老金，落实跟踪追讨，确保社保基金支出合法合规。核实重复领取待遇人员2名，已追回养老金121 415.9元。对于因情况复杂但暂未联系上当事人或者家属的，在刑期确定的情况下先已进行待遇停发。经核查，企业职工养老违规领取养老待遇5人，涉及金额49 659.97元（因减 刑等原因重新确定的金额）。已追回4人，金额23 415.93元，其余1人死亡；城乡居民养老违规领取待遇47人，已追回44人，金额52 144元，剩余3人其中2人为通缉犯无法追讨，1人死亡。三是进一步规范基本医疗保险服务行为。2020年全县签订107家定点药店服务协议。疫情期间积极配合有关部门加强对医保定点零售药店的检查，针对已发现的一家有销售侵犯注册商标专用权口罩及哄抬物价的违法嫌疑的定点药店，发出《整改通知书》，责令其落实整改。四是严格办理职工养老保险一次性补缴和建立视同账户等业务，确保养老基金的安全。2020年，办理各类补缴人数514人，征收金额1186.94万元，建立视同账户人数1183人。另外，职工医保趸缴15人，征收金额58.44万元。

【社会保障体系】 一是进一步规范失业保险经办管理。2020年，向受影响企业返还失业保险费4家，共435.11万元。累计向162家参保企业稳岗返还失业保险费351.19万元。其中向已享受过稳岗补贴的104家中小微型企业按新标准补足50%差额，共137.64万元。贯彻落实扩大失业保险保障范围相关政策，全力加快失业补助金发放进度。结合社保宣传季活动，宣传社保政策，着力推广失业补助金等惠民政策。累计发放1506人次，发放失业补助金共76.9万元。二是做好部分退役士兵的社保经办服务工作。在3月初积极与有关部门衔接，认真采集和校对人员信息，严守政策底线，做好政策解释，加快人员认定及补缴工作。截至12月底，为符合补缴条件的993名退役人员办理补缴手续，累计征收金额3817.56万元。

【互联网+社保】 继续深化“互联网+社保服务”。2020年，受理医保异地就医备案登记11 190件；网上办事大厅办理政务事项29件；处理办结“潮州市12345投诉举报平台”求助来件134件。

【社保改革】 一是对尚未完成并轨工作的参保单位进行督促和帮助，完成该单位人员的上线征缴和待遇发放工作。截至2020年12月底，已有379个参保单位22 595人完成登记工作；368个参保单位14 302人完成上线征缴工作；324家参保单位8035人完成退休待遇发放工作。2020年共支付退休金8.38亿元。二是按期进行机关个人缴费账户退费工作。对符合2020年退保年龄段的人员，已完成6045人个人账户退保工作，共支付金额10368.53万元。三是开展退休“中人”按新办法计发待遇，规范开展企业养老保险和机关事业单位养老保险之间的关系转移接续工作。四是配合县人社、财政、税务等部门做好县事业单位人员摸查，有16家单位384名事业单位人员进行失业保险登记。

【党建】 一是严格落实党建工作责任制。制定下发2020年党建工作计划，明确工作要点和任务要求；多次召开党建工作会议，研究部署党风党纪、意识形态、疫情防控、扶贫攻坚等工作任务，二是严格落实意识形态工作责任制。成立局意识形态工作领导小组和网络意识形态、网络安全工作领导小组，局党组坚持每半年研究部署意识形态相关工作，定期分析研判意识形态安全问题。三是切实履行“一岗双责”。制定《饶平县社保局2020年党风廉政建设和反腐败工作要点及责任分工》，明确局领导班子党风廉政建设岗位职责。四是强化作风行风建设。修订局2020年度绩效管理办法和行政投诉处理工作制度，促使绩效效能管理工作不断规范化、制度化；常规性开展绩效检查，定期通报学习违反中央八项规定和“四风”精神案例，切实增强干部职工的廉政自律意识。

2020年饶平县社会保险基金管理局班子成员名录

局　长：刘文歆

副局长：罗小军　欧雪鑫　张庆英

（林沛娟）

饶平县医疗保障局

【简况】　饶平县医疗保障局（以下简称县医保局）于2019年3月8日挂牌成立，主要负责城镇职工和城乡居民基本医疗保险、生育保险、医疗救助以及药品和医疗服务价格管理。2020年以来，县医保局紧紧围绕县委总体工作布局，进一步强化“两不愁、三保障”工作目标，突出围绕中心服务大局主线，以改革创新为动力，全面加强政治建设、队伍建设、思想建设、制度建设，着力稳步推进医疗保障工作，强化管理和服务，进一步巩固医疗保障成果。

【医疗救助】　进一步完善医疗救助制度，积极落实医疗救助基金市级统筹及二次救助，将医疗救助比例由2019年的80%以上提高至85%以上。2020年资助213名新增困难群众参加2020年度城乡医保，退补55名自行参加2020年度城乡医保的扶贫对象个人参保缴费金额。38 113名困难群众参加2021年度城乡医保，退补13名自行参加2021年度医保的扶贫对象个人参保缴费金额。全县累计实施城乡困难户住院零星医疗救助（特殊医疗）2051人次，拨出医疗救助金741.40万元。

【疫情防控】　贯彻落实新冠肺炎医保政策，支持企业复工复产运行。疫情期间，落实企业职工医保单位缴费部分实行减半征收政策和允许延期缴纳基本医疗保险（含生育保险）费用，不收滞纳金，不影响医保待遇享受政策，最大限度减轻企业缴费负担。做好疫情防控常态化工作，协调医保经办机构做好核酸检测医保结算工作，开展日常监测医保定点零售药店防控相关药品市场价格、销售量等信息。

【医保扩面征缴】　一是注重完善机制。层层分解、落实目标任务，把总任务数根据人口基数分解到21个镇，确保社保基金应收尽收。二是注重政策宣传，在镇村加大医保政策法规宣传力度，三是注重部门配合。主动与税务、人社部门衔接，综合利用部门职能优势，在调动相关部门的“主动性、积极性、经常性、融洽性”上下功夫，形成工作合力，确保医保基金征缴工作有序有效开展。截至2020年年底，城乡居民基本医疗保险人数为84.7万人。

【医保基金监管】　大力开展打击欺诈骗取医疗保障基金专项检查行动，进一步核实县死亡人员医保统筹支付情况并追回涉嫌欺诈骗保基金，已追回47人132人次医保基金共3.71万元。定期开展巡查，进一步完善医疗保险反欺诈体系，确保医疗保障基金安全，杜绝类似欺诈骗保现象。

2020年饶平县医疗保障局班子成员名录

局　长：曾汉强

副局长：余得平　陆云贞（女）

（杜妍蕾）

镇概况

上 饶 镇

【简况】 上饶镇位于饶平县最北部山区，北、东与福建省平和县、诏安县相接壤，南与饶平县饶洋镇相毗邻，西与大埔县相接；镇域面积101.13平方千米，山地面积7333.33公顷，全镇土地总面积60%为山地，耕地面积953.33公顷，人均耕地面积153.33平方米，可用耕地面积953.33公顷。2020年全镇总人口6.9万人，管辖22个村委会、2个社区，有226个自然村，总户数1.35万户。上饶镇是客文化地区，是革命老苏区，是黄冈河上游发源地和韩江上游支流起源地，现存有17个革命活动和战斗战场遗址、26个文物保护单位和土楼群，“茂芝会议”纪念馆是广东省爱国主义教育基地。饶平县是中共苏区县，镇借此契机，利用国家、省里对苏区的支持，大力弘扬苏区精神，打造红色文化主题的茂芝会议纪念广场，同时以西片古驿道、康东麒麟岭古驿道等历史文化遗址，以西岩山旅游区（其中包括西岩寺、善福寺、宝塔寺、明—张琏起义军古居遗址等景点）等人文景观，以潮源楼、镇福楼、南阳楼等省级客家建筑，来展现镇独特的生态景观及客家文化。

【经济发展】 2020年，上饶镇工农业总产值为5.58亿元，其中工业生产总产值0.98亿元，农业总产值为4.6亿元。上饶镇2020年1—12月税入总收入281.56万，同比减少35.89%。

【疫情防控】 新冠肺炎疫情发生后，上饶镇坚持“联防联控、群防群控”机制，围绕疫情防控方案，常态化实施严格管控措施，疫情防控取得阶段性成果。一是加强重点人员排查管控。全面落实小组机制，加强人员排查和管理，扩大疫情检测对象和筛查范围，发动群众积极参与线索提供，做好重点人员排查隔离，落实重点人员核酸检测92人次。二是加强重点区域监测管理。规范化建设上饶卫生院发热门诊，强化重点场所排查管理力度，落实农贸市场执行“1110”制度，重点做好冷冻肉及水产品和进口食品疫情防控，90个肉菜生鲜冻品档口（摊位）均已登记在册，严格落实各类公共场所防控措施，分批分流接待群众、游客。三是加强卫生整治及宣传教育。强化农贸市场等重点区域巡查监管，排查打击野生动物及其制品交易。全面深入开展疫情防控宣传，积极做好健康教育和防控知识宣传，主动回应群众关切问题，排查并及时澄清不实谣言、传言。四是积极推动复工复产。科学有序推动企事业单位复工复产，相关单位严格落实疫情防控各项措施，积极应对疫情冲击，全力推动镇经济社会恢复稳定。

【理论学习】 围绕《习近平谈治国理政》第三卷、习近平总书记出席深圳经济特区建立40周年庆祝大会重要讲话和视察广东重要讲话重要指示以及党的十九届五中全会深入开展专项研习活动；强化组织领导，制定学习计划，坚持“第一议题制度”，先后组织党委会第一议题学习19次、党委中心组学习16次，开展支部书记轮训、书记论坛活动8次；利用党建远程教育、“学习强国”及镇红色资源等学习平台开展党员学习教育。

【意识形态】 制定意识形态工作责任制实施方案，压实责任，落实意识形态管控管理。以“党旗引领，服务一线”为抓手，以“两学一做”、党员主题活动日等活动为载体，推进党的理论创新性学习，弘扬社会主义核心价值观和中华优秀传统文化，切实增强“四个意识”，坚定“四个自信”，坚决做到“两个维护”。

【党风党建】 一是优化基层党组织。完成茂芝、坝上、许坑三个支部升格工作，整合各小学、中学党支部组建党总支部，设立上饶镇回乡大学生党支部，提升基层党组织的运作能力。二是强化党员管理力度，明确党费收缴要求，规范党费收缴流程，严把入党关口，规范入党程序。全镇79人递交入党申请书，吸收入党积极分子33名、预备党员8名。三是整顿软弱涣散基层党组织。解决茂芝社区财务移交问题，妥善化解新埔村“1.18”事件后续问题，完成新埔村党支部和茂芝社区党委软弱涣散摘帽整顿工作，茂芝社区“扫黑除恶重点村”完成摘帽，村居政治生态得到明显改善。四是推进马坑、二善、栢嵩、栢峻四个党群服务中心建设工作，提升群众服务质量和基层党组织形象。五是开展正风肃纪反腐工作。2020年镇纪委谈话提醒2人，批评教育6人，诫勉1人；立案15件（含并案1件），结案17件（含以往案件），另外13件案件正在审查调查中。

【村级选举】 一是分析研判24个村（社区）“两委”班子；把茂芝社区、坑前村列为换届重难点村居，分别成立工作专班，制定一村一策整治方案，镇委书记挂钩指导茂芝社区，镇长挂钩指导坑前村。二是全面完成24个村居的届末考察工作和届末审计，完成新一届“两委”人选物色工作并上报县委组织部联审通过。三是选优配强“两委”班子，补选栢峻、上善、上文、康贝、康东、新埔、坑前7个支部的支委委员，调整永善、上善、二善、下善、新善、康西、上文、西片、鲞塘、新埔、茂芝、许坑、马坑、坑前14个支部书记，切实加强基层支部战斗力和强化基层干部队伍建设，确保完成目标任务。

【乡镇体制改革】 稳步推进乡镇体制改革及干部队伍建设，圆满完成乡镇体制改革工作，上饶镇党委、政府机关行政编制52名、行政执法专项编制3名；下设10个党政机构及人民武装部；各部门按工作职能有序开展各项工作。优化干部队伍，树立用人导向，严格执行《党政领导干部选拔任用工作条例》，补选党委副书记、镇长1名，补选党委委员3名、人大专职副主席1名，提拔镇机关办公室主任3名、副主任4名，事业单位主任、副主任转正各1名。

【基础项目】 一是茂芝会议教育基地项目。2020年1月，县政府批复茂芝会议教育基地建设项目，建设用地面积约4.05公顷。已完成土地测绘工作，初步拟定原瓷厂职工补贴方案和项目规划方案。二是韩江支流上善溪（上饶镇永善段）治理工程。2020年累计完成河道清障清违13 000米，护岸砌筑挡墙13 110米，基础开挖13 110米，安装仿木栏杆及栏杆地梁5380米，新建机耕桥浇筑完成，重建水陂3座，新建水陂5座，清水平台1座，鹅卵石路面5260米，凉亭2座，长廊1座，绿化5处人行步道1500米。累计投入资金约1922万元。三是上饶红色文化广场建设。为进一步扩大茂芝会议旅游品牌效应，经镇党委会研究决定，原影剧院及沿街店铺土地收回后将用于建设上饶红色文化广场及停车场等公共配套设施。已完成原影剧院及沿街店铺建筑物拆除和场地平整工作。四是两大道路交通工程。持续打好“四好农村路”建设攻坚战，按时保质完成14个砂土路改造项目，合计里程8.207千米；2条示范路改造工程康星线、永善线已完成图纸设计，报送县财政局财审。加快国道G355路面改造工程，协调沿线村居重点做好交通疏导工作，推动加快工程进度，已基本完成路面改造。五是生活污水处理PPP项目。主动配合施工单位做好规划，分时段、路段施工，安排镇城管队进行交通疏导，避免造成交通拥堵；项目已完成约70%。六是黄冈河上游茂芝段生态廊道整治提升项目。镇积极协调相关单位加快工程进度，项目已完成约70%。其中，已完成理清腐坏竹林、土方回填平整及局部地面铺装、护堤拓宽、局部河道清理杂物等工作，河岸护栏正在安装，景观亭完成立柱工作，砌石护堤立面勾缝加固完成70%，绿植完成60%。

【脱贫攻坚】 全镇建档立卡贫困户699户1860

人，其中有劳动能力户375户1394人，无劳动能力户324户466人，五保户193户193人，低保户333户1006人，一般贫困户173户661人，百分百达到“八有”标准脱贫退出；埔中村、上善村2个省定贫困村全部出列。一是深入开展2020年“广东扶贫济困日”活动，广泛发动社会各界捐赠，筹集捐款39 888元。二是全面启动住房破漏贫困户住房修缮改造项目，完成6户贫困户住房改造。三是会同扶贫促进会开展中秋慰问，投入106 916元慰问701户。

【乡村振兴】 一是发展绿色产业。全力打造“广东省森林小镇”，提高全镇绿化覆盖率，并发挥地理优势，突出特色打造“一村一品”“一镇一业”，全面铺开绿色产业影响力，积极鼓励无公害茶产业发展。全镇有茶农1000多户，茶园种植面积达333.33公顷，春茶产量约20万千克，产值约2500万元；蜜柚挂果面积达207.67公顷，产量约3100吨，产值约720万元。二是打造美丽乡村。24个行政村全部完成清理、拆除、整治工作，清理垃圾约361吨，清理整顿乱堆杂物153处，整顿污水沟渠176处，拆除危旧房等43间；永善村被列为“饶平县26个省级示范村美丽乡村建设项目”之一，并进入施工阶段；下善村、康西村被列入“新增40个生态宜居美丽乡村示范村建设项目”，推动栢峻、上文、许坑、蔡子角、埔坪等新农村建设；省定贫困村埔中村、上善村已完成新农村建设项目，进入收尾阶段，并做好验收资料准备工作；推进“厕所革命”，完成农村公共厕所数据信息采集，并落实公共厕所数据共享负责人，保证责任到人，已完成新建公厕8个。三是完成公共文化服务。推进新时代文明实践所（站）建设，建设挂牌新时代文明实践所1个，建设挂牌新时代文明实践站22个，已确定设立实践点25个，组建新时代文明实践志愿服务队伍25支，志愿者人数约200人。2020年，镇实践所开展20多场文明实践活动。四是开展就业培训。镇积极开展送教上门活动，送教440人次。开展就业培训活动2次，培训178人次。协助人社局开展招聘会3场，提供公益性岗位57个，为村民提供就业机会，保障村民收入稳定。

【扫黑除恶】 全力打好打赢涉黑恶、禁毒、反电诈、打击涉税“四大战役”，镇扫黑除恶线索14条，已办结13条；涉税逃犯有3人主动投案自首，抓捕归案1人；实现有涉毒前科28人100%管控，2020年抓捕吸毒人员8人；涉电信诈骗逃犯9人已归案8人。综治信访维稳方面，排查出矛盾纠纷93宗，成功调处矛盾纠纷93宗，其中多部门联合调处成功8宗，领导包案调处成功85宗。

【环境整治】 一是推进水环境保护治理，结合五项清专项行动，对辖区内河道开展清理整治，累计清理河流33千米，清理水域0.34平方千米，清理漂浮物31吨，清淤河道11条，长度19.6千米，累计投入94.7万元。二是强化爱国卫生运动，积极发动群众参与开展农村“清洁家园”活动和病生物防制统一行动，集中清除边、死角，推广垃圾分类，落实垃圾一日一清及门前三包制度。

【征兵】 认真执行“阳光征兵”相关规定。有效促进征兵工作的顺利进行，确保完成上级下达的任务。上饶镇2020年应征报名86人，上站体检53人，经体检、政审，输送合格兵员13人，同比增长45%，其中大学生占7成。

【综治维稳】 镇高度重视社会治安综合治理工作，镇党委书记和镇长逢每月15、30日（除2月份及法定节假日外）分别到综治信访维稳中心亲自接待来访群众，并对中心的各项工作给予指导、检查。

【“三资”清理】 镇制定《上饶镇农村集体“三资”管理专项清理整治工作方案》，成立镇委书记任组长的工作领导小组，落实党委领导挂钩村制度，对全镇各村居所有和使用的资金、资产、资源进行清理。24个行政村全部完成清理，涉集体经济合同154份已全部由律师审查理清，出具112份法律意见书；被侵占资源性资产147宗146.99公顷，已追回78宗103.22公顷；被拖欠租金或承包款33.76万元，已追回3.02万元。

【安全生产】 一是制定并落实《上饶镇安全生产专项整治三年行动实施计划》，实行“一岗双责”“双主任”及三包责任制，全方位开展安全生产排查工作，消灭安全隐患。累计开展安全生产检查9次，镇主要领导带队4次，出动检查人员108人次，对烟花爆竹生产经营点、建筑施工、油气站点、道路交通等重点领域进行6次全面的排查整治。二是制定《上饶镇进一步做好防范和处置非法集资工作方案》，做好防范和处置非法集资工作，严厉打击非法集资等违法违规金融活动，切实做到“早发现、早预警、早控制、早处置”，有效维护金融和社会稳定。

【民政计生】 镇完成正常离任村干部信息采集278人；完成医疗救助43人约35万元；为55户残疾人提供居家无障碍改造；完成全镇低保户、五保户、孤儿、事实无人抚养930户1 810人信息核查及定位；完成全镇609户最低生活保障金的调整。计生工作完成“四术”21例，其中结扎2例，放环5例，补救措施14例，征收社会抚养费1 229 950元。

【教育】 2020年全镇小升初三优学生18名，中考有17名学生总分超过700分，其中上饶中学1名学生分数被屏蔽。全镇中考考上潮州金中10人、饶平二中33人、潮州高级中学17人，五年制公费定向生3人。

【社会保障】 全力做好新农保工作，全镇城乡居保参保24 273人次，领取城乡居保待遇8259人。大力抓好就业培训工作，对全镇663名贫困户劳动力进行建档，并聘请专家进行农业技能培训。全力推进城乡医保工作，参保率达97.67%。

2020年饶平县上饶镇党委、人大、政府班子成员名录

党委书记：游文明

党委副书记：邱奕章（2020.4—）　卢云辉

党委委员：詹宽宏　陈章敏　詹炜煌

　　詹永焰　邱乔木（2020.6—）

　　廖淑炎（2020.6—）

　　苏雪丹（2020.11—）

纪委书记：陈章敏

人大主席：詹乐镇

人大副主席：邱世良

镇　长：邱奕章（2020.4—）

副镇长：詹宽宏　詹益土　邱北京

（张　彤）

饶　洋　镇

【简况】 饶洋镇地处闽粤交界，属饶平北部山区镇之一，东与福建省诏安县交界，北与上饶镇连接，西与大埔县接壤，南与新丰镇、建饶镇毗邻。总面积84.7平方千米，其中耕地面积13.16平方千米，林地面积59平方千米。东西两面是南北走向的高山，中部是一片开阔的缓坡地，形成一个狭长地带，黄冈河上游和贯通闽粤两省的公路从中部穿境而过。1973年设饶洋公社，1983年设饶洋区，1986年建镇，镇政府位于饶洋圩。镇区距县城66千米。2020年辖25个村委会，1个社区居委会，总人口72 243人，其中畲族村443人。

【经济指标】 2020年，饶洋镇工农业总产值5.76亿元，同比下降18.1%。其中工业总产值2.06亿元，同比下降48.7%。农业总产值3.7亿元，同比增长22.9%。固定资产投资总额1.35亿元，同比增长11.6%。全年税收收入886万元，同比增加3.5%。

【特色产业】 一是推动农业集约化生产。饶洋镇积极整合成片农田资源，引进农民专业合作社，推动农业集约化生产。现有西岩茶场133.33多公顷、大窠里茶园42公顷、君威果蔬专业合作社种植基地40公顷、毛豆种植基地66.67公顷。2020年，全镇农作物种植面积1756.73公顷，产量16 671吨；茶叶种植面积390.67公顷，产量820吨。二是探索发展生态旅游。以苏区丰富的红色资源为载体，结合蓝屋畲族少数民族特色村寨和西岩山省级森林公园优势，积极探索生态文化旅游路线。蓝屋畲族民俗馆已被纳入潮州市“博物馆之城”体系单位和第七批广东省古村落名单，并向游客免费开放，西岩山生态茶场已扩建完成，基本能满足游客休闲、旅游、食宿需求。

【重点项目】 饶洋镇充分发挥革命老区优势，积极争取政策资源，凝聚各方力量，扎实推进一批重点项目建设。一是加强基础设施建设。投入380多万元用于祠北、石北、上山3个村6.98公顷建设用地拆旧复垦项目。投入33万元完成2019年度基本农田保护项目水西村沟渠、水坝建设。投入51.3万完成2020年度基本农田保护项目建设。投资214万元完成“一村一品，一镇一业”岗下大窠里茶场项目建设和君威果蔬优质蜜柚种植基地建设项目。投入120多万元完成“四好农村路”改造村道CL37楼队线项目和凤岗—角屋楼线项目。二是加快镇容村貌提升。投资150万元用于陈坑桥至饶丰桥东岸整治项目。投入123万元开展吴厝岗垃圾填埋场美化提升系列工程，已完成老填埋场封场工程，8000吨临时垃圾已完成整治，新填埋场封场也已验收完成。投入60多万的吴厝岗垃圾转运站已经竣工，投入使用。三是推进民生工程落地。饶洋镇积极配合南方电网做好220千伏变电站项目建设工作，协助完成征地和基站确认等前期工作，10月底整体工程已竣工并投入使用。投入20万元完成第四批村级卫生站建设；投入20多万元完成800多平方米的八瓜洋村文化体育综合广场建设；投入10多万完成400多平方米的龙兴村文艺活动广场建设。

【疫情防控】 2020年，面对突如其来的新冠肺炎疫情，饶洋镇政府把防疫工作当作重中之重来抓，协调推进，严防死守，实现全镇人民群众“零感染”“零发病”的目标。一是认真落实重点人员管控。全镇排查外来人员1135人，其中湖北籍68人、北京1籍人、上海籍2人、其他地区82人、境外16人，均已解除医学观察。二是大力开展爱国卫生运动。针对农贸市场、超市、公厕等重点场所开展卫生保洁和消毒查杀工作，累计开展卫生整治1720次，出动环卫工人16 890人次，清理垃圾约11 099吨，开展灭蚊消杀约240万平方米。三是全面做好防疫宣传工作。饶洋镇在国道G355、各村（居）重点位置共悬挂横幅53条，张贴公益宣传画1147张、宣传海报260张，LED电子屏幕滚动播放6900多次，播出防控疫情广播音频8200多次。镇村干部入户发放“小册子”“一封信”“倡议书”“联防联控卡”“公告”等宣传资料47 400多份。四是助力企业复工复产。对镇内89家企业、958家个体工商户进行逐一排查，对外来员工实行登记造册，分类指引员工有序返岗。辖区内企业已全部复工复产，有力保障经济运行和社会稳定。

【社会保障】 一是落实城乡居民最低生活保障制度和农村“五保”供养制度，全年发放低保保障金额4 342 955元和五保保障金额2 632 188元，基本做到应保尽保。二是大力推进城乡居民基本养老保险建设，切实提高城乡居民社会保障水平。全镇2020年任务数12 452人（含新增及续交），截至12月31日已缴费10 778人，完成86.5%。三是认真落实农村合作医疗保险缴费工作。2020年应参保人数53 906人，截至2020年12月底已缴费52 290人，完成97%。

【教育工作】 一是积极指导学校做好疫情防控、平安校园、食品安全等工作，有力保障教育教学秩序平稳运行。二是改善办学条件，提高教育教学水平。投入资金470多万用于各中小学购置教学设备、厕所改造、足球场和新教学楼建设。三是狠抓教育教学质量。2020年饶平县第四中学有36位应届生考上本科线；饶洋中学有33人考上潮州金山中、饶平二中等重点高中；饶洋中心小学有27名学生考入饶平二中初中部，成绩名列饶北各镇首列。

【环境整治】 一是投入资金175.17万元在各村发动“村庄清洁”行动，26个村均已开展常态化保洁。二是发动农民群众投工投劳3308人次，共清理农村生活垃圾3899.4吨；清理村内水塘96口；清理村内沟渠83千米；清理畜禽养殖粪污等农业生产废弃物104吨。三是投入资金30多万元，开展黄冈河上游饶洋段清淤除障工作，全线清淤除障8.6千米，清除土方12 000多立方，拓宽河道至60多米，投入机械台班650小时以上，持续巩固“五清”“清四乱”成果。四是全镇无害化卫生户厕普及率100%，如期完成户厕改造目标；标准化公厕2020年计划建设4个，已建设4个，完成率100%。

【综合治理】 一是扎实开展社会维稳工作。2020年，全镇排查调处各类矛盾纠纷48件，已化解或稳控纠纷48件，调处成功率100%；共收到信访件20宗，均已处理完毕。二是2020年全年主动出击查处制假烟相关案件2件，涉案金额合计近200万元。三是全镇建设平安乡村视频238个，并对接“雪亮工程”系统，初步形成一张覆盖全镇主要路段的治安视频监控网络。四是落实安全生产“一岗双责”制度，全力抓好学校、医院、企业生产等多线条平安建设工作。2020年出动检查310人次，检查企业78家，重点路段1个，在建项目（工地）2个，检查重点场所23家，责令限期整改3家，取缔关闭1家非法加油站，共发现安全隐患并整改19个，整改率达到100%。五是重拳整治“两违”。已完成卫片核查10宗，下发责停通知书16份。

【扫黑除恶】 2020年，饶洋镇持续开展农村集体“三资”、涉毒、涉恶等领域的扫黑除恶专项斗争，取得明显成效。一是加强农村集体“三资”管理专项清理。镇26个村居已完成自查清理工作，10个村已完成清理整治工作，共清理出涉集体资产合同109份。其中被侵占土地13公顷，已追回2.53公顷，被拖欠资金106.37万，已追回25.29万元。二是加强对十类重点黑恶类型问题线索排查。共排查线索16条，经研判有效线索6条，成功办理完结扫黑除恶案件3件，打掉涉黑恶势力团伙1个。三是加大对社会面治安管控工作力度。2020年，镇共查处涉赌案8件、拘留相关人员5名，查处涉毒人员4名。镇社区戒毒与康复办公室共管理社区戒毒人员6名，实现在管率100%。四是持续开展打击涉税违法犯罪行动，全镇网通人员40人，已落网31人，剩余9人均已落实劝投责任制。

【脱贫攻坚】 一是镇建档立卡贫困户共756户1937人（有劳动力贫困户336户1363人，无劳动力贫困户420户574人），全部实现“八有”达标。2020年全镇建档立卡有劳力贫困户人均可支配收入16 449元，已全面脱贫退出。二是全镇精准扶贫贫困户全部落实义务教育、医疗保险、安全住房等保障，落实率达100%。无劳力户兜底保障率达100%，有劳力户符合纳保条件的也已全部纳保，确保应助则助、应补则补、应保则保。2020年，镇为有劳力贫困户开展技能培训121人次，送教上门446人次，为有意愿的贫困户开发公益性岗位49个。三是将“631”扶贫资金共计1897.67万元分别投入到饶平县君威果蔬专业合作社、饶平县荣基混凝土有限公司、饶平县西岩茶场、饶平县欣荣瓷艺厂、新丰镇坪缺新坪电站、光伏发电等6个项目，通过固定分红，让贫困户实现资产增收。

【基层党建】 一是重视学习，补足精神之钙。2020年组织19场党委中心组学习，深入学习习近平总书记出席深圳经济特区建立40周年庆祝大会和视察广东重要讲话重要指示精神和党的十九届五中全会精神，提高党员干部素质。镇党校累计举办7次培训班，已培训1478人次，完成对所有党员轮训。二是强健队伍，夯实战斗堡垒。全年发展新党员19名，超额完成发展计划。12月底前完成26个村届末考察和离任审计工作，并物色新一届“两委”干部拟任人选（不含差额）127人，其中26个村新一届“一肩挑”人选均已提前任命到位。同时加大整顿基层软弱涣散党组织力度，埔下村已达标，岗下村已摘帽。三是加强宣传，弘扬社会主旋律。自4月份完成饶洋镇新时代文明实践所和26个村（社区）文明实践站挂牌以来，饶洋镇以传播党的好声音、弘扬社会主旋律、开展志愿服务为导向，积极组织开展文明实践活动。饶洋镇已组建新时代文明实践志愿服务队伍27支，志愿者人数550人。2020年，开展“重走红军路”、祭扫烈士墓、最美家庭评比、为高考学子保驾护航、蓝屋畲族文艺汇演等文明实践活动24场，播撒文明种子，引领文明新风尚。

【廉政建设】 开展基础纪律教育学习会、参观联饶廉政教育基地、举办党课讲座、关注微信公众号、宣传栏等形式，深入开展党风党纪教育，增强党员干部拒腐防变能力。认真落实农村基层党员干部违纪违法线索排查工作。2020年共收到上级有关部门转来信访件及问题线索共22宗，立案11件，结案7件，办结信访件及问题线索37宗。

【旅游资源】 ①自然资源：饶洋镇域内山清水秀，其中西岩山森林公园更是风景秀丽，不仅有千姿百态、形态逼真的奇特石景，还有各种珍稀飞禽走兽。2015年西岩山森林公园顺利通过省的审批，正式成为省级森林公园。②人文资源：饶洋镇不仅特色围楼古寨林立，还有丰富多彩的畲族文化和客家红色文化。赤棠村“新彩楼”、蓝屋村“泰华楼”是省级重点文物保护单位；陈坑村的听捷楼（八角楼）于清朝雍正至道光年间九位乡贤高中进士，有“八角九进士”的美称；蓝屋畲族村是饶平县唯一的少数民族村；饶洋镇更是革命摇篮，培育了林逸响等众多革命英雄，二省四县“诏和埔饶”饶平片革命根据地便位于岗下凹背村大科里。饶洋镇将充分挖掘围楼古寨文化、红色客家文化和畲族村寨文化，借助西岩山森林公园的绿色生态环境优势，构建独特的旅游线路。

2020年饶平县饶洋镇党委、政府、人大班子成员名录

党委书记：张永饶
副书记：郑碧锋（2020.3—）
　　　　张振发（—2020.3）
　　　　邱奕章（—2020.3）　刘锌钢
　　　　郭文彬（2020.3—）
委　员：刘秀贤（女）　杨文培　邱　铨
　　　　林腾龙　詹立章
　　　　詹汉玉（女，2020.3—）
　　　　邱晓琨（2020.10—）
人大主席：巫沐从（2020.3—）
　　　　洪建展（—2020.3）
人大副主席：詹欣意
镇　长：郑碧锋（2020.3—）
副镇长：刘秀贤（女，2020.3—）
　　　　詹小雄　袁　灿

（王泽佳）

新　丰　镇

【简况】 新丰镇地处潮州市饶平县北部山区中心点，是粤东、闽西南地区的交通枢纽和主要的商品集散地，区位优势明显，总面积117.40平方千米，其中耕地1113.33公顷，山地8646.67公顷，辖3个社区、14个村和2个场，总人口约7.2万人，人口密度每平方千米约613人，常住人口

约3.88万人，人口主要集中在镇区附近黄冈河上游谷地，是全国特色景观旅游名镇和广东省卫生镇、文明镇、教育强镇、宜居示范镇。

【镇域经济】 2020年全镇实现规模以上工业产值5.95亿元，农业总产值4.46亿元，完成固定资产投资2.44亿元，完成税收收入2379.68万元，人均收入16 386元。

【产业发展】 鼓励引导本地陶瓷厂家加大开发新品种陶瓷筷子，加大创新开发力度并主动协调推动在各地分散经营的电商业主聚集进驻镇内的饶北物流产业园，增强镇陶瓷筷子的竞争优势。鼓励土地依规适度流转，实施生态茶园改造，有机肥替代化肥等项目，实现规模流转土地421.4公顷，其中合作社及专业户土地流转134.77公顷，主要发展柑桔、香蕉、豆类、水稻等。新丰镇是全县柑桔种植面积最大的镇。大力实施“一村一品，一镇一业”，培育壮大特色优势产业，积极争取项目改善农业生产条件。

【乡村振兴】 生态宜居美丽乡村建设项目加快推进，锡康村和溁西村生态宜居美丽乡村建设工程预算总投资分别为1195万元和1469万元，两个村的美丽乡村建设项目已进入招投标阶段，扬康、大光、下葵、中联、泮洋和新光等6个村（社区）已经完成前期规划设计和建设项目库的整理。“厕所革命”初显成效，全镇户厕无害化改造及公厕建设共计投入补贴77.4万元，已完成无害化户厕改厕10户，公厕建设8座，并投入使用。脱贫攻坚力度进一步加大，投入97.94万元完成125户贫困户破漏房修缮，349户无劳动力的贫困户全部纳入政策性兜底，全镇551户贫困户和贫困村实现“双出列”。镇扶贫促进会筹资额不断增加，累计筹资184.4万元。

【疫情防控】 落实疫情防控和健康教育宣传，把控好各类人员聚集活动。加强爱国卫生运动。落实好人群密集场所卫生消毒、农村环境卫生清理和农贸市场1110制度。落实镇“三人小组”、村“四人小组”机制，进一步筑牢外防输入，不断巩固完善闭环管理机制，加强境外及国内中、高风险地区来饶返饶人员排查和健康管理工作，落实各村居场对本辖区在境外人员进行全面排查登记。抓住节假日关键节点，掌握境外计划返乡人员动态，提前落实好防控措施。严密防范、严厉打击偷渡犯罪活动，坚决防止境外疫情输入。

【保障民生】 农房占耕完成摸排，全镇2013年后农房占耕摸排图斑1233个，已完成核查登记。人口普查全面完成。新丰镇垃圾转运站和九村垃圾转运站建设完成投入使用。河湖“五清”“清四乱”专项活动全面落实，投入专项行动资金68万元，清理河流53.86千米、水域面积1.06平方千米，清理漂浮物、清运淤积物约864吨，排查清理河湖障碍物12处。溁西河道治理工程基本完工，总投资704万元，现已投入696万元，完成河道清障、清淤、治理，水陂加固、桥梁加固翼墙等项目。“两违”整治力度持续加大，整治“两违”10宗，涉及面积2.79公顷，拆除违法违规构建筑物面积9967平方米，落实复耕复绿8宗，面积1.17公顷。采取断水断电等措施控停违法建设135宗，控停面积约3560平方米，“两违”现象得到有效控制。

【社会事务】 扎实抓好人口计生管理服务、殡葬管理、社保扩面、医疗卫生等工作目标责任制的落实。全镇列入最低生活保障对象466户1352人，五保户271户，发放医疗救助52户49.75万元；临时救助35户8.9万元。积极推进城乡居民基本医疗保险工作，全镇参保人数4.94万人，征收参保费1173.75万元，城乡居民养老保险参保11 350人。积极开展国防动员教育，灵活多样开展征兵宣传活动，全镇网上兵役登记335人，报名92人，全镇兵役登记率达到100%。结合创文工作开展，深入推进乡风文明建设，全镇18个新时代文明实践所、站建设基本完成，文明实践志愿服务活动常态化开展。

【重点项目】　认真履行属地职责，全力保障大潮高速新丰段建设项目如期实现通车，全力支持瑞峰实验学校的建设和顺利建成开办。总面积15.41公顷的拆旧复垦项目顺利完成验收。地质灾害治理工程加快推进，完成新葵、新山、洞泉、新康等4处威胁100人以上的大型地质灾害隐患点治理工程的勘察、设计工作。"三资"清理工作基本完成，全镇清理各类合同153份，被侵占土地272宗58.96公顷，已追回228宗50.16公顷，被拖欠租金或承包款共42.4万元，已归还34.44万元。所有村（社区）均已完成"三资"清理工作。"四好农村路"建设完工，投入619万元实施新丰镇"四好农村路"村道砂土路改造建设工程，涉及塘子卜线、坪缺村道、白塔线、上良亭线、清凉寺路等5条村道的改造，总长9.927千米，该工程涉及5条村道已全面完工。

【综治维稳】　把扫黑除恶专项斗争作为一项重大政治任务来抓，聚焦10类黑恶势力，建立健全排查研判、联动打击等多个工作机制，始终保持对各类黑恶势力违法犯罪的严打高压态势，坚决打好打赢扫黑除恶收官之战。全镇累计排查深挖涉黑恶线索27条，其中有效线索19条，已办结26条，1条正在办理。扎实开展"七五"普法宣传，深入推进法治镇、村创建活动。坚持源头治理、防控结合工作机制，积极排查、防范、化解各种矛盾，加大社会矛盾纠纷排查调处力度，镇信访办接访29件，办结29件。强化禁毒收戒矫治帮教力度。高压打击涉电信网络诈骗、涉税票违法犯罪，在册涉税违法犯罪人员79人，劝投涉税人员36人，抓获21人，在逃22人。铁腕打击制假售假违法犯罪，查获一辆运载十几袋烟丝的无主车辆。严厉打击"黄赌毒"违法犯罪，净化社会风气，打造新丰宜居宜业宜商的良好营商环境。

【安全生产】　开展风险源隐患点排查整治，强化道路交通、建筑施工、消防、危险化学品和烟花爆竹、大型群众性活动、汛期路灯等重点行业重点区域专项整治行动。完善防汛防灾预测、预案、方案三个重要措施，严肃防汛工作纪律。对地质灾害隐患点常态全面排查，杜绝安全隐患。有效防范较大以上安全生产事故的发生。

【基层组织】　一是加强基层组织建设，认真履行镇党委党建工作主体责任和监督责任，充分发挥党支部发挥战斗堡垒作用，党建"组织员"、督导员，每季度指导督促各基层组织落实好"三会一课"和规范化建设。投入资金80万元修建并配套完善新康党群服务中心。二是加强干部队伍建设，全镇发展党员12名，转正党员21名，培养入党积极分子40名；开展入党积极分子培训班和入党发展对象培训班各7场次。按标准收缴党费20.5万元。常态化开展"书记论坛"，组织村（社区）党组织书记开展全员轮训。三是优化基层组织设置，指导新光、下葵两个村（社区）党总支按程序升级为党委。完成新光社区软弱涣散基层党组织整顿工作。四是抓好村"两委"换届选举工作，依法依规依程序，有序推进村级"两委"换届选举各项工作。全镇17个村（社区）顺利完成换届选举工作，实施"头雁"工程物色培养的村社区党组织书记储备人选17人均成功当选党组织书记（其中6人为新当选党组织书记）。

2020年饶平县新丰镇党委、人大、政府班子成员名录

党委书记：陈俊生（—2020.4）
　　　　　张志彬（2020.4—）
副书记：赖建国　林文波　谢书院
委　员：刘思泉　詹绿飞　陈惠銮（女）
　　　　邱乔木（—2020.3）
　　　　吕泽钦（2020.3—）　邱俊湘
纪委书记：邱俊湘
人大主席：谢　俊
人大副主席：詹明文
镇　长：赖建国
副镇长：詹朝兴　张志武（2020.3—）
　　　　张金培（—2020.6）

（杨子腾）

建 饶 镇

【简况】 建饶镇是革命老苏区，地处饶平县北部山区，东与福建省诏安县秀篆镇、霞葛镇相邻，西接新丰镇，南连汤溪镇、东山镇、三饶镇，北与饶洋镇接壤。全镇总面积73.2平方千米，辖15个行政村，总人口17 684人，居民均为汉族。客家民系，基本使用客家方言。建饶镇有着丰富的动植物种资源，山林面积6195.3公顷（含省级生态公益林面积2962.4公顷），茶园面积近733.33公顷，全镇宜林山地栽植率达96.8%，森林覆盖率为76%，2012年被列为省级生态镇。镇内学校教育教学设施设备完善，尊师重学氛围浓郁，捐资助学蔚然成风，2015年获评“广东省教育强镇”称号。建饶镇主要历史人文、生态景观和特色农产品有原“饶和埔诏”县委工作团旧址、独具特色的客家土围楼、依山傍水的生态碧道、飞流直泻的车岭龙潭瀑布、老态龙钟的饶中千年古榕、舒适幽静的和里洞村红黎林公园、活化石之称的国家二级保护植物“苏铁蕨”、高山有机甘醇单丛茶、闻名粤东番薯“鸭寮松”、生津止渴青竹梅等等。

【镇域经济】 2020年，全镇工农业总产值为25 742.49万元，比增1.15%。其中，农业总产值为16 598.49万元，比增1.8%；工业总产值为9144万元，与2019年持平。税收收入为148.89万元，比增69.1%。固定资产投资额约为2336.6万元，比增46.96%。农民人均纯收入约为11 500元，比增1.04%。

【特色农业】 一是加强特色农业扶植。积极推广“公司+农户”模式，建立利益联动机制，组织动员农民面向市场，利用建饶镇生态环境优势，扩大茶叶、番薯和青竹梅等本地特色农产品的种植基地，重点开展生态茶园建设和产业链培育，实现经济发展、农民增收、生态良好的动态平衡。二是创先争优擦亮品牌。推荐本地茶企积极参加各级各类单丛茶评比赛事，其中，饶平县枕头岽高山茶种植有限公司斩获首届潮州市茶农单丛茶质量评比大赛“岭头单丛组”特等奖，进一步打响独具建饶山韵风格的无公害茶叶品牌。三是积极推荐饶平万绿源茶业有限公司和饶平县桦骏种养专业合作社参加“一村一品、一镇一业”项目评审并高质量获批，进一步带动贫困户增收，助力脱贫攻坚。

【重点项目】 一是在做好征地拆迁等基础上，积极主动配合上级职能部门，促使“省道S333线闽粤交界处至饶平县建饶镇区路段（含支线）改建工程”顺利开工建设，现路面拓宽和路基平整已基本完成，建成后将进一步畅通闽、粤两省通道，增进两省经济社会互融共进。二是以投资约2368万元涵盖全镇13个村的建饶溪治理工程将打造为省级中小河流治理精品示范工程为出发点，因地制宜清淤疏浚、修建堤堰、铺设步道、搭建亭台、绿化美化，治理河道6条16.7千米，夯实建饶镇生态水利基础设施。三是扎实开展地质灾害隐患点防治，完成对中团小学地质灾害隐患点的治理以及白花洋墩下、车岭村内楼、和里洞村背头岭、麻寮村新屋、中团村笼子坑等5个威胁超百人地质灾害隐患点的勘察设计，将尽快消除地质灾害隐患点，确保人民群众生命和财产安全。四是建饶2020年“四好农村路”建设攻坚任务，总计5.774千米，分别是C275深区线、CL47卓村—黄村线、CL35糕米坑线、CL45九佰辇线4个项目，已全部建设完成，完工率100%，经过镇政府初检及潮州第三方检测机构检测合格，已投入使用。五是加快推进镇“生态宜居、美丽乡村”示范村建设，其中和里洞村的规划编制和设计（含勘察、预算编制）正在进行中，建设项目库已通过和里洞村确认无误并报县农办审核；麻寮村已完成规划编制和设计并已于2020年9月2日在广州公共资源交易中心完成招标工作，施工许可证申报于2020年11月30日得到县住建局等部门审批，工程实施已在加紧进行；此外，杨梅坪村已委托广东华鼎新维设计工程有限公司进行工程设计和村庄规划编制完善等前期工作。

【安全生产】 一是常态化开展重点领域风险点、工矿企业、消防安全、电力设施和道路交通安全隐患排查整治。二是加强消防队伍和消防设施建设，投资约3.5万元升级消防器材和扑火装备，进一步提升全镇消防安全和森林防灭火应急处理能力。三是对全镇15个村就桶装汽油、煤气瓶等安全隐患进行全面排查及隐患消除，排查取缔4处非法加油点，给予行政拘留1人，确保群众的生命和财产安全。

【脱贫攻坚】 一是对照“两不愁、三保障、一相当”和“八有”的脱贫指标要求，因地制宜、精准施策、扎实攻坚，健全公共服务功能，全面落实扶贫保障，优化扶贫产业布局，实现全镇精准扶贫户144户457人全部达标退出，饶中、锡坑两个省定贫困村100%出列。二是及时对脱贫不稳定户、边缘易致贫户以及因疫情或其他原因收入骤减或支出骤然增加户进行加强监测，及时落实相关帮扶责任人等工作。三是对镇资产收益资金使用不规范问题进行整改，收回的资金投入到广东无穷生态农业有限公司等符合要求的农业企业，至2020年8月31日已满1年，根据合同条款按规定已将投资分红资金约13.2万元划拨至有关村账户，由村按程序进行分配。

【“两违”整治】 2020年，镇暂无收到整改卫片图斑，主要得益于强化领导、动态巡查、网格监管、宣传引导等的持续进行，有效规范农村土地管理秩序，遏制违法违规用地行为蔓延，朝着“减存量，零增量”的治理目标持续推进。对上级反馈2013年以来的616个农村乱占耕地建房疑似图斑进行外业核查和内业填报，经举证和数据整理上报审核，已有253宗不属乱占耕地建房。将引导村民依法依规办理农村房屋报建手续。

【环境治理】 扎实抓好中央和省级环境保护督察整改工作，大力开展“创文”“创卫”工作，坚决打好污染防治攻坚战，持续改善农村人居环境。一是加强领导，持续广泛动员，精心组织全镇广大干部群众共同开展环境卫生综合整治行动，常态化清理卫生死角积存的垃圾杂物，在边摸查、边整治、边总结中，营造共建共享“卫生、健康、文明”宜居家园的氛围。二是有序推进镇村污水处理设施PPP项目，其中白花洋村的项目主体工程已完成约70%，并将自筹和争取上级支持投入资金约85万元，推进排污管道入户，彻底解决该村饮水保护区水质不达标问题。三是全面推进乡村振兴战略，完成全镇15个村清、拆、整治和11个村“厕所革命”工程，稳步推进麻寮、和里洞、卓村、饶南、亚塘等5个村的美丽乡村建设。四是严格落实河（湖、塘）长制，执行省、市、县发布的河长令，健全镇村两级河长制巡河机制和奖惩制度，强化清理专项行动。

【文教卫计】 一是文化事业繁荣发展。在县政府的指导和支持下，镇计划分二期工程投入资金约180万元在镇区西面拆除现有的老戏院后建设镇文化健身活动场所，建成后将极大程度丰富和活跃人民群众的精神文化生活；各村级文化站、农家书屋、党群服务中心等设施也不断完善。二是教育质量不断提升。以建设义务教育阶段规范化学校、创建现代化学校为契机，以提高基础教育水平为重点，以促进教育均衡发展和加强师资队伍建设为中心，农村教育事业得到全面发展，校风、教风、学风全面进步。在新冠肺炎疫情防控背景下，建饶中学通过线上与线下教学相结合的方式，突破重重困难开展各项教学工作，取得显著成绩，学生中考平均分达384分，比2019年提升近60分，比3年前提高105分，400分以上学生数为前两届的总和。三是公卫服务更加完善。在做好新冠肺炎疫情排查、监测、管控等常态化防控措施的基础上，落实卫生院积极开展卫生健康宣传，组织实施14项国家基本公共卫生服务项目，规范建立城乡居民健康档案11 486份，建档率94.2%；在全镇15个村集中开展免费体检活动32次，受益人群约1932人次；为65岁及以上老人进行定期健康体检952人，老人管理率70.8%；孕产妇产后随访92人次；家庭医生签约1816人，极大满足群众对基本公共卫生服务的需求。

【民生保障】 一是兜底保障更加全面，为全镇135户（376人）低保户发放各种救济金约131万元，为全镇39位五保户发放各种救济金约38万元，为全镇134名优抚对象发放各类优抚金约94万元。二是加强困难群体和老党员关心慰问，在建军节、建党节等节庆节点对生活困难党员、老党员、老干部和贫困户等进行关心走访慰问。三是全力推进保险、医保征缴工作，完成率均达100%，位列全县前列。四是完成兵役登记132人，征集新兵入伍3名，100%完成目标任务。五是扎实做好第七次全国人口普查工作，总体进度长期位列全县榜首。

【综治维稳】 一是持续严厉打击涉电信诈骗、涉税犯罪、涉毒、涉黑恶、涉枪、涉爆、涉赌、涉假等违法犯罪活动，扎实做好85名精神障碍患者服务管理工作，有力打击涉税犯罪、推进无毒建设。二是以车岭村为重点对象并对全镇15个行政村进行排查，进一步推进“平安建饶”建设向纵深发展。三是持续推进平安乡村监控平台建设，项目建设后将进一步加快形成信息化、智能化农村社会治安防控体系。

【村镇管理】 结合乡镇机构改革、村级换届选举、基层党建百日攻坚战等工作，以整合优化机构设置为切入点，以简政放权、强化服务为重点，构建系统完备、科学规范、运行有效的基层治理体系。一是推进乡镇机构改革。按时完成镇职能配置、内设机构和人员编制改革，改革后内设9个党政机构、建立三个委员会，有效深化乡镇体制改革，完善基层治理体系，整合基层执法力量，提高经济发展质量。二是有序开展村级换届选举前干部离任审计、排查整顿农村发展党员违规违纪问题和村级“两委”干部届末考察等工作，为换届选举夯实坚固基础。三是全力做好全镇农村集体“三资”清理整治工作。

【基层党建】 坚持学习“第一议题”制度，班子成员先学先行，下基层进支部，结合村级巡察、纪教月活动，每月至少下乡两次，带课下乡宣讲，收集社情民意，协调解决问题，带动全镇广大党员干部群众学在深处、谋在新处、干在实处。以“基层党建全面进步全面过硬”为主线，高标准完成镇级党校和分教点的规范化建设，全年培训超过1000人次。按时完成县委巡察村级反馈意见整改和市经济责任同步审计工作，推动基层党组织和党员“两个作用”更加凸显。基层党组织“三会一课”、组织生活会、主题党日等活动扎实开展，2020年发展党员8名。有序开展村级换届选举各项工作，顺利完成15村党组织换届选举。

【廉政建设】 落实全面从严治党，强化管党治党责任，坚决贯彻中央八项规定精神，持续整治“四风”，健全内控制度，严控“三公”经费支出和规范村级“三资”管理，涵养风清气正的良好政治生态。针对全镇纪律建设存在的突出问题，深化开展基层纪律教育和系列廉政教育活动，毫不动摇地加强违纪违法行为查处，全镇全年立案2件2人，累计结案7件8人，给予党内严重警告处分3人，给予党内警告处分5人。政府的公信力、执行力和服务力明显增强，法治政府、廉洁政府和服务型政府建设取得新进展。

2020年饶平县建饶镇党委、人大、政府领导班子名录

党委书记：刘　誉（2020.4—）

副书记：詹镇高　张辉令（2020.7—）　张卫东

党委委员：刘金雄
詹扬涛（2020.6—）
谢梓明（2020.6—）
邱丽君（女，2020.6—）

人大主席：刘军会
镇　长：詹镇高
副镇长：刘金雄　张百伟

（许双喜）

三 饶 镇

【简况】　三饶镇地处饶平县北部山区，是饶北交通要冲，国道355、省道S222于此交汇，南抵县城，西通潮州市，北抵梅州市、福建省。全镇面积108平方千米，耕地面积1201公顷，山地面积5050.1公顷，有18个行政村及1个社区居委会，总人口59 678人。2020年，三饶镇紧紧围绕省委“1+1+9”和市委“1+5+2”工作部署，统筹推进常态化疫情防控和经济社会发展，在疫情防控常态化前提下，坚持稳中求进工作总基调，坚持新发展理念，立足高质量加快发展目标，聚焦“六保”“六稳”任务，深化乡村振兴战略，坚决打好三大攻坚战，较好地完成上级下达的各项工作任务，各项事业稳步推进。

【主要经济指标】　2020年度全镇工业产值17.4亿元，其中规模上企业工业产值11.6亿元；农业总产值2.62亿元；固定资产总投资2299万元；税收收入5228万元。

【民生工程】　1.构建起疫情常态化防控体系。成立疫情防控工作领导小组，建立起疫情群防群控体系，利用“大数据”信息化手段做好疫情防控“排查”“管控”“宣传”等重点环节，强化学校、市场、车站等场所管控，强化民俗活动管理，落实落细防控措施，深入开展爱国卫生运动，倡导文明生活新风尚，保障人民群众的生命健康和财产安全。2.推进美丽乡村建设。深入推进“三清理三拆除三整治”工作，重点推动“厕所革命”、农村污水治理工作，全力打造干净、整洁、美丽、舒适的人居环境，顺利通过广东省农村人居环境整治第三方评估检查。坚持示范引领带动作用，完成南联村、官田村、粮田村的新农村建设工作，建成休闲广场、主题公园、环村道路、卫生站等一批民生好项目。同时溪东、溪西、南新等村的美丽乡村建设工作正有序开展中。

【重点项目】　2020年，顺利完成三饶镇污水处理厂提标改造、污水厂截污管网扩建，中心小学新校门建设和环城路南面道路拓宽、美化绿化项目，“四好农村路”建设（涉及11个村共15多千米），芽坑村进村道路安防工程、凤岭村进村道路修缮，马岗溪、食饭溪和新塘溪（三饶段）整治等一系列惠民利民工程。完成大潮高速征地和三饶高速出入口景观改造提升工程建设，三饶自来水厂取水口上移及供水管网工程和中共饶平县支部旧址（三饶镇林氏试馆）重建修缮也正在抓紧施工中。

【扶贫济困】　1.打好脱贫攻坚战。尽全力降低疫情对脱贫攻坚成果的冲击，充分做好贫困劳动力就近务工、消费扶贫、扶贫项目落实等工作，下足“绣花功夫”，拿出过硬办法，通过开展土地流转、设置公益性岗位、开展劳动力培训等措施，切实帮忙贫困户增收。制定《三饶镇关于建立防止返贫监测和帮扶机制实施方案》，落实镇委书记遍访贫困户制度，从返贫监测、教育、医疗、住房、政策兜底、产业、就业等方面实施精准帮扶，实现492户1212人相对贫困人口全部脱贫，顺利通过2020年扶贫开发工作成效省级交叉考核。2.全面开展“救灾救济救助”工作，2020年累计发放五保金277万元，发放低保金467.9万元，发放残疾人两项补贴金290.6万元，发放孤儿、事实无人抚养、自困儿童金24.1万元，发放春节、老人节慰问金4.65万元，发放高龄人员生活补贴20.1万元，发放临时救助2.75万元。

【文化建设】 1.推进“创文”工作。镇村两级已完成新时代文明实践所（站）建设和制度上墙工作，结合重大传统节日等时间节点，开展“文明健康，有你有我”主题讲座、“公筷公勺”文明餐桌、世界无烟日主题宣传、杜绝餐饮浪费等实践活动，顺利完成17个文明村居创建工作，持续改善提升群众文明生活质量。组织三饶舞蹈队参加“四大战役”文化进万家文艺晚会、文艺汇演戏曲下乡活动等问题活动。舞蹈队作品《凤拈青花》代表潮州市参加2020年广东省群众艺术花会，荣获省级铜奖。2.重视非遗保护和传承。镇文化站向群众开放非物质文化遗产（西巷桌碗）展览室，配置有代表性展品十八件，宣传海报近十幅。打造“三饶镇民俗文化展示厅”，配置墙画28幅，桌碗8套（每套3件展品）。3.做好省级非物质文化遗产“彩青”保护的宣传与推广，助力新农村文化建设。定期开展文物普查工作，做好革命遗址普查上报工作，普查登记上报县8处革命遗址。

【组织建设】 1.确保学习教育常态化。灵活运用远程教育、广东党建云等平台开展线上云学习，2020年镇委党校举办培训班27期，累计送课上门605人、培训党员人数1517人、党员参训率100%，完成党建云激活率“双百分百”目标。2.把握意识形态工作主动权。定期召开意识形态领域研判会，分析研判意识形态领域出现的新情况；强化网络舆论管理，做好网络安全培训工作，及时处置网友留言事项，及时做好党务政务公开，掌控网络意识形态主导权。3.狠抓基层党组织建设。持续深入实施加强基层党组织建设三年行动计划和固本强基1+N工程，进一步压实党建工作责任。加大党建经费投入，提升基层党组织优化设置，完成党支部升格为党总支部9个、党总支部升格为党委3个。河口村软弱涣散党组织整顿工作通过潮州市级验收和复核，评为“优秀”等次。完成在城村党群服务中心修缮搬迁，坪溪等5个村党群服务中心新建搬迁，高质量打造为民服务阵地。注重从优秀回乡青年、妇女、致富能人中发展党员，新吸收预备党员15名，按期转正预备党员31名。4.加强党风廉政建设。围绕党性教育、党章党规党纪、廉洁文化教育等内容开展纪律教育学习活动，通过观看廉政教育片、上纪律课等，引导党员干部增强“四个意识”、坚定“四个自信”、做到“两个维护”。集中精力查处县纪委交办信访件和巡视巡察移交线索，了结线索2条，立案8件，结案8件，党纪处分10人。对全镇19个村级党组织书记进行登记备案，集中保管所有“两委”干部的出国（境）证照，推动全面从严治党向纵深发展。投入17多万元完成谈话室升级改造工程，完善制度，配齐相应物资设备，为党风廉政建设提供有力支撑。

【镇容镇貌】 牢固树立“绿水青山就是金山银山”的可持续发展理念，常态化开展巡河，扎实开展水流域整治，全面清理整治水浮莲、溪堤旁建筑垃圾等杂物，确保水面清洁无漂浮物。进一步完善日常垃圾清理体系，镇配备专职环卫工作、村聘请保洁人员，负责镇村日常垃圾的清理收集转运，完成镇级垃圾转运站建设，形成农村生产生活垃圾“户收集、村集中、镇转运、县处理”的无害化处理模式。

【基层治理】 保持扫黑除恶高压态势，深入开展农村集体“三资”清理整治工作，狠抓“六清”行动，全面实现线索清仓，2020年共排查上报涉黑恶线索14条，已办结14条，办结率100%。构筑起派出所专职巡逻队、村级巡逻队、民兵联防队的群防群治巡防体系，对辖区内的重点场所等区域进行常态化巡查，对工业企业、“三小场所”（小档口、小作坊、小娱乐场所）、山林火险等进行网格化清理排查，高强度开展打假专项行动，完成所有村居平安视频监控建设，三饶镇在2020年上半年潮州市“群众安全感和对公安满意度”考评中获得第一名。

2020年饶平县三饶镇党委、政府、人大班子成员名录

党委书记：黄序谋

副书记：徐昭民　郑碧锋（—2020.2）

黄迎文（—2020.4）

郑俊鸿（2020.2—）

张伟亮（2020.4—）

党委委员：林维明（—2020.2）

刘建伟　张伟亮（—2020.4）

黄授慧（女）　刘映东（—2020.4）

林泽英（女）　许崇桓（—2020.5）

屠智勇（2020.2—）

林少萍（女，2020.10—）

陈　蔚（2020.10—）

人大主席：黄迎文（2020.5—）

副主席：廖炎然

镇　长：徐昭民

副镇长：张伟亮（—2020.5）　林为忠

黄松明（2020.5—）

（林泽英　林义展）

新　塘　镇

【简况】　新塘镇地处饶平西北部山区，是一个革命老苏区的绿色生态镇。东与三饶镇接壤，西与潮安区凤凰镇毗邻，南濒汤溪镇，北与韩江林场相连，镇境四面环山。镇域总面积80平方千米，山地面积5767.53公顷，耕地面积724.87公顷。下辖14个行政村，77个自然村，共5848户，人口23 196人。2020年度，全镇各项经济指标稳步发展，农业总产值6.84亿元，全镇税收193.72万元，财政收入2336.59万元。

【产业发展】　发展以上南—南淳—新寨为中心的213.33公顷茶苗农业现代化基地，引导各村依托现有茶叶、茶苗、橄榄、龙眼、青梅等特色农业产业优势，鼓励有发展潜力种植大户扩大种植面积，创办绿色龙头农业企业。在保障粮食种植面积基础上，落实各项惠农政策，通过嫁接改良新品种，发展无公害茶叶生产，优化镇、村茶叶产业，做大做强做精茶业区域特色产业，推动农业生产稳步发展。加大农村电商平台应用，优化镇级电商平台服务，对准市场行情，扩大农户销售渠道，走特色农业富民的道路，有力推动农村经济发展。全年全镇农作物总播种面积2334.27公顷，其中水稻种植面积827.27公顷，年产量5505吨；茶叶种植面积1253.33公顷，年产量2725吨；园林水果种植面积253.67公顷，年产量5620吨。

【文化旅游】　通过发展“一村一品、一镇一业”，结合镇茶叶特色产业，大力推广茶文化，帮扶指导顶厝村发展蔬菜种植、黑山羊养殖和农家乐为一体的“食来运转”休闲生态园，打造建设党建文化公园、顶厝村“红军游击队饶平遗址”、毛泽覃同志小分队休整地遗址、下坝村烈士纪念亭、南村红军洞等红色旅游资源，建设顶厝村旅游厕所、顶厝森林生态公园、文化墙等，选取新楼、西石、新寨、乌洋、溪美5个村作为重点打造美丽乡村，以点带面推进全镇美丽乡村建设，着力开发具有深刻历史内涵的文化旅游和山水休闲有机结合体，加快构建乡村休闲度假旅游产业链。

【项目建设】　完成望垭水库除险加固工程、黄京潭等4个小（2）型水库完成标准化建设、南淳等5个村6条路总长约8千米的“四好农村路”建设任务、2019年拆旧复垦项目、镇级垃圾转运站项目建设等一批民生工程，有序推进上南村、南淳村“村村通”饮水工程建设和镇级污水处理厂设施建设，突出抓好新塘溪（新塘段）整治工程项目河道清淤、护坡建设等工作。扎实推进饶丰村粟寮坑滑坡避险搬迁项目，已完成新村场地平整、排水沟建设和68间村民建房的基础开挖、垫层、钢筋安装、模板安装、浇基础砼等工作，正在加快进行边坡防护建设。抓好农村“厕所革命”，完成14个行政村卫生户厕改造和南淳村、饶丰村公厕建设。推进溪美、南淳和新塘村基本农田补偿资金项目，机耕路灌水渠道项目全面竣工。

【新农村示范村】 继续推进省定贫困村创建社会主义新农村示范村建设，完善党建文化公园、文化墙配套设施，加大革命烈士古屋等乡村历史建筑保护和利用力度，完成河道水陂、亲水平台景观栈道等公共生活设施建设。健全农村卫生保洁长效机制，完善农村生活垃圾收运处理体系。完成村村通自来水工程建设任务、20户以上自然村雨污分流和污水排放管道收集或暗渠化等排水工程，完成畜禽集中圈养、危房改造任务、村卫生站建设、省级文明村创建等工作。

【脱贫攻坚】 紧紧围绕“一相当、两不愁、三保障”要求，扎实推进新时期脱贫攻坚工作，通过三年的精准识别、精准帮扶，全镇精准扶贫建档立卡贫困户264户519人已全部达到“八有”脱贫标准，实现100%退出。立足镇情实际和茶叶产业发展区位优势，组织贫困户开展茶叶生产技能培训，实现家门口就业增收脱贫，就业转移（含就近就业）总人数93人，转移就业率81.58%。按照“一镇一业”“一村一品”工作总思路，建立农业特色产业示范基地2个，分别为顶厝村的茶叶生产示范基地和南淳片区的茶苗培育基地，顶厝村以“食来运转生态园”为依托，发展黑山羊养殖、大棚蔬菜种植，以饶平县奔康种养专业合作社作为载体，发展“公司+合作社+农户”模式，助力建立脱贫增收长效机制。同时，扎实做好返贫人口和新发生贫困人口的监测帮扶，健全解决相对贫困的长效机制。

【民生保障】 全镇2020年度城乡居民养老保险参保9506人，完成年度征缴工作任务的100.30%，医疗参保18 461人，低保参保516人，五保参保150人，满16-60周岁均有上交养老保险。教育方面，按照“不让一个学生因家庭贫困而失学”要求，积极做好补助工作，享受教育生活补助91人，其中义务教育阶段68人；完善教学设施建设，不断改善办学条件；教师自发组织，积极参与县级举办的团队舞蹈比赛。

【征兵】 认真执行“阳关征兵”相关规定，进行兵役登记121人，送检青年23人，双合格9人，光荣入伍7人，超额完成上级下达的征兵任务数。

【疫情防控】 成立镇疫情防控指挥部，制定、印发疫情防控有关通知及工作方案，成立镇级“三人小组”，统筹指挥调度疫情防控工作。各村党（总）支部与镇党委签订《抗击疫情承诺书》，充分发挥党建引领作用，发动党员志愿者们加入疫情防控工作，坚持“线上+线下”联动宣传，引导群众理性对待疫情，自觉做好个人及家人的卫生防护，营造群防群控良好社会氛围。同时充分发挥网格化管理优势和村“四人工作小组”职能，全面落实基层网格化动态排查管控，加强对人员密集场所监测管控和清洁消毒，实行科学防控防治，全面筑牢疫情防控防线。组织对商铺、药店、食品经营摊档巡查检查，严禁野生动物交易行为，保障食品药品卫生安全，紧盯校园、企业等重点场所，毫不懈怠抓好常态化疫情防控各项工作，有序推动企业复工复产。

【“两违”整治】 严格执行农田保护制度，分划成6大连片保护区进行连片监管。加大日常巡查力度，不断加强卫片执法违法图斑整治和重点图斑整治，重拳打击土地乱占、乱建行为，2020年共下达“两违”责停通知书35份。完成了2019

年新塘镇一户一宅图斑、2019年新塘镇卫片执法图斑及2019年矿产卫片图斑确认和整治工作。

【环境保护】 深入实施河长制，推进河长履职和管理常态化，持续加强水环境清理整治，扎实开展新塘、新楼、新寨、下坝、溪美5个村河长制“五清工程”，推进10个村饮水工程维修养护项目验收工作。全面开展“清漂”行动，全镇共清理池塘37个，清理新塘溪13.2千米、沟渠27千米，打捞漂浮物58.1吨，切实为黄冈河源头水保护区新塘溪河段清漂整治“减负”。铁腕开展污染治理，加快推进高标准基本农田建设、拆旧复垦和水田垦造等工作。开展垃圾收集转运及垃圾分类现场会，推行生活垃圾分类制度，大力推进镇“三清理、三拆除、三整治”工作，不断加大农村人居环境整治力度，投入112万元，出动人力5860人次，出动机械908台次，拆除危房险屋、猪栏、违章构筑物等1142多间，清理垃圾1708多吨。生活垃圾日产日清，有效改善人居环境，不断提升全镇生态文明水平。

【综治维稳】 坚持打建并举，铁腕惩恶，始终保持对各类黑恶势力违法犯罪的严打高压态势，特别是加大打假巡查力度，对全镇边界山地、废弃房屋以及重点场所等进行集中排查。2020年摸排涉黑恶有效线索3条，办结1条；查处涉赌案件1件，抓获涉案人员4名；查处涉毒案件7件，抓获违法犯罪嫌疑人6人；受理涉盗抢案件9件；电信诈骗立案11件。做好约访、接访、下访等信访工作，及时有效化解群众矛盾隐患。全年调解社会矛盾纠纷62宗，有效推动社会治安稳定。

【“三资”清理】 成立“三资”清查整治工作领导小组，围绕专项清理整治重点任务，采取边清理边整治工作方式，结合村级换届财务审计，促进规范村财务管理。全镇14个村全部完成清理，追回被侵占土地306宗274.722公顷，追回土地率达92.5%；收回被拖欠租金或承包款58.51万元；清理审查合同共383份，完成率100%；涉“三资”问题干部、党员共9人，已全部自行归还。

【基层党建】 充分发挥党校“熔炉”作用，聚焦“七种能力”，全面提升干部队伍整体素质和专业化水平，持续深化固本强基“1+N”工程，打造坚强有力战斗堡垒。全年镇党校共举办培训班13期、村书记论坛3期、《习近平谈治国理政》第三卷宣讲会15场次。积极发挥新时代文明实践所（站）作用，共成立15支志愿服务队，召集志愿者近200人，开展新时代文明实践活动50多场次，着力营造学习贯彻落实新思想的浓厚氛围。大力整顿软弱涣散饶丰村党组织，2020年来先后通过摘帽和达标验收。完成西石、饶丰等2个村党群服务中心项目建设。稳步推进“三个一批（投产一批、开工一批、签约一批）”建设项目，打造党建示范村4个，申报县级党员教育示范基地1个。严格党内组织生活制度，完善党员情况报送机制，提升发展党员工作的持续性，发展党员3名，新培养入党积极分子17名。组织党员亮身份参与疫情防控、带头落实“门前三包（包卫生、包绿化、包秩序）”责任制、率先垂范支持“三个三”行动，积极开展党内关怀帮扶志愿服务。建立新老党员结对互助机制，共结对85对，开展活动31场次，解决生活难题41个。全面完成村级换届选举工作，实现大支委小村委工作格局。

【乡镇体制改革】 严格按照要求设置和调整党政机构和人员编制，认真做好机关、事业“三定”规定、人员转隶、队伍建设等各项工作，完成了机关内设部门和事业单位挂牌及公章刻制。重点针对乡镇综合行政执法改革工作，科学合理配置行政执法力量，进一步提高政府工作人员依法行政能力。完成了公共服务办公室大厅规范化建设，有序推进政务服务事项进驻公共服务大厅，逐步实现政务服务标准化、规范化、便利化，加快推动政府职能转变，全面提高政府效能。

2020年饶平县新塘镇党委、政府、人大班子成员名录

党委书记：刘敬光（—2020.3）
　　　　　邱武昌（2020.2—）
副书记：邱武昌（—2020.2）
　　　　刘剑强（—2020.4）
　　　　陈汉中（—2020.7）
　　　　李少湧（2020.4—）
党委委员：张杰生（—2020.3）　廖石锋
　　　　　郑天广（2020.6—）　陈丽华（女）
　　　　　林少冬（女）
镇　长：邱武昌（—2020.2）
　　　　林吉东（2020.6—）
副镇长：吴泽英（女，2020.9—）
　　　　黄继伟（2020.9—）
人大主席：张木帆
人大副主席：吴泽英（女，—2020.9）

（郑婕瑜）

汤溪镇

【简况】 汤溪镇地处饶平中部、黄冈河中游，东与东山镇、浮山镇接壤，南邻浮滨镇，西连新塘镇，北至三饶镇、建饶镇，距县城约30千米。全镇总面积75平方千米，山地总面积5400公顷（公益生态林占2200公顷），耕地总面积208.07公顷。下辖13个行政村，49个自然村，总人口12 175人（其中80%以上是汤溪水库移民），常住人口约5000人。

【经济指标】 2020年，全镇实现农业产值16 481.88万元；固定资产投入3555万元；税收收入1028.78万元。

【产业发展】 2020年，全镇种植水果556.33公顷，年产量1.5万吨，其中青梅种植面积约256.67公顷，年产量7000多吨；茶叶种植面积173.87公顷，年产量约260吨。镇坚持农业优先发展原则，努力做大做强青梅、茶叶等特色产业。全镇现有青梅腌制厂2家，茶叶加工厂2家，有2家茶叶加工厂正在建设中。大门坑村农林专业合作社“一村一品”茶叶项目前期申报工作得到上级批复并获得补助资金70万元，用于购置茶叶生产加工机械等。镇多次组织开展茶叶种植与制作技能培训，促进茶叶品质提升、茶农收入增长。

【基础设施】 交通道路改造升级，全镇建设“四好农村路”6.603千米；完成东线居豪至北坑、西线半径至桃源及桃西镇道路拓宽工程30.27千米；完成乡镇道路安全防护工程12.037千米；完成辖区8条沙土路的改造，里程6.6千米。北坑桥及引道新建工程于2020年12月开工建设；Y427汤建线改造项目完成施工设计。2019年，汤溪镇投入移民后期扶持资金600多万元规划建设9个基础设施项目。半径护坡工程、岩山环境整治和草塘北的宅基地护坡工程已竣工验收；北坑和大水坑的基础设施建设、白水塘和东阳的文化室和美丽乡村建设已完工；桃花小村的特色精品村已初见成效；白沙潭的美丽乡村建设项目即将完工；移民群众生活居住环境得到进一步优化。为推进美丽宜居新农村建设，确定麻寮、居豪、青竹径作为美丽宜居新农村建设村，确定半径、桃西作为美丽宜居新农村建设前期规划村。麻寮、居豪、青竹径已完成村庄规划终编；半径和桃西已完成村庄初步规划工作。

【脱贫攻坚】 2020年是决战决胜脱贫攻坚工作之年。在镇党委政府及社会各界的共同努力下，至6月16日，镇195户贫困户442人（其中有劳动能力89户299人，无劳动能力106户143人）均已达“八有”要求，全部出列。一是积极推进农业产业化和规范化发展。通过“公司+合作社+农户”模式，稳定贫困户经济收入来源。3月，大门坑村茶叶加工厂全面建成并承租招标，年收益51 020元；乐岛村利用中山自筹资金80万元入股云盖月合作社（占股42%）发展茶叶产业项目，年收益不低于48 000元（投入资金的8%），采用营业收入分配和利润分配的方式为贫困户创收。为巩固脱贫成效，镇设置公益性岗位20个，有效解决20户贫困户就业难问题，通过政府购买方式聘用1名贫困毕业生到政府民政办就业。为鼓励贫困劳力外出就业，按照县文件要求及资金安排，落实贫困劳力1—10月“务工奖补”项目，奖补贫困劳力42人14.61万元。全年针对贫困户开展农业及就业技能培训189人次，有效提高贫困户劳动就业技能。二是发动社会力量认购滞销农产品。先后帮助贫困户销售“跑山鸡”4000多只和柑橘一批，有效稳定经济收入。镇机关与贫困户签订2020年政府食堂采购农产品协议，进一步拓宽贫困户农产品销售途径。政府食堂通过832平台采购大米、油等扶贫产品25 200元，助力打赢脱贫攻坚战。乐岛村积极参加扶贫农产品展销会，集中展示推介咸水梅、茶叶、蜂蜜等特色农产品，销售总额近10万元。

【污染防治】 一是着力推进生活垃圾无害化处理。完善镇、村卫生配套设施，投入50多万元建设镇垃圾转运站，年投入50多万元购买第三方服务，将生活垃圾转运至饶平县宝斗石综合资源利用厂进行处理；年投入72万元雇用50名保洁员做好全镇人居环境日常保洁工作，镇机关每周五开展“劳动日”活动，有效发挥示范带动作用。2020年镇人居环境整治工作投入资金38.92万元，出动人力1000多人次，出动机械58次，清理垃圾284.8吨，清理池塘18个，清理沟渠12.4千米，打捞理清河道杂物42.5吨，拆除危房、猪栏、违章构筑物等1780平方米，人居环境质量得到大幅提升。二是强力推进黄冈河流域水环境保护工作。全面落实“河长制”，定期开展巡河护河清河行动，年投入9万元，对桃源、乐岛、大门坑、居豪等村9.8千米河段开展常态化“五清”工作。协调推进3P污水处理项目建设，完成镇级（镇区）污水处理站建设并正常投入使用；镇级（农牧场）污水处理站主体建设已完成，污水管网尚在铺设中；镇辖区内11个村完成村主管道铺设，终端处理设施正在建设中。

【文明创建】 依托新时代文明实践所（站）开展新时代文明实践活动9场次，结合疫情防控形势，开展防疫宣传、节约粮食、文明公筷等宣传活动，营造讲文明讲卫生的良好社会氛围。结合脱贫攻坚、乡风文明等主题开展志愿服务活动，达到弘扬主旋律、传播正能量、提振精气神的作用。2020年，全镇评选出“星级文明户”128户。大门坑村“赛家政”活动评选出“最美庭院”10户、“干净庭院”20户，起到良好示范带动作用，有效改善村民精神风貌，不断提高乡村文明程度。充分利用微信群、“魅力饶平”订阅号等新媒体，讲好汤溪故事，传播汤溪好声音。6月，大门坑村获评市级“文化和旅游特色村”。

【组织建设】 一是加强政治理论学习。2020年全镇召开党委理论中心学习组会议19次，机关学习会15次，开展党员轮训班8场次，轮训党员480人次，实地参观3场次，100%完成年度党员轮训计划。全年发展党员8名。拨付党建经费20多万元，用于党校2个分教点安装智慧党建系统及部分村党建广场的打造，全镇党建阵地提质升级。深入实施基层党建“三个三（三个联系、三个帮扶、三个落实）”联系制度，建立三级党建网格，进一步完善镇党建工作制度体系。加强对支部党建工作的业务指导和督导，居豪村软弱涣散党组织的整顿通过验收。二是稳步推动2020年乡镇体制改革。相应设立9个党政机构及3个委员会，并完成人员转隶及任职备案工作。三是积极筹备村级换届选举工作，针对换届选举五项重点工作全面铺开，完成村“两委”干部届末考察、任期审计和2021年村级换届“两委”干部初步人选名单的拟定及新一届村党组织书记人选考察。四是严格查处违反“四风”问题案件。全年镇纪委立案查办案件5件6人，结案3件4人，办结线索8条。

【综治维稳】 定期对辖区内矛盾纠纷和扰乱社会治安的案件进行分析研判，全年调解各类矛盾纠纷41宗，调解成功率100%；受理信访案件12件，办结率100%。深入推进扫黑除恶、禁毒、涉税犯罪、电信诈骗等宣传工作，增强群众安全防范意识。严格落实辖区在册吸毒人员、社区矫正、精神病患者等重点人员的帮扶管控工作。日常加强对山林、废旧厂房等重点区域的巡查力度，严防制假窝点隐藏落地。落实“一村一法律顾问”，加强普法宣讲，进一步提高村民遵法守法的意识。严格落实安全生产监督管理责任，规范镇餐饮店等食品经营户经营行为，督促石场、木板厂等企业落实好安全生产主体责任。铁腕推进水库“三无”船只非法载客行为整治工作，汤溪派出所对3名非法载客船主进行拘留，有效震慑“三无”船只非法载客游库行为。6月，镇在北坑村开展应急演练，进一步提高村民应对突发事件的能力。

【“三资”清理】 集中开展农村集体“三资”管理专项清理整治行动。截至12月底，各村清理出涉及集体经济合同数869份，涉及拖欠租金或承包款143.39万元，已追回欠款116.35万元；纠正不合法或显失公平合同38份；涉及侵占资源性资产56宗33.87公顷，已追回48宗24.07公顷。

【疫情防控】 新冠肺炎疫情发生以来，汤溪镇第一时间成立领导小组，研究制定新冠肺炎疫情防控紧急预案、工作方案，相应成立7个工作小组及工作专班。主要领导提前部署、靠前指挥，各小组各部门各司其职、密切配合，镇“三人小组”、村“四人小组”进村入户对外来人员开展地毯式排查、登记造册及每日两次的体温监测工作，各村在村口设置卡口，严格管控外来人员进入，为村民生命健康筑起一道坚固防线。疫情期间，镇排查从外地或重点地区来汤溪人员493名，均严格按照相关医学规定进行管理。全镇坚决取消传统节日游神赛会、文化演出等群众性活动，对祠堂、宫庙等场所实行关停制度，全力降低聚集性风险。镇医疗救治组联合卫生院到镇3家企业为外来务工人员上疫情防控卫生课，培训人数60余人。

2020饶平县汤溪镇党委、人大、政府班子名录

党委书记：陈晓东
副书记：杨少歆　游文周　江奇丰
党委委员：王子昂　许少明　刘伟才
　　　　　黄长庆　张群星（—2020.10）
　　　　　张永城（2020.11—）
人大主席：黄源河
人大副主席：钱文瑞
镇　长：杨少歆
副镇长：王子昂　张胜莲（女，—2020.4）
　　　　吴赛君（女，2020.6—）

（黄曼洁）

浮　滨　镇

【简况】 浮滨镇地处饶平中部，位于省道黄三线和县道钱坪线交汇处，是国际知名人士张竞生博士的故乡，也是一个革命老区镇。2002年11月、2003年11月先后进行镇行政区域调整，将原饶平县坪溪镇、饶平县新安林场并入原饶平县浮滨镇，组建新的浮滨镇。组建后的浮滨镇东与饶平县浮山镇毗邻；西与潮安县文祠镇、凤凰镇相连；南与饶平县樟溪镇、湘桥区意溪镇交界；北与饶平县汤溪镇接壤。全镇辖32个村委会和94个自然村。全镇区域面积159.358平方千米，其中山地面积12 000公顷，耕地面积866.67公顷，总户籍人口2.7万人。镇政府位于省道S232线与

省道S501线交汇处。2020年，全镇实现工农业总产值4.78亿元，同比下降9.8%，其中，农业产值3.95亿元，比增5.3%，工业产值0.83亿元，规模上企业产值9507万元，固定资产投入35 869万元，税收收入381.86万元。

【农业生产】 有序加快茶叶省级产业园及狮头鹅产业园建设，推进“一镇一业、一村一品”项目实施，以点带面，推动产业转型升级。与华南农业大学、韩山师范学院、省农科院茶科所等高校、科研院等单位深入合作，开展技术培训、科技创新等一系列产业培优工作，推动“茶园病虫害生态防控技术”“狮头鹅省级标准申报制订”等项目实施，助力浮滨镇茶业、狮头鹅产业蓬勃发展。举办茶叶生产种植培训班，受益茶农350多人次，茶叶生产技术、加工水平不断提升。推动富硒茶认证工作开展，镇内6家企业获富硒茶产品认证。加强农资管理，严禁销售、使用高毒、禁用农药宣传，推广生态绿色的病虫害防控技术，为全镇农产品质量安全保驾护航。

【文化产业】 持续做好张竞生文化园日常管护，增设新时代文明实践所、镇级文化站，深入开展各类精神文明实践活动，进一步丰富竞生文化园文化内涵。浮滨“茶谷”项目深入实施，累计投入财政资金8000万元、企业自筹资金15 465.88万元，启动建设绿岛有限公司茶旅融合项目、兴农合作社品牌宣传项目，茶叶产业园道路配套设施、加工设备等一批项目，茶旅融合发展路子越走越好。

【岭头单丛茶】 岭头单丛茶始于清代，已有三百多年的历史。浮滨镇是饶平第一产茶大镇、“中国乌龙茶（名茶）之乡”、名茶岭头单丛茶的发源地。岭头单丛茶原是浮滨镇岭头村茶农于1961年至1963年在双髻娘山腰茶园发现并经试种成功后，开始在浮滨镇大面积种植。连年来，国家农业部、广东省都把该茶种评定为国家级茶树良种、广东省茶树良种。历次茶叶评比屡获殊荣：先后荣膺“中国名茶”“中国文化名茶”、中国国际名优新产品博览会金奖、全国农业博览会金奖、中国（国际）名茶博览会金奖等。圆满举办饶平县岭头单丛茶（浮滨）质量品评暨数字茶谷饶平茶叶电商平台上线活动，通过茶叶评比、直播带货、产品展示等环节，充分展示浮滨茶产业、茶文化的深厚底蕴，岭头单丛茶品牌价值进一步提升。加强与广东广播电视台、潮州电视台等主流媒体的交流合作，大力宣传推介岭头单丛茶、狮头鹅特色产业，有效提高优特农产品知名度和美誉度，促进产品销售效益提升。深化宋凰生态茶业有限公司交流合作，成立单丛红茶研发中心，成功研发、制作红茶、黄茶、白茶等产品近1000斤，产值超100万元，走出一条贫困户、村集体与帮扶企业实现“多赢”局面的致富道路。组织开办茶叶网上带货直播培训班，推动茶企入驻饶平“数字茶谷”电商平台，进一步拓展茶叶销售渠道，助力全镇茶叶产业高质量发展。

【交通公路】 协调配合宁莞高速三改收尾工作，及时跟踪解决大新溪、石槽、黄正、中段、宫边5个村的三改工作遗留问题。加快推进大潮高速三改补征工作，及时协调处理建设过程中影响群众生产生活的问题，全力保障大潮高速按时建成。协助县交通部门做好省道S501提升前期建设征地及地面附着物登记补偿工作，配合实施省道S232饶平浮滨至湘桥意溪段路面黑底化改建项目，加快“四好农村路”8.348千米建设，实施乡道Y489军径线樟溪至坪溪现代农业（茶旅）产业路（浮滨段）改建工程、乡道Y460五径线浮滨新安段现代农业产业园路改建工程，交通网络初具雏形。

【水利项目】 全力推进浮滨溪（浮滨段）治理工程和坪溪溪治理工程建设工作，浮滨溪（浮滨段）治理工程项目总投资1335万元，于2020年4月29日全面完工；坪溪溪治理工程已完成可研设计、立项申报和招投标工作，正在实施坪溪水库溢洪道末至东里段8.7千米、岭头河1.18千米综合治理，安全高效水利体系逐步构建。

【美丽乡村】 浮滨镇生态宜居美丽乡村建设覆盖13个村。第一项目包岭头、上社、古山3个村已正式动工，建设项目主要包括污水管网、广场、巷道硬底化等；第二项目包坪峰、三红、东里3个村已开始施工；桥头、大榕铺2个独立招标村工程设计、图审、立项、预算工作均已完成；夏校、葛埔、石槽3个美丽乡村启动村测量、规划工作已基本完成；德业、寨上2个村已启动美丽乡村规划工作。

【污染防治】 全面落实河长制，“五清”“清四乱”专项行动大力开展，河湖管理保护力度持续加大，全镇水生态环境有效改善。生活垃圾全面实施外运处理，做到日产日清；实现镇机关垃圾分类管理，多渠道宣传普及生活垃圾分类知识，指导各村逐步推广垃圾分类工作。配合实施污水处理PPP项目建设，完成镇区污水处理主管铺设，指导村级做好污水管网建设规划，污水乱排现象逐步整治，黄冈河浮滨溪流域水质检测全年达标。

【人居环境】 全面实施“三清理、三拆除、三整治”，持续开展查漏补缺，基本完成全镇32个行政村清拆工作，村容村貌得到较大提升。扎实开展人居环境整治三年行动计划检查验收迎检工作，立行立改完成上级督查发现问题整改，强化跟踪监督攻克“脏乱差”现象，持续开展人居环境整治大行动，落实村庄日常保洁，构建干净、整治、有序人居环境。

【精准扶贫】 以“八有”落实为重点，抓实“两不愁三保障一相当”等扶贫政策落实，贫困户残疾人两项补贴全面发放到位，建档立卡贫困户378户847人，浮滨镇相对贫困户人口全部达到脱贫标准，全面如期退出；全镇7个省定贫困村人均可支配收入20 359元，高于同期全省农村居民人均可支配收入的60%，全部如期出列。开拓落实就业扶贫岗位，落实镇级贫困户公益性岗位79个（护林员36个、镇级保洁员26个，小型水库管理员2个和中山古镇镇帮扶村保洁员岗位15个）。建立返贫监测机制，摸查边缘易致贫户12户39人，加强日常监测，落实针对性帮扶措施，确保不出现返贫现象。

【民生保障】 全面落实底线民生政策，按时足额为浮滨镇低保对象发放救济资金151.21万元、五保户发放157.06万元、3名孤儿发放1.55万元，14名自身困境儿童发放补助金1.54万元，发放各式医疗救助资金17.65万元，向10户生活困难家庭发放救济资金2.6万元。继续做好计生奖励对象核查工作，逐步完善奖扶系统，全镇领取饶平县部分农村计划生育家庭节育奖451人，饶平县农村部分计划生育家庭奖励481人，饶平县浮滨镇城镇独生子女父母计划生育奖励21人，农村计划生育家庭特别扶助金5人。大力推进浮滨镇2020年城居保扩面征缴工作，新增人员192人，完成缴费4372人，完成率达95.90%，社会保障水平进一步提升。以就地治理和整村搬迁相结合的手段，落实地质灾害防治工作，扎实推进三红村三坵田避险搬迁项目建设。

【综治维稳】 完善“中心+网格化”社会治安防控体系，推进农村“雪亮工程”建设，扩大公共安全视频监控联网应用范围。纵深推进扫黑除恶、禁毒、打击电诈、打击涉税“四大战役”，严厉打击六涉违法犯罪行为。继续加强社会矛盾精准化排查精细化化解，探索新型调解模式，妥善解决信访突出问题，保持刑事发案低位运行，维护社会和谐稳定。加强禁毒、打假、扫黄打非工作，提升平安建设水平。加大反邪教工作力度，力促镇域和谐稳定。推进食品药品安全监管，确保群众饮食用药安全。严格落实安全生产一岗双责，强化安全生产宣传教育培训，不定期开展安全生产检查，实现全镇安全事故零发生。加强汛期防范及森林防灭火工作，加强巡查预警，化解自然灾害隐患，人民群众生命财产安全得到有效保障。

【“三资”清理】 规范农村集体三资管理，全面推进三资清理整治工作，全镇32个村全部完成清理工作，23个村完成整治工作。全镇涉集体经济合同996份，已全部审查清理，其中不合法或显失公平合同28份，已纠正19份。侵占土地322宗99.63公顷，已追回88.63公顷，占88.9%。侵占房屋建筑物11宗1950平方米，已追回1170平方米，占60%。拖欠租金113.28万元，已归还74.21万元，占65.5%。涉及党员干部1名，自行归回土地1名。

【疫情防控】 加强网格化管理，结合公安部门大数据开展疫情重点地区来镇人员地毯式排查，全年累计排查来镇涉疫情重点人群70人。落实村干部、网格员上门入户向群众发放防疫宣传资料，普及防疫知识。根据疫情变化和社会热点及时向群众释疑解惑，及时澄清不实谣言，引导正确舆论导向；强化复工复产防疫指引，确保经济发展和疫情防控“两手抓、两不误”。分批分次对农贸市场、住宿行业的高风险人群和高风险从业人员开展核酸检测，严防疫情输入风险。联防联控组织开展爱国卫生清理活动，落实镇内农贸市场严格执行“1110”制度，切实阻断病毒传播途径。全年实现疫情零发生。根据疫情应急响应等级，持续结合国内疫情走势合理动态做好防疫物资储备，研究确定物资储备清单，建立疫情防控重要医疗物资储备保供制度，做好日常防护用品、药品、消杀产品的储备工作，储备不低于30天用量的物资，确保疫情防控物资储备充足、供应渠道顺畅。定期开展秋冬季节新冠肺炎疫情发展趋势分析研判，健全完善工作方案，切实做好冬季可能发生的新冠肺炎疫情应对工作。

【基层治理】 一是坚持思想引领，抓好党员政治建设。严格落实“三会一课”制度，依托镇级党校、党群服务中心及网络学习平台载体，广泛学习宣传习近平总书记出席深圳特区建立40周年庆祝大会和视察广东重要讲话重要指示精神、党的十九届五中全会精神和《习近平谈治国理政》第三卷相关内容等，切实把学习成果转化为推动浮滨高质量发展的强大动力。二是推进体制改革，完善基层治理体系。依据县委统一部署，完成机关机构改革工作，推进事业单位同步改革，明确机构工作职责，合理调整人员配置，指导10个办公室按时更新衔牌和印章，镇机关管理水平进一步提升。完成东里村、三红村党群服务中心改造修缮，进一步补齐党群服务中心规范化建设短板。三是坚持稳中求进，打牢换届选举基础。严格按照县级联审标准，做好镇级初审工作；组织召开换届选举培训班，深入学习村级换届选举的重要文件政策精神，详细解读换届选举流程、目标任务、选举办法新变化等重点内容，强化工作纪律及反面案例警示教育；多方式、多载体开展换届宣传工作，明确“十不能”“十严禁”“十不准”等换届纪律、换届要求，营造风清气正良好换届风气；及时掌握村干部思想和工作动态，提前物色新人选，调整不能胜任需撤换的村党组织书记6人，补选村党支部委员1名；对换届选举重难点村开展深入研判，针对突出问题制定整治工作方案，动态更新《浮滨镇重难点村工作台账》，及时掌握重难点村整治进度；做好新一届村党组织书记人选考察前期准备工作，全面启动新一届村“两委”干部人选考察工作，切实把好村党组织书记人选质量关。四是压实工作责任，抓实干部队伍建设。严格落实发展党员程序及工作纪律要求，重点督促近三年未发展党员的村党支部履行发展党员责任，累计吸收入党积极份子46名，发展党员18名。切实开展党员教育培训，建好用好管好镇级党校，实现年度内培训全覆盖。

2020年饶平县浮滨镇党委、人大、政府班子成员名录

党委书记：陈小令（—2020.1）

黄启生（2020.7—）

党委副书记、镇长：黄启生（—2020.7）

陈汉中（2020.8—）
党委副书记：黄启生（—2020.7）
陈汉中（2020.8—）　杨少鹤
余俊涛（2020.2—）
党委委员：余俊涛（—2020.2）张瑞份
许清荣　吴赛君（女，—2020.4）
张贵文　胡继生　张泽筠
麦　钢（2020.6—）。

人大主席：张良德
人大副主席：林水明
镇　长：黄启生（—2020.7）
陈汉中（2020.8—）
副镇长：余俊涛（—2020.2）　杨少飞
张胜莲（2020.6—）

（黄　沂）

浮山镇

【简况】 浮山镇位于饶平县中部，东与新圩镇交界，南与樟溪镇接壤，西、北分别与浮滨、汤溪、东山等镇毗邻，距离县城23千米，距潮州三百门港36千米。省道222线穿镇区而过，甬莞高速在镇区内设有出入口，是闽、粤两省的交通要冲，地理位置优越。镇域总面积71.2平方千米，耕地面积1014.53公顷，山地面积3543.4公顷，下辖18个村委会，1个社区居委会，总人口33 862人。浮山镇围绕“党建立镇、文化兴镇、产业旺镇、宜居新镇”的发展思路，立足浮山绿色生态发展定位，在打好疫情防控阻击战的同时，推进浮山经济社会平稳健康发展。2020年，全镇实现工农业总产值8.8772亿元（其中农业总产值预计达到3.3041亿元，工业总产值5.5731亿元），完成固定资产投资1.8962亿元；镇财政总收入为9764.28万元，比增28.80%，其中本级财政收入1396.65万元，比增19.89%，上级补助收入8367.63万元，比增29.22%；全镇财政总支出为8107.66万元，比降0.36%，其中本级财政支出6905.74万元，比降1.84%，上解支出1201.92万元，比增9.09%；国地税总收入1201.92万元，比增9.09%。

【基础设施】 一是交通网络日臻完善。镇全力以赴支持大潮高速、S501道路升级改造项目建设，顺利完成全镇9条“四好农村路”建设任务，合计里程6.207千米；镇区荔林路口至东山路段全面实现黑底化。二是水利设施建设得到巩固提升。投入资金860万元的东山溪（浮山段）治理工程顺利完工；投入130万元完成1492米供水主管更换及升级，困扰群众多年的生活用水问题取得实质性进展。三是PPP污水处理设施建设项目镇级污水处理站（浮山村、荔林村）已投产一个，6个村级污水处理厂全部完工投产。四是岭湾、军埔水田垦造项目落地见效，近千亩农村土地资源得到有效盘活。

【扶贫开发】 浮山镇有建档立卡精准贫困户399户894人（其中有劳动能力贫困户159户、600人，无劳动能力贫困户240户、294人）。四个省定相对贫困村，有贫困户110户、297人（其中有劳动能力贫困户59户、227人，无劳动能力贫困户51户、70人）。所有建档立卡贫困人口均得到全额资助参加城乡基本医疗保险，无劳动能力贫困户294人已全部落实兜底保障。2020年，县镇自筹资金3.0186万元对镇5户贫困户居住房屋进行修缮，确保居住环境安全。镇全部贫困户已实现脱贫退出。

【“三资”清理】 全面铺开、扎实推进全镇“三资”清理工作，迅速形成“上下联动、层层传导”的“一盘棋”工作格局，同时发动驻村律师和法律工作者积极参与专项清理整治行动，至2020年底清理合同2483份，发现被侵占土地4宗

1.13公顷，收回被侵占土地2宗0.4公顷，追回金额316.43万元。

【产业发展】 积极探索“公司+基地+合作社+贫困户”模式，推动石壁、岭湾、汉塘三个村与广东建鹏南药种养有限公司合作建设总面积17.33公顷的中草药种植示范基地，引入加工技术制作溪黄草茶，与商超、电商建立购销关系，解决产品销路，2020年该项目为三个村集体增收约14万元。饶平县顺和园姜种植专业合作社与华南农业大学建设“浮山镇石壁村（华南农业大学）百姜产业化示范试验基地”，通过选育优良姜种、推广科学高效种植模式，预计打造粤东地区姜种植产业基地。

【污染防治】 一是全面推行农村垃圾集中收运工作，每年固定投入自筹资金200多万元，将全镇生活垃圾收运承包第三方经营，并对各村居垃圾收集点进行设置完善，进一步规范农村生活垃圾投放、收集。二是持续推进牛蛙养殖污染整治，全年清理牛蛙养殖场10处。三是全面落实“河长制”。2020年落实镇级河长巡河181次，村级河长巡河886次，投入资金约50万元，出动人力900多人次，机械200多台次，清理水浮莲等漂浮物2500多吨，清运淤积物900多吨，清理河道长度25千米、清理水域面积0.65平方千米，推进河长履职和河湖水库管理常态化。

【综治维稳】 积极推进基层治理建设和扫黑除恶专项斗争向纵深发展。全面铲除黑恶势力“土壤”，筑牢治安防控网络，严厉电信诈骗、涉税犯罪等突出违法问题，保障人民安居乐业。截至2020年底，镇掌握涉黑恶线索11条，均已办结。信访部门接待群众来访56人次，办结信访案件5件。12345热线平台接受投诉单13条，已办结10条。司法部门接收社区矫正对象6名，接收刑满释放人员14名，解除社区矫正对象16名。全年辖区未发生精神障碍患者肇事肇祸案件，无出现“种毒”“制毒”行为。

【民生保障】 2020年全镇列入最低生活保障对象288户660人，五保户213人，发放低保、五保供养等各种救济金505.95万元；重视军烈属、困难退役军人慰问抚恤工作，全年发放优抚金211万元；全镇共落实城乡居民医疗保险一体化参保27 253人，城乡居保扩面新增476人，城乡新增就业458人，安置公益性岗位10人。服务群众办理医保报销390人次。地质灾害隐患点治理力度不断加强。截至2020年底，下塔村顶乡尾隐患点已完成工程量90%，下塔村寨围及大坑村张厝隐患点勘察工作正在有序开展。

【文教体卫】 一是2020年1月在镇文化站内设置浮山文化陈列展览室，为全县首个自发建设的镇级文化陈列室。2020年末，镇文化站顺利通过省评估定级考核，由三级文化站升级为一级文化站。二是新时代文明实践所（站）建设顺利推进，联手社工、妇联、团委等部门因地制宜开展各项活动，丰富群众精神生活。三是加快推进饶平县第五中学新建学生宿舍楼项目，将设置宿舍60间，可容纳近600名学生住宿，预计2021年下半年完工；教育质量取得优异成绩，2020年高考本科、饶平二中（初高中）录取指标超额完成。四是投入70万元新建五联村社区体育公园，设置五人制足球场、篮球场，乒乓球场、轮滑场、羽毛球场，为群众日常体育运动提供场所保障。五是顺利完成东洋、坪洋2个村级卫生站建设指标，满足村民“小病不出村”基础要求；浮山中心卫生院获2020年度饶平县基本公共卫生服务绩效考核全县第一名。

【疫情防控】 坚决执行各级党委政府关于疫情防控的各项决策部署及工作要求，严守“外防输入、内防反弹”重要防线，坚持镇村上下联动，提高全民防控意识，进一步织密防控网络，筑牢防控屏障，确保打赢疫情防控阻击战。2020年镇财政拨付经费15万元到浮山中心卫生院及各村用于防疫工作；接收社会捐赠口罩2万多个、一次性手套3万只、洗手液及除菌液等约500升。全镇全年累计进行核酸监测1850人次，无发现1例病例。

【应急管理】 认真贯彻落实上级关于应急工作的相关部署和指导精神，深刻吸取“2·25”浮山老市场火灾事故教训，严格按照有关要求，通过加强宣传、细化任务、定期检查等方式，全面落实消防、三防、安全生产、森林防灭火各项工作。全年累计开展安全生产、消防安全检查等40多次，排查整改安全隐患点30多处，实现重大安全生产事故零发生。投入资金10多万元购置灭火器材充实镇消防仓库，要求各村广泛开展森林防灭火“七清”行动，及时清除森林火灾隐患点。镇工作人员及各村（居）有关责任人不定期对全镇12个小（2）型水库、45个山塘水库和3个地质隐患灾害点进行巡查，确保度汛安全。5月份在东官村组织开展汛期洪灾演练1场，提高镇应急救援队抢险能力和全镇防灾水平。

【法治建设】 主动对标县关于法治政府建设有关要求，紧抓执法权限下放基层重要契机，通过“七五普法”“宪法宣传日”等方式，深入开展各类法律知识学习活动，营造全员学法用法浓厚氛围。优先选配镇机关21名年轻优秀干部充实到镇级执法队伍，全员通过镇级行政执法人员综合法律考试。镇综合执法办公室积极组织和带动参与相关培训2场次，逐步提高镇级执法队伍工作水平。

【基层治理】 一是突出抓好学习教育工作。镇委组织全镇村（居）党组织书记外出汕头市金灶镇参观学习新农村建设和基层治理先进做法；全年镇委党校通过集中培训、巡回宣讲等方式举办培训班19场次，培训人数1083人。二是实施基层党组织达标创优活动。东官、荔林两个村顺利升格为村级党委，东洋村党组织升格为党总支部；岭湾、荔林、坪洋三个软弱涣散党组织实现“脱帽”且均被评为“优秀”等次。三是不断夯实基层党建执政根基。全镇2020年发展党员11名，其中高中以上学历占比82%，35岁及以下占比55%；12月19日，全镇一次性顺利完成19个村（社区）党组织换届选举工作，产生党组织班子84名，其中新进干部25名，中专及以上学历51名，45周岁以下37名。四是推进基层党组织活动场所建设。投入260多万元对东官、东洋、坪洋、浮山四个村党群服务中心进行改造；顺利完成汉塘、荔林等四个镇级党校村级分教点硬件提升。五是持续做好正风肃纪工作。全年镇立案16件16人，结案20件（其中13件为2019年之前积存案件），给予批评教育5人次，存量的扶贫领域信访件及问题线索全部办结。

2020年饶平县浮山镇党委、人大、政府班子成员名录

党委书记：陈礼创（2020.7—）
副书记：张素华（女，2020.12—） 林吉师
王少松
委　员：吴军里　林福生　张树平
黄晓云（女）　林平忠　詹婕敏（女）
人大主席：张强（2020.6—）
人大副主席：卓小兵
镇　长：陈礼创（—2020.12）
张素华（女，2020.12—）
副镇长：邓江海　詹胜彪
谢旭航（—2020.4挂职）

（戴洁霖）

东 山 镇

【简况】 东山镇地处闽粤交界、饶平县中部山区，与福建省诏安县接壤，毗邻建饶、汤溪、浮山及新圩四镇，距县城34千米，是一个革命老苏区镇、纯农山区镇、环境生态镇。下辖1个居委

会，10个行政村，43个自然村。2020年，镇总人口23 507人，镇域总面积74.5平方千米，耕地面积822.2公顷，园地面积627.53公顷，林业用地面积6002.67公顷，其他农用地面积89.27公顷。

【经济发展】 全年实现农业总产值42 544.02万元，同比增长5.36%；固定资产投入700万元；税收86.85万元。一是采取“合作社+基地+农户+电商”方式，形成农产品种植产业由零散种植转变为规模化、产业化发展格局，推动茶叶、青梅、柑橘种植等传统农业转型升级，创出东山青花梨以及金钻火龙果等品牌，促进农村发展、农业增效、农民增收。二是大力发展大棚经济。引进370万元投资蔬菜大棚种植，有效整合、盘活长教村、湖岭村土地13.33公顷，采取“政府+高校+合作社+农户”合作模式，由华南农业大学提供技术指导，构建“育、种、管、收、售”青椒种植一体化运营模式。发展竹器产业。三是注册成立竹器竹业合作社，带动竹器产业发展，拓展市场空间，提高竹编制品附加值。全镇从事竹器人员1190多人，其中贫困户80多人，年产值约900万元。

【疫情防控】 落实落细各项常态化防控措施，持续巩固疫情防控平稳向好态势。成立疫情防控工作领导机构，建立健全常态化防控机制。建立镇三人小组、村四人小组联防联控网络，抓紧抓实境外、高中风险地区回乡人员等重点人群防控。运用村广播、广播车、小蜜蜂扩音器、张贴海报横幅、LED屏幕、乡亲微信群以及村宣传栏等方式，及时发布相关防控信息、防疫指引，营造浓厚防控氛围。东山镇多语种、多形式、多渠道、高频率、无接触宣传方式被县委宣传部作为可推广典型在饶平电视台推广。全面加强农贸市场摊贩、餐饮店、商铺等重点场所消杀防疫，严厉打击非法野生动物交易，有效隔绝病毒传播途径，有序推进复工复产复学，做到全镇疫情零发生。

【人居环境】 加强生态保护，优化农村人居环境，助力乡村振兴。生态环境保护。投入约1404.3万元完成东山溪治理工程；持续开展牛蛙养殖污染整治工作，全面推进河长制落实，加强日常巡河工作，开展五清工作，形成全员治水的良好氛围。在饶平县2020年第三、四季度落实河长制工作考评中分别取得第二名、第一名的优秀成绩。人居环境整治。以三清、三拆、三整治为抓手，持续开展常态化综合整治，打造干净、美丽、宜居的人居环境。2020年，投入资金47.74万元，出动人力6112人次，出动机械189台次，清理垃圾414.1吨，清除卫生死角477处，拆除危旧房25间1298平方米，清理池塘62个，清理沟渠40.65千米，打捞漂浮物151.1吨。建立完善环境卫生长效管护机制，落实门前三包制度，推进人居环境整治常态化。建设宜居宜业宜游美丽乡村。着力推进“绿美乡村”“精美乡村”“商贸乡村”等乡村建设，已投资2658.32万元完成东明、湖岭2个省定贫困村创建新农村示范村建设，加快推进西山、大片、长教和双罗村等4个村生态宜居美丽乡村建设。东明村被评为潮州市文化旅游特色村，入围2020年度广东省“十大美丽乡村”评选名单。

【文化旅游】 深挖东山文化底蕴，因地制宜宣传推介东山竹编竹艺、客家文化、红色文化，彰显文化自信，全力推进乡村文化旅游。深挖文化底蕴，彰显地域特色。加大竹编技艺传承和保护力度，东山竹编登上《学习强国》；投资约130万元，建成水美村延青古树公园；修复、保护东明客家老围楼片区，坚持“就地取材，修旧如旧”。大力发展乡村文化旅游。以梅花盛开及春节旅游旺季契机，突出农旅结合，完善基础设施，规划“赏梅小径”，发展农家乐，进一步满足游客需求、挖掘市场潜力，打造东明乡村文化旅游品牌。鼓励广大村民就近创业就业，探索出一条村民在自家门口创业致富的新路子。东明挂牌店铺、摊位有20家，有特色小吃、土特产，特色竹编和农家乐等。着力摸索“红色+”模式。

建设湖岭"红色基地"，举办"红色讲堂"。"七一"前夕，县四套领导班子成员专程到湖岭开展主题党日活动，省、市、县50多个单位1800多人次前来参观和开展革命传统教育活动。

【民生实事】 一是打好打赢脱贫攻坚收官战。全镇建档立卡贫困户265户705人全部达到"八有"和"两不愁、三保障"标准并标识退出，2个省定贫困村全部达标出列，产业扶贫、消费扶贫等均取得成效，有效促进贫困户增收。建立健全返贫机制，全力防止脱贫人口遇困、遇病、遇灾返贫。积极发动公益力量参与帮扶，潮州市归真慈善总会联合饶平县康民医院开展扶贫济困及义医义诊活动，为贫困户纾困解难。二是扎实开展社会保障各项工作。落实城乡医疗救助政策，开展临时救助24人次，救助金额5.2万元；保障困难群众基本生活，发放低保户最低生活保障金142.3万元、五保供养金68.4万元；完成2021年度城乡居民养老、医疗保险收缴工作。三是切实加强农村基础设施建设。完成"四好农村路"西山至红丰段道路黑底化建设，完成宫前线、新光村线、新屋子线道路建设；完成水美村公建规范化卫生站、农村"厕所革命"、东山镇生活垃圾转运站等项目建设；推进村镇生活污水处理设施PPP项目建设，铺设镇区管网总长度2950米，污水处理厂站建设进入收尾阶段。全力抓好地质灾害防治工作。完成新光地质灾害点整治工作；扎实推进鸭母坑、东星地质灾害点整治，其中鸭母坑地质灾害点已完成地质勘查和整治方案设计，东星地质灾害点正在制订整改计划，预计2021年完成整改治理。

【平安法治】 组织开展安全生产大检查和村民自建住宅消防安全大排查大整治；切实加强汛期防范及森林防灭火工作，保障人民群众生命财产安全。2020年出动人员200多人次，开展安全隐患排查及其他专项行动18次，全年未发生安全生产事故。落实法律顾问制度，邀请律师到镇村开展《民法典》、"三资"清理等专题法制教育课；注重保密法宣传教育和定期开展保密检查；创新学法方式，常态化开展"用法学法"培训。全面推进乡镇体制改革，建立综合行政执法队伍，构建职责明确、依法行政的治理体系，有效加强法治建设和提高依法行政水平。

【社会治理】 深化"综治中心+网格化+信息化"工作体系建设，扎实开展日常巡查踏查工作，确保社会治安防控不留漏洞；充分发挥综治中心作用，加大矛盾纠纷排查化解力度，成功化解历时5年未解决的赖某积案，有效促进辖区和谐稳定。深入开展六清行动，纵深推进扫黑除恶专项斗争，摸排上报线索全部办结；结合扫黑除恶，扎实开展"三资"清理整治。全镇10个村全部完成清理工作，有4个村率先完成整治工作。创新开展打假工作。强化摸排巡查，自行组织打掉一个卷烟制假窝点；建立镇际卷烟打假联合协作工作机制，加强与福建省诏安县太平镇联系，实现信息共享，加大区域联合巡查力度，有效提升两地对交界处山林、重要地段等巡查效能，合力重拳打假。严厉打击违法犯罪活动。充分发挥公安主力军作用，切实加大打击违法犯罪活动力度，多次组织相关职能部门配合派出所对辖区内果场、农场、养殖场及隐蔽山林地等进行全面勘查，严厉打击涉毒、涉赌、涉假、涉税、涉电诈等违法犯罪行为，维护社会平安稳定。

【理论学习】 落实领导干部领学带学制度。召开党委会、党委理论学习中心组、全镇干部大会等20多场次，邀请潮州市委党校讲师庄俊辉上专题课，持续深入学习《习近平谈治国理政》第三卷、党的十九大和十九届五中全会精神、习近平总书记出席深圳经济特区建立40周年庆祝大会和视察广东、视察潮州重要讲话重要指示精神，切实用总书记思想武装头脑、指导实践、推动工作。创新学习形式。举办学习交流会、座谈会，借助"学习强国""广东省农村党员干部现代远程教育"平台、支部微信群等开展线上党课活动，依托镇级党校、新时代文明实践所（站）等载体，多场次开展党员干部理论教育和党性教育，提升党员干部的政治理想信念。牢牢掌握意识形态领域领导权。压实意识形态工作责任，加强学校、宗教、社会组织等阵地引导和管理，做到守土有责、守土负责、守土尽责。

【基层党建】 深入实施《加强基层党的组织建设三年工作实施方案》，制定并组织落实好各项任务清单，发挥好基层党组织“头雁”作用，常态化制度化开展“书记论坛”。强化基层党组织建设。完成5个村党组织升格优化设置，选优配齐配强党组织书记3名、补选支委6名，为做好村级换届选举奠定坚实基础。完成东明、湖岭两个村党群服务中心新建和改扩建工作，完善其他8个村党群服务中心标准化、规范化建设。抓好村级“两委”换届选举。倒排时间节点，扎实推进村级“两委”换届选举工作，圆满完成全镇10个村党组织、村委会及经联社换届选举工作。培养选拔优秀年轻干部。调整干部13人次，其中提拔副股级干部6人次、晋升职级7人次，充分调动机关优秀年轻干部干事创业积极性和创造性。

【党风廉政】 切实履行党风廉政职责，与各村签订《2020年度东山镇党风廉政建设责任书》，定期召开党风廉政建设专题工作会议，加强党风廉政建设责任落实的督查，确保党风廉政建设和反腐败斗争落到实处。持续深化作风建设。扎实开展基层纪律教育和“以案促改”警示教育，集中整治形式主义、官僚主义，凝聚正能量，提高党员干部干事创业热情。打造忠诚干净担当干部队伍。科学运用监督执纪“四种形态”，切实加强党员干部的监督和管理，全年谈话提醒8次，开除党籍8人，严重警告6人，警告1人，有效地净化党员干部队伍，促进党员干部廉洁从政、依法从政。

2020年饶平县东山镇党委、人大、政府班子成员名录

党委书记：李焕顺（—2020.3）
　　　　　沈潘松（2020.3—）
副书记：陈锡洲　潘少斌（—2020.3）
　　　　　陈武锐（2020.3—）　吴炳松
党委委员：杨永乐　陈松君　徐爱萍（女）
　　　　　王俊晓　周佩蓉（女）
人大主席：巫沐从（—2020.3）
　　　　　潘志坤（2020.4—）
人大副主席：林泽勋
镇　长：陈锡洲
副镇长：陈松君　佘钊林

（陈晓阳）

新　圩　镇

【简况】 新圩镇位于饶平县中部山区，东与福建省诏安县接壤，南抵联饶镇，西接浮山镇、北连东山镇，距饶平县城17千米，是省级农业生态镇。全镇管辖行政村30个，分42个自然村，总人口38 026人。镇域总面积93.28平方千米，其中山地面积5200公顷。新圩镇是饶平县主要的果蔬生产基地。2020年，全镇农作物及水果种植面积约7000公顷，其中水果栽培面积达4133.33公顷，蔬菜种植面积427.8公顷，素有“水果之乡”的美誉。

【镇域经济】 2020年度，全镇完成工农业总产值5.6亿元，同比增长27%；实现税收收入281.3万元；完成社会固定资产投资1263.72万元。

【特色产业】 按照“现代农业、特色产业、核心产品”的发展思路，加快建设优势突出和特色鲜明的农产品基地，培育农业龙头企业和品牌产品。大力发展青梅产业，建立优质青梅良种繁育苗圃，完成长彬青梅种植基地项目选址，培优做强特色产业。2020年镇龙头企业广东梅业食品公

司销售约1500吨，销售金额约1500万元。加快推进饶平县荣秋杨梅高质高效种养殖示范基地和饶平县百香果产业项目建设，打响新圩粤东“东魁”大杨梅知名度和提升百香果产值。打造“一村一品、一镇一业”特色经济，科学发展乡村旅游与休闲农业，有序开发生鲜采摘、田园养生、森林观光，打响长彬、豪光村赏梅胜地知名度。紧抓国家电子商务进农村综合示范县试点契机，聚焦涉农电商新模式，搭建新型“互联网+农业”购销平台，发挥长彬村返乡创业孵化基地引领作用，借助电商阿里巴巴、京东商城等互联网平台，企业销量明显提升。高质量高标准推进垦造水田建设，全力克服2020年旱灾的影响，大力推进水稻的种植，已完成种植九成多。

【基础设施】 完成松树坑、新作塘、白成坑三个水库的除险加固工程，加快推进新圩溪中小河流治理项目建设，全力补齐水利设施短板。完成镇级生活污水处理设施PPP项目，村级项目有序推进，完成镇生活垃圾转运站建设、永盛和田中环境综合治理工程，切实提升垃圾处理能力，改善镇容村貌。完成17条“四好农村路”、县道X080提升改造、下书危桥改造工程，进一步改善农村交通环境，方便群众出行。投入40万元在镇区增设太阳能路灯，全面优化发展环境，切实提升镇容镇貌。加快就业基地建设，推进长彬村就业扶贫基地和“粤菜师傅”技能培训和服务示范中心建设，全力打造技能扶贫基地。

【环境整治】 加强水流域环境整治，全面落实河长制，常态化开展巡河和河湖五清行动，全年清理河塘200个，清理沟渠299.3千米，清理漂浮物816.3吨。常态化开展畜禽养殖污染整治工作，清理养殖粪污161.2吨。持续高压态势，严厉打击牛蛙养殖污染行为，全年清理15家，面积2.09公顷。深入推进农村人居环境整治工作，拆除危房、猪栏、违章构筑物8087平方米，清理垃圾10 011.4吨，出动机械2382台次，出动人力24 928人次，投入资金369.638万元。加大自然资源保护力度，充分发挥社会监管作用，全面遏制盗采沙、土等非法行为的发生，全年拆除非法洗砂点6宗、停业2宗。强力推进“两违”整治及卫片图斑执法工作，切实保护耕地资源，全年新增违法图斑2宗，已全面落实整改。加快推进永盛等11个村生态宜居美丽乡村示范村建设的前期工作，有效发挥示范村的示范带动作用，以点带面，全面提升乡村振兴工作实效。广泛动员全社会力量参与生态环境保护，牢固树立绿水青山就是金山银山的理念，发扬“右玉精神”，坚持山水林田湖草一体化保护和修复。

【社会事务】 全年按时足额为全镇低保对象发放救济资金235.1万元、五保户发放61.96万元，发放困境儿童补助金1.26万元，民政发放低收入医疗救助资金17.61万元。2020年全镇415户贫困户全部达到退出标准，贫困人口退出率达到100%，4个省定贫困村均已全面出列，贫困村出列率达到100%。顺利召开新圩镇第六届教育促进会，通过捐资助学、奖学奖教的方式，激励广大师生奋发向上，积极进取，安教乐教。2020年全镇考上博士研究生1人、硕士研究生7人、本科有88人。教育促进会发放奖励金347 900元，获奖学生人数162人，获奖教师人数221人。文化事业繁荣发展，完成上级综合站建设配套投资15万元，进一步提高7个功能室的免费开放水平。镇级新时代文明实践所于10月底完善设施配套，举办多期文明实践活动，其中大型演出活动10场次。全面推进“房地一体”确权登记发证工作，切实维护农民合法权益，完成全镇18 687宗调查任务。保质保量完成了第七次人口普查任务。

【综治维稳】 扫黑除恶深入开展，坚持以“六清”行动为抓手，建立健全长效机制，发挥各级各部门联动合力，坚决夺取扫黑除恶专项斗争压倒性胜利。全年摸排涉黑恶线索2条，均已办结。“三资”清理成效显著，严格按照上级统一部署，全域开展“三资”清理整治行动，行动清理审查合同2926份，收回侵占土地1486.67平方米，追缴租金和承包款191.82万元。基层维稳初见成效，落实镇领导班子接访、约谈、下访和包案制度化常态化，加大社会矛盾滚动排查化解，推动信访维稳工作关口前移，稳妥化解和处理各种矛盾。全年镇综治办受理信访件11件，办结11件；解决12345政府服务热线群众诉求30件；新圩派出所立刑事案件33件，破案9件，刑拘7人；立治安案件16件，破案10件，治安拘留9人，治安罚款8人。严格落实安全生产责任制，经常化开展安全生产检查，加强对地质灾害点和山塘水库的巡查监管，以及森林防火和防汛救灾工作，防范生产安全事故的发生。2020年镇实现重大安全生产零事故。

【基层党建】 发挥镇委党校党员干部培训主阵地作用，先后举办培训班23期，及时将《习近平谈治国理政第三卷》《习近平总书记出席深圳经济特区建立40周年庆祝大会和视察广东重要讲话精神、重要指示批示精神》等纳入培训内容，在课程设置上及时跟进。经评定，新圩镇委党校被市委组织部、市委党校授予2020年度四星党校荣誉。以燎星村为试点引进“沃视通基层党建”视讯应用系统并投入使用，积极探索以“互联网+”党建的模式破解外出党员参会难、管理难两个难题，取得较好的效果，获得上级的肯定，在全县推行试点。坚持高标准严格执行党员发展计划，2020年吸收预备党员13名。优化基层党组织建设，完成田中村、冯田村、西山村党支部升格党总支，潘段村党总支升格党委工作。落实基层基础保障，完成一批党群服务中心提档升级，长柯村、坎下村党群服务中心分别异地新建、原址重建，明堂村、金背村、下村村党群服务中心修缮提升。落实党内关怀制度，开展贫困户党员和老党员慰问活动，在“春节”“七一”为296名党员带去组织的关怀，送去慰问金103 400元。顺利完成第八届村级“两委”换届选举工作，村党组织书记全面实现“一肩挑”，比例较上届提升了26.7%，“两委”交叉任职率提升了21.1%。

【党风廉政】 履行党风廉政建设第一责任人职责，严格按照中央八项规定和省、市、县贯彻意见的要求，持续整治“四风”问题。加强党建、精准扶贫、民生保障、社会主义新农村建设等领域的资金使用和监管。认真开展纪律教育学习月活动。扎实做好巡视巡察“后半篇文章”，推动镇全面从严治党各项工作向纵深发展。牢牢把握意识形态主动权，健全意识形态工作责任制检查考核机制和意识形态定期研判机制。发挥好镇纪检监察办问责监督作用，加强基层干部的监督。2020年镇纪检监察办立案3件，结案6件，处理党员干部6人。

【疫情防控】 始终绷紧疫情防控这根弦，强化底线思维，风险意识，全力抓好“外防输入、内防反弹”工作。落实疫情防控工作责任制，建立镇领导挂钩联系村制度。严格执行镇“三人小组”、村“四人小组”工作制度，分片包干开展动态排查，及时掌握人员信息。加强公共场所特别是农贸市场进口冷冻产品、海产品的日常检验检疫和餐饮门店综合整治。利用村广播、微信群、电子显示屏等方式高密度普及疫情防控知识，引导群众正确理性看待疫情。全面禁止游神赛会等民俗活动，积极引导群众丧事简办、喜事缓办、宴会不办，减少聚集性活动。交通管制期间，设立坎下、南洋两个省际出入境联合检疫检查点，在防控一线成立临时党支部，选优配强临时党支部书记，为打赢疫情阻击战提供坚强组织保障。全力助推复工复产，全面实施“暖企行动”，向企业捐赠防疫物资，举办精准扶贫招聘会，借力电商直播，县长化身主播现场带货，推销新圩优质特色产品，开展燎星助农志愿活动，拓宽当地果蔬销售渠道。

2020年饶平镇新圩镇党委、人大、政府班子成员名录

党委书记：杨岳森（2020.7—）
副书记：陈钦生（2020.6—）
　　　　张杰生（2020.2—）

黄　柱（2020.3—）
委　员：王福长　黄秋生　林继东
陈　洁（女）　余汉樊　张　斌
王烁维（2020.6—）
人大主席：曾学群
副主席：郑瑞章
镇　长：陈钦生（2020.6—）
副镇长：王福长　麦婉琼（女）
沈凡皓（2020.11—）

（余兆炜）

樟溪镇

【简况】　樟溪镇地处饶平县中部山区，东连新圩、联饶二镇，西接湘桥区磷溪镇，北靠浮滨、浮山镇，南与钱东镇毗邻。全镇区域面积108.17平方千米，拥有耕地面积856.93公顷。其中水田520.4公顷，旱园336.53公顷。总人口20 283人，总户数4912户，辖21个行政村，1个场，有50个自然村。

【经济发展】　2020年，全镇实现农业产值38 439.84万元，同比增长0.6%；工业产值7060万元，同比减少70.2%；完成固定资产投资13 583.7万元，同比减少46.1%。税收收入2893.9万元，同比增长58.3%，实现财政总收入7011.7万元，同比增长56.7%。

【农业生产】　2020年，全镇农作物总面积1748.93公顷，产量2.2万吨，水果种植面积770.27公顷，产量1.66万吨，茶叶种植面积313.53公顷，产量625吨。

【工业经济】　积极支持园区建设，对接合作，错位融入，打造樟溪镇经济发展新引擎。樟溪低碳工业区（一期）入园的20个企业项目中已有6个投产或试投产、14个已动工或在报建，累计完成投资约7亿元。樟溪低碳工业区（二期）征地工作稳妥推进，月畔楼村整村搬迁安置方案持续完善，月畔楼新村建设有序推进。配合县完善工业区基础设施建设，加大招商引资力度，不断优化产业发展载体。

【旅游发展】　大力拓展红色旅游、文化旅游、乡村旅游。加强文化遗产保护传承，抓好“明清古寨”紫来楼等保护规划、烈火村抗战隐蔽点红色教育基地建设。发动乡贤出资完成《饶平县樟溪镇旅游发展战略规划》和乌溪古村落保护规划，编撰《樟溪老墟》文化书籍，全力支持青岚地质公园申报国家级地质公园复评。依托“点、线、面”盘活樟溪旅游资源，英粉村被广东省委农办授予广东省美丽乡村特色村荣誉称号，荣评“年度最美乡村”及“国家森林乡村”。2020年全镇接待游客人次持续上升，旅游行业发展成为经济新增长极。

【交通会战】　着力实施“交通旺镇”战略，以县道084线为中轴，规划修缮拓宽“东二西四”共6条主村道总长约60千米，引导各村统筹资金支持各分段“四好农村路”建设，加快形成内畅、外联、互通的交通公路网络。“东二”烈火至上广段、英粉至下院段已完工，“西四”路面和路灯工程设计、预算、财审和招投标等程序已经完成。2020年攻坚任务6条道路，已完成线路路基平整压实，正在按计划抓紧进行水泥路面浇筑。

【环境整治】　继续做好樟溪水治理工程，扎实开展樟溪流域整治工作，努力构筑安全高效水利体系。全面落实河长制，进一步调整充实河长办和污染整治巡查专班，突出抓好水污染治理。落实主体责任，持续抓好畜禽养殖污染整治，努力确保樟溪流域水质长期保持三类以上水质，扭转污染整治落后局面。加快推进镇村污水处理设施

PPP项目建设，探索聘请第三方专业公司包干日常巡查和河面打捞。

【教育卫生】 采取以县局为主、合作方出资出力、镇协助、社会捐资的“四方合力”办园模式，2020年6月2日樟溪镇中心幼儿园正式开园招生。同时，有序推进樟溪水治理工程、全县首个镇级污水处理设施PPP项目、九亩溪整治项目等。

【扶贫济困】 脱贫“八有”全部达标，建档立卡贫困户332户、846人。其中有劳动能力贫困户160户、592人；无劳动能力贫困户172户、254人全部实现脱贫出列；2个省定贫困村全部出列。

【乡村振兴】 借助镇电商平台建设，主动对接华南农业大学等省级农业科研教育机构，设立“牛哥驿站”（华南农业大学乡村振兴服务站），强化技术支撑和人员培训。探索“公司＋合作社＋基地”模式发展反季节名优青椒种植项目，已成功完成集约土地200多亩（约13.33公顷）青椒试种植，每亩年获纯利2.2万元。

【疫情防控】 疫情防控取得阶段性进展。围绕“外防输入、内防扩散”的工作目标，发挥基层战斗堡垒和党员先锋模范“两个作用”，组建“四人工作小组”，及时取消春节假期，迅速制定广宣传、深排查、实防护、明职责4方面工作方案共60条防控措施，第一时间向县建言献策，得到县主要领导肯定并及时作为经验在全县推广，实现“五个零”目标。

【禁毒】 全面推进禁毒重点整治工作。借助被县列入禁毒示范镇契机，投入大量资金打造禁毒宣传文化长廊、文化广场和禁毒宣传“一条街”，多次开展宣传教育活动。并借助镇禁毒社工站工作平台，对在册吸毒人员进行帮教管控，定期进行心理疏导。设立4个吸毒人员就业安置点，解决吸毒人员就业问题。2020年，在各禁毒队伍的精心配合下，开展禁毒宣传活动40多场次，查处涉毒案件4件，抓获吸毒人员4人，其中强戒3人。

【信访维稳打假】 纵深推进扫黑除恶专项斗争，继续抓实涉黑恶、禁毒、反电诈、打击涉税“四大战役”。全镇共摸排线索15条，涉黑恶十类问题线索12条（其中，摸排发现10条，上级转办1条，受理群众举报1条），现全部办结，共立案4件，刑拘涉嫌犯罪嫌疑人8名。2020年，共摸排线索2条，现已完成线索“甄别、核查、处理、反馈”四个100%，2条线索已办结。2020年，樟溪派出所来共接有效警情167条，出动警力2800多人次，立刑事案件12件，破刑事案件2件，查处行政案件18件，查获涉毒人员4名，镇区各类案件立案数明显下降。加快依法治镇进程，深化司法体制改革，开展法治镇、法治村和法治学校“三级联创”活动，群众法治意识明显增强。

【基层党建】 一是坚持和完善党委理论学习中心组和“第一议题”制度，学习贯彻习近平总书记重要讲话精神。全面落实党管意识形态工作责任制，全面完成新时代文明实践站（所）建设，强化社会主义核心价值观教育。二是以基层组织建设三年行动计划为抓手，继续实施好固本强基“1+N”工程，提升支部组织力，推进基层党组织的队伍、场所、经费、制度和服务等五方面工作全面进步、全面过硬；开展好镇村换届选举调研等前期筹备工作，并同步开展离任审计工作。三是狠抓基层正风反腐，聚焦扶贫、民生、惠民政策等领域，严肃整治群众身边腐败和作风问题，防止“四风”回潮复燃。

2020年饶平县樟溪镇党委、人大、政府班子成员名录

党委书记：杨业昭（2020.7—）
　　　　　陈创阳（—2020.6）
副书记：庄文彬（—2020.4）
　　　　徐进猛（2020.6—）　郑栩生　詹文伟

委　员：张惠强（2020.6—）
张少斌（—2020.2）　黄晓翠
吴义辉　庄少瀚　吴钟鹏（2020.6—）
人大主席：徐进猛（—2020.3）
陈旭伟（2020.6—）
镇　长：徐进猛（2020.6—）
庄文彬（—2020.4）
副主席：郑道从（—2020.3）
余炯宏（2020.6—）
副镇长：张惠强　张少斌（2020.6—）

（吴克勤）

钱 东 镇

【简况】 钱东镇地处饶平县西大门，东与县城、黄冈镇毗邻，西与汕头市澄海区盐鸿镇、潮州市湘桥区铁铺镇交界，南与汫洲镇接壤，北与高堂镇、樟溪镇相连。拥有“广东省发展改革委特色小镇创建工作示范点”“广东省食品专业镇”“广东省中心镇”“广东省旅游特色镇”“广东旅游名镇”“全国小城镇建设试点镇”“全国重点镇”“中国淘宝镇”“中国盐焗鸡之乡”等十多项国家和省级荣誉称号。镇域总面积136平方千米，其中耕地1666.7公顷，山地5866.7公顷，海滩涂333.3公顷。总人口98 045人，辖25个村委会、3个社区居委会和2个果林场。

【经济发展】 2020年，全镇工业产值46.3亿元，同比增长4%。规模以上工业企业26家，产值35.6亿元，同比增长5.3%；外贸出口4982万美元，比2019年略减；农业产值14.4亿元，同比增长6%；2020年税收收入1.65亿元，同比增长-0.06%，比2019年略减。

【特色产业】 在巩固仙洲蔬菜基地、水稻万亩高产示范片、南海青山连片水产养殖基地、北部水果基地等4大万亩农业基地的基础上，聚焦特色农业产业。打造仙洲现代农业产业园，继续研究大棚蔬菜种植技术，开发李厝村冬闲优质农田种植马铃薯，充分利用冬闲农田和富余劳动力，促进土地流转，盘活土地资源。同时，结合各村实际，在仙洲开展小蒜种植技术培训，在径中、礼堂开展黄皮高产栽培技术培训。进一步牢固特色农业产业基础，推动农村经济发展，进一步帮助农民实现增收创收，推动全镇乡村振兴战略实施。

【企业发展】 继续落实“暖企解忧”政策，不断加大对企业发展的引导、服务、扶持力度，协调帮助企业解决实际困难，引导企业坚持绿色发展、创新发展，为企业转型发展营造良好社会环境。2020年，全镇新登记企业179家，同比增69家；扶持“个转企”35家，比2019年增加18家；新登记个体户565家；全镇现有经济主体3830家。

【电子商务】 深入实施“互联网+”模式，钱东镇有紫云、上浮山、李厝和仙洲4个村获“中国淘宝村”称号。钱东镇入选阿里研究院官网公布的“中国淘宝镇”。镇电子商务服务中心被广东省商务厅列为“省级电子商务服务中心示范点”。着力打造以饶平特色农产品为主营产品的自营特色农产品在线销售平台“紫云仓”特色农产品电商平台，带动全镇农村电商产业快速发展。

【旅游产业】 充分利用青岚地质公园“国家级地质公园”的旅游资源效应，继续打造以绿岛山庄为核心，集生态度假、养生养老、地质科普研学、茶禅温泉度假、山地休闲运动、乡村田园度假为一体的旅游度假区和生态旅游示范区。完成潮商小镇控制性详细规划和城市设计等阶段性工作，进一步推动钱东潮商文化小镇建设。

【重点项目】 加快全镇在建重大项目建设，协调新开工项目，高标准保质量推动镇各项重点项目工程进展。引韩济饶项目正在进行明挖顶管建设；大潮高速项目将于2020年12月21日正式通车；省道S502线饶平李厝（海龙酒家）至施厝路段改建工程项目全长4.39千米，涉及钱东镇6个村，工程估算总投资约为2.24亿元，征收土地9公顷，登记权属376户（包含村集体），补偿金额共731.4万元。累计项目完成总投资约4500万元，总工程量约40%；粤东天然气主干管网华丰LNG储配站和华瀛LNG接收站配套外输管线项目正在加紧进行附着物登记补偿、清表和管道施工，现已交地清表8.16千米，已焊接管道6.72千米；饶平县县道X086铁洴线与县道X087白塔线连接线改建工程（新钱东大道）项目已完成90%水泥路面，完成项目总投资2300多万元，约占总投资的75%。潮州饶平大北山风电场项目已完成15台风机的安装工作。该项目的电力出线工程线路线性跨越约6.865千米，建设塔基23座，永久占地0.163公顷。现已签订占地补偿及青苗赔偿协议书，已完成基础15座。

【基础设施】 2020年，钱东镇“四好农村路”项目建设30个，涉及村（居）场16个，总里程28.737千米。27个项目已完工，完成水泥路面25.212千米，剩余3个项目加紧推进中。饶平县村镇生活污水处理设施PPP项目（钱东镇），其中镇级污水管网处于收尾阶段，已完成管道铺设约11.8千米，占镇级污水管网总里程约80%。镇级污水厂正在进行调节池、组合池、综合楼等基础施工，完成约31%工程总量。饶平技工学校新校区建设项目现已完成全部桩基础工程量，年底完成主体工程建设，预计2021年6月项目整体竣工验收，2021年9月正式投入使用。

【乡村振兴】 钱东镇一直致力于新农村建设，其中全镇共有15个村加入生态宜居美丽乡村建设工程，仙洲、钱塘村更是广东省“千村示范”工程的示范村。2020年上浮山、沈厝、港墘、李厝、砚山村列入第三批美丽乡村建设工程；上黄隆、下黄隆、新乡、峙头、下浮山、灰寨、黄都岭、多年楼村为第四批美丽乡村建设工程。仙洲村工程已开标，正处于公示期间；钱塘、上浮山、港墘、砚山等村正在建设工程财审过程中；沈厝、李厝村已完成勘察设计，正在准备财审中；接下来，钱东镇将准备上黄隆、下黄隆、新乡、峙头、下浮山、灰寨、黄都岭、多年楼等村的勘察规划工作，加快推进全镇生态宜居美丽乡村建设进度。

【环境整治】 一是开展人居环境整治。2020年，镇各村人居环境整治出动人力29 829人次，出动机械6291台次，清除卫生死角2040处，清理垃圾21 349吨，清理畜禽养殖粪污1085.3吨，拆除危房、猪栏、违章构筑物等15 003平方米，拆除危房、猪栏、违章构筑物等367间，清理池塘149个，清理沟渠337.21千米，打捞漂浮物1720.6吨，共投入资金776.54万元。二是落实“厕所革命”工作。2020年，镇已改造完成无害化卫生公厕6座，其中5座已拨付专项补助资金共46.5万元，剩余1座尚待审核审批后进行拨付。钱东镇已改造完成无害化卫生户厕17户，已拨付专项补助资金共5.1万元。三是重拳打击“两违”整治。2020年，镇依托土地网格化动态管理长效机制，加大力度，持续深入推进“两违”整治工作。2020年完成2019年中卫片执法图斑、2020年季度卫片执法图斑、广东省例行督查违法图斑整治17宗，拆除建筑物约2700平方米，复耕复绿2.8公顷，出动人员585人次，车辆179车次。有效遏制“两违”蔓延势头，规范土地有序管理，守好生态底线，还人民群众绿水青山。四是加强污染防治工作。镇配合潮州市生态环境局饶平分局环保执法，对全镇各企业排污情况进行巡查共计46宗；加强对饶平阳光新型建材有限公司及4家VOCs企业减排管理，完成在线监测系统的安装；加大对建筑工地防尘及焚烧情况的巡查监管；同时投入资金约210万元，对东清溪进行全面的清淤疏浚和对陈塘桥古驿道周边水环境整治。

【基层党建】 以市委、县委巡察组巡察钱东为契机，规范优化基层党组织建设，推动党建工作更加扎实。一是加强理论学习。全面规范严格落实理论学习中心组学习制度、三会一课制度，认真学习贯彻党的十九大、十九届四中、五中全会精神，原汁原味学习习近平总书记重要讲话和重要指示批示精神，认真学习《中国共产党章程》，进一步树牢了“四个意识”，增强了“四个自信”，坚定了“两个维护”。二是抓牢抓实意识形态工作。定期召开研究意识形态专题会议，组织全体党员专题学习《中国共产党纪律处分条例》和上级党组织关于巡视、巡察等规定，严明党的政治纪律政治规矩。三是加强基层组织建设。认真筹备村级换届工作，确保换届选举顺利进行；促进党组织优化；开展绩效考核，筑牢基层战斗堡垒。同时，充实发展党员队伍；推进示范党组织创建；持续整顿软弱涣散党组织。四是落实乡镇体制改革。成立深化乡镇体制改革工作专班，制订《三定方案》，优化机构设置，提高工作效率。

【党风廉政】 加强党风廉政建设，持之以恒正风肃纪。2020年，镇纪委新立案21件，结案8件（其中2019年案件4件），久立未结案件清零；开展谈话提醒5人，批评教育2人，处分违法违纪党员8人。新受理信访件及各类问题线索20条，已办结9条，另办结往年问题线索5条，扶贫领域问题线索已全部办结。协助镇党委、政府办理办结信访件5件。

【综治维稳】 紧紧围绕2020年“长效常治”扫黑除恶攻坚目标，加强禁毒宣传，严厉打击违法犯罪行为。累计摸排受理涉黑恶问题线索18条，办结16条，另外2条已按线索处置机制上报县扫黑办；立涉黑恶案件10件，刑拘涉黑恶人员21名（其中打掉涉黑恶团伙1个，刑拘9人）；抓获历年涉黑恶在逃人员12名（其中投案自首2名）；2020年新增涉黑恶线索4条，办结涉黑恶问题线索4条，没有发生涉黑恶腐败及“保护伞”问题。

【打假】 坚持问题导向，以打开路，制定专项打假工作方案，出台卷烟打假奖惩机制，保持严打高压态势，持续深入加强卷烟打假工作。2020年，自查及联合上级部门查处涉假案件（含运输）14件，抓获制假涉嫌人员7名，涉案金额约381.1万元。

【安全生产】 落实党政领导干部安全生产“一岗双责”，突出抓好重点单位和重点企业的隐患排查整治，坚决防范和遏制重特大生产安全事故发生。2020年以来，镇安全生产形势稳定。召开安全生产、消防安全会议11场次，开展安全生产检查82场次，出动人员408人次，检查企业（含“三小”场所）273家，限期整改15家，责令停产停业整顿2家，检查中小学、幼儿园48家次。打击取缔加油站点（车）5个，没收非法加油车5辆，储油罐6个，加油机7台，抓获犯罪嫌疑人5名。

【疫情防控】 钱东镇严格落实疫情防控“四个一”机制和网格化管理措施，投入防控经费43.6万，加大宣传动员和排查防控力度，强化源头管控，确保重点人员排查管控到位，实现疫情“零”发生目标，防控工作取得阶段性战果。同时，坚持防疫和经济发展两手抓，全镇120家规上、限上工业企业于2月28日前全部有序顺利开工，实现“零疫情”复工复产，夺取疫情防控和经济发展“双胜利”。

【精准扶贫】 2020年度钱东镇新时期精准扶贫对象涉及28个村（居）场1235户3455人。2019年退出1237户3453人，2020年退出13户48人，全镇贫困户已脱贫退出。2020年，继续落实各项帮扶措施，全镇共投资3100万元，参与镇7家企业的合作经营，发放六次分红共计7 534 500元，其中有劳动能力户人均2420元，无劳动力户人均1500元；2020年发放两次分红255 9400元，共计其中有劳力户人均840元、无劳力户人均400元。

【社会事务】 一是大力发展教育事业。继续加大力度推进教育现代化建设，提高镇基础教育水平。2020年8月，举办第七届奖教奖学暨助学颁发大会，颁发奖励资金73.93万元。用于奖教41.4万元，其中，奖教集体奖32.22万元，奖教个人奖9.18万元；用于奖学31.93万元，用于助学6000元。二是完善民生保障政策体系。城乡居保扩面征缴、危房改造、民政救济等工作均完成或超额完成上级布置的各项任务指标或要求。三是完善卫生医疗基础设施。制定饶平县钱东镇施厝村等村卫生站公建规范化建设方案，指导村卫生站按照设置规范和室内布局要求进行规范化建设，做好38种基本设备的采购工作，改善群众的就医条件。同时，做好礼堂村、径中村和黄都岭村“省卫生村”申报工作。

2020年饶平县钱东镇党委、人大、政府班子名录

党委书记：吴喜照（—2020.9）
副书记：余敬明（—2020.2）
郑壮森（2020.2—） 黄平波 庄春杰
王俊峰（挂职，2018.4—2020.4）
委 员：黄潮进 杨 育 林小玲（女）
黄拥召 黄泽慧（女） 林惜泉
陈建生（2020.7—）
人大主席：黄少锋
人大专职副主席：黄伟民
镇 长：余敬明（—2020.2）
郑壮森（2020.2—）
副镇长：杨锐雄 张锦泉 黄潮进（2020.6—）

（罗正大）

高 堂 镇

【简况】 高堂镇位于饶平县南部，东南与县城黄冈镇相连、东北与联饶镇交界，南与钱东镇毗邻，西北与樟溪镇接壤。高堂镇于1977年从原钱东公社拆出建制。全镇总面积26.5平方千米，辖西林、前寮、塘南、高南、树下、院前、高一、高二、高三、高北、群星、军寨等12个行政村和1个果林场，总人口25 207人。2020年，全镇社会固定资产投资完成3600万元，规模以上企业工业产值完成5386万元，实现税收收入302.6万元，同比上升56.9%。

【理论学习】 严格执行理论学习第一议题制度，镇党委理论学习中心组累计开展各类学习25场次。坚持党委示范带动、支部上下联动、党员全面覆盖、群众广泛知晓，开展党的十九大和十九届历次全会、习近平总书记视察广东、潮州重要讲话、重要指示精神的宣传、宣讲。强化意识形态责任制落实，召开专题会4场次，开展网络巡查35场次，处置网络舆情1宗，推动全镇党员干部切实增强“四个意识”，坚定“四个自信”，做到“两个维护”。

【党建引领】 有序推进村“两委”换届选举工作。全镇12个村顺利完成村“两委”和其他组织的换届选举；全镇优化升格党组织9个，高二村、高南村党支部经过整顿，验收评定为“达标”等次，顺利摘帽；全镇发展党员9名，转正党员24名，培养入党积极分子19名。开展积极分子和发展对象培训班5场次，排查处理十八大以来各党组织违规违纪发展党员7名；严格落实三会一课、主题党日和民主评议党员等制度；镇委党校开展各类培训班7场次，培训党员798名，培训率达100%；建立村党组织书记储备人选26名，召开“书记论坛”3场次；投入资金82

万元扩建并配套完善村党群服务中心；着力扶持壮大村集体经济，增强党支部服务功能。全镇12个村集体经济全部达到5万元以上。

【经济发展】 巩固传统特色产业，壮大“高堂菜脯”产业集群，鼓励企业主动适应经济发展新常态，倡导绿色发展，提高产品质量和品位。大力推进高堂镇的“一村一品、一镇一业”建设，打造“扶贫产业基地+公司+农户”模式，提升“造血”功能，已有双雄食品等4家公司成功申报。杜氏食品等3家公司积极参加潮州市县扶贫展销会，同时申报省级扶贫产品。大力开展招商引资。全力推进高铁站站前广场和疏站北路建设，2021年6月底全面完成该项目。积极对接配合县政府高铁产业园（高堂片区）建设，园区规划占地面积约34.63公顷，由县政府园区办投入资金做好园区的规划和道路、绿化等基础设施建设。西林村14.67公顷垦造水田实现集约化经营，与泉州台商投资区南方农机专业合作社合作，推广使用机械化作业和智能生产。投资700多万元建设“四好农村路”9条合计9.86千米，全线完工待验收。全面推进粤东天然气主干管网华丰LNG储配站和华瀛LNG接收站配套外输管线项目高堂段工作，管道铺设长度约6.1千米，涉及7个村地面附着物理赔基本完成，工程全面动工，完成管道铺设约3.5千米。投入60万元对军寨至群星村大排沟进行浆砌石建设，有效解决排洪和农田灌溉问题。

【乡村振兴】 推动军寨村等7个生态宜居美丽乡村建设项目，军寨、院前、树下3个村正在网上招投标，其余都在村庄规划中。继续推进“厕所革命”，完成户厕改造93户，公厕7座，计划于12月底前全面完成剩余4户户厕无害化改造。投入150多万元打造院前大池公园，镇区中心公园初具规模。投资20多万元建设河道截污排污泵站，改善高堂南片排污沟的水质。投入147万元铺设南片污水管网1.6千米，配合县住建部门做好PPP污水管网铺设，将镇区生活污水和工业废水统一收集到污水处理厂进行处理。投入70多万元规划建设镇级垃圾转运站，已竣工待验收。全域开展清、拆、整治活动，2020年清理垃圾约295吨，清理整顿乱堆杂物237处，杂物约215.5吨，整顿村污水、沟渠卫生68处，拆除危旧房、露天厕所、废弃露天厕所、茅房21间。投资近60万元对沟渠、水库、山塘以及村落池塘进行清漂、清淤，基本完成清理专项行动，辖区内水域“脏乱差”面貌有明显的改善。推动“创文”各项工作深入高效开展，对照创文测评体系和测评点位要求，狠抓镇容村貌、环境卫生整治，镇党员干部积极带头，分区分片打扫环境卫生，通过上下齐心协力，镇获得“市级卫生镇”称号。投资20多万元在塘南村文体广场建设县级新时代文明实践站示范点，推进站所软硬件设施配套。

【法治建设】 积极实施“扫黄打非”专项行动，以查处各类政治性、非法出版物为重点，打击游商地摊，严查出版物销网点，确保文化、出版物市场秩序。抓好以“4·15”国家安全日、禁毒、打击电信诈骗、“七五”普法等为重点的宣传活动，安装专项普法宣传栏2个，利用4名法律顾问到村开展法制宣传48场次，承办“2020年饶平县线上禁毒书法作品征集大赛”线上宣传活动，活动覆盖人数3万余人。举办禁毒宣传咨询活动，开展“六进”活动33场次，派发禁毒宣传资料8300余份、禁毒帽子、禁毒购物袋480余件。出动12人次对2020年卫片6个图斑点进行整治，其中已完成全面整治图斑点3宗，拆除建筑物面积460平方米，复耕复绿面积0.1公顷，清除一处洗砂场遗留机械工具并清表复绿，加强土地动态巡查，及时发现上报土地违法事件5件。

【脱贫攻坚】 不遗余力做好脱贫攻坚工作，通过持续跟踪监测贫困户动态，精准施策、多措并举，确保贫困户各项帮扶政策得到落实，“八有”达标，收入稳定。全镇贫困户436户925人已实现全面脱贫并按程序退出。举办有劳动能力贫困户电商、厨师集中培训，参加人数51人；195人通过送教上门的方式，有效提高其就业能力。普通劳动力参与务工246人，人均月工资收入约为2109.23元。通过投资入股和投资光伏发电项目增加贫困户收入20多万元，以奖代补再向有劳力贫困户发放10万元，组织镇各单位、企业为扶贫事业自愿捐款26.33万元，巩固其脱贫成效。

【社会事务】 一是积极推进城乡居民养老保险扩面征缴工作。2020年总参保数10 124人，计划参保数4282人，已缴费4718人，完成率高达110.18%，扩缴518人。二是全面开展“房地一体”不动产登记发证工作。全镇涉及10 122宗，已调查完成9873宗。有序开展全国第七次人口普查，克服人员匮乏，技能较低的困难，选聘76名普查员、统计员“两员”，开展培训10多场次，顺利完成底册整理，流动人口、死亡人口、出生人口等的整理和系统填报，实现小区划分、建筑物标记、普查区标绘等，短表正式登记9002户29 452人，抽取553户2559人进行长表登记，各项工作均已如期高质量完成。三是大力弘扬尊师重教。2020年，社会各界热心人士捐款累计140多万元，召开第十八届镇教育促进会，颁发各类奖金27.84万元，表彰全镇优秀教师和学生近400人次。四是开展交通整治。集合全镇力量，抽调人员组建交通整治队，对高堂大道车辆乱停乱放、占道经营现象进行全面整治，开展超载超速大货车交通安全、文明驾驶知识义务宣传活动，发放《致大货车司机一封信》1000多份，有效提升镇区交通安全。

【疫情防控】 严格按照网格化日常管控要求，落实各方责任，认真做好日常排查，强化外来人员测温筛查，逐人登记建档，规范居家隔离管理措施，在进村主要通道设置5个检查站防止疫情输入。加强学校疫情防控，有序推进学校复课；全面落实院前大市场、高北小市场等人员聚集场所的防控措施，随机抽取从业人员和环境采样核酸检测；重点开展杜氏、双雄、椰府3家企业有冷藏冷库的工作人员和环境采样核酸检测，加强日常进口冷链管控。

【扫黑除恶】 充分发挥驻村律师、驻村团队、各村网格员、校园的作用，多种形式加强宣传，设立举报箱15个，落实“一周一报”制度及时收集处理涉黑恶线索，铲除黑恶势力滋生土壤。投入28万元与电信公司签订视频监控建设，有计划、有步骤地推进“雪亮工程”建设。坚决做好打假打私扫毒工作，组织人员对辖区内的老厝区、山林地等重点地区进行巡查，积极配合上级部门开展打击行动，查处涉毒案件5件，抓获吸毒人员5人，联合县打假办查获非法烟丝临时储存点2处。强化矛盾排查调处，发挥村调解会、派出所、司法所等基层政法组织的作用，受理网上信访件7件，办结7件，上级交转办信访件各2件，全部办结，群众来信1件，办结1件，群众来访2件，办结2件，排查及调解各类纠纷43起，调解涉及金额达142万元，调处成功率达100%，立刑事案件13件，受理行政案件23件，其中已调解4件，处罚12件25人。

【安全生产】 2020年全镇组织开展集中安全生产检查活动17场次，参加人员119人次，检查单位、场所101家次，对45个单位提出安全隐患整治和提醒153条。做好乡镇执法人员申领执法证工作，认真学习准备，19名考生全体通过考试。加大对企业乱排偷排污水暗访追查，升级8家菜脯及食品企业污水排放处理设备，取缔塑料加工场3家、抛光加工场2家“散乱污”企业。

【“三资”清理】 全力推进“三资”清理整治工作，全镇已完成清理整治村（场）11个，其余2个村整治阶段中，累计涉集体经济合同总数1044份，全部经律师审查清理，清理被拖欠总金额215.22万元，追回被拖欠总金额201.55万元，除去部分属于分期付款，剩余少数欠款在追讨中。

2020年饶平县高堂镇党委、人大、政府班子成员名录

党委书记：张东雄
副书记：黄建勇　罗楚彬
委　员：黄朝岳　陈大胜　杜奕齐
吕进强　吴　清（女）
人大专职副主席：罗木合
镇　长：黄建勇
副镇长：黄朝岳　王妙容（女）

（黄培辉）

联　饶　镇

【简况】　联饶镇地处闽粤交界的丘陵地带，毗邻县城、黄冈镇，位于黄冈河中下游东侧，地域面积约86平方千米。汕汾高速公路、厦深铁路与省道黄浮公路在镇区域内交叉纵横，交通十分便利。全镇有24个行政村，户籍人口39 812人。2020年全镇工农业总产值10.6亿元，同比增长1.24%。其中：农业总产值5.30亿元，按可比价增长10.6%；工业总产值5.3亿元，同比增长-7.99%；固定资产投资0.69亿元；规模上工业企业产值2.95亿元，规模上商业销售额1.71亿元。镇级财政总收入7294.91万元。其中，上级补助收入6831.80万元；工商税收镇级收入232.80万元；其他收入（利息收入）230.31万元。镇级财政总支出4267.75万元。

【产业发展】　一是开展农业新技术引进、推广和培训工作，引进优良作物品种，传授水稻种植、马铃薯管理、无公害龙眼、荔枝、蔬菜生产和栽培等新技术。引导鼓励群众积极进行土地流转，促进产业集约化发展，加快产业升级。2020年，全镇各类新型农业经营主体集中流转土地总面积达1304公顷，蔬菜种植面积约533.33公顷，其中大棚蔬菜面积约300公顷，年产量约3.5万吨，产值超1亿元。2020年，联饶镇“饶平县鸿绿种养场”成为潮州市唯一一家省级示范家庭农场。二是大力培育产业龙头企业和新型企业。全镇工商登记在册企业218户，新增90户；农民专业合作社81户，新增10户；个体户579户，新增63户。抓住联饶工业园区、潮州市特色产品商贸物流园项目落户联饶镇契机，全力推进项目的征地工作。

【重点项目】　加快推进联饶工业园区、潮州市特色产品商贸物流园区、暨南大学潮州附属实验学校项目和光明农场福泽园项目等四大重点项目相关工作，打造经济发展强劲引擎，力争早日实现联饶多产业融合蓬勃发展。积极做好黄冈河县城段上游堤围加固提升工程（北堤）、饶平县第三人民医院等项目的征地协调工作。

【基础建设】　完成“四好农村路”建设任务涉及19条路17.50千米，有序推进西溪桥、石碑寮桥、潮刘桥改建工程，协调做好粤东天然气主干管网华丰LNG储配站和华瀛LNG接收站配套外输管线项目饶平段征地工作，协调推进村镇生活污水处理设施PPP项目建设，完成2018年高标准基本农田建设项目。

【乡村建设】　统筹推进美丽乡村建设，打造生态宜居美丽家园。沿福建生态宜居美丽乡村示范带建设工程第一个项目包已完成93%工程量；第二个项目包已完成85%工程量。示范带照明路灯设备采购项目已投入使用。示范带标识系统及景观节点项目正在进行预算造价审核。赤岭、下饶两个示范村项目均已完成招标。古笃、下寨两个村生态宜居美丽乡村建设已梳理建立村庄建设需求台账、项目库，完成村庄规划文本初稿。光陇村准备进入规划设计。

【环境整治】　全面落实河长制、塘长制，大力推进饶平县联饶溪治理工程，更好改善联饶水环境质量。健全完善辖区垃圾清运体系，为各村配

备铁斗车240辆，每月投入6万元对全镇24个村生活垃圾进行统一收集、转运、无害化处理，月转运垃圾量约450吨。狠抓日常环境保护，对各村人居环境综合整治进行月度考核，按季度综合评分排名情况实施奖补或通报批评，初步建立长效管理机制。常态化开展整治成效“回头看”，防止污染行为反弹。着力推进新建镇级垃圾转运站和村镇生活污水处理设施PPP项目，加快配套治污基础设施。

【精准扶贫】 动态做好扶贫台账档案整理，加强部门沟通衔接，加大贫困户帮扶力度，确保各项扶贫政策到位。开展边缘户核查工作，实现贫困人口动态帮扶、精准帮扶。发动社会热心人士累计资助贫困学生72万多元，落实好贫困户各类慰问，使用扶贫促进会资金对贫困户住房破漏的进行修缮，切实做好对贫困户疫情防控工作，为贫困户送去温暖。贫困户医保、贫困子女教育补助落实率均达到100%，全镇贫困户533户，1662人已全部退出。

【教育】 全镇参加高考上本科的学生96人，考上硕士研究生12人，考上博士研究生3人；联饶籍参加中考考上饶平二中高中部学生41人；小学升初中考上饶平二中初中部学生40人。在第十次奖教奖学颁奖大会上，联饶镇对2019至2020学年度获奖师生进行颁奖，发出奖教奖学资金30多万元。

【社会事务】 加强低保、五保规范化管理，落实好医疗救助、临时救助政策，抓好孤儿、自身困境儿童、留守儿童、残疾人的关怀帮扶工作，真正做到为人民群众排忧解难。做好城乡居民社会养老保险、联饶镇城乡居民基本医疗保险、十四个村被征地农民养老保险补偿等工作，养老保险超额完成现下达任务。加强劳动维权工作，处理工伤理赔纠纷1宗。积极开展全国第七次人口普查。

【综治维稳】 持续开展扫黑除恶专项斗争，2020年办结涉黑恶线索1条。加强矛盾纠纷排查，深入推进“平安细胞”创建工作，积极推进网格化管理，全力维护社会稳定。加强重点群体、重点关注人员动态跟踪，坚决防止个人极端案件、暴力恐怖案件、重大群体性事件和生产安全事故的发生。2020年，全镇接到群众上访16件，已全部办结。

【打击涉毒】 利用多种宣传渠道在全镇开展毒品知识及其危害的宣传。联合联饶派出所、启德社工、联饶中学等单位组织开展禁毒宣传工作12场次，通过转发微信群、发放宣传资料、小礼物、设立大型宣传牌、宣传栏、张贴标语、悬挂横幅等方式，多措并举宣传毒品知识及其危害。2020年，全镇查处吸毒人员9名，全镇社区戒毒、康复报到率达到100%。

【安全生产】 坚持“党政同责、一岗双责、齐抓共管、失职追责”，落实党政领导挂钩企业制度，落实常态化“风险点、危险源”和企业安全生产隐患排查整治工作。2020年，全镇开展企业安全生产检查33次，检查企业101个次，查出安全隐患412处（已落实整改267处），查出“风险点、危险源”13处（已整改5处、在整改3处、落实防控5处）。组织开展安全生产宣传培训，提升企业安全保障水平，坚持三小场所消防安全，在危险区域设立警示标示，强化汛期用电设施、公共电力设施安全隐患排查整改，加强传统节假日安全检查，确保人民群众生命财产安全，全镇安全生产形势持续稳定。

【疫情防控】 疫情防控以来，联饶镇坚决贯彻落实习近平总书记重要讲话和指示精神，按照市、县的工作部署，迅速成立镇疫情防控指挥部，及时部署开展联防联控，开展网格化排查，做好重点人员的信息采集、观察管控。严防疫情输入，做到排查、流调、隔离、检测全覆盖。狠抓防控宣传工作，采用线上和线下结合的模式，通过线上微信群和线下横幅、宣传画、电子显示屏、流动广播等进行全方位宣传。突出重点管理，紧盯重点环节，加强对全镇海产品、肉品生产经营场所和冷链物流环节的排查检测，坚决消除各类风险隐患。紧盯重点场所，持续抓好人流密集场所和密闭空间的管控，严格落实扫健康码、测温、戴口罩等措施。紧盯重点时点，加强各类展会等大型活动防控措施落实，确保活动顺利进行。紧盯重点人群，抓好学生开学返校、企业复工复产等工作。

【基层党建】 深化学习教育，强化理论武装。依托镇级党校平台，通过专题培训、主题党课、专题研讨、实地参观等形式，扎实开展《习近平谈治国理政》第三卷、习近平总书记出席深圳经济特区建立40周年庆祝大会和视察广东重要讲话重要指示精神及党的十九届五中全会精神等一系列宣传教育活动，真正把习近平新时代中国特色社会主义思想学深悟透、融会贯通、内化于心、外化于行。规范组织建设，提高组织战力。深化基层党组织标准化规范化建设，深入贯彻落实《中国共产党支部工作条例（试行）》《广东省党支部规范化建设指导意见》等一系列党内法规制度，优化提升下饶、潮刘、星光、下寨、后葛、古笃、高东等7个村级党组织设置。加快推进群力、春光、洋东等村新建党群服务中心项目和葛口、后葛等村党群服务中心修缮项目，提高全镇村级党群服务中心规范化水平。稳推“两委”选举，确保顺利换届。统筹做好村级换届筹备工作，扎实开展村级“两委”干部任期审计和届末考察工作，围绕实现“三个一肩挑”100%的目标，及时调整村党组织书记人选。深化重难点村的整治工作，及时收集易引发各类矛盾纠纷线索，对可能影响换届选举的倾向性、苗头性问题及早妥善解决，确保将矛盾问题化解在萌芽状态。严格落实意识形态工作责任制，镇领导班子多次带队到挂钩村督导意识形态工作，落实专题党课和意识形态百姓宣讲会，不断强化各分管领域意识形态的监督管理，落实意识形态研判制度。

2020年饶平县联饶镇党委、人大、政府班子成员名录

党委书记：林祥宏

副书记：吴镇辉　吴志刚（2020.1—2020.4）

　　　　林　旭（2020.2—）

　　　　张少锋（2020.4—）

委　员：赖喜光　王汉文　林文豪　林镇雄

　　　　康贤杰　李少湧（2020.1—2020.3）

　　　　林　旭（2020.1—2020.2）

　　　　许志远（2020.6—）

　　　　林少娟（2020.6—）（女）

人大主席：陈旭伟（2020.1—2020.4）

　　　　吴志刚（2020.6—）

人大副主席：林美君（女）

镇　长：吴镇辉

副镇长：赖喜光

　　　　刘世涛（挂职，2020.1—2020.5）

　　　　谢梓明（2020.1—2020.4）

　　　　余琼丽（女）　黄　洽（2020.8—）

（林　杭）

黄冈镇

【简况】 黄冈镇地处南海之滨、闽粤交界，是“广东东大门”，也是饶平县城所在地和全县的政治、经济、文化中心。该镇拥有“全国农业技术推广先进单位”“全国综合实力千强镇”“广东省旅游风情小镇”“广东省乡镇企业百强镇”“技术创新专业镇”“广东省城镇经济综合发展力广东百强、粤东十强”等十多项国家和省级荣誉称号。全镇总面积101.67平方千米，辖24个村、12个社区和1个场共37个村（居）民自治组织。2020年户籍人口194 990人，常住人口190 802

人。2020年，完成工业总产值65.1亿元，同比增长0.19%；受疫情影响，2020年全社会固定资产投资1.99亿；各项税收总收入4.398亿元，同比下降9.74%；本级财政收入12 088.05万元，同比减少7.12%。

【实体经济】 在壮大实体经济上下功夫，着力建设现代产业体系，深入企业宣传扶持复工复产系列暖企惠企政策，落实镇班子成员挂钩联系企业制度，对接企业申报各级专项资金，指导企业疫情防控和复工复产，持续优化营商环境，推动水族机电等骨干企业迅速复工复产、实现达能满产，水族机电产业实现产值26亿元，增长22.1%。海利、新功、展雄、博宇、铭康、同仁堂（粤东）等6家企业获评潮州市2020年“四梁八柱”民营商贸企业认证。瀚蓝（饶平）固废处理有限公司年中顺利上规。潮州市东饶科技有限公司入选广东省2020年第四批入库科技型中小企业。

【特色产业】 农业微生物酸解蛋白技术及相关产品的研究应用项目获得2020年广东省科技创新战略专项资金补助。加大黄冈镇兴元米厂、黄金百香果产业园、展雄水产、旺众蛋鸡养殖等特色产业和企业培育扶持力度，推动特色农业产业加快发展。实施农村电子商务高质量发展三年行动计划，“2058”电商创意园入围广东省首批农村基层示范站，促进农村电商和跨境电商发展。以被认定为“广东省旅游风情小镇”为契机，聚焦丁未革命、一河两岸风光、滨海休闲等旅游特色，推动文化和旅游深度融合发展，成为推进黄冈文化旅游事业发展的新亮点。

【乡村振兴】 以示范带建设为点，推动全镇面上新农村建设。新建公厕11座、“四好”农村路20.843千米、农村农特产展销中心2个、卫生站2个，沿福建连片示范带建设项目完成工程量80%，山霞、上林、狮头寨、大畔寮建设项目完成前期工作，里和睦、山美、和石、东峡村建设项目完成规划编制。力诚博物馆文化小镇项目正式落户汛洲岛，汛洲美丽乡村和海堤修复项目开工建设。新建农村农特产展销中心2个、卫生站2个，农村基础设施条件不断完善。

【脱贫攻坚】 严格按照打赢脱贫攻坚战要求，实施动态管理，全面摸查597户1613人贫困户情况，切实解决“两不愁、三保障”和“八有”的突出问题，实现脱贫出列。镇扶贫促进会高效运作，累计救助生活困难户45户21.4万元、帮助房屋修复加固7户10.2万元、医疗帮扶20户14.5万元，帮扶工作成效显著。深入推进农业产业扶贫工作，深度开发百香果、水产品、家禽等特色项目，带动贫困户自主创收脱贫。

【县城建设】 一是市政道路扎实推动。积极推进“四好农村路”的建设，投入资金约1000万元，全镇“四好农村路”22个路段建设项目总里程20.843千米，已全面完工。进一步完善市政道路、公园广场、生活市场、垃圾分类等公共服务设施，创卫创文工作深入推进。协助做好“时速350千米”的汕漳高铁前期工作，配合完成西门街、广场东路、新力路等一批县城道路路面黑底化改造；协调推进饶平大道改扩建示范段、新合大道延长线改造（新汕路至七号路）、可池路扩建等县城道路改造提升；配合完成县城建设西路、县城五号路新建等工程建设；侨中路改造、新港东路改造、沿河南北路东溪水闸至东溪大桥道路新建等市政工程扎实推进。二是民生项目全面发力。加快新型城镇化建设步伐，重点抓好六号路西溪公园、石壁山基础设施改造工程、石壁山停车场、黄冈河县城段堤围南北堤加固提升工程、粤东天然气主干管网和接收站配套外输管线项目、汛洲岛海堤加固工程、县城环城北路北侧村道建设工程等十多个项目用地的落实，项目涉及用地总面积27.8公顷，另外侨中路储备用地的清表及迁坟工作顺利完成，并交付使用。宝斗石生活垃圾综合资源化处理厂开始运营，垃圾处理量达600吨/日，城乡生活垃圾无害化处理率达

95%以上。三是土地管理持续强化。做好自建房建设的申报工作，全年审核私人申请建房27宗，建筑面积约8841.65平方米。加强城乡建设日常监管，推进违法、违规整治力度，同时对新发现新增违法违规用地严厉打击，铁腕整治。特别是涉及耕地红线的，更是一律“零容忍”，坚决做到及时发现，及时整治，及时处理。2020年，组织人员对新增26宗违法用地和违法建设进行整治，累计整治面积约8.67公顷，其中涉及占用耕地面积约4.34公顷；拆除建筑物面积8550平方米；复耕复绿面积约5.7公顷，出动执法人员219人次，机械97台次。

【环境整治】 一是环境卫生常态保洁。实行“全覆盖、网格化”保洁，实行垃圾袋装化和“不落地”处理，实行县城区主要路道的日常环卫保洁和垃圾清运工作社会化承包服务，常态化对边、角“牛皮癣”等顽疾进行治理，下大力气解决“脏乱差”顽症。2020年拆除危旧房屋和乱搭乱建构筑物110多处，清理垃圾、杂物、淤泥约61 886吨，清理清运垃圾约10.76万吨，出动劳力23.2万人次，机械3401台次，投入资金约1759.99万元。定期或不定期对各村（社区）的环境卫生整治工作情况进行抽查，对发现存在的问题要求限期整改。全年发放整改通知书20份，处理环境卫生信访投诉件6宗。二是水环境持续整治。加大对基层河长制工作经费的支持力度，镇、村落实各级河长制和五清、治四乱经费150多万元，有效使河、库水环境整理工作顺利开展。投入资金12万元，清理牛蛙养殖面积11户2.23公顷；投入资金近20万元，对黄冈河两岸乱占、乱建、乱堆等导致水环境脏、乱、差的违建物进行大力拆除整治，拆除违建物13处，清理废旧三无船只60艘；投入资金近28万元，对东柘引黄渠整治第二期工程的乱搭乱建情况进行清理拆除，对沿渠两岸近120多处违建物进行拆除（其中强力拆除仙春段违建物88间），清理违建占地面积近3200平方米。加强面上水利、灌区渠道清障维护。三是创文基础有力夯实。突出村居创文舆论宣传平台建设，推动各类创文主题活动广泛开展，引导社会各界广泛开展志愿服务活动和“讲文明树新风”活动。大力推进基层公共基础设施建设，36个村（社区）实现文体健身广场全覆盖。依托镇老体协广泛推动体育健身运动，积极推动老年体育事业和全民健身活动全面发展，深入推进群众性精神文明创建活动。

【民生事业】 一是加快城乡居民医保、社保征缴工作。全镇有低保对象1575户2801人。全年发放低保金约1315万元。城乡医保参保14.41万人，城乡居基本养老参保4.34万人，发放各类优抚款1127万元，各类残疾人津补贴840万元；协助配合第三方对低保、五保、孤儿、自身困境儿童等进行动态管理，清理不符列保20人。其中，新增符合特困供养对象1人，新增符合低保对象82人。配合好机关养老保险制度改革，因地制宜推动村（社区）“两委”干部缴纳社保补助工作。扎实抓好农村危房改造、保障性住房建设等工作，确保群众住房安全有保障。积极开展职业技能培训，组织有劳动力贫困户和退役军人通过专业培训后实现就业创业。二是建立健全新冠疫情联防联控机制。全面落实“外防输入、内防反弹”，严肃工作纪律，完善工作机制，涌现出一批抗击新冠肺炎疫情先进个人。聚焦重点领域、重点群体、重点部位，强化排查化解和群防群控，压实工作责任，定期督查研判，确保防控工作抓实抓细抓出成效。在疫情防控中，成立36支疫情防控党员先锋服务队515人，动员党员冲在一线、干在一线，并在抗疫一线建立10个临时党支部。全镇没有发生新冠肺炎疫情病例。三是全力配合推进县中山实验学校、县人民医院、县妇幼保健院、县档案馆、县图书馆、引韩济饶供水等重点民生工程建设。四是完善镇村两级公共文化设施，新时代文明实践所、站实现全覆盖。镇文化站通过省验收提升成为省特级文化站，大澳村获评“全国文明村”，环卫所通过“全国文明单位”复评。

【综治维稳】 一是深入开展重点案件、重点问题、重点地区“三个攻坚行动”，重拳出击，除恶务尽，有效遏制涉黑恶犯罪突出问题。2020年，全镇排查扫黑除恶线索22条，全部落实四个100%，已办结21条，其余正在办理中，其中破获团伙2个，抓获涉案人员22人，处理涉案物资一批。全年打击制假运假等案件7件，查获制假物资一批。清查集体经济合同4203份；追回被侵占土地87宗11.33公顷；追回资产21宗8685.2平方米；收回拖欠租金或承包款336.47万元。二是突出抓好涉稳涉访重点对象稳控、精神病人、戒毒康复人员管控等重点工作，全年发放精神障碍患者“以奖代补”资金702 980元，惠及547名患者，各项救治救助工作有序推进。针对电信网络诈骗、涉毒、两抢一盗等重点问题和重点领域，全年多次组织并协调镇综治办、派出所及村（社区）共40多个部门进行排查整治，同时落实镇打私打假巡查队与城南南片治安联防队联合联动工作机制，坚持以打开路，依法打击各类违法犯罪。全镇累计出动警力5000多人次，破刑事案件71件，查处行政案件109件，其中破涉黑恶案件15件，破涉毒案件24件，破网络电信诈骗案件18件，抓获各类违法犯罪人248人。

【基层党建】 一是把党的政治建设摆在首位。依托镇级党校平台，通过专题培训、主题党课、专题研讨、实地参观等形式，深入学习宣传贯彻习近平新时代中国特色社会主义思想和党的十九届四中、五中全会精神和《习近平谈治国理政》第三卷理论精髓，推动全镇党员干部进一步增强“四个意识”、坚定“四个自信”、做到“两个维护”。二是扎实开展“落实全面从严治党主体责任 营造良好政治生态”专题民主生活会和党风廉政主题学习，不断巩固“不忘初心、牢记使命”主题教育成果。各级党员干部守初心、担使命的思想自觉和行动自觉显著增强。三是深入实施基层组织建设三年行动计划和固本强基“1+N”工程，打造农村党建阵地示范点。强化村级党组织书记抓基层党建工作述职评议活动，选好用好管好、从严监督管理村级党组织带头人，从严抓好思想教育和党性教育。完善党内关怀帮扶机制，开展慰问200多人次，送去慰问金94 000元。严把发展党员的入口关，完成农村入党积极分子遴选工作，全年发展党员36人。四是顺利完成全镇村（社区）党组织换届选举。先后分2批调整村（社区）党组织书记13名，让新任“头雁”提前到位，选派3名机关人员担任3个换届重难点村的第一书记，大畔寮村软弱涣散党组织整顿工作以“优秀”等次通过市验收考核。

【肃纪反腐】 认真落实党委主体责任和纪委监督责任，坚决贯彻中央八项规定和实施细则精神，深入贯彻落实党风廉政建设责任制，以支部为单位常态开展基层纪律教育活动和违纪违法案例警示教育，扎实推进党员领导干部“八小时以外”活动监督管理，深入开展农村基层党员干部违纪违法线索排查。加强村（社区）财务监督，委托第三方对全镇36个村（居）开展任期审计。排查十八大以来涉嫌违规发展党员47名，作出不予承认党员身份3名；排查涉嫌违法党员120名。持之以恒正风肃纪反腐。始终狠抓基层正风反腐，聚焦扶贫、民生、惠民政策等领域，严肃整治群众身边腐败和作风问题，防止“四风”回潮复燃。同时，配合县委做好村级巡察工作，解决了一批管党治党、农村“三资”交易等方面存在的突出问题。全年镇纪委立案24件，办结基层党员干部违法违纪案件23件（其中办结历年案件7件），落实党政纪处分23人（其中党内除名1人；开除党籍10人；留党察看一年1人；党内严重警告6人，其中1人同时受到行政记大过；党内警告5人）。

2020年饶平县黄冈镇党委、人大、政府班子成员名录

党委书记：麦安之（—2020.1）
　　　　　陈俊生（2020.4—）
副书记：张志彬（—2020.4）　庄文彬
　　　　张　强（—2020.3）　王智胜　余泽雄

委　员：朱　雄　吴　涛　余泽鑫　刘国亮
张俊龙　吕旭生　吴宇雄
徐文泓（2020.6—）
刘冬粉（2020.11—）
林晓彬（—2020.5）
郑程光（—2020.8）

人大主席：王东扬（—2020.4）
郑尾林（2020.4—）
人大副主席：郑海臣
镇　长：张志彬（—2020.4）　庄文彬
副镇长：吴瑞丰　周灿宇　林烁韩

（周琳琳）

所　城　镇

【简况】　所城镇位于饶平县东南沿海，东与大埕镇相邻，南与柘林镇接壤，西与黄冈镇相接，北与福建省诏安县毗邻，依山临海，自然条件优越。全镇总面积约52平方千米，耕地总面积820.67公顷，山地面积2217.47公顷，海岸线全长11千米。全镇户籍户数10 928户，户籍人口45 366人，下辖1个社区和11个村。2020年，全镇实现工农业总产值389 265万元。其中农业生产总值33 617万元；工业生产总值（含规上）355 648万元；固定资产投资总额4409万元；本级财政收入2902万元；税收1614万元。

【重点项目】　树立“抓项目就是抓发展”理念，全力以赴推进各重大项目落户，提供“保姆式”企业保障服务，确保大项目零障碍落地建设。华丰中天LNG项目、华瀛LNG项目、益海嘉里配套路（海防路）已完成交地任务，2个年产值百亿元级的临港产业项目建设开工。粤东天然气外输管网项目征地铺设正在顺利进行。镇域产业规模加速壮大，规上工业企业预计在“十四五”期间增至4家。同时，密切关注征地可能出现问题，细化工作措施，接地气解决征地后续遗留问题，不折不扣完成项目配套工程征地建设各项工作任务。

【乡村振兴】　2020年，全镇道路、水利、公园等公共基础设施建设累计投入超过700万元。一是新农村建设规划取得成果。龙湾村新农村建设已开工，预计2021年10月完工。所城社区、城南村、北山村、南任村美丽乡村建设前期各项工作按要求有序开展。二是水利设施日趋完善。投入60万元完成东风埭咸水沟整治建设工程，解决仙春、碧岗、所城西片等8个村养殖生产用水难问题，养殖受益面积超过666.67公顷，有效盘活集体资产资源。三是乡村面貌焕然一新。投入273万元建成“所溪线”等7条“四好农村路”5.686千米，进一步消除制约农村发展的交通瓶颈。投入60万元建设北山小桥平交口宣传标志牌，方便过往群众游客识别。投入180万元建成所城镇金银山健身文化公园，为人民群众增添一个休闲、健身、赏景的好去处，所城魅力日益彰显。

【脱贫攻坚】　全镇累计投入扶贫资金1614.66万元，建档立卡的贫困户（575户，1477人）和省定贫困村（岭后村）实现“双出列”。组织开展节日期间对贫困户慰问活动，发动机关、各村、社会力量踊跃捐款，同时大力开展消费扶贫。

【污染防治】　全面落实中央、省环保督察整改，累计投入环境卫生326万多元，组织辖区环保巡查摸排22场次，协助上级解决涉环保问题16宗。全镇生活垃圾处理能力大幅度提升，通过鸿北石马垃圾转运实现100%无害化处理。生活污水处理设施同新农村建设逐步推进，镇区3P项目预计2021年4月完成建设进入调试阶段，8月投入正常运行。海域违规吊养整治工作取得新进展，累计清理违法违规吊养面积约866.67公顷。贯彻实施市、县河长办“五清”“清四乱”工作部署，推进河长体系高效运转，北溪、南溪等河溪水质明显改善。零容忍打击牛蛙养殖污染违法违规行为，取缔16个牛蛙违法违规养殖点。

【“三资”清理】 农村集体“三资”清理整治强力推进，追回被侵占土地1.53公顷，追回被拖欠金额231.93万元。

【教育医疗】 投入60万元完善全镇各中小学校基础设施和教学设备配套建设，激发推进镇域教育水平和提升学校环境。投入22万元用于改善卫生医疗设施建设，让群众足不出镇享受更好的医疗服务。

【综治维稳】 创新开展涉黑恶、禁毒行动，办结新增涉黑恶线索3条，成功摘掉“鸿南村涉宗族势力、涉假突出问题”帽子。办结上级交办信访事件12件，接待群众来信来访11批20人次，涉及事项2件，办结2件。妥善调解各类纠纷48起，开展法制宣传36场次，指导驻村律师进村入户开展法律讲座、法律咨询等法律服务108场次。做好精神障碍患者救治救助以及吸毒人员的服务管控，积极组织开展禁毒宣传和易制毒场所的勘查排查，严厉打击涉毒违法犯罪行为，全年辖区没有发生精神障碍患者和吸毒人员肇事肇祸案件，无出现“种毒”“制毒”行为。打击查处制造假烟案件3件，涉案金额182.3万元，有力遏制制假现象。建立健全消防应急和值班值守机制，压实森林防灭火属地管理责任，选优配强消防队伍，强化配齐消防装备，全面提升森林防灭火及消防能力，处理各类火情15起，全年未发生重大以上火灾事故和安全生产事故。

【疫情防控】 一是实行网格化疫情防控。坚持镇、村疫情防控“三人领导小组”“四人工作小组”常态化运作，加强排查和监测力度，坚持对重点地区、重点部门、重点人群的规范管控和健康监测。加大宣传引导，全镇通过形式多样的宣传方式，广泛宣传，营造联防联控氛围。大力开展爱卫运动，做好市场监督检查和清洁卫生工作，严格落实清洁消杀、加强通风、做好体温监测等措施，切断疫情传播途径。各村各部门各单位齐心协力，形成疫情防控人人尽责的局面，防控工作开展以来有15支疫情防控党员先锋队，600多名党员干部活跃在防控一线。二是抓好复工复产复课工作。坚持疫情防控和复工复产复学“两手抓”。组织工作组摸排企业复工情况，积极协调化解华瀛、华丰中天等项目复工复产中遇到的困难，确保辖区企业全面复工复产。多次组织学校复学工作专班到辖区学校加强疫情防控的督促指导，保障学校顺利复学工作。

【社会保障】 城乡居民养老、医疗保险参保人数基本实现全覆盖。社会保障持续完善，低保户、五保户、残疾人、患重病及困难群众得到救助保障，全面做到应保尽保，应救尽救。完成城乡居民住院医疗报销、城乡居民养老保险待遇认证、待遇恢复、2020年度“城乡两保”参保征办等工作，不断提高人力资源服务水平，全力化解劳资纠纷问题，为务工人员排忧解难。镇村两级医疗服务体系不断完善，基本完成卫生站覆盖。

【文化服务】 进一步完善镇文化服务中心建设，完成镇和12个村（社区）新时代文明实践所站的创建。

【特色旅游】 完成“厕所革命”公厕建设13个。成功申报大城所“第七批广东省古村落”“第二批潮州市文化和旅游特色村”。主动参加县级文化旅游节，向外推介所城特色美食和旅游资源，擦亮大城所古城文化旅游招牌。

【乡镇体制改革】 完成新设立3个委员会、10个党政机构和6个事业中心（站），进一步优化部门和人员分工，全面提升政府办事效能。

【理论学习】 把学习贯彻《习近平谈治国理政》第三卷、党的十九届五中全会、习近平总书记出席深圳经济特区建立40周年庆祝大会和视察广东重要讲话重要指示精神以及基层党建、脱贫攻坚、乡村振兴、扫黑除恶、村级换届等专题作为重要政治任务。以理论中心组、领导班子“送课下乡”、党校培训班等形式，开展学习培训25场次。利用镇委党校和分教点、新时代文明实践所（站）、党群服务中心组织开展培训80场次；利用《学习强国》、支部微信群、送课上门、上党课等载体，广泛开展学习，推动习近平新时代中国特色社会主义思想进企业、进农村、进机关、进校园、进社区。结合巡察整改落实工作，出台工作指引，召开专题培训，推动全镇基层党组织党内政治生活的规范开展，不断强化政治引领力。

【基层党建】 规范党组织设置。认真落实基层组织建设三年实施方案，全面完成6个村党组织升格，优化设置24个分支部并配齐分支部委员，软弱涣散村鸿南村完成组织升格和优化设置。推进村级换届。完成了村级党组织和村（居）委会届末考察、换届审计工作，围绕换届工作目标开展人选推荐、考察等工作，完成村级换届选举工作，调整村级党组织书记4名；出台后备干部选拔培养和镇级学历提升方案，8名村级干部参与学历提升；建立储备干部人才库36名，其中15名提名新一届“两委”拟任人选。

【党风廉政】 持之以恒整治“四风”，严肃查处违纪违法行为。2020年镇纪委办理线索17条，立案9件，结案6件，处理党员干部6人，作风建设持续加强。积极配合县委第二巡察组对镇党委及10个村的常规巡察工作，对巡察反馈的问题，能立行立改的已整改到位，制定巡察整改方案及措施，明确责任领导和部门，确保巡察反馈问题事事有结果，件件有答复。

2020年饶平县所城镇党委、人大、政府班子成员名录

党委书记：陈镇杰
副书记：杨岳森（—2020.7）
陈武锐（—2020.3）
潘少斌（2020.3—） 李凌波
刘少贤（2020.10—）
委　员：张惠炎　杨吉昌　周炎创
林少娟（女，—2020.4）　余庆通
刘少贤（—2020.10）
郑道从（2020.3—）
林玩钦（2020.5—）
人大主席：陈克波（2020.4—）
人大副主席：杨俊森
镇　长：杨岳森（—2020.07）
潘少斌（2020.10—）
副镇长：张惠炎　黄延雄　黄　韬（—2020.5）
谢自如（女，2020.10—）

（陈叔煌）

大 埕 镇

【简况】 大埕镇位于饶平县东南沿海，东与福建省诏安县接壤，西至所城镇，南濒南海，北依大幕山，与南澳岛隔海相望。地势北高南低，总面积3174.97公顷，海岸线全长7.8千米，有“黄金沙滩”的美称。下辖上东、东埕、程南、上黄、溪美、田美、红花等7个行政村，总人口约3.5万人。2020年，全镇实现工农业总产值39 636.31万元，同比增长17.9%。其中，农业产值33 668.31万元，按可比价增长18.7%；工业产值5968万元，同比增长5%。固定资产投资80万元；税收收入441万元，本级财政收入390万元。

【特色农业】 发展农业合作社，积极推广种植富硒番薯和大米。2020年榕碁种养合作社累计销售富硒番薯约3.5万千克，销售额约29万元。二是利用参加潮州市扶贫产品展销会和在邮政邮乐直播平台上带货，大力将富硒番薯、自榨花生油以及红薯粉等特色农产品推广出去，努力为农户解决销售难题，增加农民收入，助力乡村振兴。三是落实“三农”政策，开展就业创业政策宣传4场，使创业就业扶持政策落到实处，提高农民素质与技能。

【基础设施】 一是公路建设。2020年镇上东线、上黄黑山线、所溪线3条“四好农村路”建设项目均已建设完成；镇区乌门头至镇政府门前镇道黑底化工作也已完工，进一步美化镇区环境和改善道路情况；配合县交通运输局做好省道S502线闽粤交界处至饶平大埕段改建工程项目征地拆迁补偿前期工作。二是重点项目建设。完成位于大埕镇工业园区路西南侧的镇垃圾转运站工程建设；实施镇区后溪大排洪沟提升整治工程，清理整治并完成建设约500米。三是惠民工程。加强与县住建局沟通联系，完成生活污水处理设施PPP项目大埕场站26座污水井的设置与管道铺设、主体建设工作。

【环境整治】 一是继续落实环境卫生保洁承包责任制。由第三方承包镇环境卫生常态化管理工作，保障公共区域环境卫生清理整治，投入资金约160万元。二是持续开展人居环境整治行动。2020年，镇开展大型清理整治行动40次，小规模清理230次，人居环境卫生得到有效提升，群众卫生意识有所改善。三是对部分沟渠进行清理整治。实施镇区后溪大排洪沟提升整治工程，在清淤清漂的基础上，进行三面光施工，有效提升该排洪沟的作用，改善周边环境。

【海域整治】 一是加大宣传力度。通过多种渠道，广泛宣传用海法律法规、违法违规吊养的危害性等内容，切实营造良好的清理整治违规吊养氛围。二是开展海上清理工作。全年开展大型强制清理整治行动17次，投入资金100多万元，清理违规吊养119宗，累计清理面积约1690公顷。三是加强海域、海滩涂常态化管理。开展涉海滩非法经营场所清理整治工作，拆除镇域内全部涉海滩非法经营场所的广告牌、路标，清理取缔非法经营场所8家。

【教育事业】 加大教育事业投入力度，拨给镇教促会资金8.5万元支持日常工作。2020年，大埕镇高中应届毕业生考上大学优先投档线以上22人，应届初中毕业生考上市县重点高中17人，小学考上饶平二中课改实验班19人，全镇师生参加市、县各类比赛获奖达15人次。镇教促会奖教奖学支出29.35万元，其中奖教15万元，助学1.2万元。

【脱贫攻坚】 一是严格落实好走访贫困户制度。镇党政班子成员以身作则，带头经常性走访贫困户，村书记遍访村所有贫困户，到贫困户家中走访慰问，及时帮助他们解决困难。2020年向低保户、五保户、重残无业人员、困难家庭对象和社会孤儿等发放各类救助补贴资金614.77万元。二是及时落实各项扶贫措施。继续对照“八有”指标，对镇内贫困户情况进行重新梳理，进一步解决贫困户的生活困难。2019至2020年度，全部贫困生均申领到教育补助资金；全额资助贫困户1161人参加城乡居民基本医疗保险，并纳入重特大疾病救助范围，实现贫困户各项医保政策报销后个人负担部分实行医疗救助，实现100%报销。通过自筹资金完成18户贫困户住房修缮工作，为81户贫困户实施自来水升级改造。三是全力开展产业扶贫。积极推广种植富硒番薯和大米，全部产品采用线上线下同步销售的形式，扩大销路的同时也提高合作社成员的收入。四是全方位做好就业扶贫。组织全镇有劳力贫困户进行培训，提高就业技能。对已就业劳力进行就业或产业奖补，奖补51.3万元。安置公益性岗位和社区工作者帮助13名贫困劳力安置公益性岗位实现就业。经过帮扶，2020年，实现全镇412户贫困户全部脱贫，省定贫困村红花村出列。

【社会治理】 一是严厉打击涉黑恶违法犯罪活动。镇加强网格化管理，强化线索摸查，2020年排查4条涉黑涉恶线索，全部成案、办结。二是做好禁毒宣传和重点人群的管控。广泛开展禁毒宣传，特别是播出禁毒广播（含应急广播、高音喇叭、流动广播等）、进农村基层宣传宣讲等；抓好社区矫正人员的管控和宣传教育工作，禁毒工作到位，效果显著。三是深化综治信访维稳工作。强化矛盾排查机制，按时办结信访案件。四是狠抓安全生产。结合疫情防控工作开展安全知识宣传和安全生产检查工作，对辖区企业和危险制品门市进行检查监督，并督促对发现的安全隐患进行整改。同时，强化村级微型消防站建设，督查各村相关消防器材的配备，并组织常规性消防演练，定期邀请退伍专业消防兵对微型消防站开展专业性指导，增强消防队员的实际战斗力及团体配合效率。五是加强治安防控和平安边界建设。在辖区主干道建成平安潮州监控摄像头19个，实现“平安视频”村级全覆盖。加大网格巡查力度，组织镇、村干部在闽、粤交界的重点路段及山林进行巡逻排查，确保处置及时、精准、有力。同时，抓好“三资”清理工作。已完成溪美、东埕、红花、上黄、田美等村清理并张榜公示。

【疫情防控】 一是加强领导。镇成立疫情防控领导机构和工作机构，全镇7个村均设立专门队伍，在加强疫情宣传工作基础上，在启动一级响应期间，开展设卡检疫检查工作，对进村人员进行排查登记，动员辖区内志愿者，积极投身到各项防控工作中。二是把好入粤防控“第一关”。在闽、粤铁炉港联防联控点，组织联防队员及各村干部约1200人次，联合派出所开展为期2个月的设卡检查工作，有效落实“外防输入”措施，牢牢守住饶平“东大门”。三是做好企业复工复产防控措施。镇领导班子成员到各村、各企业指导，向各村和企业宣传上级扶持政策和措施，做好辖区内11家企业员工的思想工作，按要求落实“8个1”（一个支部、一面旗帜、一支队伍、一个喇叭、一个温度计、一个微信群、一个执勤点、一个操作规范）工作要求，有序推进复工复产工作。累计投入资金8.62万元，推动疫情防控措施落实落细。

【乡镇体制改革】 镇严格按照上级有关部署，完成9大办公室、三大委员会的挂牌成立，相关人员全部到位，相关制度牌已上墙实施。完成事业单位5个中心和退役军人事务站挂牌、定编、人员划转和岗位设置。对镇级公共服务大厅进行扩建修缮。

【人口普查】 利用挂横幅、LED大屏幕滚动、村广播、转发微信群、朋友圈等方式，全方位开展人口普查宣传工作，加强宣传造势。组织开展多场次业务培训，指导各位普查员学习普查方法，熟悉数据采集端PAD的操作方法，已完成对全镇8707户36 163人摸底调查工作。

【基层党建】 一是着力抓好整顿软弱涣散党组织田美村党支部工作，整顿成效较好，已评定为“达标”等次。二是抓住党组织优化设置及换届契机，以抓“头雁工程”为基础，调整撤换新一届“两委”干部成员。三是全面完成红花、程南、上东三个村党组织优化设置工作，并同步完成上黄、溪美两村党组织优化设置工作，全面建成规范化组织构架，确保各村党组织更加健康有序运行。四是用好上级支持资金的同时，筹集并投入资金约60万，帮助田美、程南两村修缮建设党群服务中心，改善村“两委”办公条件，打造党员活动阵地，建成堡垒运作据点。五是加强党员队伍建设工作，保质保量完成党员发展工作，积极发展党员，吸收入党积极分子，组建成立党员先锋队。结合巩固与运行好“三级党建网格”，全方位凝聚党员干部力量。六是推进全镇各村级换届选举工作。召集镇村业务骨干进行换届工作培训，以挂作战图、列工作清单等方式，在明确时间、任务、方法方式等基础上，加强领导，认真组织，完成了各村换届选举工作。七是持续做好党员教育工作。发挥镇委党校和各分教点学习主阵地作用，组织开班和授课活动，举办书记论坛等，围绕学习贯彻《习近平谈治国理政》第三卷、党的十九届五中全会、习近平总书记出席深圳经济特区建立40周年庆祝大会和视察广东重要讲话重要指示精神，对党员干部进行培训教育。八是抓好党风廉政建设。积极利用“潮州纪委”微信公众号等新媒体进行宣传教育，实现纪律教育线上线下同发力。同时，对违纪行为严肃执纪问责。

2020年饶平县大埕镇党委、人大、政府班子成员名录

党委书记：杨振歆（2020.2—）
副书记：汤梓鹏（2020.7—）　刘利河　林东填
委　员：陈宗荣　余世英（女）
　　　　张少锋（—2020.5）　李汉杰
　　　　刘智勇　林坚锐（2020.5—）
人大主席：陈礼群
副主席：林坚锐（—2020.5）
　　　　郑健捷（2020.5—）
镇　长：杨振歆（—2020.2）
　　　　汤梓鹏（2020.8—）
副镇长：陈宗荣　陈永兴（2020.8—）

（陈锦博）

柘　林　镇

【简况】 柘林镇位于饶平县东南部，东、北与所城镇交界，西与海山镇对峙，南与南澳县隔海相望，距离县城 20多千米。全镇陆域总面积12.3平方千米，海岸线长23.5千米；辖柘北、内里、下岱、西澳4个行政村和柘中、海洋、渔农3个居委会，总人口17 067人。

【主要经济指标】 2020年，全镇完成工农业总产值7.11亿元，同比下降14.13%。其中工业产值3.04亿元，同比下降34.5%；农业产值4.07亿元，同比增长10.1%。财政总收入7662.8万元，同比增长0.08%，其中，本级财政收入1795.72万元，同比下降5.44%。税收总库收入（不含大唐电厂）4910.52万元，同比下降5.87%。完成社会固定资产投资4042万元，同比下降70.86%。

【港口项目】 抓好港口重点项目建设各项协调服务工作，有效推进益海嘉里、临港产业园污水处理厂、粤东名贵木材集散基地和怡华油品仓储等重点项目建设顺利实施，实施好柘北村大佛山片区取土石方和坟墓迁移工作，完成好潮州临港产业转移工业园产业发展用地（文胜围中堤北片区土地）征收工作。

【渔业经济】 全镇共有渔业户800户，海上养殖、滩涂和虾池养殖、贝类底播面积近711公顷。渔业船舶428艘，总功率8311千瓦。切实抓好渔业养殖业向“旅游渔业”发展方向优化调整，不断提升渔业生产效益和质量。2020年，水产品产量1.88亿吨，同比下降5.52%；实现产值1.62亿元，同比下降7.91%。注重特色产业培育，引导水产品深加工发展，帮助企业解决因疫情影响造成的发展难题，致力于扶持创发水产“升规”，培育万佳水产成为“四梁八柱”企业，进一步壮大市场主体。注重打造海味罐头熟食特色品牌，提高柘林海产品知名度和市场占有率，带动7家海产品深加工企业和10多家水产品加工个体户的发展，逐步形成“规上企业增强实力、小企业充满活力”的产业链生态。注重协调发展二、三产业，完成好柘林二级渔港升级改造和整治维护项目公开招投标，配合实施对台小额贸易点试行工作，扎实推进柘林渔港贸易物流业的发展和滨海特色旅游业的打造，以及镇级农村电商冷链物流示范园建设前期准备工作，镇域经济发展后劲不断增强。

【旅游资源】 柘林镇三面环海，东北面为丘陵，境内标明高度有大小山头7个，最高吊鬼山，海拔高度180.20米。柘林渔盐资源得天独

厚，名胜古迹丰富，素有“渔盐之乡”和旅游胜地的美誉，是广东重要的渔盐生活基地和旅游胜地。柘林镇人文历史发展较早，旅游资源誉甲一方，有白雀寺、镇风塔、风吹岭、石刻群、忠臣石、青峰寺等名胜古迹，有金狮湾天然浴场、"七夕井"海底温泉、西澳岛“白鹭天堂”等自然景观，旅游资源十分丰富，人文观光及旅游开发前景非常广阔。

【基础设施】 全力推进省级生态宜居美丽乡村示范镇村建设，完成好西澳村建设项目的约45%；完成好下岱村建设项目约15%；完成好内里村建设工程的公开招投标，进入施工许可报建阶段；完成好柘北村建设工程的财审工作。为省级美丽乡村示范镇项目建设打下坚实的基础。切实加大农村基础设施投入，2020年累计投资近800万元，实施好凤山公园提升改造、东凤路景观步道、镇级垃圾转运站、道路改造修复、“四好农村路”、绿化带养护、西澳堤岸提升、古驿道修复、涵闸维修、海滩围坝清理、巷道及雨污管道改造、市场升级改造、内里公厕建设、柘北小型足球场、西澳建筑材料堆放场、西澳村党群服务中心等一大批基础设施建设，切实改善群众生产生活条件，使镇容镇貌焕然一新。

【民生保障】 全镇共列入最低生活保障对象239人、特困供养对象37人，发放低保、特困等各种救济金184.27万元。积极开展送温暖活动，共发出各类慰问金、补助金13万元。发放优抚金（包括抚恤、伤残、复退军人补助等）107.91万元。狠抓脱贫攻坚工作，全面落实好教育、医疗、养老等政策，实施好产业帮扶、消费扶贫、公益性就业岗位等工作，坚决打赢脱贫攻坚战。全镇共落实城乡居民医疗保险一体化参保12336人（不包括特殊人群部分）。城乡居保扩面缴费人数6083人，完成县下达任务的126.52%。

【环境整治】 持续开展“三清理、三拆除、三整治”，2020年累计投资850多万元，清拆危旧废置房屋270多间，拆除整治临时搭建物、露天厕所、废弃猪牛栏740多间，清理各类垃圾4.5万多吨，切实根治村庄“脏乱差”现象。谋划推进农村生活垃圾分类示范镇创建工作，继续实施好生活垃圾市场化、专业化运行，每年投资250多万元，将镇区及西澳岛道路清扫保洁、喷洒冲洗和垃圾收运外包给专业保洁公司进行管护，切实提升全镇环境卫生水平。

【污染整治】 扎实推进“五清”专项行动，清理水体“四乱”，实施完成镇村池塘景观净化水质和后井港出水口清淤。完成3个入海排污口整治工作，力争将生活污水收集处理后达标排放。继续深化禽畜养殖污染整治工作，加大对港区企业生产、项目建设、工程施工过程中的环保监管力度，努力打造美丽宜居的城乡环境。

【计生殡改】 2020年度，全镇共落实计生“四术”3例，征收社会抚养费9.33万元。殡改工作扎实开展，至12月底，共落实遗体火化116具。

【教育】 重视和优先发展教育事业，完成好镇奖教奖学工作，落实中小学增加暑假兴趣班、早晚练、夜自修和周六集中学习工作，切实提高中小学教学质量。投资100万多元为中小学师生宿舍和教室安装空调，投资300多万元实施小学操场改造、中学操场及土路改造，进一步完善教育基础设施及配套设施建设。加紧谋划成立柘林教育促进会，已筹资200多万元。

【综治维稳】 抓好社会治安综合治理，全力开展扫黑除恶专项斗争，逐步完善涉黑恶线索每周研判机制。2020年，共排查上报线索3条。大力推进社会治安立体防控体系和网格化管理体系建设，深入开展涉枪涉爆、涉赌涉毒、涉电信诈骗、涉税犯罪等社会治安重点领域整治，严肃查处违法违规案件。2020年，全镇共破获刑事案件3件，查处治安案件21件，治安环境进一步好转。落实综治信访维稳工作责任制，充分利用镇、村综治信访维稳中心平台，调解、处理好各类纠纷、上访11件，有效解决群众合理诉求。加大打假打私工作力度，进一步规范市场经济秩序。全面落实安全生产“一岗双责”制度，进一步完善社会应急管理体系，有效保障人民群众生命财产安全。深入开展打击“两违”专项行动，清拆违建物10间，进一步规范土地利用管理秩序。严厉打击违法开采运输堆放销售海砂行为，落实好亚太内洗砂器械清拆工作。加大海域、航道和养殖环境整治力度，严厉打击违规吊养行为，促进依法科学用海。

【基层党建】 有序推进村级换届选举筹备工作，严格换届程序，全面完成村级换届选举工作，选好“领头雁”，调整村级党支部书记3名，选优配强新任村级支委8名。深入实施加强党的基层组织建设三年工作方案，以县固本强基“1+N”工程为抓手，推进支部标准化建设，组织开展多场次主题党日活动，每季度开展一次“书记论坛”、党建督导，切实推动基层党组织“三会一课”、党员管理等制度落到实处。撤销盐务、房管、供销、冷冻、水产、食品、物业等7个党支部，成立财贸党支部，切实理顺党组织和党员的隶属关系。严格入党程序，严把入党质量关，全年共发展党员10名。落实村级党组织运作及“两委”干部保障经费近281万元，同比增长4.1%。全面完成镇委党校改造，推动镇委党校对基层党员集中教育全覆盖，共培训10场次1140人次。组织开展村级“两委”干部培训、村级党建组织员和党务工作者业务培训3场次，切实提高村级党组织的组织力和战斗力。深化管党治党，推动党委落实党建主体责任，召开党委会、党委扩大会近20次，研讨党建工作，落实党员领导干部下支部、抓支部，规范严肃“三会一课”“主题党日”、纪律教育活动等党内政治生活，完善《镇政府内部控制管理制度》，制订《镇委关于落实“三重一大”事项集体决策制度的实施意见》。

【党风廉政】 深入推进基层正风反腐三年行动计划，狠抓党风廉政建设，规范干部依法行政。细化整改时间和整改目标，一项一项推进县委第二巡察组巡察反馈意见整改，涉及的33个镇村具体问题均已完成阶段性整改，切实把整改成果转化为工作实效。以集中开展纪律教育活动为契机，组织党员干部收看《侥幸之祸》《朽木浮沉》《淬炼》等各类反面典型警示教育10多场次，组织开展《党章·党规·党纪——党内重要法规学习导读》《潮州市村级干部违纪违法案件警示录》学习近10场次，切实增强干部队伍纪律观念。坚持“以案治本”为抓手，继续扎实开展农村基层党员、干部违纪违法线索集中排查工作。2020年，已立案2件，结案2件，处理党员干部2名。探索建立镇纪委与村（居）务监督委员会沟通协作和有效衔接机制，有效推动内里村、渔农社区试点工作，进一步健全村务监督机制，规范村级小微权力运行。

【意识形态】 不断强化意识形态阵地管理，加强宣传思想及精神文明建设，组织举办潮乐演奏汇演、乒乓球赛等群众喜闻乐见的文体活动10多场次，进一步丰富广大人民群众的文化生活，提高群众的精神风貌。落实好“扫黄打非”宣传工作，开展2020年绿书签行动暨版权系列宣传活动。扎实推进镇级新时代文明实践所建设，实现村级文明实践站全覆盖，开展30多场次文明实践活动，打通宣传群众、教育群众、服务群众“最后一公里”。

2020年饶平县柘林镇党委、政府、人大班子成员名录

党委书记：吴少免（2020.4—）
党委副书记：余创森（2020.12—）
　　郑尾林（—2020.4）　郑敦拓
　　李雪华（女）
党委委员：曾伟鹏（2020.5—）
　　杨婵得（—2020.4）　黄南辉　李盛武
　　陈友章（2020.8—）
　　林康洁（女，2020.8—）

镇　长：郑尾林（—2020.4）
　　　　余创森（2020.12—）
副镇长：杨婵得（—2020.4）　曾伟鹏
人大主席：欧世滨
人大副主席：林家兴

（陈　晞）

汫洲镇

【简况】　汫洲镇地处饶平县南部沿海，潮州市三百门港西侧，是广东省东南沿海一个以渔业捕捞、养殖、加工、贸易为主的渔业大镇。全镇有大小渔船231艘，淡水养殖面积926公顷，海水养殖面积2168公顷，渔排网箱2.47万格。汫洲镇海洋资源丰富，主要海产品有黄鱼、鲳鱼、海鳗、马鲛鱼、带鱼、鳀鱼、对虾、青蟹、巴菲蛤、牡蛎、珠蚶、薄壳等。全镇总面积42.6平方千米。其中陆域面积16.2平方千米，海域面积26.4平方千米，拥有海岸线长10.5千米，海洋资源丰富，海水养殖规模名列全县前茅，尤其是吊养的牡蛎（俗称“大蚝”）肥大鲜美，畅销国内外各地，享有“大蚝之乡”的美称。下辖8个社区、5个村、5个场，共15 097户63 207人。镇委下设40个党组织（其中，4个总支，7个党委）。

【主要经济指标】　2020年，全镇实现税收4280.81元。工农业总产值27.56亿元、同比增长14.59%，其中工业总产值15.6亿元、同比增长20%，农业总产值11.96亿元、同比增长7.45%；规模上企业8家，产值12.69亿元、同比增长26.9%；出口贸易额1.1349亿美元。全镇固定资产投资1.4244亿元。

【水产品产业】　以入选2020年农业产业强镇建设名单为抓手，继续发挥汫洲作为广东省海水养殖、水产加工技术创新试点专业镇的优势，成功申报“一镇一业、一村一品”水产品加工专业镇，推动水产品产业发展壮大。进一步扩大红山水产品市场影响力，提升产业集群效应，努力打造成区域性重要的水产品集散基地。主攻海产品主导产业，做“大”蚝产业。着力打造“海西蚝乡”区域品牌，引导开展产学研合作交流，深挖水产品加工领域的潜力，扶持本地水产品加工企业做大做强做专，提升产业影响力。充分发挥宇祥水产公司被评为市“四梁八柱”企业的龙头带动作用，推动其他海产品深加工产业高质量发展。推动输出韩国活鱼在本地直接出口。全年共在本地出口活鱼31船次，合计1143吨，出口额674万美元。充分发掘海洋文化资源，发展海滨特色的乡村“农家乐”海产品餐饮体验基地，推动休闲旅游产业发展。

【建设项目】　配合好潮州港多用途货运码头建设各项工作，做强港口经济。继续做好小红山被征用池塘腾退工作，配合做好潮州港三百门新港区、临港产业转移工业园基础设施建设，协调推动港口建设。潮州—厦门集装箱班轮首航仪式在潮州港扩建货运码头举办。

【电商】　依托电商销售网络，拓展水产品及海鲜干货的销售渠道，发展吸引一大批本地青年回乡创业，进入生鲜电商创业领域。全镇有3千多人从事电商行业。每天通过电商平台销售大蚝约2万千克、其他海鲜及干货约0.5万千克，年带动增收1亿多元。2020年5月26日，全省农村电商现场会在饶平举行，省人社厅、省农业农村厅领导为镇电商示范站揭牌，推动汫洲镇电商发展上新台阶。

【基础设施】　省道S222坑海线山家至红山水闸桥路段改造工程已接近完成。建设完成县道085红山北路段。投入3670万元的镇区主干道黑底化工程已完成70%，新兴路、汫新路E线、红山路段和浒园路段的沥青混凝土路面已完工，道路全面开通。完成全镇12个“四好农村路”工程，合计7.201千米的水泥路面铺设。对镇区路灯全面进行维护，完成红山北路段路灯的安装。完成浒南社区体育公园、虎头山健身登山步道项目建设。镇级污水处理厂完成基础工程，正在进行主体建设；污水处理管网铺设完成。投资70万元的小红山地质灾害隐患点整治一期工程完工并通过验收。浒洲镇第三盐场（红山）工程治理工程完成勘察设计工作。渔港防灾减灾修复工程完成。山家村党群服务中心建设项目开工建设。下园村公共卫生站建成并通过验收。

【民生实事】 全面开展农村集体“三资”管理专项清理整治，已完成自查自纠，完成整改的有11个社区（村），清理合同1408份，清查出侵占资源性资产53宗，已全部追回，追回资金94.01万元。全力推进“房地一体”农村不动产登记工作，已完成摸底登记24 263宗。完成农村乱占耕地建房摸排工作，共摸排出乱占耕地501宗。第七次全国人口普查基本完成。有序推进医保、城居保收缴工作。农村集体产权制度改革完成登记赋码工作；推进村级公共文化中心建设，完善农家书屋配置，优化镇文化站升级改造，镇志修编工作有序推进，瀛洲文祠修建工程于2020年8月20日动工建设，主体结构已建设完成。

【安全生产】 落实安全生产责任制，做到“党政同责、一岗双责、齐抓共管”，扎实开展日常巡查及节前、生产旺季期间安全生产大检查工作。加大对危险源和风险点的排查，落实企业整改薄弱环节。对全镇的自建住宅全面开展消防安全大排查大整治，及时消除隐患。开展安全生产监督人员和镇村消防力量培训，组织消防安全巡游活动，加大宣传，提高全民安全生产和消防安全意识。全年没有发生重大安全事故。

【脱贫攻坚】 以产业兴旺带动农户脱贫致富，确保如期实现脱贫攻坚目标。全镇217户精准扶贫户均达到“八有”标准，76户有劳力户均实现增产增收，141户无劳动能力户全部落实政策兜底帮扶，实现全镇相对贫困人口100%脱贫。

【美丽乡村】 西峡村作为26个省级生态宜居美丽乡村示范村之一，完成工程前期相关工作，并进入施工。东灶村、下园村项目完成财审，正在进行招投标。山家村正在抓紧开展规划设计。湖水村、港西社区、浒西社区也列入美丽乡村建设。

【环境整治】 巩固“三治”“六乱”整治成效，深入推进全域人居环境整治。严格落实河长制，实行分段包干制度。对大沟明渠至中干渠段进行全面整治，并完成浒东水闸排洪口的清淤工作，提升河道环境。投资1700多万元的幸福渠整治工程列入饶平县三溪（渠）整治工程项目，已完成70%。进一步完善垃圾收运处理模式和环卫工作长效机制，全镇生活垃圾委托第三方收集清运，更好改善全镇环境卫生。全镇厕所革命全力推进，完成公厕建设及改造3座，5座正在建设中，拟新建1座，完成户厕改造7户。在全镇范围内开展清积水、整卫生、灭蚊虫、灭鼠的爱国卫生统一大行动，营造健康整洁的人居环境。

【疫情防控】 成立领导机构和工作机构，切实加大疫情防控宣传工作，加强重点人员排查、跟踪管理，加强重点场所的管控，特别是对水产市场、生活市场及冷链企业、冻库的监管，按要求全面落实核酸检测。大力整治环境卫生，严控疫情期间公众聚集性活动，加大力度维护疫情期间社会面的稳定；做好企业复工复产防控措施；加快推动重点项目早落地早投产早见效；发动社会力量全力支持疫情防控和学校复课工作。

【综治维稳】 一是深入开展社会治安大整治行动。在主要路段新增扫黑除恶宣传横幅35条，入户发放宣传资料2万多份，开展禁毒宣传教育活动共76场次。全年共立涉黑恶案件7件，破6

件，刑事拘留18人，打掉涉恶团伙4个。二是深入开展禁毒重点整治工作。社区戒毒3人、社区康复14人，执行率保持100%。全镇在册吸毒人员共296人，全部落实网格化管控措施，无出现脱失脱管人员。三是抓好涉赌涉毒、精神障碍、社区矫正人员等重点服务对象的摸查服务工作，落实信访重点服务对象领导包案制度，做好矛盾化解工作。全年全镇共排查社会矛盾129宗，调处129宗，矛盾纠纷化解率达100%。四是开展法治“六进”，宣传相关法律法规和常识。2020年镇机关参加综合执法培训16人，取得执法证16人，依法行政能力持续提升。全年全镇共举办各类法律讲座102场。

【党风党建】 一是坚持把学习习近平新时代中国特色社会主义思想作为一项重要政治任务来抓，深入传达学习贯彻习近平总书记出席深圳经济特区建立40周年庆祝大会和视察广东视察潮州重要讲话、重要指示和党的十九届五中全会精神。组织各党支部开展主题党日活动，借助学习强国的主体平台，以集中学习和个人学习方式相结合，切实提高党员干部的理论水平。二是贯彻落实《饶平县加强党的基层组织建设三年工作实施方案（2018—2020年）》，完成全镇12个需优化升级党组织的优化升级设置工作，推动基层党建全面进步全面过硬；开展换届情况摸底排查和换届前的审计工作；顺利完成村（社区）“两委”换届选举和经联社选举工作；软弱涣散汫平社区党组织整顿成功升级并被市评为“优秀”等次；组织镇、村两级书记参加各级学习培训；举办入党积极分子（发展对象）培训班，为发展新党员打好基础。三是及时调整镇党风廉政建设工作领导小组，召开专题会议讨论研究和部署全镇廉政建设和反腐工作；制订2020年度镇党风廉政建设工作计划等，将党风廉政建设工作任务进行分解落实。同时，镇党委与镇领导班子成员、社区（村）党组织书记签订责任书及承诺书。不断拓宽和畅通信访举报渠道，加大案件查处力度，2020年，镇纪委共立案4件，结案5件，给予党纪处理5人。

2020年饶平县汫洲镇党委、人大、政府班子成员名录

党委书记：郑　尖

副书记：沈吉蕊（女，2020.4—）　张泽浩

林伟雄（2020.3—）

吴少免（—2020.4）

委　员：刘奕臣　胡映庚　谢少斌　黄勇群

邱君华（女）　李伟彬（2020.4—）

郑松江（2020.4—）

林伟雄（—2020.2）

吴　细（—2020.4）

人大主席：林和强

人大副主席：张继春

镇　长：沈吉蕊（女，2020.5—）

吴少免（—2020.4）

副镇长：刘奕臣　吴　细（2020.5—）　林志泳

（邓丽爱）

海　山　镇

【简况】 海山镇是潮州市唯一的海岛镇，位于饶平县南端沿海，由南、北两岛组成，辖5个社区居委会和12个村委会，总人口81 793人。陆地面积49.6平方千米，海岸线长34千米，现有浅海滩涂1200公顷。镇政府驻地黄隆，距国道324线18千米，距县城20千米，距潮州60千米，距汕头67千米（沿国道324线，沿高沙大堤距汕头45千米），三百门大堤、高沙水闸大堤是海岛通往大陆的交通要道。2020年全年实现工农业总产值127 586万元，比增3.78%，其中农业总产值90 148万元，比增4.5%；工业总产值37 438万元，比增2.1%；全年固定资产投资总额为2487

万元；2020年实现规模以上工业总产值7095万元，与2019年基本持平。2020年全镇一般预算补助收入3900万元。

【理论学习】 始终把学习贯彻习近平新时代中国特色社会主义思想、党的十九大和十九届历次全会精神，习近平总书记出席深圳经济特区建立40周年庆祝大会和视察广东、视察潮州重要讲话重要指示精神和省、市、县各级全会精神作为头等大事和首要政治任务抓紧抓实抓好，通过“集中学”“个人学”和“平台学”，推动学习贯彻不断往深里走、往心里走。充分发挥党委党支部带头作用，以上率下，营造浓烈学习氛围。落实第一议题制度，2020年组织党委理论学习中心组集中学习28次；充分利用镇委党校组织全镇党员干部学原文、读原著、悟原理，举办专题学习交流会16场次。大力推广“学习强国”、广东网院等平台，进一步提升党员干部自主学习水平。多次举办村级“两委”干部培训、党员轮训班，将理论和实践相结合，不断将教育学习不断推向深入。

【基层党建】 贯彻落实《海山镇加强党的基层组织建设三年工作实施方案》，全面推进党组织规范化设置，全面增强基层党组织政治功能和组织力。一是完成11个村（社区）党总支部升级为党委，1个村党支部升格为党总支部。根据海岛渔民生产实际进一步规范海上养殖生产秩序，发挥渔民党员作用，设立欧石村海上渔民党支部。二是大力加强达南村党建工作，顺利完成达南村党总支部优化升格为党委并成功“摘帽”。三是推动镇党委以及班子成员落实党建责任，严格按照程序规范落实“四议两公开”工作法。

【意识形态】 2020年镇党委严格执行意识形态责任制，先后召开意识形态专题会8次，召开意识形态联席会议4次，分析研判意识形态领域形势，听取意识形态工作汇报，全面加强对有关责任单位的督导，抓好舆情预警，掌握思想动态。及时了解社情民意。全年处置网络舆情11件，已办结11件，办结率100%。

【党风廉政】 全面落实上级巡视巡察、审计等反馈意见整改工作。持续开展基层纪律教育工作，扎实推进基层党风廉政建设和反腐败斗争。精心组织开展好集中纪律教育，通过观看《侥幸之祸》等警示教育片等以案说纪，扎实筑牢党员干部思想防线。坚持挺纪在前，运用监督执纪“四种常态”，保持正风反腐高压态势。2020年镇纪委立案14件，结案9件，处理党员干部违纪9人。

【基础设施】 全力做好省道S222海山段道路安全配套设施建设，抓好项目扫尾工作。切实抓好“四好农村路”建设，海山镇被列为2020年“四好农村路”农村砂土路改造攻坚任务的46个项目，总长度约32千米，已全部竣工，处于验收阶段。稳步推进2018年高标准基本农田项目建设，该项目竣工等待上级验收。2020年基本农田经济补偿建设项目已完成竣工验收。稳步推进PPP污水处理项目建设，海山镇污水处理厂项目已完成项目工程量的92%，美宅村污水处理设施已完成管网铺设，完成设施建设量40%。大力推进“厕所革命”工程，2020年度30户户厕改厕已全部完成，10座公厕改造项目也已全部完工。进一步完善文体设施建设，完成东港村足球场建设，有序推进隆北社区文体广场建设项目。

【脱贫攻坚】 强化帮扶责任人入户对接工作，重点抓好“两不愁、三保障”工作、补齐贫困户“八有”短板、年可支配收入、学生教育补助等情况的调查核查，抓好产业扶贫和就业扶贫。2020年镇设置公益性岗位5个，招录5人，均已顺利上岗，为贫困户就近稳定就业提供保障，促进贫困户增收。海山镇精准扶贫户于2020年6月份全部脱贫退出。

【疫情防控】 全力抓好疫情应对处置工作，确保“及时发现、快速处置、精准管控、有效救治”的防控机制高效运转，构筑起“联防联控、群防群控”和“外防输入、内防反弹”的严密防线。大力开展爱国卫生运动，鼓励发动群众自发参与以科学清洁消毒为重点的卫生防病行动，提高群众的卫生防病意识，推动疫情防控常态化。

【乡镇体制改革】 深入推进乡镇体制改革，进一步加强政务服务中心建设，整合政务服务资源，推动政务服务规范化，切实提升基层的服务能力和服务水平。继续做好人口计生各项经常性业务及窗口服务工作，切实做好社保、医保服务。

【扫黑除恶】 继续做好涉黑恶线索排查工作。2020年，镇排查涉黑涉恶有效线索1条，已办结。大力开展农村“三资”清理整治专项行动，对农村“三资”管理中存在的私自占用、低价承包、无偿使用及承包合同不规范、承包费长期拖欠等突出问题进行全面清理并落实整改。

【污染防治】 落实中央环保督察及“回头看”和省环保督察反馈问题整改，积极开展禽畜养殖污染、牛蛙养殖和“十五小”企业（小造纸、小制革、小染料厂及土法炼焦、炼硫、炼砷、炼汞、炼铅锌、炼油、选金和农药、漂染、电镀、石棉制品，放射性制品等小企业）排查，全面加强规模化禽畜养殖场管理工作，坚决杜绝各类工农业生产污染。积极配合上级生态环保部门开展执法行动，及时化解环境“邻避”问题。切实做好海洋环境治理，加大违规养殖清理整治力度，加强海上养殖的规范和管理。快速推进镇级生活垃圾转运站建设项目，该项目于6月中旬开工建设，已完成工程建设并通过县级验收。

【民生实事】 落实社会保障制度，认真做好劳动力就业服务、城乡居民基本养老保险扩面征缴、城乡居民医疗保险收缴和报销服务，保障各项社会保障制度落到实处。抓好教育工作，助推教育事业全面发展。进一步补齐医疗卫生短板，坂上村卫生站于2020年4月份通过镇级验收。有序推进“房地一体”农村不动产登记发证工作。扎实做好并完成第七次全国人口普查工作任务。

2020年饶平县海山镇党委、人大、政府班子成员名录

党委书记：吴华昊（2020.1—2020.3）
刘敬光（2020.3—）
副书记：郑桂荣　郑志明　吴加浩（2020.4—）
委　员：沈玲玲（女，—2020.5）　朱惠平
刘惜龙　吴加浩（—2020.4）
杨武忠（2020.6—）　林伟新
卢铁佩（女）　郑少鑫（2020.6—）
人大主席：曾瑞通
副主席：陈　升
镇　长：郑桂荣
副镇长：沈玲玲（女，2020.1—2020.5）
张依思　林财发

（陈　莉）

人物

刘 志 昂

刘志昂，男，1964年4月出生，饶平县浮滨镇夏校村人，大专文化程度。1981年10月应征入伍，1984年9月火线入党，历任战士、侦察班长、广西军区教导大队侦察教员。1985年12月退伍回乡后，先后在饶平县浮山药品公司、县人民武装部工作。1996年4月收归军队又重新入伍。1999年12月转业后，一直在饶平县公安部门工作。现任饶平县公安局监督室正股级副股长二级警督。

在服役四年间，刘志昂勤学苦练,练就一身本领,也获得无数荣誉。1984年，在参加广西军区军事训练尖子竞赛中，荣获军区应用射击第二名，被广西军区司令部、政治部通令嘉奖。在参加20多次敌后侦察，敌后捕俘，破袭等任务时，作战勇敢，机智顽强，荣立战功。其中，在1985年11月执行广州军区“5513”袭捕越军作战任务中，被广州军区守备某师政治部授予“二等战功”。他还先后五次被军区、师、团和当地人民政府授予“先进个人”荣誉称号。在县人武部期间，他于1994年被潮州市人民政府、潮州军分区评为民兵预备役军事训练“优秀四会教练员”，还荣立个人“三等功”一次。在县公安局警务督察队工作期间，该队于2007年6月荣获广东省公安厅“全省公安督察工作先进集体”称号。闪闪的军功章记载着刘志昂对祖国的无限忠诚和对党的无比热爱。

敌后捕俘

1985年11月，当刘志昂所在侦察队接受“执行“5513”袭捕越军作战任务，时任侦察班长的他得知情况后主动请战。战前，他屡次深入敌后现地勘察，侦察了地形，选择了捕俘地点和进出路线，为行动提供了大量有效的情报。在战斗实施阶段，刘志昂担任前锋，面对杂草蒿深，荆棘丛生，他带领战斗小组冒着生命危险，靠着熟练的侦察技巧，排除沿线地雷，成功的开辟了一条通道，为部队潜伏前进扫清了障碍。11月1日，当刘志昂所在侦察队到达指定袭捕越军位置时，清晰地看到五名越军全副武装在高地边巡逻，侦察队指导员命令抓捕俘虏一名，其它击毙。当距离敌人近二十米时，指导员一声令下“打”，四名越军瞬间被击毙，剩下的一名越军仓皇逃窜。在这紧要关头，刘志昂一跃而起，迅猛扑向敌人，用左手抓顶敌人枪头，右拳猛打敌头，将敌人打倒在地；此时此刻，敌人拼命地挣扎，侦察排长随之冲上前并踩踏敌人脚根，与刘志昂共同将敌人制服。正在此时，在另一处高地上的敌人发觉后，用机枪扫射而来，危急关头，刘志昂和侦察排长带着俘虏跃入堑壕，刘志昂的头部不慎碰到堑壕边的石头，一阵眩晕，他咬紧牙关，忍着疼痛，用骑背锁喉之势卡住敌人脖子，将其稳稳地擒住。指导员一边指挥掩护撤退，一边关心地问：刘志昂你还行吗？他说：“我行。”指导员命令他把俘虏带走。当刘志昂押解俘虏走到离国境线还差一公里时，这名越军俘虏疯狂挣扎，拼命反抗，身子撞到身边一棵树上，树上的蚂蜂窝几千只蚂蜂倾巢而出，瞬间飞了过来，见人就蜇。为防止俘虏伺机逃脱，刘志昂当机立断将俘虏摔倒并压在身下，而自己的脸上、脖子却被蚂蜂蛰伤50多处。瞬间，剧烈的疼痛蔓延至全身，脖子、额头、耳朵、眼睛等处随之浮肿；最严重脖子被蛰伤，说不出话来。他把个人安危置之度外，在掩护赶来的战友们配合下，以坚韧的毅力将俘虏带出国境线。后来，因蚂蜂蛰伤处毒性发作，他昏倒在地上。当他醒来时，他已躺在团部卫生队的病房里多日。出院后，部队进入老兵退伍季，刚好他服役期满，便告别军旅，光荣退伍。在这场战斗中，刘志昂不怕牺牲，机智果敢，速捕速回，胜利完成了任务，广州军区守备某师政治部于1986年2月2日授予他“二等战功”。

第二次入伍

刘志昂退伍回乡后，被安置在饶平县浮山药品公司；他保持军人本色，积极参加地方建设，主动完成领导交给的各项工作任务。根据工作需要和本人特长，刘志昂又先后被饶平县人武部聘为军事训练教员和饶平县政法委治安联防大队的教练员，他始终保持强烈的工作责任感，明确自己的工作职责，克服困难，圆满完成各项工作任务，获得领导、同志们的一致好评。1992年7月因成绩突出，调入县人民武装部军事科工作，他积极配合部领导抓好民兵预备役人员的军事训练，1995年3月，被潮州市人民政府、潮州军分区评为民兵预备役军事训练“优秀四会教练员”。1996年4月，根据上级文件精神，县人武部收归军队，他服从组织安排，第二次入伍，并转为现役军官，出任饶平县人民武装部作训情报参谋。从此，他更加严格要求自己，工作认真、细致，为县人武部的全面建设做出了贡献。1999年6月10日，被饶平县人武部记个人“三等功”。

1999年12月刘志昂转业回到了地方。作为二等功臣，他选择“从零开始”，永葆军人“流血流汗不流泪，掉皮掉肉不掉队，退伍退役不褪色”的钢铁本色。正是因为这些，他从浮山派出所一名民警干起，工作期间，他多次荣获市县局嘉奖。特别是2004年4月起，他担任饶平县公安局警务督察队副队长。工作中，他认真遵循“为党委中心工作服务，为广大民警服务”和“有责、有为、有威、有位”的建队宗旨，围绕局党委“三大建设”任务，不断创新工作措施，拓展督察工作的领域，走出了一条在实践中求创新、在创新中求发展的成功之路。2007年6月，该队被广东省公安厅评为“全省公安督察工作先进集体”。

“转业不转志，退伍不褪色”。刘志昂无论在军队还是在地方工作，都牢记党的宗旨，永远不忘人民军队的培养，把部队严明的组织纪律，严谨的工作作风，严肃的工作态度和不怕吃苦、勇于拼搏、甘于奉献的作风带到工作岗位，用实际行动证明军人的价值。

（县志办　退役军人事务局）

邱　海

邱海，男，1956年12月出生，饶平县上饶镇人，学历大专毕业，1974年11月参军入伍，1977年6月加入中国共产党。历任战士、副班长、文书、书记、干事、副连职秘书，副指导员，先后参加敌后侦察、对越自卫还击战、对越军炮火还击战等战斗，经受住了血与火的洗礼、生与死的考验，并荣立二等功1次、嘉奖8次。同时，荣获广西壮族自治区人民政府、广西军区“八一奖状”、南宁地区行政公署、南宁军分区先进个人的“八一奖状”。1986年11月转业后，先后任饶平县政协正股科员、股长、副科长、主任科员，工作期间，先后被评为优秀党员和年度先进工作者。2017年在县政协主任科员位置上退休。

邱海于1974年11月入伍后，他苦练杀敌本领，从严格的科目训练、体能训练到实地训练，他都精益求精。特别是经常在荒山野岭潜伏时，面临着大量蚊子和各种毒虫的困扰，甚至经受了蚂蟥扎进袖口、裤脚里吸血等恶劣的环境，培养和造就了他成为一名合格的人民解放军侦察兵，并多次出色完成广西边防线上敌后侦察任务。1978年10月，邱海提干后，调任广西扶绥县人武部干事，1979年1月，他被抽调到广西某敌后侦察大队，同年2月，参加对越自卫还击战。战斗中，他英勇顽强，舍生忘死，出色地完成了战斗任务，被侦察大队通令嘉奖。1984年1月，邱海从广西上林县人武部副连职秘书抽调到广西军区某边防连挂职，并担任连副指导员。当时，越军连续向我边境地区许多地方进行武装挑衅。为了维护主权及边疆稳定，按照上级部署，连队决定由他带领尖刀排在广西龙州1600多米的某高地设置前沿观察哨，主要担负防御作战以及为炮兵部队提供军事情报。这个阵地山势陡峭孤立，命令下达后，他带领战士们以最快速度进至指定位置，一边抓紧熟悉敌情和地形，一边加紧阵地工事修筑，利用和改造自然洞穴或岩缝，增修囤兵洞，改造指挥洞、观察哨，形成“人有防炮洞（猫耳洞），弹药有储存所，班排有隐蔽部”。同时，开展侦察和收集战斗情报，当发现前方有敌军情况时，立即报告后方指挥部，由炮兵实施炮火还击。同年四月的一个傍晚，他和哨兵在观察哨观察时，突然发现阵地前沿密林处隐隐约约有越南特工的影子。他临危不惧从容指挥，时刻监视着夜幕下蠢蠢欲动的黑影。当敌人进至阵地100多米距离时，他一声令下，率战友与敌人进行了殊死的较量，端起冲锋枪向敌人一阵猛扫，当场击毙越军特工2名，打伤1名。随后，他命令战士迅速撤回防空洞，继续注视前方敌情。第二天早上，再往阵地前沿观察，看到2具敌人尸体前仰后歪，尚未收回。等到中午开饭时，越军炮火向他正面高地及边境一线高地实施炮击轰炸。他和尖刀排战士们丝毫没有退缩，仍在隐蔽的“猫耳洞”观察、判断越军炮火的发射点，及时准确无误地给后方指挥部提供情报。此时，我军炮火准确无误对越军炮火发射点进行轰炸，打得越军片甲不留，损失惨重。就这样，他和战士们在丛林密布、狭窄阴暗的“猫耳洞”里坚守了四个多月之久，时刻保持高度警惕，密切注视敌情。至4月份，接到连队命令后撤出阵地。返回连队后，邱海因劳累过度，加上患上急性阑尾炎，被紧急送往军区某医院住院治疗。在这场战斗中，邱海勇敢顽强、指挥灵活，成绩显著。1984年6月25日，广西南宁军分区授予他“二等功”。同时，广西壮族自治区人民政府、广西军区颁发他“八一奖状”。南宁地区行政公署、南宁军分区对他在这场炮火还击战取得成绩表示肯定，颁发他“先进个人”奖状，并晋升一级行政级别。

三十载斗转星移，从一名共和国的“二等功臣”到默默无闻的县政协工作者，邱海始终保持着一个共产党员生命不息，奉献不止的英雄本色。

（县志办　退役军人事务局）

刘　维　才

刘维才，男，1983年4月生，2000年11月入伍，2006年5月入党，饶平县三饶镇溪西村党总支部书记、村委会主任、广东省第十二次党代会代表。他于2002年12月退役后，致富反哺家乡，带头成立合作社，聘请农技专家进行科技攻关，成功改良当地几近绝迹的“三饶香米”，开发出香米酒等系列新产品，带动村民脱贫致富。获得广东省“百名优秀村（社区）党组织书记”“潮州市退役军人典型模范”“广东最美退役军人”“南粤最美扶贫人”等荣誉。

高原磨炼意志　致富反哺家乡

2000年11月，高中毕业后的刘维才服役于青藏高原边防某部。高原气候让他吃了不少苦头，但也磨炼了他的意志。不管是体能训练，还是巡逻执勤，他都全力以赴，坚守高原哨卡。凭着专业过硬、作风严谨的优秀品质。服役期间，他荣立“三等功”，并多次获得“优秀士兵”称号。

2002年，刘维才退伍后，在广州、汕头等城市开设西式快餐店。经过几年的艰苦经营，刘维才的生意越做越大，旗下快餐店从一间增加到数间，营业额不断攀升。2007年，刘维才做出选择，决定反哺家乡，帮助家乡寻找脱贫致富的路子。当时，在村中长辈的举荐下，他成为该村最年轻的村“两委”干部。

改良“古稻”产业　带动农民致富

三饶镇溪西村是饶平县扶贫重点村，经济底子薄，产业贫瘠。回到家乡后，刘维才为了寻找扶贫突破口，走遍了全村12个自然村18个生产组，摸清了全村的底子。走访过程中，乡亲们种植的几亩“三饶香稻”引起了他的注意。这种可以长到1.9米高的奇特水稻有几百年历史，其碾制而成的“三饶香米”，曾在1915年的世界博览会上获得金奖。但后来因种植难度大、销路不畅等原因，仅剩少数农户栽种。刘维才凭借此前经商的经验，看准“三饶香米”的市场潜力。于2013年，他带头种植了5亩水稻，并聘请农技专家改良品种。当年年底，刘维才将收获的1500斤香米，以一斤50元的价格卖出，而且供不应求。2014年，他成立饶平县山美香水稻专业合作社，动员村民以土地入股或签订统销协议的方式参与种植。同时，拓宽产业链，开发出“香米酒”“香米粿”等新产品。目前，“三饶香稻”及衍生品产业逐渐在他带领下，形成了规模，年产值达500多万元，已带动100多户村民脱贫致富。

鼓励青年返乡　结缘乡村振兴

刘维才还鼓励和支持退伍青年、外出务工青年返乡创业。2015年，他带着溪西村创业团队，参加“创青春”2015广东青年农村电商创业创富大赛。最终，从62个参赛项目脱颖而出，获得创业组优胜奖和领头雁奖。众多投资商和电商平台纷纷抛来“橄榄枝”。2016年，刘维才当选为三饶镇溪西村党总支书记、村主任后，他与腾讯公益共同发起“利用‘三饶香稻’稻壳制作婴童枕头”的众筹项目，把原本丢弃或焚烧的稻壳变废为宝，成为当地农户又一创收项目。同时，他继续坚持可持续发展理念，带着村民建立“三饶香稻”文化主题的生态项目，走出乡村振兴的路子。

退役不褪色，建功新时代。如今，刘维才在农村这大舞台中，时刻保持向前冲锋的实干劲头，在乡村振兴的新征程中践行“为人民服务”的铮铮誓言，以“实干+奉献”创造人民群众更加期待的美好幸福生活。

（县志办　退役军人事务局）

钟　迟

钟迟，女、汉族，1992年10月出生，2011年7月毕业于潮州卫校护理专业，2012年6月参加工作，现任饶平县人民医院发热门诊副护士长。2020年2月11日，钟迟主动请缨驰援驰援湖北“战疫”。在湖北这一个多月与病毒生死较量中，她奋不顾身，不辞辛苦，与时间赛跑、与“死神”较量，拯救生命于水火，为荆州石首实现“双清零”贡献了一份力量。为此，她先后荣获2020年度湖北省新时代最美逆行者”“潮州市劳动模范”等称号。2020年10月，中共广东省委、广东省人民政府授予她“广东省抗击新冠肺炎疫情先进个人”称号。

写下请战书，冲在第一线

2020年1月28日晚，饶平县人民医院发布“紧急召集令”——选派医护人员援鄂抗疫。通知一发，钟迟没有丝毫犹豫，写下请战书，并在报名者中脱颖而出，成为我省第十三批、潮州市第二批援鄂医疗队队员、最美逆行者；在请战书中，她这样写道：“疫情面前，医疗前线即是战场，我们便是战士，在这个危急时刻，是国家最需要我的时候，我应义不容辞，尽自己的一点绵薄之力”。和家人匆匆告别后,她就与同事奔向了疫情主战场、抗“疫”最前沿。

剪掉齐腰发，轻装上战场

作为抗击疫情的一线人员，每天都往返于病房之间，必须穿防护服，为了节约穿防护服时间和避免出现交叉感染，钟迟毅然决定剪掉满头齐腰发，剃光头，换上一个发型，轻装上战场。在她的带动下，医疗组的其他同事也毅然选择剃光头，组成“光头”医疗组。

与时间赛跑，同病毒战斗

进驻在石首市中医医院第一天，她就与同事一道熟悉病人的情况，很快就投入了所负责的是重症区病人护理工作中去，昼夜奋战，超负荷工作，给病人吸痰、做雾化，随时观察他们的生命体征情况。在ICU里，她帮助重症病人进行高流量吸氧等治疗和护理，与时间赛跑，同病毒战斗。与此同时，病区的清洁，病人情绪的安抚，都是她的“活”。她经常加班加点，特别是在每天几个小时的连续“战斗”之后，汗水浸湿了防护服，口罩在她脸上留下了深深的印痕，她毫无怨言，出色完成了任务。由于她工作突出，2020年3月9日，广东支援湖北医疗队荆州市石首中医院临时党支部批准她“火线入党”，吸收她为预备党员。

不畏艰险勇向前，救死扶伤逞英豪。钟迟和潮州市第二批援鄂医疗队的队员们，在参与这场没有硝烟战争中，坚守岗位、靠前服务，与湖北荆州石首人民群众生死相依，在“疫情大考”中，书写初心使命新答卷。她终于在3月21日凌晨，与同事们完成了历史使命凯旋归来。

（县志办　卫计局）

杨　宝　珠

杨宝珠，女，汉族，1995年11月出生，2018年7月毕业于贵州省安顺职业技术学院，2018年8月参加工作，现任饶平县人民医院综合内科护士。2020年2月11日，在全国疫情最严峻的时刻，杨宝珠挺身而出，义无反顾奔地奔赴湖北抗疫一线，参与疫情防控和医疗救治工作；在一个多月与病毒生死较量中，她不畏艰险，救死扶伤，用实际行动践行新时期白衣战士的神圣使命。为此，她先后荣获“2020年度湖北省新时代最美逆行者”“潮州市劳动模范”等称号。2020年10月，中共广东省委、广东省人民政府授予她“广东省抗击新冠肺炎疫情先进个人”称号。

义无反顾的逆行者

2020年1月，面对来势汹汹的新冠病毒感染的肺炎疫情，全国上下的医务工作者奔赴湖北，用自己的行动诠释着作为一名医务工作者的职责与使命。1月28日晚，当饶平县人民医院发布选派医护人员援鄂抗疫“紧急召集令”后，杨宝珠毫无畏惧，第一个递交请战书。在请战书中，她用了“不计报酬，不论生死”的字眼，道尽了“白衣天使”敢于向病毒亮剑，坚决打赢这场没有硝烟战争的决心和信心。因此，在众多报名者中，杨宝珠不负重托，被挑选为我省第十三批、潮州市第二批援鄂医疗队队员。2020年2月11日，她与家人匆匆告别之后，便奔向了疫情主战场最前沿，进驻荆州石首市中医医院，成为义无反顾的逆行者。

剪去秀发的带头者

作为抗击疫情的一线队员，每天都要往返于病房之间，必须穿防护服，为了节约穿防护服的时间和减少交叉感染的危险，医疗组的其他同事也毅然选择剃光头，组成“光头”医疗组，杨宝珠带头剪掉心爱的齐腰秀发，剃成光头。

无惧困难的坚强者

给她留下最深印象的是第一天上班，她穿上厚厚的不透气防护服，特别是防护服里面塑料的气味让人不好接受，忙碌一阵就会呼吸不畅，而且在病房一呆就是四个多小时，有时候口罩的带压得太紧，压到头部一些神经特别痛，难以煎熬。此刻，她想到的是新冠病毒肺炎的病人，因为他们更需要呼吸，这些困难在生命面前真的不算什么。在石首市中医院抗疫期间，她每天负责病人护理、配药、输液等工作，面对进出的患者，工作时间经常几个小时没有喝水，没有上厕所，为的就是与时间赛跑，同病毒战斗。在工作期间，她一如既往，认真对待，谨慎细心做好日常护理工作，她说，病人病情的好转就是最好的工作回报，再苦再累都不怕。

疫情面前显担当，越是艰险越向前。杨宝珠和潮州市第二批援鄂医疗队的队员们，在荆州石首这场没有硝烟战争中，勇担使命、坚守岗位、无惧向前，特别是把饶平苏区精神和大爱精神播到荆楚大地、湖北抗疫主战场，出色完成“战”疫任务。她于3月21日凌晨与“逆行”同事们凯旋归来。

（县志办　卫计局）

刘敬勇

刘敬勇，男，汉族，1982年6月出生，大专学历，2016年11月参加工作，现任饶平县浮山中心卫生院住院部副主任。2020年年初，新冠肺炎疫情进入最为严竣的时刻，在大疫当前，刘敬勇响应上级驰援湖北抗疫的号召，主动请缨，逆行而上，义无反顾奔向湖北“战疫”主战场。在湖北石首这一个多月与病毒生死较量中，他不畏艰险，轻伤不下火线，发扬救死扶伤的白求恩精神，为荆州石首实现“双清零”贡献了一份力量。先后荣获2020年度湖北省新时代最美逆行者”“潮州市劳动模范”等称号。2020年10月，中共广东省委、广东省人民政府授予他“广东省抗击新冠肺炎疫情先进个人”称号。

轻装上阵

2020年伊始，新型冠状病毒肺炎疫情牵动着全国人民的心。一场驰援武汉的爱心大行动,在疫情爆发之初,便全面开展起来。面对突如其来的疫情，全国各地医务工作者纷纷加入到阻击疫情的战斗当中。刘敬勇一直期望向往抗疫前线，2月10日晚上8时多，正在值夜班的刘敬勇接到第二天早上6时出征湖北荆州的通知后，心情无比激动。“疫情就是命令，时间就是生命”，他来不及与家人告别，简单收拾几件衣物就奔赴抗疫一线，和同行者一起守护荆州，守护人民群众的健康。

带伤作战

在荆州石首抗疫一线，刘敬勇接管的是荆州市石首中医院ICU重症监护室，穿着密不透风的防护服，几个小时的紧张工作后，汗水就浸湿了衣服和防护服，口罩、防护眼镜和防护服等也在脸上、身上留下了深深的印痕。由于鼻子毛囊腺比较丰富，反复压到一个地方，在ICU的十多天，脸上皮肤反复化脓、疼痛。尽管如此，他仍然不放弃救死扶伤工作，贴上消炎药膏，持续战斗在“战疫”岗位。

主动担责

新冠肺炎患者气道分泌物携带大量病毒，拔管时会刺激患者气道，一不小心就可能造成分泌物喷溅，受感染风险很大。在荆州市石首中医院ICU重症监护室，刘敬勇每天面对这样的病人。特别是面对遗体护理工作，感染病毒的风险更大。与刘敬勇一起值班的护士都比较年轻，为了让护士尽量少接触病人分泌物，刘敬勇主动承担起遗体护理工作。对待病人，刘敬勇无微不到地关怀，每次交接班，他第一件事就是对病房里的全部患者巡诊一遍，病人病情好转时，会向他伸出大拇指表示感谢。在CUI病房里，住着一位50多岁的糖尿病患者，基础病多，治疗难度较大。他和医疗队根据这位患者病情的变化，及时调整治疗方案，由于对症下药、科学治疗，患者的病情终于出现了好转，甚至脱掉呼吸机。看着患者从昏迷到能说话，再能自己吃饭，他非常高兴，内心感到非常欣慰。用刘敬勇自己的话说：“能够守护着人民群众的健康，我感到很自豪”。

勇敢逆行，彰显大爱。刘敬勇和他的同事们不辱使命、不负重托、无畏生死，尽一名医护人员的职责，守护着武汉，守护着荆州，出色完成驰援湖北抗疫任务。于3月21日凌晨，他与一起逆行而上的同事们凯旋归来。

（县志办　卫计局）

附录

中共饶平县委　饶平县人民政府颁发重要文件目录

2020年中共饶平县委及县委办公室颁发重要文件目录

序号	文　号	标　　题	发文时间
		中共饶平县委文件	
1	饶委发〔2020〕3号	中共饶平县委　饶平县人民政府关于印发《饶平县乡村振兴战略实施方案（2018—2022年）》的通知	4月15日
2	饶委发〔2020〕4号	中共饶平县委　饶平县人民政府印发《关于对标三年取得重大进展硬任务扎实推动乡村振兴的实施方案》的通知	5月11日
3	饶委发〔2020〕5号	中共饶平县委印发《关于贯彻落实〈中共中央关于坚持和完善中国特色社会主义制度、推进国家治理体系和治理能力现代化若干重大问题的决定〉的实施方案》的通知	6月9日
4	饶委发〔2020〕8号	中共饶平县委印发《关于建立健全坚决落实“两个维护”十项制度机制的意见》的通知	9月1日
5	饶委发〔2020〕10号	中共饶平县委工作制度	9月4日
6	饶委发〔2020〕11号	中共饶平县委关于落实“三重一大”事项集体决策制度的实施意见	9月4日
7	饶委发〔2020〕12号	中共饶平县委关于认真学习宣传贯彻习近平总书记出席深圳经济特区建立40周年庆祝大会和视察广东重要讲话重要指示精神的通知	10月20日
8	饶委发〔2020〕15号	中共饶平县委关于深入学习贯彻习近平总书记出席深圳经济特区建立40周年庆祝大会和视察广东视察潮州重要讲话重要指示精神为“把潮州建设得更加美丽”作为饶平贡献的实施意见	12月23日

序号	文　号	标　　题	发文时间
		中共饶平县委办公室文件	
9	饶办发〔2020〕2号	中共饶平县委办公室　饶平县人民政府办公室关于印发《饶平县促进医疗卫生健康事业改革发展若干措施（试行）》的通知	1月19日
10	饶办发〔2020〕4号	中共饶平县委办公室　饶平县人民政府办公室印发《关于进一步推动饶平文化繁荣发展的意见》的通知	4月3日
11	饶办发〔2020〕5号	中共饶平县委办公室　饶平县人民政府办公室印发〈关于深化改革加强食品安全工作的实施方案〉的通知	11月11日
12	饶委办〔2020〕5号	中共饶平县委办公室　饶平县人民政府办公室关于印发《饶平县脱贫攻坚挂牌督战实施方案》的通知	3月29日
13	饶委办〔2020〕7号	中共饶平县委办公室　饶平县人民政府办公室关于印发《饶平县农村集体“三资”管理专项清理整治工作方案》的通知	6月23日

2020年中共饶平县委重要文件选录

中共饶平县委关于深入学习贯彻习近平总书记出席深圳经济特区建立40周年庆祝大会和视察广东视察潮州重要讲话重要指示精神为“把潮州建设得更加美丽”作出饶平贡献的实施意见

饶委发〔20200〕15号

2020年10月12日至14日，习近平总书记亲临广东、亲临潮州视察，出席深圳经济特区建立40周年庆祝大会并发表重要讲话，作出一系列重要指示，寄予殷切期望，指明前进方向，在潮州发展进程中具有里程碑式的重大意义。为深入学习贯彻习近平总书记重要讲话、重要指示精神，统一思想行动，强化责任担当，推动饶平高质量加快发展，为“把潮州建设得更加美丽”作出饶平贡献，结合饶平实际，提出如下实施意见。

一、抓住机遇、乘势而上、起而行之、感恩奋进，坚持用习近平总书记重要讲话、重要指示精神统领饶平工作全局

（一）深刻认识习近平总书记重要讲话、重要指示的重大意义。习近平总书记的重要讲话、重要指示高屋建瓴、视野宏大，思想深邃、内涵丰富，是在“两个大局”深刻变化背景下对我国坚持改革不停顿、开放不止步的郑重宣示，是对乘势而上开启全面建设社会主义现代化国家新征程的强有力动员，是在新的起点上推进高质量发展的行动指南，为我们指明了前进方向、提供了根本遵循。习近平总书记寄望广东在全面建设社会主义现代化国家新征程中走在全国前列、创造新的辉煌，明确了全面建设社会主义现代化国家新征程中，广东在全国大局中的总定位、改革发展的总目标，是统筹新发展阶段广东各项工作的总要求。习近平总书记嘱托我们“抓住机遇，乘势而上，起而行之，把潮州建设得更加美丽”，是推进潮州和饶平各项工作的根本要求和动力源泉。全县各级党组织和广大党员干部必须提高政治站位，把学习贯彻习近平总书记重要讲话、重要指示精神作为最大政治抓紧抓实，倍加珍惜习近平总书记的肯定、勉励和鞭策，把对领袖的尊崇爱戴和感恩感激转化为做好饶平一切工作的思想自觉、政治自觉和行动自觉，转化为增强“四个意识”、坚定“四个自信”、做到“两个维护”的实际行动。

（二）紧紧抓住习近平总书记亲临潮州视察带来的重大历史机遇。习近平总书记视察广东第一站就来到潮州，带来领袖的亲切关怀和深情厚爱，亲自为潮州发展指引方向、把脉开方，是我们在面对复杂发展形势，进一步廓清思想迷雾、找准发展方向的重大机遇；习近平总书记关于“潮州发展欣欣向荣，感到很欣慰”的充分肯定和“把潮州建设得更加美丽”的殷切期盼，为我们荡除心魔、斩断羁绊，乘势而上、起而行之，推进更高水平改革开放提供了重要指引，进一步增强广大干部群众推动新发展阶段各项工作的信心底气和创业干劲，是我们推动高质量加快发展的重大机遇；习近平总书记对潮籍侨胞的高度评价和殷切期望，必将进一步激发海内外潮籍乡亲和饶籍乡亲的爱国爱乡热情，是我们打好“侨牌”，共同为弘扬中华文化、促进祖国和平统一作出应有贡献的重大机遇；习近平总书记对潮州文化建设、文旅产业、生态环境的肯定和鼓励，使潮州迸发出前所未有的城市影响力、吸引力和美誉度，各方资源迅速汇集，为饶平融入“双区”建设和全省全市新发展格局，实现借力发展提供了重大机遇。我们一定要紧紧抓住这个重大历史机遇，把握好政策红利，完善发展思路，加强项目谋划，加大招商引资力度，争取更多政策、资源、项目落户饶平，把习近平总书记、党中央对潮州的关心厚爱转化成推动饶平高质量加快发展的最大动能。

（三）勇于担起“把潮州建设得更加美丽”的重大使命。“把潮州建设得更加美丽”，是习近平总书记对潮州最亲切的关怀和最巨大的鼓舞，是总书记赋予广东总定位总目标在潮州的具体化，两者之间是全局与局部、整体与部分的辩证统一关系，是新发展阶段潮州的发展目标。饶平作为潮州唯一的原中央苏区县，有责任、有义务担负起“把潮州建设得更加美丽”的重大使命，为潮州实现新发展目标作出饶平贡献。要进一步增强做好文物保护修复、城市风貌塑造管控、文旅资源开发利用的高度自觉，努力加强本土优秀文化挖掘和活化利用，让人们在体验本土优秀文化的过程中感悟中华文化、增强中华民族共同体意识；坚定不移走一条更高水平的自力更生之路，竭尽全力培育发展更多创新型、引领型企业，做强做大实体经济；坚持山水林田湖草一体化保护和修复，一体推进治水、治气、治土、治山、治海、治城，让绿色成为饶平发展的最亮底色；树立全周期管理意识，在城市开发建设过程中，保护好历史文化遗存，延续优秀传统文脉，使历史和当代相得益彰；践行以人民为中心的发展思想，用心用情用功解决群众最急最忧最盼问题，让人民群众获得感幸福感安全感更加充实、更有保障、更可持续。全县上下要系统把握、融会贯通，为加快打造沿海经济带上的特色精品城市、把潮州建设得更加美丽作出饶平应有贡献。

（四）坚定不移落实好学习宣传贯彻习近平总书记重要讲话、重要指示精神的重大任务。坚持把学习宣传贯彻习近平总书记重要讲话、重要指示精神作为头等大事和首要政治任务抓紧抓实，与学习贯彻习近平总书记对广东系列重要讲话和重要指示批示精神结合起来，与学习贯彻党的十九届五中全会精神结合起来，精心组织宣讲宣传和学习培训，打通学习宣传贯彻“最后一公里”，做到深入人心、家喻户晓、走深走实。要把习近平总书记重要讲话、重要指示精神贯穿饶平高质量加快发展全过程各方面，立足新发展阶段、贯彻新发展理念、构建新发展格局，聚焦广东总目标总定位，紧紧围绕“把潮州建设得更加美丽”发展目标和潮州“打造沿海经济带上的特色精品城市”发展定位，科学谋划饶平行动方案和具体施工图，不折不扣推动省委“1+1+9”和市委“1+5+2”工作部署落到实处、取得实效。要坚持解放思想不止步，以思想破冰引领改革突围，赓续特区基因，弘扬特区精神，永葆“闯”的精神、“创”的劲头、“干”的作风，把最大机遇转化为最大动能、最大实效，确保习近平总书记重要讲话、重要指示精神在饶平落地生根、结出丰硕成果。

二、坚定不移贯彻新发展理念，努力实现更高质量、更有效率、更加公平、更可持续、更为安全相统一的发展

（五）加快创新发展。强化企业创新主体地位，实施研发费用补助政策，鼓励有条件的企业自建研发机构，强化应用基础研究，掌握更多核心技术、前沿技术。加强创新型、引领型企业培育，聚焦国内外科技前沿领域，发展高新技术，拓展高质量创新资源。加强与清华大学海洋工程研究院、佛山市产学研合作促进会、佛山全球创新技术应用转化中心合作，推进产学研深度融合，探索一批具有前瞻性、战略性的产业项目。破除人才培养、评价、流动、激励机制障碍，创新人才柔性引进机制，发挥人才驿站、人才论坛等平台和产学研协同创新机制作用，积极参与省“扬帆计划”等重大人才工程，加强高端专业人才引进和培育，建立健全人才成长机制，让四方人才汇聚饶平、留在饶平、贡献饶平。大力发扬企业家精神，弘扬敢想敢干、拼搏进取的创业精神，建设专业化职业经理人队伍。依法保护企业家合法权益，加大产权和知识产权保护力度，破除民营企业发展壁垒。

（六）加快构建现代化产业体系。围绕产业链部署创新链、围绕创新链布局产业链，打造现代化产业集群。依托潮州港国家一类对外开放口岸优势，发挥华瀛LNG、华丰中天LNG、华能风电、国电风电等新能源龙头企业和大项目带动作用，重点发展液化天然气等清洁能源，延伸拓展上下游产业链，打造临港新能源产业集群。以益海嘉里（金龙鱼）粮油加工基地项目为龙头，延伸拓展粮油糖产业链，打造粤东粮油糖集散基地。大力发展现代农业、对外农业，用好用活“国家首批农业对外开放合作试验区”政策，以省级、市级现代农业产业园为支撑，加快构建集数字农业、智慧农业、加工农业、设施农业、农村电商、冷链物流为一体的现代农业产业体系，做大做强岭头单丛茶、水产、畜禽、水果、南药等特色农业，打造现代特色农业产业集群。积极承接潮州古城旅游辐射带动效应，整合开发红色苏区旅游、绿色生态乡村旅游和蓝色滨海旅游等资源，加快推进汛洲岛力诚博物馆文化小镇、联泰绿岛晴岚康旅小镇、青岚国家地质公园科普基地等文旅康养项目建设，谋划推动汛洲岛海岛文化旅游基地、西澳岛黄嘴白鹭观赏基地、坪溪茶区康养基地、西岩山森林公园休闲度假基地建设，以海岛、坪溪茶区、客家风情等独特资源串联起全域旅游网架，打造多彩文旅康养产业集群。依托“中国盐焗鸡之乡”品牌，发挥“无穷”“无尽”等盐焗鸡食品龙头企业集聚带动效应，培育规模化、区域化和良种化畜禽蛋生产基地，打造盐焗鸡休闲食品产业集群。发挥饶平“中国日用陶瓷出口之乡”品牌优势，以三饶镇、新丰镇为核心，发挥三元玉瓷文化、明泰盛陶瓷等龙头企业带动作用，优化陶瓷产业结构，推动产业转型发展，打造日用陶瓷产业集群。借力黄冈镇“中国水族机电第一镇”集聚示范效应，以海利、博宇、新功等公司为龙头带动，优化电子茶具、水族机电“研发—设计—制造—检测—销售”产业链，打造电子茶具水族产业集群。持续推进“个转企”“小升规”，培育发展一批专精特新“小巨人”企业、“四梁八柱”企业、总部企业，形成若干产业细分领域“单项冠军”“隐形冠军”。鼓励和支持企业上云用数赋智，实施“5G+工业互联网”工程，在产业发展上形成一批可复制、可推广的经验，推动企业数字化改造。推动创意、文化、设计与制造业深度融合，探索产业跨界融合，打造“文化+”“旅游+”“农业+”“康养+”等产业生态圈。

（七）全力推进重点项目建设。抢抓“政策叠加”窗口期，主动争取中央支持新型基础设施、新型城镇化和交通水利等重大工程“两新一重”建设和中央、省对冲疫情影响推出的扩大地方政府专项债券发行规模等支持性政策，加强项目储备和筛选，积极谋划一批5G、大数据等新基建项目和公共卫生、交通水利基础设施等补短板工程，争取纳入中央和省、市规划笼子。充分发挥电力供应“先行官”作用，大力推动饶平电网建设，重点解决7个输变电工程项目落地，保障地区电力有序供应。推进交通基础设施建设，对外构建以沈海高速、甬莞高速、大潮高速、厦深高铁、漳汕高铁、疏港铁路、饶平通用机场、潮州港“3+3+1+1”为骨架的综合立体交通网络，对内启动饶平大桥新建、环城北桥新建、黄冈大桥改建、东溪水闸拆除重建、滨海旅游公路等项目规划建设，在县城区形成5条跨河快速通道，打通一批断头路，构建外联内通的大交通格局。推进水利设施建设，加快“引韩济饶”供水工程、饶平第二水厂改扩建、钱东新水厂建设项目、饶北水资源调配工程等水利工程建设步伐，让苏区群众喝水更有保障、更加安全。推进工业园区规划建设，加快潮州港三百门新港区、临港产业转移工业园、樟溪低碳工业区（二期）、联饶工业区、饶平高铁产业园、潮州特色商贸物流园、钱东中潮食品工业园等产业园区“六通一平”基础设施建设，积极申报省级产业园和特色产业园，搭好平台，上门招商、精准招商，主动承接“双区”产业外溢，培育经济新增长极。

（八）加快构建“一城一廊一海湾”饶平发展新格局。紧扣省委构建“一核一带一区”区域发展格局、市委构建“一江两城一海湾”发展格局，结合“十四五”规划编制和国土空间规划编制，科学谋划饶平“十四五”时期乃至二〇三五年远景目标，以打造潮州海湾为主调，发挥县城辐射带动、黄冈河生态保障、临港经济引擎作用，构建“一城一廊一海湾”饶平发展新格局，高质量建设凤江新城、黄冈河生态廊道、潮州海湾。以黄冈河县城段为中轴线，打造以黄冈大桥（黄冈大道）为起点北至沈海高速桥为界向东西两边拓展的凤江新城北片区，以及以新东溪水闸及新通道为起点南至黄冈河出海口向东西两边拓展的凤江新城南片区，提高中心城区发展能级；以黄冈河中上游为主线，向沿河两岸拓展，坚持生态保护、绿色发展，加强水环境综合治理，搭建亲水栈道、亲水平台，打造“万里碧道”，构建滨河景观带，带动现代农业、茶旅、红色文化、旅游康养产业串联发展、融合发展，形成绿色生态发展廊道；依托港口、海洋资源和产业基础优势，以年产值上百亿元的华瀛LNG、益海嘉里（金龙鱼）粮油加工基地为龙头，推进滨海旅游公路、亲水岸线、生态岛礁建设，大力发展粮油糖、海旅、海上风电等临港绿色能源和滨海旅游产业，打造陆海统筹、港产联动的闽粤“湾区”发展平台，推动潮州海湾与粤港澳大湾区“小湾对大湾”“小湾融大湾”。

（九）牢牢守住安全发展底线。全面贯彻总体国家安全观，更好统筹发展和安全，增强自身竞争能力、开放监督能力、风险防控能力。坚持把维护国家政治安全特别是政权安全、制度安全放在首位，严密防范和坚决打击各种渗透颠覆破坏活动，提高意识形态领域治理能力。坚持以大概率思维应对小概率事件，强化“弱信号”研判处置，完善全县“一盘棋”应急响应和重大突发事件“四个一”应急处置机制，坚决防范化解政治、意识形态、经济、对美贸易斗争、科技、社会、对外工作、党的建设等领域重大风险。加强经济安全风险预警、防控机制和能力建设，实现重要产业、基础设施、战略资源、重大科技等关键领域安全可控。坚决维护金融安全，持续用力抓好互联网金融、地方政府债务、房地产市场等领域风险防控。全力保障粮食安全，把饭碗牢牢端在自己手上。健全对外开放安全保障体系，落实外资投资项目审查和备案制度，完善对外投资合作、对外贸易风险防控机制。强化生态安全、生物安全风险防范，加强新型领域安全监管。全面强化安全生产责任制落实，大力推进安全生产专项整治三年行动，坚决防范重特大安全生产事故发生。

三、在更高起点上推进改革开放，打造市场化法治化营商环境

（十）抓好重点领域体制机制改革。以供给侧结构性改革为主线，着力推进经济结构优化升级。聚焦要素资源、数字政府、教育、医疗卫生、城市治理、园区发展、环保、人才、农村等重点领域和关键环节改革，形成一批可复制可推广的重大制度创新成果。加强国资国企改革，加快“僵尸企业”出清，多方引资、引智、引才，推动国有资本优化配置。推进投融资体制机制改革，搭建投融资平台，研究发展债券投资计划、股权投资计划等融资工具，放宽放活社会投资，吸引民间资本，破解地方财力不足问题。建立健全科技金融综合服务体系，提高金融服务创新能力。探索设立产业发展基金，用好科技信贷风险准备金，引导社会资本更多流向科技创新领域。

（十一）推动营商环境优化。加快推进数字政府、智慧城市建设，以“优化政府管理和服务”为导向，推行政务服务标准化、规范化、便利化。探索推行开办企业“线上一网一界面、线下一窗一表格”，推进覆盖企业准入、准营、退出全生命周期的商事制度改革。深化“放管服”改革，建立健全“企业吹哨、部门报到”服务机制，进一步压缩项目审批期限，简化企业办事流程，探索推进“秒批”政务服务改革，实现“繁简分流”和“容缺受理”。深化土地、劳动力、资本、技术、数据等要素市场优化配置改革，降低税费、融资、用能、物流、人工等制度性交易方面成本。运用信息化手段提供跨部门、跨层级、跨事项的“一件事”主题服务，加快推动“便民惠企”成效转化。强化规则意识，加强社会信用体系建设，打造“诚信饶平”品牌。全力破除利益固化的藩篱和熟人社会的弊端，努力构建亲清新型政商关系，营造法治化营商环境。

（十二）持续扩大开放。大力推动制度型开放，学习借鉴粤港澳大湾区和经济特区在体制机制方面改革创新经验。深入实施大招商机制，建立专业化综合评价体系和筛选机制。建立产业链“链长制”，按照“培育一个链主，引领一个产业”的思路，发挥发展平台与特色园区的承载作用，精准招引一批具有龙头带动作用的优质企业和高端产业。完善全方位全过程服务机制，实施事前、事中、事后一站式服务，确保招商项目如期落地建成投产。加大出口信用保险支持力度，提高企业规避风险能力。健全促进和保障境外投资的政策和服务体系，加强对外投资公共服务平台建设，引导本土企业积极稳妥开展境外投资，实现高水平走出去。把握区域一体化融合趋势，坚持交通先行，加快融入粤港澳大湾区城市群、福建厦漳泉城市群2小时生活圈与汕潮揭半小时都市圈，共享基础设施建设、文化、医疗、教育、治安、生态环境等红利。做好“侨”文章，发挥饶平海外华侨众多的优势，以商贸、文化为纽带，鼓励引导港澳台同胞和海外侨胞充分发挥投资兴业、双向开放的重要作用，助力饶平经济建设。

四、选准新发展格局中的定位，增强畅通国内大循环和联通国内国际双循环的功能

（十三）牢牢扭住扩大内需战略基点。提升传统消费，积极稳定汽车、家电等居民传统大宗消费，促进住房消费健康发展；发展服务消费，放宽健康、养老、家政行业准入；培育新型消费，鼓励“线上引流+实体消费”新场景新模式新业态发展；引导县外教育、医疗等消费回流；扩大节假日消费，推进文化旅游消费。推进农贸市场和特色步行街改造提升，壮大“老字号”企业队伍。以凤江新城为平台，打造高端城市综合体，增强发展动力。积极扩大有效投资，加快5G、工业互联网、大数据中心等新型基础设施建设，提升改造交通、能源、水利基础设施，加大民生保障、物资储备等领域投资力度。更好发挥政府投资撬动作用，激发民间投资活力。

（十四）积极融入国内国际双循环。引导企业主动深化产品、产业的供给侧结构性改革，实施增品种、提品质、创品牌“三品”战略，加强质量技术攻关，提升供给体系对国内需求的适配性。支持外贸产品拓展国内市场，规范出口转内销产品上市程序，推动内外销同线同标同质。加大参加国内展销展览活动组织力度，积极融入“互联网+营销”新模式，探索设立出口商品专销区，集中销售外贸出口产品。引导企业把握国际市场动向和需求特点，调换国外市场开拓重点，大力构建本土产品的国际分销网络。利用“国家农业对外开放合作试验区”政策利好，加快建设农业对外开放合作试验区现代水产产业园和农产品跨境电商园，指导企业开展跨境电商业务。培育壮大外贸综合服务企业，吸引技术、品牌、标准等高端要素集聚，不断做大特色产品出口，增创参与国际循环优势。

（十五）支持和融入参与“双区”建设。调动全要素支撑对接参与“双区”建设，更好引进外生活力，激发内生动力，驱动高质量加快发展。加快交通设施互联互通，突出抓好铁路、高速公路、通用机场等重大交通项目，推进与大湾区“123交通圈”的“硬联通”，推动潮州港深度对接“双区”世界级港口群，做强“空铁高港”功能集成，打通资源要素高效流通渠道。突出产业协同、产业链优势互补和分工协作，发挥产业园区平台支撑作用，积极承接优质资源溢出和优质项目转移，推进科技研发合作、产业合作共建、制度机制衔接，培育县域经济新增长极。瞄准“双区”大市场，融入经贸“大网络”，在农业生产、商贸物流、文化旅游等重点领域加强合作。对标对接“双区”制度规则，构建开放互通的政策环境和相互衔接的公共服务体系。加快构建现代流通体系，大力发展农村电商和冷链物流，打造县级电子商务农产品冷链物流产业基地和县级农产品集中展示基地；完善城乡物流配送体系，支持关系居民日常生活的商贸流通设施改造升级；建立储备充足、反应迅速、抗击能力强的应急物流体系。

五、加强文化强县建设，把饶平文化保护好、延续好、传承好

（十六）加强本土文化研究。系统化、整体性推进饶平文化建设，增强文化软实力。组织专家学者和研究机构，深入挖掘红色文化、潮州文化、客家文化、畲族文化、浮滨文化和海滨文化，积极推动本土文化创造性转化、创新性发展，形成一批富有指导性的研究成果，把饶平优秀文化保护好、延续好、传承好。灵活运用线上展览、文创体验、论坛讲座、学术研讨等方式，展示饶平文化研究、保护、传承的成果成效，打造饶平文化综合性展示窗口。

（十七）加大文化传承保护力度。进一步加强文化遗址和文物保护，推进文物保育活化、非遗保护传承，延续城市文脉，使历史和当代相得益彰。以“绣花功夫”推进丁未路微更新、微改造，分批次推进全县18处文物保护单位修缮保护工作，保护好具有历史文化价值的老旧街区，彰显城市特色，增强文化旅游内涵。修缮保护道韵楼、茂芝会议旧址等文物古迹、革命遗址，开发利用好老宅院、老祠堂、老池塘、民居代表性历史建筑等，加强日常管理养护，不搞过度修缮、过度开发，尽可能保留历史原貌。充分发挥布马舞、彩青、游旱龙、剪纸、木雕等非物质文化艺术和民间工艺的瑰宝魅力，推动饶平非物质文化遗产数据库建设，打造“大师坊”，加强挖掘、保护、传承、申报，扶持镇村非遗传承人、民间艺人收徒传艺，积极培养传承人，扩大国家级、省级和市级非遗项目数量，让非物质文化遗产绽放更加迷人光彩。

（十八）推动文化事业文化产业发展。加强公共文化设施建设，推动县图书馆、县档案馆“两馆”建设，加快县运动场改造升级，规划建设凤江广场、县奥林匹克中心等一批城市文体项目。推进惠民文化活动常态化开展，组织“新时代文明实践活动之凤江戏苑”等品牌活动，推进潮剧、小说、歌谣、灯谜等文艺精品创作。建设凤江新城滨水休闲景观带，建设一批休闲农业和乡村旅游示范项目，打造一批文化旅游特色小镇、文化旅游特色村，遴选培育一批文化主题旅游线路、文化旅游体验基地，擦亮潮州菜、客家菜和饶平本土特色小吃等一系列美食品牌，打造“食住行游娱购”等商业业态，积极引客入饶。

（十九）推动饶平文化“走出去”。系统谋划饶平城市形象宣传，嵌入饶平文化内涵，提高城市知名度、美誉度、影响力。不断丰富文化交流形式，打造多方位文化交流平台，构建立体化媒体矩阵，加大与南方日报、潮州日报、潮州电视台等各级主流媒体的互动宣传合作，打造更多接地气、传播价值高的原创内容，制作一系列有思想深度、精神高度、文化厚度的节目和作品，讲好饶平故事，唱响饶平声音。

（二十）推进物质文明和精神文明协调发展。深入实施习近平新时代中国特色社会主义思想传播工程，依托新时代文明实践中心（所、站），加强党史、新中国史、改革开放史、社会主义发展史教育，弘扬以爱国主义为核心的民族精神和以改革创新为核心的时代精神，以及敢闯敢试、敢为人先、埋头苦干的特区精神，推动理想信念教育常态化制度化。推动新一轮“创文”“创卫”工作，大力实施“创文”八大环境提升工程，开展精神文明创建九大行动，加强社会公德、职业道德、家庭美德、个人品德教育。建好用好爱国主义教育基地，依托“茂芝会议”旧址等红色革命遗址，创作展演爱国主义题材文艺精品，加强青少年学生的思想政治工作，不断提升人民文明素养和社会文明程度。

六、优化生态环境，保护好饶平的绿水青山

（二十一）加强黄冈河流域综合治理。加强黄冈河水质监测和预警，开展黄冈河生态调查和修复维护，推进黄冈河流域上下游、左右岸、干支流协同治理，让黄冈河秀水长清。全面完善河长制制度体系，加快构建综合治水管水护水机制，强化水环境联合执法，加强水利设施运行管理，推动实现智慧巡河、精细管水。统筹推进病险水闸水库除险加固、海堤加固达标、村镇污水处理设施PPP等项目建设。充分挖掘黄冈河流域悠久的历史文化资源和丰富的近现代红色文化资源，推进黄冈河中下游“万里碧道”建设，提升滨水两岸生态品质。

（二十二）加强生态环境保护。践行“绿水青山就是金山银山”理念，保持加强生态文明建设的战略定力，以生态环境高水平保护促进经济社会高质量加快发展，推动形成人与自然和谐共生的现代化建设新格局。巩固污染防治攻坚战成果，持续推进黄冈河流域水环境综合整治，强化大气协同治理，推进城镇污水管网全覆盖，抓好土壤污染管控和修复，推进污染地块安全利用，开展“两违”专项整治，加强耕地保护和利用，全面遏制乱占耕地行为。扎实开展农村污水和农业面源污染治理，推进澄饶联围生态环境治理，加强海滩涂海岸线污染治理，着力清理整治牛蛙养殖和海域违规吊养等行为，持续改善环境质量。统筹山水林田湖草系统治理，加强自然保护地和生态保护红线监管。持续推进中央及省环保督察反馈问题整改。

（二十三）推动绿色低碳发展。强化国土空间规划和用途管控，深化产业结构、能源结构、交通结构绿色转型升级，加强绿色技术创新，倡导绿色生活方式。全面提高资源利用效率，推动工业、农业、生活各领域固体废物减量化、资源化，推行生活垃圾分类处理，加快建立生态产品价值实现机制。做好国家森林城市创建工作，积极参与“森林小镇”“森林乡村”和“森林公园”称号评选，以创新举措推动创建工作取得新突破。加快森林公园和生态旅游体系建设，构建连通山林、湿地、河湖、海岸线等生态板块的绿色屏障。

七、加快推进城市治理体系和治理能力现代化建设，营造共建共治共享社会治理格局

（二十四）提升城市管理精细化水平。深入把握城市空间结构、生产方式、组织形态和运行机制的深刻变革，把精细化管理理念贯穿城市规划、建设、管理和生产、生活、生态全过程各方面。把社会“微治理”触角延伸到每个村庄、每栋楼宇、每户家庭，在衣食住行、教育医疗、社会秩序等方面提高城市管理水平和服务质量。加快建设智慧城市，综合运用5G、大数据、云计算等新技术，创新城市管理手段、管理模式、管理理念。建设全面覆盖的信息基础设施，打造“智慧城市”信息化管理体系，形成城市服务、经济运行、金融、医疗、交通、城管、警务等板块多层次、跨部门、跨领域信息资源开发和共享机制，提升城市治理的精准化。加强城市公共安全风险监测预警体系建设，把好公共安全风险源头关、监测关、管控关。

（二十五）强化基层社会治理。健全党组织领导的自治、法治、德治相结合的城乡基层治理体系，完善基层民主协商制度。推动社会治理重心下移，持续深化乡镇体制改革，合理下放经济社会管理权限，推进放权强镇。加强城乡治理和服务体系建设，减轻基层负担，加强基层社会治理队伍建设，构建网格化管理、精细化服务、信息化支撑、开放共享的基层管理服务平台。进一步整合综治中心、派出所、司法所等资源力量，推进人民调解、行政调解、司法调解对接联动，构建矛盾纠纷多元化解体系，及时就地解决群众诉求，从源头上预防化解矛盾纠纷。加强行业治理，发挥行业自律管理作用，持续完善行业部门社会治理责任清单。发挥群团组织和社会组织的作用，畅通和规范市场主体、新社会阶层、社会工作者和志愿者等参与社会治理的途径，拓展外来人口参与社会治理的渠道和方式。

（二十六）建设更高水平的平安饶平、法治饶平。强化“平安法治”对饶平高质量加快发展支撑作用，深入推进全面依法治县和平安饶平建设。坚持用习近平法治思想统揽全面依法治县工作大局，运用法治思维和法治方式解决治理顽疾难题，切实解决法治领域突出问题，让法治成为社会共识和基本准则。强化科学立法、严格执法、公正司法、全民守法，推动各项工作在法治轨道上运行。加强法治政府、法治社会建设，深化行政执法体制机制改革，深化司法体制综合配套改革，加大全民普法力度，健全公共法律服务体系。巩固扫黑除恶专项斗争成果，探索建立“六个常态化机制”。坚决防范和打击暴力恐怖活动，严厉打击涉假、涉税、涉电诈、涉毒等突出违法犯罪，开展农村集体“三资”清理整治，严厉打击垄断农村资源、侵吞集体资产的黑恶霸痞势力。坚持和发展新时代“枫桥经验”，推进“雪亮工程”，打造城乡社会治理综合平台，深化社会矛盾专项治理，推进矛盾纠纷多元化解制度建设。突出抓好防灾减灾、安全生产等工作，全力保障人民群众生命财产安全。

八、真抓实干践行以人民为中心的发展思想，努力让人民群众的获得感成色更足、幸福感更可持续、安全感更有保障

（二十七）突出抓好稳就业。强化就业优先政策，精准做好高校毕业生、异地务工人员、退役军人等重点群体就业服务。推动“潮州菜师傅”“广东技工”“南粤家政”三项工程高质量发展。健全创业带动就业和多渠道灵活就业机制，支持和规范发展新就业形态。健全终身职业技能培训制度，加快完善技能培训、标准和评价体系，探索开展各类各级职业技能竞赛，培养更多高技能人才。不断提高居民收入水平，健全工资合理增长机制，着力提高低收入群体收入，扩大中等收入群体。完善按要素分配政策制度，探索通过土地、资本等要素使用权、收益权增加中低收入群体要素收入，多渠道增加城乡居民财产性收入。

（二十八）增进民生福祉。坚持以人民为中心的发展思想，聚焦人民群众普遍关注、反映强烈、反复出现的问题，拿出更多改革创新举措，加大民生领域财政投入力度，完善就业、教育、医疗、交通、饮水、养老、社保、住房、殡葬、扶贫等社会保障体系。加快县中山实验学校、暨南大学附属潮州实验学校等5个教育重点建设项目和县中小学寄宿制学校基础设施建设项目建设步伐，优化教育基础设施布局，提升公共教育服务水平。加快医疗卫生事业创新发展，推进国家级紧密型医共体建设试点县建设，推进县人民医院和县妇幼保健院异地新建、县第二人民医院传染病区建设等10个医疗卫生重点项目建设，深化暨南大学附属第一医院全面托管县人民医院工作，促进医疗卫生事业均衡发展，提升县域医疗保障服务水平。毫不松懈抓好新冠肺炎疫情常态化防控，加快补足公共卫生短板，织牢公共卫生防护网，提高应对公共卫生事件能力。加强公共体育设施建设，打造“15分钟健身圈”。健全覆盖全民、统筹城乡、公平统一、可持续的多层次社会保障体系，做好基本医疗保险、大病保险与医疗救助的衔接，巩固扩大社保、医保覆盖面，完善困难群众和特殊群体的兜底社会保障机制。积极应对人口老龄化，健全基本养老服务体系。坚持房子是用来住的、不是用来炒的定位，加快完善住房供给和保障体系。完善“小切口大变化”民生实事办理制度，持续抓好畅顺春运、平安高考、“厕所革命”、垃圾分类、制止餐饮浪费等工作。

（二十九）提升城市品质。把补短板和提品质有机结合起来，着眼群众所思所盼加快城市建设，把“人民城市人民建、人民城市为人民”重要论述落实好。强化饶平文化元素，把“饶味”元素融入城市建设与管理全领域各方面。推进县城老旧小区改造，分步选点建设一批基础设施和城市绿地，有机融入现代生活气息，让老旧城乡展现新面貌。实施镇区服务功能现代化建设三年行动，完善交通运输、水电气供应、网络通信、物流、防污环卫等基础设施，推动生活垃圾规范化处理和标准化公厕普及率全覆盖，健全完善配套服务功能，推动形成工农互促、城乡互补、协调发展、共同繁荣的新型工农城乡关系，把镇区建成服务农村农民的区域中心。

（三十）推进乡村振兴。推动实施加快乡村建设行动，进一步改善农村人居环境、补齐农村基础设施短板、提高基本公共服务水平、促进农村社会文明进步，打造具有饶平鲜明特色的生态宜居美丽乡村。坚持村庄规划引领，明确村庄分类，注重保留乡土味道，保护传统村落和乡村风貌，编制符合乡村发展实际、符合农民发展意愿、符合乡村振兴要求，“多规合一”的实用性村庄建设规划。开展“四好农村路”大会战，统筹推进农村道路基础设施建设，推动实现镇通行政村公路改造、村委会通自然村村道路面硬化、自然村村内道路硬化全覆盖。开展“点亮乡村”行动，整镇统筹、连片推进，谋划辖区各村（社区）道路太阳能路灯安装建设项目，推动实现全县农村主干道和主要公共活动场所太阳能路灯安装全覆盖。开展“卫生乡村”行动，突出抓好农村人居环境整治，推进“三清三拆三整治”“三清一改”、农村垃圾污水治理、厕所革命和村容村貌提升等重点工作，强化资金保障，推动全域农村人居环境改善。开展“绿美乡村”行动，加强进村道路和村内道路两侧、村域内沟塘水渠周边、公共场所、房前屋后绿化，开展美丽庭院创建活动，做到见缝插绿、应绿尽绿。开展“秀水乡村”行动，对各村（社区）山塘水库、河流沟渠等水体和周边涉水环境进行综合治理，鼓励有条件的村（社区）通过引水入村改良水质，做好雨污分流、生活污水处理设施建设等源头治理工作，加强美化绿化，提升农村水环境质量。开展“精美乡村”行动，实施风貌管控提升工程，坚持分类实施，规范新建农房风貌塑造，加强县核心区、重要交通沿线、省际边界、重要景区沿线风貌提升，加快存量农房微改造，因地制宜打造农村“四小园”等小生态板块，全面提升乡村风貌；推进文化服务中心、电影院、图书馆、休闲公园、运动场、文化大礼堂等文体休闲场所建设，加强农村精神文明建设，提倡移风易俗。开展“数字乡村”行动，完善行政村5G基站、农村电子商务、冷链物流站点等一批乡村信息基础设施，发展乡村“互联网+教育”“互联网+医疗”，建设完善中医馆健康信息平台，推进农村“雪亮工程”“互联网+公共法律服务”，提高乡村生产、教育、医疗、社会治理等方面的数字化应用水平。开展“商贸乡村”行动，建设农村商贸流通中心、信息交流中心，聚集农村批发零售、餐饮、住宿、物流、电子商务等元素，“一站式”满足农村群众日常生活需求。持续巩固脱贫成果，推动脱贫攻坚与乡村振兴有效衔接。

九、加强党的全面领导和党的建设，着力锻造坚强有力党组织

（三十一）坚决做到“两个维护”。巩固深化“不忘初心、牢记使命”主题教育成果，一以贯之执行坚决落实“两个维护”十项制度机制。深化“大学习、深调研、真落实”，加强专项研究工作，全面落实“第一议题”制度，健全专题研讨培训制度，学思用贯通、知信行统一，切实用习近平新时代中国特色社会主义思想武装头脑、指导实践、推动工作。完善闭环落实机制，抓好习近平总书记重要指示批示的贯彻落实。严明政治纪律和政治规矩，落实“五个必须”，坚决反对“七个有之”，巩固肃清李嘉、万庆良恶劣影响成果，坚决同一切偏离“两个维护”的错误言行作斗争，营造风清气正的良好政治生态。

（三十二）夯实基层组织。压实各级党委（党组）书记抓基层党建“天职”，谋划实施新一轮三年行动计划，持续深化固本强基“1+N”工程。以乡村组织振兴“十个有”“抓镇促村、整镇提升”行动和各领域党建示范点建设为抓手，常态化排查整顿软弱涣散基层党组织。围绕村级换届选举的硬指标硬任务，选优配强各领域基层党组织“头雁”。完善“村到组、组到户、户到人”三级党建网格，引导党员在乡村振兴、基层治理等中心工作中当先锋、作表率。进一步扩大党在新兴领域的“两个覆盖”，提升民营企业、社会团体、园区等党建工作质量，在条件成熟的小区、巷道等网格化管理区域建立党组织，推进村（社区）党群服务中心扩容提质。深化党员亮身份、亮职责、亮承诺活动，实施党员星级评定，完善党内关怀帮扶机制。

（三十三）加强干部队伍建设。坚持党管干部原则，突出政治标准，加大结构性调整力度，选优配强各级领导班子。提前谋划、系统考虑，稳妥推进县镇领导班子换届。大力选育年轻干部，落实年轻干部常态化配备要求。坚持实绩和结果导向，统筹用好职务职级双职数，推动形成“能者上、优者奖、庸者下、劣者汰”正确导向。不断改进干部考核工作，提升考核结果的精准度、公认度。进一步完善绩效考核办法，优化设置绩效奖金级差。坚持“三个区分开来”原则，建立健全容错纠错机制和澄清保护机制，激励干部群众勇当新时代的“拓荒牛”。聚焦“七种能力”，突出干部思想政治教育培训的核心，一并推进专业化能力和政策法规培训。畅通干部上下交流和横向交流任职渠道，推动扬长补短、加快成长。选派干部参与全县重点工作，在改革发展主战场、在重大工作、重大斗争第一线培养选拔干部。

（三十四）持之以恒正风肃纪反腐。把“严”的主基调长期坚持下去，坚持不懈正风肃纪反腐。坚持无禁区、全覆盖、零容忍，重遏制、强高压、长震慑，对不收敛不收手、围猎和甘于被围猎的从严查处。加大力度惩治扶贫领域腐败和作风问题，精准查处涉黑涉恶腐败和“保护伞”问题，深入整治教育、医疗、扶贫等民生领域损害群众利益问题，推动广大干部廉洁公平为群众办实事办好事。深挖细查各种隐形变异的“四风”问题，持续整治形式主义、官僚主义。激发中华优秀传统文化中的“廉洁因子”，弘扬廉洁修身、勤勉尽责的文化，教育引导党员干部清廉自守、怀德自重。认真抓好查办案件“后半篇文章”，深入探索“以案促改”有效措施方法，一体推进不敢腐、不能腐、不想腐。

全县各级党委（党组）要在本地区本部门发挥总揽全局、协调各方的领导作用，做好人大、政协工作，加强统战工作，改进群团工作，发挥民主党派、工商联、无党派代表人士，以及港澳台同胞和广大侨胞的积极作用，凝聚起落实总书记重要讲话、重要指示精神的强大合力。

全县各级党组织和广大党员干部要高举习近平新时代中国特色社会主义思想伟大旗帜，深入学习贯彻落实习近平总书记重要讲话、重要指示精神，更加紧密地团结在以习近平同志为核心的党中央周围，抓住机遇、乘势而上、起而行之、感恩奋进，坚定不移推进我县经济社会高质量加快发展，为广东在全面建设社会主义现代化国家新征程中走在全国前列、创造新的辉煌，为加快打造沿海经济带上的特色精品城市、把潮州建设得更加美丽作出饶平贡献！

中共饶平县委办公室
2020年12月23日印发

2020年中共饶平县委办公室重要文件选录

中共饶平县委办公室　饶平县人民政府办公室
印发《关于进一步推动饶平文化繁荣发展的意见》的通知

饶办发〔2020〕4号

各镇党委、政府，县直局以上单位：

《关于进一步推动饶平文化繁荣发展的意见》已经县委、县政府同意，现印发给你们，请结合实际认真贯彻落实。

中共饶平县委办公室
饶平县人民政府办公室
2020年4月3日

关于进一步推动饶平文化繁荣发展的意见

为坚定文化自信，全力打造“粤东大门，苏区大港，美丽乡村，幸福家园”，增强饶平文化软实力和综合竞争力，现就进一步推动饶平文化繁荣发展提出以下意见。

一、总体要求

（一）指导思想：坚持以习近平新时代中国特色社会主义思想为指导，以社会主义核心价值观为引领，以满足人民群众多样化多层次多方面精神文化需求为目标，积极融入“海上丝绸之路”“粤港澳大湾区”建设。

（二）发展目标：培育一批知名文化团体和创意人才，推出一批有深远影响力的文艺原创精品，扶持打造文化产业龙头企业，规划建设文化产业集聚区，打造一批展现文化自信和文化魅力的文化品牌，擦亮“中国民间文化艺术之乡”“广东省戏剧之乡”等招牌，把饶平打造成为文化强县。

二、全力打造文化精品

（一）构建现代公共文化服务体系

1. 提升各类公共文体场馆建设。加大对博物馆、图书馆、文化馆等公共文体场馆的文化活动资金支持力度。规划建设“五馆一院”（“五馆”：图书馆、文化馆、博物馆、艺术馆、体育馆，“一院”：戏剧院），推动“三馆一站”提档晋级，推进图书馆、文化馆总分馆制建设，提升基层综合性文化服务中心建设，增强设施服务效能。推进公共数字文化服务，实现村（社区）公共文化活动场地WIFI全覆盖。

2. 加强文化人才队伍建设。培养扶持本地优秀文化文艺人才，充实县、镇文化场馆人才队伍。组建饶平县文化志愿者队伍，开展公共文化服务活动。

3. 实施群众公共文明素质提升计划。开展各类主题教育实践活动，推进新时代文明实践中心

（所、站）建设，发挥基层综合性文化服务中心作用，构建“半小时文化圈”。

（二）打造文化遗产优势品牌

4. 打造主题“文化节”。精心打造潮剧、布马舞、彩青、游旱龙等非物质文化遗产品牌，组织开展“文化节”活动，加大宣传展示力度。

5. 打造“一校一品”。推动潮剧、布马舞、彩青、游旱龙等艺术进校园。实施非遗“春苗”计划，开设潮剧、布马舞、彩青、游旱龙等传统文化课程。

6. 打造特色博物馆。建设具有饶平传统文化特色的博物馆，争取省级以上博物院的文化艺术展到饶平巡展，邀请各类知名文化艺术家到饶平设立个人专馆。

7. 打造饶平土楼名片。保护、修缮、活化利用文物点，形成“饶平土楼”“古村落”文化旅游名片。

8. 加大对非遗的扶持力度。挖掘民间艺术资源，促进优秀传统文化的传承保护利用，建立一批文化传承基地，常态化开展文化普及、技艺展演等活动，培育文化新人。

9. 加强文物和非遗项目的保护管理。深入挖掘畲族文化、浮滨文化等特色资源，建立文物资源档案数据库，争取各级专项资金支持，动员社会力量参与文物保护活化利用工作，加快推进对古村落、土楼、古祠堂等传统建筑的保护。

（三）打造饶平文化艺术精品

10. 打造高水准文艺作品。加强对书法、美术、音乐、舞蹈、戏曲等文艺门类发展规划，邀请知名专家、学者到饶平采风、讲学，打造“戏曲之乡”“书画艺术之乡”“作家之乡”“布马舞之乡”“灯谜之乡”等，做好重大项目立项和专项资金申报工作，提高文学艺术创作水平。

11. 扶持文艺精品自主创作。对当年度获得国家级、省级精神文明建设“五个一工程”及其他常设性的正式比赛、展览、演出、评比中获得奖项的文艺作品，根据思想性、艺术性和影响力，按照相关政策给予褒扬奖励，并组织举办各类宣传活动，鼓励多出作品、多出精品。

（四）打造红色革命文化名片

12. 实施红色革命遗址保护行动。加强对红色革命遗址的保护打造，积极争取各级资金，融合社会多方力量，规划建设红色苏区革命纪念场馆，做强全县红色文化名片。

13. 推动红色文化资源活化利用。深入挖掘、盘活丰富的革命历史文化资源，提升茂芝会议纪念馆、麦贤得英雄事迹展览馆等红色教育基地，建设“八六海战”博物馆，活化“战斗英雄麦贤得”“长征英雄李沛群”等人文资源，打造饶平红色文化讲解员队伍，组织创作一批优秀红色文艺作品，讲好红色故事。

三、着力打造文化强县

（五）大力推进“文化+”产业发展

14. 推进“文化+旅游”发展。依托丰富的文化资源，打造“红色文化游”“文明乡村游”等文化旅游线路。实施“潮州菜师傅”工程，促进潮州菜与乡村振兴、与旅游的融合发展。推动、规范民宿发展与管理。

15. 推进“文化+创意”发展。加大非遗产品开发力度和版权保护力度，融入现代文化元素，实现特色非遗产品产业化、规模化、集约化发展。推动文化文物单位、文化创意设计机构、高等院校、职业学校等开展合作，提升文化创意产品设计开发水平。鼓励支持图书馆、博物馆、文化馆、艺术馆打造文创产品，开展市场化运作。

16. 推进“文化+科技”发展。充分运用3D技术、数字技术、动画制作技术等新技术，以及各种新材料、新工艺，升级改造传统文化产品，提升产品的附加值。推动大数据、物联网、云计算、人工智能、超高清等先进技术在新闻出版、广播影视、广告会展、文化旅游等领域深度应用。

17. 推动“文化+区块链”发展。利用区块链技术，将文创产业链条中的生产、流通、交易、维权各环节加以整合、加速流通，有效缩短价值创造周期。保障文艺创作者知识产权，激发创作积极性。

18. 推进“文化+体育”发展。进一步完善全县公共体育场馆、基本公共体育设施、体育产业和服务，经常性举办体育活动，举办各类体育赛事，发展优秀民族、民间传统体育，广泛开展形式多样的群众性体育活动，构建“30分钟全民健身圈”，营造良好的运动文化氛围。

（六）打造高水平的文化发展平台

19. 打造文化聚集创新平台。以“文化传承”为主题，活化历史建筑，将有条件的闲置的学校、厂房、祠堂等改成保存城乡记忆的展览馆、小剧场、阅览室等场所。促进工艺美术的发展和高水平文化博览中心的规划建设，打造基层特色文化村镇。

20. 打造文化推介平台。积极融入“粤港澳大湾区”建设，利用文化部中国文化交流中心、文博会、侨博会、广东商贸网等文化贸易平台，推动饶平历史文化项目“走出去”展演交流，提高文化影响力和竞争力。

21. 打造海外文化交流平台。抓住国家“一带一路”建设等重大国家战略机遇，争取国家专项资金支持，配合市筹划设立“潮州港博物馆”。挖掘饶平在外资源，依托各类潮人联谊平台，通过潮剧团赴海外演出等机会加强与海外的文化交流。

（七）培育壮大文化市场主体

22. 落实《关于优化营商环境扶持企业发展若干措施》，加快“数字政府”建设，营造公平高效的营商环境，为文化企业发展提供优质服务，激发文化企业干事创业潜力和动力。

23. 建立健全企业梯度培育机制，形成“个转企、小升规、规改股、股上市”的良性发展局面。扶持、培育形成具有品牌优势、创新优势、规模优势的骨干文创企业。

24. 积极打造文化创意空间和孵化器等服务平台，对符合条件的提供租金、奖补等支持。面向文化艺术、影视传媒、动漫游戏、数字出版、设计服务等领域，依据政策提供创意研发、设备共用、标准研制、检验检测、信息共享、技术示范服务，促进文化创造性转化、创新性发展，培育具有发展潜力的小微企业。

（八）促进形成成熟的文化市场

25. 建立常态化文化消费促进机制。通过“一月一精品”惠民活动、“百姓大讲堂”、“书香饶平”全民读书节等品牌活动，提供优质文化服务，扩大文化消费市场。2020年至2025年连续5年，每年安排文化惠民资金，发挥其对文化消费的精准支持和激励引导作用。

26. 发展农村特色文化市场。支持乡村群众从事富有饶平文化特色的民间工艺美术项目，鼓励发展“一村一品、一镇一业”的特色经济。

27. 扶持民间文艺团体发展。运用市场准入、价格调节、财税优惠等政策，引导各类市场主体在出版发行、电影放映、文艺表演、网络服务等领域，积极开发民间文化市场，深入实施乡村振兴战略，挖掘消费潜力。

28. 改善文化消费环境。加强文化和旅游产品价格监管，建立和完善文化产品消费投诉、受理机制，维护消费者的合法权益。

四、保障措施

（一）强化组织领导

建立进一步推动饶平文化繁荣发展领导小组，负责研究、协调、解决文化发展中的重大问题。领导小组办公室设在县委宣传部，负责日常组织协调工作。同时，完善工作协调机制、对外交流机制、专家咨询机制和公众参与机制等，有效促进文化发展。

（二）加强资金保障

积极拓展资金来源渠道，建立多元的文化公益事业投入机制。加大政府性基金与一般性公共预算的统筹力度，充分发挥社会资本的补充作用，探索文化领域政府和社会资本合作模式，鼓励和引导社会资本参与公共文化服务、文化交流、文创小镇建设等。

（三）健全政策体系

各有关部门要贯彻落实关于公共文化服务体系、文化产业、继承弘扬优秀传统文化等有关文件规定，精准扶持、综合施策。加大协调力度，推动在本县事权范围内依法依规制订针对文化产业的优惠政策。完善文化市场综合执法监管体系，营造诚信、公平、竞争有序的市场环境。

（四）提供人才保障

落实《饶平县深化人才发展体制机制改革的若干意见》，建立饶平文化人才智库，依托国际潮籍博士联合会等平台吸收海内外优秀文化研究人才。扶持和壮大文艺创作队伍，培养一批文艺领军人物，建立一批艺术创作基地和工作室，建设经常性的文化交流、培训、传播平台。

附件：进一步推动饶平文化繁荣发展措施分工表

中共饶平县委办公室

2020年4月3日印发

进一步推动饶平文化繁荣发展措施分工表

类别	序号	举措	牵头单位	其他责任单位
一、构建现代公共文化服务体系（3项）	1	提升各类公共文体场馆建设。加大对博物馆、图书馆、文化馆等公共文体场馆的文化活动资金支持力度。规划建设“五馆一院”（“五馆”：图书馆、文化馆、博物馆、艺术馆、体育馆，“一院”：戏剧院），推动“三馆一站”提档晋级，推进图书馆、文化馆总分馆制建设，提升基层综合性文化服务中心建设，增强设施服务效能。推进公共数字文化服务，实现村（社区）公共文化活动场地WIFI全覆盖。	县文广旅体局	县新闻出版局、县财政局、县住建局、县自然资源局、县城综局、县文联、各镇政府
	2	加强文化人才队伍建设。培养扶持本地优秀文化文艺人才，充实县、镇文化场馆人才队伍。组建饶平县文化志愿者队伍，开展公共文化服务活动。	县文广旅体局	县文联、各镇政府
	3	实施群众公共文明素质提升计划。开展各类主题教育实践活动，推进新时代文明实践中心（所、站）建设，发挥基层综合性文化服务中心作用，构建“半小时文化圈”。	县文明办	县文广旅体局、县公安局交警大队、各镇政府
二、打造文化遗产优势品牌（6项）	4	打造主题“文化节”。精心打造潮剧、布马舞、彩青、游旱龙等非物质文化遗产品牌，组织开展“文化节”活动，加大宣传展示力度。	县文广旅体局	县工信局
	5	打造“一校一品”。推动潮剧、布马舞、彩青、游旱龙等艺术进校园。实施非遗“春苗”计划，开设潮剧、布马舞、彩青、游旱龙等传统文化课程。	县文广旅体局	县教育局
	6	打造特色博物馆。建设具有饶平传统文化特色的博物馆，争取省级以上博物院的文化艺术展到饶平巡展，邀请各类知名文化艺术家到饶平设立个人专馆。	县文广旅体局	县财政局、县文联
	7	打造饶平土楼名片。保护、修缮、活化利用文物点，形成“饶平土楼”“古村落”文化旅游名片。	县文广旅体局	县住建局、县自然资源局、各镇政府
	8	加大对非遗的扶持力度。挖掘民间艺术资源，促进优秀传统文化的传承保护利用，建立一批文化传承基地，常态化开展文化普及、技艺展演等活动，培育文化新人。	县文广旅体局	县文联
	9	加强文物和非遗项目的保护管理。深入挖掘畲族文化、浮滨文化等特色资源，建立文物资源档案数据库，争取各级专项资金支持，动员社会力量参与文物保护活化利用工作，加快推进对古村落、土楼、古祠堂等传统建筑的保护。	县文广旅体局	县工信局、县城综局、县住建局、县自然资源局、县广播电视台、各镇政府
三、打造文化艺术精品（2项）	10	打造高水准文艺作品。加强对书法、美术、音乐、舞蹈、戏曲等文艺门类发展规划，邀请知名专家、学者到饶平采风、讲学，打造“戏曲之乡”“书画艺术之乡”“作家之乡”“布马舞之乡”“灯谜之乡”等，做好重大项目立项和专项资金申报工作，提高文学艺术创作水平。	县委宣传部	县文广旅体局、县文联

续上表

类别	序号	举措	牵头单位	其他责任单位
三、打造文化艺术精品（2项）	11	扶持文艺精品自主创作。对当年度获得国家级、省级精神文明建设“五个一工程”及其他常设性的正式比赛、展览、演出、评比中获得奖项的文艺作品，根据思想性、艺术性和影响力，按照相关政策给予褒扬奖励，并组织举办各类宣传活动，鼓励多出作品、多出精品。	县委宣传部	县财政局、县委网信办、县文广旅体局、县文联、县广播电视台
四、打造红色革命文化名片（2项）	12	实施红色革命遗址保护行动。加强红色革命遗址保护，积极争取各级资金，融合社会多方力量，规划建设红色苏区革命纪念场馆，做强全县红色文化名片。	县委宣传部	县委组织部、县文广旅体局、县文联、县委党史研究室、县志办、县广播电视台、各镇政府
	13	推动红色文化资源活化利用。深入挖掘、盘活丰富的革命历史文化资源，提升茂芝会议纪念馆、麦贤得英雄事迹展览馆等红色教育基地，建设“八六海战”博物馆，活化“战斗英雄麦贤得”“长征英雄李沛群”等人文资源，打造饶平红色文化讲解员队伍，组织创作一批优秀红色文艺作品，讲好红色故事。	县委宣传部	县委组织部、县文广旅体局、县文联、县委党史研究室、县志办、县广播电视台、各镇政府
五、大力推进“文化+”产业发展（5项）	14	推进“文化+旅游”发展。依托丰富的文化资源，打造“红色文化游”“文明乡村游”等文化旅游线路。实施“潮州菜师傅”工程，促进潮州菜与乡村振兴、与旅游的融合发展。推动、规范民宿发展与管理。	县文广旅体局	县人社局、县市场监管局
	15	推进“文化+创意”发展。加大非遗产品开发力度和版权保护力度，融入现代文化元素，实现特色非遗产品产业化、规模化、集约化发展。推动文化文物单位、文化创意设计机构、高等院校、职业学校等开展合作，提升文化创意产品设计开发水平。鼓励支持图书馆、博物馆、文化馆、艺术馆打造文创产品，开展市场化运作。	县文广旅体局	县工信局、县教育局、县财政局、县文联
	16	推进“文化+科技”发展。充分运用3D技术、数字技术、动画制作技术等新技术，以及各种新材料、新工艺，升级改造传统文化产品，提升产品的附加值。推动大数据、物联网、云计算、人工智能、超高清等先进技术在新闻出版、广播影视、广告会展、文化旅游等领域深度应用。	县工信局	县文广旅体局
	17	推动“文化+区块链”发展。利用区块链技术，将文创产业链条中的生产、流通、交易、维权各环节加以整合、加速流通，有效缩短价值创造周期。保障文艺创作者知识产权，激发创作积极性。	县工信局	县新闻出版局、县文广旅体局、县市场监管局
	18	推进“文化+体育”发展。进一步完善全县公共体育场馆、基本公共体育设施、体育产业和服务，经常性举办体育活动，举办各类体育赛事，发展优秀民族、民间传统体育，广泛开展形式多样的群众性体育活动，构建“30分钟全民健身圈”，营造良好的运动文化氛围。	县文广旅体局	县委统战部、县工信局

续上表

类别	序号	举措	牵头单位	其他责任单位
六、打造高水平的文化发展平台（3项）	19	打造文化聚集创新平台。以“文化传承”为主题，活化历史建筑，将有条件的闲置的学校、厂房、祠堂等改成保存城乡记忆的展览馆、小剧场、阅览室等场所。促进工艺美术的发展和高水平文化博览中心的规划建设，打造基层特色文化村镇。	县文广旅体局	县工信局、县自然资源局、市生态环境局饶平分局、县住建局、县城综局、县文联
	20	打造文化推介平台。积极融入“粤港澳大湾区”建设，利用文化部中国文化交流中心、文博会、侨博会、广东商贸网等文化贸易平台，推动饶平历史文化项目“走出去”展演交流，提高文化影响力和竞争力。	县文广旅体局	县工信局、县文联
	21	打造海外文化交流平台。抓住国家“一带一路”建设等重大国家战略机遇，争取国家专项资金支持，配合市筹划设立“潮州港博物馆”。挖掘饶平在外资源，依托各类潮人联谊平台，通过潮剧团赴海外演出等机会加强与海外的文化交流。	县文广旅体局	县自然资源局、县住建局、县新闻出版局、县委统战部、县工信局、县文联、县侨联、“潮州港博物馆”所在镇政府
七、培育壮大文化市场主体（3项）	22	落实《关于优化营商环境扶持企业发展若干措施》，加快“数字政府”建设，营造公平高效的营商环境，为文化企业发展提供优质服务，激发文化企业干事创业潜力和动力。	县市场监管局	县工信局、县文广旅体局、县政数局
	23	建立健全企业梯度培育机制，形成“个转企、小升规、规改股、股上市”的良性发展局面。扶持、培育形成具有品牌优势、创新优势、规模优势的骨干文创企业。	县工信局	县财政局、县自然资源局、县文广旅体局、县市场监管局、县税务局
	24	积极打造文化创意空间和孵化器等服务平台，对符合条件的提供租金、奖补等支持。面向文化艺术、影视传媒、动漫游戏、数字出版、设计服务等领域，依据政策提供创意研发、设备共用、标准研制、检验检测、信息共享、技术示范服务，促进文化创造性转化、创新性发展，培育具有发展潜力的小微企业。	县工信局	县新闻出版局、县财政局、县自然资源局、县文广旅体局、县市场监管局、县税务局
八、促进形成成熟的文化市场（4项）	25	建立常态化文化消费促进机制。通过“一月一精品”惠民活动、“百姓大讲堂”、“书香饶平”全民读书节等品牌活动，提供优质文化服务，扩大文化消费市场。2020年至2025年连续5年，每年安排文化惠民资金，发挥其对文化消费的精准支持和激励引导作用。	县委宣传部	县财政局、县文广旅体局、县文联、县广播电视台
	26	发展农村特色文化市场。支持乡村群众从事富有饶平文化特色的民间工艺美术项目，鼓励发展“一村一品、一镇一业”的特色经济。	县工信局	县财政局、县文广旅体局、县农业农村局、县市场监管局

续上表

类别	序号	举措	牵头单位	其他责任单位
八、促进形成成熟的文化市场（4项）	27	扶持民间文艺团体发展。运用市场准入、价格调节、财税优惠等政策，引导各类市场主体在出版发行、电影放映、文艺表演、网络服务等领域，积极开发民间文化市场，深入实施乡村振兴战略，挖掘消费潜力。	县文广旅体局	县新闻出版局、县委网信办、县工信局、县财政局、县市场监管局、县文联
	28	改善文化消费环境。加强文化和旅游产品价格监管，建立和完善文化产品消费投诉、受理机制，维护消费者的合法权益。	县文广旅体局	县市场监管局

2020年饶平县人民政府及饶平县人民政府办公室颁发重要文件目录

序号	文 号	标 题	发文时间
饶平县人民政府文件			
1	饶府〔2020〕4号	饶平县人民政府关于印发应对新型冠状病毒感染的肺炎疫情支持企业复工复产若干政策措施的通知	2月12日
2	饶府〔2020〕9号	饶平县人民政府关于县政府领导和参与县政府工作分工的县领导同志分工调整的通知	4月20日
3	饶府〔2020〕14号	饶平县人民政府关于县政府领导和参与县政府工作分工的县领导同志分工调整的通知	6月15日
4	饶府〔2020〕17号	饶平县人民政府关于印发饶平县促进活鱼出口高质量发展扶持措施的通知	9月11日
5	饶府〔2020〕18号	饶平县人民政府关于县政府领导和参与县政府工作分工的县领导同志分工调整的通知	10月13日
6	饶府〔2020〕22号	关于县政府领导和参与县政府工作分工的县领导同志分工调整的通知	11月20日
饶平县人民政府办公室文件			
7	饶府办〔2020〕1号	饶平县人民政府办公室关于印发《饶平县畜禽养殖禁养区划分方案》的通知	2月27日
8	饶府办〔2020〕3号	饶平县人民政府办公室关于印发饶平县加强紧密型县域医疗卫生共同体建设实施方案的通知	3月16日
9	饶府办〔2020〕5号	饶平县人民政府办公室关于印发《饶平县改革完善医疗卫生行业综合监管制度实施方案》的通知	10月28日

2020年饶平县人民政府重要文件选录

饶平县人民政府关于印发应对新型冠状病毒感染的肺炎疫情支持企业复工复产若干政策措施的通知

饶府〔2020〕4号

各镇政府，县府直属各单位：

为进一步贯彻落实习近平总书记关于新型冠状病毒感染的肺炎疫情防控工作的重要讲话和重要指示精神，全面落实《广东省人民政府关于印发应对新型冠状病毒感染的肺炎疫情支持企业复工复产若干政策措施的通知》和《中共潮州市委　潮州市人民政府关于进一步加强疫情防控统筹做好改革发展稳定各项工作的通知》精神，结合我县实际，制订如下措施：

一、落实复工复产保障

（一）加强防疫指引。各镇要强化属地责任，按照省、市、县有关新型冠状病毒感染的肺炎预防控制指引，指派专人指导企业完成复工复产准备工作，确保企业在疫情防控达标前提下复工复产。县各企业复工报备单位要成立专班，联合企业所在镇指导企业复工、复产。（牵头单位：县工信局，责任单位：企业报备主管部门、各镇）

（二）落实复工条件。细化复工复产保障方案，一企一策帮助企业协调解决职工特别是专业技术人员返岗，以及口罩、防护服、消毒用品、测温仪等防控物资购置问题。按照轻重缓急原则，分类分期分批组织符合复工复产条件的企业和工程建设项目单位开展复工复产。对未落实防护措施、不符合复工条件的企业单位，不得开工。各镇和行业主管部门要加强复工复产企业用工情况和疫情防控的跟踪监督和指导，督促企业落实安全生产和疫情防控责任。（责任单位：县各有关单位、各镇）

（三）统筹做好防护。支持企业做好职工健康管理。鼓励规模以上企业设立集中隔离点。对不具备自行设置集中隔离条件的中小企业和工程建设项目单位，由所在镇协调解决。（责任单位：县卫健局，各镇）

（四）拓宽招工渠道。发挥各类技能培训学校等平台作用，帮助企业建立劳务帮扶协作。落实重点企业服务专员制度，精准摸查发布企业用工需求信息，推进线上供求匹配对接和远程招聘。依托“潮州市在线人力资源市场网”“潮州人社”微信小程序、饶平县人民政府门户网站政务公开栏等网络平台，加大对企业用工的支持服务，推动实现“不见面”网上招聘。（牵头单位：县人社局，责任单位：县政数局）

二、降低企业复产成本

（五）减轻企业保险负担。对受疫情影响不能按时缴纳企业职工养老保险、医疗保险（含生育保险）、失业保险、工伤保险以及住房公积金的企业，允许延期至疫情解除后三个月内补办补缴；补办补缴社会保险费用免收滞纳金，相关待遇正常享受，不影响参保个人权益记录。继续实施阶段性降低失业保险费率、工伤保险费率的政策。（牵头单位：县人社局，责任单位：县社保局、县税务局、县财政局、县房改办）

（六）实施失业保险稳岗返还。继续对不裁员、少裁员的企业实施稳岗返还失业保险费，按企业及其职工上年度实际缴纳失业保险费总额的50%予以返还。鼓励受疫情影响企业与职工协商采取调整薪酬、轮岗轮休等方式稳定工作岗位。(牵头单位：县人社局，责任单位：县社保局、县税务局)

（七）发放援企稳岗补贴。对职工因疫情接受治疗或被医学观察隔离期间企业所支付的工资待遇，按照不超过该职工基本养老保险缴费工资基数的50%补贴企业，所需资金在省工业企业结构调整专项奖补资金中列支。鼓励企业组织职工（含在企业工作的劳务派遣人员）参加线上适岗职业技能培训，按规定给予补贴；平台企业（电商企业）以及新业态企业参照执行。(牵头单位：县工信局，责任单位：县财政局、县人社局、县社保局、县税务局、县卫健局)

（八）减轻企业税费负担。疫情防控期间，准许企业延期申报纳税。对符合延期缴纳税款条件的企业，依法延长不超过三个月的税款缴纳期限。对纳税确有困难的企业，依法合理予以减免房产税、城镇土地使用税。对“定期定额”户，合理调整定额或简化停业手续。及时落实小微企业普惠性减税等政策。(责任单位：县税务局)

（九）减轻企业租金负担。鼓励国有资产类经营用房对受疫情影响较大不能正常经营的民营承租企业免收第一个月租金，减半收取第二、三个月租金；鼓励其他物业持有人根据实际情况，适当减免租金。免租金两个月以上的企业，按免租金月份数给予房产税困难减免。(牵头单位：县财政局，责任单位：县税务局、各有关单位)

（十）加大技改资金支持。企业在规定期限内通过技术改造扩大疫情防控急需重点调拨物资产能或转产上述物资的，对其符合条件的设备购置额加大奖励力度。(牵头单位：县工信局，责任单位：县各有关单位)

（十一）发挥国有企业关键作用。国有大中型企业、行业龙头企业在贷款回收、原材料供应、项目发包等方面，加大对产业链上中小企业的支持，促进产业链运行平稳。对已与国有企业签订合同的中小企业，确因疫情影响，无法按时履行合同义务的，可以适当延长合同履行期限。国有企业要按照合同约定按时足额支付中小企业、民营企业相关款项，不得形成新增逾期拖欠。(责任单位：各行业主管部门)

三、强化财政金融支持

（十二）加大金融支持力度。鼓励银行业金融机构对受疫情影响较大企业给予延期还贷、展期续贷、降低利率和减免利息支持。依托“粤信融”平台，建立“绿色服务通道”，加大对中小企业的融资服务。对受疫情影响较大企业，不得盲目抽贷、断贷、压贷。(牵头单位：县金融工作局，责任单位：县人行、各金融机构)

（十三）加大财政支持力度。对受疫情影响较大的规上企业、农业龙头企业在2020年2月至4月期间新增的贷款，县财政给予贷款利息50%的贴息补助，每家企业补助最高不超过5万元。对创业者个人或小微企业创业担保贷款可视情况展期1年，并继续享受财政贴息支持。(牵头单位：县财政局，责任单位：县工信局、县农业农村局、县人社局、县金融工作局、县人行)

（十四）优化融资担保服务。自即日起至2020年6月末，属市政府与广东省再担保公司合作开展的中小微企业贷款到期转贷项目，统一免收企业担保费；新增融资担保项目的担保费率统一降低至年化不超过1%，免收企业保证金；协同银行等金融机构合理采取延期还贷、展期续贷等针对性措施，帮助相关企业降低成本，渡过难关。(牵头单位：县金融工作局，责任单位：县人行)

（十五）优化小额贷款服务。监管指标优良的小额贷款公司经过批准，融资杠杆率可放宽至净资产5倍，单户贷款余额上限上调为不超过注册资本的5%且不超过1000万元。鼓励对受疫情影响企业和个

人下调贷款利率、延期或展期贷款1-3个月、免除1-3个月罚息和增加信用贷款及中长期贷款。(责任单位：县金融工作局)

(十六) 优化企业征信管理。对受疫情影响暂时失去收入来源的企业，可按照调整后的还款安排，报送信用记录。县工信局要联合市贸促会根据实际情况为受疫情直接影响的外贸企业出具与不可抗力相关的事实性证明。(牵头单位：县人行，责任单位：县工信局)

四、优化政府服务

(十七) 强化项目建设要素保障。对疫情防控、能源供应、交通物流、医疗资源、生态环境等在建和新建项目，优先保障用地用林等资源指标；对新建非盈利性医护场所，所需建设用地指标报省统筹解决；创造条件保障项目建设必须的钢材、混凝土、砂石等建筑材料及时供应。(牵头单位：县自然资源局，责任单位：县林业局)

(十八) 建立审批“绿色通道”制度。建立项目审批绿色通道，简化审批流程，压缩审批时限。采取网络、视频等技术手段开展项目评估评审，加快推进项目前期工作。依托全省投资项目在线审批监管平台，全面实行项目审批“不见面”在线办理。(牵头单位：县政数局，责任单位：县各有关单位)

(十九) 精简优化审批流程。对扩大疫情防控重点物资产能的企业，经主管部门同意后，可先扩产再补办相关审批手续。对相关转产生产疫情防控物资的企业，只要具备生产条件，实行生产、检测、办证“三同时”，并及时发放临时生产许可证。(责任单位：各有关单位)

(二十) 强化涉企信息服务支持。依托“粤省事”平台和饶平县人民政府门户网站，及时发布疫情防控期间惠企政策措施，搭建企业诉求响应平台，建立诉求响应机制，及时解决企业生产经营过程中面临的突发问题。(牵头单位：县政数局，责任单位：县各有关单位)

五、上述措施涉及的政策执行期暂定为自发布之日起的三个月（政策措施已经明确执行期的，按已规定的期限执行）。中央、省、市出台相关支持政策，我县遵照执行。

饶平县人民政府

2020年2月12日

饶平县人民政府关于印发饶平县促进活鱼出口高质量发展扶持措施的通知

饶府〔2020〕17号

各镇政府，县府直属各单位：

为积极应对新冠肺炎疫情影响，进一步促进我县活鱼出口，服务水产养殖企业提质增效，推进省级水产现代产业园创建工作，现就鼓励活鱼出口制订如下扶持政策：

一、优化政务服务，做好外贸企业对外贸易经营备案、企业注册、养殖证及海域使用证办理、生产质量等指导工作；规划建设活鱼出口备案基地，优先保障活鱼出口企业海上养殖的用海需求，保证活鱼出口供货端；建立“活鱼出口绿色通道”，对出口活鱼优先报检、对送检样品优先检测，打通出口快速通道，压缩活鱼出口通关时间，让活鱼出口企业享受高效便捷通关服务。（责任单位：县工业和信息化局、县农业农村局、县自然资源局、县市场监督管理局、饶平海关）

二、认真落实出口退税政策，指导活鱼出口企业依法依规办理退税业务，实时跟进上级办理进度，并将有关情况及时告知相关企业。（责任单位：县税务局、饶平海关）

三、支持活鱼出口企业降低物流成本。从2020年9月1日至2021年12月31日，对在饶平注册的活鱼出口企业，每出口一船（船舶吨位不少于400吨）活鱼给予1万元物流补助；具体由企业于次年1月底前向县工业和信息化局申报，审核通过后，由县工业和信息化局报县财政局按资金拨付方式兑现给相关企业。（责任单位：县工业和信息化局、县财政局）

四、采取多种形式推进银企对接，落实金融支持活鱼出口企业发展授信担保贷款，积极探索企业融资方式，缓解活鱼出口企业资金困难。（责任单位：县金融工作局、县人行、各金融机构）

五、严格控制涉企检查，严禁开展面向活鱼出口企业的非必须性检查和年检活动；涉及必须性检查，实行“履职不收费”的原则，减轻出口企业负担。（责任单位：各执法部门）

六、统筹做好疫情防控。落实企业主体责任，根据进港船舶挂靠港口情况、船员状况等，加强信息共享、物资储备、船岸隔离、进出管控、通风消毒、个人防护、应急处置等工作，坚决防范口岸疫情输入风险，切实做好船员健康管理工作。（责任单位：饶平海关、县卫生健康局，各沿海镇政府）

七、本扶持措施由县工业和信息化局负责解释。

饶平县人民政府

2020年9月11日

2020年饶平县人民政府办公室重要文件选录

饶平县人民政府办公室关于印发《饶平县畜禽养殖禁养区划分方案》的通知

饶府办〔2020〕1号

各镇政府，县府直属各单位：

《饶平县畜禽养殖禁养区划分方案》已经县政府同意，现印发给你们，请认真组织实施。实施中遇到的问题，请迳向市生态环境局饶平分局反映。

饶平县人民政府办公室

2020年2月27日

饶平县畜禽养殖禁养区划分方案

根据市生态环境局《转发广东省生态环境厅　广东省农业农村厅关于开展广东省畜禽养殖禁养区划定情况排查的通知》《关于做好畜禽养殖禁养区划定及分布图编制工作的通知》精神，为进一步规范我县畜禽养殖禁养区划分和管理，结合我县实际，制订本划分方案。

一、指导思想

以习近平新时代中国特色社会主义思想为指引，以畜禽养殖业可持续发展和改善生态环境质量为目标，以稳定生猪生产、保障市场供应为基础，结合饮用水水源保护和水环境质量改善工作，进一步优化畜禽养殖发展布局，促进畜禽养殖业生产和生态文明建设全面协调、持续健康发展。

二、划分依据

根据《中华人民共和国水污染防治法》《中华人民共和国畜牧法》《畜禽规模养殖污染防治条例》《广东省环境保护条例》《广东省饮用水源水质保护条例》《潮州市黄冈河流域水环境保护条例》《畜禽养殖禁养区划定技术指南》等法律法规及有关规定。

三、养殖禁养区的划分

（一）黄冈河饮用水水源一级、二级保护区范围内的区域；各镇集中式饮用水水源一级、二级保护区范围内的区域。

（二）自然保护区的核心区、实验区和缓冲区。

（三）风景名胜区。

（四）县城建成区、建制镇的镇区、镇政府所在地以及文化教育科学研究区等人口集中区域。

（五）法律、法规规定的其他禁止养殖区域。

四、工作要求

根据《中华人民共和国环境保护法》《中华人民共和国畜牧法》《畜禽规模养殖污染防治条例》等

法律法规的有关规定，结合我县实际，对畜禽养殖工作提出如下要求：

（一）严禁在禁养区内新建、改建、扩建各类畜禽养殖场和养殖小区。饮用水水源保护区内已建立的各类畜禽养殖场、养殖小区（户）必须限期搬迁或关闭。

（二）畜禽养殖场的建设必须符合相关规划、环境总量控制和畜禽养殖发展规划的要求，合理布局，畜禽养殖场的规模、饲养密度及安全防护距离须达到有关规定的要求。新建、改建、迁建和扩建规模化畜禽养殖场，应当按照建设项目环境保护和动物防疫法律法规的规定，严格执行“环境影响评价”和“三同时”制度并进行防疫条件审核。

（三）畜禽养殖污染整治工作是一项涉及面广，任务重的系统工程。各镇人民政府要按属地管理原则，落实责任主体，加强日常监管，确保辖区内畜禽养殖业规范有序发展；各相关职能部门要各司其责，严格执法，齐抓共管，密切合作，在畜禽养殖项目的规划、立项、审批时，根据本方案要求严格审批程序，切实加强畜禽养殖污染的综合防治工作，维护群众环境权益，推进我县畜禽养殖可持续健康发展。

五、其他事项

本方案自发布之日起执行。原县环境保护局、县农业局《关于饶平县畜禽养殖业禁养区、限养区、适养区区域划定的通知》（饶环〔2011〕13号）同时废止。

饶平县人民政府办公室

2020年2月27日印发

2020年饶平县新增保护文物一览表

级　别	名　称	时　间
县级文物保护单位	黄冈镇城隍庙	2020年6月

2020年饶平县历史文化游径

名　称	入选名单	授予单位	时　间
饶平茂芝纪念历史文化游径：饶平县黄冈丁未革命纪念亭—海山义勇军抗日指挥部旧址—绿岛—青岚地质公园—茂芝会议旧址—麒麟岭古驿道—永善村	广东省历史文化游径（第一批）	广东省文化和旅游厅	2020年5月

2020年饶平县农副产品获得称号名录

名　称	荣　誉	授予单位	时　间
饶平县岭头单丛茶	潮州岭头单丛茶·岭南生态气候优品	广东省气象学会	2020年1月
潮州蕉柑、高堂菜脯、岭头单丛茶、饶平狮头鹅	广东省第三届名特优新农产品	广东省农业农村厅	2020年6月

2020年饶平县文艺作品获奖情况表

作品名	所属单位	奖项名称	颁奖单位	时　间
《风拈青花》	三饶镇舞蹈队	2020广东省群众艺术花会（音乐舞蹈）决赛——舞蹈类铜奖	广东省文化和旅游厅	2020年10月30日至11月2日
“风韵清姝”	潮州市儒艺陶瓷研究所	2020中国（北京）国际精品陶瓷展览会暨第九届“大地奖”中国陶瓷创新与设计大赛最高奖项“特别金奖”	中国陶瓷工业协会	2020年11月

2020年饶平县体育项目参加省级比赛获奖情况表

序号	姓名	奖项及名次	时间
1	余晶烁	2020年广东省青少年围棋锦标赛第一名	2020年8月
2	周双铨	2020年广东省青少年拳击锦标赛男甲59公斤级第二名	2020年 8月29日—9月4日
3	沈森溪	2020年广东省青少年拳击锦标赛男丙57-60公斤级第二名	
4	郑小东	2020年广东省青少年拳击锦标赛男甲60公斤级第三名	
5	沈义涛	2020年广东省青少年拳击锦标赛男丙57-60公斤级第五名	
6	林树欣	2020年广东省青少年拳击锦标赛男丙51-54公斤级第五名	
7	张润楷	广东省青少年举重锦标赛男子丙组45公斤级第三名	2020年11月

集体光荣称号名录

单位名称	授予单位或出席会议名称	称号	授予时间
饶平县上饶镇永善村	农业农村部	全国乡村治理示范村	2020年1月
东山镇东明村、浮滨镇大榕铺村、浮山镇麻湖村、饶洋镇岗下村、三饶镇新塔村、上饶镇永善村、新丰镇杨康村、新塘镇顶厝村、新圩镇燎星村、樟溪镇英粉村、所城镇高埕村	国家林草局	国家森林乡村	2020年3月
饶平县信访局	国家信访局	信访工作“三无”县（市区）	2020年4月
饶平县黄冈镇大澳村	中央文明委	第六届全国文明村镇	2020年11月
钱东镇上浮山村	中央文明委	第六届全国文明村镇	2020年11月
饶平县师范附属小学	中央文明委	第二届全国文明校园	202年11月

续上表

单位名称	授予单位或出席会议名称	称　号	授予时间
广东电网有限公司潮州饶平供电局	全国总工会宣传教育部、全国工会职工书屋建设领导小组办公室	2020年全国工会职工书屋示范点	2020年11月
饶平县潮剧团	中共中央宣传部	第八届全国服务农民、服务基层文化建设先进集体	2020年11月
饶平县第二中学	全国厂务公开协调小组	全国厂务公开民主管理先进单位	2020年11月
饶平县师范附属小学	中华人民共和国教育部	605小队荣获2020年度“全国优秀少先队集体”	2020年12月
中国电信饶平公司	中华全国总工会	全国模范职工之家	2020年12月
饶平县疾病预防控制中心	中共广东省委广东省人民政府	广东省抗击新冠肺炎疫情先进单位	2020年10月
饶平县	中共广东省委、广东省人民政府、广东省军区	广东省双拥模范县	2020年10月
饶平县大埕镇上东村委会	中共广东省委、广东省人民政府、广东省军区	广东省爱国拥军模范单位	2020年10月
饶平海关	中共广东省委广东省人民政府	2018—2020年度广东省文明单位	2020年12月
饶平县人民武装部	广东省军区	练兵备战先进单位	2020年12月
饶平县人民武装部	广东省军区	新闻舆论工作先进单位	2020年12月
饶平县新丰镇溁东村	中共广东省委、广东省人民政府	广东省文明村镇	2020年12月
饶平县第二中学		第二届“广东省文明校园”	

（以上名录辑录被国务院、部委及省委、省政府授奖的单位，根据各单位上报资料整理）

荣立二等功以上饶平籍军人名录

姓名	出生年月	入伍时间	退役时间	详细地址	立功等次	立功时间	立功时所在部队	主要事迹	现工作单位	备注
麦贤得	1945.12	1963.12		汕头市	一等功、战斗英雄	1966	海军某护卫艇	1965年“八六”海战中，他在弹片插在头部、脑浆外露、鲜血模糊双眼的情况下，坚持战斗3个小时，被誉为“钢铁战士”	原91708部队副部队长	国防部授予
麦贤得	1945.12	1963.12		汕头市	“八一勋章”荣誉称号	2017.7.28	91708部队		原91708部队副部队长	中央军委主席习近平签署命令授予
麦贤得	1945.12	1963.12		汕头市	“人民英雄”国家荣誉称号	2019.9.17	91708部队		原91708部队副部队长	国家主席习近平签署主席令授予
陈少烈	1955.07	1974.12	1986.12	广东省饶平县黄冈镇南门居委会沿河北路11号之702	一等功	1979.03	54209部队	在中越边境自卫还击，保卫边疆战斗中，作战勇敢，成绩显著	退休	
刘志昂	1964.04	1981.1	1999.12	广东省饶平县黄冈镇西门居委会西丽园六座502号	二等功	1986.02	广州军区守备某师某团侦察队	5513袭捕俘越军作战中，作战勇敢，成绩显著	饶平县公安局	
林继坤	1963.08	1981.11	1986.12	广东省饶平县黄冈镇山霞公园前14行19	二等功	1986.06	广西军区守备某师某团侦察队	对越袭击战中作战英勇杀敌10余人		
余远节	1940.11	1960.1	1971.1	广东省饶平县黄冈镇石埕居委会义学巷18号之2	二等功	1965.08	148385部队	击沉蒋帮“剑门”号、“漳江”号军舰的战斗中，功绩显著		
邱　海	1956.12	1974.11	1986.11	广东省饶平县黄冈镇河南大道1号县人民政府宿舍	二等功	1984.04	广西南宁军分区	在对越军炮火还击作战中，作战勇敢，成绩显著	退休	
许学贤	1964.08	1981.11	1984.11	广东省饶平县黄冈镇丰盛花园南梯A2幢601	二等功	1984.06	54266部队	在对越军炮火还击作战中，跟随部队三次参战，六次担负战地救护任务，都出色完成了任务	县委统战部	
李炳松	1964.10	1981.1	1997.09	广东省饶平县黄冈镇广场东路嘉逸园三幢406	二等功	1984.06	54266部队	在对越军炮火还击作战中，机智灵活，英勇善战，成绩显著	县委政法委	

续上表

姓名	出生年月	入伍时间	退役时间	详细地址	立功等次	立功时间	立功时所在部队	主要事迹	现工作单位	备注
黄孙养	1960.02	1978.3	1993.07	广东省汕头市龙湖区珠池路紫云心语豪庭6栋1梯	二等功	1979.03	53570部队	对越自卫作战中，英勇杀敌，战绩突出	退休	
张远芳	1957.11	1977.12	1983.01	广东省饶平县三饶镇城基北路1号	二等功	1979.04	53249部队	在中越边境自卫还击战中，英勇顽强，不怕牺牲，连续抢救装甲兵共6名伤员	退休	
林得财	1960.03	1978.03	1979.01	广东省饶平县高堂镇西林西林大道39号	二等功	1979.03	53247部队	在中越自卫反击战（纳隆桥头战役）中，先后救出8名战友，后在抢救战友黄天长时，被敌火打伤，还带伤坚持把战友的伤口包扎好		
刘火堆	1944.11	1961.09	1968.03	广东省饶平县饶洋镇大楼东作楼南一巷22号之2	二等功	1965.08	4401部队	1965年的“8.6”海战中，击沉国民党的“漳江号”和“剑门号”，出色地完成战斗任务	退休	
詹和安	1959.01	1978.03	1983.01	广东省饶平县黄冈镇南门居委会新港西路一横7号605房	二等功	1979.03	53209部队	在对越自卫战中，协通战友接连摧毁敌方火力点，为部队前进扫清障碍，作战勇敢	退休	
王速喜	1959.04	1978.03	1982.01	广东省饶平县黄冈镇沿河北路27号县建筑公司宿舍	二等功	1981.07	54257部队	在广西法卡山对越自卫还击作战中，英勇顽强，不怕牺牲，出色完成任务		
黄清亮	1955.06	1974.11	1993.7	广东省饶平县黄冈镇西门居委会防疫站宿舍楼二幢A梯101号	二等功	1979.04	54254部队	在中越边境自卫还击、保卫边疆战斗中，作战勇敢，成绩显著		
詹回（詹益回）	1934.08	1954.12	1963.07	广东省饶平县饶洋镇西岩场茶场22号之9	二等功	1960.08	7002部队	在以战备、工建为中心的海岛建设建设中，作出显著的成绩	退休	
林景钦	1990.07	2008.12	2017.04	广东省饶平县海山镇浮任村军营路西四横36号	二等功	2013.12	75783部队61分队	2013年6月参加全军特种兵比武水下科目获得第一名，水下射击第一名，水下破坏第二名		

续上表

姓名	出生年月	入伍时间	退役时间	详细地址	立功等次	立功时间	立功时所在部队	主要事迹	现工作单位	备注
陈汉荣	1988.11	2006.12	2018.12	广东省饶平县大埕镇上东村新市北座8号	二等功	2017.05	广东边防总队汕尾支队	2015年12月12日，在内湖收费站设卡查辑时，查获疑似冰毒共计26大包，（经清点总计约26.35千克）	广东中天阳光建设有限公司梅州分公司	
陈创宏	1993.02	2011.12	现役军人	广东省饶平县大埕镇上东村十横2号	一等功	2015.07	武警广东省总队第二支队	2015年，代表国家参加约旦特种兵勇士比武获得团体第四，国王挑战第一名	现役军人	
陈义耀	1988.11	2006.12	2018.12	广东省饶平县大埕镇上东村大庙前五横2号之2	一等功	2015.12	广东省公安消防总队深圳支队	2015年12月，在深圳光明新区山体滑坡中，冲锋在前，临危不惧，奋勇抢险，始终战斗在最危险的一线，成功解救出唯一一名幸存者	潮州市退役军人事务局	
沈炎贵	1996.03	2016.09	现役军人	广东省饶平县钱东镇沈厝明裕四横7号	二等功	2020.11	77156部队	2020年7月—9月，参加西陆侦查骨干比武期间，所在小队在最终考核取得五个单项第一，荣获团体第一。本人取得单人综合成绩第二	现役军人	
吴俊平	1981.11	1999.12	2011.12	广东省饶平县钱东镇砚山大池巷9号	二等功	2005.01	75210部队	2005年1月，在海训演习中，表现突出，出色完成任务		
张杜键	1992.03	2010.09	现役军人	广东省饶平县浮滨镇桥头榕寨东巷15号	二等功	2019.12	武警广东总队汕头支队	2017年－2020年，在任中队长期间，所在中队连续被总队表彰为基层建设标兵中队和正规化执勤等级评定优秀单位，2019年12月，所在中队成绩突出，荣立集体二等功，个人被评为总队标兵中队长，并荣立个人二等功。	现役军人	
陈汉标	1973.09	1991.12	1995.12	广东省饶平县黄冈镇龙城西河边路西9号	二等功	1994.08	53511部队	集团军军训训练比武成绩突出，被集团军评为兵种专业教导员，并在参加广州军区军事大比武中获得专项第一	潮州市电力局	

续上表

姓名	出生年月	入伍时间	退役时间	详细地址	立功等次	立功时间	立功时所在部队	主要事迹	现工作单位	备注
郑振武	1935.03	1954.11	1968.08	广东省饶平县黄冈镇南门居委会糖厂家属宿舍110号	二等功	1958.05	1298部队	在工作中成绩优良	退休	
张烨升	1989.10	2009.12	2018.12	广东省饶平县黄冈镇城东中学路东八横4号	二等功	2017.01	广东边防总队揭阳支队	2016年4月19日，在带领战友们捣毁一特大制毒窝点中，抓获犯罪嫌疑人三名，查获毒品“麻古”17.4公斤及制毒工具一批，缴获仿真步枪2支、子弹480发		
林桂生	1982.09	2001.12	2017.12	广东省饶平县汫洲镇汫和居委会新祠堂西安路北9号之1	一等功	2013.11	武装警察部队汕头消防支队	2013年8月17日，汕头市出现特大雷暴雨天气，情况十分危急。林桂生同志勇救双胞胎和转移被困群众80余人，运送物资6.2吨。临危不惧始终战斗在最前线。		
郑阳武	1980.07	1998.12	2018.12	广东省饶平县黄冈镇碧洲村	二等功	2005.11	海南省公安消防总队海口市支队	2005年6月，海南省突发特大暴雨导致中石化油库管道爆裂，在处置中业务能力突出，作出重大贡献		
郑阳武	1980.07	1998.12	2018.12	广东省饶平县黄冈镇碧洲村	二等功	2018.09	海南省公安消防总队海口市支队	2018年7月，在国际东盟城市应急救援论坛研讨班消防运动会中，带领的队员取得了此次东盟运动会上400米物资疏散操第一名的优异成绩		
郑阳武	1980.07	1998.12	2018.12	广东省饶平县黄冈镇碧洲村	一等功	2008.07	海南省公安消防总队海口市支队	2008年5月12日，四川汶川大地震中，先后成功解救19名群众，做出重大贡献		
郑阳武	1980.07	1998.12	2018.12	广东省饶平县黄冈镇碧洲村	全国抗震救灾模范	2008.10	海南省公安消防总队海口市支队	2008年5月12日，在四川汶川大地震中，先后成功解救19名群众，做出重大贡献，荣立“公安部一等功”，同年10月被国家授予“全国抗震救灾模范”荣誉称号		

续上表

姓名	出生年月	入伍时间	退役时间	详细地址	立功等次	立功时间	立功时所在部队	主要事迹	现工作单位	备注
刘圳鹏	1997.04	2015.09	2020.09	广东省饶平县黄冈镇里和睦尖尾池下一巷6号	二等功	2018.12	31680部队	2018年9月，参加西部战区百连万人新条令比武获四百米个人第一		
张少炳	1983.10	2004.12	2013.04	广东省饶平县黄冈镇霞东万合新厝25号	二等功	2010.11	92493部队	海军报务专业比武竞赛中成绩显著		
黄长科	1931.04.	1951.02	1957.01	广东省饶平县三饶镇南新新楼楼北21号	二等功	1953.05	53608部队	在文化学习中，努力学习并指导其他战友，考试成绩优良	退休	
郑泽煌	1989.07	2006.12	2014.12	广东省饶平县黄冈镇大澳市西路40号	二等功	2011.05	广东省韶关市公安消防支队	在韶关市曲江区境内韶赣高速塌方抢险救援中，表现出色		
许伟杰	1981.12	1999.12	2008.12	广东省饶平县黄冈镇山霞公园前三横8号	二等功	2006.08	潮州军分区	抗击强台风军民联合行动中，冲锋在前，不畏洪魔		
余少龙	1979.02	1997.12	2000.12	广东省饶平县黄冈镇西门居委会大祠东巷10号之左甲	二等功	2000.07	广东边防第六支队	抓获法轮功骨干分子“两会”进京制造事端		
陈卓平	1966.01	1983.6	2019.12	武汉市江汉区建设大道443号3栋2单元7楼1号	二等功2次	2001.8 2008.12	95377部队	安全飞行3000小时和6000小时，为空军建设做出突出贡献	退休	
陈哲明	1959.1	1978.12	2004.12	广东省肇庆市端州区前进北路1号3幢202房	二等功	1988.12	武警广东总队肇庆支队	1998年被评为优秀干部标兵	退休	
郑振武	1935.03	1954.11	1968.08	广东省饶平县南门居委会糖厂家属宿舍110号	二等功	1958.05	1298部队	在工作中成绩优良	退休	
郑锦得（郑锦德）	1957.01	1977.01	1984.01	潮州市枫春路吉圆街信和园B2幢201	二等功	1983.08	89338部队	在引滦入津工程施工大战中，不怕艰难困苦，不怕流血牺牲，成绩显著	退休	
黄良平	1966.11	1985.06	2008.03	安徽省芜湖市新芜区蓝天小区1幢3单元302室	二等功	2006.01	94669部队	自从1990年从事航空事业以来，长期保障飞行训练安全	芜湖市卫生健康委员会	

（此表由饶平县退役军人事务局提供）

个人光荣称号名录

姓　名	性别	所在单位	授予单位或出席会议名称	称　号	授予时间
王文坚	男	汤溪镇围罗村	中共中央、国务院、中央军委	“中国人民志愿军抗美援朝出国作战70周年”纪念章	2020年10月
沈美成	男	饶平县关工委主任	中国关心下一代工作委员会、中央精神文明建设指导委员会办公室	全国关心下一代工作先进个人	2020年10月
朱明弟	男	饶平海关	海关总署	全国海关系统抗击新冠肺炎疫情先进个人	2020年10月
许志群	男	饶平县群兴畜牧养殖场技术员	中共中央 国务院	全国劳动模范	2020年11月
曾瑞育	男	饶平县司法局浒洲司法所	司法部	全国模范人民调解员	2020年12月
郑　博	男	饶平县人民武装部	军委国防动员部	备战打仗先进个人	2020年12月
林文昭	男	中国电信饶平公司	中华全国总工会	全国优秀工会工作者	2020年12月
钟　迟	女	饶平县人民医院 护士	中共广东省委 广东省人民政府	广东省抗击新冠肺炎疫情先进个人	2020年10月
杨宝珠	女	饶平县人民医院护士	中共广东省委 广东省人民政府	广东省抗击新冠肺炎疫情先进个人	2020年10月
刘敬勇	男	饶平县浮山中心卫生院执业助理医师	中共广东省委 广东省人民政府	广东省抗击新冠肺炎疫情先进个人	2020年10月
郑镇坤	男	饶平县黄冈镇龙眼城社区党委书记、村委主任	中共广东省委 广东省人民政府	广东省抗击新冠肺炎疫情先进个人	2020年10月

续上表

姓　名	性别	所在单位	授予单位或出席会议名称	称　号	授予时间
张凯旋	男	饶平县人民政府办公室秘书二股股长	中共广东省委 广东省人民政府	广东省抗击新冠肺炎疫情先进个人	2020年10月
欧壮辉	男	饶平县公安局刑事侦查大队柘林中队四级警长、三饶派出所副所长（挂职）	中共广东省委 广东省人民政府	广东省先进工作者	2020年12月
麦韵和	男	饶平县浒洲中学	中共广东省委 广东省人民政府	广东省劳动模范	2020年12月
刘瑞林	男	饶平县人民武装部	广东省军区	优秀团级单位主官	2020年12月
郑　博	男	饶平县人民武装部	广东省军区	练兵备战先进个人	2020年12月
吕小清	男	饶平县人民武装部	广东省军区	新闻舆论工作先进个人	2020年12月
许志群	男	饶平县群兴畜牧养殖场	广东省农业农村厅	广东省2020年十大杰出高素质农民	2020年9月24日
谢　慎	男	饶平鸿霞农机耕作合作社			
魏健宇	男	饶平县黄冈镇志愿者协会	广东省文明委	最美志愿者	2020年3月

（以上名录辑录被国务院、部委及省委、省政府授奖的单位，根据各单位上报资料整理）

2020年饶平县国民经济综合指标表

指标名称	计算单位	2020年	同比增长（%）
全县生产总值（全年）	亿元	282.74	1.8
其中：第一产业	亿元	70.69	5.1
第二产业	亿元	91.74	2.6
第三产业	亿元	120.31	−0.2
农业总产值	亿元	121.18	6.1
规模以上工业总产值	万元	2 536 271	−5.55
规模以上工业企业数	家	134	
规模以上工业增加值	万元	590 671	−0.9
全县总供电量	万度	157 677	8.29
其中：工业	万度	59 370	3.82
全社会固定资产投资总额	万元	1 228 817	2.04
社会消费品零售总额	亿元	96.03	−8.9
全县进出口总额	万美元	52 714	−41.3
出口总额	万美元	38 084	−34.7
进口总额	万美元	14 630	−53.6
一般公共财政预算收入	万元	83 960	1.16
一般公共财政预算支出	万元	713 535	16.31
税收收入（不含海关代征）	万元	165 610.4	−0.18
金融机构本外币存款余额	万元	3 135 595	12.78
#住户存款余额	万元	2 219 582	9.21
金融机构本外币贷款余额	万元	682 892	5.26
2020年全县户籍人口	人	1 061 403	
2020年全县常住人口	人	817 442	

注：一、本表数据为县统计局2020年12月统计月报数。

二、*规模以上工业增加值增速为市统计局最后认定反馈。

2020年饶平县（分镇）农业总产值

单位：万元

单位	农业总产值	1.农业产值	2.林业产值	3.牧业产值	4.渔业产值	5.服务业产值	2019年农业总产值	按可比价增长（%）
饶平县	1 252 413.10	599 081.50	25 180.61	184172.32	392 254.67	51 724	1 113 272.04	
黄冈镇	118 568.60	16 933.31	941.12	7685.16	88 396.01	4613	107 640.69	8.3
上饶镇	40 765.12	25 476.32	1646.33	11 032.79	1011.68	1598	37 176.37	7.8
饶洋镇	37 541.32	28 020.27	1187.90	6249.35	526.81	1557	30 124.38	22.6
新丰镇	44 580.22	31 421.24	1425.77	8917.82	1241.39	1574	41 819.16	6.1
建饶镇	52 839.76	48 268.23	1322.68	1627.48	411.37	1210	44 608.23	16.6
三饶镇	31 890.86	18 951.66	4199.63	6321.72	894.85	1523	26 185.50	19.9
新塘镇	68 378.44	66 047.19	579.73	834.59	448.93	468	50 432.46	33.7
汤溪镇	16 481.88	12 752.62	508.10	492.87	2161.28	567	15 549.12	5.8
浮滨镇	122 116.12	111 018.79	917.63	6466.47	1277.23	2436	115 758.90	5.5
浮山镇	33 290.70	24 443.72	1064.32	5362.83	839.82	1580	31 025.16	7.1
东山镇	42 544.02	37 455.65	1471.40	1612.08	1226.89	778	40 280.10	5.6
新圩镇	51 845.50	35 744.96	1475.57	11 696.32	1288.65	1640	38 686.32	31.9
樟溪镇	68 391.02	36 395.60	1140.20	24 938.58	1092.64	4824	64 337.81	6.1
钱东镇	130 890.57	29 097.78	4065.18	37 659.94	53 615.67	6452	120 263.45	7.8
高堂镇	21 081.23	10 685.32	1164.20	6573.71	1788.00	870	19 914.31	5.8
联饶镇	52 986.64	32 148.46	1006.25	15 944.12	1810.81	2077	47 113.46	10.6
所城镇	36 587.69	7878.58	170.98	9457.24	17 155.89	1925	31 565.02	14.0
大埕镇	33 668.31	7942.62	116.76	11588.48	12 140.45	1880	27 927.25	18.7
柘林镇	40 751.66	995.59	57.35	1127.47	36 477.26	2094	36 398.42	10.1
汫洲镇	110 548.20	9055.43	140.40	2738.58	92 421.80	6192	100 199.84	9.4
海山镇	96 665.21	8348.17	579.11	5844.71	76 027.22	5866	86 266.09	10.2

2020年饶平县各镇税收收入统计表

单位：万元

镇名	2020年	2019年	累计同比增长%
全县合计	165 610.4	165 917.3	−0.18
直属分局	17 510.2	19 408.7	−9.78
黄冈镇	43 980.4	48 724.3	−9.74
钱东镇	16 846.5	17 671.3	−4.67
汫洲镇	4280.8	5098.0	−16.03
新丰镇	2384.6	3761.7	−36.61
三饶镇	5227.7	7031.6	−25.65
上饶镇	288.0	442.6	−34.92
所城镇	1614.2	1123.2	43.71
汤溪镇	990.6	636.3	55.69
饶洋镇	886.9	857.3	3.45
新塘镇	193.7	171.4	13.02
新圩镇	281.3	631.7	−55.48
海山镇	504.3	277.5	81.70
建饶镇	160.5	92.5	73.53
浮滨镇	388.7	816.1	−52.37
浮山镇	3370.7	3087.7	9.16
东山镇	73.7	69.3	6.26
樟溪镇	2871.6	2140.3	34.16
高堂镇	305.6	205.3	48.88
联饶镇	3992.2	3172.3	25.85
大埕镇	358.9	559.3	−35.82
柘林镇	4819.0	5214.6	−7.59

注：本表数据为县统计局2020年12月快报数。

2020年饶平县各镇用电量统计表

单位：万千瓦时

地区别	供电总量	同比增长（%）	地区别	供电总量	同比增长（%）
合计	157 677	8.29	新圩镇	2133	20.36
工业用电	59 370	3.82	柘林镇	4740	5.16
黄冈镇	45 626	7.39	海山镇	8541	6.94
钱东镇	21 140	8.17	建饶镇	906	22.36
汫洲镇	11 276	9.40	浮滨镇	2397	23.93
新丰镇	8120	17.59	浮山镇	2406	26.71
三饶镇	6650	6.79	东山镇	1178	10.20
上饶镇	3761	16.71	樟溪镇	7830	7.58
所城镇	5365	12.26	高堂镇	2630	11.56
汤溪镇	1501	−2.77	联饶镇	7902	−13.23
饶洋镇	5264	15.61	大埕镇	6546	10.36
新塘镇	1488	12.57			

2019年饶平县主要指标对照表

指标名称	计量单位	全国	全省	潮州	饶平
生产总值	亿元	990 865	107 671	1080.94	269.41
增　长	%	6.1	6.2	5.0	5.6
第一产业增加值	亿元	70 467	4351	99.03	62.91
增　长	%	3.1	4.1	5.6	5.8
第二产业增加值	亿元	386 165	43 546	528.35	91.94
增　长	%	5.7	4.7	4.1	5.3
第三产业增加值	亿元	534 233	59 773	453.56	114.56
增　长	%	6.9	7.5	6.0	5.8
第一产业占GDP比重	%	7.1	4.0	9.2	23.4
第二产业占GDP比重	%	39.0	40.5	48.9	34.1
第三产业占GDP比重	%	53.9	55.5	41.9	42.5
地方公共财政预算收入	亿元	190 382	12 651	48.01	8.30
增　长	%	3.8	4.5	1.4	1.9
年末常住人口	万人	140 005		265.98	87.95
规模以上工业增加值	亿元		33 616	302.71	65.24
增　长	%	5.7	4.7	3.4	5.1
全社会固定资产投资总额	亿元	560 874	39 245	450.99	120.43
增　长	%	5.1	11.1	6.2	12.8
社会消费品零售总额	亿元	411 649	42 664	636.39	136.95
增　长	%	8.0	8.0	8.2	8.3
海关出口总额	亿美元	315 505（亿元）	43 379（亿元）	26.23	5.83
增　长	%	3.4	1.6	−0.4	2.9
金融机构本外币存款余额	亿元	1 981 643	23.25（万亿元）	1489.43	278.02
增　长	%	8.6	11.7	8.7	5.33
在岗职工年平均工资	元				72 373
全县城乡居民人均可支配收入	元				19 047.4
增长（现价）	%				7.1
城镇居民人均可支配收入	元	42 359	48 118		22 606.3
增长（现价）	%				6.3
农村居民人均可支配收入	元	16 021	18 818		15 446.8
增长（现价）	%	9.6	9.6		7.5

注：一、2020年12月统计月报数。

二、潮州市、饶平县生产总值均为快报数。

2020年饶平县规模以上工业支柱行业生产情况表（快报数）

指标名称	企业数（个）	工业总产值		
		全年累计（万元）	同比增长（%）	占规模以上比重（%）
全县合计	124	2 533 939	9.3	100.00
1.电力生产 其中：亿元以上	3	599 383	3.55	23.65
陶瓷、玻璃制品制造业 其中：亿元以上	31	201 865	−7.16	7.97
2.食品制造、加工业 其中：亿元以上	36	689 943	21.83	27.23
3.纺织、服装业 其中：亿元以上	3	12 627	−55.55	0.50
4.液化气生产供应业 其中：亿元以上	2	381 487	19.40	15.06
5.水族机电制造业	9	26 012	3.97	10.27
其中：水族制造业亿元以上	5	159 278	4.23	6.29
支柱产业合计	84	2 145 427	9.42	84.67

2019年潮州市各县区国民经济主要指标表

指标名称	全市	饶平	潮安	湘桥	枫溪
生产总值（亿元）	1080.94	269.41	434.93	248.49	115.50
同比增长（%）	5.0	5.6	4.7	5.0	4.6
规模以上工业增加值（亿元）	302.71	65.24	126.01	46.45	56.90
同比增长（%）	3.4	5.1	2.1	2.3	4.4
固定资产投资总额（亿元）	450.99	120.43	151.09	109.57	23.7
同比增长（%）	6.2	12.8	6.6	4.7	4.0
社会消费品零售总额（亿元）	636.39	136.95	236.26	174.01	81.74
同比增长（%）	8.2	8.3	8.1	8.2	8.2
海关出口总额（万美元）	262 306	58 344	99 854	48 408	44 600
同比增长（%）	−0.4	2.9	5.4	−10.4	−6.8
公共财政预算收入（亿元）	48.01	8.3	12.75	4.12	2.69
同比增长（%）	1.4	1.9	平	1.0	0.5
国内税收总收入（亿元）	90.92	16.59	25.08	30.54	6.98
同比增长（%）	−3.1	3.5	−3.1	0.9	−3.0

注：潮州市，各县区生产总值均为快报数。

2020年饶平县各镇、县直部门规模以上工业总产值表

地区别	企业家数（家）	2020年（万元）	2019年（万元）	现价增长（%）
合计	134	2 536 271	2 685 234	−5.55
县直	2	97 216	106 121	−8.39
黄冈镇	29	653 231	653 729	−0.08
新丰镇	13	59 471	179 235	−66.82
三饶镇	25	116 005	150 908	−23.13
钱东镇	26	363 377	350 859	3.57
饶洋镇	6	13 772	17 030	−19.13
高堂镇	2	5386	7071	−23.83
上饶镇				
新塘镇				
联饶镇	6	31 874	44 988	−29.15
所城镇	2	344 648	345 638	−0.29
柘林镇	5	630 467	631 887	−0.22
汫洲镇	8	125 943	102 540	22.82
浮滨镇	3	11 457	5830	96.52
浮山镇	4	53 531	52 895	1.20
樟溪镇	2	18 309	23 653	−22.59
汤溪镇				
东山镇				
新圩镇	1	4489	5691	−21.13
建饶镇				
大埕镇				
海山镇	1	7095	7158	−0.89

注：本表数据为县统计局2020年12月快报数。

规模以上工业生产产值表

指标名称	单位个数（个）	2020年（万元）	现价增长（%）
工业（个数）总产值		253 6271	-5.55
集体企业		3665	11.60
股份制企业		1 978 326	-4.41
外商及港澳台商投资企业		442 586	-6.78
其他经济类型企业		111 694	-18.77
总计中：大中型企业		1 117 023	-5.80
总计中：陶瓷、玻璃产值	38	129 318	-49.0
其中：新丰镇陶瓷	11	46 314	-67.1
三饶镇陶瓷	19	65 571	-29.3
饶洋镇陶瓷	5	10 876	-9.8
钱东镇陶瓷	2	5114	-17.4
新塘镇陶瓷	0	0	-100.0
浮山镇陶瓷	1	1443	-32.3

规模以上工业支柱行业生产情况表

指标名称	企业数（家）	工业总产值		
		2020年（万元）	现价增长%	占规模以上比重%
全县合计	134	2 536 271	-5.55	100.00
电力生产	4	619 418	3.34	24.42
陶瓷、玻璃制品制造	38	129 318	-49.05	5.10
食品制造、加工业	39	662 479	-4.90	26.12
燃气生产和供应业	2	369 624	-3.11	14.57
水族机电制造业	10	272 823	2.74	10.76
其中：水族制造业	5	161 892	1.64	6.38
支柱产业合计	93	2 053 662	-6.52	80.97

投资、商贸、社零表

指标名称	2020年（万元）	2019年（万元）	同比增长%
全社会固定资产投资总额	1 228 817	1 204 279	2.04
# 基础设施	643 529	622 484	3.38
第一产业	6200	93 877	−93.40
第二产业	241 460	319 221	−24.36
# 工业投资	241 460	319 221	−24.36
其中：工业技术改造投资	36 931	125 408	−70.55
第三产业	981 157	791 181	24.01
其中：房地产开发投资	286 739	133 644	114.55
房地产销售面积	126 661	303 986	−58.33
社会消费品零售总额（亿元）	105.4		−8.9

注：潮州市、饶平县生产总值均为快报数。

主题索引

说 明

一、本索引采用主题分析法，按主题词汉语拼音字母顺序排列。

二、索引的主题词后面的数字表示内容所在页码，数字后面的英文字母（a、b）表示该页自左至右的栏别。

D

E

F

G

T

W

Z

数字与字母